人生が不安なあなたへの贈り物

水晶玉子の運景

— UNKEI —

水晶玉子

説話社

この本を手にとった
あなたへ……

「運景」は、文字通り、人の性格や運勢を自然の景色になぞらえてお伝えする占いです。

現在の占いは、文字で表され、言葉で表現されるものがほとんどです。けれど、占いの、その源流にあるのは大自然であり宇宙です。ほとんどの占いは、天空を行く星々の動きや移り行く大自然の姿とシンクロする、人の運命の不思議を読み解く形で生まれてきました。

「運景」のもとになっている十干・十二支による「六十干支」も古代中国で、時間と方位を表すために生まれたものであり、その文字は大自然の中の生命の盛衰と循環を表しているといわれています。

私は、いろいろな占いを学んでいますが、どの占いも最初は、言葉や文字を通じて学びます。でも、そのとき本当に学んでいるのは、ある文字や言葉にシンボライズされた運命や性格の“イメージ”です。そのイメージをこの時代の現実の世界や人の状況などに当てはめて、よりふさわしい言葉を探して、また言葉で伝えるというのが占いの作業なのです。

それで、いつか私は、その占いがとらえている、その“イメージ”を言葉ではなく、ダイレクトに伝えられるビジュアル的な占いを作れないものか？　と考えていました。

とはいえ絵が描けるわけでもない私、とても難しいだろうと思っていましたが、デジタル技術の発達がそれを可能にしてくれました。

この度、「六十干支」を元に、あなたの本質と生きている世界を表す占い「運景」をWeb公開することになり、それに合わせて、この書籍を出版させていただきました。

自分の本質と今、巡っている運勢に合った生き方を選ぶことが、誰にとっても開運と幸せにつながります。

どうぞ「運景」の占いで、そのイメージをつかみ、開運のきっかけをつかんでください。

2021年（辛丑年）立春　**水晶 玉子**

Contents

この先に不安を抱えたあなたに贈る運命の一冊。季節が変われば自然の景色が変わるように、あなたを巡る状況も年齢とともに変化します。あなたはどんな景色とともに生まれ、この先、どう生きていくのでしょうか？

UNKEI

運景の基本

STEP

1 運景って何？

十干・十二支の「六十干支」から生まれた「運景」占い

「運景」の占いのもとになっているのは十干・十二支の「六十干支」です。

十干と十二支は、古代中国で時間や方位などを表すために生まれたともの。その起源は、「陰陽五行」よりも古いといわれます。

漢字は、象形文字であり、「十干」（甲・乙・丙・丁・戊・己・庚・辛・壬・癸）も、「十二支」（子・丑・寅・卯・辰・巳・午・未・申・酉・戌・亥）も、大自然の中で繰り広げられる生命の盛衰と循環になぞらえて当てはめられた文字であるとされます。これらの文字で暦が作られ、やがて、それが占いに発展していったのは、古代の人々にとって自分たちを取り囲む自然の姿、自然の摂理こそが師であり、神だったことの証かもしれません。

「運景」では、「十干」を次のように自然の中の事象に置き替えて表します。

甲（木の兄　きのえ）　⇒木
乙（木の弟　きのと）　⇒草
丙（火の兄　ひのえ）　⇒太陽
丁（火の弟　ひのと）　⇒灯火
戊（土の兄　つちのえ）⇒山
己（土の弟　つちのと）⇒畑
庚（金の兄　かのえ）　⇒岩
辛（金の弟　かのと）　⇒宝
壬（水の兄　みずのえ）⇒海
癸（水の弟　みずのと）⇒雨

生まれた日の「干」はその人の本質に通じている

生まれた日の「干」がその人の性格の本質に通じるものとして、「運景」では、これを景色の中心に置いています。

この「十干」の置き換えは、他の占いなどでもよく見るものだと思います。
「運景」の占いとしての特徴は、ここに「季節」の影響を加味して性格や運勢をみる点です。

たとえば、同じ日干が「甲」＝「木」の人であっても、生まれた季節が春の人なら、まさに満開の花が咲く樹木のように、華やかで穏やかな印象の人でしょう。もし、生まれた季節が冬ならば、葉を落とした姿で冷たい空気の中にスクッと立つ樹木のごとく、一見、地味でも自分の本質を見せる強さを持つ、何事にも筋を通す凛としたタイプになるでしょう。

日干が「癸」＝雨の人で、夏の生まれならば、夕立のように、時に感情を爆発させるけれど、基本的には天気雨のような軽やかな“おしめり”でみんなを喜ばせるタイプ。逆に冬生まれであれば、雨は雪になり、真っ白な冬景色のように、クールで本質は見えにくいけれど、不思議な存在感を発揮する人です。

あなたの運勢の“季節”は
30年単位で変化する

あなたの生まれた季節は、もちろん誕生日で決まっています。「日干」に宿った、その季節の影響は生涯、消えるものではありません。

けれど、季節は常に巡り、自然の姿を変えていくように、あなたの運勢の“季節”も変わっていきます。

運勢のひとつの季節の単位は30年です。
長い、と思うかもしれませんが、その変わり目がいつやってくるかは人それぞれ違います。

一番、早い人は生まれてすぐの1歳の誕生日に季節が変わることもあります。逆に、どんなに季節の節目が遅く来る人でも、30歳までにはあなたの運勢の“季節”は一度変わります。

多くの人が子どものときと大人になってからの印象が変わったり、若いときと壮年の時期の雰囲気が少し変わるのは、この運気の“季節”が変わっている影響なのかもしれません。
あなたは、今、どの季節の運気を生きているのか、それを知って、それにふさわしい生き方はどんなものなのかをお伝えするのが、この「運景」です。
私たちは、寒いときには暖房を使い、外に出るときはコートを着ます。暑いときには薄着になり、水分を補給します。それと同じように、運気の季節に合わせた過ごし方、するべきことがあるのは、当たり前のことなのです。
また、自然は時々、荒ぶる日があるように、あなたの「運景」にも、時々、予想もしないような出来事も起こります。たとえば、誰にでも12年に２年間、１年に２か月間、12日に２日間巡ってくる「天冲殺」と呼ばれるイレギュラーな運気があります。

「天冲殺」は、けして不運なことばかりが起きる時期ではありませんが、この運気のときは、自分ではコントロールしきれなくなりがち、それはあなたの「運景」の中に、さながら“隕石”が降ってくるような時期ともいえます。

「運景」は人生の長期的な“天気予報”のようなもの

今回のこの「運景」の本は、あなたの運気の長期的な“天気予報”のようなものといえるかもしれません。
そんな“天気予報”を知るうえで重要なことは、「季節に吉凶はない」ということです。
もちろん日干によって、本領発揮しやすい季節と、そうでない季節はあります。でも季節は巡るもの。一番大切なのは、季節の流れに逆らわずに、今の季節に合った生き方を選ぶことです。

あなたが自分の今の運気の季節に合った生き方をしていれば、どの季節でも美しい「運景」を生きることができるでしょう。
自然は、どんな季節でも美しい姿を見せてくれるのですから。

STEP

2 自分の基本タイプを知ろう

普段の暮らしのなかでは、あまり意識しないことかもしれませんが、昔から私たち人間は、大きな自然のなかで、その法則にしたがって生きています。古代中国では、そんな人間の一生と、それにまつわる運命を、自然になぞらえて生きてきました。

この世界を支配する「気」には10のタイプがあり、それらは自然界にあるものと似た資質を持っています。

中国で生まれた十干・十二支では、運気を構成する要素を自然界にあるさまざまなものにたとえますが、その人が持って生まれた「気」をこれらに置き換えていくと、その人だけの美しい風景が生まれます。

その風景には、春夏秋冬の季節が巡り、“運景大陸”と呼ばれる立体になるのですが、ここではまず、風景の中心要素となる、木、草、太陽、灯火、山、畑、岩、宝、海、雨という10の基本タイプ（運景の10タイプ）について見ていきましょう。これは「日干」と呼ばれる、あなたが生まれた日に地上を支配していた「気」に紐づいたものであり、あなた自身をあらわすもの。

「運景」のベースになっている六十干支を使う占いはとても精密で難易度の高い占いですが、その構成要素を、イラストを通して10のビジュアルでとらえることで、直感的にその世界観を理解できるはずです。

たとえばまっすぐに立ち、空に向かって成長する木、青々と茂り、あちこちへと広がっていく草、さんさんと輝く太陽、というように、自分が生まれたときから背負っている「気」がどんなものなのかを知れば、自分らしい生き方を見つけていくことができるようになります。

タイプの出し方

P.148～の表から自分の生年月日を選び、
〈日干〉の箇所をチェックしてください。
そこに書かれているのがあなたのタイプです。

雨タイプ です

例：1980年12月26日
生まれの場合

日干	月干	男	女
10雨	25子	＋3	－6

運景の 10 TYPE

木タイプ

「誰かのために」で力を発揮
日々の努力は裏切らない

P.12へ

草タイプ

しなやかな強さの持ち主
どんな環境にも適応する柔軟性

P.22へ

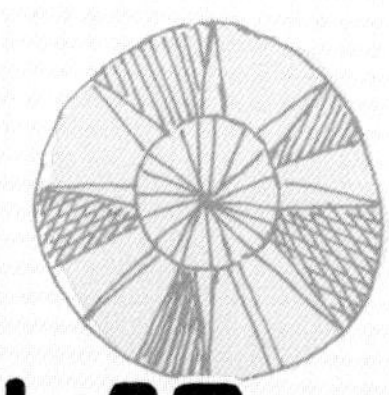

太陽タイプ

空に輝く太陽のように
すべてを温かく包み込む

P.32へ

灯火タイプ

見た目とは裏腹の
ミステリアスさが魅力

P.42へ

山タイプ

悠然と構えて
「あなたらしさ」を忘れない

P.52へ

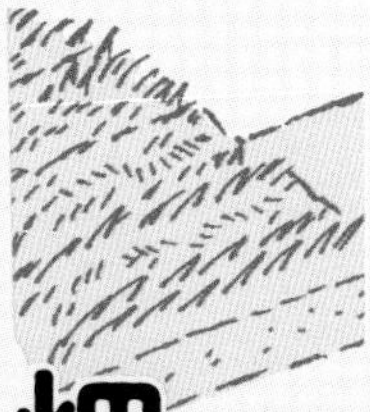

畑タイプ

何でもできてしまう多芸多才
メンタルケアを大切に

P.62へ

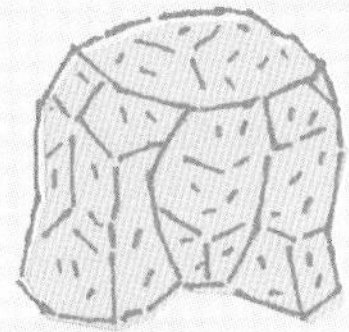

岩タイプ

一度決めたら突き進む
負けず嫌いなチャレンジャー

P.72へ

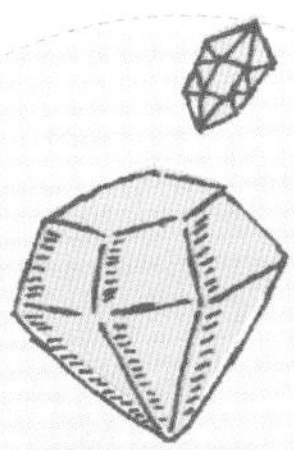

宝タイプ

愛され上手な上昇志向
独特な美意識を活かして

P.82へ

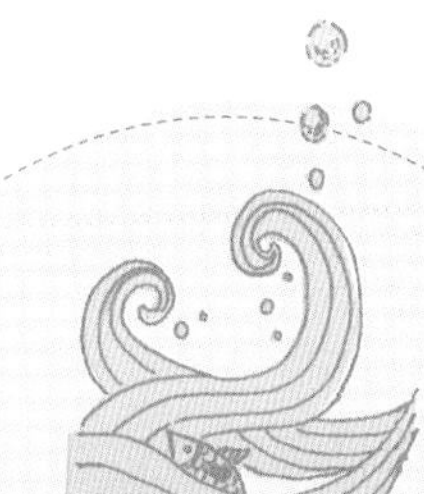

海タイプ

自由自在に形を変えて
すべてを優しく包み込む

P.92へ

雨タイプ

清らかな優しさを持つ
思慮深い空想家

P.102へ

STEP

3 季節の流れを知ろう

人生の四季の流れを知って、それに合った生き方をする

人生にも四季といえば、思春期が春で、青年期が夏、秋の壮年期にだんだん黄昏れて、老年期が冬というのが一般的なイメージかも。でも「運景」でいう運勢の“四季”はそうとは限りません。

まず、あなたが生まれた時の季節が人生の四季の始まりです。そして人生の四季、暦でいう四立＝立春（２月４日頃)、立夏（５月５日頃)、立秋（８月７日頃)、立冬（11月7日頃）で区切られます。たとえば8月10日生まれの人は夏生まれのようですが、秋生まれです。四立の日にちは、年によって微妙に変わるので、その前後の生まれの人は、巻末の表で、生まれた季節を確かめてください。

運勢をみるとき、人生の“季節”は一生で一巡りすると考えます。占いでは、一生を120年と考えるので、基本的にひとつの季節は30年（10年巡る「大運」の３つ分)。ただし、最初の季節の変わり目がいつやってくるかは、人それぞれ。生まれた翌年に季節が変わる人もいれば、30年後に変わる人もいます。
そして、季節の巡りにも、２種類あります。

春⇒夏⇒秋⇒冬⇒春　と、実際の季節と同じ巡りの順行（巻末の表では＋マーク）
春⇒冬⇒秋⇒夏⇒春　と、実際の季節と逆回りの逆行（巻末の表では－マーク）
（男性は西暦での生まれ年が偶数の人が順行、奇数の人が逆行、女性は西暦での生まれ年が奇数の人が順行、偶数の人が逆行です）

繰り返しますが、春や夏が運気のいい時期、秋や冬が運気の悪い時期ではありません。その人の基本タイプ（生まれ日の日干）で、本領を発揮しやすい季節はそれぞれ違います。そして、どの季節でも、その時々に合った生き方をすることで運気は上げられるのです。

生まれた季節の持ち味は、一生変わりませんが、そのうえで人生のさまざまな四季を味わい、そこを生きることは、その人の成長であり、多くの幸せを知ることと言えるのです。

あなたの人生の季節の出し方

P.148～「運景早見表」の自分の生年月日欄の性別の数字をチェックして、「人生チャート」のスタート年齢にその数字を書き込みましょう。＋の場合は順行、－の場合は逆行になります。スタート年齢に10を足しながら、年齢を記入しましょう。書き込んだ年齢と生まれ月の干支欄を横に見て、現在の年齢より前で一番近い欄が、現在のあなたの人生の季節です。運気は10年ごとに変わりますが（大運）、人生の季節は30年単位。下の欄で色が変わるときが、人生の季節の変わり目です。

例）1980年12月26日生まれの女性の場合

「運景早見表」の自分の生年月日欄の女性の数字は－6になる。逆行の書き込み欄に10年ずつ、16歳、26歳、36歳……というようにスタート年齢に10を足した年齢を書き込む。生まれ月の子の欄に合わせてみると、36歳からは黄色の申の運が巡っているので、40歳現在の「人生の季節」は「秋」。46歳から未の運になり、欄の色は緑に変わり、季節はここから「夏」になる。

←（－）逆行						生まれ月の干支
					スタート年齢	
56歳	46歳	36歳	26歳	16歳	6歳	0歳
午	未	申	酉	戌	亥	子

秋の雨

←（－）逆行											生まれ月の干支	順行（＋）→										
										スタート年齢		スタート年齢										
歳	歳	歳	歳	歳	歳	歳	歳	歳	歳		0歳		歳	歳	歳	歳	歳	歳	歳	歳	歳	歳
丑	寅	卯	辰	巳	午	未	申	酉	戌	亥	子	丑	寅	卯	辰	巳	午	未	申	酉	戌	亥
寅	卯	辰	巳	午	未	申	酉	戌	亥	子	丑	寅	卯	辰	巳	午	未	申	酉	戌	亥	子
卯	辰	巳	午	未	申	酉	戌	亥	子	丑	寅	卯	辰	巳	午	未	申	酉	戌	亥	子	丑
辰	巳	午	未	申	酉	戌	亥	子	丑	寅	卯	辰	巳	午	未	申	酉	戌	亥	子	丑	寅
巳	午	未	申	酉	戌	亥	子	丑	寅	卯	辰	巳	午	未	申	酉	戌	亥	子	丑	寅	卯
午	未	申	酉	戌	亥	子	丑	寅	卯	辰	巳	午	未	申	酉	戌	亥	子	丑	寅	卯	辰
未	申	酉	戌	亥	子	丑	寅	卯	辰	巳	午	未	申	酉	戌	亥	子	丑	寅	卯	辰	巳
申	酉	戌	亥	子	丑	寅	卯	辰	巳	午	未	申	酉	戌	亥	子	丑	寅	卯	辰	巳	午
酉	戌	亥	子	丑	寅	卯	辰	巳	午	未	申	酉	戌	亥	子	丑	寅	卯	辰	巳	午	未
戌	亥	子	丑	寅	卯	辰	巳	午	未	申	酉	戌	亥	子	丑	寅	卯	辰	巳	午	未	申
亥	子	丑	寅	卯	辰	巳	午	未	申	酉	戌	亥	子	丑	寅	卯	辰	巳	午	未	申	酉
子	丑	寅	卯	辰	巳	午	未	申	酉	戌	亥	子	丑	寅	卯	辰	巳	午	未	申	酉	戌

春　夏　秋　冬

ビートたけしさんの人生で見る季節の流れ

ビートたけしさん（1947年１月18日生）は「冬の灯火34」の人。冬の灯火は暗い所を照らし、鋭い熱で狭い範囲を温める不思議議に目立つ人です。７歳で季節は春に変わり、鋭さは柔らぎ、芸人の世界へ。漫才ブームを迎え、テラスお笑いでブレイクします。37歳で夏を迎え、灯火は大きく燃え広がり、活動範囲が広がりました。そのころからドラマ出演、北野武名義での著作、映画監督の仕事を展開。裏側の世界に火を当てるようなやや暗い作風は、本質の「冬の灯火」らしいもの。灯火は夏には勢いがつきすぎるので、40代のころには出版社襲撃事件やバイク事故もありました。後の再婚相手と個人会社を設立、軍団仲間との決別が始まったのは人生の季節が夏から秋へ変わった67歳のころからでした。

TREE

木タイプはこんな人

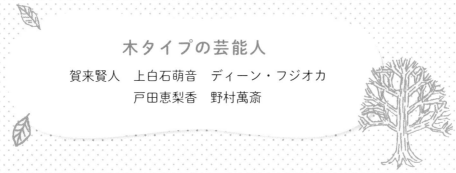

木タイプの芸能人

賀来賢人　上白石萌音　ディーン・フジオカ
戸田恵梨香　野村萬斎

全体

「誰かのために」で力を発揮
日々の努力は裏切らない

上へ上へと伸びていくような、上昇志向にあふれている木タイプ。何事に対しても一生懸命に、一度決めたことは最後まで貫き通す意志の強さを持っています。掲げた目標や夢に向かって着実に成長していけるタイプですので、周囲からの信頼も厚い人が多いでしょう。暑い日には涼しい木陰を作り出し、風の強い日には雨風をしのぐ盾として、誰かを守ることや、支えることで、あなたの持つ魅力はよりいっそう輝きます。ただ、何事にも全力投球してしまうあまり、急なトラブルへの対処を苦手としていたり、柔軟性に欠けてしまう一面も持っています。

木が大きく育つためには陽の光はもちろんのこと、地面から吸い上げる栄養、つまり目に見えないエネルギーも必要です。日々の努力の積み重ねが、そのまま、あなたの成長の糧になるのです。目の前のことやあなたの周りの人たち、環境を大事にすることで木は大樹へと成長し、幸せを手にすることができるはず。

恋愛

堅実な恋愛を好む
相手を信頼し自然体で

恋愛においても非常に真っ直ぐで、ウソがつけない木タイプ。そのため、一度好きになった相手にはとことん尽くす、献身的な人が多いのが特徴。燃え上がるようなドラマティックな関係よりも、堅実に少しずつ距離を縮めていくような恋愛を好みます。

恋人の前ではつい、いい格好をしてしまいがちな一面も。ただ、ずっと背伸びをしていては疲れてしまいますし、それを見抜いた相手からも「心を開いてくれてないのかも……」という印象を抱かれてしまいます。

「強い自分」を演じ続けるのではなく、「ありのままの自然体の自分」をきちんと相手にさらけ出せるかが、恋愛を長続きさせるカギになるでしょう。

仕事
お金

真面目さが持ち味
信頼できるしっかり者

時間をかけて強固な信頼関係を築くことを得意としているので、金融関係の仕事や不動産業、あるいは縁の下の力持ちになれるようなマネジメント業が向いていると言えるでしょう。特に営業面では木タイプ特有の人当たりのよさ、穏やかな雰囲気がプラスに。

金額の大きな商材や、重大なプロジェクトを任せられるだけの存在感も持ち合わせており、職場やチーム内でも欠かせない人物として、非常に高い評価を得ているでしょう。

堅実な運気を持つ木タイプの人ですので、金運も非常に安定しています。貯蓄をする際は何となく始めるのではなく、まず最初に目標金額や使い道を明確に設定することを意識しましょう。

TREE

春の木

人生チャートが**寅・卯・辰運**のとき

※人生チャートの出し方はp11を参照

小さな生命力を感じさせる春の木
その身にいっぱいの力を溜め込んで
スタートを切るときを待っている

本当にやりたいのはどんなこと？
どんな「好き」を伝えたい？

焦ることはないからゆっくり考えて
芽吹いていくその力で
大切なものを守り、育てていこう

全体

奥に秘めた魅力と能力が開花
本当にやりたいことをみつけて

春の温かい陽気に誘われて、木からは、小さな若葉が芽吹き、青々とした葉の中につぼみが生まれ、やがてひとつふたつと花が開き始めます。そして一気に満開になって、花盛りを迎える春の木のように、その秘めた能力や魅力を開花することができる運気のときです。最初は、試行錯誤や苦労があっても、自分らしくいられる居場所を見つけられ、その上昇志向の強さで目指してきた地点に達することができるときでもあります。穏やかで、ほのぼのとした愛らしい雰囲気を漂わせながらも、しなやかな内面の強さを秘め、充実した日々を送れます。

春の季節が巡ってきたら、何歳であっても、本当にやりたいことに挑戦すべき。また本当にやりたいことに出会えたりもします。身近なところに幸せを見つけ、大切な存在をしっかり守るのによいでしょう。春の季節に自分らしく頑張って得た有形無形のものが、花が終わった次の季節の過ごし方を決めるでしょう。

恋愛

恋のこれからが決まる ターニングポイント

まるで早春の木々のように、初々しい恋の季節を迎えるこの時期のあなた。接した相手をほっこりとさせるあなたの姿は、間違いなく好感を与えるでしょう。そのため、この時期は小さな出会いも多く訪れ、胸をときめかせることになりそうです。素敵な相手と巡り会い、一目ぼれをする予感もあり、好きになった相手を一途に想い続けるでしょう。

そのけなげさ、ひたむきさが伝われば、相手の心を動かすかもしれません。そして、恋の未来に期待が持てそうなエピソードも生まれるでしょう。ただ、相手の反応がよくなってきたからといって、一気に恋を動かそうとするのはやめて。この時期は、恋を大きく実らせるためにも、長期戦で臨みましょう。

アドバイス

誰にでもいい顔をすると 誤解を受けそう

この時期、何よりも気をつけたいのが、せっかちになりやすいこと。普段は物事を長い目で見られるあなたも、つい気が早くなってしまうかもしれません。特に、恋の場面で結果を急ぐあまり、相手を追い詰めるような行動を取る恐れが。大切な恋は、じっくり時間をかけながら、育みたいものです。

それゆえ、一歩ずつ距離を縮め、段階を踏んで仲良くなるよう心がけてください。また、魅力が増すこの時期のあなたは、嫌でも周囲の目を引き、モテるはずです。だからといって、誰にでもいい顔をしていると、本命の相手から誤解を受けるでしょう。そうならないためには、本命の相手とその他の相手との間に、一線を引き、態度でハッキリ示して。

TREE

夏の木

人生チャートが**巳・午・未運**のとき

※人生チャートの出し方は p11 を参照

すくすくと成長していく夏の木
その枝葉を堂々と広げ、誇らしく生きている

集まった多くの生き物は
憧れと信頼のまなざしで木を見上げるだろう

ときに寂しさを隠すかもしれない
痛みをこらえることもあるかもしれない

だけどその木は今日も堂々と立っている

全体

自信に満ちあふれるパワフルな時期
誰からも頼りにされそう

樹木がすくすくと成長していく夏の時期に入ったあなたは、自信に満ちあふれているはずです。まるで青々と葉を繁らせる樹木のように、どこから見ても立派でしょう。力強い生命力と魅力が備わり、誰からも一目置かれ、頼りにされそうです。あなたの元へは大勢の人が集まり、心を寄せるでしょう。「この人なら助けてくれる」「この人に頼めば安心」……といった声が、多数聞かれるようです。そして、あなたは自然と中心的存在になり、リーダー役を任されることに。

そんなあなたですから、周囲の期待に応えたい、みっともないところは見せられない、という意識が強烈に働き、めったに弱みを見せなくなるでしょう。本当は心細くて不安だらけの場面でも、強がってしまうはず。ときには、あなたを本気で心配する声に、耳をふさぐことさえあるかもしれません。このように、パッと見では強くてたくましいあなたですが、内面では孤独を抱えているので強がらずに。

木
草
太陽
灯火
山
畑
岩
宝
海
雨

恋愛

悩み事の相談に乗れば どんな相手も陥落

堂々たる魅力を放つあなたの周りには、大勢の相手が集まってくるでしょう。そのため、この時期はあなたの方から動かなくても、出会いには恵まれそうです。中には、ずいぶん年下の相手がいるかもしれません。また、悩みを抱えている相手の相談に乗っているうちに、「何とかしてあげたい」「助けてあげたい」という気持ちが湧き、それが恋愛感情へと変わる……という可能性も。

このように、この時期のあなたは求心力が抜群です。そのため、さまざまなタイプの相手が寄ってきて、あなたの愛情を欲しがるでしょう。一方、いわゆる雲の上の存在に恋をする可能性も。自信と魅力にあふれたこの時期のあなたなら、成就も容易です。

アドバイス

弱点をさらけ出せる オアシス的な人を見つけて

本当はつらいのに、なかなか言い出すことができない……この時期のあなたは、そんな悩みを抱えやすいでしょう。なぜなら、周囲から「強い人」というイメージを持たれているからです。あなた自身、弱点をさらけ出すのをためらうでしょう。けれど、気づかないフリをしても、心は悲鳴を上げているのです。

そのことを自覚し、素直に弱さを見せられる相手を見つけましょう。あなたにとって、オアシスとなってくれる人物が、必ずそばにいるはずです。また、「人からどう評価されているか」ばかりにとらわれてはいけません。あなたの価値は、外に現れている部分だけではないはず。あなたの弱さも寂しさも受け入れてくれる相手と、心と心がつながる関係を。

TREE

秋の木 人生チャートが**申・酉・戌運**のとき

※人生チャートの出し方は p11 を参照

実りの季節がやってきた
これまでの努力が結実するとき

いつの間にか冷たくなった風に
散り始める木の葉の切なさに
ほんの少し焦るかもしれないけれど
大地は秋の木を祝福している

見てごらん、世界は美しい
黄金色に色づいた秋の木は、誰より美しい

全体

努力が実り成果が手に入りそう
静かに過ごすことで内面が充実

木の葉が散り始める秋の時期に入ったあなたは、どうしようもない焦りを感じ始めるかもしれません。「このままではいけない」という思いに支配され、すべてにおいてせっかちに。とりわけ、これまで時間をかけて取り組んできたことの結果を急ぐでしょう。しかしながら、実りの時期でもある秋は、努力が実るときでもあります。焦らなくても、マイペースで努力さえ続けていれば、いずれ成果が手に入るはず。その日を信じて、まずはあなた自身にたっぷり栄養を与えましょう。

内面を磨くことに力を注ぎ、たまっていた本を読んだり、芸術に触れたりしてみては？　また、関心を抱き続けてきた学問があるなら、この機会に学び始めましょう。カルチャー講座や専門学校の通信教育に入学するもよし、専門書を買い込んで独学するもよし。一方、この時期は、外を出歩くよりも、静かに過ごしたいもの。休日はゆっくり体を休めつつ、趣味に没頭しましょう。

恋愛

曖昧な関係に決着
長年の恋が実ることも

この時期のあなたは、曖昧な関係に決着をつけたくなりそうです。もし、進展しないまま止まってしまった恋をしているなら、結論を急ぐはず。特に、何年も片想いをしている場合、この辺りで見切りをつけるかもしれません。とはいえ、早まった決定をする恐れもありますので、タイミングの見極めは大切。

果たしてこの恋には本当に未来がないのか、今一度振り返ってみましょう。相手の気持ちを確かめるのにも、最適のタイミング。長年温めてきた想いを相手に打ち明ければ、思いがけず実りの瞬間を迎える可能性もあるでしょう。一方、出会いに関しては、数は少ないものの、精神的な絆で強く結ばれそうな相手と巡り合えるはずです。

アドバイス

結論を急がないで
深追いも禁物です

不意に孤独と焦りを感じ始めたら、要注意。結論を急ぐあまり、間違った結果を導きやすいでしょう。そうならないためには、まず落ち着くこと。たとえその場で結論が出なくても、強引に推し進めようとしたり、無理やり追いかけたりするのはやめましょう。こと恋愛や人間関係においては、どうしても深追いしたくなりますが、グッとこらえて。忍耐の先にこそ、正しい道が開けていると信じ、いずれ来るチャンスを待つことが肝心です。

この時期に焦って動き回っても、よい結果を生み出すどころか、逆効果の結果を招いてしまう可能性も。ですから、今は自分の内面を向上させることを考え、一人の時間を確保して、私生活を充実させましょう。

TREE

冬の木 人生チャートが**亥・子・丑運**のとき

※人生チャートの出し方は p11 を参照

厳しい寒さに耐える冬の木
木の葉が落ち、むき出しになった枝は
一見すると悲しくも見えるかもしれない

けれどその根は
大地の下にしっかりと巡って
来たるべき季節への準備を始めている

枝の先に小さな蕾
鉛色の空の下で、うれしそうに揺れている

全体

活動期に向けた大事な準備期間 過去をおさらいし、欠点の補足を

すっかり木々の葉が落ち、むき出しの枝が鉛色の空に伸びている……そんな冬の時期のあなたは、周囲の物事が停滞しているように見え、退屈さを覚えそうです。変わらない毎日が続くと思えば、気が滅入る場面もあるでしょう。けれど、大地の下ではしっかりと根が張り、春に向けた準備がすでに始まっているのです。実際の冬の木々もよく見ると、小枝の先にはまだ固いものの、もうつぼみがついているのがわかるでしょう。まさに、たくましい生命の息吹そのものです。

このように、冬の時期は、ただ寒さに耐えるだけのシーズンではありません。活動期を万全の状態で迎えるための、大切な準備期間なのです。それゆえ、この期間、いかに「栄養」を蓄えておくかで、次の春がどういう時期になるかが決定づけられると言っても過言ではないでしょう。また、この時期は、地盤を固めるのにふさわしいときでもあります。今の自分に足りないものは何かを見つけてください。

恋愛

確かな愛を求めて 古い恋を捨てることも

この時期のあなたは、息の長い誠実な愛情を求めるはずです。あなたの真っすぐな想いを正面から受け止めてくれる……そんな相手を探すでしょう。一方、自分からは積極的なアプローチをためらい、受け身になってしまうかもしれません。また、自信喪失して「恋なんてしたくない」と下を向くことも……。

けれどそう思う反面、愛されている実感を確かに得たいという願望は、強まるばかりでしょう。片想いの場合、相手への気持ちを試される場面がありそうです。本当にこの人を想い続けてよいのか、愛が報われるときは来るのだろうか……と、あなたは悩むでしょう。ここで想いを断ち切り、新しい相手を見つけるのも一つの手かもしれませんね。

アドバイス

この時期の努力が 次シーズンに数倍花開く

厳しい冬の寒さに耐えながら、春に向けて準備を整える樹木のように、この時期は忍耐を強いられる場面が多くなるかもしれません。そういうときだからこそ、腐らず、自分を磨いておくことが大切なのです。幸いにして急かされる場面は少なく、時間の余裕もあるはずですから、その間にさまざまな知識や技術を身につけておきましょう。それらはきっと、次のシーズンで役に立ちます。

逆に、いくら努力してもすぐに成果が現れないからと言って、途中で放り出してしまうと、準備不足で未熟なまま活動期を迎え、幸運の波に乗れないでしょう。周囲の状況が固まり、動きにくいこの時期だからこそ、落ち着いて物事に取り組めるはずです。

GRASS

草タイプはこんな人

草タイプの芸能人

有村架純　香川照之　柴咲コウ
松坂桃李　松任谷由実

全体

しなやかな強さの持ち主 どんな環境にも適応する柔軟性

物腰が柔らかく、一見頼りなく見られがちな草タイプ。しかし、その本質は誰よりもしなやかで、心に一本芯の通った部分を秘めています。踏まれても再び芽を出す草のように、どんなことがあっても諦めない力強さを持った人なのです。

そのため、人の痛みを理解し、寄り添ってあげられる優しさを持っています。悲しいときは一緒に泣いてくれるのです。それは表面的なものだけでなく、長くつき合いを続け、心の奥底にまで触れて初めてわかる魅力と言えるでしょう。

また、柔軟性が豊かでどんな人とでも打ち解けることができるため、あなたの周りには自然と人が集まるでしょう。新しい環境にもすぐに適応できるタイプでもあります。その反面、非常に影響を受けやすい性格のため、長くつき合う相手によって運気が大きく左右されることも。恋愛や仕事どちらの場面でも、「この人と何かを成し遂げたい」と思える人との絆を大切に育てていきましょう。

恋愛

少し奥手な気配り上手 相手の幸せこそ自分の幸せ

草タイプの人は、相手に合わせるような恋愛を好む傾向にあります。自分にとっての幸せよりも、相手が心地よく過ごせているか、不自由はしていないかに気を遣ってしまうのです。そのため、相手がエネルギッシュな恋愛を好む人だった場合は、少し物足りなく感じさせてしまうかもしれません。

ただ、草タイプの人も、何でも受け入れるということではなく、「ここだけは許せない」という頑固な一面も持っています。

恋愛に対して非常に真剣に捉えており、交際期間が長くなると、自然に同棲や結婚の話も挙がることでしょう。新しい関係性になっても不安なく過ごすことができる、恋愛を心から楽しめるタイプと言えます。

仕事
お金

どんな環境に置かれても やるべきことをやり通す

困っている人に手を差し伸べたり、誰かから必要とされることに喜びを感じる草タイプ。その資質が最大限に活かされるのは、学校の先生や医療関係者など、直接的に社会や誰かの力になれる職業でしょう。

草が広大な土地や岩の隙間、日陰、急な斜面など、どんな場所でも根を張ることができるように、あなたはどんな環境に置かれたとしても、その場所で最大限のパフォーマンスを発揮することができるはず。ひたむきに仕事に取り組む姿勢は、やがて周囲からの信頼としてあなたの評価へつながります。

信頼できる仲間と共に辺り一面をのどかな草原にしていくように、広いコミュニティを形成することを意識しましょう。

GRASS

春の草

人生チャートが**寅・卯・辰運**のとき

※人生チャートの出し方はp11を参照

萌えいづる春の草
楽しい空気の中で、喜びの歌をうたっている

自信を持って大丈夫
この時期の思いがけない出会いが
春の草をますます輝かせてくれる

次々とチャンスがもたらされる
花に蝶が引き寄せられるように
幸せが春の草のまわりに集まってくる

全体

魅力にあふれ注目を集める
華やかなシーズンが到来

多くの人たちから注目を浴びる、華やかなこの時期のあなた。活躍の場もたびたび与えられ、魅力や才能を発揮できるでしょう。また、新しい出会いも多く、その人達との交流を通して、たくさんのチャンスが巡ってくるようです。たとえ普段は目立たないように振る舞っていたとしても、この時期は思い切って表舞台に飛び出しましょう。そこで知り合った人とのやり取りが、あなたをますます輝かせてくれるはずです。それゆえ、できるだけフットワークを軽くして、相手のタイプを問わずコミュニケーションを取りましょう。さまざまな人たちとの交流が、よい刺激に。

とはいえ、ガツガツした姿勢を見せる必要はありません。この時期のあなたは、人の心を自然とつかんでしまうたたずまい。ですから、がむしゃらに、どん欲に接近するというよりも、あくまでさりげなく、スッと近づいていくスタンスを心がけましょう。あなたのナチュラルな魅力が光り、いっそう愛されるはずです。

恋愛

人目を引くモテ期
本命からの誘いも

人目を引く華やかさと、人当たりのよさ。この時期のあなたは、モテる雰囲気にあふれているでしょう。実際のところ、あなたに一目ぼれする相手も現れ、接近してくるはずです。もし、あなたが新しい出会いを求めているなら、あなたのほうから声をかけて。相手はもしかすると、魅力的なあなたを前にして、もじもじしているかもしれません。

一方、片想いをしている場合、急接近のチャンスが訪れるはず。いつも以上に明るいあなたを前にすると、花に引き寄せられる蝶のように、心を奪われずにはいられないでしょう。想いを寄せる相手から誘いを受けたなら、迷わずうなずくこと。そこから二人の関係は、一気に深まるでしょう。

アドバイス

行動半径を広げ
積極的に動き回って

せっかく魅力が増し、注目を集めやすくなっているのですから、積極的に行動範囲を広げなければもったいない。この時期のあなたは、それに尽きます。あなたの周囲には、おそらく新しいタイプの人物がたくさん集まってくるでしょう。その人たちは、あなたにチャンスや幸せをもたらしてくれるラッキーパーソンかもしれません。ですから、進んでその人たちと交流し、飛躍してください。

最初の一歩が踏み出しづらいなら、まずは、自分に自信を持って。そうすれば、あなたがどうしても「こうしたい」と願うことに協力してくれ、叶えてくれるはず。そのためにも、あちこちにネットワークを張り巡らせておく必要があるのです。

GRASS

夏の草

人生チャートが**巳・午・未運**のとき

※人生チャートの出し方は p11 を参照

青々と生い茂る夏の草
元気いっぱい、明るい笑い声をあげている

今は衰えを知らず
悲しみや寂しさとは無縁の世界で
にぎやかに踊る夢の中

そしてひっそりと夜が更けたら
遊び疲れて傷んだその身を
ひんやりとした土にそっと横たえて

全体

元気に見えてもスタミナ不足
甘えられるときは素直に甘えて

青々と生い茂り、活気にあふれている夏の草のごとく、この時期のあなたは一見するとパワフル。けれど、意外にもスタミナそのものはそれほどないようです。それゆえ、無理をするとすぐに電池切れを起こしてしまうでしょう。特に、元気があるからといって、徹夜で活動したり、行動範囲をやたらと広げたりした場合、ダウンする恐れも。こういう時期ですから、自分の気力や体力を過信しないようにしましょう。一方、あなたの魅力そのものは大きく花開いていている時期でもあります。

一生懸命に頑張っているあなたは、多くの人から愛され、周囲の心を惹きつけるはず。困ったことがあれば、差し伸べられる手を取り、素直に甘えましょう。あなたから頼られることをうれしく思う相手が、いくらでも現れるはずです。中には知り合ってすぐの人物が、あなたの力になりたいと申し出てくるかもしれません。その人物は、これからの人生において重要な存在になるはず。

恋愛

ハイレベルな相手も
心を奪われるモテモテ運

あふれんばかりの魅力を発揮している、この時期のあなた。そのため、大勢の相手があなたに近づき、親しくなりたいと願うでしょう。あなた自身も、出会いを求めてフットワークが軽くなり、交流を拡大させていきます。そのため、たくさんの相手を引き寄せ、心を奪うでしょう。その相手は、普段なら手が届かない存在である可能性も。

二人の恋は急速に進展し、華やかな恋模様が繰り広げられるはずです。ただ、すぐに深い関係になろうと焦ると、息切れを起こしてしまいそうです。恋のスタミナそのものはあまり強くない時期ですから、無理をしないこと。片想いをしている場合、ついに相手の心が傾くでしょう。いつしかあなたの虜に。

アドバイス

オーバーワークに注意
疲れたら小休止を

一見、元気そうに見え、スタミナにも恵まれているように思えるこの時期のあなたですが、実際はそうでもないでしょう。派手に動き回れば当然、体力が奪われますし、精神的にも疲れるはずです。ところが、難なく体が動くだけに、あなたはそのことを自覚できないよう。そのため、気がつけばダウン……という事態になりやすいでしょう。

この時期は、今まで築いた人脈を活かすこと。疲れてきたな……と感じたら、一人で抱え込まず、人に甘えましょう。とはいえ、突然、接点のない相手に頼み事をしても、困惑されるだけ。そういうときのために、日頃からコミュニケーションをしっかり取り、人とのつながりを切らさない工夫を。

GRASS

秋の草 人生チャートが**申・酉・戌運**のとき

※人生チャートの出し方は p11 を参照

さわやかな風に吹かれ
音を立ててそよぐ秋の草
美しい音楽を奏でているみたい

その音は草から草へと伝わって
辺り一帯に共鳴を呼ぶ

そんな時間の共有を通して
いたるところで友情が生まれ
感動が遥か彼方に広がっていく

全体

人間関係が盛り上がる にぎやかで楽しいひとときが

さわやかな風に吹かれ、音を立ててそよぐ草花のごとく、この時期のあなたは、周囲がにぎやかでしょう。人と意気投合する場面も多く、その場で盛り上がって、一緒に遊びに行く……などの場面も増えそうです。あなたの元へは感性のピッタリ合う相手が何人も集い、居心地のいい空間を思い起こさせるかもしれません。また、友人や仲間と過ごすことで、思いがけない幸運に巡り合える可能性も。

このように、この時期のあなたは、人と行動をともにし、過ごすほど運気が上がるでしょう。特に、趣味が同じだったり、好みが似ていたりする相手とは、無二の親友になれる予感。ちょっとしたきっかけで友情が生まれ、すぐ仲良しになれるはずです。それだけでなく、楽しい時間の共有を通して、隠れていた才能が開花する、あるいは魅力が発揮されるといううれしい出来事も起きるでしょう。周囲の様子がにぎわいを見せてきたなら、迷わずあなたのほうから接近してください。

恋愛

あなたを中心に恋が展開 共通の話題を探して

いろいろな人と知り合える、この時期のあなた。恋の場面でも、それは同じでしょう。あなたを中心に人が集まり、声をかけてきそうです。中には、出会った瞬間から気の合う相手も現れ、たちまち仲良くなれるはず。その相手とは、趣味のサークルやイベント等をきっかけに関係を深めるでしょう。

片想いの場合、なぜか気の合う瞬間が何度もやって来るようです。お互い、会話の途中で共感を覚えたり、価値観が似ていることを実感したり……。そのため、スムーズに距離を縮められるでしょう。共通の話題で盛り上がることができれば、二人は一気に親しい仲に。ですから、恋の相手が興味を抱きそうな話題を用意しておきましょう。

アドバイス

たくさんの人と過ごして 幸運を呼び込んで

この時期、いかにたくさんの人たちと楽しく過ごせるかが、幸運の決め手となるでしょう。普段はあまり接点のない相手や、苦手意識を感じていた相手とも仲良くなれる、絶好の機会が到来します。もしかすると、自分にはない長所や特技、あるいは魅力を相手の中に発見し、がぜん興味が湧いてくるかも。

カラオケやドライブ、食事会や飲み会を通して、グングン接近するあなた。相手のほうも、あなたが親しみをこめて話しかけてくれるのを待っているはずです。それゆえ、たとえ今、あいさつ程度の関係だろうと、一気に親友や恋人へと変わる可能性が高いでしょう。とりわけ、今まで出会ったことのないタイプの相手には、注目してみてください。

GRASS

冬の草 人生チャートが**亥・子・丑運**のとき

※人生チャートの出し方はp11を参照

動いてはいけない
大声を出してはいけない
息を潜めてじっと耐える冬の草

今は地面の下で実力を蓄えて
目に見えない世界を
ひそやかに育んで

大地は脈動を待ちわびている
変革のときはすぐそこまで迫っている

全体

実力を身につける絶好のチャンス ためらっていたことにも挑戦を

地上に出ている部分は目立たないものの、地面の下では活発に根を張り巡らせている冬の草花。あなたの運気も、同じ流れとなるでしょう。つまり、ハッキリと目には見えなくても、ひそかに実力が育っているのです。それゆえ、この時期はまさしく、実力を身につけたいあなたにとって、絶好のチャンスといえるでしょう。その際、鍵となるのが派手な動きを避けること。むしろ控えめに、ひそやかに活動を続けるのが成功のコツです。たとえば、願望実現のための根回しや、さりげない人脈作り、あるいは資料の取り寄せなどが当てはまるでしょう。

こうして準備万端になったあなたは、次のシーズンでの飛躍が可能に。見方を変えれば、人に知られず技術を磨いたり、知識を増やしたりするにはうってつけの時期なのです。もし、これまで取り組むのにためらいがあったことがあるなら、ぜひ勇気を出して始めましょう。意外な面白さに目覚め、マスターできるかも。

恋愛

恋の種まきをするとき 具体的な計画を練って

この時期は、恋につながるチャンスの種を、ひそかにまいておくべきでしょう。たとえば、憧れの人に接近したい場合、その人の好みをあらかじめリサーチしたり、没頭している趣味を調べて詳しくなったり……。そういう活動に向いているのが、まさにこの時期なのです。もちろん、すぐには距離を縮める場面が訪れないかもしれませんが、そのきっかけはある日、突然やってくるはず。

ですから、ただぼんやりとアプローチの準備をすればそれでよい、というわけではありません。出会いを求めている場合も、同じこと。「どういう相手が理想なのか」「どんな恋をしたいか」を、しっかり周囲にアピールしておけば、恋の準備が整うはずです。

アドバイス

じっくり考えれば 答えが見つかるとき

たとえ地面には雪が積もり、大地が凍りついていても、草花の生命は絶えません。この時期のあなたも、活動をやめようとはしないでしょう。しかしながら、すぐに成果を求めても、なかなか手ごたえを感じられないはずです。そういう場合、外に出歩くよりも、内面を磨くことに重点を置きましょう。

また、大きな願望を胸に秘めている場合、どうすれば効率よく、最短距離で叶えられるのかについて、じっくりと検討を。この時期、時間をかけて考え抜き出した答えに、間違いはないでしょう。目に見える成果は出なくても、確実にあなたの内面は変わり、成長を遂げているはず。ですから、この時期をいかに過ごすかが大切になってくるのです。

SUN

太陽タイプはこんな人

太陽タイプの芸能人

上戸 彩　高橋一生　二宮和也
星野 源　山崎賢人

全体

空に輝く太陽のように すべてを温かく包み込む

すべてを明るく照らす太陽のように、誰からも愛され、必要とされる太陽タイプの人。誰に対しても分け隔てなく接し、優しく、温かく、そして平等であることを尊重します。あなたがいるだけで、その場がパッと明るくなるような華やかさを持っており、集団の中でも唯一無二の存在感を発揮することでしょう。

また、「自分らしさ」やアイデンティティを表現することを大切にしており、自分が楽しいと思えることや、納得感を持って取り組めることでないと、持ち前のパフォーマンスやモチベーションがうまく活かされません。他人から指図されたり、批判を浴びることへの耐性はあまり高くないと言えるでしょう。

目立つ存在であることから、たくさんの人の注目を集めている印象を持たれがちですが、それと同時に誰よりも周りの人々に愛を注ぐのが太陽タイプの人。照らしてあげたい誰かがいることも、太陽タイプにとって大事なことなのです。

恋愛

ギラギラ燃えるように 情熱的なアプローチ

太陽タイプの人の恋愛はとにかく、「愛されるよりも愛したい」がキーワード。愛情と優しさで恋人をプロデュースし、相手を自分色に染め上げるような恋愛を好む傾向にあると言えるでしょう。思ったことはすぐ言葉にするタイプですので、アプローチも非常に情熱的です。愛情を伝え、それに対して喜んでいる相手を見ることが、太陽タイプの人の幸せにつながるのです。

ただ、ケンカになると長引いてしまうのもこのタイプの特徴。我を通したい性格のため、自分が悪いと気づいていても、なかなか素直に謝ることができません。ケンカになったときは、原因を追究するのではなく、時間が解決してくれるのを待ちましょう。

仕事
お金

周囲と連携しながら 自分の納得感を大切に

自分の仕事には全力で取り組む太陽タイプ。指示待ちの受動的な人よりも、自分から積極的に行動する人が多い傾向にあります。物事を大胆に進めていくことを得意としていますが、反対に細かな部分や根回しは少し苦手。足りない部分は周囲の協力を得ることを惜しまないで。一人では達成できないことも、チームなら成し遂げられるはず。

タレントや役者などの、自分が主役でいられるような仕事や、注目を浴びやすい仕事にも向いている太陽タイプ。逆に、一方的に決められたことをコツコツと積み重ねるような働き方はストレスになってしまうことも。自分が納得できる仕事をこなしていくことで、金運も自然と上昇していきます。

SUN

春の太陽 人生チャートが**寅・卯・辰運**のとき

※人生チャートの出し方は p11 を参照

ポカポカと暖かな春の太陽
みんながその恵みを受け取って
「ありがとう」と心を寄せる

太陽はいつも光を注いでくれるけれど
してあげるばかりで疲れないのかな？
そんなふうに誰かが言う

大丈夫　その「ありがとう」の心が
春の太陽をまた輝かせるから

全体

誰からも親切にされるとき
感謝の気持ちを口にして

ポカポカと暖かい、春の日差しのように、この時期のあなたはどこかほのぼのとした運気に包まれています。誰に対しても優しくなれるときですから、人との関わり合いが増えるでしょう。特に、困っている人や、悩んでいる人を見かけると、黙っていられなくなるようです。そのため、世話を焼いたり面倒を見たりする場面が多くなるはず。そんなあなたに、多くの人たちが感謝し、心を寄せるでしょう。そして今度は逆に、あなたに対して何かやってあげようという気に。

そのとき、あなたとしてはおせっかいに思えるかもしれませんが、ここでむげに親切を断ってはいけません。「ありがとう」の一言が、人間関係をよりよいものにする秘訣だからです。たとえ普段は苦手に感じている相手でも、この「ありがとう」は魔法の言葉となるでしょう。あらゆる場面で感謝の気持ちを大事にし、言葉に表すこと。そうすれば、助けてくれる人に困ることはありません。

恋愛

優しい雰囲気で
ほのぼのとした恋に縁が

普段はギラギラとした空気を発し、周囲を圧倒しているあなたかもしれませんが、この時期はその熱さが抑えられ、優しく穏やかなムードをかもし出すでしょう。そのため、あなたに憧れを抱きながら、声をかけられないまま遠くから見守っていた人物も、安心して接近するようです。そんな状況ですから、出会いのチャンスには困らないでしょう。

また、片想いをしている場合、あなたの面倒見のよさが発揮され、相手の心をとらえることができそうです。しかも、この時期のあなたには、押しつけがましさがありませんから、困っている相手の心にスッと入り込めるでしょう。以来、相手はあなたの存在が頭から離れなくなり、いつしか恋をするように。

アドバイス

差し伸べられた手は
断らずに取ること

「感謝の気持ちを言葉で」これが、この時期のあなたにとって、何よりも大切なことです。恥ずかしいからとか、あの人は苦手だから……などと言ってはいけません。特に、あなたが何かを自力でやろうとしているときに横から手を差し伸べられた場合、思わず「余計なことをしないで」と言いたくなるかも。

けれど、相手はあなたを心配し、何かしてあげたいという純粋な気持ちで動いているのです。それをわかってあげないと、人間関係がぎくしゃくしてしまうことに。一方、逆の立場になったとき、困っている人には進んで手を差し伸べましょう。余計な気を回さず、ただ心のまま、素直に行動して。そこから新しい友情や愛情が生まれるでしょう。

SUN

夏の太陽

人生チャートが**巳・午・未運**のとき ※人生チャートの出し方は p11 を参照

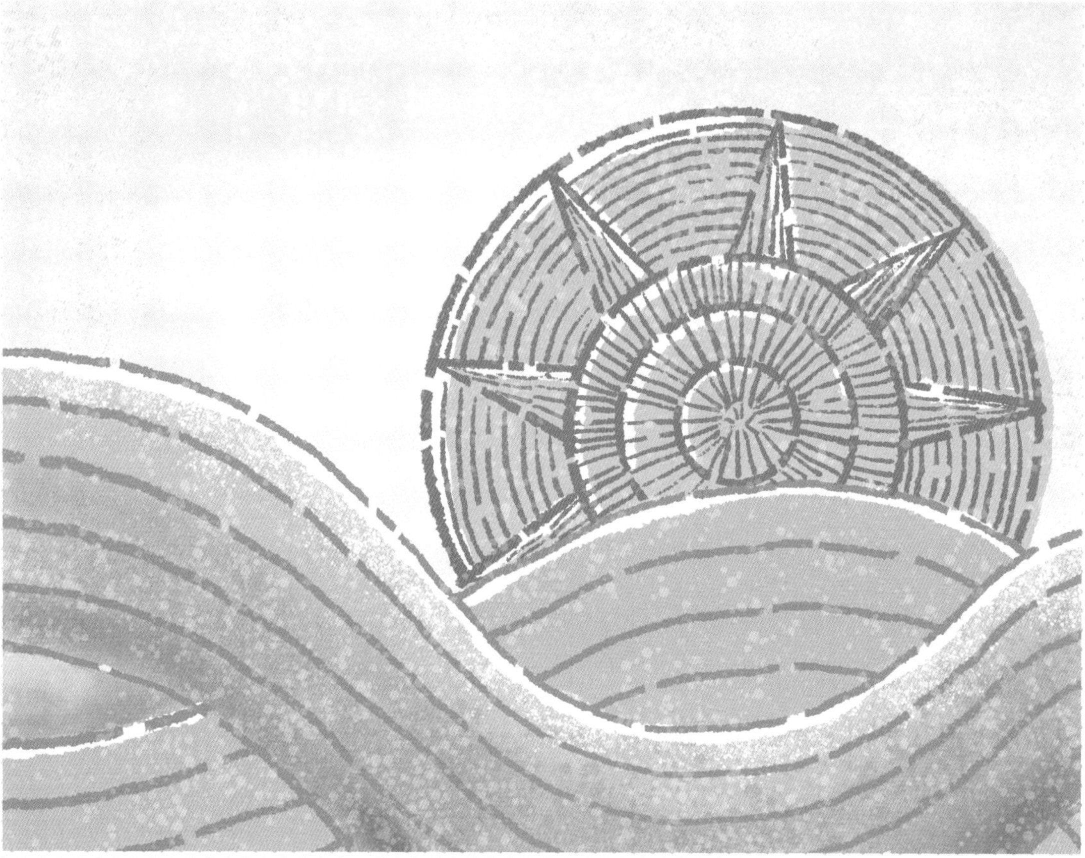

こうこうと照りつける夏の太陽

体の奥からほとばしるエネルギーが
全身を突き動かし、燃え上がらせる

その輝きから誰も目を離せない

今は目立つことを怖がらないで
夏の太陽はただ夏の太陽らしく
ありのままに輝けばいい

全体

人の輪の中心になり注目を集めそう

容赦なく照りつける灼熱の太陽のような、この時期のあなた。体の奥から熱いものがこみ上げ、じっとしていられなくなりそうです。そのまま、情熱に任せて行動するのもいいでしょう。「こうしたい！」と思ったら、我慢できなくなるはずなので、ためらわずに動きましょう。あなた自身、気持ちが盛り上がり、自己アピールをしたくてたまらないはずです。そのため、思いつくままに目立つことをしたり、注目を集めるような発言をわざとしたりするかもしれません。

そんなあなたは、間違いなく人の輪の中心でしょう。ただ、この時期のあなたは、やや押しつけがましいところがあるようです。「これは絶対にいいよ」とか、「こうするべきだよ」といった強い発言が重なると、うっとうしいと思われる恐れも。また、興味のある相手、好意を抱いている相手に対し、遠慮のない態度を取りがちでしょう。いくら親しい仲でも、一定の距離感を保つことは大事です。

恋愛

出会った瞬間恋に落ち猛アプローチを開始

愛情が燃え上がりやすいこの時期のあなたは、出会った瞬間、恋に落ちることが多くなりそうです。相手に直感で運命を感じる場面もあり、まさしく炎のごとき情熱的な恋をするでしょう。一度好きになったら、相手を追いかけずにはいられません。振り向いてくれるまで、何度でも猛アプローチをするはず。

その迫力とパワーによって相手を落とし、出会って間もないのに、深い関係になる可能性もあります。ただ、あまりにも一方的な愛は、燃え尽きるのも早いもの。その点には、注意が必要です。これは、片想いの恋も同じ。何が何でも恋人同士になりたいと、強く迫るでしょう。ときには相手に追いかけさせるなど、冷静にテクニックを使って。

アドバイス

本能的な行動が増加冷静さを大切に

いい意味でも悪い意味でも、本能的に動きやすくなるため、大失敗をする可能性がある時期です。火がついた心はたちまち燃え上がり、その勢いを止めるのは難しいでしょう。だからこそ、冷静さが大切なのです。自分でも「ヒートアップしてきたな」と感じたら、落ち着いてください。そして、今の状況や、自分がしてきたことを振り返りましょう。

また、相手との距離を見極めて。「この人とは、まだ間隔を空けておいたほうがよい」とわかる場合もあるでしょう。直感やムードに任せて行動する時期だからこそ、理性的な自己コントロールを心がけるべきなのです。周囲とうまく距離感が保てたなら、勇んで失敗する場面もなくなるでしょう。

SUN

秋の太陽

人生チャートが**申・酉・戌運**のとき ※人生チャートの出し方はp11を参照

焦燥を身にまとう秋の太陽

自分は何をしてきたのか
この先、何をするべきなのか
考えるほどに焦りに襲われる

思い悩む秋の太陽は
魅惑の光を放っている
試行錯誤しながら歩むその道は
新たな目標へと続いている

全体

焦って落ち着きがなくなりそう
目的を見つけ心にゆとりを

秋の太陽は、どこか人を焦らせるような光をたたえています。この時期のあなたも、そんな太陽のように、「早くやらなければ」という思いに急き立てられるでしょう。そのため、落ち着きがなくなるかもしれません。いつもは楽観的なあなたがじっと考え込んでいたり、ソワソワしたりしている様子は、普段とのギャップを感じさせるはず。そこがたまらない魅力となり、かえって周囲の人たちを惹きつけるでしょう。とはいえ、あなた自身は自分に向けられている熱いまなざしや、切ない想いを募らせている相手に気づく余裕がなさそうです。早急に何か一つ目標を見つけ、それに向かって進み始めたいという考えで頭がいっぱいに。

この時期を有意義に過ごすためにも、あなたにはやるべきことが必要です。それを見つければ、心が安定し、今まで通りの朗らかでオープンなあなたでいられるでしょう。理由もなく焦りが生じるこの時期だからこそ、ゆとりを持って。

恋愛

寂しさが募るとき
つけ込まれないこと

この時期のあなたは、寂しいという気持ちが強まり、隣にいてくれる人を求めるでしょう。ときには、「誰でもいいからそばにいてほしい」と願い、誘われたらそのままついて行く場面も。けれど、本来あなたには、華やかで堂々とした恋がふさわしいのです。万が一、寂しさにつけ込まれて人に言えない関係を結んでしまったら、おそらく後悔する羽目に陥るでしょう。ですから、絶対に自分を安売りするような行動は取らないでください。

片想いをしている場合、特に危険です。あなたの気持ちを逆手に取り、都合よく利用されないようにして。焦る気持ちを封印し、冷静に周りを見回すこと。意外な人物が、あなたの孤独を癒やしてくれるかもしれません。

アドバイス

人間関係が変わりそう
人を見る目を養って

孤独と焦りを感じやすい時期ゆえに、間違った行動を取らないよう気をつけたいものです。普段からあなたをよく知る人物や、心配してくれるありがたい存在を、遠ざけないようにしてください。アドバイスを小言ととらえ、聞く耳を持たないのは何よりもやってはいけないこと。また、急に進むべき道がわからなくなり、迷ったり悩んだりする場面が訪れるかもしれません。そういうとき、近づいて来る相手を見極めることが大切です。

「人を見る目」を養い、この人は本当に心配してくれているのか、それとも都合よく利用したいだけなのか、冷静に判断しましょう。その結果、あなたを巡る人間関係がガラリと変わる可能性もありますが、それは必然です。

SUN

冬の太陽

人生チャートが**亥・子・丑運**のとき ※人生チャートの出し方は p11 を参照

冴え冴えとした光を放つ冬の太陽

凛とした雰囲気をまとうその姿は
近づきがたく思えるけれど
じつは優しいまなざしで
地上の営みを見守っている

今は寒い冬
誰もが光を必要としている
冬の太陽は皆に愛されている

全体

周囲から求められるとき
公平さと優しさを忘れないで

冬の太陽は、冴え冴えとしたクールな光を放ちながらも、地上を温かく見守っています。この時期のあなたもまた、凛とした雰囲気を漂わせている一方で、優しさと思いやりを示すでしょう。また、寒い季節だからこそ、誰よりも太陽のぬくもりが欲しいもの。それと同じように、あなたは周囲の人たちから好意を寄せられ、求められるはずです。あなた自身、周囲の期待を肌で感じるとき。ですから、求められたり頼られたりしたら、快くそれに応えようとするでしょう。

そんなあなたは、何らかの事情で心を凍えさせている人たちにとって、憧れの存在。困り果て、絶望の淵に立たされた際、真っ先に頼りたくなるのがあなたなのです。また、あなたは、自分の元に集まってくる人たちに、分け隔てなく接します。誰に対しても公平に優しさを降り注ぎ、冷えきった心を暖かく包み込んであげる冬の太陽。それゆえ、皆からも愛されるのです。

恋愛

あなたの人柄に注目が
恋も叶いやすいとき

この時期のあなたは、淡く白い陽射しのように、優しいムードを放っているはずです。そのため、相手を問わず心を引きつけ、とらえることができるでしょう。ただそこにあなたがいるだけで、場の雰囲気が和やかになる場面もあり、たとえ大勢の人たちに交じっていても、あなたの存在感は光るのです。

そんなあなたの元へは、たくさんの相手が集まってくるでしょう。ことさら自己アピールをしなくても、吸引力のあるこの時期のあなたはモテるはず。あなた自身は意識していないかもしれませんが、優しいまなざしと温かいムードが相手を惹きつけずにはいられないでしょう。片想いの場合も、二人の距離が自然と縮まり、告白されるかもしれません。

アドバイス

なくてはならない存在
それを自覚して

あなたにこの時期、心がけてほしいのは、救いを求めてくる相手を拒まないこと。あなたなら何とかしてくれる、あなたに頼れば安心だ……皆、本気でそう思っているでしょう。だからこそ、あなただけには秘密も持たず、隠し事もせず、真実を述べてくれるはず。ですから、あなたもそのつもりで真剣に対応しなければなりません。

また、誰に対してもフラットに接することも大事。常に穏やかなほほ笑みを忘れず、相手を包み込むような話し方を。そうするだけで、多くの人たちは救われ、心に希望が湧いてくるでしょう。そしてあなた自身、周囲から必要とされていることを自覚し、自分という存在の重要さに気づくはずです。

FIRE

灯火
タイプ
はこんな人

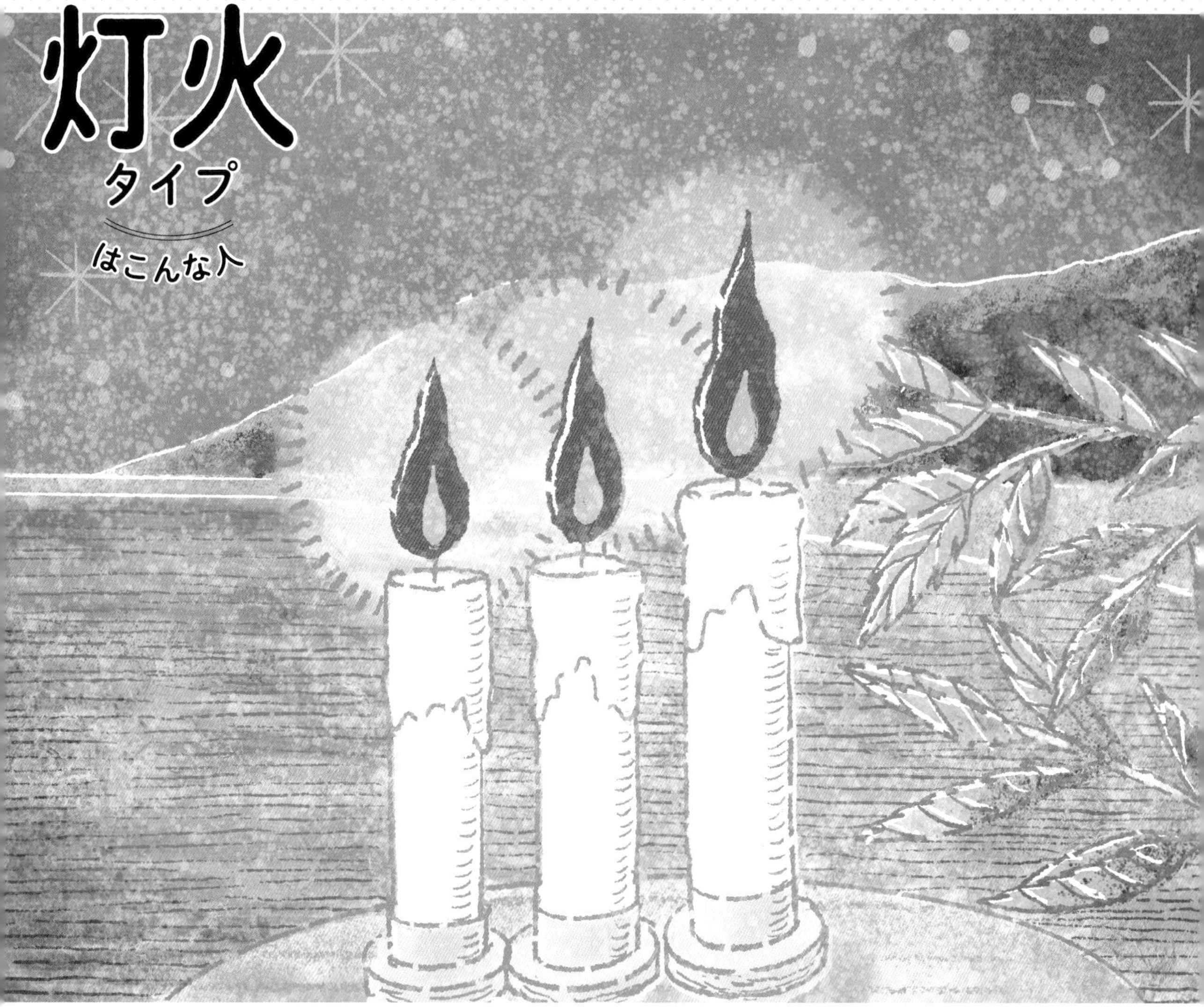

灯火タイプの芸能人

杉咲花　竹内涼真　成田凌
羽生結弦　広瀬すず

全体

見た目とは裏腹の
ミステリアスさが魅力

柔らかく、温かみのある炎をたたえる灯火タイプの人は、鋭い洞察力を内に秘めたスペシャリストタイプ。普段は穏やかで温厚に見えても、心の中では強烈な感情を燃やしていたり、表情とは裏腹のミステリアスな魅力を持っています。そのギャップは多くの人を虜にする、あなたの武器の一つでもあるでしょう。

何か専門の分野に精通し、その道をとことん極めることを得意としています。そのため、集団でにぎやかに過ごすよりも、一人で物思いにふけったり、じっくりと考え事をするような時間を大切にしています。人づき合いが苦手というわけではないのですが、好き嫌いは激しい傾向にあるようです。

にこやかにしていても、あるときスイッチが入ったかのように、急に目の色を変えるようなこともあるでしょう。灯火が風に吹かれてゆらゆらと形を変えるように、このタイプの人の行動も予測不可能な部分があるのです。

恋愛

相手としっかり
歩幅を合わせて

持ち前のギャップとミステリアスな魅力でたくさんの人を惹きつける灯火タイプ。恋愛においても、多くの人の注目を集める、非常にモテる性質と言えるでしょう。

ただ、その掴みどころのない性格ゆえに、関係を長く続けるのは簡単なことではないかもしれません。あなたは相手に優しくしているつもりであっても、それがうまく伝わっていなかったり、むしろ無意識のうちに相手を傷つけてしまっていた、なんてことも。ケンカになっても、相手がなぜ怒っているのか理解に苦しむようなこともあるでしょう。

自分の感情に素直に行動することも大切ですが、一呼吸置いて、相手にどう思われるかを考えると、安定した恋愛ができそう。

仕事
お金

興味を持てる分野を
見つけることがカギ

灯火タイプの人が真価を発揮できるのは、研究職や専門家など、一つの分野を深く探究していくような職業でしょう。優れた観察眼は問題解決の糸口を見つけ出したり、今までにない手法を生み出すことに最適。自分の興味のある分野を仕事にした場合のパフォーマンスは、他の追随を許しません。チームプレイよりも、個人で成果を追い求める働き方も適していると言えるでしょう。

好きなことに対してお金に糸目をつけないことが多く、そのため金運はあまり安定しません。しかし、それはモチベーションを保つための自分への投資のようなもの。必要な出費だと割り切ったほうが、かえって後々のリターンにつながるでしょう。

FIRE

春の灯火

人生チャートが**寅・卯・辰運**のとき ※人生チャートの出し方は p11 を参照

不思議な色気をかもし出す春の灯火

どこか落ち着かないこの時期は
何となく気持ちが不安定になるし
におい立つような春の気配に
思わず誘われてしまうから

誰もが恋せずにいられない
ゆらゆらと揺れる炎の先に
甘くとろける魅惑の世界

全体

色っぽいムードが漂い いろいろな相手を惹きつけそう

においたつような風情をかもし出す、ほのかな春の灯のように、この時期のあなたには、どことなく色っぽいムードが漂います。黙っていても人の心を「そそる」あなたの存在は、どこにいても極立っているでしょう。あなた自身、ソワソワと落ち着きがなくなり、隙が出てくるため、声をかけやすくなりそうです。そんなあなたは、無意識ながらも魅力を周囲に振りまき、知らないうちにさまざまな相手を惹きつけるはず。気がつけば、たくさんの誘いを受けているでしょう。

この時期のあなたは、あまりにも煽情的。そのため、トラブルが起きる恐れもあるのです。たとえば、知らない相手からしつこく言い寄られたり、言動を誤解されて迫られたり……。あるいは、大切な友だちの恋人があなたに恋をし、友情にひびが入るとか、複数の相手からアプローチを受け、思い悩むといった出来事も考えられるでしょう。一方、寝食を忘れてのめり込めることが見つかる暗示も。

恋愛

魅力が恋の武器に とろけるような体験も

この時期のあなたは、とにかくよくモテます。あなたが望めば、どんな相手も夢中になるでしょう。たとえ手の届かないような相手や、接点がほとんどない相手でも、一目あなたを目にしたときから、すっかり心を奪われるはずです。あなたの魅力は相手を虜にする武器となり、燃えるような恋も、甘くとろけるような官能体験も可能となるでしょう。

気をつけたいのは、あなたに心を奪われるのは、ターゲットの相手だけではないということ。片想いをしている場合、本命の相手以外からも熱烈なアプローチを受ける可能性が高いでしょう。また、あなたの魅力に誘われ、フラフラと引き寄せられた相手と、出会ってすぐ深い関係になることも。

アドバイス

恋愛以外で夢中に なれるものを見つけて

黙っていても人を引き寄せずにはいられない、この時期のあなた。あふれ出る魅力によって、あらゆる人物の心をとろけさせるでしょう。ただ、そういう状況になりやすい分、恋愛にのめり込み、周りが見えなくなる恐れもあるのです。また、無意識に相手の心を奪うため、トラブルにも遭いやすいよう。

そんな時期ですから、ハッキリ自分の魅力を自覚し、その危険性も知っておいてください。もし、あなたが軽はずみに相手を誘えば、待っているのは泥沼の愛憎劇かもしれません。そんな経験によって傷つきたくないなら、誠実さを常に忘れないこと。また、恋愛以外で夢中になれるものを何か一つ見つけ、エネルギーを注ぐようにしましょう。

FIRE

夏の灯火

人生チャートが**巳・午・未運**のとき ※人生チャートの出し方は p11 を参照

妖しく揺らめく夏の灯火

誰もがその秘密を解き明かそうと
躍起になるけれど
夏の灯火は素直な心を
あるがままに燃やしているだけ

誰にもそれは真似できない
目を惹かずにはいられない
それは「個性」という特別な炎

全体

熱い運気に包まれて 強烈な個性をアピールできそう

メラメラと燃え盛る、夏の灯火のごとく、この時期のあなたは非常にパワフル。周囲にも強烈な個性をアピールし、「我、ここにあり」というメッセージを伝えることができるはずです。このような熱い運気に包まれ、あなた自身、積極的になれるでしょう。また、物事をハッキリさせたい、すぐに白黒をつけたいという気持ちも強まり、即断即決傾向に。その際、好きか嫌いかで判断する場面が多そうです。実際のところ、好みが激しくなっている時期ですから、感情に任せてすぐに決断を下し、行動に移すでしょう。よくも悪くも、素直なあなただといえるのです。

一方、むせかえるような夏の夜に揺らめく灯火は、妖しく輝きます。あなたもまた、ミステリアスで妖艶なムードを放ち、相手の興味を引くでしょう。ただ、あなたの本音が見えにくいと思っている人物がいるのも確か。それゆえ、親しみを持ってもらうには、飾り気のない、本心からの態度を見せることも大切です。

恋愛

謎めいた魅力で 相手を引き寄せる

ミステリアスで、どこか色気を感じるこの時期のあなたは、存在感抜群。実際、どこにいても目立ち、注目を集めるでしょう。そのため、恋の出会いが多く、一目ぼれをされる場面もありそうです。相手は、あなたの顔を見た瞬間恋に落ち、心を奪われるはず。もっとあなたのことを知りたい、もっと近づきたい、できれば触れてみたい……そんな思いを抱き、身もだえするでしょう。

一方、あなた自身は好みがハッキリしていて、誘われてもタイプではない場合、キッパリと断るはずです。その際、相手を傷つけるような言い回しをしないよう、言葉遣いには気をつけて。片想いをしている場合、ムードたっぷりの場所で、結ばれるかもしれません。

アドバイス

本音を隠さず 素の自分を見せて

あなたは意識していないかもしれませんが、考え方や意見がわかりにくいと思われることがしばしばあるようです。なぜかというと、つい本音を隠すから。ときには、わざと相手の心を惑わすような態度を取ることさえあるでしょう。そんなあなたを「神秘的で素敵」と思ってくれる相手ばかりとは限りません。中には、理解できない苛立ちを覚えたり、なかなか本心を見せてくれないあなたに寂しさを感じたりする相手もいるのです。

それゆえ、できるだけ心を開き、ありのままのあなたを見せましょう。また、この時期のあなたはその場で白黒ハッキリつけたがるよう。あまり行きすぎると、判断を誤る恐れがあるので、早急に決めず、いったん保留に。

FIRE

秋の灯火

人生チャートが**申・酉・戌運**のとき ※人生チャートの出し方は p11 を参照

穏やかで慎ましい秋の灯火
ほのかに照らすその光は
驚くほどの繊細さを隠している

わけもなく涙が出そうなとき
不意に叫び出したくなるとき
秋の灯火は傷ついた心に寄り添ってくれる

昂ぶった感情はしだいに落ち着き
あなたは理性を取り戻すだろう

全体

不安が高まり、焦りを感じそう
感情のコントロールが大事

静かな秋の夜、ほのかに周囲を照らす明かりのような、この時期のあなた。周囲から必要とされ、才能や個性を求められる場面が増えるでしょう。あなたの活躍は、周囲の人たちの目に留まり、心にも深く刻まれるはず。格別、派手な動きをしなくても、やることなすことが印象的で、記憶に残るのです。また、あなたがいるだけで、その場の空気が穏やかになり、皆が安心感に包まれるでしょう。あなたはなくてはならない人物として、じわじわと存在感を増していくはずです。

一方、あなた自身は、何となく落ち着かなさや不安を感じる場面が多いよう。理由もなく涙が出そうになったり、急激に興奮し、その直後にテンションが急下降したり……。このように、なかなか精神面では安定するのが難しいでしょう。そのため、ときにはちょっとしたきっかけで感情を爆発させて、普段ののんびりしたあなたを知る人を驚かせるかもしれません。自制心を失わないよう、努力して。

恋愛

かなりモテるとき
早い段階で親密な仲に

穏やかなムードで相手を包み込むこの時期のあなたは、かなりモテそうです。あなたに対してほのかな想いを寄せる相手も多く、ひそかに高い人気を誇っているでしょう。一度でもあなたに接した相手は、たちまち心を奪われるはず。そして、もっと親しくなりたいと願わずにはいられなくなるのです。

そんなあなたですから、出会いのチャンスがいっぱい。好みのタイプからアプローチを受けたり、誘われたりするでしょう。あなたさえその気になれば、手の届かないと思っていた相手とも親密な仲に。また、片想いの相手も、この時期のあなたに惹かれ、強く求めてきそうです。そのまま告白され、交際が始まると、早い段階で結ばれるケースも。

アドバイス

一にも二にも
理性的な行動が大切

感情の振れ幅が大きくなりがちなこの時期は、一にも二にも理性的な行動が大切です。特に、つまらないことで激怒すれば、周囲の人たちを唖然とさせ、それまで築いてきた関係に水を差しかねません。また、心が不安定になっているとき、重要な決断をするのはやめましょう。正しい判断ができないばかりか、自分の決定が許せなくなり、周囲に当たり散らしてしまう恐れがあるようです。

そんな激しさと危うさを秘めている時期だけに、できるだけおとなしく過ごすべきでしょう。もし、自分の感情に飲み込まれそうになったら、一人になってください。しんとした静かな場所に行き、落ち着きを取り戻すまでの間、しばらくじっとしていること。

FIRE

冬の灯火

人生チャートが**亥・子・丑運**のとき ※人生チャートの出し方は p11 を参照

誰からも必要とされる冬の灯火

あまりにも強く求められ
自らを犠牲に尽くしすぎて
どこまでが自分でどこからが他人だったのか
境界線がにじんでしまう

暗く寂しい雪の世界
その寒さを一人の力で乗り越えたとき
冬の灯火は本物の輝きを見せる

全体

寂しさを埋めたいと思うとき 好きなことに没頭して

冬の灯火はその温かさで、多くの人たちを集めます。この時期のあなたも、人から必要とされ、あなた自身、人の役に立とうとするでしょう。それも、自らの身を削り、燃え続けることで熱を出すろうそくのように、自己犠牲もいといません。そんな献身的なあなたですが、逆に頼りたい、甘えたいという気持ちが強まるようです。というのも、人恋しくなり、「寂しい」「誰かにそばにいてほしい」という思いが生じるから。そのため、心が弱ってくると、近づいてきた相手にすがりつき、利用する場面も。とはいえ、そこにはしたたかな計算も、ずるい打算もありません。あなたとしては、ただ寂しいから相手を引き留め、寄りかかっただけなのですから。

そんな弱気なあなたを見て、放っておけないと感じた相手は、真心こめて尽くすでしょう。意図せず、誰かを利用しないためにも、寂しさを忘れられる何かを見つけること。そうすれば、この時期を有意義に過ごせるはずです。

恋愛

温かい人柄が 相手の心をつかみそう

この時期のあなたは、人恋しくてたまりません。誰かのぬくもりがほしい、誰かの腕に抱かれ、温められたいという気持ちを抑えられなくなるでしょう。そのため、出会いを求めて自分から行動を起こす場面が増えそうです。たとえば、人に紹介を頼んだり、好みのタイプが行きそうな場所をチェックして待ち伏せしたり……。その結果、理想のタイプと出会えるかもしれません。

とはいえ、ただ寂しさを埋めるためだけに相手を求める場合も多く、実際につき合ってみると、「こんな人とは思わなかった」とがっかりする恐れも。一方、片想いをしているなら、あなたの温かい人柄に感動した相手が、引き寄せられてくるでしょう。

アドバイス

依存心を捨て 情熱の対象を見つけて

人気運の高いこの時期は、人に頼ったり甘えたりしがちです。たいていの人があなたの言うことを聞いてくれるため、知らず知らずのうちに自分勝手な考えに支配されているかもしれません。相手に尽くしてもらうことばかり考え、自分が尽くそうという気にはなれないでしょう。これでは、公平で公正な人間関係は築けませんから、注意が必要です。

依存心を捨て、自立心を養うこと。胸に迫るような孤独を感じる時期だからこそ、もっと強くなる必要があるのです。そのためには、一人の時間を充実させるのが一番の方法。自分一人で取り組み、情熱を燃やせる対象を見つけましょう。寂しさが癒やされるだけでなく、専門的な知識や技術が身につきます。

MOUNTAIN

山タイプはこんな人

山タイプの芸能人

杏　北川景子　桜井 翔

波瑠　吉沢 亮

全体

悠然と構えて「あなたらしさ」を忘れないで

どっしりとした雰囲気をかもし出す山タイプ。そこにいるだけで周囲の人を安心させる包容力は、他の人には持ち得ないあなただけの魅力です。優しく聞き上手のあなたに勇気づけられたり、励まされている人はたくさんいるでしょう。

ただ、多くの人の悩みや痛みに触れるうちに、マイナスの感情に影響されて自分自身を見失ってしまうこともしばしば。「去る者は追わず、来る者は拒まず」のスタンスで、自分から行動を起こすというよりも、相手を温かく迎えてあげるような姿勢でいるほうがあなたらしさを保つことができるでしょう。

とても謙虚な性格であるため、自己主張が苦手でぶっきらぼうな人だと誤解されることも多いかもしれません。山タイプの人は交友が広がるにつれ運気もアップするので、あなたをよく理解してくれる人の輪を広げることを意識しましょう。しだいにあなた自身にもスポットライトが当たり、理解者に恵まれるはずです。

恋愛

独りよがりはＮＧ 相手の気持ちを知る努力を

柔らかな雰囲気の春の山、険しい感情を見せる冬の山……。山が季節によって大きくその見た目を変化させるように、「自分はどう見られたいのか」を意識することで、自然と魅力がアップするでしょう。

ただ、自分のことばかり気にかけていては、相手の気持ちに鈍感になってしまうことも。相手が今、何を求めているのかは、こまめにチェックするよう心がけましょう。

もともと愛情表現をあまり得意としない山タイプの人。そっけない言動の中に秘められた愛情を理解してもらうのには、少し時間がかかってしまうかもしれません。勢い任せの恋愛ではなく、結婚まで見据えるような息の長い恋愛を意識してみてはいかがでしょう。

仕事
お金

マネジメントを意識して 頼りがいのあるリーダーに

誰かに仕事のことを相談したいとなったとき、真っ先に候補として思い浮かぶような親しみやすさと信頼感を兼ね備えている山タイプ。後輩だけでなく同僚や、ときには上司から相談を持ちかけられるでしょう。気がつけば、年次に関係なく組織の中で一目置かれる存在になっているはず。

あなたのもとには多くの人が集まります。ですから、自分一人の力で仕事を進めようとするのではなく、彼らの力を存分に使いましょう。その経験がやがて、あなたにマネジメント能力として定着していくはず。

金運をアップさせるには、貯蓄用の口座を作り、毎月決まった額を欠かすことなく積み立てることを心がけましょう。

MOUNTAIN

春の山

人生チャートが**寅・卯・辰運**のとき

※人生チャートの出し方は p11 を参照

ほのぼのした空気を漂わせる春の山

夢破れ、人生に絶望した旅人も
しかめ面で不満だらけの世捨て人も
ここではみんな笑顔になって
喜びの歌を口ずさむ

大地をおおっていた氷が溶けて
生き物たちが活動を始める
春の山では生命が生まれている

全体

ほのぼのした空気に包まれそう チャンスを逃さないで

霞がふもとにたなびき、温かい日差しが山肌を照らすように、のどかで平和な雰囲気を漂わせる春の山。この時期のあなたも、春の山のように人の心を和ませ、惹きつけるでしょう。というのも、あなた自身、のんびりした空気を放っているからです。そんなあなたは、たたずまいそのものがほのぼのしているはず。そのため、どんなにいら立っている人も、あなたの姿を一目見た途端、嫌な気分が吹き飛ぶでしょう。そして、いつの間にかニコニコとほほ笑みを浮かべているはずです。

また、春の山は、さまざまな生命が生まれるところ。木々の芽が息吹き、大地が目覚め、生き物たちが活動を始める……というドラマが、山を舞台に繰り広げられます。ワクワクするようなその瞬間を体現するかのごとく、この時期のあなたにも、数多くの胸躍る出来事が起きるでしょう。チャンスもまた、たくさん訪れそうですが、あまりにものんきに構えていると、うっかり見過ごすことになるので注意して。

恋愛

穏やかな人柄が 恋を呼んでくる

のんびりした雰囲気をかもし出すあなたに、幾人もの相手が心惹かれるでしょう。そのため、出会いのチャンスが自然と増えそうです。ただ、あなた自身、細かいことに気づきにくくなっているよう。もし、相手のアプローチがさりげないものだったら、気づかないまま通り過ぎてしまうかもしれません。もしハッキリと好意を示された場合でも、のんきなあなたは返事を先延ばしにし、恋人同士になるチャンスを自ら失ってしまう恐れが。

「恋人がほしい」と本気で願うなら、もう少し周りをよく見て。片想いの人も、同じです。せっかく好きな相手がアピールしているのに、見過ごさないよう気をつけましょう。そして、観察眼を磨くこと。

アドバイス

必要な場面では テンションを上げて

大らかでどっしりしたあなたに、のんびりムードが加わるこの時期。いつも以上にガツガツしたところがなく、向上心や意欲という点では、やや欠けるようです。そのため、急いで取り組まなければならないことがあっても、焦りません。「そのうちやろう」と後回しにしたり、守らなければならない期日や約束をすっぽかしてしまったり……という事態を引き起こす可能性があるでしょう。

また、自分から動こうというテンションになかなかならないので、スタートで出遅れ、そのままズルズルと後退していくことがあるかもしれません。いずれのケースも、あなたの気の持ちようで避けられることばかり。ですから、必要な場面では気分を盛り上げて。

MOUNTAIN

夏の山 人生チャートが巳・午・未運のとき

※人生チャートの出し方はp11を参照

入道雲を背後に従え、堂々とそびえる夏の山
草木が青々と生い茂り
動物たちがいきいきと飛び回るその山に
誰もが登りたいと思うだろう

頂上から見渡す壮大な風景
眼下に広がる大雲海
それを体験してしまったら
たとえどんなに苦しくても
山に登らずにはいられないだろう

全体

人気運が高まるとき
スターのように輝く

夏の山は登山客でにぎわい、力強い生命力を感じさせる、青々とした木々が成長し続けています。そんな魅力をたたえている夏の山のように、あなたもまた多くの人を惹きつけ、関わっていくでしょう。人気運が高まるときだけに、あちこちで引っ張りだこになるあなた。いつも人の輪の中心にいて、存在感を発揮するはずです。ときにはご意見番になったり、リーダー役を任されたりしそうですが、太っ腹に引き受けるべきでしょう。その結果、あなたの重要性がますます高まり、なくてはならない存在に。恋愛でも仕事でも注目を集めるだけでなく、いっそう多くの人たちから必要とされ、自然と求心力が強くなっていくでしょう。

一方、この時期はあなたの活躍が光るときでもあります。才能や個性を、のびのびと周囲にアピールできるはず。それはまさに、「ただそこにいるだけで、憧れを抱かれ、尊敬される人」でしょう。気がつけば、常にスポットライトを浴びて主役に。

恋愛

あなたを巡る
争奪戦が起きそう

大勢の中にいても、スポットライトが当たるこの時期のあなた。それゆえ、人気の高い相手から注目され、アプローチを受けたり、一目ぼれされたりする場面が多いでしょう。あなたを巡る恋愛模様もにぎやかになり、水面下で争奪戦が起きるかもしれません。我先に告白しようとする相手が次々と現れ、まるでドラマのような展開に。あなた自身、そういう状況が嫌いではないでしょう。むしろ、あなた中心に世界が回っているような感覚になり、テンションが上がるほど。

そんなあなたには、自然と恋を引っ張っていくパワーが備わり、片想いの恋も自分のペースで進められそうです。相手のほうも、あなたに頼りたいと願っているはず。

アドバイス

周囲への影響力大
わがままに注意

あなたの印象がグングン上がるこの時期ですが、それだけに、周囲へ与える影響力が強くなっています。まるで入道雲を後ろに従え、くっきりとそびえたつ夏の山のように、あなたという人物は、周囲の人の心に深く刻まれているはず。その迫力は、周囲を圧倒しているでしょう。あなたが「こうしてほしい」と言えば、相手は従わざるを得ません。

そのため、意識しないうちに、あなたの要求が大きくなる傾向にあります。けれど、意見や要望が通りやすくなっているこの時期はむしろ、相手に求めるばかりでなく、あなたが与えるべき。自分に何ができるか、今の自分が持っている実力や知識、経験について確認しましょう。そして、惜しみなく伝えて。

MOUNTAIN

秋の山

人生チャートが**申・酉・戌運**のとき

※人生チャートの出し方は p11 を参照

寂しい風情を感じさせる秋の山

けれども一歩、足を踏み入れれば
木々は鮮やかに色づいて
赤や黄色に染まった紅葉が
人々の目を楽しませるだろう

自分はこんなに美しいのだと
秋の山は言わないけれど
本当は誰もがその魅力を知っている

全体

派手さはなくても
注目を浴びるとき

美しく色づいた木々に覆われる、秋の山。この時期のあなたも、そんな秋の山のように魅力的で、人目を惹くでしょう。ただ、あなたの魅力はそれだけではありません。内面からあふれ出る優しさと面倒見のよさが、人の心を惹きつけるのです。とはいえ、注目を浴びるほどの華やかさはなく、輝くようなオーラを放つスター然としているわけでもないでしょう。あくまでも控えめでありながら、それでも周囲の人たちからは何となく気になる存在……それが、この時期のあなたなのです。

それゆえ、あなたの本当のよさに気づかない人物も中には存在するでしょう。けれど、あなた自身は「もっと認めてほしい」とか、「注目を浴びたい」といった欲求を感じないはず。むしろ、不器用さが表面に出てしまい、ほめられても不機嫌だったり、興味なさそうに振る舞ったり……。でも、わかる人にはわかるもの。あなたの人柄と実力を見込んで、重要な役割をお願いしてくるでしょう。

恋愛

受け身になりがち
愛情を伝える努力を

この時期のあなたは、にじみ出る内面的な魅力によって、相手を惹きつけるはずです。ゆったりとして大らかで、しかも親切なあなた。そんなあなたに甘えたい相手が、何人も現れるでしょう。それらの人々は、あなたなら受け止めてくれる、優しさで包み込んでくれる……そう期待しているのです。そのため、あなたに近づいてくる相手は、リードされることを好むでしょう。そして、あなたのほうからアプローチし、告白するよう願うのです。

片想いをしている場合も、状況は同じはず。なかなか恋が動かないなら、ぎこちなくてもいいので、何らかの形で気持ちをアピールするべきです。きっと相手の心に強いインパクトを与え、深く刻まれるでしょう。

アドバイス

リーダー役は
面倒がらず受けて

あなたの人柄や魅力が存分に発揮されるこの時期だからこそ、ときには面倒な役目を任されたり、プレッシャーを感じる立場に立ったりする場面もあるでしょう。特に、大勢の人々を引っ張っていくリーダーになってほしいと頼まれたとき、あなたは気が滅入るかもしれません。けれど、皆があなたに多くのものを求めるのは、それだけ信頼しているからにほかならないのです。つまり、あなたという人間の誠実さや面倒見のよさを高く評価しているためだともいえるでしょう。

そういった周囲の考えをくみ取り、ぜひ引き受けてください。あなたに何も期待をしていないなら、そんな役目を頼んだりはしないのですから。きっと期待に応えられるはず。

MOUNTAIN

冬の山 人生チャートが**亥・子・丑運**のとき

※人生チャートの出し方は p11 を参照

誰が登ろうと考えたのだろう
辺りは一面の雪景色
踏み出す足さえ凍りついて

あまりにも遠く孤高なのに
なぜか温かく心を惹きつける

旅人はもう帰らないだろう
冬の山は人を眠らせる
強烈な魔力を持っている

全体

近寄りがたさが出るとき
普段とのギャップが魅力に

どこか人を寄せつけない雰囲気をかもし出しながらそびえ立つ、冬の山。雪や氷に閉ざされ、冷たい突風が吹き荒れ、凍った土がゴロゴロと転がる世界を想像してみてください。そのような厳しい自然が冬の山には存在し、下界とはずいぶん様子が違うでしょう。この時期のあなたも、そんな近寄りがたいムードを漂わせているはず。その一方で、あなたにどうしようもなく惹きつけられ、どこまでもついて行きたい、一緒にいたいと願う人も多いでしょう。それくらい、この時期のあなたには強烈なカリスマ性があるのです。そして、普段のあなたが気さくで親切なほど、そのギャップに人は惹かれ、そばにいたいと願わずにはいられなくなるでしょう。

中にはあなたを「手の届かない人」だと考え、だからこそ魅力を感じる人物も。おそらくその人は、特別な存在としてあなたを見ているのです。そういった人たちの憧れや夢を裏切らないためにも、楽な生き方に流されてはいけません。

恋愛

警戒心を解けば
恋が始まりそう

鋭くとがった氷山のような近寄りがたさの中に、一瞬だけ親しみやすく、優しい一面が垣間見える……。この時期のあなたは、そんな謎めいたムードに包まれているでしょう。そのため、遠くからあなたに熱い視線を送り、見守るだけの人物があちこちに存在するようです。そういう状況ですから、実際に声をかけてくる人物は少ないながらも、見渡せばそこかしこに出会いの機会はあるはず。

あなたさえ意識して気さくに振る舞えば、たちまち相手は警戒心を解き、接近してくるでしょう。そして、恋が始まるのです。片想いをしている場合、本当のあなたを知りたいと熱望した相手が、ついに我慢できなくなって、アプローチを開始するかもしれません。

アドバイス

隠れファン多し
その存在に気づいて

この時期のあなたは、カリスマ的な魅力を放つと同時に、人を寄せつけないムードも漂わせています。そのため、あなたと仲良くしたいと願いながらも「気軽に話しかけたら怒られそう」などと考えてしまうケースも多いよう。そんなあなたですから、熱烈な隠れファンはたくさんいるのに、友達に恵まれなくて寂しさを覚える場面も多いでしょう。

そんなとき、周りをよく見渡してみてください。そして、キョロキョロするあなたと目が合った途端、恥ずかしそうに顔をそらせる人物に気づいてあげましょう。その人物こそ、あなたの未来のパートナーかもしれないのです。その人に優しいほほ笑みを向けたときから、あなたの人生は変わります。

FIELD

畑タイプはこんな人

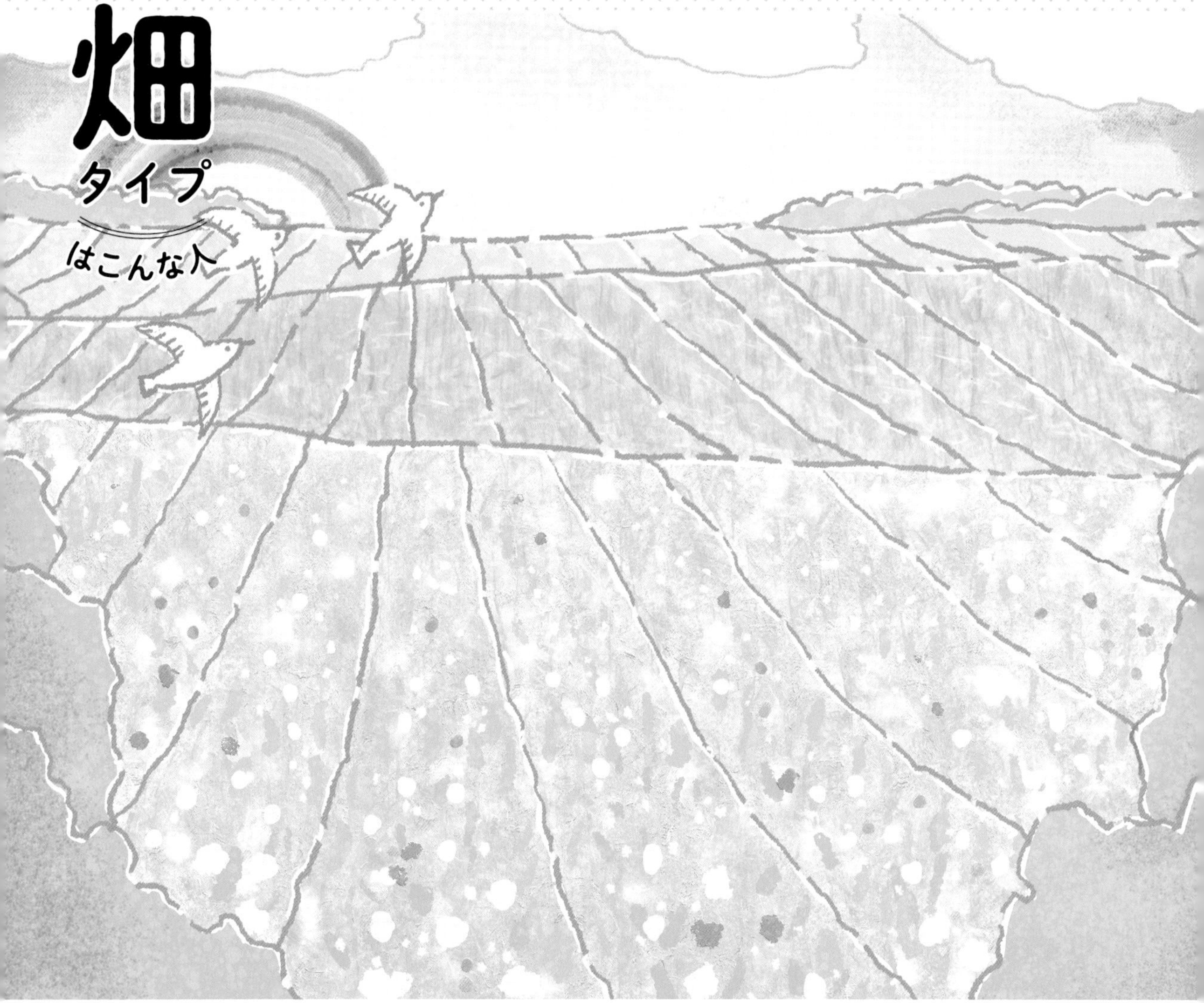

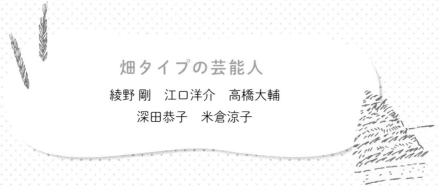

畑タイプの芸能人

綾野 剛　江口洋介　高橋大輔
深田恭子　米倉涼子

全体

何でもできてしまう多芸多才 メンタルケアを大切に

スポーツも勉強も、多芸多才に何でもソツなくこなしてしまう畑タイプ。コミュニケーション能力も高く、親しみやすい性格のため、多くの友人に恵まれます。人と関わることを好み、そこからさらに新しい知識や情報を吸収しながら、自分の知見を広げていくような好奇心豊かな人物。手先が器用で「習うより慣れよ」の精神を持ち、行動力にあふれているのも特徴です。

そんなある意味、芸術家のような側面を持っているからこそ、精神面は実はとても繊細。多才なことを鼻にかけず誰にでもフランクに接するため、悩みなんてないと思われがちですが、内心はとても複雑。他人の評価を気にしすぎてしまったり、人に悩みを打ち明けることがなかなかできず、一人でストレスを抱え込みやすい性格と言えるでしょう。気分が落ち込みそうなときに自分の気持ちを整理する方法を身につけておくことで、心の安定を図りましょう。

恋愛

尽くすことを意識 一途な恋愛が◎

人に尽くしてあげた分だけ、巡り巡って自分に幸運が戻ってくるような運気の持ち主です。それは恋愛においても同様。相手が何をされたら喜ぶのか、何をして欲しいのかを常に見極めるように心がけましょう。

考え方や価値観に関しては、意外と保守的な側面も持っているため、刺激不足で相手を退屈させていないか注意が必要でしょう。

性格的に興味の移り変わりが激しい畑タイプ。しかし、恋愛においては「この人しかいない」と思えるような一途に愛せる人が現れるはず。すぐに距離を詰めようとするのではなく、じっくりと時間をかけて交際を重ねる中で、二人だけの絆を作り上げることを意識しましょう。

仕事
お金

型にはまらない 自分らしいスタイルで

何でもソツなくこなすため、どんな職種にも適性がありますが、その中でも商品企画や広報など、今までにない新しいアイデアを求められるような職種で存分に能力を発揮することができるでしょう。

古い慣習に縛られることを嫌うため、場合によっては若くして独立を目指したり、これまでに得た人脈を活かしてフリーランスで働くことも選択肢の一つになるでしょう。

そんな畑タイプの人が働くうえで大切にしたいのは「目標設定」。最終的に自分がどうありたいのか、キャリアプランのバージョンアップはこまめに行いましょう。自分という畑の土を豊かにしていくイメージを持って仕事を楽しむことで、金運も上向きに。

FIELD

春の畑

人生チャートが**寅・卯・辰運**のとき

※人生チャートの出し方は p11 を参照

春の畑が潤うのは
栄養が隅々まで行き届いているから

幸せの種を届けよう
喜びがあちこちに伝わるように

「うれしい」「楽しい」と感じることを
そのまま相手にしてあげれば
それは、受け取った人から人へ広がって
いつの間にか世界中が幸福になる

全体

心が弾む出来事の到来
幸せを他の人にも分けてあげて

たっぷり養分を含み、潤っている春の畑のように、この時期のあなたは優しく穏やかな運気に包まれるでしょう。栄養が隅々まで行き届いている畑は、まさに種まきのとき。あなたもまた、誰かのために幸せの種をまきたいという思いを抱くはずです。そして、皆の役に立つことを願うでしょう。とはいえ、自分を犠牲にし、身を削って尽くそうという気分にはなりません。自分も相手も同じように幸せにしたい、お互いに楽しみたい……そんな無理のない望みを持つのです。

それゆえ、あなたが人のために動くとき、悲壮感は漂わないでしょう。むしろ、どこか楽しげで、明るいイメージを周囲に与えるはず。実際のところ、あなたが自分で「うれしい」「楽しい」と感じることを、相手にもやってあげるでしょう。このように、あなたの感情がそのまま行動に投影され、相手の心も幸福感で満たすのです。また、この時期はウキウキと心が弾む出来事も多いでしょう。

恋愛

魅力にあふれモテそう 誘いも多くなるとき

この時期のあなたは、豊富な養分を含んだ畑のごとく、魅力にあふれています。内面から隠しても隠し切れないほどの美しさや優しさがにじみ出て、相手を問わず心をとらえてしまうでしょう。そのため、あなたと少しでも接した相手は、その姿や声が忘れられなくなり、すぐに再会したくなるのです。

また、誰に対しても公平に応対するあなたですから、愛されないはずがありません。片想いの相手も、あなたのよさに改めて気づき、アプローチしてくるでしょう。さらに、この時期はデートに誘われる場面が多く、正式に交際する前に、食事や飲み会に行こうと声をかけられる場面も。あなたさえうなずけば、思い出深いデートを楽しめるでしょう。

アドバイス

やりたいことに 優先順位をつけて

いろいろなものに興味を抱き、やってみたくなるこの時期は、あなたの中の好奇心が芽を出すタイミングといえそうです。そのうえ、楽しそうなイベントや遊びに次々と誘われるため、気もそぞろに。ハッと我に返れば、大事な用事を後回しにして、遊びほうけていた……という事態になりやすいでしょう。ただでさえ誘惑の多いこの時期、好奇心を抑えながら強い意志を貫くことが必要です。

もちろん、楽しみを全部我慢する必要はありませんが、せめて優先順位を決めること。あらかじめ「この日までに、ここまではすませておこう」という計画を立てましょう。そして、これをごほうびにするのだ……など、自分にタスクを課すのです。

FIELD

夏の畑

人生チャートが**巳・午・未運**のとき

※人生チャートの出し方は p11 を参照

にぎやかで明るい夏の畑

ごきげんな雰囲気に心惹かれて
たくさんの人が遊びに来ては
話に花を咲かせている

夏の畑はこうして耕される
人々が踏みしめた土は
気づけば豊かな土壌となって
また新たな作物を実らせるだろう

全体

対人関係が広がり
交流で才能や個性が開花

作物が生い茂り、にぎやかな様子を見せる夏の畑。この時期、あなたがいる周辺もまた、状況が活発化していくでしょう。対人関係が広がり、個性豊かな人たちと知り合う機会が急増するはず。そして、そういった人たちとの交流を通して、あなたの社交術も磨かれるでしょう。また、あなたとは異なる才能や魅力を持つ人と触れ合うことにより、秘められた長所が引き出される場面もありそうです。

もともと多芸多才なあなたですが、ここで目覚めた長所は、これまで全く気づかなかった種類のもの。そのため、意外性に驚くかもしれません。自分にとって心地のいい居場所を作り、楽しく過ごすあなた。魅力的な誘いも多く、スケジュールがびっしり埋まるようです。ただ、予定に振り回されて、目的や義務を忘れがちな点には気をつけたいもの。特に、やるべきことを後回しにしてまで追いかけたくなる対象が見つかると、他が手につかなくなる恐れがあるでしょう。

恋愛

さまざまな相手から
アプローチが

さまざまなタイプの相手と出会い、アプローチを受けそうなこの時期。出会いのチャンスは、日を追うごとにどんどん増えていきそうです。そのため、今日は二人きりで食事、明日はグループでドライブ……といった恋の予定が目白押しに。あなた自身、異なるタイプの相手と接するのが楽しみで、相手に合わせて臨機応変に対応を変えるでしょう。

一方、片想いをしている場合、あなたがあまりにもモテるため、相手が焦りを感じるようです。あなたの想いに何となく相手が気づいているなら、その傾向はいっそう強まるでしょう。そして、早い段階からあなたを取られまいと熱心にアプローチを始め、気を引こうと積極性を増してくるでしょう。

アドバイス

現実的な目と思考を
忘れないで

まるで体の中から活性化されるような気がする、この時期のあなた。じっとしていられず、動き回りたくてうずうずするかもしれません。特に、頭の働きが冴え、行動力も増す時期ですから、自然と追いかける目標も大きくなります。気がつけば、到底叶いそうもない恋を始めたり、実現が現時点では不可能と思われる計画を立てたりするでしょう。

こうして、周囲の人の目には「何を無駄なことをやっているのだろう」としか見えないようなことばかりしてしまい、他のことがつい、おろそかになってしまう可能性も。それゆえ、この時期はいつも以上に現実的な目と思考が必要になるでしょう。自分自身を見失ってしまわないように、気をつけて。

FIELD

秋の畑

人生チャートが**申・酉・戌運**のとき

※人生チャートの出し方は p11 を参照

作物がたわわに実った秋の畑

つらく苦しい日もあった
長い、長い時間だった

ついに迎えた収穫のとき
今はただその喜びをかみしめながら
得るべき報酬を受け取ればいい

それは今後の人生の糧になる

全体

冒険心を好まないとき 時間をかけて大きな実りが

秋の畑は作物がたわわに実り、豊かな収穫の時期を迎えます。この時期のあなたもまた、充実した日々を送ることができるでしょう。一方、「せっかくの実りを失いたくない」という気持ちが働き、何事にも保守的になってしまう傾向が。そのため、冒険を好まず、確実性の高いことしかやらなくなるかもしれません。何事も安全運転をモットーに、少しずつ、慎重に物事を進めようとするでしょう。

その一方で、成功したい、努力が報われてほしいといった願望が強烈になりがちなときでもあります。そういった相反する心理状態を抱えつつ、この時期を過ごすことになりそう。ゆっくりでもいいので、少しずつ歩みを進めておけば時間がかかるかもしれませんが、大きな実りを手にするでしょう。そうなるためには、粘り強さと向上心が不可欠。また、一度得たものに対するこだわりが強まるタイミングでもありますが、中には今のあなたにとって不要なものも混じっているはずです。

恋愛

恋が叶うシーズン 満たされた日々に

恋愛も実りのシーズンを迎えます。出会いに恵まれず、寂しい思いをしていたあなたも、この時期にはついに理想の相手と巡り会えるでしょう。その相手は、あなたが「こういう人がいいな」と頭の中で描いていたイメージに近いはずです。二人は、息の長い愛をはぐくむことができるでしょう。また、片想いの人もようやく想いが報われ、恋愛成就の瞬間がやってきそうです。

恋が実ったときは、その苦労が報われたという喜びに包まれるでしょう。その恋は、あなたを物質的にも精神的にも豊かにしてくれるはず。たとえば、相手からたくさんの贈り物をもらったり、感動するようなデートに連れて行ってもらえたりするでしょう。

アドバイス

変化を恐れず 思い切った行動を

この時期のあなたは、少し複雑な心境になりやすいようです。というのも、思い切った行動を取る勇気はないけれど、成果を手にしたいという気持ちが強まるから。つまり、最小限の努力で、大きな収穫を得たくなるのです。しかしながら、そんなふうに物事はうまくいかないもの。やはり、成功を収めるためにはそれなりの努力と根気は必要でしょう。

この時期のあなたにとって最も重要なのが、諦めないことなのです。ちょっと感触を探っただけで、結果がわかるわけではありません。やはり、ときにはリスクを冒してでも、体当たりでぶつかることが大事。その場合、今いる環境が変わったり、生活が一変したりするかもしれませんが、恐れないでください。

FIELD

冬の畑

人生チャートが**亥・子・丑運**のとき

※人生チャートの出し方はp11を参照

荒涼とした冬の畑
むき出しの大地は何もないように見えるけれど
雪に覆われたその下では
新しい生命が脈々と息づいている

日の目を見るその瞬間まで
自分の実力と経験を信じて
日々、鍛錬を怠らずにいよう

そうすれば、願いはきっと叶うだろう

全体

次のシーズンに向けて
養分をため込みたい時期

一見、何もないように見える冬の畑。そこにはただ地面があるだけで、これといった特徴も備えていないように思えます。ところが、地面の下では、意外な変化が起こっているもの。たとえば、目には見えなくとも、ひそかに養分をため込み、次の作物を育てる準備が行われているでしょう。この時期のあなたも、長年、積み重ねてきた努力が強みになっているはず。まるで地層のように、これまでの知識や経験、習得した技術などが、しっかりと重なり、固められているのです。そして、やがて来る春に耕される畑のごとく、日の目を見る瞬間を待っているでしょう。

それゆえ、あなたも静かなこの時期にこそ、さらに実績を積むべきです。これまで絶えず続けてきたこと、いつか叶うと信じてやめなかったことなどがないか、振り返ってみましょう。そして、思い当たることがあるなら、気持ちも新たに取り組んでください。この時期の努力はあなたの人生にとっての糧となるでしょう。

恋愛

恋に動きがないとき
自分磨きに徹して

この時期のあなたは、なかなか恋に進展が見られず、半ば諦め気分になってしまうかもしれません。恋心を胸に秘めたまま、何年も過ぎてしまった……そんなむなしい気持ちがあなたを襲いますが、かといって簡単には恋を捨てられないでしょう。そのため、もどかしくて悶々としてしまいそうです。出会いに関しても、チャンスに恵まれにくいでしょう。あなた自身、積極的に出会いを求めて動き回る気になれず、待ちの姿勢に。

この時期は、あえて動きを止め、自分磨きに徹したほうがよさそうです。趣味を極めたり、チャームポイントを見つけてブラッシュアップしたり。そういった目に見えない努力が、いっそうあなたを魅力的にするのです。

アドバイス

努力した分だけ
可能性が広がりそう

とにかく、努力した分だけ可能性が広がるのがこの時期の特徴です。あまり変化がないときですから、すぐに成功へと結びつく場面はないでしょう。だからといって、何もせず過ごしていると、せっかく成功の種が与えられても、枯らしてしまうことに。畑の土にたっぷりと養分が蓄えられていてこそ、種は生き続けることができるのですから。

この時期は、たくさん本を読み、知識を増やし、技術に磨きをかけ、経験値を高めましょう。特に、かなりの手間や時間がかかることに取り組むのはおすすめです。静かな時期ゆえ、いつも以上に集中できるはず。面白いように作業もはかどり、目標を軽々と達成していくかもしれません。

ROCK

岩タイプはこんな人

岩タイプの芸能人

大竹しのぶ　神木隆之介　佐藤 健
妻夫木 聡　松本 潤

全体

一度決めたら突き進む
負けず嫌いなチャレンジャー

岩タイプの人はとにかく負けず嫌い。「負けっぱなしでは終われない」という不屈の精神を持っています。そして、逆境に強く、追い込まれるほどに本当の実力を発揮できるタイプでもあります。表向きは物腰柔らかに見えても、プライドやこだわりが強い人が多いのも特徴。チャレンジ精神が豊富で、考えるよりもまず行動する瞬発力を強みとしています。多少の失敗やリスクは恐れず、自分が決めた道をぐんぐんと突き進んでいけるパワフルさは、このタイプの人の最大の武器。どんな場面でも諦めないひたむきな姿勢は、多くの人の好感を集めるでしょう。

ただ、そんな岩タイプの人でも、進んできた道を振り返ったときに「あのとき、こうしていればよかった……」と後悔してしまうこともあるようです。単にがむしゃらに突き進むのではなく、長期的な視点を持って進む方向を決めることができるようになったとき、さらに一皮むけて成長することができるはず。

恋愛

尊敬と感謝を忘れず対話を重視して

勢いのあるパワフルな岩タイプですので、一歩下がってその道筋をサポートしてくれるような人と相性がよいでしょう。お互いに自己主張が激しい場合、それがいい刺激となって相乗効果を生む場合もありますが、衝突のリスクも高くなってしまいます。

いずれの場合も、恋愛を長続きさせるには、お互いに尊敬の念を抱くことがカギに。「この人について行けば間違いない」「この人の支えがあって今の自分がある」と、常に感謝の想いを忘れないようにしましょう。

五年後や十年後に自分たちがどのような関係になっていたいかを、パートナーと話し合い、人生設計を共有しておくことで、恋愛運、結婚運、共に堅調な運気に。

仕事
お金

誰にも負けない積極性はどの職種でも武器に

持ち前のチャレンジ精神が発揮されやすいのは、営業など積極性が求められる仕事。ただ、どの仕事においても出世を望んだり、高い評価を得るためには主体性はマスト。

仕事が楽しく、深夜まで残業してしまったり、休みの日も仕事のことが頭から離れず、気づいたときにはストレスを溜め込んでしまうことも。爆発寸前まで自分自身でも気づけない場合が多いので、適度な息抜きや、困ったときに頼ることができる上司や同僚を見つけておくことで、リスクヘッジを。

金運は非常に波があり、勢いに任せて散財してしまうこともしばしば。長期型の定期預金など、貯蓄するためのお金は事前に分けておくことで、無駄遣いをセーブして。

ROCK

春の岩

人生チャートが**寅・卯・辰運**のとき

※人生チャートの出し方は p11 を参照

淡く柔らかい光に照らされた春の岩

いつもは厳しく頑なだけど
この時期は不思議と心も和らいで
人の言葉に耳を傾けたくなる

それは案外、悪くない

あなたはあなたの変化を楽しみながら
信頼できる人についていこう

全体

柔軟性が身につくとき
人の言いなりにならないよう注意

真っすぐで恐れを知らないあなたですが、見た目はソフトでとっつきやすい人。そのギャップに、驚く人も多いでしょう。ただ、この時期のあなたは、見た目とたがわず、どこか軽やかで柔らかい雰囲気をまとっています。春の淡く柔らかい光に照らされた岩のように、ふんわりとしたたたずまいを見せるはず。そんなあなたは、いつもなら「こうあるべき」「こうしなければならない」と言い出したら聞きませんが、この時期は柔軟性が身についているでしょう。そのため、どこまでも主張を押し通すといった傾向は鳴りをひそめ、代わりにすがすがしいほど他人の意見を認め、アドバイスにも耳を傾けて行動するようになるのです。

一方、岩としての重みに欠ける分、他人の影響を受けやすくもあります。「こうしてみたら」と口を挟まれれば、いつもの主義主張はどこへやら、あっさり動く場面も。この時期はできるだけ信頼の置ける人についていてもらいましょう。

恋愛

柔和なムードで好印象
意見はハッキリと

この時期のあなたは、柔和でふんわりしたムードが功を奏し、好意を寄せられやすいようです。初めて会った相手にも好印象を与え、「いい人だな」と思ってもらえるでしょう。そのため、ひそかに複数の相手から好かれるはず。片想いの相手にも、居心地のよさや、ほっこりした安心感を抱かせそうです。

一方、この時期のあなたは柔軟さを備えていますが、行き過ぎると優柔不断さになることも。相手から「どう思う？」「どっちがいいかな？」と聞かれても、うまく答えられないでしょう。そのため、相手の頭を悩ませたり、困らせたりする可能性が。必要な場面では、いつものあなたを取り戻し、できるだけハッキリと自己主張をするべきです。

アドバイス

信頼できる人物に従い
不本意な行動を避けて

柔らかい雰囲気だけでなく、順応性も備わるこの時期のあなた。しかしながら、物事を決めたり、意見を求められたりする場面では、その長所がマイナスに働くこともあるようです。本当はそんなことを思っていないのに、人から「こうだよね」と言われれば、うなずいてしまう……。そういった、周りに押し切られる場面がたびたび見受けられそうです。いい意味でも、悪い意味でも、人からの影響を受けやすくなっているでしょう。

こういうときには、周囲を信頼できる人物でガードするに越したことはありません。あなたがつい流されてしまいそうになった場合、その人物が助けてくれるでしょう。あなた自身、失敗する危険性がなくなります。

ROCK

夏の岩

人生チャートが巳・午・未運のとき

※人生チャートの出し方は p11 を参照

ダイナミックな魅力がほとばしる夏の岩
煮えたぎるマグマのような情熱が
その内側に渦巻いている

チャレンジのときがやってきた
まずは考えるより先に行動を

たとえ失敗に終わったとしても
へこたれないで
ただひたすらに前を見つめて

全体

マグマのような情熱がこみ上げ 壮大な目標に挑みそう

まるで煮えたぎる熱いマグマのような情熱が、この時期のあなたにはみなぎります。その熱い衝動に突き動かされ、行動も自然とダイナミックになるでしょう。壮大なスケールの目標を抱いたり、大胆な挑戦をしたくなったりするのも、この時期の特徴。夢はどんどん膨らみ、チャレンジ精神がわき起こり、じっとしていられなくなるかもしれません。そんなあなたゆえ、いったん「これがやりたい！」というものを見つけたら、がむしゃらに突き進んでいくでしょう。たとえ失敗に終わったとしても、へこたれないタフさが強みです。失敗を笑い飛ばし、明るく立ち直るはず。そして、再び果敢にチャレンジを繰り返すでしょう。

このように、パワフルな運気の中にあるあなたですから、考えるよりも行動を。もっとも、あれこれ思考を巡らせているうち、動きたくて仕方なくなるはずです。頭を空っぽにしてスタートを切ると、思いがけないチャンスが開ける場面も。

恋愛

難しい恋も 圧倒的パワーで成就

パワフルに盛り上がる、この時期の恋愛運。小さなきっかけで、恋は急進展するでしょう。出会いのチャンスも多く、初対面から激しく惹かれ合い、強く求め合うことも。一度、火がついた情熱は、熱くたぎるマグマのような爆発力を秘めています。そのため、大恋愛に発展しやすいでしょう。たとえ二人の間に何らかの障害が横たわっていても、それで諦めるようなあなたではありません。むしろ、かえって恋心を激しく燃やすでしょう。

また、長い片想いや秘めた恋をしている人は、気持ちを抑えておけなくなり、一か八かの賭けに出るはず。そんなあなたの凄まじいパワーに圧倒され、難攻不落だった相手があなたの手の中に落ちそうです。

アドバイス

恐れることなく どんどんチャレンジを

前へ前へと突き進む、パワフルなこの時期のあなた。体の奥からみなぎる情熱に後押しされ、目標までノンストップで走っていくでしょう。ハードルが高かろうと、困難が待ち受けていようと、あなたは諦めません。それどころか、メラメラと闘志を燃やすはず。ただ、そういう時期だからこそ、失敗もつきものに。ときには挫折して、大きなダメージを受けてしまうかもしれません。

けれど、この時期のあなたならそれを乗り越えられるはず。たとえ傷だらけになっても、すぐに立ち直る強さがあるでしょう。ですから、失敗を恐れず大きな目標に向かってチャレンジを続けるべきです。壁がいくら高くても、最後は飛び越えるでしょう。

ROCK

秋の岩

人生チャートが**申・酉・戌運**のとき

※人生チャートの出し方は p11 を参照

淡い光に照らし出された秋の岩は
その様相を一変させる

ゴツゴツとした岩肌は
色づいた落ち葉にしっとりと馴染み
これまでの自分を思い出にして
新たな可能性を生み出したくなる

変わることには痛みも伴うけれど
怖がらず、自分の選択に自信を持って

全体

新しい世界を創造するとき
厳しい決断をする場面も

ギラギラ照りつける夏の強い陽射しが弱まり、淡い光が差すようになる頃、岩もまた存在感が控えめになります。さわやかな秋の風に吹かれながら、これまでとは違った景色の中で、異なる姿を見せるでしょう。この時期のあなたも、変化を求めたくなるはず。古いものを壊し、新しい世界を創造したいという考えに支配されるでしょう。けれど、新たに何かを生み出すためには、何かを捨てねばならず、それなりの苦しみがつきものです。それゆえ、もともと一本気なあなたはあえて自分を追いつめ、居心地のよい今の環境を変えようとしたり、厳しい選択を取ったりするかもしれません。それは文字通り、「生みの苦しみ」だといえるでしょう。

こうした再生にまつわる苦痛の中、知らず知らずのうちに、あなたにはかなりの負担がかかっているはずです。少しでも疲れを感じたら、意識して休むよう心がけてください。特に、周囲の環境が一変した際には、体調に気をつけて。

恋愛

停滞した恋に決別を
選択には自信を持って

誰かを一途に想い続けてきた人は、そろそろ今の状況を破壊してでも新たな展開を求めたくなるかもしれません。動かない恋に業を煮やし、思いきった決断をする場面もあるでしょう。それは、つらい決別や、シビアな選択になる可能性も。それでもあなたは、前へ進もうとするのです。現状に耐えられなくなったとき、あなたが取る行動は、後々の人生に大きな影響を及ぼしそうです。

一方、新たな出会いを望んでいる人は、今まで縁のなかった世界の人々と接する機会を得るでしょう。というのも、あなた自身がそういうチャンスのために、思いきって行動を起こすからです。その結果、思いがけない出会いのチャンスがやってくるはず。

アドバイス

負担がかかった
心と体をいたわって

破壊と創造の連続になりそうな、この時期のあなた。ときには慣れた環境を壊し、新しい世界に飛び出すなど、大胆な行動を取る場面もあるでしょう。こうした行動のさなかには、夢中になっていてわからないかもしれませんが、心と体にかかっている負担が大きいことに気づいてください。知らないうちに疲れをためているケースが多く、本当は倒れる寸前かもしれないのです。気持ちが張っているから自覚がないだけで、実際にはかなりの重圧やストレスが蓄積されているはず。

それゆえ、一つの目標を達成したら、少し立ち止まって休んだほうがよいでしょう。先を急ぎたい気持ちをなだめて、静かな場所で疲れた心身のメンテナンスを図ること。

ROCK

冬の岩

人生チャートが**亥・子・丑運**のとき

※人生チャートの出し方はp11を参照

凍てつく空気の中、沈黙を守る冬の岩
厳しい寒さに耐えながらも
不屈の闘志をみなぎらせている

氷に表面を覆われても、雪が降り積もっても
今は負けずに、力を蓄えて

あなたの頑張りを、狂おしいほどの努力を
見ている人が必ずいるから

全体

静かな闘志を燃え立たせ
逆境に立ち向かっていく

冬の岩は冷たい風にさらされ、凍てつく空気の中、沈黙を守っています。ときには氷が表面を覆い、雪が降り積もり、いっそう岩を凍えさせようとするでしょう。この時期のあなたも口数が少なく、物静かな雰囲気を漂わせるはずです。とはいえ、心の中には揺るぎないチャレンジ精神が確かに存在しているでしょう。何度、目の前に壁が立ちふさがっても、あなたはくじけません。口にこそ出さないものの、逆境を前に闘志を燃やし、「負けるものか」と果敢にぶつかっていくのです。

このように、この時期のあなたは熱い情熱を秘めながら、あくまでも表面上はクール。感情を抑え、じっくり腰を据えて、そのうち目的を果たすでしょう。そんなあなたの静かな闘志は、ひそかに周囲から憧れの的となっているようです。あなたのような人に頼りたい、そばについていてほしい……と願っているでしょう。「プロジェクトのリーダーになってくれないか」といった打診を受ける場面も。

恋愛

言葉に頼らず
態度に愛を込めて

物静かでクールな部分と、秘めた情熱の両方を発揮するこの時期のあなた。そんなあなたの相反する魅力が、相手の心をとらえます。決して口数は多くないのに、一目あなたを見た相手は、忘れられなくなるでしょう。そして、「また会いたい」と強く思うのです。それゆえ、あなたに自覚はなくても、想いを寄せている人がかなりいるはず。すぐにはアプローチしてこなくても、ひそかにチャンスをうかがっているでしょう。

片想いをしている場合、うまく愛情を伝えられず、もどかしさを覚えるかもしれません。そういうときには、表情や態度に愛情を込めましょう。きっとあなたの気持ちが相手に届き、笑顔になれる日が来ます。

アドバイス

言葉に頼らず
本当の想いを伝えて

口数が少なくなりがちなこの時期のあなたは、やや言葉足らずになる傾向があるようです。そのため、大切な人に本当の気持ちが伝わらなかったり、誤解を受けたりするかもしれません。けれど、弁解をしようとあれこれ工夫しても、かえって事態がこじれるばかりでしょう。そういう場合、変に作戦を立てないほうがよいのです。うまい言い回しができなくても、飾らないストレートな言葉のほうが、何倍も相手の心を打つはずです。

一度で全部伝わらなかったなら、またチャレンジすればいいだけのこと。あなたの熱意と誠意は必ず届き、相手の気持ちを動かすでしょう。嘘やごまかしのない表現がかえって受け入れられ、心から信頼してくれるはず。

TREASURE

宝タイプはこんな人

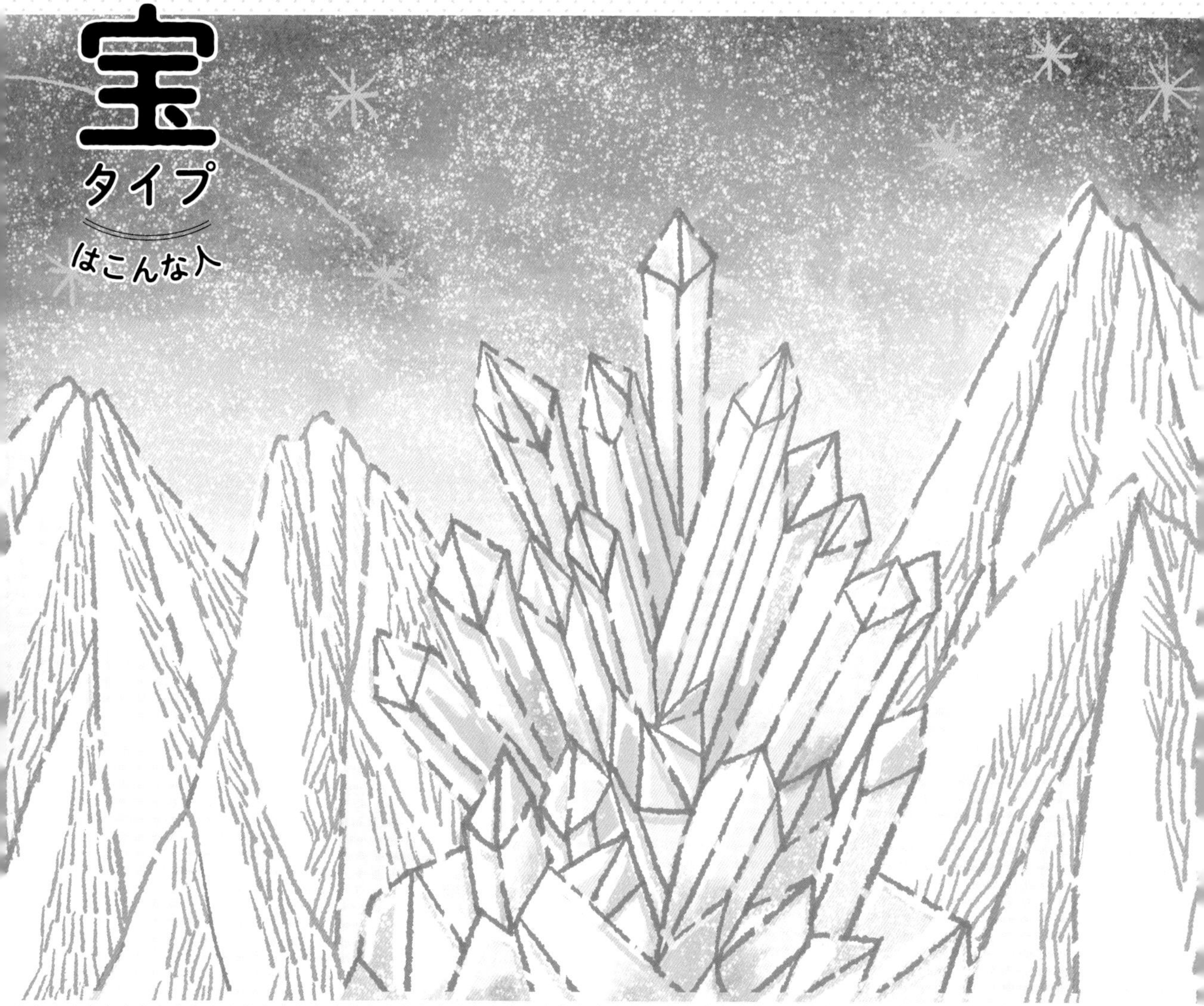

宝タイプの芸能人

相葉雅紀　石田ゆり子　指原莉乃
常盤貴子　福士蒼汰

全体

愛され上手な上昇志向 独特な美意識を活かして

感受性が豊かで、人とは少し違った視点で物事を見ることができる宝タイプの人。他人からは誇り高い印象を持たれがちですが、それを「プライドが高い」と感じられてしまうか、「華やかで気品がある」と受け取られるかは、あなたの振る舞いしだい。近づきがたい人と認識されないよう、常に謙虚さは忘れないで。

宝タイプの人は生まれながらの愛され上手でもあり、いろんな人からまさしく宝石のように大切に扱われる存在です。ただ、それによって自分の中にある「認められたい」という欲求が満たされるかは別の話。この自己承認欲求とどうつき合っていくかが、人生における大きなテーマになるでしょう。持ち前の美意識を活かして表現活動に没頭したり、独特な感性をさらに高めて集団の中で光り輝くことを目指しましょう。上昇志向がとても強いので、美意識やファッションなど「自分自身を美しく見せる」ことを極めるのもおすすめです。

恋愛

愛されることで 幸せを実感する

追いかけるよりも追いかけられたい、受動的な恋愛体質を持つ宝の人。気になる人が現れてもなかなか自分からアプローチすることはせず、相手のほうから声をかけてくれるのを待ち続けるタイプと言えるでしょう。言葉で直接的に容姿をほめられたり、自分が特にこだわっている部分に気づいてもらえると、好感度は一気にアップします。

交際がスタートすると、とにかく自分のことを優先してくれないと不満が溜まってしまいます。これはわがままではなく、愛されているという実感が欲しいから。ただ、結婚後は「いい親」や「いいパートナー」を演じる方向へ徐々にシフトしていくため、自然と落ち着いた関係に変化していくでしょう。

仕事 お金

直感を信じて センスを活かした働き方を

独自の感受性や美的センスを仕事に活かすならば、それを表現できるデザイナーやアーティストが適職と言えるでしょう。あなたが持つ独特の世界観を形にすることは、他では得ることのできないやりがいになるはず。

唯一無二の切り口やアイデアを持っているため、組織で働くうえでも欠かせない存在として重宝されることになるでしょう。また、人からの評価がそのままモチベーションにつながるので、顧客と直接やり取りをするような働き方も適しているでしょう。

センスのよさは金運にも好影響を与えており、投資や資産運用にも意外な才能を発揮しそう。気になる話があったら、自分の直感を信じてみるのも◎。

TREASURE

春の宝

人生チャートが**寅・卯・辰運**のとき

※人生チャートの出し方はp11を参照

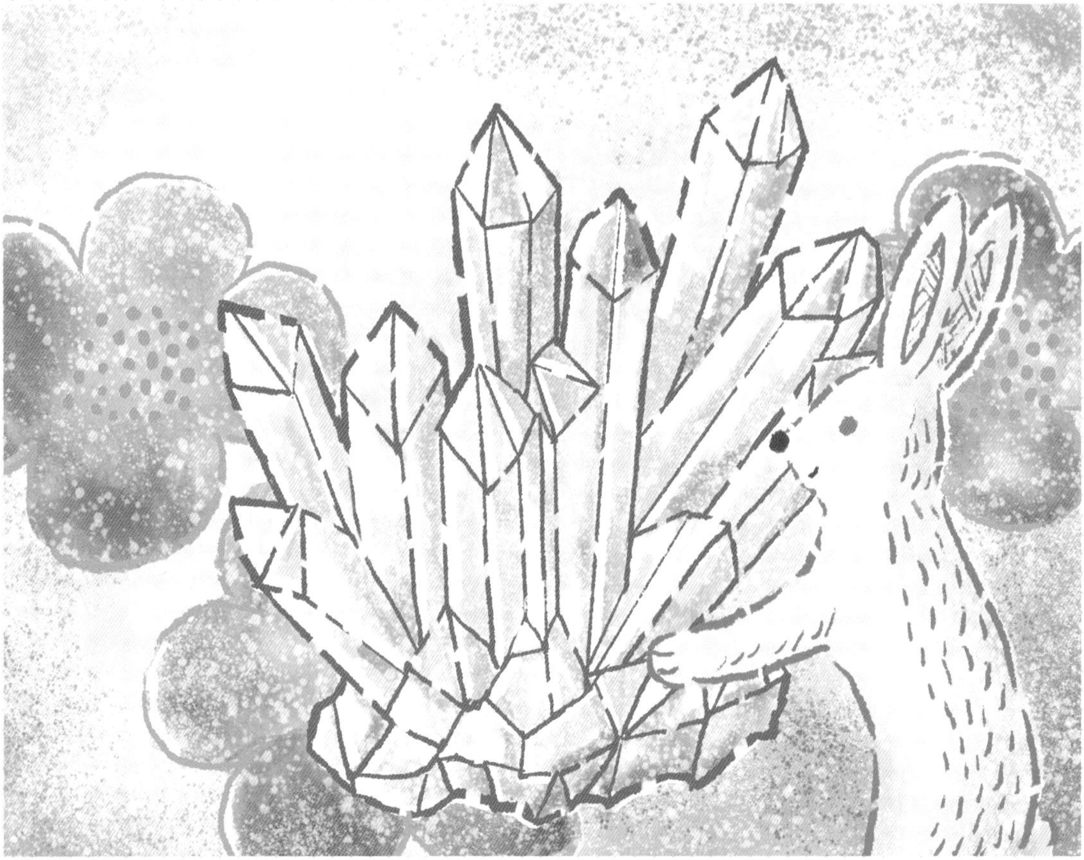

ぼんやりとよどんだ鈍い空
吹きつけるホコリに春の宝の表面も曇って
いつもの輝きを放てなくなっている

のどかに流れる緩い時間に
向上心も思考も思わず手放したくなるけれど
ここで終わるあなたではない

あなたの内側はキラキラしている
そのきらめきを、けっして手放さないで

全体

周囲の空気に染まらず アイデアとセンスを発揮して

春の空気は大気中に舞うホコリを多く含み、吹きつける風が宝石の表面を曇らせてしまいます。この時期のあなたもまた、ホコリを被った宝石のように、本来の輝きを発揮できないよう。そのため、持ち前の鋭い感受性や高い美意識が埋もれがちで、どこかぼんやりした印象を周囲に与えるでしょう。一方、春ののどかなムードに影響されるかのごとく、いつものプライドの高さや「人とは違う」といった強烈な自意識が鳴りをひそめそうです。代わりに、おとなしくて穏やかで、目立たないけれど人の面倒をよく見る世話好きな人として、周囲の目には映るでしょう。

そんな状態のあなたですが、ボーッとしていてはいけません。たとえあなたを巡る環境が、のんびりしたものであっても、知的活動を止めることはないのです。豊かなアイデアや美的センスが活かせる場所を見つけ、感性を鈍らせないように。優れた発想を実現させられるところに身を置いたとき、運命は動き出すはずです。

恋愛

魅力を磨けば 誰よりも愛されるはず

輝くような魅力とセンスで、本来なら人気が集中するはずのあなた。けれど、この時期はそんなあなたの美点が曇ってしまいがちです。そのため、せっかくの個性が大勢の中で埋もれてしまったり、ライバルたちに差をつけられたりすることも。出会いのチャンスが訪れた場合も、目当ての相手は他の人に奪われてしまいやすいようです。

また、片想いをしている人も、何もしないでいると好きな相手を誰かにさらわれる恐れがあるでしょう。こうした不利な状況を打開するためには、無意味な時間を過ごさないことが何よりも大切です。常に感覚を研ぎ澄ませて、持ち前の個性や魅力が曇ってしまわないよう、自分を磨き続けましょう。

アドバイス

ぼんやりせずに 今すぐ自分磨きを

ぼんやりと過ごしがちなこの時期のあなたですが、周囲の空気に染まり、流されているだけでは、素晴らしい感性も鈍ってしまいます。それだけでなく、個性や魅力さえホコリをかぶってしまうでしょう。そうなると、せっかくキラキラしたものを持っているのに、発揮されず、埋もれたままになりそうです。

この時期のあなたに必要なのは、心の中に眠っている上昇志向とプライドを呼び覚ますこと。「自分は愛されるべき存在なのだ」「特別なのだ」という自覚が、今こそ必要です。目覚めたあなたは、再び輝き出すでしょう。しかも、これまでとは異なる輝きを放ち、どんな相手の心も一瞬でとらえられるかもしれません。ぼんやりしている暇はないのです。

TREASURE

夏の宝

人生チャートが**巳・午・未運**のとき

※人生チャートの出し方は p11 を参照

まとわりつくような猛暑の厳しさに
自分らしさを見せられない夏の宝

普段のスマートな雰囲気が一変して
ときに激しい自己主張を繰り出すけれど
それは自分を守ろうと、必死で戦っている証

誰よりもあなたが分かっている
心の奥底にあるその輝きが
何にも代えがたいものだということを

全体

こだわりを発揮する時期 経済的センスは抜群

夏の厳しい暑さは、その熱気と湿気を含んだ空気によって、宝石が本来持つ輝きを奪います。表面はどんよりと曇り、もともとの美しさが隠されてしまうでしょう。この時期のあなたも、自分らしさを見せられずにいるようです。ただ、普段は周囲に合わせることも多いあなたですが、このタイミングではこだわりを発揮するでしょう。意外な場面で頑固になり、「それは違う」「こうあるべき」といった主張を繰り返すはず。いつもの順応性あふれるあなたとのギャップに驚く人が多い一方で、思いがけない強さをアピールするあなたに、惹かれる人物もいるでしょう。

また、この時期は独特の金銭感覚が発達するときでもあります。そのため、貯蓄や財テクといった分野では、優れた手腕を見せるでしょう。そのセンスを活かせば、大きな財を蓄えることも夢ではありません。人生の中で、豊かな生活を手に入れるまたとない機会ですから、ぜひ積極的に経済活動をしてみてください。

恋愛

普段とのギャップが 恋を引き寄せそう

普段とは違った頑固なあなたに心を奪われる相手は多く、いきなりアプローチを受けるような場面もありそうです。意外な相手が告白してきて、驚くかもしれません。この時期のあなたは、無意識のうちに魅力をふりまいているでしょう。片想いをしている場合、相手がいつもと雰囲気が変わっているあなたに興味を抱き、接近してきそうです。

気をつけたいのは、どうでもいい事柄にこだわりを見せやすいこと。たとえば、缶ジュースを選ぶとき、「ああでもない、こうでもない」と必要以上に時間をかけて決め、待っている相手を呆れさせるでしょう。そうは言っても、柔のイメージの強いあなたが剛な行動を取るのは、意外性があって魅力的です。

アドバイス

いつもと違う自分を 素直に認めて

表面が曇っている宝石のごとく、「自分らしさを発揮できない」と嘆く場面が多いこの時期のあなた。けれど、悪いことばかりとは限りません。いつもなら、人からどう見られているかに対し、異常に敏感なところのあるあなたですが、この時期は頑固なまでに自分を主張します。そのため、流されやすさ、染まりやすさが薄れ、別の個性が輝くでしょう。普段は周囲の目や、相手の感情を気にしてできなかったことも、平気でできるように。

また、相手の反応を考えると言えなかった言葉も、遠慮なく口にするでしょう。このように、この時期のあなたは、こだわりという新たな一面を見せ、その意外性によって周囲の人たちの心をとらえるのです。

TREASURE

秋の宝

人生チャートが**申・酉・戌運**のとき

※人生チャートの出し方は p11 を参照

深まりゆく季節の中で、輝きを増す秋の宝
カラリとした空気はさわやかに
あなた本来の価値を教えてくれる

あなたのためなら誰だって
喜んで動かずにはいられない

あなたが放つひと言が
驚くほどに世界を変えていく

愛されている自分に自信を持って

全体

あなた本来の魅力や能力が輝きを放つとき

深まりゆく季節とともに、輝きを増すこの時期のあなた。秋の澄んだ空気はカラリとさわやかで、あなた本来の魅力にそっと気づかせてくれます。あなた自身、他人とは異なる個性や能力があることを自覚できるはず。たとえば、同じものを見ても、あなたは人よりも鋭い感性を発揮するでしょう。対象物の中に秘められた美しさを見抜き、さらにその美を高めることさえ可能に。また、大勢の中にいても、決して埋もれることはなく、キラリとした光を放つのが、この時期のあなたです。どのような相手もあなたは虜にし、引き寄せるだけの魅力を放っているでしょう。

そんなあなたゆえ、存在感は抜群。意識して自分の才能と魅力を磨き上げれば、あらゆることができそうです。少なくとも、周囲にいる人たちは、あなたを放っておきません。進んで手を差し伸べ、助けてくれるでしょう。そういうときですから、謙虚さを身につけることも大切です。協力者への配慮も、忘れないこと。

恋愛

どんな相手の心も魅了できるとき

あなたの魅力が輝きを増すこの時期は、相手を問わず惹きつけるでしょう。そのため、一目ぼれされる機会も多く、突然のアプローチや告白に驚く場面も……。しかも、この時期のあなたは、望めばどんな相手とも相思相愛になれる可能性を秘めているのです。たとえ周囲にそれなりの美しさと魅力を持ったライバルたちがいようと、あなたの輝きには勝てません。それゆえ、片想いをしている場合は非常に有利。これまで見向きもしてくれなかった相手も、肌で感じるあなたの魅力に触れて、ハッとするでしょう。

すっかり心を奪われ、告白せずにはいられなくなるはず。もし愛する人が接近してきたなら、自信を持ってその愛を受け入れて。

アドバイス

好調なときほど努力を忘れずに

その魅力や能力によって、願いが叶いやすいこの時期だからこそ、謙虚な気持ちを忘れないようにしたいもの。特に、喜んであなたのために動いてくれる人たちへの感謝の念は、いつまでも持ち続けてください。ときおりかける温かい言葉や優しい態度……そういった気遣いこそ、幸運を長続きさせるための秘訣。相手あっての幸運なのです。

また、物事が面白いようにうまく回っているときほど、つい努力を忘れがち。確かに、この時期はそれでも何とかなってしまうでしょう。けれど、後々のことを考えると、やはりひたむきな努力は大事。何事も真摯に向き合い、全力で取り組むことで、あなたには確かな実力が備わるでしょう。

TREASURE

冬の宝

人生チャートが**亥・子・丑運**のとき

※人生チャートの出し方は p11 を参照

ミステリアスな輝きを放つ冬の宝

深みのあるその色合いは
謎めいた雰囲気を漂わせるけれど
冴え冴えとした冷たい空気は
正解を教えてくれている

それは「これを絶対にやるのだ」と
心に決めた目標を貫いて
自分だけの「絶対」を妥協せずに追いかけること

全体

ストイックさと意志力で
周囲からの称賛を得そう

冴え冴えとした冷たい冬の空気は、宝石にどこかミステリアスな輝きをもたらします。この時期のあなたも、深い魅力を発揮するでしょう。ハッキリと目には見えないけれど、何かを秘めている……そんな印象を周囲に与えるはず。この時期はあまり動きがないようでいて、確実に物事が固まっていくときなのです。あなた自身、信念が強くなり、口には出さないものの、「これを絶対にやるのだ」と心に決めるでしょう。そして、目的を果たすまでは、自分を追い込み、徹底的にコントロールしようとするはずです。そのストイックさと意志の強さによって、あなたは見事、やり遂げるでしょう。その達成感は他では得がたいものになります。

その姿は、周囲の人たちからの高い評価を得るのに十分。どこまでも自分なりの美学や美意識を追求してください。簡単に妥協せず、あなたにとっての「絶対」を心の中で確立するのです。その結果、あなたの存在感が高まるでしょう。

恋愛

大勢の中にいても
ひときわ魅力的

謎めいていて、深みのある魅力を放っている、この時期のあなた。あなたと接した相手は、「いったいどんな人なのだろう」「もっと知りたい」と思わずにはいられないでしょう。そんなあなたは、大勢の中にいても、無性に気になる存在。まるで氷の山の中に隠されていても、明らかにきらめきが違う、本物のダイヤのように見えるのです。そのため、あなたに熱い想いを抱く相手は数知れず。片想いの相手も、そこに含まれるでしょう。

また、この時期のあなたには、ストイックさが備わっています。近づいてきた相手を簡単には寄せつけない、クールさも感じさせるはず。だからこそ、余計に相手の恋心をかき立て、ときには欲望をそそるのです。

アドバイス

楽な方に流されず
自分に厳しくして

この時期は、あなたの目に、物事がなかなか進行していないように見えるかもしれません。しかしながら、あなたしだいで進んでいくこともあるのです。その鍵となるのが、自分に厳しくなること。普段のあなたは、周囲に合わせる場面が多く、ときには流されがちでしょう。けれど、この時期のあなたに必要なのは、独自の考えを持ち、どこまでも貫くことなのです。たとえ周囲から浮いても、あるいはなかなか賛同してもらえなくても、オリジナリティを忘れてはいけません。

ここで自分を手放し、無個性になってしまったら、あなた本来の輝きは失われるでしょう。無数にあるただの石の中に埋もれることのないよう心を律して。

SEA

海タイプはこんな人

海タイプの芸能人

綾瀬はるか　石原さとみ　斉藤 工
中川大志　広末涼子

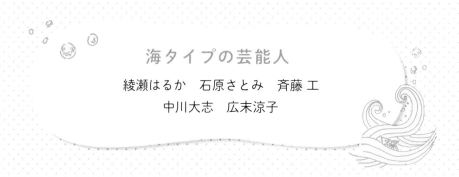

全体

自由自在に形を変えて
すべてを優しく包み込む

深く雄大に広がる海のように、表面的な姿だけではなく深くまで潜って初めてわかる、底知れない魅力と知性を兼ね備えた海タイプ。置かれる環境によって姿かたちを自由自在に変化させながら、どんなことも柔軟に包み込みます。

その分、他者から受ける影響も人一倍大きく、つき合う人によって運気が左右されやすいという特徴も持っています。流れがなくなると、水が一気に濁ってしまうように、身動きが取れないようなシチュエーションや、精神的に不自由を感じる場面では特に注意が必要でしょう。自分を頼りにしてくれる人も大切ですが、その人が自分に何をもたらしてくれるのか、ギブアンドテイクの関係で考えましょう。

海タイプの持つ性質をうまく使いこなすことができれば、どんな相手でも自分のペースに巻き込むことができたり、チームのバランサーとしても手腕を発揮することができます。状況を冷静に分析する目を日々、養いましょう。

恋愛

優しすぎるがゆえの依存に注意

シーズンや時間帯によって見せる表情を変える海のように、海タイプの人の恋愛は、まさに相手しだいといったところ。あなたは相手が求める恋愛を叶えてあげるだけの柔軟性を持っています。ただ、一方がネガティブな状態になっていると、その気持ちまで増長させてしまい、そのまま関係に亀裂が入ってしまうことも。相手の気持ちに寄り添ってあげることも大切ですが、自分まで流されてしまわないように気をつけましょう。

また、その包容力の豊かさから、相手を依存させてしまうようなこともしばしば。あなたにとってここが居心地のよくない環境だと感じるのであれば、思いきって次の場所へ移るのも選択の一つでしょう。

仕事
お金

チャレンジ精神を持っていろんな経験を

底知れない知性を持つ海タイプの人は、吸収力も抜群。一つ一つの経験から多くを学び、次へつなげていくことを得意としています。なので、一つの職場で長く働くよりも、興味のおもむくままに、次から次へと新しいことにチャレンジするのもおすすめ。水は地形や容器に合わせて自在に形を変えることができます。困難に感じられるような場所でも、あなたなら乗り越えていけるはず。どっしりと構え、果敢に荒波を乗りこなしましょう。

ただし、金運はかなり波が激しく、いいときと悪いときの差がはっきり出てしまいそう。安定した金運を得たいのであれば、貯蓄や資産運用にまつわる知識も積極的に身につける必要があるでしょう。

SEA

春の海

人生チャートが**寅・卯・辰運**のとき

※人生チャートの出し方は p11 を参照

穏やかな様子を見せる春の海

その水面は優しく凪いでいるけれど
時折起きる、さざ波が
その下に存在する生命の存在を教えている

静かに泳ぐ魚たち
ゆったりとたゆたう海の生物
春の海は懐深くすべてを包み込む
この世界の悲しみや寂しささえも

全体

大物感が漂うとき 頼ってくる人たちの役に立って

穏やかな様子を見せる春の海は、どこかのどかでゆったりした雰囲気をかもし出します。ときおり、さざ波が起こるくらいで、水面下でも静かに海の生物たちが暮らしているでしょう。この時期のあなたもまた、春の海のようなたたずまい。懐深く、あらゆる人たちを受け入れてくれそうな大物感が漂うでしょう。あなたのしぐさや振る舞いも、どことなくスケールの大きさを感じさせるはず。たゆたうようにものを言い、相手をすっぽりと包み込む優しさがそこにはあるでしょう。

そんなあなたの元へは、たくさんの人たちが引き寄せられてくるはずです。あなたに心を預け、頼りたいと願う人が後を絶たないでしょう。あなたもまた、快く受け入れ、悩みを聞いてあげたり、アドバイスを送ったりできそうです。というのも、この時期のあなたは、のほほんとしているように見えて、冷静な観察眼を備えているから。そのため、正確に状況を把握し、正しい判断が下せるでしょう。

恋愛

深く大きな愛で 優しく相手を包む

大きな波がゆっくりたゆたい、海の生物が水中で漂っている……。この時期のあなたも、そういったのどかな印象を周囲に与えるでしょう。また、小さなことは気にせず、動じないといった、懐の深さも、同時に感じさせるはずです。それゆえ、あなたの大きな愛に包まれたいと願う相手は数多く、そこには片想いの相手も含まれているでしょう。

しかも、この時期のあなたは、包容力が強まっています。あらゆる相手を無条件で受け入れ、包み込もうとするのがあなたなのです。そんなあなたの温かい胸に抱かれ、穏やかな愛に浸りたいと願う相手を、ぜひ救ってあげましょう。あなたのほうで相手の気持ちを汲み、近づいてあげるのです。

アドバイス

存在感が増すだけに 発言には責任を

この時期のあなたには、人に頼られる場面が多く訪れるでしょう。あなたなら、話を聞いてくれそう、あなたなら、助けてくれるに違いない……そう信じ、やって来るのです。そういった人たちを、決して突き放してはいけません。あなたが持つ包容力を発揮し、大きな懐で受け止めてあげてください。難しい問題を相手が相談してきて、あなたの手に負えないと感じた場合、話を聞いてあげるだけでもよいのです。それだけで、相手は心の重荷が取れて、満足するでしょう。

この時期、あなたはただそこにいるだけで、周囲の人たちを安心させる存在となります。それゆえ、あなたは自分の影響力がいかに強いかを自覚しなければなりません。

SEA

夏の海

人生チャートが**巳・午・未運**のとき　※人生チャートの出し方はp11を参照

明るく開放的な夏の海

楽しげな人々の声が、にぎやかに響き渡り
さまざまな誘惑が、浜辺を行き交う

危険に足をさらわれないように
目を凝らして見極めて

熱く見つめる相手のまなざしに
真摯な想いが宿っているかどうかを

全体

関わる人によって
人生の明暗を分けそうなとき

多くの海水浴客でにぎわう、夏の海。人々の声が楽しげに響き渡り、この特別な季節の到来を心から喜んでいるかのようです。そんな夏の海は、明るく開放的な雰囲気を漂わせ、たくさんの人たちを歓迎しているでしょう。この時期のあなたもまた、多くの出会いを経験しそうです。あなた自身、親しみやすく人懐こいムードがあるため、すぐに人と仲良くなれるでしょう。ただ、そういうときだからこそ、つき合う相手には気をつけたいもの。相手からの影響を受けやすいあなたゆえ、マイナスになる人物でも簡単に受け入れ、染まってしまう心配があるでしょう。

ですから、誰かれ構わず親しくなるのは悪いことではありませんが、相手の人となりを見極めてください。たとえ根っからの悪人でなくとも、その周りによくない人たちがいるなら、話は別。しっかり距離を置いてつき合わないと、あなたの人生に関わる問題が起きるかもしれません。また、不確かな情報にも気をつけて。

恋愛

開放的ムードの中
刺激的な恋を経験

オープンでにぎやかな夏の海のように、この時期のあなたもたくさんの人たちと関わりを持つでしょう。開放的なムードを漂わせるあなたの元へは、いろいろな人が接近してくるはずです。その中には、ちょっと危険な香りのする相手がいるかもしれません。そういう人物に惹かれ、人に言えない恋や、危ない恋が始まる可能性もあるでしょう。

一方、片想いをしている場合、その場のムードに流されて、深い関係を結ぶことも。このように、この時期のあなたは、まさに「ひと夏の経験」といった出来事に遭遇しやすいのです。刺激やスリルを求めてそういう恋に飛び込みたくなりますが、この先の人生を考えたとき、後悔しない行動を取りましょう。

アドバイス

たくさんの情報が集中
振り分ける努力を

この時期のあなたは、いつも以上にオープン。「何でもどんとこい！」といった調子でしょう。そのため、あらゆる情報を引き寄せそうです。特に、今まで聞いたことのない話を耳にする機会が増えるよう。あなたにすれば、そういう話を仕入れるだけで、楽しめるため、大歓迎かもしれません。けれど、皆が皆、根拠のある情報とは限らないのだということを覚えておいてください。

この時期、あなたに集まる情報は、冷静に振り分ける必要があるでしょう。そして、本当に信じるに足る情報かどうか、整理すること。その際、出どころの確認が大事です。あやふやな噂に踊らされ、真実を見失わないよう、しっかり判断力を養いましょう。

SEA

秋の海

人生チャートが**申・酉・戌運**のとき

※人生チャートの出し方はp11を参照

どことなく物悲しげな秋の海

けれどもその水は透き通って
魚たちが自由に動き回っている

今いる場所に満足できないなら
その身を縛るものは何もない

思い切って新たな環境に飛び込めば
充実した日々が待っているはず

全体

自由に動ける場を求め
次の場所へ移動してよいとき

秋の海はどことなく物悲しげで、寂しい景色を見せます。ただ、その水は透き通り、海中での変化をよく見渡すことができるでしょう。水面下では、魚たちは勢いよく泳ぎ回り、生の営みを続けているのです。この時期のあなたも、そんな秋の海のように、一見、おとなしそうに見えるでしょう。控えめで口数も少なく、静かにほほ笑んでいる印象です。しかしながら、心の中では「きゅうくつでたまらない！」「自由に動き回りたい！」という欲求を抱え、うずうずしているでしょう。

もし、今いる場所に満足できず、他へ移りたいと考えていたなら、移動への願望は最高レベルに達するはずです。特に、あなたの行動を制限し、やりたいことに取り組めなかったり、考えを遠慮なく言えなかったりする環境の場合、ことさらその思いは強いでしょう。このように、精神的不自由さを感じるのに、その場に縛りつけられているのなら、次の環境へと移ることも考えてください。

恋愛

寂しげなムードが
相手の心をつかむ

どこか哀愁が漂う、この時期のあなた。そのちょっと寂しげなムードで、恋の相手を引き寄せそうです。あなたを見ている相手をつい、「そばについていてあげないとダメだ」という気にさせるでしょう。そんな、放っておけないあなたは、非常にモテるはず。中には、あなたの保護者を名乗る人物まで現れ、何かと世話を焼いてくれるでしょう。

それゆえ、片想いをしている場合、じっと相手を見つめたり、もの言いたげな雰囲気を漂わせたりすれば、放っておけなくなって向こうから近づいてくるはず。ミステリアスなムードで多くの人を視線を釘づけにするでしょう。この時期は、今まで経験のないタイプの恋を楽しめるかもしれません。

アドバイス

違和感や息苦しさは
変化を求めるサイン

自分の本当の居場所を求め、さまよい始めそうなこの時期は、心に従って行動を。もし、今いる場所に違和感を覚えたり、息苦しさを感じたりしているなら、周囲の環境がよどんできている証拠です。新しい水を入れ、元の透明感を取り戻さなければなりません。あなたもまた、居場所を変えるか、これまでの習慣をやめるかの選択をするべきです。不意に訪れる違和感や息苦しさは、「今のままではいけない」という本能から来るサイン。

ですから、無理に押さえつけようとしても、必ずすぐにわき起こってくるでしょう。そして、あなたに環境を選ばせ、新たなスタートを切らせようとするはずです。今こそ、心の動きに対して正直になりましょう。

SEA

冬の海　人生チャートが亥・子・丑運のとき

※人生チャートの出し方は p11 を参照

分厚い雲の下、誰も寄せつけず
ひたすら荒れ狂う冬の海

重苦しく厳格なその姿は
近づきがたいように思えるけれど
冬の海の水温は意外にも高く
豊かな思いやりを秘めている

見た目だけでは分からない真実
気難しさの裏にある不器用な優しさ

全体

心を開ける相手が現れれば真のパートナーに

凍てつく冬の海は、重く垂れ込めた厚い雲の下で、荒々しくうねっています。灰色の空を映した暗い海面のように、この時期のあなたもまた、重苦しい表情を浮かべていることが多いでしょう。あまり感情を表に出さないため、「何を考えているのかわからない」と、周囲の人から思われているかもしれません。また、無表情なあなたを見て、「気難しそう」「つき合いにくそう」と感じ、近づけないでいる人物の姿も……。けれど、実は冬の海には、意外な一面があります。それは、外気と比べて水温が高いということ。つまり、この時期のあなたもまた、内面には温かい思いやりや優しさ、そして豊かな感情を秘めているのです。

なかなか本当のあなたを理解してもらえないこの時期ですが、素直に内面をさらけ出せる相手を見つけられるかどうかが幸せへの鍵に。不機嫌そうな顔をしていても、「照れているのだな」と察してくれる相手となら、幸福になれるでしょう。

恋愛

優しさを表に出せば恋がスムーズに

この時期のあなたは表情に乏しいため、なかなか真意を理解されないでしょう。たとえ恋焦がれている相手でも、あなたは素直に愛情を表に出すことができないようです。それゆえ、ときには嫌われているといった誤解を生み、恋がうまくいかなくなる場面も……。

けれど、ほんの少しでもあなたの隠れた優しさに触れたなら、その相手は必ず想いを寄せるようになるでしょう。ですから、恋のスムーズな展開を望むなら、意識して恋愛感情を表すこと。たとえ器用に振る舞えなくても、態度ひとつで状況は変わるものです。好きな相手や好みのタイプが困っていたなら、勇気を振り絞り、手を差し伸べて。二人はそのまま恋人同士になるでしょう。

アドバイス

心を閉ざさず仲間を見つけて

なかなか思うように振る舞えない、この時期のあなたですが、そこでヤケになってはいけません。一番いけないのは、「どうせ言ってもわかってもらえない」と決めつけ、心を閉ざしてしまうことです。人とのコミュニケーションを避け、一人で過ごすことをよしとする……そんな生活になると、あなたはますます人を遠ざけ、孤独に陥るでしょう。

そうならないようにするためには、少人数でよいので、あなたの理解者を見つけること。周囲の人の中にも、素のあなたを遠慮なく見せられ、心を許せる相手がいるはずです。そういう人物が一人でも存在することがわかったなら、どれほど心強いことか。まずは、気心の知れた仲間を見つけましょう。

RAIN

雨タイプはこんな人

雨タイプの芸能人

大野智　小栗旬　堺雅人

長澤まさみ　長谷川博己

全体

清らかな優しさを持つ
思慮深い空想家

思いやりや優しさなど、献身的で素直な心を持つ雨タイプ。常に何か考え事をしているような人が多く、空想や自分の内側にある世界を大切にしています。

雨がやがて川になり、大きな流れを生むように、地道にコツコツと継続することで、大きなことを成し遂げるという強みを持っているあなた。そのため、派手なことはあまり好まず、裏方やサポート役に回ることも多いかもしれません。人間関係においてもその傾向は強く、変に打算的に振る舞うのではなく、ありのままの素直な心で接するほうが、良縁を引き寄せることになるでしょう。

ただ、そんなあなたを利用しようとしたり、優しさにつけ込んで甘えたいがために近づいてくる人もたくさんいるようです。雨は誰にでも平等に降り注ぎますが、あなたが思いやりを直接手渡せるのは、限られた人数だけ。人の本質を見極める目を養い、あなたが「本当に大切にしたい」と思える人を見つけて。

恋愛

どれだけ好きな相手でも
甘やかしすぎはＮＧ

自分の中で理想とする恋のストーリーはすでにできあがっていて、その物語の中で思いを巡らせる、少女のような恋愛スタイルを好みます。空想と言っても夢物語ではなく、目標に向かってコツコツと進んでいける雨タイプの人であれば、決して叶えられないクライマックスではないでしょう。

母性あふれる癒やし系で、ケンカや争いを好みません。好きになった相手にはとことん尽くす献身的な一面を持ちながらも、相手のことを甘やかしすぎて、いわゆる「ダメ人間」にしてしまうこともしばしば。長いつき合いや結婚を意識するのであれば、お互いに干渉しすぎないようにルールを決めておくと、交際も順調に進んでいくでしょう。

仕事
お金

人からの感謝や評価が
モチベーションに

優しく慈愛の心に満ちた雨タイプの人に向いているのは、看護師や介護士、社会福祉士といった職業。あなたの気配りや優しさには、弱った人の心を癒やす力が秘められています。直接誰かの助けになる仕事は、あなた自身のやりがいにもつながるはず。

やるべきことは責任を持って全うする雨タイプだからこそ、職場や上司からも信頼を寄せられます。さらに、その思いに応えようとますますモチベーションを高めて仕事に取り組むことができるでしょう。

また、交際費がかさむと金運も安定しづらくなってしまいます。気分が乗らないときははっきりと断るようにして、お金の使い方にメリハリをつけるようにしましょう。

RAIN

春の雨 人生チャートが**寅・卯・辰運**のとき

※人生チャートの出し方は p11 を参照

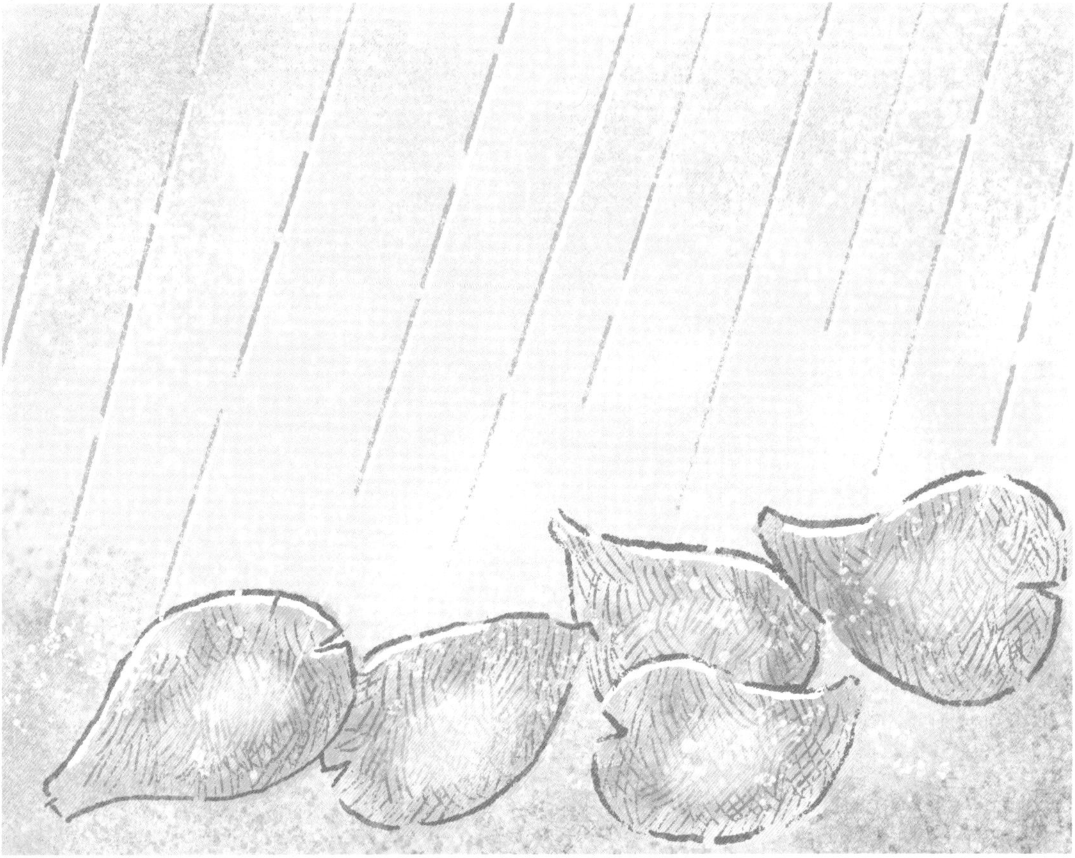

サラサラと降る春の雨は
芽吹いた作物を育て
冬眠から目覚めた生き物をよみがえらせる

素直で温かな思いやり
分け隔てのない優しさと癒やし
こうしたものはお金では買えない

たとえその心根につけ込む者がいても
美しさはけっして消えはしない

全体

優しさと思いやりあふれるとき
近づく相手は見極めること

サラサラと優しく降る春の雨は、作物を育て、冬眠から覚めた生き物たちをよみがえらせる恵みの雨。この時期のあなたもまた、どんな相手にも気配りや思いやりを忘れず、温かく接するでしょう。そんなあなたと少しでも接点を持った相手は、弱った心が癒されるはず。あなたのおかげで、たちまち元気を取り戻す人さえいるでしょう。あなたの分け隔てのない優しさは、大変貴重なものなのです。

しかしながら、あなたが純粋な気持ちでいつも助けようとするように、相手も同じ思いを抱いているとは限りません。残念なことに、中にはあなたの厚意を利用しようとする、心根のよくない人物がいるのも事実なのです。その人物は、あなたの優しさにつけ込み、いかにも困った顔をしながら甘えてくるでしょう。そうならないためにも、人を見る目を日頃から養っておくことが大切。分け隔てのない優しさも必要ですが、まずは本当に求めている人に思いやりを届けましょう。

恋愛

ピュアな愛が
相手の胸に届きそう

相手の心にそっとしみ込み、優しく癒やし、潤す……それが、この時期のあなたです。あなたに接した相手は、皆そのピュアで温かい思いやりに感動するでしょう。そして、気がつけば、いつもそばにそっと寄り添ってくれるあなたの存在を愛おしく思うはずです。それゆえ、たとえ片想いが長く続いていたとしても、この時期にはあなたの純粋な愛情が相手の胸に届き、恋人同士になれるでしょう。

また、出会いを求めている場合には、ふんわりとした優しげなあなたに心を奪われる相手が、次々と接近してくるはず。ただ、誰もかれも受け入れていると、危ない目に遭うかもしれません。きちんと相手の本質を見極め、人柄を確認してから親しくなりましょう。

アドバイス

信頼できる人の
言葉を聞き入れて

あらゆる生き物に、しとしとと降り注ぐ雨のように、この時期のあなたは不特定多数の相手を癒やします。あなたのおかげで救われる相手は数知れず。あなた自身、「この人を助けたい」と思ったら、ジッとしていられなくなり、思わず手を差し伸べるでしょう。ところが、利用されているとわかると、今度は感情という流れが氾濫を起こし、激しい濁流となって周囲を襲います。普段のあなたを知っている人たちは、驚き、戸惑うでしょう。

こうした事態にならないためには、クールな識別能力を備えることが大切です。もし、自信がないなら、信頼できる人物にアドバイスしてもらいましょう。素直なあなたなら、どんな言葉も受け入れることができるはず。

RAIN

夏の雨 人生チャートが巳・午・未運のとき

※人生チャートの出し方は p11 を参照

誰もが待ちわびる夏の雨
降れば暑さが和らいで大勢の人が喜ぶだろう

期待に応えて頑張るうちに
「求められる通りにできているかな？」
そんな不安を抱くかもしれないけれど
あまり気負わなくていい

そのときの精一杯を、
ただひたすらにこなしていけば

全体

期待と人気が集まるとき 物事は最後までやり遂げて

うだるような夏の日も、通り雨によって暑さが和らぎます。夏の雨は清涼剤のようで、訪れを待つ人も多いでしょう。そんなふうに、この時期のあなたも、周囲の人たちから期待を寄せられるはず。あなた自身、期待に応えようと張り切るでしょう。あなたの取る行動は、たくさんの人たちを喜ばせるため、自然と注目が集まり、人気も集中しそうです。さながら、涼しさを求めて空を見上げるかのごとく、あなたの表情ひとつ、態度ひとつ、息をつめて見つめる人もあるでしょう。

そんな周囲の目を、意識せずにいられるあなたではありません。「こうすれば、喜んでもらえるかな？」「このほうが、要求にかなうかな？」などとあれこれ考え、次々と手を出すはずです。けれど、せっかく降った夏の雨が、あっという間に蒸発してしまうように、あなたのテンションもすぐに下がり、スーッと消えていく場面も。いかに初めの熱意を維持して、中途半端にしないかが大切です。

恋愛

注目が集まるとき さわやかな恋の始まり

どこへ行っても人気が集中し、恋愛運も急上昇するこの時期のあなた。いろいろなタイプの相手から想いを寄せられ、積極的にアプローチされるでしょう。ときには、ハイレベルな相手から「あなたのような人を待っていた」などの言葉をかけられる場面も……。そのくらい、あなたは魅力的に映り、大勢の人の心をとらえるのです。

片想いをしている場合も、ようやくあなたの隠された魅力に気づいた相手がハッとし、慌てて告白してくるかもしれません。二人の恋は、夏の雨のようにさわやかで、どこかロマンティックなものとなるでしょう。この恋を長続きさせるためには、あなたのモチベーションをどれだけ維持できるかが鍵に。

アドバイス

調子に乗れば失敗も 冷静さを忘れずに

大勢の人たちからもてはやされるだけに、舞い上がってしまいそうなこの時期。ときには調子に乗ってあれこれ手を出し、思わぬ大失敗をしてしまう……という場面もあるようです。この時期、幸運に過ごすためのポイントは、どんなに持ち上げられても、冷静でいられるかどうかだと言えるでしょう。

言葉巧みに乗せられて始めたものの、結局うまくいかなかった……というのでは、あなたの信用にも関わります。まず、今の自分にそれができるのかを見極めましょう。そして、せっかく注目を集めるときなのですから、どうせなら、かっこよくフィナーレを迎えましょう。あなたが見事成功を手にしたときは、たくさんの人たちが祝福してくれるはず。

RAIN

秋の雨

人生チャートが**申・酉・戌運**のとき

※人生チャートの出し方はp11を参照

しとしとと降り続く秋の雨
その雨のヴェールの中では
感受性が豊かになり
知性の高まりが自覚できるだろう

俗世の騒音から遠ざかり
あなたはその専門分野を
ただストイックに極めればいい
それは今後の人生を生きるうえで
素晴らしい武器になるのだから

全体

知性と気品を感じさせ
憧れのまなざしを独占しそう

しとしとと静かに降り続く秋の雨は、繊細なムードを漂わせています。この時期のあなたもまた、感性が細やかになり、ときおり鋭い知性を見せるでしょう。あなた自身、頭脳の働きが活発になっていることを自覚するはずです。そのため、進んで本を読んだり、研究活動を始めたりするでしょう。そんな知的で独自の世界を築き、俗っぽい事柄から遠ざかっているあなたの姿は、気品さえ感じさせるはず。遠くから憧れのまなざしを向ける人、あなたのようになりたいとひそかに思う人が、たくさん現れそうです。そういう時期だからこそ、得意分野を極めたいもの。

「これ！」と思うジャンルを見つけ、とことん学んでください。高度な専門知識と特殊な経験は、積み重ねれば積み重ねるほどあなたという人間に深みを持たせてくれます。それだけでなく、「これだけは誰にも負けない」という自信があなたに備わり、その後の人生を生きていくうえで、大変な武器となるでしょう。

恋愛

両想いを望むなら
気品を保って

気品あふれるこの時期のあなたは、身近な恋の相手というよりも、憧れの存在になりやすいでしょう。そのため、ひそかにあなたを想っている相手は数多くいれど、なかなか声をかけてきてくれないかもしれません。とはいえ、高い人気を誇っているのは事実。あなたが気づかないだけで、「チャンスがあれば、近づきたい」と、きっかけを狙っている人物の姿もちらほら見受けられるでしょう。

片想いの相手も、この時期のあなたが気になって仕方ない様子です。二人の距離を縮める絶好の機会ですが、くれぐれも自分を安売りしないでください。無理やり流行に乗ったり、自分を落として笑いを誘ったりする必要はありません。気品ある態度を崩さないこと。

アドバイス

独自路線を貫けば
スペシャリストに

思慮深く、知性あふれるこの時期のあなた。集中して得意分野に取り組めば、人まねではない、独自のジャンルを確立できるでしょう。その世界のスペシャリストとして、広く名前をとどろかせることも可能なのです。それゆえ、学ぶときには雑音をシャットアウトしましょう。途中で「それは間違っているんじゃない？」「こっちのほうが正しいよ」といった意見を、横から挟んでくる人物がいるかもしれません。けれど、それには耳を貸さず、独自路線を貫いてください。

ときには誰も理解してくれず、孤独を感じる場面もありそうですが、いずれあなたの考えは受け入れられるでしょう。そのときを信じ、我が道をまい進することが大事です。

RAIN

冬の雨 人生チャートが**亥・子・丑運**のとき

※人生チャートの出し方は p11 を参照

みぞれや雪へと変化する冬の雨
その静かなたたずまいは
けっして目立つものではないけれど
「不言実行」の美学を持っている

ひっそりと確実に、約束を果たす
その姿に周囲は驚嘆するだろう
知恵を備え、努力を重ねるあなたを
心の底から信頼し
尊敬のまなざしを向けるだろう

全体

寡黙な態度を取りつつ
知恵と行動力を発揮

冬の冷たい雨は、氷雨やみぞれ、雪へと変わり、しんしんと降り続きます。その物静かな雰囲気を、この時期のあなたもまとうでしょう。そのため、軽々しく口を開かず、寡黙になりがち。はしゃいだり冗談を言って笑ったりという場面も、少なくなりそうです。また、不言実行の傾向が強まり、周囲の人たちには一切言わなかったけれど、いつの間にか成し遂げていた……ということもあるでしょう。

このように、ひっそりと、でも確実に物事を実行するのが、この時期のあなた。静かなたたずまいながら、知恵と行動力を持ち、努力を重ねるでしょう。その結果、いつの間にか大きな成果を手にし、周りを驚かせるかもしれません。一方、この時期は伝統的な世界に縁があるとき。あなたが興味を抱いて飛び込めば、その世界に画期的な変化をもたらすはずです。あなたが投じた一石は大きな波紋となって広がっていき、やがて改革のうねりを生み出すでしょう。

恋愛

大人びた魅力で
相手の心を虜に

ひっそりとたたずむ姿が魅力的なこの時期のあなた。口数が少なく、目立つほうでもないのに、周囲から熱い視線を浴びそうです。というのも、あなたには、大人びた雰囲気が漂っているから。決して愛想がいいわけでもないのに、相手の心を惹きつけるのは、そんな印象のなせる業でしょう。そんなムードをまとっているため、受け身でいても、アプローチを受ける場面が多いはず。

片想いの相手は、あなたが他の相手から言い寄られるたび、取られるのではないかとハラハラしてしまうでしょう。そして、とうとう我慢できなくなり、あなたに想いを伝えるのです。あなたはただ、ほほ笑みながら相手の言葉を受け入れるだけでいいでしょう。

アドバイス

何も話さなくても
気持ちは伝わる

どうしても口数が減りがちなこの時期のあなたですが、無理におしゃべりをする必要はありません。というのも、あなたの態度や行動を見ていれば、意思は伝わるからです。たとえ会話上手、コミュニケーションの達人になれなくても、気にしないでください。あなたは、ここぞという場面において発言するだけで十分なのです。むしろ、ことさら「言葉にしなければ」と会話の数を増やせば、せっかく周囲の人たちがあなたに抱いていたイメージを損ねてしまうでしょう。

この時期のあなたは、無口なままでいいのです。寡黙で大人びているあなただからこそ、周囲の人たちは憧れの視線を向け、何とも言えないほどの魅力を感じるのですから。

TENCHUSATSU

かならず訪れる
天冲殺

新しい運気を迎えるための
運気の切り替え時期

穏やかな天気の日もあれば、荒天の日もあるように、「運景」にも、嵐に見舞われるような時期があります。その最も大きなもののひとつが「天冲殺」です。予想外の出来事に見舞われ、自分ではコントロールしにくい運気の時期とされる「天冲殺」は、「運景」でいえば、いわば、普段は成層圏で燃え尽きる隕石が、そこを流れ星のごとく突き破って地表に激突するような出来事が起きる時期というイメージでしょうか。

「天冲殺」の運気は、誰にとっても、12年に2年間、1年に2か月、12日に2日間巡ってくる運気です。その字面から、とても怖い運気のように思われていますが、悪いことばかり起きるわけではありません。

「天冲殺」は、いわば、運気の切り替え時期。次の新しい運気を迎えるために、それまでの環境を揺さぶり、変化が与えられるようなときであり、そのために、めったに出会えない“隕石”のような出来事に遭遇する時期と考えるとよいでしょう。台風一過の後、空気がガラリと入れ替わったり、季節が大きく進んだりする雰囲気と似ているかもしれません。「天冲殺」は、巡ってくる時期によって以下の6つのタイプがあり、それぞれ性格と人や物事への向き合い方、生き方に違いがあります。

日干ナンバー	天冲殺タイプ	天冲殺の干支
1〜10	夢(ゆめ)天冲殺	戌・亥
11〜20	情(じょう)天冲殺	申・酉
21〜30	童(わらべ)天冲殺	午・未
31〜40	銭(ぜに)天冲殺	辰・巳
41〜50	激(げき)天冲殺	寅・卯
51〜60	力(ちから)天冲殺	子・丑

・日干ナンバーはp.148〜の早見表を参照ください。
・年運の天冲殺はその干支が巡る年の立春から節分までです。
・月運の天冲殺は早見表の月干の干支をチェックしましょう。
・p.11の「人生チャート」で、自分の天冲殺の干支が巡っている20年間は「大運天冲殺」となります。

《天冲殺タイプでわかる生き方》

6つの天冲殺タイプ

夢天冲殺タイプのあなたは自分の心の世界を大切にしながら生きる精神性の強いタイプ。いつも自分の心の声に耳を傾け、心と外の世界の結びつきを考えながら生きようとするため、驚くほど物事を深く考えています。物質より心が満たされることを求めるため、夢と理想にこだわり、心理学や哲学、宗教や占いに興味を持つ人も多いでしょう。

情天冲殺タイプは、エネルギッシュで行動力抜群な働き者。パワフルな前進力で現実の世界を切り開きます。頭の中で思いついたことはどんどん実践、のんびり休むことができません。闘争心も強く、競争や修羅場にも強い反面、情には厚く、身近な人との関係をとても大事にし、人との関係性の中で自分自身の目的を実現していく人でもあります。

童天冲殺タイプのあなたは緻密な感性を持ち、何事にも丁寧に取り組みながら自分なりの自己表現の道を模索する職人気質な人。慎重で破綻や落ち度が少なく、特に若い頃は大人びた協調性があるため目上の人にかわいがられます。逆に年齢を重ねると、その独特のこだわりが色濃く出て、少年少女のようなピュアで無邪気な印象を与えるでしょう。

銭天冲殺タイプは常識や現状に縛られずに生きる個性的な人。常に「人とは違う何か」を求めるため、組織にはなじみにくく単独行動や自由を好みます。直感が鋭く、発想力が豊かなので夢見がちに見えますが、実はリアリストでお金にシビア。本気になれないことにお金は使わず、現状認識も的確。逆にお金が絡むと逆境もはね返し、頑張る人です。

激天冲殺はダイナミックな行動力で周囲を巻き込み、スケールの大きな活躍ができる人。細かいことは気にせずに進む大胆さと勇気が大らかな包容力となり、不思議な人気運があります。一見、図太くアバウトに見えて、実はナイーブな寂しがり屋で闘いを好みません。また激しく動いたらじっくり休む、緊張と弛緩の振れ幅の大きさも特徴です。

力天冲殺は真面目な努力家。知恵もあり、ひとつのことに粘り強く取り組んで、自分のやり方で道なき所にも力技で道を切り開く、先駆者的運気を持つ大器晩成型。一見、クールでとっつきにくい印象なうえに頑固なので目上にはかわいがられませんが、本質的には心優しく面倒見もよいリーダータイプ。ただ、人間関係を築くのに時間がかかります。

次ページからは　10タイプ別「天冲殺を迎えたとき」を紹介！▶

TENCHU SATSU

現実と理想の狭間で葛藤

夢天冲殺タイプが天冲殺を迎えたら（戌・亥年、10/8～12/6頃）

上昇志向にあふれ、あらゆることに一生懸命な木１タイプですが、この時期には夢や理想が大きくなりすぎて、現実との間に葛藤が生じてしまうかも。真っすぐすぎて柔軟に動けないところがあるだけに、「こうあるべき」という形を相手に押しつけすぎないよう注意。夢見る気持ちを、自分自身を成長させることに向ければ、成功は間違いなし。

柔軟で優しく、心に一本芯の通ったものを持っている草２タイプですが、このタイミングでは、自分だけの世界に没頭しすぎて、目の前の相手に目が向かなくなってしまう可能性が。あなたの場合、出会う相手によって運気が大きく左右されますから、夢を追いかけつつも、置かれている現実をしっかりと見据えて、できることを増やしていきましょう。

明るく大らかで、誰からも愛される太陽３タイプですが、このときばかりは、自分が背伸びして頑張っている意味が分からなくなったり、目の前の厳しい現実を前に心が折れそうになったりするかも。でも大丈夫。義務や責任感ではなく、自分が楽しいと思えることを形にすること、誰かのために頑張ることで、モチベーションを回復できるでしょう。

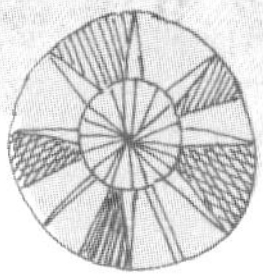

これと思える分野への興味を極めていくことでその道のスペシャリストになれるのが灯火４タイプの強み。でも、この時期には思い描いた道が断たれてしまったり、壁にぶつかったりして、落ち込んでしまうことがありそうです。持ち前の鋭い洞察力を生かして、自分自身の軸を揺るぎないものにしていけば、あなたの夢はかならず叶うでしょう。

周囲の人を安心させる力と落ち着きを持っている山5タイプですが、自分の立ち位置が見えなくなったり、目の前の現実に対して、戸惑いが生じたりすることがありそう。基本的にぶれないのがあなたの魅力ですから、自分らしく悠然と構えて、今できることに打ち込んで存在感をアピールすれば、試練を乗り越え、道がひらけます。

フランクで気取らない雰囲気を持っていて、社交的な畑6タイプ。ただ、このタイミングでは、思うように動き回れなくなり、理想と現実のギャップに悩まされる場合が。自分でも器用貧乏なところを気にしているかもしれませんが、要領よく物事をこなせるのは、あなたの強み。自信を持つことで試練を克服して経験値を上げましょう。

負けず嫌いでチャレンジ精神が旺盛な岩7タイプですが、この時期には、自分が目指すところと今いるところとのギャップに悩んでしまいがち。周囲に理想を押しつけるあまり、いつも以上に頑なになってしまう場合もあるでしょう。必要以上に敵を作らず、大切なものが何かをじっくり見据えることで、あなたらしさを発揮していけるはずです。

ナイーブな感受性と独特の美意識を備えている宝8タイプ。だからこそ、この時期には、目の前の現実がつらすぎて、逃げ出したい気持ちでいっぱいになってしまいそう。でもここで逃げ出しても、ますます傷ついてしまう可能性が高いでしょう。自分のセンスを認めてもらえる場所を作って、そこで才能を開花させることが、この時期のポイントです。

何事にも柔軟で、どんな相手とでもスムーズに馴染む順応性を持っている海9タイプですが、このときばかりは、求める理想のイメージを相手に押しつけた結果、関係が難しくなってしまう場合も。自分自身の感情を上手にコントロールしながら、相手の欠点よりも美点に目を向けるようにすれば、コミュニケーションが円滑に進んでいくはず。

思慮深く自分の世界を大切にしている雨10タイプですが、この時期には、あれこれうまくいかない問題が多くて、何もかも放り出したくなりそう。雨の日はときとして普段の風景を幻想的に変えますが、現実から夢想に逃げるのではなく、自分の力で、少しずつでも状況をよくしていく努力をすることで、事態は解決へと向かっていくでしょう。

TENCHU SATSU

優しさゆえにこじれやすい

情天冲殺タイプが天冲殺を迎えたら

（申・酉年、8/7 ～ 10/7 頃）

向上心が強く、何事にも一生懸命に取り組む木 11 タイプですが、それだけにこの時期は頑張りすぎて、突然、心が折れたり、迷走したりしがち。成長したい気持ちから、何かと無茶をしがちですから「今日はこれだけ頑張る」というノルマを決めて、後は切り替えて休むようにすれば、負担を背負いすぎず、長期的な戦いができるようになるはず。

踏まれても再び芽を出す草のように、忍耐強さを備えている草 12 タイプですが、このタイミングでは自分を犠牲にして無理をしてしまいがち。打たれ強くても、踏まれるたびにその心身は確実に傷ついています。自分をいたわり、オンオフの区別をつけることが、前向きに試練を乗り切るコツに。負担になる関係からは距離をとって。

誰からも愛される明るさを持っている太陽 13 タイプは、この時期、普段以上に頼りにされ、何かと相談を持ち込んでくる人たちにもみくちゃにされそう。だからと言って、自分の意志、やりたいことを貫きセルフィッシュな動きをすれば、「イメージが違った」と離れていく人も。自分にとっての優先順位を決めながらバランスをとって。

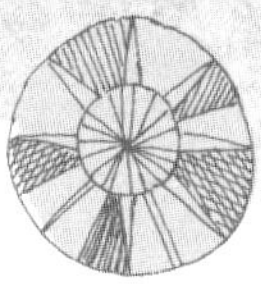

穏やかに見えて内に熱いパワーを秘めている灯火 14 タイプですが、このタイミングでは、内包している力がどれくらいあるかを試されることになりそう。あちこちから声がかかる反面、忙しすぎて自分でコントロールできないことも多く、グダグダに。中途半端な交流はやめて人と丁寧につき合えば、周囲の評価が急上昇するはずです。

包容力があり、基本的にぶれない山 15 タイプですが、この時期には、その落ち着きや寛容さも失われがちに。信頼している人に裏切られたり、まさか！　の相手と距離ができたりしますが、慌てず、泰然自若としているべき。追いかけたりジタバタするとさらに運気は低下。人やものが向こうから来てくれるのを待つほうがうまくいきそう。

人との交流を通じて、自分自身の知識の幅を広げていけるのが、畑 16 タイプの強み。とはいえ、天冲殺の時期は、これまでとは違うタイプの人との交流や相手の事情などに振り回されやすいとき。家族や仲間の期待に応えようと無理をしてしまいがちなので、自分にできることと今はできないことを見極めていく姿勢が大切です。断る勇気も持って。

ネガティブな状況になればなるほどに、燃え上がる岩 17 タイプの心。しかしながら、この時期は、負けず嫌いもほどほどにしておきましょう。理不尽なことがあって戦っても思うようにいかないので、後先考えずに突っ込むのではなく、自分のペースを守りながら戦略を練るべき。人を傷つけると、後で自分にはね返ってきます。

上昇志向が強く、洗練された雰囲気をまとっている宝 18 タイプ。ただ、このタイミングでは、スッキリ割り切れない、うまく選べないような出来事が起こりやすく、迷走しがち。可能ならば、ここで無理に白黒をつけたり、誰かを責めたり、追い詰めたりせずに過ごして。そうすれば、天冲殺の運気を抜けた後に、納得のいく結論を出せるはずです。

底知れない知恵を秘めていて、刺激や出会いを通じて、自分自身の知識や見聞を広げていくことができるのが海 19 タイプ。とはいえ、この時期は何かと余裕がなく、忙しいときほど身近な人に多くを求め、つい攻撃してしまいがち。そうなると、お互いの間に溝ができてしまうので、自分と相手の境界線をしっかり見極め、小さなことに感謝を。

賢く献身的な雨 20 タイプですが、このときばかりは、その優しさに甘えるかのように、さまざまなトラブルや問題が立て続けに持ち込まれ、あなた自身もそんな面倒な問題に引きずられ気味。また献身の対象が見つからず、ダメな相手を追いかけることも。でも尽くし甲斐がない関係、状況には深入りしない方が後に新しい人間関係に恵まれます。

よくも悪くもかわいさ全開

童天冲殺タイプが天冲殺を迎えたら（午・未年、6/6～8/6頃）

まっすぐな心と向上心を持つ木21の人は、置かれた環境、選んだ場所で、自分に望まれていることをキャッチして、確実にこなす、"できる"人として認められる人。ただ天冲殺の時期には、望まれることよりやりたいことに走ったり、実現の難しい夢をみたりして、迷走しがち。天冲殺の期間には自分から根を張る場所を変えない方がよいでしょう。

協調性があり、誰とでもうまく合わせられる草22タイプですが、この時期は相手に寄りかかりすぎて依存傾向が見えてしまいそう。そんな甘えをかわいいと思ってくれる相手ならいいのですが、自立した関係を求める人とはお互いに求めるものが違ってしまいそう。相手が何を望んでいるかを理解して、コミュニケーションをとっていきましょう。

そこにいるだけでひと際、輝きを放つ太陽23タイプですが、このタイミングでは、あなたを高く買って、何かと庇護してくれたり優しくしてくれたりする人が出てきそう。ただ、それで閉塞感のある場所に閉じ込もってしまうと、後で息苦しくなります。天冲殺の時期は興味や行動範囲を広げ、よりたくさんの人と接するスタンスがベター。

好き嫌いが明確で、どこか不安定な魅力を放っている灯火24タイプ。天冲殺の時期は、直感に従った気まぐれな言動が普段以上に激しくなり、周囲を振り回すことに。通常の枠を超えて燃え広がりやすいので、軽い気持ちでも陰口や噂話などは、予想外に広がって相手やあなた自身にも影響を与える恐れ。SNSの使い方も注意が必要です。

いつも温厚で人をリラックスさせる魅力にあふれている山25タイプ。直感力が鋭く、普段はそのセンサーでうまく危険を避けるのですが、天冲殺の時期は、そのアラートが作動せず、合わない相手や無駄な案件に深入りしがち。素晴らしく見えること、人ほど天冲殺が終わると色あせしまうことも多いので先を急がず敢えてゆっくり進む時期にして。

カジュアルな雰囲気を持っている畑26タイプは、周囲の出来事を黙って受け入れ、飲み込んでしまう忍耐強さと包容力が持ち味ですが、天冲殺の時期は、さすがに限界ギリギリの無理難題が持ち込まれ、ダメな相手と関わってヘトヘトに。それによって、それまでとは違う対処法を学ぶことで、結果的にあなたの許容範囲を広げる経験になります。

勝ち気で負けず嫌いな岩27タイプですが、不屈の精神で戦う分、意外に見切りは早く、無駄な戦いを避け、「負ける戦いは最初からしない」傾向も。なのに、天冲殺の時期は勝ち目のない戦いに突っ込んでいってボロボロになったりしそう。逆に、あっさり見切りすぎて損をすることもあるのも天冲殺。普段とは違う戦い方をしやすい時期です。

洗練された雰囲気をまとい、善良で社交的な宝28タイプは、人から大切に扱われる資質を秘めています。天冲殺の時期に、気をつけたいのはジェラシー。人間関係に恵まれている人ほど思わぬ方向から妬みや悪意が飛んできます。宝の人はそこで自分のスタイルを変えるべきではありませんが、ネガティブなものへの配慮、危機管理は忘れずに。

相手によって姿かたちを変える海のように、海29タイプのスタンスは変幻自在。年上の人や目上の人と縁が強く、そこから多くを学びますが、天冲殺の時期に出会った相手からは、必ずしもよいこと、役立つことを教えられないことも。その経験も後に反面教師とし“浄化”できればよいけれど、それも無理なほどのダメなほうに流されないように。

ロマンチストでこだわりの強い職人気質の雨30の人は、そのこだわりをどこまで貫くべきか、悩むかも。周囲が変化したり、今までのやり方が通用しなくなったり、変化の予感を強く感じるのが天冲殺ですが、雨の人は急な方向転換ができないので、無理に新しいものに飛びつかず、普段と違うことをしながらゆっくり現実と折り合う時間にして。

TENCHU SATSU

現実に対してシビアになる

銭天冲殺タイプが天冲殺を迎えたら（辰・巳年、4/5～6/5頃）

上を目指すことに余念がない木31タイプですが、この時期にはその傾向にますます磨きがかかり、目の前の現実にたいしてアクティブに行動していくことに。ただ、一途になりすぎて視野が狭くなりがち。特にどんなに場合も銭天冲殺は「お金なんて関係ない」と思う選択をしたらダメ。上や1点ばかり見ずに横や周囲を見るようにして。

誰とでも上手に馴染める草32タイプですが、このときばかりは、その社交性が裏目に出たり、マイナスに働く恐れ。ビジネスや仕事に感情や好き嫌いを持ち込んだり、逆にプライベートな交流で損得を考えたり。そんな面が露骨に伝わってモメたり、裏切られたりします。普段、隠せていたことが隠せないのが天冲殺なので、誠実なつき合いを。

華やかな魅力でカリスマ性をそなえている太陽33タイプですが、このタイミングでは、ガツガツ感が前に出すぎるきらいも。その裏側には「このままでいいのか」という不安もあるのですが、天冲殺の時期は焦りは禁物。お金や成功体験を大事にしつつも現実ばかりを見ず、ロマンや自分が楽しむ気持ちを大切にしながら極端な行動は避けるようにして。

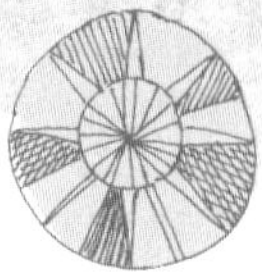

狭い範囲ながらも専門的な分野に力を注ぐことで実力を発揮できるのが灯火34タイプ。しかし、この時期には、直感に頼りすぎた判断が説明不足でトラブルになりがち。独特な表現力が誤解を生み、誰かを傷つけ、自分も傷つくことに。人づき合いが面倒になりますが、天冲殺の時ほど孤立を求めず、相手に届くようなコミュニケーションを心がけて。

どっしりしていて揺るがない山35タイプですが、このタイミングでは、そんなあなたを走らせる、動揺させる状況が生まれがち。でも、それでせっかくのあなたのイメージを崩しては元も子もありません。経済面や人間関係でどんなに慌てることがあっても感情や衝動で動かないで。状況や相手を変えたいときはまず自分を変えてみましょう。

合理的に物事を進めるのに長けている畑36タイプ。そのうえむしろ安定しない環境や場所でいきいきと活動できる、天冲殺など怖くない資質ですが、この時期に限って逆に安定を求めたり、世間体や常識に縛られる、あなたらしくないことをしがち。それも可能性を広げる価値がある経験だけれど、極端な選択は後で足かせになるので、慎重に。

不屈の闘志で人生を戦い抜く岩37タイプですが、天冲殺の時期はコントロールできないような状況に放り込まれ、戸惑うことも多いはず。実は見かけよりも繊細で、けして器用とはいえないあなたは、流れに翻弄されるばかりで、損もするかも。でも大丈夫。天冲殺後のあなたは、その経験をリアルなお金やプラスに結びつけて、必ず逆襲ができます。

個性的な資質を持つ人が多い銭天冲殺タイプの中では、バランス感覚があって堅実な宝38の人。天冲殺の時期には珍しく、そのバランスを崩して極端に何かにハマったり、過激な行動をとったりしがち。それで損をしたり、痛い思いをしたりしてもその経験がセンスを磨き、アイデアを生むことも。天冲殺のときは、プライドは捨ててみましょう。

エネルギッシュで、どんな環境にもそれなりに適応できる海39の人。天冲殺の時期になると、心の赴くままに思わぬ方向に流れていくことに。ただ行動範囲や人間関係は広がってもまとまらないのがこの時期。でも天冲殺には「損をしてもかまわない」という選択をしがちですが、天冲殺後にちゃんとお得な選択のチャンスも巡るので焦らずに。

感受性が豊かな雨40タイプは、打算や駆け引きと無縁の世界に生きています。特に天冲殺の時期は「誰かのため」という気持ちで行動を起こしますが、それは自分の心を満たすための行為であることも多いのです。そこにお金が絡むと、結局、大事な人を傷つけ、トラブルに。天冲殺のときほど本当に人を大切にするには何をすべきかを考えて。

TENCHU SATSU

《動き回る反面、寂しさも抱える》

激天冲殺タイプが天冲殺を迎えたら（寅・卯年、2/4～4/4頃）

上を目指していく気持ちが強い木41タイプですが、天冲殺の時期は思うように伸びることができないとき。周囲に押さえつけられたり、慣れないことに試行錯誤したり。でもここは飛躍の前に沈み込むような、いわば修業時代。腐らずに地味に技術を磨き、相手に合わせてみれば、得るものは多く天冲殺の後に新たな道が開け“ご褒美”もあるかも。

社交的で人気者の草42の人は天冲殺の時期に運をつかみすぎる傾向が。それで人間関係も微妙に入れ替わり、嫉妬されたり、利用されたりもするし、大勢の人が集まってきても天冲殺後にはパッと離れる人も。天冲殺の期間に得たものはその後、長続きしにくいからです。それを忘れず、あなたも天冲殺の時は舞い上がらず、調子に乗らないこと。

大きな存在感をもち、何かと目立ちやすい太陽43の人は、天冲殺の時期に狭い閉ざされた環境にいると息が詰まり、暴発する恐れが。なので、天冲殺中に環境を変えたり、世界を広げるのは発散もでき、経験値も上がって吉。ただ、そこで出会った物や人との縁はイレギュラーなもの。長く続けるには無理があるので、天冲殺後に慎重に仕切り直しを。

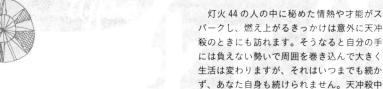

灯火44の人の中に秘めた情熱や才能がスパークし、燃え上がるきっかけは意外に天冲殺のときにも訪れます。そうなると自分の手には負えない勢いで周囲を巻き込んで大きく生活は変わりますが、それはいつまでも続かず、あなた自身も続けられません。天冲殺中の期間限定の盛り上がりや利益をいかに持続可能な形に変えていくかが課題です。

どっしりした存在感に加えて、華があり、普段は自分から軽々しく動かない山 45 の人。でも天冲殺の運気が来ると、自分から動きたくなる、追いかけたくなる出会いやチャンスがあって、天冲殺の期間に人生が大きく動くことも。ただ、どんなに素晴らしいものを得たつもりでも、天冲殺後には反動も、再びの変化もあることも覚悟して動くべき。

地道な努力家の畑 46 にとって、天冲殺の時期は努力が報われるようなうれしい出来事もあるとき。でも、長く続けたいと、その成功体験にとらわれると、だんだん苦しくなります。素早い方向転換は苦手なあなたですが、天冲殺後には、新たな“作物”を畑に植えるつもりで、次の目標をみつけた方がまた数年先に豊かな実りを得られます。

激天冲殺タイプは基本的に平和主義者。岩 47 のあなたも穏やかな頑張り屋で日常の中で、強い闘争心を露わにすることはほとんどありません。でも天冲殺の時期が来ると、岩特有の潔い意思を発揮。それまで我慢していたことと向き合って、自分に不要と思うことは切り捨て、手放し、天冲殺のたびにスッキリしてリスタートすることが多いでしょう。

宝 48 の人が秘めている個性とセンスは日常では意外に埋もれ、自分でも気づきにくいのですが、その輝きを見出す人が現れるのは実は天冲殺の時期が多いのです。あなたの輝きは自分の努力と周囲の支えで磨かれるもの。それを忘れ、努力を怠り、勝手に突っ走ると、天冲殺の時期にあなたを潰す人にも出会うので前後の真摯な精進は大事です。

どんな相手でも自分のペースに巻き込める海 49 タイプですが、天冲殺の時期は外界ばかりでなく自分自身と向き合うタイミング。多彩な才能を秘めるあまり何事も散漫になりやすいあなたは、少し動きを止め、腰を据えてひとつのことに集中すべき。そこで培った経験、知性、人脈で天冲殺後はさらにパワーアップして、新たな道へ進めます。

頑固で毒舌家なのに子どものような純粋さが持ち味の雨 50 のあなたは、小さな学びや経験を積み重ねて伸びる雨の人。大きく動いてドンと休む激天冲殺スタイルの進み方をするため、流れに乗っている人ほど天冲殺期間はなんとなくフロー、休養多めの時期になるかも。その期間に籠って何かに打ち込めば、天冲殺後にパワーアップもできるはず。

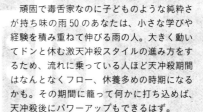

TENCHU SATSU

《上の人から目をつけられがち》

力天冲殺タイプが天冲殺を迎えたら（子・丑年、12/7 ～ 2/3 頃）

向上心にあふれ、自分を磨くことに余念がない木 51 タイプですが、残念ながらこの時期は、年上の人や目上の人からの援助は期待できない様子。ただ、誰かに頼ろうと思うと、途端に足場が揺らいでしまいます。多少、生意気だと言われてぶつかっても、自分は自分という覚悟で突き進んでいったほうが、最終的には満足のいく結果を得られるでしょう。

一見頼りなさそうに見えるものの、しなやかな生命力を持っていて、打たれ強いのが草 52 タイプの魅力。ただ、上の人に逆らって、自分だけで孤軍奮闘するのは、さすがに厳しいでしょう。草は一本よりも数本一緒になることでパワーを発揮しますから、柔軟に目上とも折り合って、一緒に戦ってくれる仲間を大切にすることが課題。

きらびやかで目立つ魅力を持っているだけに、何かと目をつけられがちなのが太陽 53 タイプの宿命。あなたに憧れ、ついてきてくれる人が多い反面、年上の人や目上の人からはうとましがられるでしょう。よくも悪くも自己主張が強いあなたですが、ここでできるだけ衝突を回避しながら、プレッシャーをはね返すことが状況を克服するポイント。

これという分野で専門的な才能を発揮できる灯火 54 タイプですが、好き嫌いがはっきりしていて、敵味方が分かれやすいだけに、このタイミングで何かあると人間関係で大きな確執が生まれそう。他愛ないことは受け流し、目の前のやるべきことに集中すれば、内に秘めたパワーを全開にしつつ、上手にリスクを回避できます。

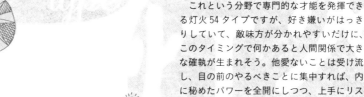

大らかで優しく、周囲の人を安心させる力を持っている山55タイプ。ただ、この時期にはそんなあなたの能力やあなたを取り巻くコミュニティに怖れを抱いた人が、妙な対抗意識を燃やしてきて難儀しそう。ここは下手に衝突せず、相手を立てて謙虚に振る舞いましょう。そうするうちに重圧をはねのけて、自分でできることも増えていきます。

要領がよく、多芸多才な畑56タイプですが、このタイミングでは、そんなあなたの器用さを小賢しく感じて、年上の人や目上の人に冷たくあたられたりしそう。うまくやっているようでも、心に繊細さを秘めているあなたは、ひそかに傷つきますが、この時期は割り切って、自分を応援してくれる人を大切にしながらチャンスを見極めて。

頑固一徹、なかなか自分の意思を曲げないところがある岩57タイプ。その不器用なまでの気の強さはあなただけの魅力ではあるのですが、この時期には、周囲から否定されたり、押さえつけられたりすることが多く、モチベーションが下がりそう。でも打たれ強いのがあなたの強みですから、自分の信条を貫いてください。

おしゃれでスタイリッシュな雰囲気をまとっている宝58タイプですが、このタイミングでは、そのきらびやかな魅力が災いして、目上の人から目をつけられ、やりづらい立場に置かれることに。とはいえ、ここで腐っていても始まりませんから、相容れないものは相容れないと割り切って、あなたを理解してくれる人のためにそのセンスを発揮して。

人からの影響を受けやすいところがある海59タイプにとって、出る杭は打たれるとばかりに、年上の人や目上の人から目をつけられるこの時期は、けっして過ごしやすいものではないでしょう。ただ、そこでいちいち腹を立てていても何の得にもなりませんから、このタイミングでは自分自身の感情を上手にセーブすることを学び、大らかさを発揮して。

思いやりにあふれていて、とても素直な雨60タイプ。そんなあなたにとって、頑張っても成果はいまいち、目上の人ともぶつからざるを得ないこの時期は、いささか苦しいものになりそう。でもコツコツ頑張れば、必ず道は開けて、自分の成長も実感できるようなとき。短気を起こさず、これと思える分野をしっかり極めましょう。

運景で見る相性

ビジュアルをイメージして相性を考えていく

「運景」でみる相性は、いい悪いでは語れないものですが、二人の「運景」を並べたとき、しっくり馴染みやすい感じであれば、一緒に居て心地よい相手になるはず。たとえば、「木」と「草」や「山」と「畑」のように同質であれば、景色として収まりはよく、それぞれの季節も同じか、「春」と「夏」、「冬」と「春」などつながる季節であれば、なお安定します。

でも「太陽」と「灯火」では同質でもちょっと落ち着かず、「太陽」の人は同じように雄大な「海」や「山」、その光や熱を必要とする「木」や「草」の人との方が調和することも。また「灯火」の人は自分の燃料になってくれる「木」や「草」の人を必要としたりします。ただ猛暑のときの燃え盛る「太陽」や大火事になりそうな「灯火」の人に必要なのは「雨」や「海」の人だったりします。また「岩」や「宝」の人にとっては座りのよい居場所をくれる「山」や「畑」もいいけれど、表面をキレイに洗い流してくれる「海」や「雨」の人はありがたい存在。寒い冬に雪や氷にさらされる分、「岩」や「宝」の人は夏の「太陽」や「灯火」の人を好んだりもします。

少し複雑に思うかもしれませんが、「運景」の相性は、このようにビジュアル的にイメージして考えることが重要です。そうすれば、いい悪いではなく、その人にとって自分はどんな存在か、何ができるかを考えることができるはずです。この後のページで、基本タイプ同士の組み合わせの相性をご紹介していますので、それをヒントにしてください。大好き同士で結ばれた相手でも、やがてそれぞれの運気の季節が変われば、印象も関わり方も変わることがあるでしょう。

そのときもお互いの「運景」の景色をイメージして、相手に自分ができること、よい距離感を模索して、よい相性を作ってみてください。

芸能人で見る結婚相性

松坂桃李 × 戸田恵梨香

松坂桃李さん（1988年10月17日生）は「秋の草42」、戸田恵梨香さん（1988年８月17日生）は「秋の木41」。同質の「草」と「木」で同じ季節に生まれているので、ひとつの景色として融合しやすい相性で、恋多き女の戸田さんが結婚を決めたのもそんな一体感を持てたせいかも。戸田さんは３歳で人生の季節は秋から夏に変わり、33歳で今度は春の木に変わります。そんな季節の変わり目を前にしての結婚です。また松坂さんは７歳で季節は秋から冬へ変わったのですが、37歳にはやはり春を迎えます。「木」の「草」のタイプの人にとって春は花が咲き、魅力も能力も大きく開く運気の時期。そんな同じ花盛りの「運景」を共に歩む華やかで素敵な二人です。

反町隆史 × 松嶋菜々子

反町隆史さん（1973年12月19日生）は「冬の畑26」。松嶋菜々子さん（1973年10月13日生）は「秋の海19」。海には畑が戻る場所、畑には海は必要な水分ですが、“塩水”なのでベッタリしすぎない方がうまくいきます。反町さんは14～43歳に季節が秋に変わり、松嶋さんは８～37歳が冬の季節になったので、その時期は女医や無表情の家政婦などクールな役柄が似合ったのでしょう。また自分が迎えている季節に生まれの人とは、その時期、理解が生まれ縁が深くなります。二人が結ばれたのも反町さんは秋、松嶋さんは冬とお互いの生まれ季節。そして44歳から夏を迎えた今の反町さんの“相棒”は、「夏の宝58」の水谷豊さん（1952年７月14日生）です。

山里亮太 × 蒼井優

山里亮太さん（1977年４月14日生）は「春の宝38」、蒼井優さん（1985年８月17日生）は「秋の山25」。宝と山はお互いが居場所になる組み合わせ。「春の宝」は本来のキラリと光る鋭さや存在感をあえて曇らせて柔らかな生き方をするので、山里さんはお笑いの世界を目指しますが、23～52歳に冬の季節を迎えると、宝は次第に水に洗われたような輝きを見せます。一方、紅葉の美しい「秋の山」の蒼井さんは27歳～56歳は冬の季節を迎えます。“冬山”は、お気楽に人を近づけない空気を漂わせますが、同じ冬の季節を過ごしている山里さんはそんな空気はものともせず距離を縮められたはず。意外なカップルのようで「運景」では美しくなじむ二人です。

AISHO

木×木

前向きで発展性のある関係が築ける

お互いがどの季節にいるかによって多少の違いはあるものの、直情的で上昇志向の強い木タイプ同士は、同じ目標に向かっていくことで恋が発展しやすい相性にあります。特によい相性なのは、春の木同士。夢を応援し合いながら前向きな関係が期待できるでしょう。一方、同じ木同士でも夏と冬など正反対の季節だと気持ちに温度差ができやすいので、よい関係を築くためにはお互いを理解し合う努力が必要になってきます。

木×草

目標達成のために協力関係が結べる

まっすぐな木タイプとしなやかな草タイプは、心を燃やせる対象が一緒だと協力関係が結べる相性です。柔軟な草タイプが木タイプに合わせることで、物事がうまく回ります。特に相性がよいのは同じ季節同士。恋愛に関しては夏同士が特によく、双方の情熱が燃え盛り、激しく愛し合うでしょう。ただし、どちらかが冬でどちらかが夏といった正反対の季節同士だと、恋愛に対する優先順位の違いから、衝突しやすくなります。

木×太陽

支えによって、成長させてくれる

木タイプと太陽タイプは､友人としても恋愛相手としてもいい相性と言えるでしょう。成長を続ける木に対して、太陽が惜しみなく愛情を注いでくれるのです。ただ、夏の太陽と冬の木の場合、強すぎる太陽タイプの熱に、冬の木タイプが反発してしまう可能性も。一方、冬の木タイプと春の太陽タイプなら、春の日差しのような太陽タイプの柔らかさに包まれて、木タイプの頑なさが解けて、穏やかな関係が築けるでしょう。

木×灯火

寄り添ってくれる人に導かれる

自分なりの世界を持っている木タイプに、灯火タイプが合わせていくことで関係が成立する相性といえます。ただ、反対の季節の春の木タイプと秋の灯火タイプの場合は、お互いに進みたい方向の違いから、少し距離ができるかもしれません。一方、冬の木タイプと秋の灯火タイプの場合、一見寒々しく冷え込んだ関係になると思われますが、人の気持ちに敏感な灯火タイプが寄り添って、冬の木タイプを導いてくれるでしょう。

木×山

お互いに助け合って進んでいく

木タイプにとって山タイプは頼りになる存在。自分の世界観を持つ木タイプと包容力がある山タイプは、山タイプが木タイプの不満や悩みを受け止めることで関係が築かれます。ただし、冬の山タイプと夏の木タイプの場合は、青々とした葉を茂らせる夏の木タイプが、冬枯れの山タイプの残り少ない養分を奪ってしまうことも。とはいえ、木がなければ、山は寂しく殺風景になってしまうように、一蓮托生の相性と言えます。

木×畑

支え合い足りない部分を補い合う

向上心が強く、常に自分を成長させたい木タイプと、穏やかな畑タイプは、畑タイプが木タイプを受け止めることで円滑な関係が築けます。また、木が生えていないと畑が荒れ地になってしまうように、お互いに支え合う相性でもあるでしょう。ただ、収穫後の秋の畑と春の木の組み合わせの場合、木が畑を弱らせてしまうので畑タイプにとってはリスクが大きい場合も。最も相性がいいのは、お互いに補え合える冬同士です。

木×岩

一見相性が悪そうで実は似たもの同士

お互い負けず嫌いで頑固な木タイプと岩タイプは、衝突しがちです。そのため相性が悪そうに見えますが、強い意思の持ち主同士なので、お互いに相手を尊重することによって関係は好転します。春同士の組み合わせでは、春の岩はまだ軽く、春の木は勢いがあるので、岩タイプを木タイプのパワーが動かして、一歩リードする関係に。勢いに影がさす秋の木タイプは、物静かな冬の岩の人となら知的な関係が築けるでしょう。

木×宝

宝タイプによって木タイプが整えられる

植物としての性質を持つ木タイプと、硬質な宝タイプは、少々違和感を抱かせる組み合わせのように感じさせます。ただ、冬の宝は冬の木を切り、次の季節に向けて枝葉を出しやすくするようにサポートするので、冬同士の場合はよい関係が築けるでしょう。また、春や夏の木タイプも、夏や秋の宝タイプによって剪定されてよい形に整えられるため、宝タイプが木タイプをリードすることで、いい関係となる相性といえます。

木×海

世界観は違うものの馬が合う

まっすぐな気質の木タイプと、漂う波のように気持ちが揺れ動く海タイプは、まったく別の世界に生きているようで、意外にも好相性です。海にいかだが浮かぶように、どの季節同士であっても、それぞれの役割を引き受けいい関係が築けるでしょう。恋愛相手としては、夏の木タイプと夏の海タイプがベストな組み合わせといえます。お互いに勢いがあるので、明るくロマンティックな時間を過ごせる恋人関係を築くでしょう。

木×雨

お互いの存在が必要不可欠

恵みの雨によって木が成長するように、木タイプと雨タイプは共生関係にあります。お互いなしでは存在できないといっても過言ではないでしょう。同じ季節を生きる春の木タイプと春の雨タイプなら、お互いに励まし合って成長できる関係が築けます。また、夏の木タイプと秋の雨タイプの場合は、しとしとと降る雨が天に向かって葉を伸ばしていく木に恵みを与え、しっとりと育てるような、大人の恋愛関係が成立するでしょう。

草×木

木に合わせる姿勢が関係を築くポイント

順応性のある草タイプと上昇志向の強い木タイプは、草が木に合わせて、盛り立てることでスムーズな関係が築けるでしょう。恋愛対象よりは友人同士としてのほうが好相性ですから、恋人同士になったとしても変に恋人であることを意識せず、友人同士のような雰囲気で話に耳を傾けたほうがうまくいきます。秋の木タイプと秋の草タイプは、共に力を合わせて何かに取り組んだなら、双方とも努力の成果を感じられそうです。

草×草

一緒にいて一番安心できる人同士

お互いに柔軟で穏やかな気質を持つ草タイプ同士は、一緒にいると心が安らぐ相性。団結力があるので、2人以上集まるとより強くまとまります。春の草同士の関係ならば、お互いの成長を応援しつつ、視野を広げていけるでしょう。ただ、正反対の季節である夏の草タイプと冬の草タイプの場合は、冬の草のしたたかさに、夏の草が振り回されて疲れてしまいやすく、少し距離ができてしまうかもしれません。

草×太陽

そばにいるだけでパワーがもらえる

社交的な草タイプとエネルギッシュな太陽タイプは、太陽タイプのパワーを受けて、草タイプが自分自身を成長させていく関係になりやすいでしょう。太陽タイプに背中を押されるように草タイプの社交性に勢いがつきます。ただし、太陽タイプはマイペースのため、草タイプのペースを考えず突き進みがちです。そのため、夏の太陽タイプが冬の草タイプを熱で弱らせてしまうなど、正反対の季節同士は注意が必要でしょう。

草×灯火

正反対ながらよい関係が築ける

柔軟な対応で誰にでも合わせられる草タイプと、好き嫌いがはっきりしている灯火タイプ。正反対の気質でありながらも相性は悪くありません。お互いが相手のよさを十分に理解することができるので、季節が違っても引き立て合える関係を築けるでしょう。季節が同じならさらに結びつきは強くなりますから、恋愛相手としても好相性。出会ってお互いのことを知っていく中で、恋のチャンスがぐっと高まるはずです。

草×山

包容力のある山に引っ張ってもらう

草タイプと山タイプはよい関係を築ける相性でしょう。コミュニケーション能力に秀でた草タイプは、周囲を安心させる山タイプの包容力に憧れています。同じ季節同士や隣り合った季節同士の場合、草タイプが山タイプに従っていく関係になりやすいようです。一方、夏の草と冬の山など正反対の季節同士の場合は、山タイプの蓄えをスタミナ不足の草タイプが奪ってしまうように、草タイプが山タイプに依存しがちな関係に。

草×畑

一緒にいて疲れない似た者同士

草タイプと畑タイプの相性は悪くないでしょう。順応性が高い草タイプと要領がいい畑タイプは似た者同士であり、お互いにつき合いやすいと感じるようです。ただし、草タイプが畑タイプに頼りすぎてしまうと、畑タイプを疲れさせてしまいます。特に、春の草と秋の畑など目的が違う場合は、その傾向が強くなるので注意が必要です。友人でも恋人同士でも、いい関係を長く続けたいならば、お互いのリズムを優先しましょう。

草×岩

お互いの力関係の見極めが必要

ソフトで優しい草タイプと内面に頑固さを秘めた岩タイプは、草が生えるのを岩が阻害してしまうため、関係を築くのが難しい相性です。特に冬の岩はどんな草も寄せつけない厳しさを持っており、相容れない場合が多いでしょう。ただ、春の岩の場合、生い茂る草のパワーに転がされてしまうことがあり、草タイプが主導権を握る場合も。草タイプが岩タイプとつき合うなら、お互いのパワーバランスの見極めが大切になります。

草×宝

理解を超えた相容れない存在同士

草タイプと宝タイプは、分かり合うことが難しい相性といえます。独自の美意識を持っている宝タイプにとって、何にでも順応する草タイプは理解しがたい存在です。草タイプも同様に思っていますから、宝タイプとは一定の距離を置きながらつき合っていきたい気持ちが強いでしょう。恋愛、友人関係共によい関係を築くためには、お互いに相手のことを理解しようとする姿勢と共に、相手を尊重することが大切です。

草×海

一緒にいるといい気分でいられる

柔軟な考え方ができ誰とでもスムーズな関係を築ける草タイプと、底知れない知恵を秘めた海タイプはとても好相性。草タイプと海タイプは、一緒にいると柔軟で居心地のいい関係を築くことができます。ただし、季節によっては微妙な関係になってしまうことも……。例えば、冬の海タイプと夏の草タイプの場合、夏の海タイプのスケールがダイナミックすぎるため、草タイプが疲弊してしまい、うまくいかないかもしれません。

草×雨

純粋な愛情をくれるベストパートナー

草タイプと雨タイプは相性のよい組み合わせです。柔軟さゆえに出会う人に左右されがちな草タイノにとって、常に純粋な気持ちを注いでくれる雨タイプは欠かせない癒やしの存在。恋の相手としては雨タイプ以上にふさわしい相手はいないかもしれません。特に春同士なら最高の恋人になれること間違いなし。ロマンティックな時間が過ごせます。ただし、依存の関係には注意。相手に甘えず自立した関係を目指しましょう。

AISHO

太陽×木

太陽のリードによって共に成長する

明るくて面倒見のよい太陽タイプと上昇志向の強い木タイプは、太陽タイプのリードによって仲を深めていきます。春夏秋冬それぞれの季節ごとの温かさで太陽が木をサポートし、お互いの理解も深まって前向きな関係が築かれるのです。ただ、夏の太陽はパワフルすぎるため、木タイプにとってはエネルギー過多となり、疲れさせてしまうかもしれません。時々お互いの距離感を見直してみるといいでしょう。

太陽×草

密なコミュニケーションが効果的

しなやかな強さを持つ草と大らかな太陽は、密なコミュニケーションによって関係を築いていける相性のよい組み合わせです。草タイプを太陽タイプがサポートすることによって、親密さを増していきます。ただ、草タイプは柔軟な心を持っているだけに流されやすい傾向がありますので、太陽の影響も受けやすいでしょう。それが依存に発展してしまう恐れもありますから、甘やかしすぎない距離感で接してください。

太陽×太陽

距離感とタイミングがポイント

同じ気質の者同士ですから相性はよいでしょう。明るくて大らかな太陽同士は、適度な距離感とタイミングが、よい関係を成立させるのには必要不可欠です。ただ、お互いに個性が強すぎる夏同士の場合、感情を抑えることが交際を持続させるために大切と言えそう。ほのぼのとした春の太陽タイプと、一見クールに見えて実は温かい冬の太陽タイプは、その日差しの柔らかさに象徴されるような優しい関係が築けます。

太陽×灯火

お互いに認め合う対等な関係

オープンな性格で社交家の太陽タイプと内向的な気質の灯火タイプは、お互いを認め合うことで恋が成立しやすい相性です。春の太陽タイプと秋の灯火タイプの場合は、春の太陽のほのぼのとした空気が、感情が揺れやすい秋の灯火タイプの不安を包み込んで、穏やかな関係が築けるでしょう。情熱的な夏同士の関係は共に強烈な個性の持ち主となりますので、お互いを潰し合わないように距離感がポイントとなります。

太陽×山

支え合いながら前に進んでいく

包容力にあふれた山タイプは、落ち着いた態度で太陽タイプに安心感を与えてくれます。そんな山タイプと、明るく大らかな太陽タイプは、お互い支え合いながら成長する関係が築ける相性。春同士は恋愛関係になると、ほんわかとした雰囲気の中、穏やかに愛を育んでいくでしょう。反対の季節となる春の太陽と秋の山の場合は、穏やかな山タイプが少し不安になりやすい太陽タイプをリードして、恋や友情が進展していきます。

太陽×畑

盛んなコミュニケーションでいい関係に

共に社交的な太陽タイプと畑タイプは、コミュニケーションをしっかりとって太陽タイプがリードすることで、恋や友情が盛り上がる相性です。春同士なら優しさとうららかさが合わさって、幸せいっぱいの関係が築けるでしょう。ただし、どちらかが秋でどちらかが夏の場合は、関係を築くのが少し難しくなります。片方タイプのパワーが強くなって、もう一方を侵してしまうので、つき合う際は距離感に注意が必要です。

太陽×岩

親密な関係になるのに時間が必要

オープンな太陽タイプと内向的な岩タイプは、関係を築くのに時間がかかる相性です。恋愛関係になった場合は、お互いの心を探り合うような関係になるでしょう。太陽タイプにとって感情を内に秘めてしまいがちな岩タイプは、気持ちが見えにくい相手ですが、春の岩タイプは軽やかさがあるので、比較的つき合いやすいようです。反対に、夏の岩タイプや冬の岩タイプは頑なさが強くなるので、意思の疎通に苦労しそう。

太陽×宝

違いすぎる気質を認め合って成立する関係

相手のことを理解するのが難しい相性と言えそうです。独特の美意識を持つ宝タイプとストレートな太陽タイプは、すれ違いがちに思われますが、お互いの気質の違いを認め合うことさえできれば、よい関係を育んでいけるでしょう。ただし、夏同士の場合はそれぞれの気質が強く出るので、宝の頑固さと太陽の激しさがぶつかり合ってしまいますから、関係を築くにはお互いが強く歩み寄る努力が必要になるかもしれません。

太陽×海

大きな愛で包み込んでくれる

太陽タイプをもっとも際立たせるのは海タイプ。相性は抜群の組み合わせです。知的で柔軟な性格の海タイプとまっすぐで情熱的な太陽タイプは、海が太陽を包み込むことで愛が育まれる相性でしょう。海タイプと太陽タイプが共に春同士ならば、穏やかな関係を築きながらも、海が冷静に太陽を観察し、導きます。ただし、海と太陽が秋同士と冬同士の場合は、共に変化を求めがちなために、暴走しやすいので注意が必要です。

太陽×雨

正反対ゆえにバランスが大切

内向的な性格ではあるものの思慮深い雨タイプと、ストレートな性格のため直感で突き進む太陽タイプは、思いやりの気持ちによって愛を育んでいく相性の組み合わせです。ただ、そもそも正反対の気質を持つ同士ですから、パワーバランスに注意しないと一方的な関係になってしまいます。特に夏同士や冬同士は、お互いの個性を消し合ってしまうので、よい関係を築くには適度な距離感が大切と言えるでしょう。

AISHO

灯火 × 木

支えられ、引っ張ってもらう関係

向上心にあふれた木タイプと、鋭い洞察力を持つ灯火タイプの関係は、木タイプがリード。灯火タイプが木タイプに引っ張られることによって、前向きで行動的な関係が築けるでしょう。基本的に、この組み合わせの主導権は、木タイプにあります。ただし、夏の木タイプと冬の灯火タイプの場合は立場が逆転。エネルギッシュに見えて危うい夏の木タイプを、焚き火のような暖かさを持つ灯火タイプが支えて愛が育まれます。

灯火 × 草

気持ちを受け止めてくれる頼れる存在

柔軟な草タイプが灯火タイプの感情を、うまく受け止めることによって関係が築かれる組み合わせです。優しい草タイプと内面に強いパワーを秘めた灯火タイプは、コミュニケーションを駆使することで、共に成長し理想的な関係を目指していけるでしょう。ただし、灯火タイプと草タイプの季節が春同士だと、注意が必要。恋愛の場合、お互いにモテるタイプのため、誤解が生じやすいかも。関係維持の鍵は信頼です。

灯火 × 太陽

例外はあっても基本的に相容れない

明るくオープンな性格の太陽タイプと内向的な灯火タイプは、正反対の気質の持ち主同士のため、基本的には相容れません。ただし、秋の太陽タイプと冬の灯火タイプの組み合わせは、不安や焦燥感に駆られる秋の太陽タイプを、冬の灯火タイプの温かさによって優しく見守り、相手に尽くすことで愛が育まれるでしょう。一方、同じ季節となる夏同士の場合は、お互いの激しすぎる熱量によって距離が生まれてしまいます。

灯火 × 灯火

寄り添い合う優しい関係

内に熱い想いを秘めている灯火タイプ同士は、寄り添い合いながら愛を育んでいく相性の組み合わせでしょう。恋愛体質の春同士は特にその傾向が強く、恋そのものを楽しむ関係が築けます。ただ、お互いに目移りしやすいので、浮気などのトラブルも起きやすく注意が必要です。秋の灯火タイプと冬の灯火タイプの場合は、冬タイプの優しさが秋タイプの心の中に広がっていく不安を癒やすので、穏やかな関係が育まれます。

灯火 × 山

歩み寄ることでいい関係が築ける

相性は決して悪くない組み合わせです。受け身の山タイプと内に熱い想いを秘めている灯火タイプは、お互いに歩み寄り、想いを受け止めることで安定した関係を築くことができるでしょう。灯火タイプと山タイプの季節が冬同士の場合は、灯火タイプの献身によって、温かな愛を育むことができます。ただ、秋の灯火タイプは気持ちのコントロールが苦手で、山タイプを振り回してしまう場合もあるでしょう。

灯火×畑

活発で行動的な関係が築かれやすい

とても好相性の組み合わせです。フランクに人と接する社交的な畑タイプとマイペースな灯火タイプは、一緒にいることによって世界が広がり、活発な関係が築けるでしょう。恋愛関係の場合、共に季節が春同士だと華やかで楽しい恋になるものの、浮かれた気分ばかりが先走ってしまうため、表面的な関係に終始しがちです。一方で秋の灯火タイプと冬の畑タイプの場合は、落ち着きを持ってじっくりと信頼と愛を育みます。

灯火×岩

時間をかけて関係を育んでいく

チャレンジ精神が旺盛な岩タイプと、一つのことにじっくり取り組む灯火タイプの組み合わせは、時間をかけて理解を深め合うことによって歩みを共にできる相性です。夏の岩タイプと冬の灯火タイプの場合は特に相性がよく、灯火タイプの温かさが寡黙な岩の気持ちを汲み取りうまくサポートすることでよい関係が築けるでしょう。一方で、灯火タイプ、岩タイプの季節が夏同士だと個性が強すぎて衝突しやすくなる場合も。

灯火×宝

プラスマイナスゼロで成立する関係

お互いに補い合える相性の組み合わせです。繊細な宝タイプと鋭い洞察力を持つ灯火タイプは、隠された内面を照らし出すように支え合う関係を築けるでしょう。春の灯火タイプと夏の宝タイプは、端からみると一方的な関係に見えますが、振り回される側と刺激を受ける側によって、意外にも発展的な関係に。反対に、季節が共に冬同士の場合は、価値観の違いが強く出てしまうので、すれ違いが起こりそうです。

灯火×海

恋人よりは友だちに近い間柄

相性は悪くないものの、恋愛に発展しにくい組み合わせ。変幻自在の海タイプと頑固に自分を貫く灯火タイプは、すぐに打ち解けるものの次の段階に進みにくい相性です。ただ、夏の灯火タイプと冬の海タイプの場合は、冬の海タイプの重々しい空気を夏の灯火タイプの熱が溶かすことで心を通わせます。季節が秋同士だと変化を求める海タイプと、不安を抱える灯火タイプの間に距離が生まれやすいのでマメに連絡を取り合って。

灯火×雨

意識して距離を近づけていく

ロマンチストで夢見がちな雨タイプと現実的な灯火タイプは、お互いに自分の世界にこもりやすいので、接点ができづらい相性でしょう。そんな雨タイプと灯火タイプがいい関係を築くためには、意識して歩み寄ることがポイントとなります。中でも、春の灯火タイプと冬の雨タイプの組み合わせは、恋に発展しやすいと言えます。お互いの相手に対する気配りによって寂しさが癒やされ、距離を近づけることができるのです。

AISHO

山×木

時間がお互いを結びつける

温厚で優しい山タイプと直情的な木タイプは時間をかけて関係を築いていく相性です。というのも、お互いの気質の違いから反発しやすいから。物静かな山タイプにとって感情をむき出しにする木タイプは理解しづらい存在です。ただ、山には木が生えているものですから、最終的には一番の理解者同士になれるでしょう。共に春の時期はペースを守り、ゆったりした気持ちで向き合うと急進展も。焦らないことが肝要です。

山×草

接点がなさそうで実はつながっている

おとなしい山タイプと社交的な草タイプは、一見相容れない者同士です。ただ、交友関係が盛んになりやすい夏の山タイプと、持ち前の社交力にさらに磨きがかかる秋の草タイプの組み合わせなら、積極的な交流が展開されますから、愛情が芽生えやすいでしょう。季節が正反対の冬の山タイプと、夏の草タイプの場合は、元気に見えて弱っている草タイプが、ネガティブな気持ちを抱きがちなため、距離が生じます。

山×太陽

人気者同士が手を結ぶ華やかな関係

山タイプと太陽タイプは共に大らかで明るい気質なので、タイプは違えど人気者同士です。季節に関係なくいい関係が築ける組み合わせといえるでしょう。例えば、お互いが夏の時期同士の場合は、相手の魅力と長所を認め合い、深い絆で関係を築いていきます。個性豊かな者同士のうえに共にエネルギッシュな時期でもありますから、時にはライバル視することもありながら、人間的にも成長していける理想の二人といえます。

山×灯火

異なる気質を持ちながらも好相性の二人

スペシャリストの資質を秘めながら、少々排他的なところがある灯火タイプと、穏やかで包容力にあふれた山タイプは異なるタイプの組み合わせです。一見、合わないように見えますが、お互いを冷静に観察し、魅力に気づきやすい点で好相性といえるでしょう。特に夏の山タイプと秋の灯火タイプの場合は、夏の山の包容力が、気持ちの揺れが激しく不安を抱えやすい灯火タイプに優しく寄り添って、愛を育むでしょう。

山×山

穏やかで安定した関係となる

とてもよい相性の組み合わせです。温かく優しい山タイプ同士は、安心感に包まれた関係を築けるでしょう。例えば秋の山タイプ同士の場合は、お互いに新たな一面を発見し合うことが関係進展のきっかけになって、愛を深めていきます。ただし、同じ山タイプ同士でも共に季節が夏の場合、一筋縄ではいかないかもしれません。お互いに勢いづいているため自己主張が強くなりがちですから、衝突しやすいので要注意です。

山×畑

強い信頼関係によって絆が生まれる

　関係を構築するのに、多少、努力が必要な相性。才能豊かではあるけれど繊細な畑タイプと、包容力にあふれていながらも流されやすいところがある山タイプは、信頼関係をしっかり築くことが必要といえます。恋愛関係においては、お互いの季節が春の場合は、共に気持ちを素直に表すことによって関係が進展していきます。その際、山タイプが受け身になったほうが畑タイプの心が刺激され、スムーズに進展しそうです。

山×岩

相手に尽くすことで愛が育まれる

　岩タイプを山タイプが受け止めることによって、いい関係が築ける相性。チャレンジ精神旺盛な岩タイプを山タイプがサポートしていくと、お互いの信頼が高まっていくでしょう。そんな岩タイプと山タイプにとって恋愛関係のビッグチャンスは共に夏の季節に入っているとき。大胆な行動に出る岩タイプを、山タイプが全力で応援してあげることで、一気に距離が近づきます。それは永遠の愛を紡ぐ出発点になるはずです。

山×宝

見守ることで関係が深まっていく

　山によって宝は生み出されるので、相性のよい組み合わせです。野心が強い宝タイプを、山タイプが温かく見守ることでバランスのいい関係が築けるでしょう。特別扱いしてもらいたい気持ちが強い宝タイプにとって、山タイプの包容力はとても心地よく、そばにいてほしいと思うようです。特に相性がよいのはお互いの季節が春同士の場合、相手に共感できなくても、この時期は静かで穏やかな時間の中で理解を深め合えます。

山×海

好相性ながらも距離感に注意が必要

　山タイプによって海タイプが成長する関係が築ける相性ですが、一歩間違うと依存でつながる危険性もある組み合わせです。一本強い芯が通った山タイプに、人に影響されやすい海タイプは刺激を受け、感化されやすいので、よい関係を築くためには距離感が大切です。そんな危ういところもある山タイプと海タイプですが､共に夏同士の場合は、山タイプが海タイプを的確な道に導くので、真実の愛が育まれやすいでしょう。

山×雨

心を許せる、唯一無二の存在

山タイプにとって雨タイプは、心許せる存在といえます。感受性豊かで献身的な雨タイプは、山タイプの心のよりどころでしょう。特に関係が親密になりやすいのは、お互いの季節が春同士の場合です。ピュアで献身的な春の雨タイプの思いやりあふれた態度に触れて、山タイプはすっかり虜になってしまいそうです。普段、包容力の大きさから頼られることが多い山タイプですから、尽くされることがうれしいのでしょう。

畑×木

補い合い、支え合って成長する

共に支え合い、協力し合うことで絆が深まる、相性のよい組み合わせです。上昇志向が強い木タイプに畑タイプが寄り添っていくことで、素晴らしいパートナーシップを築けるでしょう。相手に対してリスペクトの気持ちを抱きやすいので、よい面を認め合い、欠点を補い合うことで、お互いの魅力を引き出して確かな愛を育むのです。特に冬同士は相性がよく、少々のことでは揺るがないくらい強い結びつきとなります。

畑×草

一緒にいるとお互いに高め合える

協力し合って、大きな力を発揮する組み合わせです。多才な畑タイプが、強くしなやかなメンタルを持っている草タイプと力を合わせることで、大きな収穫を得られるでしょう。一緒にいることでお互いのパワーが何倍にも膨らみ、大輪の花を咲かせることができます。季節に関係なく抜群によい相性ですが、特に素晴らしいのはお互いの季節が春同士の場合です。共通の目標を持つことによって、強い絆が育まれます。

畑×太陽

ずっと一緒にいてほしい頼りになる人

畑タイプにとって太陽タイプは、いつもそばにいてほしい存在。明るく楽観的な太陽タイプがいてこそ、畑タイプは輝けるでしょう。太陽の存在は、畑タイプに多大な影響を与え、その愛の深さは、自信と幸せをもたらしてくれるのです。そんな畑タイプと太陽タイプの関係がもっとも親密になるのは、お互いの季節が春同士のときです。穏やかな春そのものの優しさが、お互いの心に染み込み愛情を確かなものにします。

畑×灯火

じっくりゆっくり関係を築いていく

秘めた想いが人一倍強い灯火タイプと、気さくでオープンな畑タイプは時間をかけて関係を築く組み合わせです。畑タイプは灯火タイプの感情の揺れ動くさまに、初対面のときは戸惑いを覚えるかもしれません。ただ、目標があると真っ直ぐに突き進んでいくという共通点がある二人ですから、時間をかけるほど信頼を深めていくでしょう。ただし、季節が夏同士の場合は、事を急進展させがちになるので注意してください。

畑×山

繊細さに惹かれてサポート役に

似ているようで違うタイプの組み合わせです。自身も気さくな畑タイプですが、山タイプのフランクさよりも、繊細なところに惹かれるようです。畑タイプが山タイプをリードすることで、穏やかで心地いい関係が築けるでしょう。特に相性がいいのは同じ季節同士。例えばお互いが秋の場合は、少し保守的になりがちなものの安定している畑タイプが、受け身の山タイプをサポートすることで心の距離が一気に縮まります。

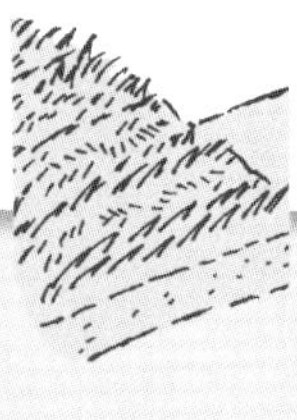

畑 × 畑

時間が愛情や関係を深めていく

才能豊かで気さくな畑同士は、作物を育てるように時間をかけて関係を築いていきます。同じ気質を持っていますから、お互いに相手の弱い面も理解できるでしょう。そんな二人が恋人同士になれば、マイペースを守ってゆっくりと関係を紡いでいきながら、愛を育みます。共に次に向けての準備期間に入る冬の畑同士の場合、大切な充電期間となるためお互いにとって心地よい距離を保ちながら、静かに関係を深めていくでしょう。

畑 × 岩

温度差があるようで実はつながっている

一見、相容れないように見えて実は好相性の組み合わせです。不屈の精神の持ち主の岩タイプと繊細な心を持つ畑タイプは、考え方に温度差があるように見えますが、実は気持ちが通じやすいでしょう。特に畑タイプと岩タイプの季節が秋同士の場合、その傾向が顕著です。最初は小さな衝突を繰り返しますが、それによってお互いに深い理解と許容が生まれ、距離が急接近したり、恋愛関係へと発展していったりします。

畑 × 宝

つかず離れずの距離感がポイント

畑タイプが宝タイプを上手に転がして関係が築かれる相性です。プライドが高い宝タイプの自尊心を、畑タイプがくすぐりながら仲を深めていきます。踏み込みすぎないように注意しながら、つかず離れずの距離を保つことで、発展性のある関係を築けるでしょう。ただし、お互いの季節が秋同士の場合、立場が逆転するかもしれません。恋をしたい秋の畑タイプが、秋の宝タイプの魅力に心を奪われて虜になってしまうでしょう。

畑 × 海

さわやかな関係を築きやすい

相性のよい組み合わせといえます。要領がよく器用な畑タイプと柔軟性に富んだ海タイプは、風通しのいい関係を築くでしょう。ただ、お互いに衝突を嫌う傾向があるため、その関係は表面的なものになりがち。より深いつながりを求めるならば、双方共に内面をさらけ出す勇気が必要になります。季節が冬同士の場合、お互いの気持ちにゆとりがある状態なので相手を受け入れる余裕があり、信頼と愛が深まりやすいでしょう。

畑 × 雨

理想の恋が実現できる

畑タイプにとって雨タイプは、恋人として理想の相手といえます。気さくでありながらも繊細な心の持ち主である畑タイプにとって、献身的な雨タイプの思いやりは、常に欲しているものでしょう。損得勘定のないピュアな愛を育んでいける組み合わせです。特に相性がよいのは季節が春同士の二人。春の時期に降る恵みの雨が春の畑を潤します。優しい気持ちで雨タイプを受け入れ尽くすことができ、恋も成就しやすいでしょう。

AISHO

岩×木

頑固者同士だけど実は気が合う

融通のきかない者同士ながら、好相性の組み合わせです。チャレンジ精神の強い岩タイプと上昇志向を持つ木タイプは、サポートし合うことでよい関係が築かれるでしょう。冬の木と秋の岩なら、知的な恋愛ができそう。地中に根を張り、春を待つ冬の木と行動的な夏の岩は、正反対といえますから一見合わなそうですが、実はしっくり馴染みます。冬の木タイプのもろさを、夏の岩タイプがしっかり守ってくれるでしょう。

岩×草

支えとなり前向きな関係が築けそう

草タイプが、岩タイプを支えて関係が築かれます。向上心が強くて高い理想を目指す岩タイプと、柔軟な考えを持つ草タイプの組み合わせは、岩タイプを草タイプがサポートすることで恋成就の可能性が高まるでしょう。特に、意志力がある春の草タイプと受け身の春の岩タイプの相性はよく、華やかな恋になりそう。一方秋同士の場合は、惹かれ合うことはあっても、お互いに一歩踏み出す気力に欠けるため関係が深まりません。

岩×太陽

極端な関係になりがちな二人

負けず嫌いな岩タイプと明朗快活で楽天的な太陽タイプの組み合わせは、どちらも主張が強いので、よいときと悪いときの差が激しい関係になりやすいでしょう。そんな岩と太陽ですが、冬の岩タイプと春の太陽タイプは、岩の優しさを太陽が包み込んでよいバランスが築かれ恋に進展しやすいようです。一方、同じ夏の岩タイプと太陽タイプは、関係を築くのが難しそう。強すぎる双方の気質が、お互いを焼き尽くしてしまいます。

岩×灯火

強い個性がぶつかり合う

情熱的な関係を築く相性。チャレンジ精神の強い岩タイプと個性的な灯火タイプの組み合わせは、灯火に岩が惹きつけられ、熱くなることで恋が始まるでしょう。特に、夏の岩タイプと春の灯火タイプの場合は、匂い立つような色気を放つ灯火タイプの魅力に、岩タイプは感情の制御が不可能になってしまいます。一方で、受け身になりがちな春の岩タイプは、依存心の強い冬の灯火タイプに振り回されて利用されてしまうかも。

岩×山

リスペクトし合える抜群の関係

お互いに対等の関係が築ける好相性の組み合わせ。逆境に強い岩タイプと何があってもぶれない山タイプは、山タイプの優しさに岩タイプが憧れ、岩タイプの行動力を山タイプがリスペクトして、理想の恋に進展していきます。冬の岩タイプと春の山タイプの場合、岩タイプが山タイプのほのぼのとした魅力を引き出すでしょう。また、同じ季節同士の組み合わせとなる夏同士は、よくも悪くも強く惹かれ合います。

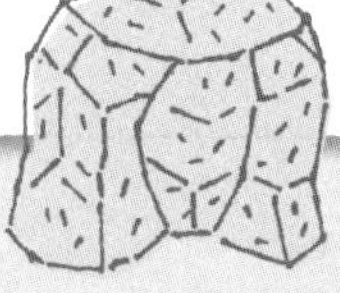

岩×畑

ゆっくりと関係を育てていく二人

息の長い関係を築ける相性といえそうです。強い意志を持つ岩タイプと社交的で器用な畑タイプは、対極にあるように見えて、実は長い時間をかけて愛を育てる組み合わせでしょう。お互いの季節が冬同士の場合、華やかさには欠けるものの、しっかりとした絆で結ばれます。ただし、双方が春同士だと軽やかな春の畑タイプの誘いを、他の季節よりも軽い春の岩タイプが真に受けてしまい、遊びの恋になってしまいそうです。

岩×岩

一緒にひとつの方向を目指せる

行動力がありチャレンジ精神が旺盛な岩タイプ同士は、同じ目標を持ち、お互いに励まし合うことで恋や友情が盛り上がります。恋愛に関しては、同じ季節である春の岩同士の場合、初恋のように初々しい交際となるでしょう。一方、夏と冬など正反対の季節の組み合わせは、片方の想いが強く前に出てしまいがちになるので、相手に対して一方的に想いを寄せることになってしまい、難しい力関係が生まれてしまうかもしれません。

岩×宝

相手を求め、追いかける関係

岩タイプの猛アピールによって成り立つ関係といえます。傷ついても勝利を手にしたい岩タイプと、勝ち負けよりも自分らしさを求める宝タイプの組み合わせは、宝タイプを岩タイプが追いかけることで、劇的な恋の展開を生み出します。同じ夏同士の場合は、宝タイプの感情に岩タイプが翻弄されがちに。一方、秋の岩タイプと春の宝タイプなら、宝タイプの感性や魅力を岩タイプが引き出し、洗練された恋になるでしょう。

岩×海

海タイプのリードで関係が成立する

性急に物事を決めたがる岩タイプを、広い心で人を受け入れる海タイプが上手にいなして自分のペースに巻き込んで、安定感のある関係が築けるでしょう。秋同士の岩タイプと海タイプは、お互いに自由と新しさを求める傾向が強いので、常に新鮮な関係になります。一方、冬の岩タイプと春の海タイプの場合は少々波乱の関係に。春の海タイプのマイペースさに、日頃は我慢強い冬の岩タイプがいら立ちを覚えるでしょう。

岩×雨

一途な想いが距離を縮める

お互いに夢見がちな組み合わせといえます。気が強くチャレンジ精神あふれる岩タイプと内向的でロマンティストな雨タイプの組み合わせは、正反対に見えてお互い一途な想いで結ばれる好相性です。恋愛関係ならば夏同士の岩タイプと雨タイプが、岩タイプにリードしてもらうようにすれば、楽しい恋になるでしょう。また、冬の岩タイプと秋の雨タイプの場合は、思いやりにあふれた雨タイプのサポートでよい関係となります。

宝×木

刺激し合うことで関係が発展

向上心が強い者同士の組み合わせです。選民意識の強い宝タイプと上昇志向をもつ木タイプは、刺激し合うことで恋が成就しやすいでしょう。ただし、同じ季節である夏同士の宝タイプと木タイプは、お互いの強さよりも弱さを認め合うことで愛おしさが増していき、強く結ばれます。一方で、冬の木タイプと秋の宝タイプの場合は、地味ではありますが、その分濃厚な関係に。木タイプの美学を宝タイプが受け止め、後押しします。

宝×草

相手のリードで関係が築かれる

個性的なセンスを持つ宝タイプと、柔軟さと強靭さをあわせ持つ草タイプは、宝タイプの自尊心を草タイプが上手に操ることで恋や友情が築かれます。例えば、同じ季節同士である夏の草タイプと夏の宝タイプは、出会いのときの印象は弱いものの、時間の経過と共に徐々に気持ちが高揚していくでしょう。ただ、夏と冬など正反対の季節の場合は、お互いのよさを相殺してしまうため、関係を築くのは少し難しくなります。

宝×太陽

親しくなるほどに成長できる

太陽タイプによって宝タイプのよさが引き出される相性です。繊細な感受性が特徴の宝タイプと明るく楽観的な太陽タイプは、太陽タイプが宝タイプを照らすことで惹かれ合うでしょう。同じ季節の冬の宝タイプと冬の太陽タイプは、大らかな宝と温かい太陽の組み合わせで、気取りのない誠実な関係に。一方、秋の宝タイプと夏の太陽タイプの場合は、太陽タイプが宝タイプに過度な期待をして、勝手にがっかりしてしまうかも。

宝×灯火

相手によって魅力が際立つ

灯火タイプによって、宝タイプのよさが引き出され、輝ける組み合わせです。スタイリッシュな宝タイプと個性的な灯火タイプは、宝タイプの魅力が灯火タイプによって浮かび上がり、恋に発展するでしょう。同じ季節同士の秋の宝タイプと秋の灯火タイプは、お互いの魅力で惹きつけ合い愛を育みます。ただ、夏の宝タイプと冬の灯火タイプの場合は、夏の宝タイプが冬の灯火タイプの魅力を濁らせるので注意が必要です。

宝×山

自由な恋を満喫できる

山タイプが包み込むことで、宝タイプが輝く相性です。やや線が細い宝タイプと大らかな雰囲気の山タイプの組み合わせは、山タイプの包容力によって、自由なムードに。同じ季節同士の冬の宝タイプと冬の山タイプは、山タイプのカリスマ性に宝タイプが引き寄せられることで、宝タイプの魅力に磨きがかかります。一方、秋の山タイプと春の宝タイプの場合は、お互い相手に対して反発心がわき、対抗意識が生まれそうです。

宝×畑

心を許し、安定した関係に

決して相性は悪くない組み合わせです。人に尊重される宝タイプと多芸多才な畑タイプは、ゆっくり愛を育む畑タイプに宝タイプが心を許すことで、安定した関係が築かれるでしょう。同じ季節である冬同士は、最初はお互いに遠慮するものの、時間の経過とともに絆が深まっていきます。一方、春の畑タイプと夏の宝タイプが関係を築くのは少し難しいよう。春の畑タイプが夏の宝タイプの気持ちが読めず心が離れがちになります。

宝×岩

相手のリードで関係が成立する

力関係が比較的はっきりした関係を築きやすい組み合わせといえます。承認欲求や上昇志向が強い宝タイプと愛を勝ち取る岩タイプは、岩タイプが宝タイプを攻略することによって愛情が深まります。同じ季節である冬同士の場合は、岩タイプのクールで頼もしいところが宝タイプには魅力的に映り、惹かれていきます。また夏の岩タイプと春の宝タイプは、岩タイプが宝タイプをリードして情熱的な恋に引き込んでいくでしょう。

宝×宝

お互いへのリスペクトが鍵となる

同じ宝タイプ同士は、好相性の組み合わせです。大事にされることで魅力を発揮する宝タイプ同士は、お互いに認め合い磨き合うことで活気ある関係が築かれるでしょう。恋愛関係なら同じ季節の中にいる春の人同士の場合、何かにチャレンジしていくと絆が深まり、安定した恋になります。ただ、夏と冬など正反対の季節同士だと、反発し合うこともありそう。よい関係を築きたいなら、相手への気遣いを忘れないこと。

宝×海

よい関係を築くなら相手のリードに任せて

海タイプが主導権を握ることで関係が成立する相性です。独自の価値観を持ちたがる宝タイプと柔軟な考え方ができる海タイプは、海タイプが宝タイプに歩み寄ることによって恋愛の主導権を握ります。季節が秋同士の宝タイプと海タイプは、宝タイプの愛し方を海タイプが受け止めることで、独自の恋愛スタイルが築かれます。一方、冬の宝タイプと春の海タイプの場合は愛を深めることが難しいため、表面的な関係になりがち。

宝×雨

周囲が羨むカップルになれる

季節を問わずよい関係が築けます。華やかな品性を持つ宝タイプと純粋な愛を求める雨タイプの組み合わせは、恋愛においては違和感なくお互いの想いを成就させられるでしょう。同じ季節の秋同士の宝タイプと雨タイプは、知的で気品のあるカップル。華やかさでも人目を引きます。一方、夏の宝タイプと冬の雨タイプの場合は、お互いに惹かれ合うものの、ミステリアスな夏の宝タイプに雨タイプが振り回されてしまいます。

AISHO

海×木

距離感を大切にしてよい関係に

距離感に気をつければ、よい関係が築ける組み合わせです。流されやすい海タイプと真っ直ぐな気質の木タイプは、つかず離れずの感覚が大切でしょう。同じ季節同士の夏の海タイプと夏の木タイプは、気持ちの高まりからお互いが相手を引き立てます。また冬の海タイプと夏の木タイプは真逆の季節ですが、冬の海タイプの余裕が、夏の木タイプをリラックスさせられるので、違和感なく一緒に過ごすことができるでしょう。

海×草

心地よい距離感で関係が築ける

好相性の組み合わせです。海タイプと草タイプは、ほどよい距離感で関係を築いていけるでしょう。季節を同じくする春の海タイプと草タイプであれば、会話も弾み、一緒にいることによって新しい発見があるはずです。ただし、夏の海タイプと冬の草タイプのように季節が真逆の場合は、少し距離ができやすいよう。海タイプか草タイプのどちらか一方が、相手を無意識に遠ざけてしまうようなことがあるかもしれません。

海×太陽

最高のパートナーになり得る

海タイプにとって欠かせない存在が太陽タイプですから、相性は抜群。誰よりも海タイプを輝かせるのが太陽タイプなのです。そのため、季節が同じ同士であればもちろん、真反対の季節同士であっても、その違いをものともせず、美しい調和を築き上げることでしょう。この組み合わせの場合、恋人同士としても友人同士としても、海タイプがパートナーシップを築くうえで太陽タイプ以上の相手は見つからないはずです。

海×灯火

お互いの特性によって華やかさが出る

漂う波のように変幻自在に自分を変えられる海タイプは、優しさと激しさが内在する灯火タイプともすぐに打ち解けられるでしょう。海面にたゆたう灯火タイプは、漁火のようにたくさんの海タイプを引きつけます。海タイプと灯火タイプが同じ季節同士であれば、その力はより強くなりますから華やかな関係を築きます。一方、違う季節同士の場合は、海タイプのパワーが強く出がちなので、灯火タイプが調子を合わせることに。

海×山

お互いに牽制し合うような関係性

気質が似ているものの、距離を感じさせる組み合わせです。海タイプと山タイプとの間には、お互いに遠慮があるでしょう。夏同士や冬同士などお互いに同じ季節の場合、近く見えはするものの、実際にはあまり接点を感じられません。また、海タイプと山タイプが違う季節の場合でも、お互いの間には一定の距離感が存在します。相手のことを認め好意を抱くものの、その関係性は遠くから応援し合うようなものといえそうです。

海 × 畑

パワーバランスに偏りがある二人

海タイプと畑タイプは一方通行の相性といえそうです。海タイプが畑タイプに一方的に影響を与えるような関係が築かれるでしょう。夏同士や冬同士など海タイプと畑タイプが同じ季節の場合は、お互いによい影響を与え合います。しかし、夏と冬、春と秋などの真逆の季節同士だと、海タイプのほうが相手に対して強く出てしまう傾向から、畑タイプを振り回してしまう可能性があり、あまりよい関係とはいえないでしょう。

海 × 岩

相手からの支えが期待できる

岩タイプのサポートによって、海タイプが成長する組み合わせといえます。岩タイプが海タイプを精神面で支える関係が築かれやすいでしょう。同じ季節同士や夏と秋などお互いの季節が近ければ、岩タイプが主導権をとり、海タイプをリードする関係になります。逆に、夏と冬など季節が遠い場合は、人にうまく合わせる一方で自分を見失いやすい海タイプが、岩タイプに一方的に依存するなど、温度差が生まれてしまいます。

海 × 宝

オールオアナッシングの関係になりやすい

海タイプと宝タイプは極端な関係を築く組み合わせです。宝タイプの持つ才能の輝きを磨き上げる役割を持つ海タイプ。海タイプと宝タイプが同じ季節同士ならば、唯一無二のパートナーになるでしょう。ただ、春と秋や夏と冬などお互いの季節が異なる場合は、接点が極端になくなります。たとえ海タイプと宝タイプが出会ったとしても、お互いに相手の魅力に気づけないまま、関係が終わってしまう可能性が高くなるでしょう。

海 × 海

認め合って、穏やかな関係を築く

海タイプ同士は、どんな人のことも受け入れる、器の大きい者同士の組み合わせとなります。お互いを認め合える相性を持っているので、季節を問わず調和のとれた良好な関係を築けるでしょう。出会ってさえしまえば、まるで合わせ鏡のようにお互いの魅力を理解することができ、喜びは遠くまで広がっていきます。どちらも自分が優位に立ちたいという下心がないので、精神的にも対等な関係を築くことができるでしょう。

海 × 雨

リーダーシップを発揮できる

ロマンティックで夢見がちな雨タイプと、大らかな海タイプの組み合わせの主導権は海タイプにあるでしょう。海タイプが雨タイプを引っ張っていくような相性を持っています。雨タイプが些細な不満を抱いたとしても、海タイプの大らかさがそれをきれいに包み込みます。雨タイプと海タイプの季節が近いほど、その傾向は強まりますが、夏と冬など真反対の季節だったとしても、そこで致命的な問題は生まれにくいようです。

尽くす喜びを感じられる

雨×木

　雨タイプが木タイプの支えとなる組み合わせです。繊細な雨タイプは与えられることが多いタイプですが、木タイプとの関係では雨タイプが与える側になります。お互いに一緒にいると、居心地のよさを感じるでしょう。雨タイプと木タイプが同じ季節の場合、関係性がさらに強くなりますから、雨タイプが木タイプに感謝されることが増えます。ただ、季節が異なる場合は、木タイプに対して過保護になりがちなので注意が必要。

恵みを与え、成長を見守る

雨×草

　草タイプにとって雨タイプは大きな存在でしょう。それは生きるための活力そのものといっても言い過ぎではありません。特に春の季節同士ならば、成長するうえで欠かせない存在となります。ただし、冬の雨タイプとは適切な距離感を見極める必要があります。というのも冬の雨はその冷たさのために、草タイプのいいところをおおい隠してしまう可能性があるから。一緒にいて傷つかない距離感で、つき合う必要があるでしょう。

正反対ながらもよい関係が築ける

雨×太陽

　内向的な雨タイプと明るくオープンな太陽タイプは、正反対の組み合わせといえます。とはいえ、相性は決して悪くはなく、雨タイプはヴェールでおおって太陽タイプの悪いところを隠します。雨タイプと太陽タイプが同じ季節同士なら、一緒にいることでバランスが取れた関係を築くでしょう。ただ、夏の太陽タイプが相手だと、そのエネルギーに雨タイプが押されてしまうことがあり、なかなか距離が縮まりません。

相手の意識で関係が変わる

雨×灯火

　水と油のように相容れない組み合わせです。水をかけると火が消えてしまうように、雨タイプと灯火タイプは反対の性質を持っています。同じ季節同士の場合は、雨タイプが意識して灯火タイプに寄り添わないと、相手がついてこられなくなってしまいます。ただ、夏の灯火タイプに対しては、雨タイプは好相性で、どの季節の雨タイプでも相手の強い勢いを抑えられるので、灯火タイプの暴走を止めるストッパーとして機能します。

リードされて安心感を抱ける

雨×山

　山タイプが雨タイプをリードして、絆が生まれる組み合わせ。山が緑で生い茂るためには雨が不可欠ですから、相性は悪くありません。ただ、共に勢いがなくなる冬同士の場合は、関係性は停滞気味になりますが、それ以外では足りないものを補い合いながらよい関係を築けます。雨タイプと山タイプでは、どの季節の組み合わせでも、包容力のある山タイプが内にこもりがちな雨タイプを引っ張る場面が多くなります。

雨 × 畑

頼られ、必要とされる関係性

お互いに理解を深めて穏やかな関係が築ける組み合わせです。畑タイプにとって雨タイプは、かけがえのない存在。雨なくしては畑は荒れ地になってしまいます。特に夏の雨タイプはあらゆる季節の畑タイプに恵みをもたらしますから、恋愛関係や友情が育まれやすいでしょう。雨タイプと畑タイプが共に冬の季節の場合でも、焦らず時間をかけてお互いを理解していくことで、ゆっくりと関係を深めることができます。

雨 × 岩

支え合いながら仲を深めていく

お互いにサポートし合う関係が築ける組み合わせです。岩タイプにとって雨タイプは、自分自身の行き過ぎやあやまちを正す人生の指南役になるでしょう。一方、雨タイプにとって岩タイプは、感情の氾濫をせき止めるストッパーとしての役割を果たしてくれる存在と言えます。特に、ヒートアップした夏の岩タイプにとって、雨タイプの存在は大きく、冷たい雨によって岩の熱が奪われますから、冷静さを取り戻せるでしょう。

雨 × 宝

一緒にいると相手を輝かせる

雨によって洗われ、輝きを取り戻す宝にとって、雨タイプはありがたい存在です。一方、雨タイプは宝タイプと一緒にいることで、体の奥底から活力が湧き出すのを感じられるでしょう。お互いの季節が冬同士の場合、一見停滞している関係にも見えますが、充填期間ですから、季節が移ることで活発な関係となります。夏と冬など真反対の季節同士の組み合わせであっても、雨タイプは常に宝タイプの存在を感じていたいはずです。

雨 × 海

主導権を握られても悔しくない関係

形を変えて、上手に相手に寄り添い合える雨タイプと海タイプは、包み込むような関係性があります。ただ、雨タイプは海タイプに対して、どの季節の組み合わせにおいてもペースを奪われてしまいがちなので、歯がゆい思いをすることが多いでしょう。普通なら、それによって距離が生まれてもおかしくないはずですが、雨タイプと海タイプの場合、雨タイプが不思議とそれを不愉快とは感じない相性のよさがあるでしょう。

雨 × 雨

自然体で一緒にいられる

同じ雨タイプ同士は、堅実な関係を築くことができる好相性の組み合わせです。同じ景色の中にきれいに溶け込み、一緒にいることで不可能も可能にするような相乗効果が生み出されます。特に春と春、冬と冬など同じ季節同士だと、ますますその傾向は強くなります。もちろん異なる季節の場合でも、もともと相手を思いやる気持ちが人一倍強い者同士なので、行き届いた気遣いによって違和感なく一緒にいられるでしょう。

運景早見表

※自分の生まれ年の表を探して、その表の生年月日が交わる欄にあるデータをチェックしてください。

1952年　29 壬辰（2/5 ～翌年2/3）

日	1月 日干	1月 月干	1月 男	1月 女	2月 日干	2月 月干	2月 男	2月 女	3月 日干	3月 月干	3月 男	3月 女	4月 日干	4月 月干	4月 男	4月 女
1	43陽	37子	-8	+2	14灯	38丑	-9	+1	43陽	39寅	+2	-8	14灯	40卯	+1	-9
2	44灯	37子	-9	+1	15山	38丑	-9	+1	44灯	39寅	+1	-8	15山	40卯	+1	-9
3	45山	37子	-9	+1	16畑	38丑	-9	+1	45山	39寅	+1	-9	16畑	40卯	+1	-9
4	46畑	37子	-9	+1	17岩	38丑	-0	+0	46畑	39寅	+1	-9	17岩	40卯	+0	-0
5	47岩	37子	-0	+1	18宝	39寅	+0	-1	47岩	39寅	+1	-9	18宝	41辰	+0	-0
6	48宝	38丑	-1	+0	19海	39寅	+0	-1	48宝	40卯	+0	-1	19海	41辰	+0	-1
7	49海	38丑	-1	+9	20	39寅	+9	-1	49海	40卯	+0	-1	20	41辰	+0	-1
8	50	38丑	-1	+9	21木	39寅	+9	-1	50	40卯	+9	-1	21木	41辰	+9	-1
9	51木	38丑	-1	+9	22草	39寅	+9	-1	51木	40卯	+9	-1	22草	41辰	+9	-1
10	52草	38丑	-1	+8	23陽	39寅	+8	-2	52草	40卯	+9	-1	23陽	41辰	+9	-1
11	53陽	38丑	-2	+8	24灯	39寅	+8	-2	53陽	40卯	+8	-2	24灯	41辰	+8	-2
12	54灯	38丑	-2	+8	25山	39寅	+8	-2	54灯	40卯	+8	-2	25山	41辰	+8	-2
13	55山	38丑	-2	+7	26畑	39寅	+7	-3	55山	40卯	+8	-2	26畑	41辰	+8	-2
14	56畑	38丑	-3	+7	27岩	39寅	+7	-3	56畑	40卯	+7	-3	27岩	41辰	+7	-3
15	57岩	38丑	-3	+7	28宝	39寅	+7	-3	57岩	40卯	+7	-3	28宝	41辰	+7	-3
16	58宝	38丑	-3	+6	29海	39寅	+6	-4	58宝	40卯	+7	-3	29海	41辰	+7	-3
17	59海	38丑	-4	+6	30	39寅	+6	-4	59海	40卯	+6	-4	30	41辰	+6	-4
18	60	38丑	-4	+6	31木	39寅	+6	-4	60	40卯	+6	-4	31木	41辰	+6	-4
19	1木	38丑	-4	+5	32草	39寅	+5	-5	1木	40卯	+6	-4	32草	41辰	+6	-4
20	2草	38丑	-5	+5	33陽	39寅	+5	-5	2草	40卯	+5	-5	33陽	41辰	+5	-5
21	3陽	38丑	-5	+5	34灯	39寅	+5	-5	3陽	40卯	+5	-5	34灯	41辰	+5	-5
22	4灯	38丑	-5	+4	35山	39寅	+4	-6	4灯	40卯	+5	-5	35山	41辰	+5	-5
23	5山	38丑	-6	+4	36畑	39寅	+4	-6	5山	40卯	+4	-6	36畑	41辰	+4	-6
24	6畑	38丑	-6	+4	37岩	39寅	+4	-6	6畑	40卯	+4	-6	37岩	41辰	+4	-6
25	7岩	38丑	-6	+3	38宝	39寅	+3	-7	7岩	40卯	+4	-6	38宝	41辰	+4	-6
26	8宝	38丑	-7	+3	39海	39寅	+3	-7	8宝	40卯	+3	-7	39海	41辰	+3	-7
27	9海	38丑	-7	+3	40	39寅	+3	-7	9海	40卯	+3	-7	40	41辰	+3	-7
28	10	38丑	-7	+2	41木	39寅	+2	-8	10	40卯	+3	-7	41木	41辰	+3	-7
29	11木	38丑	-8	+2	42草	39寅	+2	-8	11木	40卯	+2	-8	42草	41辰	+2	-8
30	12草	38丑	-8	+2					12草	40卯	+2	-8	43陽	41辰	+2	-8
31	13陽	38丑	-8	+1					13陽	40卯	+2	-8				

日	5月 日干	5月 月干	5月 男	5月 女	6月 日干	6月 月干	6月 男	6月 女	7月 日干	7月 月干	7月 男	7月 女	8月 日干	8月 月干	8月 男	8月 女
1	44灯	41辰	+2	-8	15山	42巳	+2	-9	45山	43午	+2	-8	16畑	44未	+2	-8
2	45山	41辰	+1	-9	16畑	42巳	+1	-9	46畑	43午	+2	-8	17岩	44未	+2	-8
3	46畑	41辰	+1	-9	17岩	42巳	+1	-9	47岩	43午	+1	-9	18宝	44未	+2	-9
4	47岩	41辰	+1	-9	18宝	42巳	+1	-0	48宝	43午	+1	-9	19海	44未	+1	-9
5	48宝	42巳	+1	-0	19海	42巳	+1	-0	49海	43午	+1	-9	20	44未	+1	-9
6	49海	42巳	+0	-1	20	43午	+0	-0	50	43午	+1	-0	21木	44未	+1	-0
7	50	42巳	+0	-1	21木	43午	+0	-1	51木	44未	+0	-0	22草	45申	+1	-0
8	51木	42巳	+0	-1	22草	43午	+0	-1	52草	44未	+0	-0	23陽	45申	+0	-1
9	52草	42巳	+9	-1	23陽	43午	+9	-1	53陽	44未	+0	-1	24灯	45申	+0	-1
10	53陽	42巳	+9	-1	24灯	43午	+9	-1	54灯	44未	+0	-1	25山	45申	+0	-1
11	54灯	42巳	+9	-2	25山	43午	+9	-1	55山	44未	+9	-1	26畑	45申	+9	-1
12	55山	42巳	+8	-2	26畑	43午	+8	-2	56畑	44未	+9	-1	27岩	45申	+9	-1
13	56畑	42巳	+8	-2	27岩	43午	+8	-2	57岩	44未	+9	-1	28宝	45申	+9	-2
14	57岩	42巳	+8	-3	28宝	43午	+8	-2	58宝	44未	+8	-2	29海	45申	+8	-2
15	58宝	42巳	+7	-3	29海	43午	+7	-3	59海	44未	+8	-2	30	45申	+8	-2
16	59海	42巳	+7	-3	30	43午	+7	-3	60	44未	+8	-2	31木	45申	+8	-3
17	60	42巳	+7	-4	31木	43午	+7	-3	1木	44未	+7	-3	32草	45申	+7	-3
18	1木	42巳	+6	-4	32草	43午	+6	-4	2草	44未	+7	-3	33陽	45申	+7	-3
19	2草	42巳	+6	-4	33陽	43午	+6	-4	3陽	44未	+7	-3	34灯	45申	+7	-4
20	3陽	42巳	+6	-5	34灯	43午	+6	-4	4灯	44未	+6	-4	35山	45申	+6	-4
21	4灯	42巳	+5	-5	35山	43午	+5	-5	5山	44未	+6	-4	36畑	45申	+6	-4
22	5山	42巳	+5	-5	36畑	43午	+5	-5	6畑	44未	+6	-4	37岩	45申	+6	-5
23	6畑	42巳	+5	-6	37岩	43午	+5	-5	7岩	44未	+5	-5	38宝	45申	+5	-5
24	7岩	42巳	+4	-6	38宝	43午	+4	-6	8宝	44未	+5	-5	39海	45申	+5	-5
25	8宝	42巳	+4	-6	39海	43午	+4	-6	9海	44未	+5	-5	40	45申	+5	-6
26	9海	42巳	+4	-7	40	43午	+4	-6	10	44未	+4	-6	41木	45申	+4	-6
27	10	42巳	+3	-7	41木	43午	+3	-7	11木	44未	+4	-6	42草	45申	+4	-6
28	11木	42巳	+3	-7	42草	43午	+3	-7	12草	44未	+4	-6	43陽	45申	+4	-7
29	12草	42巳	+3	-8	43陽	43午	+3	-7	13陽	44未	+3	-7	44灯	45申	+3	-7
30	13陽	42巳	+2	-8	44灯	43午	+2	-8	14灯	44未	+3	-7	45山	45申	+3	-7
31	14灯	42巳	+2	-8					15山	44未	+3	-7	46畑	45申	+3	-8

日	9月 日干	9月 月干	9月 男	9月 女	10月 日干	10月 月干	10月 男	10月 女	11月 日干	11月 月干	11月 男	11月 女	12月 日干	12月 月干	12月 男	12月 女
1	47岩	45申	+2	-8	17岩	46酉	+2	-8	48宝	47戌	+2	-8	18宝	48亥	+2	-8
2	48宝	45申	+2	-8	18宝	46酉	+2	-8	49海	47戌	+2	-8	19海	48亥	+1	-8
3	49海	45申	+2	-9	19海	46酉	+2	-8	50	47戌	+1	-8	20	48亥	+1	-8
4	50	45申	+1	-9	20	46酉	+1	-9	51木	47戌	+1	-9	21木	48亥	+1	-9
5	51木	45申	+1	-9	21木	46酉	+1	-9	52草	47戌	+1	-9	22草	48亥	+1	-9
6	52草	45申	+1	-0	22草	46酉	+1	-9	53陽	47戌	+1	-9	23陽	48亥	+0	-9
7	53陽	45申	+1	-0	23陽	46酉	+1	-0	54灯	48亥	+0	-0	24灯	49子	+9	-0
8	54灯	46酉	+0	-1	24灯	47戌	+0	-0	55山	48亥	+0	-1	25山	49子	+9	-1
9	55山	46酉	+0	-1	25山	47戌	+0	-1	56畑	48亥	+9	-1	26畑	49子	+9	-1
10	56畑	46酉	+9	-1	26畑	47戌	+9	-1	57岩	48亥	+9	-1	27岩	49子	+8	-1
11	57岩	46酉	+9	-1	27岩	47戌	+9	-1	58宝	48亥	+9	-1	28宝	49子	+8	-1
12	58宝	46酉	+9	-1	28宝	47戌	+9	-1	59海	48亥	+8	-1	29海	49子	+8	-1
13	59海	46酉	+8	-2	29海	47戌	+8	-1	60	48亥	+8	-2	30	49子	+7	-2
14	60	46酉	+8	-2	30	47戌	+8	-2	1木	48亥	+8	-2	31木	49子	+7	-2
15	1木	46酉	+8	-2	31木	47戌	+8	-2	2草	48亥	+7	-2	32草	49子	+7	-2
16	2草	46酉	+7	-3	32草	47戌	+7	-2	3陽	48亥	+7	-3	33陽	49子	+6	-3
17	3陽	46酉	+7	-3	33陽	47戌	+7	-3	4灯	48亥	+7	-3	34灯	49子	+6	-3
18	4灯	46酉	+7	-3	34灯	47戌	+7	-3	5山	48亥	+6	-3	35山	49子	+6	-3
19	5山	46酉	+6	-4	35山	47戌	+6	-3	6畑	48亥	+6	-4	36畑	49子	+5	-4
20	6畑	46酉	+6	-4	36畑	47戌	+6	-4	7岩	48亥	+6	-4	37岩	49子	+5	-4
21	7岩	46酉	+6	-4	37岩	47戌	+6	-4	8宝	48亥	+5	-4	38宝	49子	+5	-4
22	8宝	46酉	+5	-5	38宝	47戌	+5	-4	9海	48亥	+5	-5	39海	49子	+4	-5
23	9海	46酉	+5	-5	39海	47戌	+5	-5	10	48亥	+5	-5	40	49子	+4	-5
24	10	46酉	+5	-5	40	47戌	+5	-5	11木	48亥	+4	-5	41木	49子	+4	-5
25	11木	46酉	+4	-6	41木	47戌	+4	-5	12草	48亥	+4	-6	42草	49子	+3	-6
26	12草	46酉	+4	-6	42草	47戌	+4	-6	13陽	48亥	+4	-6	43陽	49子	+3	-6
27	13陽	46酉	+4	-6	43陽	47戌	+4	-6	14灯	48亥	+3	-6	44灯	49子	+3	-6
28	14灯	46酉	+3	-7	44灯	47戌	+3	-6	15山	48亥	+3	-7	45山	49子	+2	-7
29	15山	46酉	+3	-7	45山	47戌	+3	-7	16畑	48亥	+3	-7	46畑	49子	+2	-7
30	16畑	46酉	+3	-7	46畑	47戌	+3	-7	17岩	48亥	+2	-7	47岩	49子	+2	-7
31					47岩	47戌	+2	-7					48宝	49子	+1	-8

1953年　30 癸巳（2/4 ～翌年2/3）

日	1月 日干	1月 月干	1月 男	1月 女	2月 日干	2月 月干	2月 男	2月 女	3月 日干	3月 月干	3月 男	3月 女	4月 日干	4月 月干	4月 男	4月 女
1	49海	49子	+2	-8	20	50丑	+1	-9	48宝	51寅	-8	+2	19海	52卯	-9	+1
2	50	49子	+1	-9	21木	50丑	+1	-9	49海	51寅	-8	+1	20	52卯	-9	+1
3	51木	49子	+1	-9	22草	50丑	+1	-9	50	51寅	-9	+1	21木	52卯	-9	+1
4	52草	49子	+1	-9	23陽	51寅	-0	+0	51木	51寅	-9	+1	22草	52卯	-0	+0
5	53陽	49子	+1	-0	24灯	51寅	-1	+0	52草	51寅	-9	+1	23陽	53辰	-0	+0
6	54灯	50丑	+0	-1	25山	51寅	-1	+0	53陽	52卯	-1	+0	24灯	53辰	-1	+0
7	55山	50丑	+9	-1	26畑	51寅	-1	+9	54灯	52卯	-1	+0	25山	53辰	-1	+0
8	56畑	50丑	+9	-1	27岩	51寅	-1	+9	55山	52卯	-1	+9	26畑	53辰	-1	+9
9	57岩	50丑	+9	-1	28宝	51寅	-1	+9	56畑	52卯	-1	+9	27岩	53辰	-1	+9
10	58宝	50丑	+8	-1	29海	51寅	-2	+8	57岩	52卯	-1	+9	28宝	53辰	-1	+9
11	59海	50丑	+8	-2	30	51寅	-2	+8	58宝	52卯	-2	+8	29海	53辰	-2	+8
12	60	50丑	+8	-2	31木	51寅	-2	+8	59海	52卯	-2	+8	30	53辰	-2	+8
13	1木	50丑	+7	-2	32草	51寅	-3	+7	60	52卯	-2	+8	31木	53辰	-2	+8
14	2草	50丑	+7	-3	33陽	51寅	-3	+7	1木	52卯	-3	+7	32草	53辰	-3	+7
15	3陽	50丑	+7	-3	34灯	51寅	-3	+7	2草	52卯	-3	+7	33陽	53辰	-3	+7
16	4灯	50丑	+6	-3	35山	51寅	-4	+6	3陽	52卯	-3	+7	34灯	53辰	-3	+7
17	5山	50丑	+6	-4	36畑	51寅	-4	+6	4灯	52卯	-4	+6	35山	53辰	-4	+6
18	6畑	50丑	+6	-4	37岩	51寅	-4	+6	5山	52卯	-4	+6	36畑	53辰	-4	+6
19	7岩	50丑	+5	-4	38宝	51寅	-5	+5	6畑	52卯	-4	+6	37岩	53辰	-4	+6
20	8宝	50丑	+5	-5	39海	51寅	-5	+5	7岩	52卯	-5	+5	38宝	53辰	-5	+5
21	9海	50丑	+5	-5	40	51寅	-5	+5	8宝	52卯	-5	+5	39海	53辰	-5	+5
22	10	50丑	+4	-5	41木	51寅	-6	+4	9海	52卯	-5	+5	40	53辰	-5	+5
23	11木	50丑	+4	-6	42草	51寅	-6	+4	10	52卯	-6	+4	41木	53辰	-6	+4
24	12草	50丑	+4	-6	43陽	51寅	-6	+4	11木	52卯	-6	+4	42草	53辰	-6	+4
25	13陽	50丑	+3	-6	44灯	51寅	-7	+3	12草	52卯	-6	+4	43陽	53辰	-6	+4
26	14灯	50丑	+3	-7	45山	51寅	-7	+3	13陽	52卯	-7	+3	44灯	53辰	-7	+3
27	15山	50丑	+3	-7	46畑	51寅	-7	+3	14灯	52卯	-7	+3	45山	53辰	-7	+3
28	16畑	50丑	+2	-7	47岩	51寅	-8	+2	15山	52卯	-7	+3	46畑	53辰	-7	+3
29	17岩	50丑	+2	-8					16畑	52卯	-8	+2	47岩	53辰	-8	+2
30	18宝	50丑	+2	-8					17岩	52卯	-8	+2	48宝	53辰	-8	+2
31	19海	50丑	+1	-8					18宝	52卯	-8	+2				

日	5月 日干	5月 月干	5月 男	5月 女	6月 日干	6月 月干	6月 男	6月 女	7月 日干	7月 月干	7月 男	7月 女	8月 日干	8月 月干	8月 男	8月 女
1	49海	53辰	-8	+2	20	54巳	-9	+2	50	55午	-8	+2	21木	56未	-8	+2
2	50	53辰	-9	+1	21木	54巳	-9	+1	51木	55午	-9	+2	22草	56未	-8	+2
3	51木	53辰	-9	+1	22草	54巳	-9	+1	52草	55午	-9	+1	23陽	56未	-9	+2
4	52草	53辰	-9	+1	23陽	54巳	-0	+1	53陽	55午	-9	+1	24灯	56未	-9	+1
5	53陽	53辰	-0	+1	24灯	54巳	-0	+1	54灯	55午	-0	+1	25山	56未	-9	+1
6	54灯	54巳	-1	+0	25山	55午	-0	+0	55山	55午	-0	+1	26畑	56未	-0	+1
7	55山	54巳	-1	+0	26畑	55午	-1	+0	56畑	56未	-0	+0	27岩	56未	-0	+1
8	56畑	54巳	-1	+0	27岩	55午	-1	+0	57岩	56未	-1	+0	28宝	57申	-1	+0
9	57岩	54巳	-1	+9	28宝	55午	-1	+9	58宝	56未	-1	+0	29海	57申	-1	+0
10	58宝	54巳	-1	+9	29海	55午	-1	+9	59海	56未	-1	+0	30	57申	-1	+0
11	59海	54巳	-2	+9	30	55午	-1	+9	60	56未	-1	+9	31木	57申	-1	+9
12	60	54巳	-2	+8	31木	55午	-2	+8	1木	56未	-1	+9	32草	57申	-1	+9
13	1木	54巳	-2	+8	32草	55午	-2	+8	2草	56未	-2	+9	33陽	57申	-2	+9
14	2草	54巳	-3	+8	33陽	55午	-2	+8	3陽	56未	-2	+8	34灯	57申	-2	+8
15	3陽	54巳	-3	+7	34灯	55午	-3	+7	4灯	56未	-2	+8	35山	57申	-2	+8
16	4灯	54巳	-3	+7	35山	55午	-3	+7	5山	56未	-3	+8	36畑	57申	-3	+8
17	5山	54巳	-4	+7	36畑	55午	-3	+7	6畑	56未	-3	+7	37岩	57申	-3	+7
18	6畑	54巳	-4	+6	37岩	55午	-4	+6	7岩	56未	-3	+7	38宝	57申	-3	+7
19	7岩	54巳	-4	+6	38宝	55午	-4	+6	8宝	56未	-4	+7	39海	57申	-4	+7
20	8宝	54巳	-5	+6	39海	55午	-4	+6	9海	56未	-4	+6	40	57申	-4	+6
21	9海	54巳	-5	+5	40	55午	-5	+5	10	56未	-4	+6	41木	57申	-4	+6
22	10	54巳	-5	+5	41木	55午	-5	+5	11木	56未	-5	+6	42草	57申	-5	+6
23	11木	54巳	-6	+5	42草	55午	-5	+5	12草	56未	-5	+5	43陽	57申	-5	+5
24	12草	54巳	-6	+4	43陽	55午	-6	+4	13陽	56未	-5	+5	44灯	57申	-5	+5
25	13陽	54巳	-6	+4	44灯	55午	-6	+4	14灯	56未	-6	+5	45山	57申	-6	+5
26	14灯	54巳	-7	+4	45山	55午	-6	+4	15山	56未	-6	+4	46畑	57申	-6	+4
27	15山	54巳	-7	+3	46畑	55午	-7	+3	16畑	56未	-6	+4	47岩	57申	-6	+4
28	16畑	54巳	-7	+3	47岩	55午	-7	+3	17岩	56未	-7	+4	48宝	57申	-7	+4
29	17岩	54巳	-8	+3	48宝	55午	-7	+3	18宝	56未	-7	+3	49海	57申	-7	+3
30	18宝	54巳	-8	+2	49海	55午	-8	+2	19海	56未	-7	+3	50	57申	-7	+3
31	19海	54巳	-8	+2					20	56未	-8	+3	51木	57申	-8	+3

日	9月 日干	9月 月干	9月 男	9月 女	10月 日干	10月 月干	10月 男	10月 女	11月 日干	11月 月干	11月 男	11月 女	12月 日干	12月 月干	12月 男	12月 女
1	52草	57申	-8	+2	22草	58酉	-8	+2	53陽	59戌	-8	+2	23陽	60亥	-8	+2
2	53陽	57申	-8	+2	23陽	58酉	-8	+2	54灯	59戌	-8	+2	24灯	60亥	-8	+1
3	54灯	57申	-9	+2	24灯	58酉	-8	+2	55山	59戌	-8	+1	25山	60亥	-8	+1
4	55山	57申	-9	+1	25山	58酉	-9	+1	56畑	59戌	-9	+1	26畑	60亥	-9	+1
5	56畑	57申	-9	+1	26畑	58酉	-9	+1	57岩	59戌	-9	+1	27岩	60亥	-9	+1
6	57岩	57申	-0	+1	27岩	58酉	-9	+1	58宝	59戌	-9	+1	28宝	60亥	-9	+0
7	58宝	57申	-0	+1	28宝	58酉	-0	+1	59海	59戌	-0	+0	29海	1子	-0	+9
8	59海	58酉	-1	+0	29海	59戌	-0	+0	60	60亥	-1	+0	30	1子	-1	+9
9	60	58酉	-1	+0	30	59戌	-1	+0	1木	60亥	-1	+9	31木	1子	-1	+9
10	1木	58酉	-1	+9	31木	59戌	-1	+9	2草	60亥	-1	+9	32草	1子	-1	+8
11	2草	58酉	-1	+9	32草	59戌	-1	+9	3陽	60亥	-1	+9	33陽	1子	-1	+8
12	3陽	58酉	-1	+9	33陽	59戌	-1	+9	4灯	60亥	-1	+8	34灯	1子	-1	+8
13	4灯	58酉	-2	+8	34灯	59戌	-1	+8	5山	60亥	-2	+8	35山	1子	-2	+7
14	5山	58酉	-2	+8	35山	59戌	-2	+8	6畑	60亥	-2	+8	36畑	1子	-2	+7
15	6畑	58酉	-2	+8	36畑	59戌	-2	+8	7岩	60亥	-2	+7	37岩	1子	-2	+7
16	7岩	58酉	-3	+7	37岩	59戌	-2	+7	8宝	60亥	-3	+7	38宝	1子	-3	+6
17	8宝	58酉	-3	+7	38宝	59戌	-3	+7	9海	60亥	-3	+7	39海	1子	-3	+6
18	9海	58酉	-3	+7	39海	59戌	-3	+7	10	60亥	-3	+6	40	1子	-3	+6
19	10	58酉	-4	+6	40	59戌	-3	+6	11木	60亥	-4	+6	41木	1子	-4	+5
20	11木	58酉	-4	+6	41木	59戌	-4	+6	12草	60亥	-4	+6	42草	1子	-4	+5
21	12草	58酉	-4	+6	42草	59戌	-4	+6	13陽	60亥	-4	+5	43陽	1子	-4	+5
22	13陽	58酉	-5	+5	43陽	59戌	-4	+5	14灯	60亥	-5	+5	44灯	1子	-5	+4
23	14灯	58酉	-5	+5	44灯	59戌	-5	+5	15山	60亥	-5	+5	45山	1子	-5	+4
24	15山	58酉	-5	+5	45山	59戌	-5	+5	16畑	60亥	-5	+4	46畑	1子	-5	+4
25	16畑	58酉	-6	+4	46畑	59戌	-5	+4	17岩	60亥	-6	+4	47岩	1子	-6	+3
26	17岩	58酉	-6	+4	47岩	59戌	-6	+4	18宝	60亥	-6	+4	48宝	1子	-6	+3
27	18宝	58酉	-6	+4	48宝	59戌	-6	+4	19海	60亥	-6	+3	49海	1子	-6	+3
28	19海	58酉	-7	+3	49海	59戌	-6	+3	20	60亥	-7	+3	50	1子	-7	+2
29	20	58酉	-7	+3	50	59戌	-7	+3	21木	60亥	-7	+3	51木	1子	-7	+2
30	21木	58酉	-7	+3	51木	59戌	-7	+3	22草	60亥	-7	+2	52草	1子	-7	+2
31					52草	59戌	-7	+2					53陽	1子	-8	+1

1954年　31 甲午（2/4～翌年2/3）

日	1月 日干	1月 月干	1月 男	1月 女	2月 日干	2月 月干	2月 男	2月 女	3月 日干	3月 月干	3月 男	3月 女	4月 日干	4月 月干	4月 男	4月 女
1	54灯	1子	-8	+2	25山	2丑	-9	+1	53陽	3寅	+2	-8	24灯	4卯	+1	-9
2	55山	1子	-9	+1	26畑	2丑	-9	+1	54灯	3寅	+1	-8	25山	4卯	+1	-9
3	56畑	1子	-9	+1	27岩	2丑	-9	+1	55山	3寅	+1	-9	26畑	4卯	+1	-9
4	57岩	1子	-9	+1	28宝	3寅	+0	-0	56畑	3寅	+1	-9	27岩	4卯	+0	-0
5	58宝	1子	-0	+1	29海	3寅	+0	-1	57岩	3寅	+1	-9	28宝	5辰	+0	-0
6	59海	2丑	-1	+0	30雨	3寅	+0	-1	58宝	4卯	+0	-1	29海	5辰	+0	-1
7	60雨	2丑	-1	+9	31木	3寅	+9	-1	59海	4卯	+0	-1	30雨	5辰	+0	-1
8	1木	2丑	-1	+9	32草	3寅	+9	-1	60雨	4卯	+9	-1	31木	5辰	+9	-1
9	2草	2丑	-1	+9	33陽	3寅	+9	-1	1木	4卯	+9	-1	32草	5辰	+9	-1
10	3陽	2丑	-1	+8	34灯	3寅	+8	-2	2草	4卯	+9	-1	33陽	5辰	+9	1
11	4灯	2丑	-2	+8	35山	3寅	+8	-2	3陽	4卯	+8	-2	34灯	5辰	+8	-2
12	5山	2丑	-2	+8	36畑	3寅	+8	-2	4灯	4卯	+8	-2	35山	5辰	+8	-2
13	6畑	2丑	-2	+7	37岩	3寅	+7	-3	5山	4卯	+8	-2	36畑	5辰	+8	-2
14	7岩	2丑	-3	+7	38宝	3寅	+7	-3	6畑	4卯	+7	-3	37岩	5辰	+7	-3
15	8宝	2丑	-3	+7	39海	3寅	+7	-3	7岩	4卯	+7	-3	38宝	5辰	+7	-3
16	9海	2丑	-3	+6	40雨	3寅	+6	-4	8宝	4卯	+7	-3	39海	5辰	+7	-3
17	10雨	2丑	-4	+6	41木	3寅	+6	-4	9海	4卯	+6	-4	40雨	5辰	+6	-4
18	11木	2丑	-4	+6	42草	3寅	+6	-4	10雨	4卯	+6	-4	41木	5辰	+6	-4
19	12草	2丑	-4	+5	43陽	3寅	+5	-5	11木	4卯	+6	-4	42草	5辰	+6	-4
20	13陽	2丑	-5	+5	44灯	3寅	+5	-5	12草	4卯	+5	-5	43陽	5辰	+5	-5
21	14灯	2丑	-5	+5	45山	3寅	+5	-5	13陽	4卯	+5	-5	44灯	5辰	+5	-5
22	15山	2丑	-5	+4	46畑	3寅	+4	-6	14灯	4卯	+5	-5	45山	5辰	+5	-5
23	16畑	2丑	-6	+4	47岩	3寅	+4	-6	15山	4卯	+4	-6	46畑	5辰	+4	-6
24	17岩	2丑	-6	+4	48宝	3寅	+4	-6	16畑	4卯	+4	-6	47岩	5辰	+4	-6
25	18宝	2丑	-6	+3	49海	3寅	+3	-7	17岩	4卯	+4	-6	48宝	5辰	+4	-6
26	19海	2丑	-7	+3	50雨	3寅	+3	-7	18宝	4卯	+3	-7	49海	5辰	+3	-7
27	20雨	2丑	-7	+3	51木	3寅	+3	-7	19海	4卯	+3	-7	50雨	5辰	+3	-7
28	21木	2丑	-7	+2	52草	3寅	+2	-8	20雨	4卯	+3	-7	51木	5辰	+3	-7
29	22草	2丑	-8	+2					21木	4卯	+2	-8	52草	5辰	+2	-8
30	23陽	2丑	-8	+2					22草	4卯	+2	-8	53陽	5辰	+2	-8
31	24灯	2丑	-8	+1					23陽	4卯	+2	-8				

日	5月 日干	5月 月干	5月 男	5月 女	6月 日干	6月 月干	6月 男	6月 女	7月 日干	7月 月干	7月 男	7月 女	8月 日干	8月 月干	8月 男	8月 女
1	54灯	5辰	+2	-8	25山	6巳	+2	-9	55山	7午	+2	-8	26畑	8未	+2	-8
2	55山	5辰	+1	-9	26畑	6巳	+1	-9	56畑	7午	+2	-9	27岩	8未	+2	-8
3	56畑	5辰	+1	-9	27岩	6巳	+1	-9	57岩	7午	+1	-9	28宝	8未	+2	-9
4	57岩	5辰	+1	-9	28宝	6巳	+1	-0	58宝	7午	+1	-9	29海	8未	+1	-9
5	58宝	5辰	+1	-0	29海	6巳	+1	-0	59海	7午	+1	-0	30雨	8未	+1	-9
6	59海	6巳	+0	-1	30雨	7午	+0	-0	60雨	7午	+1	-0	31木	8未	+1	-0
7	60雨	6巳	+0	-1	31木	7午	+0	-1	1木	7午	+0	-0	32草	8未	+1	-0
8	1木	6巳	+0	-1	32草	7午	+0	-1	2草	8未	+0	-1	33陽	9申	+0	-1
9	2草	6巳	+9	-1	33陽	7午	+9	-1	3陽	8未	+0	-1	34灯	9申	+0	-1
10	3陽	6巳	+9	-1	34灯	7午	+9	-1	4灯	8未	+0	-1	35山	9申	+0	-1
11	4灯	6巳	+9	-2	35山	7午	+9	-1	5山	8未	+9	-1	36畑	9申	+9	-1
12	5山	6巳	+8	-2	36畑	7午	+8	-2	6畑	8未	+9	-1	37岩	9申	+9	-1
13	6畑	6巳	+8	-2	37岩	7午	+8	-2	7岩	8未	+9	-2	38宝	9申	+9	-2
14	7岩	6巳	+8	-3	38宝	7午	+8	-2	8宝	8未	+8	-2	39海	9申	+8	-2
15	8宝	6巳	+7	-3	39海	7午	+7	-3	9海	8未	+8	-2	40雨	9申	+8	-2
16	9海	6巳	+7	-3	40雨	7午	+7	-3	10雨	8未	+8	-3	41木	9申	+8	-3
17	10雨	6巳	+7	-4	41木	7午	+7	-3	11木	8未	+7	-3	42草	9申	+7	-3
18	11木	6巳	+6	-4	42草	7午	+6	-4	12草	8未	+7	-3	43陽	9申	+7	-3
19	12草	6巳	+6	-4	43陽	7午	+6	-4	13陽	8未	+7	-4	44灯	9申	+7	-4
20	13陽	6巳	+6	-5	44灯	7午	+6	-4	14灯	8未	+6	-4	45山	9申	+6	-4
21	14灯	6巳	+5	-5	45山	7午	+5	-5	15山	8未	+6	-4	46畑	9申	+6	-4
22	15山	6巳	+5	-5	46畑	7午	+5	-5	16畑	8未	+6	-5	47岩	9申	+6	-5
23	16畑	6巳	+5	-6	47岩	7午	+5	-5	17岩	8未	+5	-5	48宝	9申	+5	-5
24	17岩	6巳	+4	-6	48宝	7午	+4	-6	18宝	8未	+5	-5	49海	9申	+5	-5
25	18宝	6巳	+4	-6	49海	7午	+4	-6	19海	8未	+5	-6	50雨	9申	+5	-6
26	19海	6巳	+4	-7	50雨	7午	+4	-6	20雨	8未	+4	-6	51木	9申	+4	-6
27	20雨	6巳	+3	-7	51木	7午	+3	-7	21木	8未	+4	-6	52草	9申	+4	6
28	21木	6巳	+3	-7	52草	7午	+3	-7	22草	8未	+4	-7	53陽	9申	+4	-7
29	22草	6巳	+3	-8	53陽	7午	+3	-7	23陽	8未	+3	-7	54灯	9申	+3	-7
30	23陽	6巳	+2	-8	54灯	7午	+2	-8	24灯	8未	+3	-7	55山	9申	+3	-7
31	24灯	6巳	+2	-8					25山	8未	+3	-8	56畑	9申	+3	-8

日	9月 日干	9月 月干	9月 男	9月 女	10月 日干	10月 月干	10月 男	10月 女	11月 日干	11月 月干	11月 男	11月 女	12月 日干	12月 月干	12月 男	12月 女
1	57岩	9申	+2	-8	27岩	10酉	+2	-8	58宝	11戌	+2	-8	28宝	12亥	+2	-8
2	58宝	9申	+2	-8	28宝	10酉	+2	-8	59海	11戌	+2	-8	29海	12亥	+1	-8
3	59海	9申	+2	-9	29海	10酉	+2	-8	60雨	11戌	+1	-8	30雨	12亥	+1	-8
4	60雨	9申	+1	-9	30雨	10酉	+1	-9	1木	11戌	+1	-9	31木	12亥	+1	-9
5	1木	9申	+1	-9	31木	10酉	+1	-9	2草	11戌	+1	-9	32草	12亥	+1	-9
6	2草	9申	+1	-0	32草	10酉	+1	-9	3陽	11戌	+1	-9	33陽	12亥	+0	-9
7	3陽	9申	+1	-0	33陽	10酉	+1	-0	4灯	11戌	+0	-0	34灯	12亥	+9	-0
8	4灯	10酉	+0	-1	34灯	10酉	+0	-0	5山	12亥	+0	-1	35山	13子	+9	-1
9	5山	10酉	+0	-1	35山	11戌	+0	-1	6畑	12亥	+9	-1	36畑	13子	+9	-1
10	6畑	10酉	+9	-1	36畑	11戌	+9	-1	7岩	12亥	+9	-1	37岩	13子	+8	-1
11	7岩	10酉	+9	-1	37岩	11戌	+9	-1	8宝	12亥	+9	-1	38宝	13子	+8	-1
12	8宝	10酉	+9	-1	38宝	11戌	+9	-1	9海	12亥	+8	-1	39海	13子	+8	-1
13	9海	10酉	+8	-2	39海	11戌	+8	-1	10雨	12亥	+8	-2	40雨	13子	+7	-2
14	10雨	10酉	+8	-2	40雨	11戌	+8	-2	11木	12亥	+8	-2	41木	13子	+7	-2
15	11木	10酉	+8	-2	41木	11戌	+8	-2	12草	12亥	+7	-2	42草	13子	+7	-2
16	12草	10酉	+7	-3	42草	11戌	+7	-2	13陽	12亥	+7	-3	43陽	13子	+6	-3
17	13陽	10酉	+7	-3	43陽	11戌	+7	-3	14灯	12亥	+7	-3	44灯	13子	+6	-3
18	14灯	10酉	+7	-3	44灯	11戌	+7	-3	15山	12亥	+6	-3	45山	13子	+6	-3
19	15山	10酉	+6	-4	45山	11戌	+6	-3	16畑	12亥	+6	-4	46畑	13子	+5	-4
20	16畑	10酉	+6	-4	46畑	11戌	+6	-4	17岩	12亥	+6	-4	47岩	13子	+5	-4
21	17岩	10酉	+6	-4	47岩	11戌	+6	-4	18宝	12亥	+5	-4	48宝	13子	+5	-4
22	18宝	10酉	+5	-5	48宝	11戌	+5	-4	19海	12亥	+5	-5	49海	13子	+4	-5
23	19海	10酉	+5	-5	49海	11戌	+5	-5	20雨	12亥	+5	-5	50雨	13子	+4	-5
24	20雨	10酉	+5	-5	50雨	11戌	+5	-5	21木	12亥	+4	-5	51木	13子	+4	-5
25	21木	10酉	+4	-6	51木	11戌	+4	-5	22草	12亥	+4	-6	52草	13子	+3	-6
26	22草	10酉	+4	-6	52草	11戌	+4	-6	23陽	12亥	+4	-6	53陽	13子	+3	-6
27	23陽	10酉	+4	-6	53陽	11戌	+4	-6	24灯	12亥	+3	-6	54灯	13子	+3	-6
28	24灯	10酉	+3	-7	54灯	11戌	+3	-6	25山	12亥	+3	-7	55山	13子	+2	7
29	25山	10酉	+3	-7	55山	11戌	+3	-7	26畑	12亥	+3	-7	56畑	13子	+2	-7
30	26畑	10酉	+3	-7	56畑	11戌	+3	-7	27岩	12亥	+2	-7	57岩	13子	+2	-7
31					57岩	11戌	+2	-7					58宝	13子	+1	-8

1955年　32 乙未（2/4～翌年2/4）

日	1月 日干	1月 月干	1月 男	1月 女	2月 日干	2月 月干	2月 男	2月 女	3月 日干	3月 月干	3月 男	3月 女	4月 日干	4月 月干	4月 男	4月 女
1	59海	13子	+2	-8	30雨	14丑	+1	-9	58宝	15寅	-8	+2	29海	16卯	-9	+1
2	60雨	13子	+1	-9	31木	14丑	+1	-9	59海	15寅	-8	+1	30雨	16卯	-9	+1
3	1木	13子	+1	-9	32草	14丑	+1	-9	60雨	15寅	-9	+1	31木	16卯	-9	+1
4	2草	13子	+1	-9	33陽	15寅	-0	+0	1木	15寅	-9	+1	32草	16卯	-0	+0
5	3陽	13子	+1	-0	34灯	15寅	-1	+0	2草	15寅	-9	+1	33陽	17辰	-0	+0
6	4灯	14丑	+0	-1	35山	15寅	-1	+0	3陽	16卯	-1	+0	34灯	17辰	-1	+0
7	5山	14丑	+9	-1	36畑	15寅	-1	+9	4灯	16卯	-1	+0	35山	17辰	-1	+0
8	6畑	14丑	+9	-1	37岩	15寅	-1	+9	5山	16卯	-1	+9	36畑	17辰	-1	+9
9	7岩	14丑	+9	-1	38宝	15寅	-1	+9	6畑	16卯	-1	+9	37岩	17辰	-1	+9
10	8宝	14丑	+8	-1	39海	15寅	-2	+8	7岩	16卯	-1	+9	38宝	17辰	-1	+9
11	9海	14丑	+8	-2	40雨	15寅	-2	+8	8宝	16卯	-2	+8	39海	17辰	-2	+8
12	10雨	14丑	+8	-2	41木	15寅	-2	+8	9海	16卯	-2	+8	40雨	17辰	-2	+8
13	11木	14丑	+7	-2	42草	15寅	-3	+7	10雨	16卯	-2	+8	41木	17辰	-2	+8
14	12草	14丑	+7	-3	43陽	15寅	-3	+7	11木	16卯	-3	+7	42草	17辰	-3	+7
15	13陽	14丑	+7	-3	44灯	15寅	-3	+7	12草	16卯	-3	+7	43陽	17辰	-3	+7
16	14灯	14丑	+6	-3	45山	15寅	-4	+6	13陽	16卯	-3	+7	44灯	17辰	-3	+7
17	15山	14丑	+6	-4	46畑	15寅	-4	+6	14灯	16卯	-4	+6	45山	17辰	-4	+6
18	16畑	14丑	+6	-4	47岩	15寅	-4	+6	15山	16卯	-4	+6	46畑	17辰	-4	+6
19	17岩	14丑	+5	-4	48宝	15寅	-5	+5	16畑	16卯	-4	+6	47岩	17辰	-4	+6
20	18宝	14丑	+5	-5	49海	15寅	-5	+5	17岩	16卯	-5	+5	48宝	17辰	-5	+5
21	19海	14丑	+5	5	50雨	15寅	-5	+5	18宝	16卯	-5	+5	49海	17辰	-5	+5
22	20雨	14丑	+4	-5	51木	15寅	-6	+4	19海	16卯	-5	+5	50雨	17辰	-5	+5
23	21木	14丑	+4	-6	52草	15寅	-6	+4	20雨	16卯	-6	+4	51木	17辰	-6	+4
24	22草	14丑	+4	-6	53陽	15寅	-6	+4	21木	16卯	-6	+4	52草	17辰	-6	+4
25	23陽	14丑	+3	-6	54灯	15寅	-7	+3	22草	16卯	-6	+4	53陽	17辰	-6	+4
26	24灯	14丑	+3	-7	55山	15寅	-7	+3	23陽	16卯	-7	+3	54灯	17辰	-7	+3
27	25山	14丑	+3	-7	56畑	15寅	-7	+3	24灯	16卯	-7	+3	55山	17辰	-7	+3
28	26畑	14丑	+2	-7	57岩	15寅	-8	+2	25山	16卯	-7	+3	56畑	17辰	-7	+3
29	27岩	14丑	+2	-8					26畑	16卯	-8	+2	57岩	17辰	-8	+2
30	28宝	14丑	+2	-8					27岩	16卯	-8	+2	58宝	17辰	-8	+2
31	29海	14丑	+1	-8					28宝	16卯	-8	+2				

日	5月 日干	5月 月干	5月 男	5月 女	6月 日干	6月 月干	6月 男	6月 女	7月 日干	7月 月干	7月 男	7月 女	8月 日干	8月 月干	8月 男	8月 女
1	59海	17辰	-8	+2	30雨	18巳	-9	+2	60雨	19午	-8	+2	31木	20未	-8	+2
2	60雨	17辰	-9	+1	31木	18巳	-9	+1	1木	19午	-9	+2	32草	20未	-8	+2
3	1木	17辰	-9	+1	32草	18巳	-9	+1	2草	19午	-9	+1	33陽	20未	-9	+2
4	2草	17辰	-9	+1	33陽	18巳	-0	+1	3陽	19午	-9	+1	34灯	20未	-9	+1
5	3陽	17辰	-0	+1	34灯	18巳	-0	+1	4灯	19午	-0	+1	35山	20未	-9	+1
6	4灯	18巳	-1	+0	35山	19午	-0	+0	5山	19午	-0	+1	36畑	20未	-0	+1
7	5山	18巳	-1	+0	36畑	19午	-1	+0	6畑	19午	-0	+0	37岩	20未	-0	+1
8	6畑	18巳	-1	+0	37岩	19午	-1	+0	7岩	20未	-1	+0	38宝	21申	-1	+0
9	7岩	18巳	-1	+9	38宝	19午	-1	+9	8宝	20未	-1	+0	39海	21申	-1	+0
10	8宝	18巳	-1	+9	39海	19午	-1	+9	9海	20未	-1	+0	40雨	21申	-1	+0
11	9海	18巳	-2	+9	40雨	19午	-1	+9	10雨	20未	-1	+9	41木	21申	-1	+9
12	10雨	18巳	-2	+8	41木	19午	-2	+8	11木	20未	-1	+9	42草	21申	-1	+9
13	11木	18巳	-2	+8	42草	19午	-2	+8	12草	20未	-2	+9	43陽	21申	-2	+9
14	12草	18巳	-3	+8	43陽	19午	-2	+8	13陽	20未	-2	+8	44灯	21申	-2	+8
15	13陽	18巳	-3	+7	44灯	19午	-3	+7	14灯	20未	-2	+8	45山	21申	-2	+8
16	14灯	18巳	-3	+7	45山	19午	-3	+7	15山	20未	-3	+8	46畑	21申	-3	+8
17	15山	18巳	-4	+7	46畑	19午	-3	+7	16畑	20未	-3	+7	47岩	21申	-3	+7
18	16畑	18巳	-4	+6	47岩	19午	-4	+6	17岩	20未	-3	+7	48宝	21申	-3	+7
19	17岩	18巳	-4	+6	48宝	19午	-4	+6	18宝	20未	-4	+7	49海	21申	-4	+7
20	18宝	18巳	-5	+6	49海	19午	-4	+6	19海	20未	-4	+6	50雨	21申	-4	+6
21	19海	18巳	-5	+5	50雨	19午	-5	+5	20雨	20未	-4	+6	51木	21申	-4	+6
22	20雨	18巳	-5	+5	51木	19午	-5	+5	21木	20未	-5	+6	52草	21申	-5	+6
23	21木	18巳	-6	+5	52草	19午	-5	+5	22草	20未	-5	+5	53陽	21申	-5	+5
24	22草	18巳	-6	+4	53陽	19午	-6	+4	23陽	20未	-5	+5	54灯	21申	-5	+5
25	23陽	18巳	-6	+4	54灯	19午	-6	+4	24灯	20未	-6	+5	55山	21申	-6	+5
26	24灯	18巳	-7	+4	55山	19午	-6	+4	25山	20未	-6	+4	56畑	21申	-6	+4
27	25山	18巳	-7	+3	56畑	19午	-7	+3	26畑	20未	-6	+4	57岩	21申	-6	+4
28	26畑	18巳	-7	+3	57岩	19午	-7	+3	27岩	20未	-7	+4	58宝	21申	-7	+4
29	27岩	18巳	-8	+3	58宝	19午	-7	+3	28宝	20未	-7	+3	59海	21申	-7	+3
30	28宝	18巳	-8	+2	59海	19午	-8	+2	29海	20未	-7	+3	60雨	21申	-7	+3
31	29海	18巳	-8	+2					30雨	20未	-8	+3	1木	21申	-8	+3

日	9月 日干	9月 月干	9月 男	9月 女	10月 日干	10月 月干	10月 男	10月 女	11月 日干	11月 月干	11月 男	11月 女	12月 日干	12月 月干	12月 男	12月 女
1	2草	21申	-8	+2	32草	22酉	-8	+2	3陽	23戌	-8	+2	33陽	24亥	-8	+2
2	3陽	21申	-8	+2	33陽	22酉	-8	+2	4灯	23戌	-8	+2	34灯	24亥	-8	+1
3	4灯	21申	-9	+2	34灯	22酉	-8	+2	5山	23戌	-8	+1	35山	24亥	-8	+1
4	5山	21申	-9	+1	35山	22酉	-9	+1	6畑	23戌	-9	+1	36畑	24亥	-9	+1
5	6畑	21申	-9	+1	36畑	22酉	-9	+1	7岩	23戌	-9	+1	37岩	24亥	-9	+1
6	7岩	21申	-0	+1	37岩	22酉	-9	+1	8宝	23戌	-9	+1	38宝	24亥	-9	+0
7	8宝	21申	-0	+1	38宝	22酉	-0	+1	9海	23戌	-0	+0	39海	24亥	-0	+9
8	9海	22酉	-1	+0	39海	22酉	-0	+0	10雨	24亥	-1	+0	40雨	25子	-1	+9
9	10雨	22酉	-1	+0	40雨	23戌	-1	+0	11木	24亥	-1	+9	41木	25子	-1	+9
10	11木	22酉	-1	+9	41木	23戌	-1	+9	12草	24亥	-1	+9	42草	25子	-1	+8
11	12草	22酉	-1	+9	42草	23戌	-1	+9	13陽	24亥	-1	+9	43陽	25子	-1	+8
12	13陽	22酉	-1	+9	43陽	23戌	-1	+9	14灯	24亥	-1	+8	44灯	25子	-1	+8
13	14灯	22酉	-2	+8	44灯	23戌	-1	+8	15山	24亥	-2	+8	45山	25子	-2	+7
14	15山	22酉	-2	+8	45山	23戌	-2	+8	16畑	24亥	-2	+8	46畑	25子	-2	+7
15	16畑	22酉	-2	+8	46畑	23戌	-2	+8	17岩	24亥	-2	+7	47岩	25子	-2	+7
16	17岩	22酉	-3	+7	47岩	23戌	-2	+7	18宝	24亥	-3	+7	48宝	25子	-3	+6
17	18宝	22酉	-3	+7	48宝	23戌	-3	+7	19海	24亥	-3	+7	49海	25子	-3	+6
18	19海	22酉	-3	+7	49海	23戌	-3	+7	20雨	24亥	-3	+6	50雨	25子	-3	+6
19	20雨	22酉	-4	+6	50雨	23戌	-3	+6	21木	24亥	-4	+6	51木	25子	-4	+5
20	21木	22酉	-4	+6	51木	23戌	-4	+6	22草	24亥	-4	+6	52草	25子	-4	+5
21	22草	22酉	-4	+6	52草	23戌	-4	+6	23陽	24亥	-4	+5	53陽	25子	-4	+5
22	23陽	22酉	-5	+5	53陽	23戌	-4	+5	24灯	24亥	-5	+5	54灯	25子	-5	+4
23	24灯	22酉	-5	+5	54灯	23戌	-5	+5	25山	24亥	-5	+5	55山	25子	-5	+4
24	25山	22酉	-5	+5	55山	23戌	-5	+5	26畑	24亥	-5	+4	56畑	25子	-5	+4
25	26畑	22酉	-6	+4	56畑	23戌	-5	+4	27岩	24亥	6	+4	57岩	25子	-6	+3
26	27岩	22酉	-6	+4	57岩	23戌	-6	+4	28宝	24亥	-6	+4	58宝	25子	-6	+3
27	28宝	22酉	-6	+4	58宝	23戌	-6	+4	29海	24亥	-6	+3	59海	25子	-6	+3
28	29海	22酉	-7	+3	59海	23戌	-6	+3	30雨	24亥	-7	+3	60雨	25子	-7	+2
29	30雨	22酉	-7	+3	60雨	23戌	-7	+3	31木	24亥	-7	+3	1木	25子	-7	+2
30	31木	22酉	-7	+3	1木	23戌	-7	+3	32草	24亥	-7	+2	2草	25子	-7	+2
31					2草	23戌	-7	+2					3陽	25子	-8	+1

1956年 33 丙申（2/5～翌年2/3）

日	1月				2月				3月				4月			
	日干	月干	男	女	日干	月干	男	女	日干	月干	男	女	日干	月干	男	女
1	4灯	25子	-8	+2	35山	26丑	-9	+1	4灯	27寅	+2	-8	35山	28卯	+1	-9
2	5山	25子	-9	+1	36畑	26丑	-9	+1	5山	27寅	+1	-8	36畑	28卯	+1	-9
3	6畑	25子	-9	+1	37岩	26丑	-9	+1	6畑	27寅	+1	-9	37岩	28卯	+1	-9
4	7岩	25子	-9	+1	38宝	26丑	-0	+0	7岩	27寅	+1	-9	38宝	28卯	+0	-0
5	8宝	25子	-0	+1	39海	27寅	+0	-1	8宝	28卯	+1	-9	39海	29辰	+0	-0
6	9海	26丑	-1	+0	40雨	27寅	+0	-1	9海	28卯	+0	-1	40雨	29辰	+0	-1
7	10雨	26丑	-1	+9	41木	27寅	+9	-1	10雨	28卯	+0	-1	41木	29辰	+0	-1
8	11木	26丑	-1	+9	42草	27寅	+9	-1	11木	28卯	+9	-1	42草	29辰	+9	-1
9	12草	26丑	-1	+9	43陽	27寅	+9	-1	12草	28卯	+9	-1	43陽	29辰	+9	-1
10	13陽	26丑	-1	+8	44灯	27寅	+8	-2	13陽	28卯	+9	-1	44灯	29辰	+9	-1
11	14灯	26丑	-2	+8	45山	27寅	+8	-2	14灯	28卯	+8	-2	45山	29辰	+8	-2
12	15山	26丑	-2	+8	46畑	27寅	+8	-2	15山	28卯	+8	-2	46畑	29辰	+8	-2
13	16畑	26丑	-2	+7	47岩	27寅	+7	-3	16畑	28卯	+8	-2	47岩	29辰	+8	-?
14	17岩	36丑	3	+7	48宝	27寅	+7	-3	17岩	28卯	+7	-3	48宝	29辰	+7	-3
15	18宝	26丑	-3	+7	49海	27寅	+7	-3	18宝	28卯	+7	-3	49海	29辰	+7	-3
16	19海	26丑	-3	+6	50雨	27寅	+6	-4	19海	28卯	+7	-3	50雨	29辰	+7	-3
17	20雨	26丑	-4	+6	51木	27寅	+6	-4	20雨	28卯	+6	-4	51木	29辰	+6	-4
18	21木	26丑	-4	+6	52草	27寅	+6	-4	21木	28卯	+6	-4	52草	29辰	+6	-4
19	22草	26丑	-4	+5	53陽	27寅	+5	-5	22草	28卯	+6	-4	53陽	29辰	+6	-4
20	23陽	26丑	-5	+5	54灯	27寅	+5	-5	23陽	28卯	+5	-5	54灯	29辰	+5	-5
21	24灯	26丑	-5	+5	55山	27寅	+5	-5	24灯	28卯	+5	-5	55山	29辰	+5	-5
22	25山	26丑	-5	+4	56畑	27寅	+4	-6	25山	28卯	+5	-5	56畑	29辰	+5	-5
23	26畑	26丑	-6	+4	57岩	27寅	+4	-6	26畑	28卯	+4	-6	57岩	29辰	+4	-6
24	27岩	26丑	-6	+4	58宝	27寅	+4	-6	27岩	28卯	+4	-6	58宝	29辰	+4	-6
25	28宝	26丑	-6	+3	59海	27寅	+3	-7	28宝	28卯	+4	-6	59海	29辰	+4	-6
26	29海	26丑	-7	+3	60雨	27寅	+3	-7	29海	28卯	+3	-7	60雨	29辰	+3	-7
27	30雨	26丑	-7	+3	1木	27寅	+3	-7	30雨	28卯	+3	-7	1木	29辰	+3	-7
28	31木	26丑	-7	+2	2草	27寅	+2	-8	31木	28卯	+3	-7	2草	29辰	+3	-7
29	32草	26丑	-8	+2	3陽	27寅	+2	-8	32草	28卯	+2	-8	3陽	29辰	+2	-8
30	33陽	26丑	-8	+2					33陽	28卯	+2	-8	4灯	29辰	+2	-8
31	34灯	26丑	-8	+1					34灯	28卯	+2	-8				

日	5月				6月				7月				8月			
	日干	月干	男	女	日干	月干	男	女	日干	月干	男	女	日干	月干	男	女
1	5山	29辰	+2	-8	36畑	30巳	+2	-9	6畑	31午	+2	-8	37岩	32未	+2	-8
2	6畑	29辰	+1	-9	37岩	30巳	+1	-9	7岩	31午	+2	-8	38宝	32未	+2	-8
3	7岩	29辰	+1	-9	38宝	30巳	+1	-9	8宝	31午	+1	-9	39海	32未	+2	-9
4	8宝	29辰	+1	-9	39海	30巳	+1	-0	9海	31午	+1	-9	40雨	32未	+1	-9
5	9海	30巳	+1	-0	40雨	30巳	+1	-0	10雨	31午	+1	-9	41木	32未	+1	-9
6	10雨	30巳	+0	-1	41木	31午	+0	-0	11木	31午	+1	-0	42草	32未	+1	-0
7	11木	30巳	+0	-1	42草	31午	+0	-1	12草	32未	+0	-0	43陽	33申	+1	-0
8	12草	30巳	+0	-1	43陽	31午	+0	-1	13陽	32未	+0	-0	44灯	33申	+0	-1
9	13陽	30巳	+9	-1	44灯	31午	+9	-1	14灯	32未	+0	-1	45山	33申	+0	-1
10	14灯	30巳	+9	-1	45山	31午	+9	-1	15山	32未	+0	-1	46畑	33申	+0	-1
11	15山	30巳	+9	-2	46畑	31午	+9	-1	16畑	32未	+9	-1	47岩	33申	+9	-1
12	16畑	30巳	+8	-2	47岩	31午	+8	-2	17岩	32未	+9	-1	48宝	33申	+9	-1
13	17岩	30巳	+8	-2	48宝	31午	+8	-2	18宝	32未	+9	-1	49海	33申	+9	-2
14	18宝	30巳	+8	-3	49海	31午	+8	-2	19海	32未	+8	-2	50雨	33申	+8	-2
15	19海	30巳	+7	-3	50雨	31午	+7	-3	20雨	32未	+8	-2	51木	33申	+8	-2
16	20雨	30巳	+7	-3	51木	31午	+7	-3	21木	32未	+8	-2	52草	33申	+8	-3
17	21木	30巳	+7	-4	52草	31午	+7	-3	22草	32未	+7	-3	53陽	33申	+7	-3
18	22草	30巳	+6	-4	53陽	31午	+6	-4	23陽	32未	+7	-3	54灯	33申	+7	-3
19	23陽	30巳	+6	-4	54灯	31午	+6	-4	24灯	32未	+7	-3	55山	33申	+7	-4
20	24灯	30巳	+6	-5	55山	31午	+6	-4	25山	32未	+6	-4	56畑	33申	+6	-4
21	25山	30巳	+5	-5	56畑	31午	+5	-5	26畑	32未	+6	-4	57岩	33申	+6	-4
22	26畑	30巳	+5	-5	57岩	31午	+5	-5	27岩	32未	+6	-4	58宝	33申	+6	-5
23	27岩	30巳	+5	-6	58宝	31午	+5	-5	28宝	32未	+5	-5	59海	33申	+5	-5
24	28宝	30巳	+4	-6	59海	31午	+4	-6	29海	32未	+5	-5	60雨	33申	+5	-5
25	29海	30巳	+4	-6	60雨	31午	+4	-6	30雨	32未	+5	-5	1木	33申	+5	-6
26	30雨	30巳	+4	-7	1木	31午	+4	-6	31木	32未	+4	-6	2草	33申	+4	-6
27	31木	30巳	+3	-7	2草	31午	+3	-7	32草	32未	+4	-6	3陽	33申	+4	-6
28	32草	30巳	+3	-7	3陽	31午	+3	-7	33陽	32未	+4	-6	4灯	33申	+4	-7
29	33陽	30巳	+3	-8	4灯	31午	+3	-7	34灯	32未	+3	-7	5山	33申	+3	-7
30	34灯	30巳	+2	-8	5山	31午	+2	-8	35山	32未	+3	-7	6畑	33申	+3	-7
31	35山	30巳	+2	-8					36畑	32未	+3	-7	7岩	33申	+3	-8

日	9月				10月				11月				12月			
	日干	月干	男	女	日干	月干	男	女	日干	月干	男	女	日干	月干	男	女
1	8宝	33申	+2	-8	38宝	34酉	+2	-8	9海	35戌	+2	-8	39海	36亥	+2	-8
2	9海	33申	+2	-8	39海	34酉	+2	-8	10雨	35戌	+2	-8	40雨	36亥	+1	-8
3	10雨	33申	+2	-9	40雨	34酉	+2	-8	11木	35戌	+1	-8	41木	36亥	+1	-8
4	11木	33申	+1	-9	41木	34酉	+1	-9	12草	35戌	+1	-9	42草	36亥	+1	-9
5	12草	33申	+1	-9	42草	34酉	+1	-9	13陽	35戌	+1	-9	43陽	36亥	+1	-9
6	13陽	33申	+1	-0	43陽	34酉	+1	-9	14灯	35戌	+1	-9	44灯	36亥	+0	-9
7	14灯	33申	+1	-0	44灯	34酉	+1	-0	15山	36亥	+0	-0	45山	37子	+9	-0
8	15山	34酉	+0	-1	45山	35戌	+0	-0	16畑	36亥	+0	-1	46畑	37子	+9	-1
9	16畑	34酉	+0	-1	46畑	35戌	+0	-1	17岩	36亥	+9	-1	47岩	37子	+9	-1
10	17岩	34酉	+9	-1	47岩	35戌	+9	-1	18宝	36亥	+9	-1	48宝	37子	+8	-1
11	18宝	34酉	+9	-1	48宝	35戌	+9	-1	19海	36亥	+9	-1	49海	37子	+8	-1
12	10海	34酉	+9	-1	49海	35戌	+9	-1	20雨	36亥	+8	-1	50雨	37子	+8	-1
13	20雨	34酉	+8	-2	50雨	35戌	+8	-1	21木	36亥	+8	-2	51木	37子	+7	-2
14	21木	34酉	+8	-2	51木	35戌	+8	-2	22草	36亥	+8	-2	52草	37子	+7	-2
15	22草	34酉	+8	-2	52草	35戌	+8	-2	23陽	36亥	+7	-2	53陽	37子	+7	-2
16	23陽	34酉	+7	-3	53陽	35戌	+7	-2	24灯	36亥	+7	-3	54灯	37子	+6	-3
17	24灯	34酉	+7	-3	54灯	35戌	+7	-3	25山	36亥	+7	-3	55山	37子	+6	-3
18	25山	34酉	+7	-3	55山	35戌	+7	-3	26畑	36亥	+6	-3	56畑	37子	+6	-3
19	26畑	34酉	+6	-4	56畑	35戌	+6	-3	27岩	36亥	+6	-4	57岩	37子	+5	-4
20	27岩	34酉	+6	-4	57岩	35戌	+6	-4	28宝	36亥	+6	-4	58宝	37子	+5	-4
21	28宝	34酉	+6	-4	58宝	35戌	+6	-4	29海	36亥	+5	-4	59海	37子	+5	-4
22	29海	34酉	+5	-5	59海	35戌	+5	-4	30雨	36亥	+5	-5	60雨	37子	+4	-5
23	30雨	34酉	+5	-5	60雨	35戌	+5	-5	31木	36亥	+5	-5	1木	37子	+4	-5
24	31木	34酉	+5	-5	1木	35戌	+5	-5	32草	36亥	+4	-5	2草	37子	+4	-5
25	32草	34酉	+4	-6	2草	35戌	+4	-5	33陽	36亥	+4	-6	3陽	37子	+3	-6
26	33陽	34酉	+4	-6	3陽	35戌	+4	-6	34灯	36亥	+4	-6	4灯	37子	+3	-6
27	34灯	34酉	+4	-6	4灯	35戌	+4	-6	35山	36亥	+3	-6	5山	37子	+3	-6
28	35山	34酉	+3	-7	5山	35戌	+3	-6	36畑	36亥	+3	-7	6畑	37子	+2	-7
29	36畑	34酉	+3	-7	6畑	35戌	+3	-7	37岩	36亥	+3	-7	7岩	37子	+2	-7
30	37岩	34酉	+3	-7	7岩	35戌	+3	-7	38宝	36亥	+2	-7	8宝	37子	+2	-7
31					8宝	35戌	+2	-7					9海	37子	+1	-8

1957年 34 丁酉（2/4～翌年2/3）

日	1月				2月				3月				4月			
	日干	月干	男	女	日干	月干	男	女	日干	月干	男	女	日干	月干	男	女
1	10雨	37子	+2	-8	41木	38丑	+1	-9	9海	39寅	-8	+2	40雨	40卯	-9	+1
2	11木	37子	+1	-9	42草	38丑	+1	-9	10雨	39寅	-8	+1	41木	40卯	-9	+1
3	12草	37子	+1	-9	43陽	38丑	+1	-9	11木	39寅	-9	+1	42草	40卯	-9	+1
4	13陽	37子	+1	-9	44灯	39寅	-0	+0	12草	39寅	-9	+1	43陽	40卯	-0	+0
5	14灯	38丑	+1	-0	45山	39寅	-1	+0	13陽	39寅	-9	+1	44灯	41辰	-0	+0
6	15山	38丑	+0	-1	46畑	39寅	-1	+0	14灯	40卯	-1	+0	45山	41辰	-1	+0
7	16畑	38丑	+9	-1	47岩	39寅	-1	+9	15山	40卯	-1	+0	46畑	41辰	-1	+0
8	17岩	38丑	+9	-1	48宝	39寅	-1	+9	16畑	40卯	-1	+9	47岩	41辰	-1	+9
9	18宝	38丑	+9	-1	49海	39寅	-1	+9	17岩	40卯	-1	+9	48宝	41辰	-1	+9
10	19海	38丑	+8	-1	50雨	39寅	-2	+8	18宝	40卯	-1	+9	49海	41辰	-1	+9
11	20雨	38丑	+8	-2	51木	39寅	-2	+8	19海	40卯	-2	+8	50雨	41辰	-2	+8
12	21木	38丑	+8	-2	52草	39寅	-2	+8	20雨	40卯	-2	+8	51木	41辰	-2	+8
13	22草	38丑	+7	-2	53陽	39寅	-3	+7	21木	40卯	-2	+8	52草	41辰	-2	+8
14	23陽	38丑	+7	-3	54灯	39寅	-3	+7	22草	40卯	-3	+7	53陽	41辰	-3	+7
15	24灯	38丑	+7	-3	55山	39寅	-3	+7	23陽	40卯	-3	+7	54灯	41辰	-3	+7
16	25山	38丑	+6	-3	56畑	39寅	-4	+6	24灯	40卯	-3	+7	55山	41辰	-3	+7
17	26畑	38丑	+6	-4	57岩	39寅	-4	+6	25山	40卯	-4	+6	56畑	41辰	-4	+6
18	27岩	38丑	+6	-4	58宝	39寅	-4	+6	26畑	40卯	-4	+6	57岩	41辰	-4	+6
19	28宝	38丑	+5	-4	59海	39寅	-5	+5	27岩	40卯	-4	+6	58宝	41辰	-4	+6
20	29海	38丑	+5	-5	60雨	39寅	-5	+5	28宝	40卯	-5	+5	59海	41辰	-5	+5
21	30雨	38丑	+5	-5	1木	39寅	-5	+5	29海	40卯	-5	+5	60雨	41辰	-5	+5
22	31木	38丑	+4	-5	2草	39寅	-6	+4	30雨	40卯	-5	+5	1木	41辰	-5	+5
23	32草	38丑	+4	-6	3陽	39寅	-6	+4	31木	40卯	-6	+4	2草	41辰	-6	+4
24	33陽	38丑	+4	-6	4灯	39寅	-6	+4	32草	40卯	-6	+4	3陽	41辰	-6	+4
25	34灯	38丑	+3	-6	5山	39寅	-7	+3	33陽	40卯	-6	+4	4灯	41辰	-6	+4
26	35山	38丑	+3	-7	6畑	39寅	-7	+3	34灯	40卯	-7	+3	5山	41辰	-7	+3
27	36畑	38丑	+3	-7	7岩	39寅	-7	+3	35山	40卯	-7	+3	6畑	41辰	-7	+3
28	37岩	38丑	+2	-7	8宝	39寅	-8	+2	36畑	40卯	-7	+3	7岩	41辰	-7	+3
29	38宝	38丑	+2	-8					37岩	40卯	-8	+2	8宝	41辰	-8	+2
30	39海	38丑	+2	-8					38宝	40卯	-8	+2	9海	41辰	-8	+2
31	40雨	38丑	+1	-8					39海	40卯	-8	+2				

日	5月				6月				7月				8月			
	日干	月干	男	女	日干	月干	男	女	日干	月干	男	女	日干	月干	男	女
1	10雨	41辰	-8	+2	41木	42巳	-9	+2	11木	43午	-8	+2	42草	44未	-8	+2
2	11木	41辰	-9	+1	42草	42巳	-9	+1	12草	43午	-9	+2	43陽	44未	-8	+2
3	12草	41辰	-9	+1	43陽	42巳	-9	+1	13陽	43午	-9	+1	44灯	44未	-9	+2
4	13陽	41辰	-9	+1	44灯	42巳	-0	+1	14灯	43午	-9	+1	45山	44未	-9	+1
5	14灯	41辰	-0	+1	45山	42巳	-0	+1	15山	43午	-0	+1	46畑	44未	-9	+1
6	15山	42巳	-1	+0	46畑	43午	-0	+0	16畑	43午	-0	+1	47岩	44未	-0	+1
7	16畑	42巳	-1	+0	47岩	43午	-1	+0	17岩	44未	-0	+0	48宝	44未	-0	+1
8	17岩	42巳	-1	+0	48宝	43午	-1	+0	18宝	44未	-1	+0	49海	45申	-1	+0
9	18宝	42巳	-1	+9	49海	43午	-1	+9	19海	44未	-1	+0	50雨	45申	-1	+0
10	19海	42巳	-1	+9	50雨	43午	-1	+9	20雨	44未	-1	+0	51木	45申	-1	+0
11	20雨	42巳	-2	+9	51木	43午	-1	+9	21木	44未	-1	+9	52草	45申	-1	+9
12	21木	42巳	-2	+8	52草	43午	-2	+8	22草	44未	-1	+9	53陽	45申	-1	+9
13	22草	42巳	-2	+8	53陽	43午	-2	+8	23陽	44未	-2	+9	54灯	45申	-2	+9
14	23陽	42巳	-3	+8	54灯	43午	-2	+8	24灯	44未	-2	+8	55山	45申	-2	+8
15	24灯	42巳	-3	+7	55山	43午	-3	+7	25山	44未	-2	+8	56畑	45申	-2	+8
16	25山	42巳	-3	+7	56畑	43午	-3	+7	26畑	44未	-3	+8	57岩	45申	-3	+8
17	26畑	42巳	-4	+7	57岩	43午	-3	+7	27岩	44未	-3	+7	58宝	45申	-3	+7
18	27岩	42巳	-4	+6	58宝	43午	-4	+6	28宝	44未	-3	+7	59海	45申	-3	+7
19	28宝	42巳	-4	+6	59海	43午	-4	+6	29海	44未	-4	+7	60雨	45申	-4	+7
20	29海	42巳	-5	+6	60雨	43午	-4	+6	30雨	44未	-4	+6	1木	45申	-4	+6
21	30雨	42巳	-5	+5	1木	43午	-5	+5	31木	44未	-4	+6	2草	45申	-4	+6
22	31木	42巳	-5	+5	2草	43午	-5	+5	32草	44未	-5	+6	3陽	45申	-5	+6
23	32草	42巳	-6	+5	3陽	43午	-5	+5	33陽	44未	-5	+5	4灯	45申	-5	+5
24	33陽	42巳	-6	+4	4灯	43午	-6	+4	34灯	44未	-5	+5	5山	45申	-5	+5
25	34灯	42巳	-6	+4	5山	43午	-6	+4	35山	44未	-6	+5	6畑	45申	-6	+5
26	35山	42巳	-7	+4	6畑	43午	-6	+4	36畑	44未	-6	+4	7岩	45申	-6	+4
27	36畑	42巳	-7	+3	7岩	43午	-7	+3	37岩	44未	-6	+4	8宝	45申	-6	+4
28	37岩	42巳	-7	+3	8宝	43午	-7	+3	38宝	44未	-7	+4	9海	45申	-7	+4
29	38宝	42巳	-8	+3	9海	43午	-7	+3	39海	44未	-7	+3	10雨	45申	-7	+3
30	39海	42巳	-8	+2	10雨	43午	-8	+2	40雨	44未	-7	+3	11木	45申	-7	+3
31	40雨	42巳	-8	+2					41木	44未	-8	+3	12草	45申	-8	+3

日	9月				10月				11月				12月			
	日干	月干	男	女	日干	月干	男	女	日干	月干	男	女	日干	月干	男	女
1	13陽	45申	-8	+2	43陽	46酉	-8	+2	14灯	47戌	-8	+2	44灯	48亥	-8	+2
2	14灯	45申	-8	+2	44灯	46酉	-8	+2	15山	47戌	-8	+2	45山	48亥	-8	+1
3	15山	45申	-9	+2	45山	46酉	-8	+2	16畑	47戌	-8	+1	46畑	48亥	-8	+1
4	16畑	45申	-9	+1	46畑	46酉	-9	+1	17岩	47戌	-9	+1	47岩	48亥	-9	+1
5	17岩	45申	-9	+1	47岩	46酉	-9	+1	18宝	47戌	-9	+1	48宝	48亥	-9	+1
6	18宝	45申	-0	+1	48宝	46酉	-9	+1	19海	47戌	-9	+1	49海	48亥	-9	+0
7	19海	45申	-0	+1	49海	46酉	-0	+1	20雨	47戌	-0	+0	50雨	49子	-0	+9
8	20雨	46酉	-1	+0	50雨	47戌	-0	+0	21木	48亥	-1	+0	51木	49子	-1	+9
9	21木	46酉	-1	+0	51木	47戌	-1	+0	22草	48亥	-1	+9	52草	49子	-1	+9
10	22草	46酉	-1	+9	52草	47戌	-1	+9	23陽	48亥	-1	+9	53陽	49子	-1	+8
11	23陽	46酉	-1	+9	53陽	47戌	-1	+9	24灯	48亥	-1	+9	54灯	49子	-1	+8
12	24灯	46酉	-1	+9	54灯	47戌	-1	+9	25山	48亥	-1	+8	55山	49子	-1	+8
13	25山	46酉	-2	+8	55山	47戌	-1	+8	26畑	48亥	-2	+8	56畑	49子	-2	+7
14	26畑	46酉	-2	+8	56畑	47戌	-2	+8	27岩	48亥	-2	+8	57岩	49子	-2	+7
15	27岩	46酉	-2	+8	57岩	47戌	-2	+8	28宝	48亥	-2	+7	58宝	49子	-2	+7
16	28宝	46酉	-3	+7	58宝	47戌	-2	+7	29海	48亥	-3	+7	59海	49子	-3	+6
17	29海	46酉	-3	+7	59海	47戌	-3	+7	30雨	48亥	-3	+7	60雨	49子	-3	+6
18	30雨	46酉	-3	+7	60雨	47戌	-3	+7	31木	48亥	-3	+6	1木	49子	-3	+6
19	31木	46酉	-4	+6	1木	47戌	-3	+6	32草	48亥	-4	+6	2草	49子	-4	+5
20	32草	46酉	-4	+6	2草	47戌	-4	+6	33陽	48亥	-4	+6	3陽	49子	-4	+5
21	33陽	46酉	-4	+6	3陽	47戌	-4	+6	34灯	48亥	-4	+5	4灯	49子	-4	+5
22	34灯	46酉	-5	+5	4灯	47戌	-4	+5	35山	48亥	-5	+5	5山	49子	-5	+4
23	35山	46酉	-5	+5	5山	47戌	-5	+5	36畑	48亥	-5	+5	6畑	49子	-5	+4
24	36畑	46酉	-5	+5	6畑	47戌	-5	+5	37岩	48亥	-5	+4	7岩	49子	-5	+4
25	37岩	46酉	-6	+4	7岩	47戌	-5	+4	38宝	48亥	-6	+4	8宝	49子	-6	+3
26	38宝	46酉	-6	+4	8宝	47戌	-6	+4	39海	48亥	-6	+4	9海	49子	-6	+3
27	39海	46酉	-6	+4	9海	47戌	-6	+4	40雨	48亥	-6	+3	10雨	49子	-6	+3
28	40雨	46酉	-7	+3	10雨	47戌	-6	+3	41木	48亥	-7	+3	11木	49子	-7	+2
29	41木	46酉	-7	+3	11木	47戌	-7	+3	42草	48亥	-7	+3	12草	49子	-7	+2
30	42草	46酉	-7	+3	12草	47戌	-7	+3	43陽	48亥	-7	+2	13陽	49子	-7	+2
31					13陽	47戌	-7	+2					14灯	49子	-8	+1

1958年　35 戊戌（2/4 ～翌年2/3）

日	1月 日干	1月 月干	1月 男	1月 女	2月 日干	2月 月干	2月 男	2月 女	3月 日干	3月 月干	3月 男	3月 女	4月 日干	4月 月干	4月 男	4月 女
1	15山	49子	− 8	+ 2	46畑	50丑	− 9	+ 1	14灯	51寅	+ 2	− 8	45山	52卯	+ 1	− 9
2	16畑	49子	− 9	+ 1	47岩	50丑	− 9	+ 1	15山	51寅	+ 1	− 8	46畑	52卯	+ 1	− 9
3	17岩	49子	− 9	+ 1	48宝	50丑	− 9	+ 1	16畑	51寅	+ 1	− 9	47岩	52卯	+ 1	− 9
4	18宝	49子	− 9	+ 1	49海	51寅	+ 0	− 0	17岩	51寅	+ 1	− 9	48宝	52卯	+ 0	− 0
5	19海	49子	− 0	+ 1	50雨	51寅	+ 0	− 1	18宝	51寅	+ 1	− 9	49海	53辰	+ 0	− 0
6	20雨	50丑	− 1	+ 0	51木	51寅	+ 0	− 1	19海	52卯	+ 0	− 1	50雨	53辰	+ 0	− 1
7	21木	50丑	− 1	+ 9	52草	51寅	+ 9	− 1	20雨	52卯	+ 0	− 1	51木	53辰	+ 0	− 1
8	22草	50丑	− 1	+ 9	53陽	51寅	+ 9	− 1	21木	52卯	+ 9	− 1	52草	53辰	+ 9	− 1
9	23陽	50丑	− 1	+ 9	54灯	51寅	+ 9	− 1	22草	52卯	+ 9	− 1	53陽	53辰	+ 9	− 1
10	24灯	50丑	− 1	+ 8	55山	51寅	+ 8	− 2	23陽	52卯	+ 9	− 1	54灯	53辰	+ 9	− 1
11	25山	50丑	− 2	+ 8	56畑	51寅	+ 8	− 2	24灯	52卯	+ 8	− 2	55山	53辰	+ 8	− 2
12	26畑	50丑	− 2	+ 8	57岩	51寅	+ 8	− 2	25山	52卯	+ 8	− 2	56畑	53辰	+ 8	− 2
13	27岩	50丑	− 2	+ 7	58宝	51寅	+ 7	− 3	26畑	52卯	+ 8	− 2	57岩	53辰	+ 8	− 2
14	28宝	50丑	− 3	+ 7	59海	51寅	+ 7	− 3	27岩	52卯	+ 7	− 3	58宝	53辰	+ 7	− 3
15	29海	50丑	− 3	+ 7	60雨	51寅	+ 7	− 3	28宝	52卯	+ 7	− 3	59海	53辰	+ 7	− 3
16	30雨	50丑	− 3	+ 6	1木	51寅	+ 6	− 4	29海	52卯	+ 7	− 3	60雨	53辰	+ 7	− 3
17	31木	50丑	− 4	+ 6	2草	51寅	+ 6	− 4	30雨	52卯	+ 6	− 4	1木	53辰	+ 6	− 4
18	32草	50丑	− 4	+ 6	3陽	51寅	+ 6	− 4	31木	52卯	+ 6	− 4	2草	53辰	+ 6	− 4
19	33陽	50丑	− 4	+ 5	4灯	51寅	+ 5	− 5	32草	52卯	+ 6	− 4	3陽	53辰	+ 6	− 4
20	34灯	50丑	− 5	+ 5	5山	51寅	+ 5	− 5	33陽	52卯	+ 5	− 5	4灯	53辰	+ 5	− 5
21	35山	50丑	− 5	+ 5	6畑	51寅	+ 5	− 5	34灯	52卯	+ 5	− 5	5山	53辰	+ 5	− 5
22	36畑	50丑	− 5	+ 4	7岩	51寅	+ 4	− 6	35山	52卯	+ 5	− 5	6畑	53辰	+ 5	− 5
23	37岩	50丑	− 6	+ 4	8宝	51寅	+ 4	− 6	36畑	52卯	+ 4	− 6	7岩	53辰	+ 4	− 6
24	38宝	50丑	− 6	+ 4	9海	51寅	+ 4	− 6	37岩	52卯	+ 4	− 6	8宝	53辰	+ 4	− 6
25	39海	50丑	− 6	+ 3	10雨	51寅	+ 3	− 7	38宝	52卯	+ 4	− 6	9海	53辰	+ 4	− 6
26	40雨	50丑	− 7	+ 3	11木	51寅	+ 3	− 7	39海	52卯	+ 3	− 7	10雨	53辰	+ 3	− 7
27	41木	50丑	− 7	+ 3	12草	51寅	+ 3	− 7	40雨	52卯	+ 3	− 7	11木	53辰	+ 3	− 7
28	42草	50丑	− 7	+ 2	13陽	51寅	+ 2	− 8	41木	52卯	+ 3	− 7	12草	53辰	+ 3	− 7
29	43陽	50丑	− 8	+ 2					42草	52卯	+ 2	− 8	13陽	53辰	+ 2	− 8
30	44灯	50丑	− 8	+ 2					43陽	52卯	+ 2	− 8	14灯	53辰	+ 2	− 8
31	45山	50丑	− 8	+ 1					44灯	52卯	+ 2	− 8				

日	5月 日干	5月 月干	5月 男	5月 女	6月 日干	6月 月干	6月 男	6月 女	7月 日干	7月 月干	7月 男	7月 女	8月 日干	8月 月干	8月 男	8月 女
1	15山	53辰	+ 2	− 8	46畑	54巳	+ 2	− 9	16畑	55午	+ 2	− 8	47岩	56未	+ 2	− 8
2	16畑	53辰	+ 1	− 9	47岩	54巳	+ 1	− 9	17岩	55午	+ 2	− 9	48宝	56未	+ 2	− 8
3	17岩	53辰	+ 1	− 9	48宝	54巳	+ 1	− 9	18宝	55午	+ 1	− 9	49海	56未	+ 2	− 9
4	18宝	53辰	+ 1	− 9	49海	54巳	+ 1	− 0	19海	55午	+ 1	− 9	50雨	56未	+ 1	− 9
5	19海	53辰	+ 1	− 0	50雨	54巳	+ 1	− 0	20雨	55午	+ 1	− 0	51木	56未	+ 1	− 9
6	20雨	54巳	+ 0	− 1	51木	55午	+ 0	− 0	21木	55午	+ 1	− 0	52草	56未	+ 1	− 0
7	21木	54巳	+ 0	− 1	52草	55午	+ 0	− 1	22草	55午	+ 0	− 0	53陽	56未	+ 1	− 0
8	22草	54巳	+ 0	− 1	53陽	55午	+ 0	− 1	23陽	56未	+ 0	− 1	54灯	57申	+ 0	− 1
9	23陽	54巳	+ 9	− 1	54灯	55午	+ 9	− 1	24灯	56未	+ 0	− 1	55山	57申	+ 0	− 1
10	24灯	54巳	+ 9	− 1	55山	55午	+ 9	− 1	25山	56未	+ 0	− 1	56畑	57申	+ 0	− 1
11	25山	54巳	+ 9	− 2	56畑	55午	+ 9	− 1	26畑	56未	+ 9	− 1	57岩	57申	+ 9	− 1
12	26畑	54巳	+ 8	− 2	57岩	55午	+ 8	− 2	27岩	56未	+ 9	− 1	58宝	57申	+ 9	− 1
13	27岩	54巳	+ 8	− 2	58宝	55午	+ 8	− 2	28宝	56未	+ 9	− 2	59海	57申	+ 9	− 2
14	28宝	54巳	+ 8	− 3	59海	55午	+ 8	− 2	29海	56未	+ 8	− 2	60雨	57申	+ 8	− 2
15	29海	54巳	+ 7	− 3	60雨	55午	+ 7	− 3	30雨	56未	+ 8	− 2	1木	57申	+ 8	− 2
16	30雨	54巳	+ 7	− 3	1木	55午	+ 7	− 3	31木	56未	+ 8	− 3	2草	57申	+ 8	− 3
17	31木	54巳	+ 7	− 4	2草	55午	+ 7	− 3	32草	56未	+ 7	− 3	3陽	57申	+ 7	− 3
18	32草	54巳	+ 6	− 4	3陽	55午	+ 6	− 4	33陽	56未	+ 7	− 3	4灯	57申	+ 7	− 3
19	33陽	54巳	+ 6	− 4	4灯	55午	+ 6	− 4	34灯	56未	+ 7	− 4	5山	57申	+ 7	− 4
20	34灯	54巳	+ 6	− 5	5山	55午	+ 6	− 4	35山	56未	+ 6	− 4	6畑	57申	+ 6	− 4
21	35山	54巳	+ 5	− 5	6畑	55午	+ 5	− 5	36畑	56未	+ 6	− 4	7岩	57申	+ 6	− 4
22	36畑	54巳	+ 5	− 5	7岩	55午	+ 5	− 5	37岩	56未	+ 6	− 5	8宝	57申	+ 6	− 5
23	37岩	54巳	+ 5	− 6	8宝	55午	+ 5	− 5	38宝	56未	+ 5	− 5	9海	57申	+ 5	− 5
24	38宝	54巳	+ 4	− 6	9海	55午	+ 4	− 6	39海	56未	+ 5	− 5	10雨	57申	+ 5	− 5
25	39海	54巳	+ 4	− 6	10雨	55午	+ 4	− 6	40雨	56未	+ 5	− 6	11木	57申	+ 5	− 6
26	40雨	54巳	+ 4	− 7	11木	55午	+ 4	− 6	41木	56未	+ 4	− 6	12草	57申	+ 4	− 6
27	41木	54巳	+ 3	− 7	12草	55午	+ 3	− 7	42草	56未	+ 4	− 6	13陽	57申	+ 4	− 6
28	42草	54巳	+ 3	− 7	13陽	55午	+ 3	− 7	43陽	56未	+ 4	− 7	14灯	57申	+ 4	− 7
29	43陽	54巳	+ 3	− 8	14灯	55午	+ 3	− 7	44灯	56未	+ 3	− 7	15山	57申	+ 3	− 7
30	44灯	54巳	+ 2	− 8	15山	55午	+ 2	− 8	45山	56未	+ 3	− 7	16畑	57申	+ 3	− 7
31	45山	54巳	+ 2	− 8					46畑	56未	+ 3	− 8	17岩	57申	+ 3	− 8

日	9月 日干	9月 月干	9月 男	9月 女	10月 日干	10月 月干	10月 男	10月 女	11月 日干	11月 月干	11月 男	11月 女	12月 日干	12月 月干	12月 男	12月 女
1	18宝	57申	+ 2	−	48宝	58酉	+ 2	− 8	19海	59戌	+ 2	− 8	49海	60亥	+ 2	− 8
2	19海	57申	+ 2	−	49海	58酉	+ 2	− 8	20雨	59戌	+ 2	− 8	50雨	60亥	+ 1	− 8
3	20雨	57申	+ 2	−	50雨	58酉	+ 2	− 8	21木	59戌	+ 1	− 8	51木	60亥	+ 1	− 8
4	21木	57申	+ 1	−	51木	58酉	+ 1	− 9	22草	59戌	+ 1	− 9	52草	60亥	+ 1	− 9
5	22草	57申	+ 1	−	52草	58酉	+ 1	− 9	23陽	59戌	+ 1	− 9	53陽	60亥	+ 1	− 9
6	23陽	57申	+ 1	−	53陽	58酉	+ 1	− 9	24灯	59戌	+ 1	− 9	54灯	60亥	+ 0	− 9
7	24灯	57申	+ 1	−	54灯	58酉	+ 1	− 0	25山	59戌	+ 0	− 0	55山	1子	+ 9	− 0
8	25山	58酉	+ 0	−	55山	58酉	+ 0	− 0	26畑	60亥	+ 0	− 1	56畑	1子	+ 9	− 1
9	26畑	58酉	+ 0	−	56畑	59戌	+ 0	− 1	27岩	60亥	+ 9	− 1	57岩	1子	+ 9	− 1
10	27岩	58酉	+ 9	−	57岩	59戌	+ 9	− 1	28宝	60亥	+ 9	− 1	58宝	1子	+ 8	− 1
11	28宝	58酉	+ 9	−	58宝	59戌	+ 9	− 1	29海	60亥	+ 9	− 1	59海	1子	+ 8	− 1
12	29海	58酉	+ 9	−	59海	59戌	+ 9	− 1	30雨	60亥	+ 8	− 1	60雨	1子	+ 8	− 1
13	30雨	58酉	+ 8	−	60雨	59戌	+ 8	− 1	31木	60亥	+ 8	− 2	1木	1子	+ 7	− 2
14	31木	58酉	+ 8	−	1木	59戌	+ 8	− 2	32草	60亥	+ 8	− 2	2草	1子	+ 7	− 2
15	32草	58酉	+ 8	−	2草	59戌	+ 8	− 2	33陽	60亥	+ 7	− 2	3陽	1子	+ 7	− 2
16	33陽	58酉	+ 7	−	3陽	59戌	+ 7	− 2	34灯	60亥	+ 7	− 3	4灯	1子	+ 6	− 3
17	34灯	58酉	+ 7	−	4灯	59戌	+ 7	− 3	35山	60亥	+ 7	− 3	5山	1子	+ 6	− 3
18	35山	58酉	+ 7	−	5山	59戌	+ 7	− 3	36畑	60亥	+ 6	− 3	6畑	1子	+ 6	− 3
19	36畑	58酉	+ 6	−	6畑	59戌	+ 6	− 3	37岩	60亥	+ 6	− 4	7岩	1子	+ 5	− 4
20	37岩	58酉	+ 6	−	7岩	59戌	+ 6	− 4	38宝	60亥	+ 6	− 4	8宝	1子	+ 5	− 4
21	38宝	58酉	+ 6	−	8宝	59戌	+ 6	− 4	39海	60亥	+ 5	− 4	9海	1子	+ 5	− 4
22	39海	58酉	+ 5	−	9海	59戌	+ 5	− 4	40雨	60亥	+ 5	− 5	10雨	1子	+ 4	− 5
23	40雨	58酉	+ 5	−	10雨	59戌	+ 5	− 5	41木	60亥	+ 5	− 5	11木	1子	+ 4	− 5
24	41木	58酉	+ 5	−	11木	59戌	+ 5	− 5	42草	60亥	+ 4	− 5	12草	1子	+ 4	− 5
25	42草	58酉	+ 4	−	12草	59戌	+ 4	− 5	43陽	60亥	+ 4	− 6	13陽	1子	+ 3	− 6
26	43陽	58酉	+ 4	−	13陽	59戌	+ 4	− 6	44灯	60亥	+ 4	− 6	14灯	1子	+ 3	− 6
27	44灯	58酉	+ 4	−	14灯	59戌	+ 4	− 6	45山	60亥	+ 3	− 6	15山	1子	+ 3	− 6
28	45山	58酉	+ 3	−	15山	59戌	+ 3	− 6	46畑	60亥	+ 3	− 7	16畑	1子	+ 2	− 7
29	46畑	58酉	+ 3	−	16畑	59戌	+ 3	− 7	47岩	60亥	+ 3	− 7	17岩	1子	+ 2	− 7
30	47岩	58酉	+ 3	−	17岩	59戌	+ 3	− 7	48宝	60亥	+ 2	− 7	18宝	1子	+ 2	− 7
31					18宝	59戌	+ 2	− 7					19海	1子	+ 1	− 8

1959年　36 己亥（2/4 ～翌年2/4）

日	1月 日干	1月 月干	1月 男	1月 女	2月 日干	2月 月干	2月 男	2月 女	3月 日干	3月 月干	3月 男	3月 女	4月 日干	4月 月干	4月 男	4月 女
1	20雨	1子	+ 2	− 8	51木	2丑	+ 1	− 9	19海	3寅	− 8	+ 2	50雨	4卯	− 9	+ 1
2	21木	1子	+ 1	− 9	52草	2丑	+ 1	− 9	20雨	3寅	− 8	+ 1	51木	4卯	− 9	+ 1
3	22草	1子	+ 1	− 9	53陽	2丑	+ 1	− 9	21木	3寅	− 9	+ 1	52草	4卯	− 9	+ 1
4	23陽	1子	+ 1	− 9	54灯	3寅	− 0	+ 0	22草	3寅	− 9	+ 1	53陽	4卯	− 0	+ 0
5	24灯	1子	+ 1	− 0	55山	3寅	− 1	+ 0	23陽	3寅	− 9	+ 1	54灯	5辰	− 0	+ 0
6	25山	2丑	+ 0	− 1	56畑	3寅	− 1	+ 0	24灯	4卯	− 1	+ 0	55山	5辰	− 1	+ 0
7	26畑	2丑	+ 9	− 1	57岩	3寅	− 1	+ 9	25山	4卯	− 1	+ 0	56畑	5辰	− 1	+ 0
8	27岩	2丑	+ 9	− 1	58宝	3寅	− 1	+ 9	26畑	4卯	− 1	+ 9	57岩	5辰	− 1	+ 9
9	28宝	2丑	+ 9	− 1	59海	3寅	− 1	+ 9	27岩	4卯	− 1	+ 9	58宝	5辰	− 1	+ 9
10	29海	2丑	+ 8	− 1	60雨	3寅	− 2	+ 8	28宝	4卯	− 1	+ 9	59海	5辰	− 1	+ 9
11	30雨	2丑	+ 8	− 2	1木	3寅	− 2	+ 8	29海	4卯	− 2	+ 8	60雨	5辰	− 2	+ 8
12	31木	2丑	+ 8	− 2	2草	3寅	− 2	+ 8	30雨	4卯	− 2	+ 8	1木	5辰	− 2	+ 8
13	32草	2丑	+ 7	− 2	3陽	3寅	− 3	+ 7	31木	4卯	− 2	+ 8	2草	5辰	− 2	+ 8
14	33陽	2丑	+ 7	− 3	4灯	3寅	− 3	+ 7	32草	4卯	− 3	+ 7	3陽	5辰	− 3	+ 7
15	34灯	2丑	+ 7	− 3	5山	3寅	− 3	+ 7	33陽	4卯	− 3	+ 7	4灯	5辰	− 3	+ 7
16	35山	2丑	+ 6	− 3	6畑	3寅	− 4	+ 6	34灯	4卯	− 3	+ 7	5山	5辰	− 3	+ 7
17	36畑	2丑	+ 6	− 4	7岩	3寅	− 4	+ 6	35山	4卯	− 4	+ 6	6畑	5辰	− 4	+ 6
18	37岩	2丑	+ 6	− 4	8宝	3寅	− 4	+ 6	36畑	4卯	− 4	+ 6	7岩	5辰	− 4	+ 6
19	38宝	2丑	+ 5	− 4	9海	3寅	− 5	+ 5	37岩	4卯	− 4	+ 6	8宝	5辰	− 4	+ 6
20	39海	2丑	+ 5	− 5	10雨	3寅	− 5	+ 5	38宝	4卯	− 5	+ 5	9海	5辰	− 5	+ 5
21	40雨	2丑	+ 5	− 5	11木	3寅	− 5	+ 5	39海	4卯	− 5	+ 5	10雨	5辰	− 5	+ 5
22	41木	2丑	+ 4	− 5	12草	3寅	− 6	+ 4	40雨	4卯	− 5	+ 5	11木	5辰	− 5	+ 5
23	42草	2丑	+ 4	− 6	13陽	3寅	− 6	+ 4	41木	4卯	− 6	+ 4	12草	5辰	− 6	+ 4
24	43陽	2丑	+ 4	− 6	14灯	3寅	− 6	+ 4	42草	4卯	− 6	+ 4	13陽	5辰	− 6	+ 4
25	44灯	2丑	+ 3	− 6	15山	3寅	− 7	+ 3	43陽	4卯	− 6	+ 4	14灯	5辰	− 6	+ 4
26	45山	2丑	+ 3	− 7	16畑	3寅	− 7	+ 3	44灯	4卯	− 7	+ 3	15山	5辰	− 7	+ 3
27	46畑	2丑	+ 3	− 7	17岩	3寅	− 7	+ 3	45山	4卯	− 7	+ 3	16畑	5辰	− 7	+ 3
28	47岩	2丑	+ 2	− 7	18宝	3寅	− 8	+ 2	46畑	4卯	− 7	+ 3	17岩	5辰	− 7	+ 3
29	48宝	2丑	+ 2	− 8					47岩	4卯	− 8	+ 2	18宝	5辰	− 8	+ 2
30	49海	2丑	+ 2	− 8					48宝	4卯	− 8	+ 2	19海	5辰	− 8	+ 2
31	50雨	2丑	+ 1	− 8					49海	4卯	− 8	+ 2				

日	5月 日干	5月 月干	5月 男	5月 女	6月 日干	6月 月干	6月 男	6月 女	7月 日干	7月 月干	7月 男	7月 女	8月 日干	8月 月干	8月 男	8月 女
1	20雨	5辰	− 8	+ 2	51木	6巳	− 9	+ 2	21木	7午	− 8	+ 2	52草	8未	− 8	+ 2
2	21木	5辰	− 9	+ 1	52草	6巳	− 9	+ 1	22草	7午	− 9	+ 2	53陽	8未	− 8	+ 2
3	22草	5辰	− 9	+ 1	53陽	6巳	− 9	+ 1	23陽	7午	− 9	+ 1	54灯	8未	− 9	+ 2
4	23陽	5辰	− 9	+ 1	54灯	6巳	− 0	+ 1	24灯	7午	− 9	+ 1	55山	8未	− 9	+ 1
5	24灯	5辰	− 0	+ 1	55山	6巳	− 0	+ 1	25山	7午	− 0	+ 1	56畑	8未	− 9	+ 1
6	25山	6巳	− 1	+ 0	56畑	7午	− 0	+ 0	26畑	7午	− 0	+ 1	57岩	8未	− 0	+ 1
7	26畑	6巳	− 1	+ 0	57岩	7午	− 1	+ 0	27岩	7午	− 0	+ 0	58宝	8未	− 0	+ 1
8	27岩	6巳	− 1	+ 0	58宝	7午	− 1	+ 0	28宝	8未	− 1	+ 0	59海	9申	− 1	+ 0
9	28宝	6巳	− 1	+ 9	59海	7午	− 1	+ 9	29海	8未	− 1	+ 0	60雨	9申	− 1	+ 0
10	29海	6巳	− 1	+ 9	60雨	7午	− 1	+ 9	30雨	8未	− 1	+ 0	1木	9申	− 1	+ 0
11	30雨	6巳	− 2	+ 9	1木	7午	− 1	+ 9	31木	8未	− 1	+ 9	2草	9申	− 1	+ 9
12	31木	6巳	− 2	+ 8	2草	7午	− 2	+ 8	32草	8未	− 1	+ 9	3陽	9申	− 1	+ 9
13	32草	6巳	− 2	+ 8	3陽	7午	− 2	+ 8	33陽	8未	− 2	+ 9	4灯	9申	− 2	+ 9
14	33陽	6巳	− 3	+ 8	4灯	7午	− 2	+ 8	34灯	8未	− 2	+ 8	5山	9申	− 2	+ 8
15	34灯	6巳	− 3	+ 7	5山	7午	− 3	+ 7	35山	8未	− 2	+ 8	6畑	9申	− 2	+ 8
16	35山	6巳	− 3	+ 7	6畑	7午	− 3	+ 7	36畑	8未	− 3	+ 8	7岩	9申	− 3	+ 8
17	36畑	6巳	− 4	+ 7	7岩	7午	− 3	+ 7	37岩	8未	− 3	+ 7	8宝	9申	− 3	+ 7
18	37岩	6巳	− 4	+ 6	8宝	7午	− 4	+ 6	38宝	8未	− 3	+ 7	9海	9申	− 3	+ 7
19	38宝	6巳	− 4	+ 6	9海	7午	− 4	+ 6	39海	8未	− 4	+ 7	10雨	9申	− 4	+ 7
20	39海	6巳	− 5	+ 6	10雨	7午	− 4	+ 6	40雨	8未	− 4	+ 6	11木	9申	− 4	+ 6
21	40雨	6巳	− 5	+ 5	11木	7午	− 5	+ 5	41木	8未	− 4	+ 6	12草	9申	− 4	+ 6
22	41木	6巳	− 5	+ 5	12草	7午	− 5	+ 5	42草	8未	− 5	+ 6	13陽	9申	− 5	+ 6
23	42草	6巳	− 6	+ 5	13陽	7午	− 5	+ 5	43陽	8未	− 5	+ 5	14灯	9申	− 5	+ 5
24	43陽	6巳	− 6	+ 4	14灯	7午	− 6	+ 4	44灯	8未	− 5	+ 5	15山	9申	− 5	+ 5
25	44灯	6巳	− 6	+ 4	15山	7午	− 6	+ 4	45山	8未	− 6	+ 5	16畑	9申	− 6	+ 5
26	45山	6巳	− 7	+ 4	16畑	7午	− 6	+ 4	46畑	8未	− 6	+ 4	17岩	9申	− 6	+ 4
27	46畑	6巳	− 7	+ 3	17岩	7午	− 7	+ 3	47岩	8未	− 6	+ 4	18宝	9申	− 6	+ 4
28	47岩	6巳	− 7	+ 3	18宝	7午	− 7	+ 3	48宝	8未	− 7	+ 4	19海	9申	− 7	+ 4
29	48宝	6巳	− 8	+ 3	19海	7午	− 7	+ 3	49海	8未	− 7	+ 3	20雨	9申	− 7	+ 3
30	49海	6巳	− 8	+ 2	20雨	7午	− 8	+ 2	50雨	8未	− 7	+ 3	21木	9申	− 7	+ 3
31	50雨	6巳	− 8	+ 2					51木	8未	− 8	+ 3	22草	9申	− 8	+ 3

日	9月 日干	9月 月干	9月 男	9月 女	10月 日干	10月 月干	10月 男	10月 女	11月 日干	11月 月干	11月 男	11月 女	12月 日干	12月 月干	12月 男	12月 女
1	23陽	9申	− 8	+ 2	53陽	10酉	− 8	+ 2	24灯	11戌	− 8	+ 2	54灯	12亥	− 8	+ 2
2	24灯	9申	− 8	+ 2	54灯	10酉	− 8	+ 2	25山	11戌	− 8	+ 2	55山	12亥	− 8	+ 1
3	25山	9申	− 9	+ 2	55山	10酉	− 8	+ 2	26畑	11戌	− 8	+ 1	56畑	12亥	− 8	+ 1
4	26畑	9申	− 9	+ 1	56畑	10酉	− 9	+ 1	27岩	11戌	− 9	+ 1	57岩	12亥	− 9	+ 1
5	27岩	9申	− 9	+ 1	57岩	10酉	− 9	+ 1	28宝	11戌	− 9	+ 1	58宝	12亥	− 9	+ 1
6	28宝	9申	− 0	+ 1	58宝	10酉	− 9	+ 1	29海	11戌	− 9	+ 1	59海	12亥	− 9	+ 0
7	29海	9申	− 0	+ 1	59海	10酉	− 0	+ 1	30雨	11戌	− 0	+ 0	60雨	12亥	− 0	+ 9
8	30雨	10酉	− 1	+ 0	60雨	10酉	− 0	+ 0	31木	12亥	− 1	+ 0	1木	13子	− 1	+ 9
9	31木	10酉	− 1	+ 0	1木	11戌	− 1	+ 0	32草	12亥	− 1	+ 9	2草	13子	− 1	+ 9
10	32草	10酉	− 1	+ 9	2草	11戌	− 1	+ 9	33陽	12亥	− 1	+ 9	3陽	13子	− 1	+ 8
11	33陽	10酉	− 1	+ 9	3陽	11戌	− 1	+ 9	34灯	12亥	− 1	+ 9	4灯	13子	− 1	+ 8
12	34灯	10酉	− 1	+ 9	4灯	11戌	− 1	+ 9	35山	12亥	− 1	+ 8	5山	13子	− 1	+ 8
13	35山	10酉	− 2	+ 8	5山	11戌	− 1	+ 8	36畑	12亥	− 2	+ 8	6畑	13子	− 2	+ 7
14	36畑	10酉	− 2	+ 8	6畑	11戌	− 2	+ 8	37岩	12亥	− 2	+ 8	7岩	13子	− 2	+ 7
15	37岩	10酉	− 2	+ 8	7岩	11戌	− 2	+ 8	38宝	12亥	− 2	+ 7	8宝	13子	− 2	+ 7
16	38宝	10酉	− 3	+ 7	8宝	11戌	− 2	+ 7	39海	12亥	− 3	+ 7	9海	13子	− 3	+ 6
17	39海	10酉	− 3	+ 7	9海	11戌	− 3	+ 7	40雨	12亥	− 3	+ 7	10雨	13子	− 3	+ 6
18	40雨	10酉	− 3	+ 7	10雨	11戌	− 3	+ 7	41木	12亥	− 3	+ 6	11木	13子	− 3	+ 6
19	41木	10酉	− 4	+ 6	11木	11戌	− 3	+ 6	42草	12亥	− 4	+ 6	12草	13子	− 4	+ 5
20	42草	10酉	− 4	+ 6	12草	11戌	− 4	+ 6	43陽	12亥	− 4	+ 6	13陽	13子	− 4	+ 5
21	43陽	10酉	− 4	+ 6	13陽	11戌	− 4	+ 6	44灯	12亥	− 4	+ 5	14灯	13子	− 4	+ 5
22	44灯	10酉	− 5	+ 5	14灯	11戌	− 4	+ 5	45山	12亥	− 5	+ 5	15山	13子	− 5	+ 4
23	45山	10酉	− 5	+ 5	15山	11戌	− 5	+ 5	46畑	12亥	− 5	+ 5	16畑	13子	− 5	+ 4
24	46畑	10酉	− 5	+ 5	16畑	11戌	− 5	+ 5	47岩	12亥	− 5	+ 4	17岩	13子	− 5	+ 4
25	47岩	10酉	− 6	+ 4	17岩	11戌	− 5	+ 4	48宝	12亥	− 6	+ 4	18宝	13子	− 6	+ 3
26	48宝	10酉	− 6	+ 4	18宝	11戌	− 6	+ 4	49海	12亥	− 6	+ 4	19海	13子	− 6	+ 3
27	49海	10酉	− 6	+ 4	19海	11戌	− 6	+ 4	50雨	12亥	− 6	+ 3	20雨	13子	− 6	+ 3
28	50雨	10酉	− 7	+ 3	20雨	11戌	− 6	+ 3	51木	12亥	− 7	+ 3	21木	13子	− 7	+ 2
29	51木	10酉	− 7	+ 3	21木	11戌	− 7	+ 3	52草	12亥	− 7	+ 3	22草	13子	− 7	+ 2
30	52草	10酉	− 7	+ 3	22草	11戌	− 7	+ 3	53陽	12亥	− 7	+ 2	23陽	13子	− 7	+ 2
31					23陽	11戌	− 7	+ 2					24灯	13子	− 8	+ 1

1960年 37 庚子（2/5 ～翌年2/3）

日	1月 日干	1月 月干	1月 男	1月 女	2月 日干	2月 月干	2月 男	2月 女	3月 日干	3月 月干	3月 男	3月 女	4月 日干	4月 月干	4月 男	4月 女	5月 日干	5月 月干	5月 男	5月 女	6月 日干	6月 月干	6月 男	6月 女
1	25山	13子	- 8	+ 2	56畑	14丑	- 9	+ 1	25山	15寅	+ 2	- 8	56畑	16卯	+ 1	- 9	26畑	17辰	+ 2	- 8	57岩	18巳	+ 2	- 9
2	26畑	13子	- 9	+ 1	57岩	14丑	- 9	+ 1	26畑	15寅	+ 1	- 8	57岩	16卯	+ 1	- 9	27岩	17辰	+ 1	- 9	58宝	18巳	+ 1	- 9
3	27岩	13子	- 9	+ 1	58宝	14丑	- 9	+ 1	27岩	15寅	+ 1	- 9	58宝	16卯	+ 1	- 9	28宝	17辰	+ 1	- 9	59海	18巳	+ 1	- 9
4	28宝	13子	- 9	+ 1	59海	14丑	- 0	+ 0	28宝	15寅	+ 1	- 9	59海	16卯	+ 0	- 0	29海	17辰	+ 1	- 9	60雨	18巳	+ 1	- 0
5	29海	13子	- 0	+ 1	60雨	15寅	+ 0	- 1	29海	16卯	+ 1	- 9	60雨	17辰	+ 0	- 0	30雨	18巳	+ 1	- 0	1木	18巳	+ 1	- 0
6	30雨	14丑	- 1	+ 0	1木	15寅	+ 0	- 1	30雨	16卯	+ 0	- 1	1木	17辰	+ 0	- 1	31木	18巳	+ 0	- 1	2草	19午	+ 0	- 0
7	31木	14丑	- 1	+ 9	2草	15寅	+ 9	- 1	31木	16卯	+ 0	- 1	2草	17辰	+ 0	- 1	32草	18巳	+ 0	- 1	3陽	19午	+ 0	- 1
8	32草	14丑	- 1	+ 9	3陽	15寅	+ 9	- 1	32草	16卯	+ 9	- 1	3陽	17辰	+ 9	- 1	33陽	18巳	+ 0	- 1	4灯	19午	+ 0	- 1
9	33陽	14丑	- 1	+ 9	4灯	15寅	+ 9	- 1	33陽	16卯	+ 9	- 1	4灯	17辰	+ 9	- 1	34灯	18巳	+ 9	- 1	5山	19午	+ 9	- 1
10	34灯	14丑	- 1	+ 8	5山	15寅	+ 8	- 2	34灯	16卯	+ 9	- 1	5山	17辰	+ 9	- 1	35山	18巳	+ 9	- 1	6畑	19午	+ 9	- 1
11	35山	14丑	- 2	+ 8	6畑	15寅	+ 8	- 2	35山	16卯	+ 8	- 2	6畑	17辰	+ 8	- 2	36畑	18巳	+ 9	- 2	7岩	19午	+ 9	- 1
12	36畑	14丑	- 2	+ 8	7岩	15寅	+ 8	- 2	36畑	16卯	+ 8	- 2	7岩	17辰	+ 8	- 2	37岩	18巳	+ 8	- 2	8宝	19午	+ 8	- 2
13	37岩	14丑	- 2	+ 7	8宝	15寅	+ 7	- 3	37岩	16卯	+ 8	- 2	8宝	17辰	+ 8	- 2	38宝	18巳	+ 8	- 2	9海	19午	+ 8	- 2
14	38宝	14丑	3	+ 7	9海	15寅	+ 7	- 3	38宝	16卯	+ 7	- 3	9海	17辰	+ 7	- 3	39海	18巳	+ 8	- 3	10雨	19午	+ 8	- 2
15	39海	14丑	- 3	+ 7	10雨	15寅	+ 7	- 3	39海	16卯	+ 7	- 3	10雨	17辰	+ 7	- 3	40雨	18巳	+ 7	- 3	11木	19午	+ 7	- 3
16	40雨	14丑	- 3	+ 6	11木	15寅	+ 6	- 4	40雨	16卯	+ 7	- 3	11木	17辰	+ 7	- 3	41木	18巳	+ 7	- 3	12草	19午	+ 7	- 3
17	41木	14丑	- 4	+ 6	12草	15寅	+ 6	- 4	41木	16卯	+ 6	- 4	12草	17辰	+ 6	- 4	42草	18巳	+ 7	- 4	13陽	19午	+ 7	- 3
18	42草	14丑	- 4	+ 6	13陽	15寅	+ 6	- 4	42草	16卯	+ 6	- 4	13陽	17辰	+ 6	- 4	43陽	18巳	+ 6	- 4	14灯	19午	+ 6	- 4
19	43陽	14丑	- 4	+ 5	14灯	15寅	+ 5	- 5	43陽	16卯	+ 6	- 4	14灯	17辰	+ 6	- 4	44灯	18巳	+ 6	- 4	15山	19午	+ 6	- 4
20	44灯	14丑	- 5	+ 5	15山	15寅	+ 5	- 5	44灯	16卯	+ 5	- 5	15山	17辰	+ 5	- 5	45山	18巳	+ 6	- 5	16畑	19午	+ 6	- 4
21	45山	14丑	- 5	+ 5	16畑	15寅	+ 5	- 5	45山	16卯	+ 5	- 5	16畑	17辰	+ 5	- 5	46畑	18巳	+ 5	- 5	17岩	19午	+ 5	- 5
22	46畑	14丑	- 5	+ 4	17岩	15寅	+ 4	- 6	46畑	16卯	+ 5	- 5	17岩	17辰	+ 5	- 5	47岩	18巳	+ 5	- 5	18宝	19午	+ 5	- 5
23	47岩	14丑	- 6	+ 4	18宝	15寅	+ 4	- 6	47岩	16卯	+ 4	- 6	18宝	17辰	+ 4	- 6	48宝	18巳	+ 5	- 6	19海	19午	+ 5	- 5
24	48宝	14丑	- 6	+ 4	19海	15寅	+ 4	- 6	48宝	16卯	+ 4	- 6	19海	17辰	+ 4	- 6	49海	18巳	+ 4	- 6	20雨	19午	+ 4	- 6
25	49海	14丑	- 6	+ 3	20雨	15寅	+ 3	- 7	49海	16卯	+ 4	- 6	20雨	17辰	+ 4	- 6	50雨	18巳	+ 4	- 6	21木	19午	+ 4	- 6
26	50雨	14丑	- 7	+ 3	21木	15寅	+ 3	- 7	50雨	16卯	+ 3	- 7	21木	17辰	+ 3	- 7	51木	18巳	+ 4	- 7	22草	19午	+ 4	- 6
27	51木	14丑	- 7	+ 3	22草	15寅	+ 3	- 7	51木	16卯	+ 3	- 7	22草	17辰	+ 3	- 7	52草	18巳	+ 3	- 7	23陽	19午	+ 3	- 7
28	52草	14丑	- 7	+ 2	23陽	15寅	+ 2	- 8	52草	16卯	+ 3	- 7	23陽	17辰	+ 3	- 7	53陽	18巳	+ 3	- 7	24灯	19午	+ 3	- 7
29	53陽	14丑	- 8	+ 2	24灯	15寅	+ 2	- 8	53陽	16卯	+ 2	- 8	24灯	17辰	+ 2	- 8	54灯	18巳	+ 3	- 8	25山	19午	+ 3	- 7
30	54灯	14丑	- 8	+ 2					54灯	16卯	+ 2	- 8	25山	17辰	+ 2	- 8	55山	18巳	+ 2	- 8	26畑	19午	+ 2	- 8
31	55山	14丑	- 8	+ 1					55山	16卯	+ 2	- 8					56畑	18巳	+ 2	- 8				

日	7月 日干	7月 月干	7月 男	7月 女	8月 日干	8月 月干	8月 男	8月 女	9月 日干	9月 月干	9月 男	9月 女	10月 日干	10月 月干	10月 男	10月 女	11月 日干	11月 月干	11月 男	11月 女	12月 日干	12月 月干	12月 男	12月 女
1	27岩	19午	+ 2	- 8	58宝	20未	+ 2	- 8	29海	21申	+ 2	- 8	59海	22酉	+ 2	- 8	30雨	23戌	+ 2	- 8	60雨	24亥	+ 2	- 8
2	28宝	19午	+ 2	- 8	59海	20未	+ 2	- 8	30雨	21申	+ 2	- 8	60雨	22酉	+ 2	- 8	31木	23戌	+ 2	- 8	1木	24亥	+ 1	- 8
3	29海	19午	+ 1	- 9	60雨	20未	+ 2	- 9	31木	21申	+ 2	- 9	1木	22酉	+ 2	- 8	32草	23戌	+ 1	- 8	2草	24亥	+ 1	- 8
4	30雨	19午	+ 1	- 9	1木	20未	+ 1	- 9	32草	21申	+ 1	- 9	2草	22酉	+ 1	- 9	33陽	23戌	+ 1	- 9	3陽	24亥	+ 1	- 9
5	31木	19午	+ 1	- 9	2草	20未	+ 1	- 9	33陽	21申	+ 1	- 9	3陽	22酉	+ 1	- 9	34灯	23戌	+ 1	- 9	4灯	24亥	+ 1	- 9
6	32草	19午	+ 1	- 0	3陽	20未	+ 1	- 0	34灯	21申	+ 1	- 0	4灯	22酉	+ 1	- 9	35山	23戌	+ 1	- 9	5山	24亥	+ 0	- 9
7	33陽	20未	+ 0	- 0	4灯	21申	+ 1	- 0	35山	21申	+ 1	- 0	5山	22酉	+ 1	- 0	36畑	24亥	+ 0	- 0	6畑	25子	+ 9	- 0
8	34灯	20未	+ 0	- 0	5山	21申	+ 0	- 1	36畑	22酉	+ 0	- 1	6畑	23戌	+ 0	- 0	37岩	24亥	+ 0	- 1	7岩	25子	+ 9	- 1
9	35山	20未	+ 0	- 1	6畑	21申	+ 0	- 1	37岩	22酉	+ 0	- 1	7岩	23戌	+ 0	- 1	38宝	24亥	+ 9	- 1	8宝	25子	+ 9	- 1
10	36畑	20未	+ 0	- 1	7岩	21申	+ 0	- 1	38宝	22酉	+ 9	- 1	8宝	23戌	+ 9	- 1	39海	24亥	+ 9	- 1	9海	25子	+ 8	- 1
11	37岩	20未	+ 9	- 1	8宝	21申	+ 9	- 1	39海	22酉	+ 9	- 1	9海	23戌	+ 9	- 1	40雨	24亥	+ 9	- 1	10雨	25子	+ 8	- 1
12	38宝	20未	+ 9	- 1	9海	21申	+ 9	- 1	40雨	22酉	+ 9	- 1	10雨	23戌	+ 9	- 1	41木	24亥	+ 8	- 1	11木	25子	+ 8	- 1
13	39海	20未	+ 9	- 1	10雨	21申	+ 9	- 2	41木	22酉	+ 8	- 2	11木	23戌	+ 8	- 1	42草	24亥	+ 8	- 2	12草	25子	+ 7	- 2
14	40雨	20未	+ 8	- 2	11木	21申	+ 8	- 2	42草	22酉	+ 8	- 2	12草	23戌	+ 8	- 2	43陽	24亥	+ 8	- 2	13陽	25子	+ 7	- 2
15	41木	20未	+ 8	- 2	12草	21申	+ 8	- 2	43陽	22酉	+ 8	- 2	13陽	23戌	+ 8	- 2	44灯	24亥	+ 7	- 2	14灯	25子	+ 7	- 2
16	42草	20未	+ 8	- 2	13陽	21申	+ 8	- 3	44灯	22酉	+ 7	- 3	14灯	23戌	+ 7	- 2	45山	24亥	+ 7	- 3	15山	25子	+ 6	- 3
17	43陽	20未	+ 7	- 3	14灯	21申	+ 7	- 3	45山	22酉	+ 7	- 3	15山	23戌	+ 7	- 3	46畑	24亥	+ 7	- 3	16畑	25子	+ 6	- 3
18	44灯	20未	+ 7	- 3	15山	21申	+ 7	- 3	46畑	22酉	+ 7	- 3	16畑	23戌	+ 7	- 3	47岩	24亥	+ 6	- 3	17岩	25子	+ 6	- 3
19	45山	20未	+ 7	- 3	16畑	21申	+ 7	- 4	47岩	22酉	+ 6	- 4	17岩	23戌	+ 6	- 3	48宝	24亥	+ 6	- 4	18宝	25子	+ 5	- 4
20	46畑	20未	+ 6	- 4	17岩	21申	+ 6	- 4	48宝	22酉	+ 6	- 4	18宝	23戌	+ 6	- 4	49海	24亥	+ 6	- 4	19海	25子	+ 5	- 4
21	47岩	20未	+ 6	- 4	18宝	21申	+ 6	- 4	49海	22酉	+ 6	- 4	19海	23戌	+ 6	- 4	50雨	24亥	+ 5	- 4	20雨	25子	+ 5	- 4
22	48宝	20未	+ 6	- 4	19海	21申	+ 6	- 5	50雨	22酉	+ 5	- 5	20雨	23戌	+ 5	- 4	51木	24亥	+ 5	- 5	21木	25子	+ 4	- 5
23	49海	20未	+ 5	- 5	20雨	21申	+ 5	- 5	51木	22酉	+ 5	- 5	21木	23戌	+ 5	- 5	52草	24亥	+ 5	- 5	22草	25子	+ 4	- 5
24	50雨	20未	+ 5	- 5	21木	21申	+ 5	- 5	52草	22酉	+ 5	- 5	22草	23戌	+ 5	- 5	53陽	24亥	+ 4	- 5	23陽	25子	+ 4	- 5
25	51木	20未	+ 5	- 5	22草	21申	+ 5	- 6	53陽	22酉	+ 4	- 6	23陽	23戌	+ 4	- 5	54灯	24亥	+ 4	- 6	24灯	25子	+ 3	- 6
26	52草	20未	+ 4	- 6	23陽	21申	+ 4	- 6	54灯	22酉	+ 4	- 6	24灯	23戌	+ 4	- 6	55山	24亥	+ 4	- 6	25山	25子	+ 3	- 6
27	53陽	20未	+ 4	- 6	24灯	21申	+ 4	- 6	55山	22酉	+ 4	- 6	25山	23戌	+ 4	- 6	56畑	24亥	+ 3	- 6	26畑	25子	+ 3	- 6
28	54灯	20未	+ 4	- 6	25山	21申	+ 4	- 7	56畑	22酉	+ 3	- 7	26畑	23戌	+ 3	- 6	57岩	24亥	+ 3	- 7	27岩	25子	+ 2	- 7
29	55山	20未	+ 3	- 7	26畑	21申	+ 3	- 7	57岩	22酉	+ 3	- 7	27岩	23戌	+ 3	- 7	58宝	24亥	+ 3	- 7	28宝	25子	+ 2	- 7
30	56畑	20未	+ 3	- 7	27岩	21申	+ 3	- 7	58宝	22酉	+ 3	- 7	28宝	23戌	+ 3	- 7	59海	24亥	+ 2	- 7	29海	25子	+ 2	- 7
31	57岩	20未	+ 3	- 7	28宝	21申	+ 3	- 8					29海	23戌	+ 2	- 7					30雨	25子	+ 1	- 8

1961年 38 辛丑（2/4 ～翌年2/3）

日	1月 日干	1月 月干	1月 男	1月 女	2月 日干	2月 月干	2月 男	2月 女	3月 日干	3月 月干	3月 男	3月 女	4月 日干	4月 月干	4月 男	4月 女	5月 日干	5月 月干	5月 男	5月 女	6月 日干	6月 月干	6月 男	6月 女
1	31木	25子	+ 2	- 8	2草	26丑	+ 1	- 9	30雨	27寅	- 8	+ 2	1木	28卯	- 9	+ 1	31木	29辰	- 8	+ 2	2草	30巳	- 9	+ 2
2	32草	25子	+ 1	- 9	3陽	26丑	+ 1	- 9	31木	27寅	- 8	+ 1	2草	28卯	- 9	+ 1	32草	29辰	- 9	+ 1	3陽	30巳	- 9	+ 1
3	33陽	25子	+ 1	- 9	4灯	26丑	+ 1	- 9	32草	27寅	- 9	+ 1	3陽	28卯	- 9	+ 1	33陽	29辰	- 9	+ 1	4灯	30巳	- 9	+ 1
4	34灯	25子	+ 1	- 9	5山	27寅	- 0	+ 0	33陽	27寅	- 9	+ 1	4灯	28卯	- 0	+ 0	34灯	29辰	- 9	+ 1	5山	30巳	- 0	+ 1
5	35山	26丑	+ 1	- 0	6畑	27寅	- 1	+ 0	34灯	27寅	- 9	+ 1	5山	29辰	- 0	+ 0	35山	29辰	- 0	+ 1	6畑	30巳	- 0	+ 1
6	36畑	26丑	+ 0	- 1	7岩	27寅	- 1	+ 0	35山	28卯	- 1	+ 0	6畑	29辰	- 1	+ 0	36畑	30巳	- 1	+ 0	7岩	31午	- 0	+ 0
7	37岩	26丑	+ 9	- 1	8宝	27寅	- 1	+ 9	36畑	28卯	- 1	+ 0	7岩	29辰	- 1	+ 0	37岩	30巳	- 1	+ 0	8宝	31午	- 1	+ 0
8	38宝	26丑	+ 9	- 1	9海	27寅	- 1	+ 9	37岩	28卯	- 1	+ 9	8宝	29辰	- 1	+ 9	38宝	30巳	- 1	+ 0	9海	31午	- 1	+ 0
9	39海	26丑	+ 9	- 1	10雨	27寅	- 1	+ 9	38宝	28卯	- 1	+ 9	9海	29辰	- 1	+ 9	39海	30巳	- 1	+ 9	10雨	31午	- 1	+ 9
10	40雨	26丑	+ 8	- 1	11木	27寅	- 2	+ 8	39海	28卯	- 1	+ 9	10雨	29辰	- 1	+ 9	40雨	30巳	- 1	+ 9	11木	31午	- 1	+ 9
11	41木	26丑	+ 8	- 2	12草	27寅	- 2	+ 8	40雨	28卯	- 2	+ 8	11木	29辰	- 2	+ 8	41木	30巳	- 2	+ 9	12草	31午	- 1	+ 9
12	42草	26丑	+ 8	- 2	13陽	27寅	- 2	+ 8	41木	28卯	- 2	+ 8	12草	29辰	- 2	+ 8	42草	30巳	- 2	+ 8	13陽	31午	- 2	+ 8
13	43陽	26丑	+ 7	- 2	14灯	27寅	- 3	+ 7	42草	28卯	- 2	+ 8	13陽	29辰	- 2	+ 8	43陽	30巳	- 2	+ 8	14灯	31午	- 2	+ 8
14	44灯	26丑	+ 7	- 3	15山	27寅	- 3	+ 7	43陽	28卯	- 3	+ 7	14灯	29辰	- 3	+ 7	44灯	30巳	- 3	+ 8	15山	31午	- 2	+ 8
15	45山	26丑	+ 7	- 3	16畑	27寅	- 3	+ 7	44灯	28卯	- 3	+ 7	15山	29辰	- 3	+ 7	45山	30巳	- 3	+ 7	16畑	31午	- 3	+ 7
16	46畑	26丑	+ 6	- 3	17岩	27寅	- 4	+ 6	45山	28卯	- 3	+ 7	16畑	29辰	- 3	+ 7	46畑	30巳	- 3	+ 7	17岩	31午	- 3	+ 7
17	47岩	26丑	+ 6	- 4	18宝	27寅	- 4	+ 6	46畑	28卯	- 4	+ 6	17岩	29辰	- 4	+ 6	47岩	30巳	- 4	+ 7	18宝	31午	- 3	+ 7
18	48宝	26丑	+ 6	- 4	19海	27寅	- 4	+ 6	47岩	28卯	- 4	+ 6	18宝	29辰	- 4	+ 6	48宝	30巳	- 4	+ 6	19海	31午	- 4	+ 6
19	49海	26丑	+ 5	- 4	20雨	27寅	- 5	+ 5	48宝	28卯	- 4	+ 6	19海	29辰	- 4	+ 6	49海	30巳	- 4	+ 6	20雨	31午	- 4	+ 6
20	50雨	26丑	+ 5	- 5	21木	27寅	- 5	+ 5	49海	28卯	- 5	+ 5	20雨	29辰	- 5	+ 5	50雨	30巳	- 5	+ 6	21木	31午	- 4	+ 6
21	51木	26丑	+ 5	- 5	22草	27寅	- 5	+ 5	50雨	28卯	- 5	+ 5	21木	29辰	- 5	+ 5	51木	30巳	- 5	+ 5	22草	31午	- 5	+ 5
22	52草	26丑	+ 4	- 5	23陽	27寅	- 6	+ 4	51木	28卯	- 5	+ 5	22草	29辰	- 5	+ 5	52草	30巳	- 5	+ 5	23陽	31午	- 5	+ 5
23	53陽	26丑	+ 4	- 6	24灯	27寅	- 6	+ 4	52草	28卯	- 6	+ 4	23陽	29辰	- 6	+ 4	53陽	30巳	- 6	+ 5	24灯	31午	- 5	+ 5
24	54灯	26丑	+ 4	- 6	25山	27寅	- 6	+ 4	53陽	28卯	- 6	+ 4	24灯	29辰	- 6	+ 4	54灯	30巳	- 6	+ 4	25山	31午	- 6	+ 4
25	55山	26丑	+ 3	- 6	26畑	27寅	- 7	+ 3	54灯	28卯	- 6	+ 4	25山	29辰	- 6	+ 4	55山	30巳	- 6	+ 4	26畑	31午	- 6	+ 4
26	56畑	26丑	+ 3	- 7	27岩	27寅	- 7	+ 3	55山	28卯	- 7	+ 3	26畑	29辰	- 7	+ 3	56畑	30巳	- 7	+ 4	27岩	31午	- 6	+ 4
27	57岩	26丑	+ 3	- 7	28宝	27寅	- 7	+ 3	56畑	28卯	- 7	+ 3	27岩	29辰	- 7	+ 3	57岩	30巳	- 7	+ 3	28宝	31午	- 7	+ 3
28	58宝	26丑	+ 2	- 7	29海	27寅	- 8	+ 2	57岩	28卯	- 7	+ 3	28宝	29辰	- 7	+ 3	58宝	30巳	- 7	+ 3	29海	31午	- 7	+ 3
29	59海	26丑	+ 2	- 8					58宝	28卯	- 8	+ 2	29海	29辰	- 8	+ 2	59海	30巳	- 8	+ 3	30雨	31午	- 7	+ 3
30	60雨	26丑	+ 2	- 8					59海	28卯	- 8	+ 2	30雨	29辰	- 8	+ 2	60雨	30巳	- 8	+ 2	31木	31午	- 8	+ 2
31	1木	26丑	+ 1	- 8					60雨	28卯	- 8	+ 2					1木	30巳	- 8	+ 2				

日	7月 日干	7月 月干	7月 男	7月 女	8月 日干	8月 月干	8月 男	8月 女	9月 日干	9月 月干	9月 男	9月 女	10月 日干	10月 月干	10月 男	10月 女	11月 日干	11月 月干	11月 男	11月 女	12月 日干	12月 月干	12月 男	12月 女
1	32草	31午	- 8	+ 2	3陽	32未	- 8	+ 2	34灯	33申	- 8	+ 2	4灯	34酉	- 8	+ 2	35山	35戌	- 8	+ 2	5山	36亥	- 8	+ 2
2	33陽	31午	- 9	+ 2	4灯	32未	- 8	+ 2	35山	33申	- 8	+ 2	5山	34酉	- 8	+ 2	36畑	35戌	- 8	+ 2	6畑	36亥	- 8	+ 1
3	34灯	31午	- 9	+ 1	5山	32未	- 9	+ 2	36畑	33申	- 9	+ 2	6畑	34酉	- 8	+ 2	37岩	35戌	- 8	+ 1	7岩	36亥	- 8	+ 1
4	35山	31午	- 9	+ 1	6畑	32未	- 9	+ 1	37岩	33申	- 9	+ 1	7岩	34酉	- 9	+ 1	38宝	35戌	- 9	+ 1	8宝	36亥	- 9	+ 1
5	36畑	31午	- 0	+ 1	7岩	32未	- 9	+ 1	38宝	33申	- 9	+ 1	8宝	34酉	- 9	+ 1	39海	35戌	- 9	+ 1	9海	36亥	- 9	+ 1
6	37岩	31午	- 0	+ 1	8宝	32未	- 0	+ 1	39海	33申	- 0	+ 1	9海	34酉	- 9	+ 1	40雨	35戌	- 9	+ 1	10雨	36亥	- 9	+ 0
7	38宝	32未	- 0	+ 0	9海	32未	- 0	+ 1	40雨	33申	- 0	+ 1	10雨	34酉	- 0	+ 1	41木	35戌	- 0	+ 0	11木	37子	- 0	+ 9
8	39海	32未	- 1	+ 0	10雨	33申	- 1	+ 0	41木	34酉	- 1	+ 0	11木	35戌	- 0	+ 0	42草	36亥	- 1	+ 0	12草	37子	- 1	+ 9
9	40雨	32未	- 1	+ 0	11木	33申	- 1	+ 0	42草	34酉	- 1	+ 0	12草	35戌	- 1	+ 0	43陽	36亥	- 1	+ 9	13陽	37子	- 1	+ 9
10	41木	32未	- 1	+ 0	12草	33申	- 1	+ 0	43陽	34酉	- 1	+ 9	13陽	35戌	- 1	+ 9	44灯	36亥	- 1	+ 9	14灯	37子	- 1	+ 8
11	42草	32未	- 1	+ 9	13陽	33申	- 1	+ 9	44灯	34酉	- 1	+ 9	14灯	35戌	- 1	+ 9	45山	36亥	- 1	+ 9	15山	37子	- 1	+ 8
12	43陽	32未	- 1	+ 9	14灯	33申	- 1	+ 9	45山	34酉	- 1	+ 9	15山	35戌	- 1	+ 9	46畑	36亥	- 1	+ 8	16畑	37子	- 1	+ 8
13	44灯	32未	- 2	+ 9	15山	33申	- 2	+ 9	46畑	34酉	- 2	+ 8	16畑	35戌	- 1	+ 8	47岩	36亥	- 2	+ 8	17岩	37子	- 2	+ 7
14	45山	32未	- 2	+ 8	16畑	33申	- 2	+ 8	47岩	34酉	- 2	+ 8	17岩	35戌	- 2	+ 8	48宝	36亥	- 2	+ 8	18宝	37子	- 2	+ 7
15	46畑	32未	- 2	+ 8	17岩	33申	- 2	+ 8	48宝	34酉	- 2	+ 8	18宝	35戌	- 2	+ 8	49海	36亥	- 2	+ 7	19海	37子	- 2	+ 7
16	47岩	32未	- 3	+ 8	18宝	33申	- 3	+ 8	49海	34酉	- 3	+ 7	19海	35戌	- 2	+ 7	50雨	36亥	- 3	+ 7	20雨	37子	- 3	+ 6
17	48宝	32未	- 3	+ 7	19海	33申	- 3	+ 7	50雨	34酉	- 3	+ 7	20雨	35戌	- 3	+ 7	51木	36亥	- 3	+ 7	21木	37子	- 3	+ 6
18	49海	32未	- 3	+ 7	20雨	33申	- 3	+ 7	51木	34酉	- 3	+ 7	21木	35戌	- 3	+ 7	52草	36亥	- 3	+ 6	22草	37子	- 3	+ 6
19	50雨	32未	- 4	+ 7	21木	33申	- 4	+ 7	52草	34酉	- 4	+ 6	22草	35戌	- 3	+ 6	53陽	36亥	- 4	+ 6	23陽	37子	- 4	+ 5
20	51木	32未	- 4	+ 6	22草	33申	- 4	+ 6	53陽	34酉	- 4	+ 6	23陽	35戌	- 4	+ 6	54灯	36亥	- 4	+ 6	24灯	37子	- 4	+ 5
21	52草	32未	- 4	+ 6	23陽	33申	- 4	+ 6	54灯	34酉	- 4	+ 6	24灯	35戌	- 4	+ 6	55山	36亥	- 4	+ 5	25山	37子	- 4	+ 5
22	53陽	32未	- 5	+ 6	24灯	33申	- 5	+ 6	55山	34酉	- 5	+ 5	25山	35戌	- 4	+ 5	56畑	36亥	- 5	+ 5	26畑	37子	- 5	+ 4
23	54灯	32未	- 5	+ 5	25山	33申	- 5	+ 5	56畑	34酉	- 5	+ 5	26畑	35戌	- 5	+ 5	57岩	36亥	- 5	+ 5	27岩	37子	- 5	+ 4
24	55山	32未	- 5	+ 5	26畑	33申	- 5	+ 5	57岩	34酉	- 5	+ 5	27岩	35戌	- 5	+ 5	58宝	36亥	- 5	+ 4	28宝	37子	- 5	+ 4
25	56畑	32未	- 6	+ 5	27岩	33申	- 6	+ 5	58宝	34酉	- 6	+ 4	28宝	35戌	- 5	+ 4	59海	36亥	- 6	+ 4	29海	37子	- 6	+ 3
26	57岩	32未	- 6	+ 4	28宝	33申	- 6	+ 4	59海	34酉	- 6	+ 4	29海	35戌	- 6	+ 4	60雨	36亥	- 6	+ 4	30雨	37子	- 6	+ 3
27	58宝	32未	- 6	+ 4	29海	33申	- 6	+ 4	60雨	34酉	- 6	+ 4	30雨	35戌	- 6	+ 4	1木	36亥	- 6	+ 3	31木	37子	- 6	+ 3
28	59海	32未	- 7	+ 4	30雨	33申	- 7	+ 4	1木	34酉	- 7	+ 3	31木	35戌	- 6	+ 3	2草	36亥	- 7	+ 3	32草	37子	- 7	+ 2
29	60雨	32未	- 7	+ 3	31木	33申	- 7	+ 3	2草	34酉	- 7	+ 3	32草	35戌	- 7	+ 3	3陽	36亥	- 7	+ 3	33陽	37子	- 7	+ 2
30	1木	32未	- 7	+ 3	32草	33申	- 7	+ 3	3陽	34酉	- 7	+ 3	33陽	35戌	- 7	+ 3	4灯	36亥	- 7	+ 2	34灯	37子	- 7	+ 2
31	2草	32未	- 8	+ 3	33陽	33申	- 8	+ 3					34灯	35戌	- 7	+ 2					35山	37子	- 8	+ 1

1962年　39 壬寅（2/4 ～翌年2/3）

日	1月				2月				3月				4月				5月				6月			
	日干	月干	男	女	日干	月干	男	女	日干	月干	男	女	日干	月干	男	女	日干	月干	男	女	日干	月干	男	女
1	36畑	37子	-8	+2	7岩	38丑	-9	+1	35山	39寅	+2	-8	6畑	40卯	+1	-9	36畑	41辰	+2	-8	7岩	42巳	+2	-9
2	37岩	37子	-9	+1	8宝	38丑	-9	+1	36畑	39寅	+1	-8	7岩	40卯	+1	-9	37岩	41辰	+1	-9	8宝	42巳	+1	-9
3	38宝	37子	-9	+1	9海	38丑	-9	+1	37岩	39寅	+1	-9	8宝	40卯	+1	-9	38宝	41辰	+1	-9	9海	42巳	+1	-9
4	39海	37子	-9	+1	10雨	39寅	+0	-0	38宝	39寅	+1	-9	9海	40卯	+0	-0	39海	41辰	+1	-9	10雨	42巳	+1	-0
5	40雨	37子	-0	+1	11木	39寅	+0	-1	39海	39寅	+1	-9	10雨	41辰	+0	-0	40雨	41辰	+1	-0	11木	42巳	+1	-0
6	41木	38丑	-1	+0	12草	39寅	+0	-1	40雨	40卯	+0	-1	11木	41辰	+0	-1	41木	42巳	+0	-1	12草	43午	+0	-0
7	42草	38丑	-1	+9	13陽	39寅	+9	-1	41木	40卯	+0	-1	12草	41辰	+0	-1	42草	42巳	+0	-1	13陽	43午	+0	-1
8	43陽	38丑	-1	+9	14灯	39寅	+9	-1	42草	40卯	+9	-1	13陽	41辰	+9	-1	43陽	42巳	+0	-1	14灯	43午	+0	-1
9	44灯	38丑	-1	+9	15山	39寅	+9	-1	43陽	40卯	+9	-1	14灯	41辰	+9	-1	44灯	42巳	+9	-1	15山	43午	+9	-1
10	45山	38丑	-1	+8	16畑	39寅	+8	-2	44灯	40卯	+9	-1	15山	41辰	+9	-1	45山	42巳	+9	-1	16畑	43午	+9	-1
11	46畑	38丑	-2	+8	17岩	39寅	+8	-2	45山	40卯	+8	-2	16畑	41辰	+8	-2	46畑	42巳	+9	-2	17岩	43午	+9	-1
12	47岩	38丑	-2	+8	18宝	39寅	+8	-2	46畑	40卯	+8	-2	17岩	41辰	+8	-2	47岩	42巳	+8	-2	18宝	43午	+8	-2
13	48宝	38丑	-2	+7	19海	39寅	+7	-3	47岩	40卯	+8	-2	18宝	41辰	+8	-2	48宝	42巳	+8	-2	19海	43午	+8	-2
14	49海	38丑	-3	+7	20雨	39寅	+7	-3	48宝	40卯	+7	-3	19海	41辰	+7	-3	49海	42巳	+8	-3	20雨	43午	+8	-2
15	50雨	38丑	-3	+7	21木	39寅	+7	-3	49海	40卯	+7	-3	20雨	41辰	+7	-3	50雨	42巳	+7	-3	21木	43午	+7	-3
16	51木	38丑	-3	+6	22草	39寅	+6	-4	50雨	40卯	+7	-3	21木	41辰	+7	-3	51木	42巳	+7	-3	22草	43午	+7	-3
17	52草	38丑	-4	+6	23陽	39寅	+6	-4	51木	40卯	+6	-4	22草	41辰	+6	-4	52草	42巳	+7	-4	23陽	43午	+7	-3
18	53陽	38丑	-4	+6	24灯	39寅	+6	-4	52草	40卯	+6	-4	23陽	41辰	+6	-4	53陽	42巳	+6	-4	24灯	43午	+6	-4
19	54灯	38丑	-4	+5	25山	39寅	+5	-5	53陽	40卯	+6	-4	24灯	41辰	+6	-4	54灯	42巳	+6	-4	25山	43午	+6	-4
20	55山	38丑	-5	+5	26畑	39寅	+5	-5	54灯	40卯	+5	-5	25山	41辰	+5	-5	55山	42巳	+6	-5	26畑	43午	+6	-4
21	56畑	38丑	-5	+5	27岩	39寅	+5	-5	55山	40卯	+5	-5	26畑	41辰	+5	-5	56畑	42巳	+5	-5	27岩	43午	+5	-5
22	57岩	38丑	-5	+4	28宝	39寅	+4	-6	56畑	40卯	+5	-5	27岩	41辰	+5	-5	57岩	42巳	+5	-5	28宝	43午	+5	-5
23	58宝	38丑	-6	+4	29海	39寅	+4	-6	57岩	40卯	+4	-6	28宝	41辰	+4	-6	58宝	42巳	+5	-6	29海	43午	+5	-5
24	59海	38丑	-6	+4	30雨	39寅	+4	-6	58宝	40卯	+4	-6	29海	41辰	+4	-6	59海	42巳	+4	-6	30雨	43午	+4	-6
25	60雨	38丑	-6	+3	31木	39寅	+3	-7	59海	40卯	+4	-6	30雨	41辰	+4	-6	60雨	42巳	+4	-6	31木	43午	+4	-6
26	1木	38丑	-7	+3	32草	39寅	+3	-7	60雨	40卯	+3	-7	31木	41辰	+3	7	1木	42巳	+4	-7	32草	43午	+4	-6
27	2草	38丑	-7	+3	33陽	39寅	+3	-7	1木	40卯	+3	-7	32草	41辰	+3	-7	2草	42巳	+3	-7	33陽	43午	+3	-7
28	3陽	38丑	-7	+2	34灯	39寅	+2	-8	2草	40卯	+3	-7	33陽	41辰	+3	-7	3陽	42巳	+3	-7	34灯	43午	+3	-7
29	4灯	38丑	-8	+2					3陽	40卯	+2	-8	34灯	41辰	+2	-8	4灯	42巳	+3	-8	35山	43午	+3	-7
30	5山	38丑	-8	+2					4灯	40卯	+2	-8	35山	41辰	+2	-8	5山	42巳	+2	-8	36畑	43午	+2	-8
31	6畑	38丑	-8	+1					5山	40卯	+2	-8					6畑	42巳	+2	-8				

日	7月				8月				9月				10月				11月				12月			
	日干	月干	男	女	日干	月干	男	女	日干	月干	男	女	日干	月干	男	女	日干	月干	男	女	日干	月干	男	女
1	37岩	43午	+2	-8	8宝	44未	+2	-8	39海	45申	+2	-8	9海	46酉	+2	-8	40雨	47戌	+2	-8	10雨	48亥	+2	-8
2	38宝	43午	+2	-9	9海	44未	+2	-8	40雨	45申	+2	-8	10雨	46酉	+2	-8	41木	47戌	+2	-8	11木	48亥	+1	-8
3	39海	43午	+1	-9	10雨	44未	+2	-9	41木	45申	+2	-9	11木	46酉	+2	-8	42草	47戌	+1	-8	12草	48亥	+1	-8
4	40雨	43午	+1	-9	11木	44未	+1	-9	42草	45申	+1	-9	12草	46酉	+1	-9	43陽	47戌	+1	-9	13陽	48亥	+1	-9
5	41木	43午	+1	-0	12草	44未	+1	-9	43陽	45申	+1	-9	13陽	46酉	+1	-9	44灯	47戌	+1	-9	14灯	48亥	+1	-9
6	42草	43午	+1	-0	13陽	44未	+1	-0	44灯	45申	+1	-0	14灯	46酉	+1	-9	45山	47戌	+1	-9	15山	48亥	+0	-9
7	43陽	44未	+0	-0	14灯	44未	+1	-0	45山	45申	+1	-0	15山	46酉	+1	-0	46畑	47戌	+0	-0	16畑	49子	+9	-0
8	44灯	44未	+0	-1	15山	45申	+0	-1	46畑	46酉	+0	-1	16畑	46酉	+0	-0	47岩	48亥	+0	-1	17岩	49子	+9	-1
9	45山	44未	+0	-1	16畑	45申	+0	-1	47岩	46酉	+0	-1	17岩	47戌	+0	-1	48宝	48亥	+9	-1	18宝	49子	+9	-1
10	46畑	44未	+0	-1	17岩	45申	+0	-1	48宝	46酉	+9	-1	18宝	47戌	+9	-1	49海	48亥	+9	-1	19海	49子	+8	-1
11	47岩	44未	+9	-1	18宝	45申	+9	-1	49海	46酉	+9	-1	19海	47戌	+9	-1	50雨	48亥	+9	-1	20雨	49子	+8	-1
12	48宝	44未	+9	-1	19海	45申	+9	-1	50雨	46酉	+9	-1	20雨	47戌	+9	-1	51木	48亥	+8	-1	21木	49子	+8	-1
13	49海	44未	+9	-2	20雨	45申	+9	-2	51木	46酉	+8	-2	21木	47戌	+8	-1	52草	48亥	+8	-2	22草	49子	+7	-2
14	50雨	44未	+8	-2	21木	45申	+8	-2	52草	46酉	+8	-2	22草	47戌	+8	-2	53陽	48亥	+8	-2	23陽	49子	+7	-2
15	51木	44未	+8	-2	22草	45申	+8	-2	53陽	46酉	+8	-2	23陽	47戌	+8	-2	54灯	48亥	+7	-2	24灯	49子	+7	-2
16	52草	44未	+8	-3	23陽	45申	+8	-3	54灯	46酉	+7	-3	24灯	47戌	+7	-2	55山	48亥	+7	-3	25山	49子	+6	-3
17	53陽	44未	+7	-3	24灯	45申	+7	-3	55山	46酉	+7	-3	25山	47戌	+7	-3	56畑	48亥	+7	-3	26畑	49子	+6	-3
18	54灯	44未	+7	-3	25山	45申	+7	-3	56畑	46酉	+7	-3	26畑	47戌	+7	-3	57岩	48亥	+6	-3	27岩	49子	+6	-3
19	55山	44未	+7	-4	26畑	45申	+7	-4	57岩	46酉	+6	-4	27岩	47戌	+6	-3	58宝	48亥	+6	-4	28宝	49子	+5	-4
20	56畑	44未	+6	-4	27岩	45申	+6	-4	58宝	46酉	+6	-4	28宝	47戌	+6	-4	59海	48亥	+6	-4	29海	49子	+5	-4
21	57岩	44未	+6	-4	28宝	45申	+6	-4	59海	46酉	+6	-4	29海	47戌	+6	-4	60雨	48亥	+5	-4	30雨	49子	+5	-4
22	58宝	44未	+6	-5	29海	45申	+6	-5	60雨	46酉	+5	-5	30雨	47戌	+5	-4	1木	48亥	+5	-5	31木	49子	+4	-5
23	59海	44未	+5	-5	30雨	45申	+5	-5	1木	46酉	+5	-5	31木	47戌	+5	-5	2草	48亥	+5	-5	32草	49子	+4	-5
24	60雨	44未	+5	-5	31木	45申	+5	-5	2草	46酉	+5	-5	32草	47戌	+5	-5	3陽	48亥	+4	-5	33陽	49子	+4	-5
25	1木	44未	+5	-6	32草	45申	+5	-6	3陽	46酉	+4	-6	33陽	47戌	+4	-5	4灯	48亥	+4	-6	34灯	49子	+3	-6
26	2草	44未	+4	-6	33陽	45申	+4	-6	4灯	46酉	+4	-6	34灯	47戌	+4	-6	5山	48亥	+4	-6	35山	49子	+3	-6
27	3陽	44未	+4	-6	34灯	45申	+4	-6	5山	46酉	+4	-6	35山	47戌	+4	-6	6畑	48亥	+3	-6	36畑	49子	+3	-6
28	4灯	44未	+4	-7	35山	45申	+4	-7	6畑	46酉	+3	-7	36畑	47戌	+3	-6	7岩	48亥	+3	-7	37岩	49子	+2	-7
29	5山	44未	+3	-7	36畑	45申	+3	-7	7岩	46酉	+3	-7	37岩	47戌	+3	-7	8宝	48亥	+3	-7	38宝	49子	+2	-7
30	6畑	44未	+3	-7	37岩	45申	+3	-7	8宝	46酉	+3	-7	38宝	47戌	+3	-7	9海	48亥	+2	-7	39海	49子	+2	-7
31	7岩	44未	+3	-8	38宝	45申	+3	-8					39海	47戌	+2	-7					40雨	49子	+1	-8

1963年　40 癸卯（2/4 ～翌年2/4）

日	1月				2月				3月				4月				5月				6月			
	日干	月干	男	女	日干	月干	男	女	日干	月干	男	女	日干	月干	男	女	日干	月干	男	女	日干	月干	男	女
1	41木	49子	+2	-8	12草	50丑	+1	-9	40雨	51寅	-8	+2	11木	52卯	-9	+1	41木	53辰	-8	+2	12草	54巳	-9	+2
2	42草	49子	+1	-9	13陽	50丑	+1	-9	41木	51寅	-8	+1	12草	52卯	-9	+1	42草	53辰	-9	+1	13陽	54巳	-9	+1
3	43陽	49子	+1	-9	14灯	50丑	+1	-9	42草	51寅	-9	+1	13陽	52卯	-9	+1	43陽	53辰	-9	+1	14灯	54巳	-9	+1
4	44灯	49子	+1	-9	15山	51寅	-0	+0	43陽	51寅	-9	+1	14灯	52卯	-0	+0	44灯	53辰	-9	+1	15山	54巳	-0	+1
5	45山	49子	+1	-0	16畑	51寅	-1	+0	44灯	51寅	-9	+1	15山	53辰	-0	+0	45山	53辰	-0	+1	16畑	54巳	-0	+1
6	46畑	50丑	+0	-1	17岩	51寅	-1	+0	45山	52卯	-1	+0	16畑	53辰	-1	+0	46畑	54巳	-1	+0	17岩	55午	-0	+0
7	47岩	50丑	+9	-1	18宝	51寅	-1	+9	46畑	52卯	-1	+0	17岩	53辰	-1	+0	47岩	54巳	-1	+0	18宝	55午	-1	+0
8	48宝	50丑	+9	-1	19海	51寅	-1	+9	47岩	52卯	-1	+9	18宝	53辰	-1	+9	48宝	54巳	-1	+0	19海	55午	-1	+0
9	49海	50丑	+9	-1	20雨	51寅	-1	+9	48宝	52卯	-1	+9	19海	53辰	-1	+9	49海	54巳	-1	+9	20雨	55午	-1	+9
10	50雨	50丑	+8	-1	21木	51寅	-2	+8	49海	52卯	-1	+9	20雨	53辰	-1	+9	50雨	54巳	-1	+9	21木	55午	-1	+9
11	51木	50丑	+8	-2	22草	51寅	-2	+8	50雨	52卯	-2	+8	21木	53辰	-2	+8	51木	54巳	-2	+9	22草	55午	-1	+9
12	52草	50丑	+8	-2	23陽	51寅	-2	+8	51木	52卯	-2	+8	22草	53辰	-2	+8	52草	54巳	-2	+8	23陽	55午	-2	+8
13	53陽	50丑	+7	-2	24灯	51寅	-3	+7	52草	52卯	-2	+8	23陽	53辰	-2	+8	53陽	54巳	-2	+8	24灯	55午	-2	+8
14	54灯	50丑	+7	-3	25山	51寅	-3	+7	53陽	52卯	-3	+7	24灯	53辰	-3	+7	54灯	54巳	-3	+8	25山	55午	-2	+8
15	55山	50丑	+7	-3	26畑	51寅	-3	+7	54灯	52卯	-3	+7	25山	53辰	-3	+7	55山	54巳	-3	+7	26畑	55午	-3	+7
16	56畑	50丑	+6	-3	27岩	51寅	-4	+6	55山	52卯	-3	+7	26畑	53辰	-3	+7	56畑	54巳	-3	+7	27岩	55午	-3	+7
17	57岩	50丑	+6	-4	28宝	51寅	-4	+6	56畑	52卯	-4	+6	27岩	53辰	-4	+6	57岩	54巳	-4	+7	28宝	55午	-3	+7
18	58宝	50丑	+6	-4	29海	51寅	-4	+6	57岩	52卯	-4	+6	28宝	53辰	-4	+6	58宝	54巳	-4	+6	29海	55午	-4	+6
19	59海	50丑	+5	-4	30雨	51寅	-5	+5	58宝	52卯	-4	+6	29海	53辰	-4	+6	59海	54巳	-4	+6	30雨	55午	-4	+6
20	60雨	50丑	+5	-5	31木	51寅	-5	+5	59海	52卯	-5	+5	30雨	53辰	-5	+5	60雨	54巳	-5	+6	31木	55午	-4	+6
21	1木	50丑	+5	-5	32草	51寅	-5	+5	60雨	52卯	-5	+5	31木	53辰	-5	+5	1木	54巳	-5	+5	32草	55午	-5	+5
22	2草	50丑	+4	-5	33陽	51寅	-6	+4	1木	52卯	-5	+5	32草	53辰	-5	+5	2草	54巳	-5	+5	33陽	55午	-5	+5
23	3陽	50丑	+4	-6	34灯	51寅	-6	+4	2草	52卯	-6	+4	33陽	53辰	-6	+4	3陽	54巳	-6	+5	34灯	55午	-5	+5
24	4灯	50丑	+4	-6	35山	51寅	-6	+4	3陽	52卯	-6	+4	34灯	53辰	-6	+4	4灯	54巳	-6	+4	35山	55午	-6	+4
25	5山	50丑	+3	-6	36畑	51寅	-7	+3	4灯	52卯	-6	+4	35山	53辰	-6	+4	5山	54巳	-6	+4	36畑	55午	-6	+4
26	6畑	50丑	+3	-7	37岩	51寅	-7	+3	5山	52卯	-7	+3	36畑	53辰	-7	+3	6畑	54巳	-7	+4	37岩	55午	-6	+4
27	7岩	50丑	+3	-7	38宝	51寅	-7	+3	6畑	52卯	-7	+3	37岩	53辰	-7	+3	7岩	54巳	-7	+3	38宝	55午	-7	+3
28	8宝	50丑	+2	-7	39海	51寅	-8	+2	7岩	52卯	-7	+3	38宝	53辰	-7	+3	8宝	54巳	-7	+3	39海	55午	-7	+3
29	9海	50丑	+2	-8					8宝	52卯	-8	+2	39海	53辰	-8	+2	9海	54巳	-8	+3	40雨	55午	-7	+3
30	10雨	50丑	+2	-8					9海	52卯	-8	+2	40雨	53辰	-8	+2	10雨	54巳	-8	+2	41木	55午	-8	+2
31	11木	50丑	+1	-8					10雨	52卯	-8	+2					11木	54巳	-8	+2				

日	7月				8月				9月				10月				11月				12月			
	日干	月干	男	女	日干	月干	男	女	日干	月干	男	女	日干	月干	男	女	日干	月干	男	女	日干	月干	男	女
1	42草	55午	-8	+2	13陽	56未	-8	+2	44灯	57申	-8	+2	14灯	58酉	-8	+2	45山	59戌	-8	+2	15山	60亥	-8	+2
2	43陽	55午	-9	+2	14灯	56未	-8	+2	45山	57申	-8	+2	15山	58酉	-8	+2	46畑	59戌	-8	+2	16畑	60亥	-8	+1
3	44灯	55午	-9	+1	15山	56未	-9	+2	46畑	57申	-9	+2	16畑	58酉	-8	+2	47岩	59戌	-8	+1	17岩	60亥	-8	+1
4	45山	55午	-9	+1	16畑	56未	-9	+1	47岩	57申	-9	+1	17岩	58酉	-9	+1	48宝	59戌	-9	+1	18宝	60亥	-9	+1
5	46畑	55午	-0	+1	17岩	56未	-9	+1	48宝	57申	-9	+1	18宝	58酉	-9	+1	49海	59戌	-9	+1	19海	60亥	-9	+1
6	47岩	55午	-0	+1	18宝	56未	-0	+1	49海	57申	-0	+1	19海	58酉	-9	+1	50雨	59戌	-9	+1	20雨	60亥	-9	+0
7	48宝	55午	-0	+0	19海	56未	-0	+1	50雨	57申	-0	+1	20雨	58酉	-0	+1	51木	59戌	-0	+0	21木	60亥	-0	+9
8	49海	56未	-1	+0	20雨	57申	-1	+0	51木	58酉	-1	+0	21木	58酉	-0	+0	52草	60亥	-1	+0	22草	1子	-1	+9
9	50雨	56未	-1	+0	21木	57申	-1	+0	52草	58酉	-1	+0	22草	59戌	-1	+0	53陽	60亥	-1	+9	23陽	1子	-1	+9
10	51木	56未	-1	+0	22草	57申	-1	+0	53陽	58酉	-1	+9	23陽	59戌	-1	+9	54灯	60亥	-1	+9	24灯	1子	-1	+8
11	52草	56未	-1	+9	23陽	57申	-1	+9	54灯	58酉	-1	+9	24灯	59戌	-1	+9	55山	60亥	-1	+9	25山	1子	-1	+8
12	53陽	56未	-1	+9	24灯	57申	-1	+9	55山	58酉	-1	+9	25山	59戌	-1	+9	56畑	60亥	-1	+8	26畑	1子	-1	+8
13	54灯	56未	-2	+9	25山	57申	-2	+9	56畑	58酉	-2	+8	26畑	59戌	-1	+8	57岩	60亥	-2	+8	27岩	1子	-2	+7
14	55山	56未	-2	+8	26畑	57申	-2	+8	57岩	58酉	-2	+8	27岩	59戌	-2	+8	58宝	60亥	-2	+8	28宝	1子	-2	+7
15	56畑	56未	-2	+8	27岩	57申	-2	+8	58宝	58酉	-2	+8	28宝	59戌	-2	+8	59海	60亥	-2	+7	29海	1子	-2	+7
16	57岩	56未	-3	+8	28宝	57申	-3	+8	59海	58酉	-3	+7	29海	59戌	-2	+7	60雨	60亥	-3	+7	30雨	1子	-3	+6
17	58宝	56未	-3	+7	29海	57申	-3	+7	60雨	58酉	-3	+7	30雨	59戌	-3	+7	1木	60亥	-3	+7	31木	1子	-3	+6
18	59海	56未	-3	+7	30雨	57申	-3	+7	1木	58酉	-3	+7	31木	59戌	-3	+7	2草	60亥	-3	+6	32草	1子	-3	+6
19	60雨	56未	-4	+7	31木	57申	-4	+7	2草	58酉	-4	+6	32草	59戌	-3	+6	3陽	60亥	-4	+6	33陽	1子	-4	+5
20	1木	56未	-4	+6	32草	57申	-4	+6	3陽	58酉	-4	+6	33陽	59戌	-4	+6	4灯	60亥	-4	+6	34灯	1子	-4	+5
21	2草	56未	-4	+6	33陽	57申	-4	+6	4灯	58酉	-4	+6	34灯	59戌	-4	+6	5山	60亥	-4	+5	35山	1子	-4	+5
22	3陽	56未	-5	+6	34灯	57申	-5	+6	5山	58酉	-5	+5	35山	59戌	-4	+5	6畑	60亥	-5	+5	36畑	1子	-5	+4
23	4灯	56未	-5	+5	35山	57申	-5	+5	6畑	58酉	-5	+5	36畑	59戌	-5	+5	7岩	60亥	-5	+5	37岩	1子	-5	+4
24	5山	56未	-5	+5	36畑	57申	-5	+5	7岩	58酉	-5	+5	37岩	59戌	-5	+5	8宝	60亥	-5	+4	38宝	1子	-5	+4
25	6畑	56未	-6	+5	37岩	57申	-6	+5	8宝	58酉	-6	+4	38宝	59戌	-5	+4	9海	60亥	-6	+4	39海	1子	-6	+3
26	7岩	56未	-6	+4	38宝	57申	-6	+4	9海	58酉	-6	+4	39海	59戌	-6	+4	10雨	60亥	-6	+4	40雨	1子	-6	+3
27	8宝	56未	-6	+4	39海	57申	-6	+4	10雨	58酉	-6	+4	40雨	59戌	-6	+4	11木	60亥	-6	+3	41木	1子	-6	+3
28	9海	56未	-7	+4	40雨	57申	-7	+4	11木	58酉	-7	+3	41木	59戌	-6	+3	12草	60亥	-7	+3	42草	1子	-7	+2
29	10雨	56未	-7	+3	41木	57申	-7	+3	12草	58酉	-7	+3	42草	59戌	-7	+3	13陽	60亥	-7	+3	43陽	1子	-7	+2
30	11木	56未	-7	+3	42草	57申	-7	+3	13陽	58酉	-7	+3	43陽	59戌	-7	+3	14灯	60亥	-7	+2	44灯	1子	-7	+2
31	12草	56未	-8	+3	43陽	57申	-8	+3					44灯	59戌	-7	+2					45山	1子	-8	+1

1964年　41 甲辰（2/5 ～翌年2/3）

日	1月				2月				3月				4月				5月				6月			
	日干	月干	男	女	日干	月干	男	女	日干	月干	男	女	日干	月干	男	女	日干	月干	男	女	日干	月干	男	女
1	46畑	1子	-8	+2	17岩	2丑	-9	+1	46畑	3寅	+2	-8	17岩	4卯	+1	-9	47岩	5辰	+2	-8	18宝	6巳	+2	-9
2	47岩	1子	-9	+1	18宝	2丑	-9	+1	47岩	3寅	+1	-8	18宝	4卯	+1	-9	48宝	5辰	+1	-9	19海	6巳	+1	-9
3	48宝	1子	-9	+1	19海	2丑	-9	+1	48宝	3寅	+1	-9	19海	4卯	+1	-9	49海	5辰	+1	-9	20	6巳	+1	-9
4	49海	1子	-9	+1	20	2丑	-0	+0	49海	3寅	+1	-9	20	4卯	+0	-0	50	5辰	+1	-9	21木	6巳	+1	-0
5	50	1子	-0	+1	21木	3寅	+0	-1	50	4卯	+1	-9	21木	5辰	+0	-0	51木	6巳	+1	-0	22草	6巳	+1	-0
6	51木	2丑	-1	+0	22草	3寅	+0	-1	51木	4卯	+0	-1	22草	5辰	+0	-1	52草	6巳	+0	-1	23陽	7午	+0	-0
7	52草	2丑	-1	+9	23陽	3寅	+9	-1	52草	4卯	+0	-1	23陽	5辰	+0	-1	53陽	6巳	+0	-1	24灯	7午	+0	-1
8	53陽	2丑	-1	+9	24灯	3寅	+9	-1	53陽	4卯	+9	-1	24灯	5辰	+9	-1	54灯	6巳	+0	-1	25山	7午	+0	-1
9	54灯	2丑	-1	+9	25山	3寅	+9	-1	54灯	4卯	+9	-1	25山	5辰	+9	-1	55山	6巳	+9	-1	26畑	7午	+9	-1
10	55山	2丑	-1	+8	26畑	3寅	+8	-2	55山	4卯	+9	-1	26畑	5辰	+9	-1	56畑	6巳	+9	-1	27岩	7午	+9	-1
11	56畑	2丑	-2	+8	27岩	3寅	+8	-2	56畑	4卯	+8	-2	27岩	5辰	+8	-2	57岩	6巳	+9	-2	28宝	7午	+9	-1
12	57岩	2丑	-2	+8	28宝	3寅	+8	-2	57岩	4卯	+8	-2	28宝	5辰	+8	-2	58宝	6巳	+8	-2	29海	7午	+8	-2
13	58宝	2丑	-2	+7	29海	3寅	+7	-3	58宝	4卯	+8	-2	29海	5辰	+8	-2	59海	6巳	+8	-2	30	7午	+8	-2
14	59海	2丑	-3	+7	30	3寅	+7	-3	59海	4卯	+7	-3	30	5辰	+7	-3	60	6巳	+8	-3	31木	7午	+8	-2
15	60	2丑	-3	+7	31木	3寅	+7	-3	60	4卯	+7	-3	31木	5辰	+7	-3	1木	6巳	+7	-3	32草	7午	+7	-3
16	1木	2丑	-3	+6	32草	3寅	+6	-4	1木	4卯	+7	-3	32草	5辰	+7	-3	2草	6巳	+7	-3	33陽	7午	+7	-3
17	2草	2丑	-4	+6	33陽	3寅	+6	-4	2草	4卯	+6	-4	33陽	5辰	+6	-4	3陽	6巳	+7	-4	34灯	7午	+7	-3
18	3陽	2丑	-4	+6	34灯	3寅	+6	-4	3陽	4卯	+6	-4	34灯	5辰	+6	-4	4灯	6巳	+6	-4	35山	7午	+6	-4
19	4灯	2丑	-4	+5	35山	3寅	+5	-5	4灯	4卯	+6	-4	35山	5辰	+6	-4	5山	6巳	+6	-4	36畑	7午	+6	-4
20	5山	2丑	-5	+5	36畑	3寅	+5	-5	5山	4卯	+5	-5	36畑	5辰	+5	-5	6畑	6巳	+6	-5	37岩	7午	+6	-4
21	6畑	2丑	-5	+5	37岩	3寅	+5	-5	6畑	4卯	+5	-5	37岩	5辰	+5	-5	7岩	6巳	+5	-5	38宝	7午	+5	-5
22	7岩	2丑	-5	+4	38宝	3寅	+4	-6	7岩	4卯	+5	-5	38宝	5辰	+5	-5	8宝	6巳	+5	-5	39海	7午	+5	-5
23	8宝	2丑	-6	+4	39海	3寅	+4	-6	8宝	4卯	+4	-6	39海	5辰	+4	-6	9海	6巳	+5	-6	40	7午	+5	-5
24	9海	2丑	-6	+4	40	3寅	+4	-6	9海	4卯	+4	-6	40	5辰	+4	-6	10	6巳	+4	-6	41木	7午	+4	-6
25	10	2丑	-6	+3	41木	3寅	+3	-7	10	4卯	+4	-6	41木	5辰	+4	-6	11木	6巳	+4	-6	42草	7午	+4	-6
26	11木	2丑	-7	+3	42草	3寅	+3	-7	11木	4卯	+3	-7	42草	5辰	+3	-7	12草	6巳	+4	-7	43陽	7午	+4	-6
27	12草	2丑	-7	+3	43陽	3寅	+3	-7	12草	4卯	+3	-7	43陽	5辰	+3	-7	13陽	6巳	+3	-7	44灯	7午	+3	-7
28	13陽	2丑	-7	+2	44灯	3寅	+2	-8	13陽	4卯	+3	-7	44灯	5辰	+3	-7	14灯	6巳	+3	-7	45山	7午	+3	-7
29	14灯	2丑	-8	+2	45山	3寅	+2	-8	14灯	4卯	+2	-8	45山	5辰	+2	-8	15山	6巳	+3	-8	46畑	7午	+3	-7
30	15山	2丑	-8	+2					15山	4卯	+2	-8	46畑	5辰	+2	-8	16畑	6巳	+2	-8	47岩	7午	+2	-8
31	16畑	2丑	-8	+1					16畑	4卯	+2	-8					17岩	6巳	+2	-8				

日	7月				8月				9月				10月				11月				12月			
	日干	月干	男	女	日干	月干	男	女	日干	月干	男	女	日干	月干	男	女	日干	月干	男	女	日干	月干	男	女
1	48宝	7午	+2	-8	19海	8未	+2	-8	50	9申	+2	-8	20	10酉	+2	-8	51木	11戌	+2	-8	21木	12亥	+2	-8
2	49海	7午	+2	-8	20	8未	+2	-8	51木	9申	+2	-8	21木	10酉	+2	-8	52草	11戌	+2	-8	22草	12亥	+1	-8
3	50	7午	+1	-9	21木	8未	+2	-9	52草	9申	+2	-9	22草	10酉	+2	-8	53陽	11戌	+1	-8	23陽	12亥	+1	-8
4	51木	7午	+1	-9	22草	8未	+1	-9	53陽	9申	+1	-9	23陽	10酉	+1	-9	54灯	11戌	+1	-9	24灯	12亥	+1	-9
5	52草	7午	+1	-9	23陽	8未	+1	-9	54灯	9申	+1	-9	24灯	10酉	+1	-9	55山	11戌	+1	-9	25山	12亥	+1	-9
6	53陽	7午	+1	-0	24灯	8未	+1	-0	55山	9申	+1	-0	25山	10酉	+1	-9	56畑	11戌	+1	-9	26畑	12亥	+0	-9
7	54灯	8未	+0	-0	25山	9申	+1	-0	56畑	9申	+1	-0	26畑	10酉	+1	-0	57岩	12亥	+0	-0	27岩	13子	+9	-0
8	55山	8未	+0	-0	26畑	9申	+0	-1	57岩	10酉	+0	-1	27岩	11戌	+0	-0	58宝	12亥	+0	-1	28宝	13子	+9	-1
9	56畑	8未	+0	-1	27岩	9申	+0	-1	58宝	10酉	+0	-1	28宝	11戌	+0	-1	59海	12亥	+9	-1	29海	13子	+9	-1
10	57岩	8未	+0	-1	28宝	9申	+0	-1	59海	10酉	+9	-1	29海	11戌	+9	-1	60	12亥	+9	-1	30	13子	+8	-1
11	58宝	8未	+9	-1	29海	9申	+9	-1	60	10酉	+9	-1	30	11戌	+9	-1	1木	12亥	+9	-1	31木	13子	+8	-1
12	59海	8未	+9	-1	30	9申	+9	-1	1木	10酉	+9	-1	31木	11戌	+9	-1	2草	12亥	+8	-1	32草	13子	+8	-1
13	60	8未	+9	-1	31木	9申	+9	-2	2草	10酉	+8	-2	32草	11戌	+8	-1	3陽	12亥	+8	-2	33陽	13子	+7	-2
14	1木	8未	+8	-2	32草	9申	+8	-2	3陽	10酉	+8	-2	33陽	11戌	+8	-2	4灯	12亥	+8	-2	34灯	13子	+7	-2
15	2草	8未	+8	-2	33陽	9申	+8	-2	4灯	10酉	+8	-2	34灯	11戌	+8	-2	5山	12亥	+7	-2	35山	13子	+7	-2
16	3陽	8未	+8	-2	34灯	9申	+8	-3	5山	10酉	+7	-3	35山	11戌	+7	-2	6畑	12亥	+7	-3	36畑	13子	+6	-3
17	4灯	8未	+7	-3	35山	9申	+7	-3	6畑	10酉	+7	-3	36畑	11戌	+7	-3	7岩	12亥	+7	-3	37岩	13子	+6	-3
18	5山	8未	+7	-3	36畑	9申	+7	-3	7岩	10酉	+7	-3	37岩	11戌	+7	-3	8宝	12亥	+6	-3	38宝	13子	+6	-3
19	6畑	8未	+7	-3	37岩	9申	+7	-4	8宝	10酉	+6	-4	38宝	11戌	+6	-3	9海	12亥	+6	-4	39海	13子	+5	-4
20	7岩	8未	+6	-4	38宝	9申	+6	-4	9海	10酉	+6	-4	39海	11戌	+6	-4	10	12亥	+6	-4	40	13子	+5	-4
21	8宝	8未	+6	-4	39海	9申	+6	-4	10	10酉	+6	-4	40	11戌	+6	-4	11木	12亥	+5	-4	41木	13子	+5	-4
22	9海	8未	+6	-4	40	9申	+6	-5	11木	10酉	+5	-5	41木	11戌	+5	-4	12草	12亥	+5	-5	42草	13子	+4	-5
23	10	8未	+5	-5	41木	9申	+5	-5	12草	10酉	+5	-5	42草	11戌	+5	-5	13陽	12亥	+5	-5	43陽	13子	+4	-5
24	11木	8未	+5	-5	42草	9申	+5	-5	13陽	10酉	+5	-5	43陽	11戌	+5	-5	14灯	12亥	+4	-5	44灯	13子	+4	-5
25	12草	8未	+5	-5	43陽	9申	+5	-6	14灯	10酉	+4	-6	44灯	11戌	+4	-5	15山	12亥	+4	-6	45山	13子	+3	-6
26	13陽	8未	+4	-6	44灯	9申	+4	-6	15山	10酉	+4	-6	45山	11戌	+4	-6	16畑	12亥	+4	-6	46畑	13子	+3	-6
27	14灯	8未	+4	-6	45山	9申	+4	-6	16畑	10酉	+4	-6	46畑	11戌	+4	-6	17岩	12亥	+3	-6	47岩	13子	+3	-6
28	15山	8未	+4	-6	46畑	9申	+4	-7	17岩	10酉	+3	-7	47岩	11戌	+3	-6	18宝	12亥	+3	-7	48宝	13子	+2	-7
29	16畑	8未	+3	-7	47岩	9申	+3	-7	18宝	10酉	+3	-7	48宝	11戌	+3	-7	19海	12亥	+3	-7	49海	13子	+2	-7
30	17岩	8未	+3	-7	48宝	9申	+3	-7	19海	10酉	+3	-7	49海	11戌	+3	-7	20	12亥	+2	-7	50	13子	+2	-7
31	18宝	8未	+3	-7	49海	9申	+3	-8					50	11戌	+2	-7					51木	13子	+1	-8

1965年　42 乙巳（2/4 ～翌年2/3）

日	1月				2月				3月				4月				5月				6月			
	日干	月干	男	女	日干	月干	男	女	日干	月干	男	女	日干	月干	男	女	日干	月干	男	女	日干	月干	男	女
1	52草	13子	+2	-8	23陽	14丑	+1	-9	51木	15寅	-8	+2	22草	16卯	-9	+1	52草	17辰	-8	+2	23陽	18巳	-9	+2
2	53陽	13子	+1	-9	24灯	14丑	+1	-9	52草	15寅	-8	+1	23陽	16卯	-9	+1	53陽	17辰	-9	+1	24灯	18巳	-9	+1
3	54灯	13子	+1	-9	25山	14丑	+1	-9	53陽	15寅	-9	+1	24灯	16卯	-9	+1	54灯	17辰	-9	+1	25山	18巳	-9	+1
4	55山	13子	+1	-9	26畑	15寅	-0	+0	54灯	15寅	-9	+1	25山	16卯	-0	+0	55山	17辰	-9	+1	26畑	18巳	-0	+1
5	56畑	14丑	+1	-0	27岩	15寅	-1	+0	55山	15寅	-9	+1	26畑	17辰	-0	+0	56畑	17辰	-0	+1	27岩	18巳	-0	+1
6	57岩	14丑	+0	-1	28宝	15寅	-1	+0	56畑	16卯	-1	+0	27岩	17辰	-1	+0	57岩	18巳	-1	+0	28宝	19午	-0	+0
7	58宝	14丑	+9	-1	29海	15寅	-1	+9	57岩	16卯	-1	+0	28宝	17辰	-1	+0	58宝	18巳	-1	+0	29海	19午	-1	+0
8	59海	14丑	+9	-1	30	15寅	-1	+9	58宝	16卯	-1	+9	29海	17辰	-1	+9	59海	18巳	-1	+0	30	19午	-1	+0
9	60	14丑	+9	-1	31木	15寅	-1	+9	59海	16卯	-1	+9	30	17辰	-1	+9	60	18巳	-1	+9	31木	19午	-1	+9
10	1木	14丑	+8	-1	32草	15寅	-2	+8	60	16卯	-1	+9	31木	17辰	-1	+9	1木	18巳	-1	+9	32草	19午	-1	+9
11	2草	14丑	+8	-2	33陽	15寅	-2	+8	1木	16卯	-2	+8	32草	17辰	-2	+8	2草	18巳	-2	+9	33陽	19午	-1	+9
12	3陽	14丑	+8	-2	34灯	15寅	-2	+8	2草	16卯	-2	+8	33陽	17辰	-2	+8	3陽	18巳	-2	+8	34灯	19午	-2	+8
13	4灯	14丑	+7	-2	35山	15寅	-3	+7	3陽	16卯	-2	+8	34灯	17辰	-2	+8	4灯	18巳	-2	+8	35山	19午	-2	+8
14	5山	14丑	+7	-3	36畑	15寅	-3	+7	4灯	16卯	-3	+7	35山	17辰	-3	+7	5山	18巳	-3	+8	36畑	19午	-2	+8
15	6畑	14丑	+7	-3	37岩	15寅	-3	+7	5山	16卯	-3	+7	36畑	17辰	-3	+7	6畑	18巳	-3	+7	37岩	19午	-3	+7
16	7岩	14丑	+6	-3	38宝	15寅	-4	+6	6畑	16卯	-3	+7	37岩	17辰	-3	+7	7岩	18巳	-3	+7	38宝	19午	-3	+7
17	8宝	14丑	+6	-4	39海	15寅	-4	+6	7岩	16卯	-4	+6	38宝	17辰	-4	+6	8宝	18巳	-4	+7	39海	19午	-3	+7
18	9海	14丑	+6	-4	40	15寅	-4	+6	8宝	16卯	-4	+6	39海	17辰	-4	+6	9海	18巳	-4	+6	40	19午	-4	+6
19	10	14丑	+5	-4	41木	15寅	-5	+5	9海	16卯	-4	+6	40	17辰	-4	+6	10	18巳	-4	+6	41木	19午	-4	+6
20	11木	14丑	+5	-5	42草	15寅	-5	+5	10	16卯	-5	+5	41木	17辰	-5	+5	11木	18巳	-5	+6	42草	19午	-4	+6
21	12草	14丑	+5	-5	43陽	15寅	-5	+5	11木	16卯	-5	+5	42草	17辰	-5	+5	12草	18巳	-5	+5	43陽	19午	-5	+5
22	13陽	14丑	+4	-5	44灯	15寅	-6	+4	12草	16卯	-5	+5	43陽	17辰	-5	+5	13陽	18巳	-5	+5	44灯	19午	-5	+5
23	14灯	14丑	+4	-6	45山	15寅	-6	+4	13陽	16卯	-6	+4	44灯	17辰	-6	+4	14灯	18巳	-6	+5	45山	19午	-5	+5
24	15山	14丑	+4	-6	46畑	15寅	-6	+4	14灯	16卯	-6	+4	45山	17辰	-6	+4	15山	18巳	-6	+4	46畑	19午	-6	+4
25	16畑	14丑	+3	-6	47岩	15寅	-7	+3	15山	16卯	-6	+4	46畑	17辰	-6	+4	16畑	18巳	-6	+4	47岩	19午	-6	+4
26	17岩	14丑	+3	-7	48宝	15寅	-7	+3	16畑	16卯	-7	+3	47岩	17辰	-7	+3	17岩	18巳	-7	+4	48宝	19午	-6	+4
27	18宝	14丑	+3	-7	49海	15寅	-7	+3	17岩	16卯	-7	+3	48宝	17辰	-7	+3	18宝	18巳	-7	+3	49海	19午	-7	+3
28	19海	14丑	+2	-7	50	15寅	-8	+2	18宝	16卯	-7	+3	49海	17辰	-7	+3	19海	18巳	-7	+3	50	19午	-7	+3
29	20	14丑	+2	-8					19海	16卯	-8	+2	50	17辰	-8	+2	20	18巳	-8	+3	51木	19午	-7	+3
30	21木	14丑	+2	-8					20	16卯	-8	+2	51木	17辰	-8	+2	21木	18巳	-8	+2	52草	19午	-8	+2
31	22草	14丑	+1	-8					21木	16卯	-8	+2					22草	18巳	-8	+2				

日	7月				8月				9月				10月				11月				12月			
	日干	月干	男	女	日干	月干	男	女	日干	月干	男	女	日干	月干	男	女	日干	月干	男	女	日干	月干	男	女
1	53陽	19午	-8	+2	24灯	20未	-8	+2	55山	21申	-8	+2	25山	22酉	-8	+2	56畑	23戌	-8	+2	26畑	24亥	-8	+2
2	54灯	19午	-9	+2	25山	20未	-8	+2	56畑	21申	-8	+2	26畑	22酉	-8	+2	57岩	23戌	-8	+2	27岩	24亥	-8	+1
3	55山	19午	-9	+1	26畑	20未	-9	+2	57岩	21申	-9	+2	27岩	22酉	-8	+2	58宝	23戌	-8	+1	28宝	24亥	-8	+1
4	56畑	19午	-9	+1	27岩	20未	-9	+1	58宝	21申	-9	+1	28宝	22酉	-9	+1	59海	23戌	-9	+1	29海	24亥	-9	+1
5	57岩	19午	-0	+1	28宝	20未	-9	+1	59海	21申	-9	+1	29海	22酉	-9	+1	60	23戌	-9	+1	30	24亥	-9	+1
6	58宝	19午	-0	+1	29海	20未	-0	+1	60	21申	-0	+1	30	22酉	-9	+1	1木	23戌	-9	+1	31木	24亥	-9	+0
7	59海	20未	-0	+0	30	20未	-0	+1	1木	21申	-0	+1	31木	22酉	-0	+1	2草	23戌	-0	+0	32草	25子	-0	+9
8	60	20未	-1	+0	31木	21申	-1	+0	2草	22酉	-1	+0	32草	23戌	-0	+0	3陽	24亥	-1	+0	33陽	25子	-1	+9
9	1木	20未	-1	+0	32草	21申	-1	+0	3陽	22酉	-1	+0	33陽	23戌	-1	+0	4灯	24亥	-1	+9	34灯	25子	-1	+9
10	2草	20未	-1	+0	33陽	21申	-1	+0	4灯	22酉	-1	+9	34灯	23戌	-1	+9	5山	24亥	-1	+9	35山	25子	-1	+8
11	3陽	20未	-1	+9	34灯	21申	-1	+9	5山	22酉	-1	+9	35山	23戌	-1	+9	6畑	24亥	-1	+9	36畑	25子	-1	+8
12	4灯	20未	-1	+9	35山	21申	-1	+9	6畑	22酉	-1	+9	36畑	23戌	-1	+9	7岩	24亥	-1	+8	37岩	25子	-1	+8
13	5山	20未	-2	+9	36畑	21申	-2	+9	7岩	22酉	-2	+8	37岩	23戌	-1	+8	8宝	24亥	-2	+8	38宝	25子	-2	+7
14	6畑	20未	-2	+8	37岩	21申	-2	+8	8宝	22酉	-2	+8	38宝	23戌	-2	+8	9海	24亥	-2	+8	39海	25子	-2	+7
15	7岩	20未	-2	+8	38宝	21申	-2	+8	9海	22酉	-2	+8	39海	23戌	-2	+8	10	24亥	-2	+7	40	25子	-2	+7
16	8宝	20未	-3	+8	39海	21申	-3	+8	10	22酉	-3	+7	40	23戌	-2	+7	11木	24亥	-3	+7	41木	25子	-3	+6
17	9海	20未	-3	+7	40	21申	-3	+7	11木	22酉	-3	+7	41木	23戌	-3	+7	12草	24亥	-3	+7	42草	25子	-3	+6
18	10	20未	-3	+7	41木	21申	-3	+7	12草	22酉	-3	+7	42草	23戌	-3	+7	13陽	24亥	-3	+6	43陽	25子	-3	+6
19	11木	20未	-4	+7	42草	21申	-4	+7	13陽	22酉	-4	+6	43陽	23戌	-3	+6	14灯	24亥	-4	+6	44灯	25子	-4	+5
20	12草	20未	-4	+6	43陽	21申	-4	+6	14灯	22酉	-4	+6	44灯	23戌	-4	+6	15山	24亥	-4	+6	45山	25子	-4	+5
21	13陽	20未	-4	+6	44灯	21申	-4	+6	15山	22酉	-4	+6	45山	23戌	-4	+6	16畑	24亥	-4	+5	46畑	25子	-4	+5
22	14灯	20未	-5	+6	45山	21申	-5	+6	16畑	22酉	-5	+5	46畑	23戌	-4	+5	17岩	24亥	-5	+5	47岩	25子	-5	+4
23	15山	20未	-5	+5	46畑	21申	-5	+5	17岩	22酉	-5	+5	47岩	23戌	-5	+5	18宝	24亥	-5	+5	48宝	25子	-5	+4
24	16畑	20未	-5	+5	47岩	21申	-5	+5	18宝	22酉	-5	+5	48宝	23戌	-5	+5	19海	24亥	-5	+4	49海	25子	-5	+4
25	17岩	20未	-6	+5	48宝	21申	-6	+5	19海	22酉	-6	+4	49海	23戌	-5	+4	20	24亥	-6	+4	50	25子	-6	+3
26	18宝	20未	-6	+4	49海	21申	-6	+4	20	22酉	-6	+4	50	23戌	-6	+4	21木	24亥	-6	+4	51木	25子	-6	+3
27	19海	20未	-6	+4	50	21申	-6	+4	21木	22酉	-6	+4	51木	23戌	-6	+4	22草	24亥	-6	+3	52草	25子	-6	+3
28	20	20未	-7	+4	51木	21申	-7	+4	22草	22酉	-7	+3	52草	23戌	-6	+3	23陽	24亥	-7	+3	53陽	25子	-7	+2
29	21木	20未	-7	+3	52草	21申	-7	+3	23陽	22酉	-7	+3	53陽	23戌	-7	+3	24灯	24亥	-7	+3	54灯	25子	-7	+2
30	22草	20未	-7	+3	53陽	21申	-7	+3	24灯	22酉	-7	+3	54灯	23戌	-7	+3	25山	24亥	-7	+2	55山	25子	-7	+2
31	23陽	20未	-8	+3	54灯	21申	-8	+3					55山	23戌	-7	+2					56畑	25子	-8	+1

1966年　43 丙午（2/4 ～翌年2/3）

日	1月 日干	1月 月干	1月 男	1月 女	2月 日干	2月 月干	2月 男	2月 女	3月 日干	3月 月干	3月 男	3月 女	4月 日干	4月 月干	4月 男	4月 女
1	57岩	25子	-8	+2	28宝	26丑	-9	+1	56畑	27寅	+2	-8	27岩	28卯	+1	-9
2	58宝	25子	-9	+1	29海	26丑	-9	+1	57岩	27寅	+1	-8	28宝	28卯	+1	-9
3	59海	25子	-9	+1	30雨	26丑	-9	+1	58宝	27寅	+1	-9	29海	28卯	+1	-9
4	60雨	25子	-9	+1	31木	27寅	+0	-0	59海	27寅	+1	-9	30雨	28卯	+0	-0
5	1木	25子	-0	+1	32草	27寅	+0	-1	60雨	27寅	+1	-9	31木	29辰	+0	-0
6	2草	26丑	-1	+0	33陽	27寅	+0	-1	1木	28卯	+0	-1	32草	29辰	+0	-1
7	3陽	26丑	-1	+9	34灯	27寅	+9	-1	2草	28卯	+0	-1	33陽	29辰	+0	-1
8	4灯	26丑	-1	+9	35山	27寅	+9	-1	3陽	28卯	+9	-1	34灯	29辰	+9	-1
9	5山	26丑	-1	+9	36畑	27寅	+9	-1	4灯	28卯	+9	-1	35山	29辰	+9	-1
10	6畑	26丑	-1	+8	37岩	27寅	+8	-2	5山	28卯	+9	-1	36畑	29辰	+9	-1
11	7岩	26丑	-2	+8	38宝	27寅	+8	-2	6畑	28卯	+8	-2	37岩	29辰	+8	-2
12	8宝	26丑	-2	+8	39海	27寅	+8	-2	7岩	28卯	+8	-2	38宝	29辰	+8	-2
13	9海	26丑	-2	+7	40雨	27寅	+7	-3	8宝	28卯	+8	-2	39海	29辰	+8	-2
14	10雨	26丑	-3	+7	41木	27寅	+7	-3	9海	28卯	+7	-3	40雨	29辰	+7	-3
15	11木	26丑	-3	+7	42草	27寅	+7	-3	10雨	28卯	+7	-3	41木	29辰	+7	-3
16	12草	26丑	-3	+6	43陽	27寅	+6	-4	11木	28卯	+7	-3	42草	29辰	+7	-3
17	13陽	26丑	-4	+6	44灯	27寅	+6	-4	12草	28卯	+6	-4	43陽	29辰	+6	-4
18	14灯	26丑	-4	+6	45山	27寅	+6	-4	13陽	28卯	+6	-4	44灯	29辰	+6	-4
19	15山	26丑	-4	+5	46畑	27寅	+5	-5	14灯	28卯	+6	-4	45山	29辰	+6	-4
20	16畑	26丑	-5	+5	47岩	27寅	+5	-5	15山	28卯	+5	-5	46畑	29辰	+5	-5
21	17岩	26丑	-5	+5	48宝	27寅	+5	-5	16畑	28卯	+5	-5	47岩	29辰	+5	-5
22	18宝	26丑	-5	+4	49海	27寅	+4	-6	17岩	28卯	+5	-5	48宝	29辰	+5	-5
23	19海	26丑	-6	+4	50雨	27寅	+4	-6	18宝	28卯	+4	-6	49海	29辰	+4	-6
24	20雨	26丑	-6	+4	51木	27寅	+4	-6	19海	28卯	+4	-6	50雨	29辰	+4	-6
25	21木	26丑	-6	+3	52草	27寅	+3	-7	20雨	28卯	+4	-6	51木	29辰	+4	-6
26	22草	26丑	-7	+3	53陽	27寅	+3	-7	21木	28卯	+3	-7	52草	29辰	+3	-7
27	23陽	26丑	-7	+3	54灯	27寅	+3	-7	22草	28卯	+3	-7	53陽	29辰	+3	-7
28	24灯	26丑	-7	+2	55山	27寅	+2	-8	23陽	28卯	+3	-7	54灯	29辰	+3	-7
29	25山	26丑	-8	+2					24灯	28卯	+2	-8	55山	29辰	+2	-8
30	26畑	26丑	-8	+2					25山	28卯	+2	-8	56畑	29辰	+2	-8
31	27岩	26丑	-8	+1					26畑	28卯	+2	-8				

日	5月 日干	5月 月干	5月 男	5月 女	6月 日干	6月 月干	6月 男	6月 女	7月 日干	7月 月干	7月 男	7月 女	8月 日干	8月 月干	8月 男	8月 女
1	57岩	29辰	+2	-8	28宝	30巳	+2	-9	58宝	31午	+2	-8	29海	32未	+2	-8
2	58宝	29辰	+1	9	29海	30巳	+1	-9	59海	31午	+2	-9	30雨	32未	+2	-8
3	59海	29辰	+1	-9	30雨	30巳	+1	-9	60雨	31午	+1	-9	31木	32未	+2	-9
4	60雨	29辰	+1	-9	31木	30巳	+1	-0	1木	31午	+1	-9	32草	32未	+1	-9
5	1木	29辰	+1	-0	32草	30巳	+1	-0	2草	31午	+1	-0	33陽	32未	+1	-9
6	2草	30巳	+0	-1	33陽	31午	+0	-0	3陽	31午	+1	-0	34灯	32未	+1	-0
7	3陽	30巳	+0	-1	34灯	31午	+0	-1	4灯	32未	+0	-0	35山	32未	+1	-0
8	4灯	30巳	+0	-1	35山	31午	+0	-1	5山	32未	+0	-1	36畑	33申	+0	-1
9	5山	30巳	+9	-1	36畑	31午	+9	-1	6畑	32未	+0	-1	37岩	33申	+0	-1
10	6畑	30巳	+9	-1	37岩	31午	+9	-1	7岩	32未	+0	-1	38宝	33申	+0	-1
11	7岩	30巳	+9	-2	38宝	31午	+9	-1	8宝	32未	+9	-1	39海	33申	+9	-1
12	8宝	30巳	+8	-2	39海	31午	+8	-2	9海	32未	+9	-1	40雨	33申	+9	-1
13	9海	30巳	+8	-2	40雨	31午	+8	-2	10雨	32未	+9	-2	41木	33申	+9	-2
14	10雨	30巳	+8	-3	41木	31午	+8	-2	11木	32未	+8	-2	42草	33申	+8	-2
15	11木	30巳	+7	-3	42草	31午	+7	-3	12草	32未	+8	-2	43陽	33申	+8	-2
16	12草	30巳	+7	-3	43陽	31午	+7	-3	13陽	32未	+8	-3	44灯	33申	+8	-3
17	13陽	30巳	+7	-4	44灯	31午	+7	-3	14灯	32未	+7	-3	45山	33申	+7	-3
18	14灯	30巳	+6	-4	45山	31午	+6	-4	15山	32未	+7	-3	46畑	33申	+7	-3
19	15山	30巳	+6	-4	46畑	31午	+6	-4	16畑	32未	+7	-4	47岩	33申	+7	-4
20	16畑	30巳	+6	-5	47岩	31午	+6	-4	17岩	32未	+6	-4	48宝	33申	+6	-4
21	17岩	30巳	+5	-5	48宝	31午	+5	-5	18宝	32未	+6	-4	49海	33申	+6	-4
22	18宝	30巳	+5	-5	49海	31午	+5	-5	19海	32未	+6	-5	50雨	33申	+6	-5
23	19海	30巳	+5	-6	50雨	31午	+5	-5	20雨	32未	+5	-5	51木	33申	+5	-5
24	20雨	30巳	+4	-6	51木	31午	+4	-6	21木	32未	+5	-5	52草	33申	+5	-5
25	21木	30巳	+4	-6	52草	31午	+4	-6	22草	32未	+5	-6	53陽	33申	+5	-6
26	22草	30巳	+4	-7	53陽	31午	+4	-6	23陽	32未	+4	-6	54灯	33申	+4	-6
27	23陽	30巳	+3	-7	54灯	31午	+3	-7	24灯	32未	+4	-6	55山	33申	+4	6
28	24灯	30巳	+3	-7	55山	31午	+3	-7	25山	32未	+4	-7	56畑	33申	+4	-7
29	25山	30巳	+3	-8	56畑	31午	+3	-7	26畑	32未	+3	-7	57岩	33申	+3	-7
30	26畑	30巳	+2	-8	57岩	31午	+2	-8	27岩	32未	+3	-7	58宝	33申	+3	-7
31	27岩	30巳	+2	-8					28宝	32未	+3	-8	59海	33申	+3	-8

日	9月 日干	9月 月干	9月 男	9月 女	10月 日干	10月 月干	10月 男	10月 女	11月 日干	11月 月干	11月 男	11月 女	12月 日干	12月 月干	12月 男	12月 女
1	60雨	33申	+2	-8	30雨	34酉	+2	-8	1木	35戌	+2	-8	31木	36亥	+2	-8
2	1木	33申	+2	-8	31木	34酉	+2	-8	2草	35戌	+2	-8	32草	36亥	+1	-8
3	2草	33申	+2	-9	32草	34酉	+2	-8	3陽	35戌	+1	-8	33陽	36亥	+1	-8
4	3陽	33申	+1	-9	33陽	34酉	+1	-9	4灯	35戌	+1	-9	34灯	36亥	+1	-9
5	4灯	33申	+1	-9	34灯	34酉	+1	-9	5山	35戌	+1	-9	35山	36亥	+1	-9
6	5山	33申	+1	-0	35山	34酉	+1	-9	6畑	35戌	+1	-9	36畑	36亥	+0	-9
7	6畑	33申	+1	-0	36畑	34酉	+1	-0	7岩	35戌	+0	-0	37岩	37子	+9	-0
8	7岩	34酉	+0	-1	37岩	34酉	+0	-0	8宝	36亥	+0	-1	38宝	37子	+9	-1
9	8宝	34酉	+0	-1	38宝	35戌	+0	-1	9海	36亥	+9	-1	39海	37子	+9	-1
10	9海	34酉	+9	-1	39海	35戌	+9	-1	10雨	36亥	+9	-1	40雨	37子	+8	-1
11	10雨	34酉	+9	-1	40雨	35戌	+9	-1	11木	36亥	+9	-1	41木	37子	+8	-1
12	11木	34酉	+9	-1	41木	35戌	+9	-1	12草	36亥	+8	-1	42草	37子	+8	-1
13	12草	34酉	+8	-2	42草	35戌	+8	-1	13陽	36亥	+8	-2	43陽	37子	+7	-2
14	13陽	34酉	+8	-2	43陽	35戌	+8	-2	14灯	36亥	+8	-2	44灯	37子	+7	-2
15	14灯	34酉	+8	-2	44灯	35戌	+8	-2	15山	36亥	+7	-2	45山	37子	+7	-2
16	15山	34酉	+7	-3	45山	35戌	+7	-2	16畑	36亥	+7	-3	46畑	37子	+6	-3
17	16畑	34酉	+7	-3	46畑	35戌	+7	-3	17岩	36亥	+7	-3	47岩	37子	+6	-3
18	17岩	34酉	+7	-3	47岩	35戌	+7	-3	18宝	36亥	+6	-3	48宝	37子	+6	-3
19	18宝	34酉	+6	-4	48宝	35戌	+6	-3	19海	36亥	+6	-4	49海	37子	+5	-4
20	19海	34酉	+6	-4	49海	35戌	+6	-4	20雨	36亥	+6	-4	50雨	37子	+5	-4
21	20雨	34酉	+6	-4	50雨	35戌	+6	-4	21木	36亥	+5	-4	51木	37子	+5	-4
22	21木	34酉	+5	-5	51木	35戌	+5	-4	22草	36亥	+5	-5	52草	37子	+4	-5
23	22草	34酉	+5	-5	52草	35戌	+5	-5	23陽	36亥	+5	-5	53陽	37子	+4	-5
24	23陽	34酉	+5	-5	53陽	35戌	+5	-5	24灯	36亥	+4	-5	54灯	37子	+4	-5
25	24灯	34酉	+4	-6	54灯	35戌	+4	-5	25山	36亥	+4	-6	55山	37子	+3	-6
26	25山	34酉	+4	-6	55山	35戌	+4	-6	26畑	36亥	+4	-6	56畑	37子	+3	-6
27	26畑	34酉	+4	-6	56畑	35戌	+4	-6	27岩	36亥	+3	-6	57岩	37子	+3	-6
28	27岩	34酉	+3	-7	57岩	35戌	+3	-6	28宝	36亥	+3	-7	58宝	37子	+2	-7
29	28宝	34酉	+3	-7	58宝	35戌	+3	-7	29海	36亥	+3	-7	59海	37子	+2	-7
30	29海	34酉	+3	-7	59海	35戌	+3	-7	30雨	36亥	+2	-7	60雨	37子	+2	-7
31					60雨	35戌	+2	-7					1木	37子	+1	-8

1967年　44 丁未（2/4 ～翌年2/4）

日	1月 日干	1月 月干	1月 男	1月 女	2月 日干	2月 月干	2月 男	2月 女	3月 日干	3月 月干	3月 男	3月 女	4月 日干	4月 月干	4月 男	4月 女
1	2草	37子	+2	-8	33陽	38丑	+1	-9	1木	39寅	-8	+2	32草	40卯	-9	+1
2	3陽	37子	+1	-9	34灯	38丑	+1	-9	2草	39寅	-8	+1	33陽	40卯	-9	+1
3	4灯	37子	+1	-9	35山	38丑	+1	-9	3陽	39寅	-9	+1	34灯	40卯	-9	+1
4	5山	37子	+1	-9	36畑	39寅	-0	+0	4灯	39寅	-9	+1	35山	40卯	-0	+0
5	6畑	37子	+1	-0	37岩	39寅	-1	+0	5山	39寅	-9	+1	36畑	41辰	-0	+0
6	7岩	38丑	+0	-1	38宝	39寅	-1	+0	6畑	40卯	-1	+0	37岩	41辰	-1	+0
7	8宝	38丑	+9	-1	39海	39寅	-1	+9	7岩	40卯	-1	+0	38宝	41辰	-1	+0
8	9海	38丑	+9	-1	40雨	39寅	-1	+9	8宝	40卯	-1	+9	39海	41辰	-1	+9
9	10雨	38丑	+9	-1	41木	39寅	-1	+9	9海	40卯	-1	+9	40雨	41辰	-1	+9
10	11木	38丑	+8	-1	42草	39寅	-2	+8	10雨	40卯	-1	+9	41木	41辰	-1	+9
11	12草	38丑	+8	-2	43陽	39寅	-2	+8	11木	40卯	-2	+8	42草	41辰	-2	+8
12	13陽	38丑	+8	-2	44灯	39寅	-2	+8	12草	40卯	-2	+8	43陽	41辰	-2	+8
13	14灯	38丑	+7	-2	45山	39寅	-3	+7	13陽	40卯	-2	+8	44灯	41辰	-2	+8
14	15山	38丑	+7	-3	46畑	39寅	-3	+7	14灯	40卯	-3	+7	45山	41辰	-3	+7
15	16畑	38丑	+7	-3	47岩	39寅	-3	+7	15山	40卯	-3	+7	46畑	41辰	-3	+7
16	17岩	38丑	+6	-3	48宝	39寅	-4	+6	16畑	40卯	-3	+7	47岩	41辰	-3	+7
17	18宝	38丑	+6	-4	49海	39寅	-4	+6	17岩	40卯	-4	+6	48宝	41辰	-4	+6
18	19海	38丑	+6	-4	50雨	39寅	-4	+6	18宝	40卯	-4	+6	49海	41辰	-4	+6
19	20雨	38丑	+5	-4	51木	39寅	-5	+5	19海	40卯	-4	+6	50雨	41辰	-4	+6
20	21木	38丑	+5	-5	52草	39寅	-5	+5	20雨	40卯	-5	+5	51木	41辰	-5	+5
21	22草	38丑	+5	-5	53陽	39寅	-5	+5	21木	40卯	-5	+5	52草	41辰	-5	+5
22	23陽	38丑	+4	-5	54灯	39寅	-6	+4	22草	40卯	-5	+5	53陽	41辰	-5	+5
23	24灯	38丑	+4	-6	55山	39寅	-6	+4	23陽	40卯	-6	+4	54灯	41辰	-6	+4
24	25山	38丑	+4	-6	56畑	39寅	-6	+4	24灯	40卯	-6	+4	55山	41辰	-6	+4
25	26畑	38丑	+3	-6	57岩	39寅	-7	+3	25山	40卯	-6	+4	56畑	41辰	-6	+4
26	27岩	38丑	+3	-7	58宝	39寅	-7	+3	26畑	40卯	-7	+3	57岩	41辰	-7	+3
27	28宝	38丑	+3	-7	59海	39寅	-7	+3	27岩	40卯	-7	+3	58宝	41辰	-7	+3
28	29海	38丑	+2	-7	60雨	39寅	-8	+2	28宝	40卯	-7	+3	59海	41辰	-7	+3
29	30雨	38丑	+2	-8					29海	40卯	-8	+2	60雨	41辰	-8	+2
30	31木	38丑	+2	-8					30雨	40卯	-8	+2	1木	41辰	-8	+2
31	32草	38丑	+1	-8					31木	40卯	-8	+2				

日	5月 日干	5月 月干	5月 男	5月 女	6月 日干	6月 月干	6月 男	6月 女	7月 日干	7月 月干	7月 男	7月 女	8月 日干	8月 月干	8月 男	8月 女
1	2草	41辰	-8	+2	33陽	42巳	-9	+2	3陽	43午	-8	+2	34灯	44未	-8	+2
2	3陽	41辰	-9	+1	34灯	42巳	-9	+1	4灯	43午	-9	+2	35山	44未	-8	+2
3	4灯	41辰	-9	+1	35山	42巳	-9	+1	5山	43午	-9	+1	36畑	44未	-9	+2
4	5山	41辰	-9	+1	36畑	42巳	-0	+1	6畑	43午	-9	+1	37岩	44未	-9	+1
5	6畑	41辰	-0	+1	37岩	42巳	-0	+1	7岩	43午	-0	+1	38宝	44未	-9	+1
6	7岩	42巳	-1	+0	38宝	43午	-0	+0	8宝	43午	-0	+1	39海	44未	-0	+1
7	8宝	42巳	-1	+0	39海	43午	-1	+0	9海	43午	-0	+0	40雨	44未	-0	+1
8	9海	42巳	-1	+0	40雨	43午	-1	+0	10雨	44未	-1	+0	41木	45申	-1	+0
9	10雨	42巳	-1	+9	41木	43午	-1	+9	11木	44未	-1	+0	42草	45申	-1	+0
10	11木	42巳	-1	+9	42草	43午	-1	+9	12草	44未	-1	+0	43陽	45申	-1	+0
11	12草	42巳	-2	+9	43陽	43午	-1	+9	13陽	44未	-1	+9	44灯	45申	-1	+9
12	13陽	42巳	-2	+8	44灯	43午	-2	+8	14灯	44未	-1	+9	45山	45申	-1	+9
13	14灯	42巳	-2	+8	45山	43午	-2	+8	15山	44未	-2	+9	46畑	45申	-2	+9
14	15山	42巳	-3	+8	46畑	43午	-2	+8	16畑	44未	-2	+8	47岩	45申	-2	+8
15	16畑	42巳	-3	+7	47岩	43午	-3	+7	17岩	44未	-2	+8	48宝	45申	-2	+8
16	17岩	42巳	-3	+7	48宝	43午	-3	+7	18宝	44未	-3	+8	49海	45申	-3	+8
17	18宝	42巳	-4	+7	49海	43午	-3	+7	19海	44未	-3	+7	50雨	45申	-3	+7
18	19海	42巳	-4	+6	50雨	43午	-4	+6	20雨	44未	-3	+7	51木	45申	-3	+7
19	20雨	42巳	-4	+6	51木	43午	-4	+6	21木	44未	-4	+7	52草	45申	-4	+7
20	21木	42巳	-5	+6	52草	43午	-4	+6	22草	44未	-4	+6	53陽	45申	-4	+6
21	22草	42巳	-5	+5	53陽	43午	-5	+5	23陽	44未	-4	+6	54灯	45申	-4	+6
22	23陽	42巳	-5	+5	54灯	43午	-5	+5	24灯	44未	-5	+6	55山	45申	-5	+6
23	24灯	42巳	-6	+5	55山	43午	-5	+5	25山	44未	-5	+5	56畑	45申	-5	+5
24	25山	42巳	-6	+4	56畑	43午	-6	+4	26畑	44未	-5	+5	57岩	45申	-5	+5
25	26畑	42巳	-6	+4	57岩	43午	-6	+4	27岩	44未	-6	+5	58宝	45申	-6	+5
26	27岩	42巳	-7	+4	58宝	43午	-6	+4	28宝	44未	-6	+4	59海	45申	-6	+4
27	28宝	42巳	-7	+3	59海	43午	-7	+3	29海	44未	-6	+4	60雨	45申	-6	+4
28	29海	42巳	-7	+3	60雨	43午	-7	+3	30雨	44未	-7	+4	1木	45申	-7	+4
29	30雨	42巳	-8	+3	1木	43午	-7	+3	31木	44未	-7	+3	2草	45申	-7	+3
30	31木	42巳	-8	+2	2草	43午	-8	+2	32草	44未	-7	+3	3陽	45申	-7	+3
31	32草	42巳	-8	+2					33陽	44未	-8	+3	4灯	45申	-8	+3

日	9月 日干	9月 月干	9月 男	9月 女	10月 日干	10月 月干	10月 男	10月 女	11月 日干	11月 月干	11月 男	11月 女	12月 日干	12月 月干	12月 男	12月 女
1	5山	45申	-8	+2	35山	46酉	-8	+2	6畑	47戌	-8	+2	36畑	48亥	-8	+2
2	6畑	45申	-8	+2	36畑	46酉	-8	+2	7岩	47戌	-8	+2	37岩	48亥	-8	+1
3	7岩	45申	-9	+2	37岩	46酉	-8	+2	8宝	47戌	-8	+1	38宝	48亥	-8	+1
4	8宝	45申	-9	+1	38宝	46酉	-9	+1	9海	47戌	-9	+1	39海	48亥	-9	+1
5	9海	45申	-9	+1	39海	46酉	-9	+1	10雨	47戌	-9	+1	40雨	48亥	-9	+1
6	10雨	45申	-0	+1	40雨	46酉	-9	+1	11木	47戌	-9	+1	41木	48亥	-9	+0
7	11木	45申	-0	+1	41木	46酉	-0	+1	12草	47戌	-0	+0	42草	48亥	-0	+9
8	12草	46酉	-1	+0	42草	46酉	-0	+0	13陽	48亥	-1	+0	43陽	49子	-1	+9
9	13陽	46酉	-1	+0	43陽	47戌	-1	+0	14灯	48亥	-1	+9	44灯	49子	-1	+9
10	14灯	46酉	-1	+9	44灯	47戌	-1	+9	15山	48亥	-1	+9	45山	49子	-1	+8
11	15山	46酉	-1	+9	45山	47戌	-1	+9	16畑	48亥	-1	+9	46畑	49子	-1	+8
12	16畑	46酉	-1	+9	46畑	47戌	-1	+9	17岩	48亥	-1	+8	47岩	49子	-1	+8
13	17岩	46酉	-2	+8	47岩	47戌	-1	+8	18宝	48亥	-2	+8	48宝	49子	-2	+7
14	18宝	46酉	-2	+8	48宝	47戌	-2	+8	19海	48亥	-2	+8	49海	49子	-2	+7
15	19海	46酉	-2	+8	49海	47戌	-2	+8	20雨	48亥	-2	+7	50雨	49子	-2	+7
16	20雨	46酉	-3	+7	50雨	47戌	-2	+7	21木	48亥	-3	+7	51木	49子	-3	+6
17	21木	46酉	-3	+7	51木	47戌	-3	+7	22草	48亥	-3	+7	52草	49子	-3	+6
18	22草	46酉	-3	+7	52草	47戌	-3	+7	23陽	48亥	-3	+6	53陽	49子	-3	+6
19	23陽	46酉	-4	+6	53陽	47戌	-3	+6	24灯	48亥	-4	+6	54灯	49子	-4	+5
20	24灯	46酉	-4	+6	54灯	47戌	-4	+6	25山	48亥	-4	+6	55山	49子	-4	+5
21	25山	46酉	-4	+6	55山	47戌	-4	+6	26畑	48亥	-4	+5	56畑	49子	-4	+5
22	26畑	46酉	-5	+5	56畑	47戌	-4	+5	27岩	48亥	-5	+5	57岩	49子	-5	+4
23	27岩	46酉	-5	+5	57岩	47戌	-5	+5	28宝	48亥	-5	+5	58宝	49子	-5	+4
24	28宝	46酉	-5	+5	58宝	47戌	-5	+5	29海	48亥	-5	+4	59海	49子	-5	+4
25	29海	46酉	-6	+4	59海	47戌	-5	+4	30雨	48亥	-6	+4	60雨	49子	-6	+3
26	30雨	46酉	-6	+4	60雨	47戌	-6	+4	31木	48亥	-6	+4	1木	49子	-6	+3
27	31木	46酉	-6	+4	1木	47戌	-6	+4	32草	48亥	-6	+3	2草	49子	-6	+3
28	32草	46酉	-7	+3	2草	47戌	-6	+3	33陽	48亥	-7	+3	3陽	49子	-7	+2
29	33陽	46酉	-7	+3	3陽	47戌	-7	+3	34灯	48亥	-7	+3	4灯	49子	-7	+2
30	34灯	46酉	-7	+3	4灯	47戌	-7	+3	35山	48亥	-7	+2	5山	49子	-7	+2
31					5山	47戌	-7	+2					6畑	49子	-8	+1

1968年　45 戊申（2/5 ～翌年2/3）

日	1月				2月				3月				4月			
	日干	月干	男	女	日干	月干	男	女	日干	月干	男	女	日干	月干	男	女
1	7岩	49子	-8	+2	38宝	50丑	-9	+1	7岩	51寅	+2	-8	38宝	52卯	+1	-9
2	8宝	49子	-9	+1	39海	50丑	-9	+1	8宝	51寅	+1	-8	39海	52卯	+1	-9
3	9海	49子	-9	+1	40雨	50丑	-9	+1	9海	51寅	+1	-9	40雨	52卯	+1	-9
4	10雨	49子	-9	+1	41木	50丑	-0	+0	10雨	51寅	+1	-9	41木	52卯	+0	-0
5	11木	49子	-0	+1	42草	51寅	+0	-1	11木	52卯	+1	-9	42草	53辰	+0	-0
6	12草	50丑	-1	+0	43陽	51寅	+0	-1	12草	52卯	+0	-1	43陽	53辰	+0	-1
7	13陽	50丑	-1	+9	44灯	51寅	+9	-1	13陽	52卯	+0	-1	44灯	53辰	+0	-1
8	14灯	50丑	-1	+9	45山	51寅	+9	-1	14灯	52卯	+9	-1	45山	53辰	+9	-1
9	15山	50丑	-1	+9	46畑	51寅	+9	-1	15山	52卯	+9	-1	46畑	53辰	+9	-1
10	16畑	50丑	-1	+8	47岩	51寅	+8	-2	16畑	52卯	+9	-1	47岩	53辰	+9	-1
11	17岩	50丑	-2	+8	48宝	51寅	+8	-2	17岩	52卯	+8	-2	48宝	53辰	+8	-2
12	18宝	50丑	-2	+8	49海	51寅	+8	-2	18宝	52卯	+8	-2	49海	53辰	+8	-2
13	19海	50丑	-2	+7	50雨	51寅	+7	-3	19海	52卯	+8	-2	50雨	53辰	+8	-2
14	20雨	50丑	-3	+7	51木	51寅	+7	-3	20雨	52卯	+7	-3	51木	53辰	+7	-3
15	21木	50丑	-3	+7	52草	51寅	+7	-3	21木	52卯	+7	-3	52草	53辰	+7	-3
16	22草	50丑	-3	+6	53陽	51寅	+6	-4	22草	52卯	+7	-3	53陽	53辰	+7	-3
17	23陽	50丑	-4	+6	54灯	51寅	+6	-4	23陽	52卯	+6	-4	54灯	53辰	+6	-4
18	24灯	50丑	-4	+6	55山	51寅	+6	-4	24灯	52卯	+6	-4	55山	53辰	+6	-4
19	25山	50丑	-4	+5	56畑	51寅	+5	-5	25山	52卯	+6	-4	56畑	53辰	+6	-4
20	26畑	50丑	-5	+5	57岩	51寅	+5	-5	26畑	52卯	+5	-5	57岩	53辰	+5	-5
21	27岩	50丑	-5	+5	58宝	51寅	+5	-5	27岩	52卯	+5	-5	58宝	53辰	+5	-5
22	28宝	50丑	-5	+4	59海	51寅	+4	-6	28宝	52卯	+5	-5	59海	53辰	+5	-5
23	29海	50丑	-6	+4	60雨	51寅	+4	-6	29海	52卯	+4	-6	60雨	53辰	+4	-6
24	30雨	50丑	-6	+4	1木	51寅	+4	-6	30雨	52卯	+4	-6	1木	53辰	+4	-6
25	31木	50丑	-6	+3	2草	51寅	+3	-7	31木	52卯	+4	-6	2草	53辰	+4	-6
26	32草	50丑	-7	+3	3陽	51寅	+3	-7	32草	52卯	+3	-7	3陽	53辰	+3	-7
27	33陽	50丑	-7	+3	4灯	51寅	+3	-7	33陽	52卯	+3	-7	4灯	53辰	+3	-7
28	34灯	50丑	-7	+2	5山	51寅	+2	-8	34灯	52卯	+3	-7	5山	53辰	+3	-7
29	35山	50丑	-8	+2	6畑	51寅	+2	-8	35山	52卯	+2	-8	6畑	53辰	+2	-8
30	36畑	50丑	-8	+2					36畑	52卯	+2	-8	7岩	53辰	+2	-8
31	37岩	50丑	-8	+1					37岩	52卯	+2	-8				

日	5月				6月				7月				8月			
	日干	月干	男	女	日干	月干	男	女	日干	月干	男	女	日干	月干	男	女
1	8宝	53辰	+2	-8	39海	54巳	+2	-9	9海	55午	+2	-8	40雨	56未	+2	-8
2	9海	53辰	+1	-9	40雨	54巳	+1	-9	10雨	55午	+2	-8	41木	56未	+2	-8
3	10雨	53辰	+1	-9	41木	54巳	+1	-9	11木	55午	+1	-9	42草	56未	+2	-9
4	11木	53辰	+1	-9	42草	54巳	+1	-0	12草	55午	+1	-9	43陽	56未	+1	-9
5	12草	54巳	+1	-0	43陽	54巳	+1	-0	13陽	55午	+1	-9	44灯	56未	+1	-9
6	13陽	54巳	+0	-1	44灯	55午	+0	-0	14灯	55午	+1	-0	45山	56未	+1	-0
7	14灯	54巳	+0	-1	45山	55午	+0	-1	15山	56未	+0	-0	46畑	57申	+1	-0
8	15山	54巳	+0	-1	46畑	55午	+0	-1	16畑	56未	+0	-0	47岩	57申	+0	-1
9	16畑	54巳	+9	-1	47岩	55午	+9	-1	17岩	56未	+0	-1	48宝	57申	+0	-1
10	17岩	54巳	+9	-1	48宝	55午	+9	-1	18宝	56未	+0	-1	49海	57申	+0	-1
11	18宝	54巳	+9	-2	49海	55午	+9	-1	19海	56未	+9	-1	50雨	57申	+9	-1
12	19海	54巳	+8	-2	50雨	55午	+8	-2	20雨	56未	+9	-1	51木	57申	+9	-1
13	20雨	54巳	+8	-2	51木	55午	+8	-2	21木	56未	+9	-1	52草	57申	+9	-2
14	21木	54巳	+8	-3	52草	55午	+8	-2	22草	56未	+8	-2	53陽	57申	+8	-2
15	22草	54巳	+7	-3	53陽	55午	+7	-3	23陽	56未	+8	-2	54灯	57申	+8	-2
16	23陽	54巳	+7	-3	54灯	55午	+7	-3	24灯	56未	+8	-2	55山	57申	+8	-3
17	24灯	54巳	+7	-4	55山	55午	+7	-3	25山	56未	+7	-3	56畑	57申	+7	-3
18	25山	54巳	+6	-4	56畑	55午	+6	-4	26畑	56未	+7	-3	57岩	57申	+7	-3
19	26畑	54巳	+6	-4	57岩	55午	+6	-4	27岩	56未	+7	-3	58宝	57申	+7	-4
20	27岩	54巳	+6	-5	58宝	55午	+6	-4	28宝	56未	+6	-4	59海	57申	+6	-4
21	28宝	54巳	+5	-5	59海	55午	+5	-5	29海	56未	+6	-4	60雨	57申	+6	-4
22	29海	54巳	+5	-5	60雨	55午	+5	-5	30雨	56未	+6	-4	1木	57申	+6	-5
23	30雨	54巳	+5	-6	1木	55午	+5	-5	31木	56未	+5	-5	2草	57申	+5	-5
24	31木	54巳	+4	-6	2草	55午	+4	-6	32草	56未	+5	-5	3陽	57申	+5	-5
25	32草	54巳	+4	-6	3陽	55午	+4	-6	33陽	56未	+5	-5	4灯	57申	+5	-6
26	33陽	54巳	+4	-7	4灯	55午	+4	-6	34灯	56未	+4	-6	5山	57申	+4	-6
27	34灯	54巳	+3	-7	5山	55午	+3	-7	35山	56未	+4	-6	6畑	57申	+4	-6
28	35山	54巳	+3	-7	6畑	55午	+3	-7	36畑	56未	+4	-6	7岩	57申	+4	-7
29	36畑	54巳	+3	-8	7岩	55午	+3	-7	37岩	56未	+3	-7	8宝	57申	+3	-7
30	37岩	54巳	+2	-8	8宝	55午	+2	-8	38宝	56未	+3	-7	9海	57申	+3	-7
31	38宝	54巳	+2	-8					39海	56未	+3	-7	10雨	57申	+3	-8

日	9月				10月				11月				12月			
	日干	月干	男	女	日干	月干	男	女	日干	月干	男	女	日干	月干	男	女
1	11木	57申	+2	-8	41木	58酉	+2	-8	12草	59戌	+2	-8	42草	60亥	+2	-8
2	12草	57申	+2	-8	42草	58酉	+2	-8	13陽	59戌	+2	-8	43陽	60亥	+1	-8
3	13陽	57申	+2	-9	43陽	58酉	+2	-8	14灯	59戌	+1	-8	44灯	60亥	+1	-8
4	14灯	57申	+1	-9	44灯	58酉	+1	-9	15山	59戌	+1	-9	45山	60亥	+1	-9
5	15山	57申	+1	-9	45山	58酉	+1	-9	16畑	59戌	+1	-9	46畑	60亥	+1	-9
6	16畑	57申	+1	-0	46畑	58酉	+1	-9	17岩	59戌	+1	-9	47岩	60亥	+0	-9
7	17岩	58酉	+1	-0	47岩	58酉	+1	-0	18宝	60亥	+0	-0	48宝	1子	+9	-0
8	18宝	58酉	+0	-1	48宝	59戌	+0	-0	19海	60亥	+0	-1	49海	1子	+9	-1
9	19海	58酉	+0	-1	49海	59戌	+0	-1	20雨	60亥	+9	-1	50雨	1子	+9	-1
10	20雨	58酉	+9	-1	50雨	59戌	+9	-1	21木	60亥	+9	-1	51木	1子	+8	-1
11	21木	58酉	+9	-1	51木	59戌	+9	-1	22草	60亥	+9	-1	52草	1子	+8	1
12	22草	58酉	+9	-1	52草	59戌	+9	-1	23陽	60亥	+8	-1	53陽	1子	+8	-1
13	23陽	58酉	+8	-2	53陽	59戌	+8	-1	24灯	60亥	+8	-2	54灯	1子	+7	-2
14	24灯	58酉	+8	-2	54灯	59戌	+8	-2	25山	60亥	+8	-2	55山	1子	+7	-2
15	25山	58酉	+8	-2	55山	59戌	+8	-2	26畑	60亥	+7	-2	56畑	1子	+7	-2
16	26畑	58酉	+7	-3	56畑	59戌	+7	-2	27岩	60亥	+7	-3	57岩	1子	+6	-3
17	27岩	58酉	+7	-3	57岩	59戌	+7	-3	28宝	60亥	+7	-3	58宝	1子	+6	-3
18	28宝	58酉	+7	-3	58宝	59戌	+7	-3	29海	60亥	+6	-3	59海	1子	+6	-3
19	29海	58酉	+6	-4	59海	59戌	+6	-3	30雨	60亥	+6	-4	60雨	1子	+5	-4
20	30雨	58酉	+6	-4	60雨	59戌	+6	-4	31木	60亥	+6	-4	1木	1子	+5	-4
21	31木	58酉	+6	-4	1木	59戌	+6	-4	32草	60亥	+5	-4	2草	1子	+5	-4
22	32草	58酉	+5	-5	2草	59戌	+5	-4	33陽	60亥	+5	-5	3陽	1子	+4	-5
23	33陽	58酉	+5	-5	3陽	59戌	+5	-5	34灯	60亥	+5	-5	4灯	1子	+4	-5
24	34灯	58酉	+5	-5	4灯	59戌	+5	-5	35山	60亥	+4	-5	5山	1子	+4	-5
25	35山	58酉	+4	-6	5山	59戌	+4	-5	36畑	60亥	+4	-6	6畑	1子	+3	-6
26	36畑	58酉	+4	-6	6畑	59戌	+4	-6	37岩	60亥	+4	-6	7岩	1子	+3	-6
27	37岩	58酉	+4	-6	7岩	59戌	+4	-6	38宝	60亥	+3	-6	8宝	1子	+3	-6
28	38宝	58酉	+3	-7	8宝	59戌	+3	-6	39海	60亥	+3	-7	9海	1子	+2	-7
29	39海	58酉	+3	-7	9海	59戌	+3	-7	40雨	60亥	+3	-7	10雨	1子	+2	-7
30	40雨	58酉	+3	-7	10雨	59戌	+3	-7	41木	60亥	+2	-7	11木	1子	+2	-7
31					11木	59戌	+2	-7					12草	1子	+1	-8

1969年　46 己酉（2/4 ～翌年2/3）

日	1月				2月				3月				4月			
	日干	月干	男	女	日干	月干	男	女	日干	月干	男	女	日干	月干	男	女
1	13陽	1子	+2	-8	44灯	2丑	+1	-9	12草	3寅	-8	+2	43陽	4卯	-9	+1
2	14灯	1子	+1	-9	45山	2丑	+1	-9	13陽	3寅	-8	+1	44灯	4卯	-9	+1
3	15山	1子	+1	-9	46畑	2丑	+1	-9	14灯	3寅	-9	+1	45山	4卯	-9	+1
4	16畑	1子	+1	-9	47岩	3寅	-0	+0	15山	3寅	-9	+1	46畑	4卯	-0	+0
5	17岩	2丑	+1	-0	48宝	3寅	-1	+0	16畑	3寅	-9	+1	47岩	5辰	-0	+0
6	18宝	2丑	+0	-1	49海	3寅	-1	+0	17岩	4卯	-1	+0	48宝	5辰	-1	+0
7	19海	2丑	+9	-1	50雨	3寅	-1	+9	18宝	4卯	-1	+0	49海	5辰	-1	+0
8	20雨	2丑	+9	-1	51木	3寅	-1	+9	19海	4卯	-1	+9	50雨	5辰	-1	+9
9	21木	2丑	+9	-1	52草	3寅	-1	+9	20雨	4卯	-1	+9	51木	5辰	-1	+9
10	22草	2丑	+8	-1	53陽	3寅	-2	+8	21木	4卯	-1	+9	52草	5辰	-1	+9
11	23陽	2丑	+8	-2	54灯	3寅	-2	+8	22草	4卯	-2	+8	53陽	5辰	-2	+8
12	24灯	2丑	+8	-2	55山	3寅	-2	+8	23陽	4卯	-2	+8	54灯	5辰	-2	+8
13	25山	2丑	+7	-2	56畑	3寅	-3	+7	24灯	4卯	-2	+8	55山	5辰	-2	+8
14	26畑	2丑	+7	-3	57岩	3寅	-3	+7	25山	4卯	-3	+7	56畑	5辰	-3	+7
15	27岩	2丑	+7	-3	58宝	3寅	-3	+7	26畑	4卯	-3	+7	57岩	5辰	-3	+7
16	28宝	2丑	+6	-3	59海	3寅	-4	+6	27岩	4卯	-3	+7	58宝	5辰	-3	+7
17	29海	2丑	+6	-4	60雨	3寅	-4	+6	28宝	4卯	-4	+6	59海	5辰	-4	+6
18	30雨	2丑	+6	-4	1木	3寅	-4	+6	29海	4卯	-4	+6	60雨	5辰	-4	+6
19	31木	2丑	+5	-4	2草	3寅	-5	+5	30雨	4卯	-4	+6	1木	5辰	-4	+6
20	32草	2丑	+5	-5	3陽	3寅	-5	+5	31木	4卯	-5	+5	2草	5辰	-5	+5
21	33陽	2丑	+5	-5	4灯	3寅	-5	+5	32草	4卯	-5	+5	3陽	5辰	-5	+5
22	34灯	2丑	+4	-5	5山	3寅	-6	+4	33陽	4卯	-5	+5	4灯	5辰	-5	+5
23	35山	2丑	+4	-6	6畑	3寅	-6	+4	34灯	4卯	-6	+4	5山	5辰	-6	+4
24	36畑	2丑	+4	-6	7岩	3寅	-6	+4	35山	4卯	-6	+4	6畑	5辰	-6	+4
25	37岩	2丑	+3	-6	8宝	3寅	-7	+3	36畑	4卯	-6	+4	7岩	5辰	-6	+4
26	38宝	2丑	+3	-7	9海	3寅	-7	+3	37岩	4卯	-7	+3	8宝	5辰	-7	+3
27	39海	2丑	+3	-7	10雨	3寅	-7	+3	38宝	4卯	-7	+3	9海	5辰	-7	+3
28	40雨	2丑	+2	-7	11木	3寅	-8	+2	39海	4卯	-7	+3	10雨	5辰	-7	+3
29	41木	2丑	+2	-8					40雨	4卯	-8	+2	11木	5辰	-8	+2
30	42草	2丑	+2	-8					41木	4卯	-8	+2	12草	5辰	-8	+2
31	43陽	2丑	+1	-8					42草	4卯	-8	+2				

日	5月				6月				7月				8月			
	日干	月干	男	女	日干	月干	男	女	日干	月干	男	女	日干	月干	男	女
1	13陽	5辰	-8	+2	44灯	6巳	-9	+2	14灯	7午	-8	+2	45山	8未	-8	+2
2	14灯	5辰	-9	+1	45山	6巳	-9	+1	15山	7午	-9	+2	46畑	8未	-8	+2
3	15山	5辰	-9	+1	46畑	6巳	-9	+1	16畑	7午	-9	+1	47岩	8未	-9	+2
4	16畑	5辰	-9	+1	47岩	6巳	-0	+1	17岩	7午	-9	+1	48宝	8未	-9	+1
5	17岩	5辰	-0	+1	48宝	6巳	-0	+1	18宝	7午	-0	+1	49海	8未	-9	+1
6	18宝	6巳	-1	+0	49海	7午	-0	+0	19海	7午	-0	+1	50雨	8未	-0	+1
7	19海	6巳	-1	+0	50雨	7午	-1	+0	20雨	8未	-0	+0	51木	8未	-0	+1
8	20雨	6巳	-1	+0	51木	7午	-1	+0	21木	8未	-1	+0	52草	9申	-1	+0
9	21木	6巳	-1	+9	52草	7午	-1	+9	22草	8未	-1	+0	53陽	9申	-1	+0
10	22草	6巳	-1	+9	53陽	7午	-1	+9	23陽	8未	-1	+0	54灯	9申	-1	+0
11	23陽	6巳	-2	+9	54灯	7午	-1	+9	24灯	8未	-1	+9	55山	9申	-1	+9
12	24灯	6巳	-2	+8	55山	7午	-2	+8	25山	8未	-1	+9	56畑	9申	-1	+9
13	25山	6巳	-2	+8	56畑	7午	-2	+8	26畑	8未	-2	+9	57岩	9申	-2	+9
14	26畑	6巳	-3	+8	57岩	7午	-2	+8	27岩	8未	-2	+8	58宝	9申	-2	+8
15	27岩	6巳	-3	+7	58宝	7午	-3	+7	28宝	8未	-2	+8	59海	9申	-2	+8
16	28宝	6巳	-3	+7	59海	7午	-3	+7	29海	8未	-3	+8	60雨	9申	-3	+8
17	29海	6巳	-4	+7	60雨	7午	-3	+7	30雨	8未	-3	+7	1木	9申	-3	+7
18	30雨	6巳	-4	+6	1木	7午	-4	+6	31木	8未	-3	+7	2草	9申	-3	+7
19	31木	6巳	-4	+6	2草	7午	-4	+6	32草	8未	-4	+7	3陽	9申	-4	+7
20	32草	6巳	-5	+6	3陽	7午	-4	+6	33陽	8未	-4	+6	4灯	9申	-4	+6
21	33陽	6巳	-5	+5	4灯	7午	-5	+5	34灯	8未	-4	+6	5山	9申	-4	+6
22	34灯	6巳	-5	+5	5山	7午	-5	+5	35山	8未	-5	+6	6畑	9申	-5	+6
23	35山	6巳	-6	+5	6畑	7午	-5	+5	36畑	8未	-5	+5	7岩	9申	-5	+5
24	36畑	6巳	-6	+4	7岩	7午	-6	+4	37岩	8未	-5	+5	8宝	9申	-5	+5
25	37岩	6巳	-6	+4	8宝	7午	-6	+4	38宝	8未	-6	+5	9海	9申	-6	+5
26	38宝	6巳	-7	+4	9海	7午	-6	+4	39海	8未	-6	+4	10雨	9申	-6	+4
27	39海	6巳	-7	+3	10雨	7午	-7	+3	40雨	8未	-6	+4	11木	9申	-6	+4
28	40雨	6巳	-7	+3	11木	7午	-7	+3	41木	8未	-7	+4	12草	9申	-7	+4
29	41木	6巳	-8	+3	12草	7午	-7	+3	42草	8未	-7	+3	13陽	9申	-7	+3
30	42草	6巳	-8	+2	13陽	7午	-8	+2	43陽	8未	-7	+3	14灯	9申	-7	+3
31	43陽	6巳	-8	+2					44灯	8未	-8	+3	15山	9申	-8	+3

日	9月				10月				11月				12月			
	日干	月干	男	女	日干	月干	男	女	日干	月干	男	女	日干	月干	男	女
1	16畑	9申	-8	+2	46畑	10酉	-8	+2	17岩	11戌	-8	+2	47岩	12亥	-8	+2
2	17岩	9申	-8	+2	47岩	10酉	-8	+2	18宝	11戌	-8	+2	48宝	12亥	-8	+1
3	18宝	9申	-9	+2	48宝	10酉	-8	+2	19海	11戌	-8	+1	49海	12亥	-8	+1
4	19海	9申	-9	+1	49海	10酉	-9	+1	20雨	11戌	-9	+1	50雨	12亥	-9	+1
5	20雨	9申	-9	+1	50雨	10酉	-9	+1	21木	11戌	-9	+1	51木	12亥	-9	+1
6	21木	9申	-0	+1	51木	10酉	-9	+1	22草	11戌	-9	+1	52草	12亥	-9	+0
7	22草	9申	-0	+1	52草	10酉	-0	+1	23陽	12亥	-0	+0	53陽	13子	-0	+9
8	23陽	10酉	-1	+0	53陽	11戌	-0	+0	24灯	12亥	-1	+0	54灯	13子	-1	+9
9	24灯	10酉	-1	+0	54灯	11戌	-1	+0	25山	12亥	-1	+9	55山	13子	-1	+9
10	25山	10酉	-1	+9	55山	11戌	-1	+9	26畑	12亥	-1	+9	56畑	13子	-1	+8
11	26畑	10酉	-1	+9	56畑	11戌	-1	+9	27岩	12亥	-1	+9	57岩	13子	-1	+8
12	27岩	10酉	-1	+9	57岩	11戌	-1	+9	28宝	12亥	-1	+8	58宝	13子	-1	+8
13	28宝	10酉	-2	+8	58宝	11戌	-1	+8	29海	12亥	-2	+8	59海	13子	-2	+7
14	29海	10酉	-2	+8	59海	11戌	-2	+8	30雨	12亥	-2	+8	60雨	13子	-2	+7
15	30雨	10酉	-2	+8	60雨	11戌	-2	+8	31木	12亥	-2	+7	1木	13子	-2	+7
16	31木	10酉	-3	+7	1木	11戌	-2	+7	32草	12亥	-3	+7	2草	13子	-3	+6
17	32草	10酉	-3	+7	2草	11戌	-3	+7	33陽	12亥	-3	+7	3陽	13子	-3	+6
18	33陽	10酉	-3	+7	3陽	11戌	-3	+7	34灯	12亥	-3	+6	4灯	13子	-3	+6
19	34灯	10酉	-4	+6	4灯	11戌	-3	+6	35山	12亥	-4	+6	5山	13子	-4	+5
20	35山	10酉	-4	+6	5山	11戌	-4	+6	36畑	12亥	-4	+6	6畑	13子	-4	+5
21	36畑	10酉	-4	+6	6畑	11戌	-4	+6	37岩	12亥	-4	+5	7岩	13子	-4	+5
22	37岩	10酉	-5	+5	7岩	11戌	-4	+5	38宝	12亥	-5	+5	8宝	13子	-5	+4
23	38宝	10酉	-5	+5	8宝	11戌	-5	+5	39海	12亥	-5	+5	9海	13子	-5	+4
24	39海	10酉	-5	+5	9海	11戌	-5	+5	40雨	12亥	-5	+4	10雨	13子	-5	+4
25	40雨	10酉	-6	+4	10雨	11戌	-5	+4	41木	12亥	-6	+4	11木	13子	-6	+3
26	41木	10酉	-6	+4	11木	11戌	-6	+4	42草	12亥	-6	+4	12草	13子	-6	+3
27	42草	10酉	-6	+4	12草	11戌	-6	+4	43陽	12亥	-6	+3	13陽	13子	-6	+3
28	43陽	10酉	-7	+3	13陽	11戌	-6	+3	44灯	12亥	-7	+3	14灯	13子	-7	+2
29	44灯	10酉	-7	+3	14灯	11戌	-7	+3	45山	12亥	-7	+3	15山	13子	-7	+2
30	45山	10酉	-7	+3	15山	11戌	-7	+3	46畑	12亥	-7	+2	16畑	13子	-7	+2
31					16畑	11戌	-7	+2					17岩	13子	-8	+1

1970年　47 庚戌（2/4 ～翌年2/3）

日	1月				2月				3月				4月			
	日干	月干	男	女	日干	月干	男	女	日干	月干	男	女	日干	月干	男	女
1	18宝	13子	- 8	+ 2	49海	14丑	- 9	+ 1	17岩	15寅	+ 2	- 8	48宝	16卯	+ 1	- 9
2	19海	13子	- 9	+ 1	50雨	14丑	- 9	+ 1	18宝	15寅	+ 1	- 8	49海	16卯	+ 1	- 9
3	20雨	13子	- 9	+ 1	51木	14丑	- 9	+ 1	19海	15寅	+ 1	- 9	50雨	16卯	+ 1	- 9
4	21木	13子	- 9	+ 1	52草	15寅	+ 0	- 0	20雨	15寅	+ 1	- 9	51木	16卯	+ 0	- 0
5	22草	13子	- 0	+ 1	53陽	15寅	+ 0	- 1	21木	15寅	+ 1	- 9	52草	17辰	+ 0	- 0
6	23陽	14丑	- 1	+ 0	54灯	15寅	+ 0	- 1	22草	16卯	+ 0	- 1	53陽	17辰	+ 0	- 1
7	24灯	14丑	- 1	+ 9	55山	15寅	+ 9	- 1	23陽	16卯	+ 0	- 1	54灯	17辰	+ 0	- 1
8	25山	14丑	- 1	+ 9	56畑	15寅	+ 9	- 1	24灯	16卯	+ 9	- 1	55山	17辰	+ 9	- 1
9	26畑	14丑	- 1	+ 9	57岩	15寅	+ 9	- 1	25山	16卯	+ 9	- 1	56畑	17辰	+ 9	- 1
10	27岩	14丑	- 1	+ 8	58宝	15寅	+ 8	- 2	26畑	16卯	+ 9	- 1	57岩	17辰	+ 9	- 1
11	28宝	14丑	- 2	+ 8	59海	15寅	+ 8	- 2	27岩	16卯	+ 8	- 2	58宝	17辰	+ 8	- 2
12	29海	14丑	- 2	+ 8	60雨	15寅	+ 8	- 2	28宝	16卯	+ 8	- 2	59海	17辰	+ 8	- 2
13	30雨	14丑	- 2	+ 7	1木	15寅	+ 7	- 3	29海	16卯	+ 8	- 2	60雨	17辰	+ 8	- 2
14	31木	14丑	- 3	+ 7	2草	15寅	+ 7	- 3	30雨	16卯	+ 7	- 3	1木	17辰	+ 7	- 3
15	32草	14丑	- 3	+ 7	3陽	15寅	+ 7	- 3	31木	16卯	+ 7	- 3	2草	17辰	+ 7	- 3
16	33陽	14丑	- 3	+ 6	4灯	15寅	+ 6	- 4	32草	16卯	+ 7	- 3	3陽	17辰	+ 7	- 3
17	34灯	14丑	- 4	+ 6	5山	15寅	+ 6	- 4	33陽	16卯	+ 6	- 4	4灯	17辰	+ 6	- 4
18	35山	14丑	- 4	+ 6	6畑	15寅	+ 6	- 4	34灯	16卯	+ 6	- 4	5山	17辰	+ 6	- 4
19	36畑	14丑	- 4	+ 5	7岩	15寅	+ 5	- 5	35山	16卯	+ 6	- 4	6畑	17辰	+ 6	- 4
20	37岩	14丑	- 5	+ 5	8宝	15寅	+ 5	- 5	36畑	16卯	+ 5	- 5	7岩	17辰	+ 5	- 5
21	38宝	14丑	- 5	+ 5	9海	15寅	+ 5	- 5	37岩	16卯	+ 5	- 5	8宝	17辰	+ 5	- 5
22	39海	14丑	- 5	+ 4	10雨	15寅	+ 4	- 6	38宝	16卯	+ 5	- 5	9海	17辰	+ 5	- 5
23	40雨	14丑	- 6	+ 4	11木	15寅	+ 4	- 6	39海	16卯	+ 4	- 6	10雨	17辰	+ 4	- 6
24	41木	14丑	- 6	+ 4	12草	15寅	+ 4	- 6	40雨	16卯	+ 4	- 6	11木	17辰	+ 4	- 6
25	42草	14丑	- 6	+ 3	13陽	15寅	+ 3	- 7	41木	16卯	+ 4	- 6	12草	17辰	+ 4	- 6
26	43陽	14丑	- 7	+ 3	14灯	15寅	+ 3	- 7	42草	16卯	+ 3	- 7	13陽	17辰	+ 3	7
27	44灯	14丑	- 7	+ 3	15山	15寅	+ 3	- 7	43陽	16卯	+ 3	- 7	14灯	17辰	+ 3	- 7
28	45山	14丑	- 7	+ 2	16畑	15寅	+ 2	- 8	44灯	16卯	+ 3	- 7	15山	17辰	+ 3	- 7
29	46畑	14丑	- 8	+ 2					45山	16卯	+ 2	- 8	16畑	17辰	+ 2	- 8
30	47岩	14丑	- 8	+ 2					46畑	16卯	+ 2	- 8	17岩	17辰	+ 2	- 8
31	48宝	14丑	- 8	+ 1					47岩	16卯	+ 2	- 8				

日	5月				6月				7月				8月			
	日干	月干	男	女	日干	月干	男	女	日干	月干	男	女	日干	月干	男	女
1	18宝	17辰	+ 2	- 8	49海	18巳	+ 2	- 9	19海	19午	+ 2	- 8	50雨	20未	+ 2	- 8
2	19海	17辰	+ 1	- 9	50雨	18巳	+ 1	- 9	20雨	19午	+ 2	- 9	51木	20未	+ 2	- 8
3	20雨	17辰	+ 1	- 9	51木	18巳	+ 1	- 9	21木	19午	+ 1	- 9	52草	20未	+ 2	- 9
4	21木	17辰	+ 1	- 9	52草	18巳	+ 1	- 0	22草	19午	+ 1	- 9	53陽	20未	+ 1	- 9
5	22草	17辰	+ 1	- 0	53陽	18巳	+ 1	- 0	23陽	19午	+ 1	- 0	54灯	20未	+ 1	- 9
6	23陽	18巳	+ 0	- 1	54灯	19午	+ 0	- 0	24灯	19午	+ 1	- 0	55山	20未	+ 1	- 0
7	24灯	18巳	+ 0	- 1	55山	19午	+ 0	- 1	25山	20未	+ 0	- 0	56畑	20未	+ 1	- 0
8	25山	18巳	+ 0	- 1	56畑	19午	+ 0	- 1	26畑	20未	+ 0	- 1	57岩	21申	+ 0	- 1
9	26畑	18巳	+ 9	- 1	57岩	19午	+ 9	- 1	27岩	20未	+ 0	- 1	58宝	21申	+ 0	- 1
10	27岩	18巳	+ 9	- 1	58宝	19午	+ 9	- 1	28宝	20未	+ 0	- 1	59海	21申	+ 0	- 1
11	28宝	18巳	+ 9	- 2	59海	19午	+ 9	- 1	29海	20未	+ 9	- 1	60雨	21申	+ 9	- 1
12	29海	18巳	+ 8	- 2	60雨	19午	+ 8	- 2	30雨	20未	+ 9	- 1	1木	21申	+ 9	- 1
13	30雨	18巳	+ 8	- 2	1木	19午	+ 8	- 2	31木	20未	+ 9	- 2	2草	21申	+ 9	- 2
14	31木	18巳	+ 8	- 3	2草	19午	+ 8	- 2	32草	20未	+ 8	- 2	3陽	21申	+ 8	- 2
15	32草	18巳	+ 7	- 3	3陽	19午	+ 7	- 3	33陽	20未	+ 8	- 2	4灯	21申	+ 8	- 2
16	33陽	18巳	+ 7	- 3	4灯	19午	+ 7	- 3	34灯	20未	+ 8	- 3	5山	21申	+ 8	- 3
17	34灯	18巳	+ 7	- 4	5山	19午	+ 7	- 3	35山	20未	+ 7	- 3	6畑	21申	+ 7	- 3
18	35山	18巳	+ 6	- 4	6畑	19午	+ 6	- 4	36畑	20未	+ 7	- 3	7岩	21申	+ 7	- 3
19	36畑	18巳	+ 6	- 4	7岩	19午	+ 6	- 4	37岩	20未	+ 7	- 4	8宝	21申	+ 7	- 4
20	37岩	18巳	+ 6	- 5	8宝	19午	+ 6	- 4	38宝	20未	+ 6	- 4	9海	21申	+ 6	- 4
21	38宝	18巳	+ 5	- 5	9海	19午	+ 5	- 5	39海	20未	+ 6	- 4	10雨	21申	+ 6	- 4
22	39海	18巳	+ 5	- 5	10雨	19午	+ 5	- 5	40雨	20未	+ 6	- 5	11木	21申	+ 6	- 5
23	40雨	18巳	+ 5	- 6	11木	19午	+ 5	- 5	41木	20未	+ 5	- 5	12草	21申	+ 5	- 5
24	41木	18巳	+ 4	- 6	12草	19午	+ 4	- 6	42草	20未	+ 5	- 5	13陽	21申	+ 5	- 5
25	42草	18巳	+ 4	- 6	13陽	19午	+ 4	- 6	43陽	20未	+ 5	- 6	14灯	21申	+ 5	- 6
26	43陽	18巳	+ 4	- 7	14灯	19午	+ 4	- 6	44灯	20未	+ 4	- 6	15山	21申	+ 4	- 6
27	44灯	18巳	+ 3	- 7	15山	19午	+ 3	- 7	45山	20未	+ 4	- 6	16畑	21申	+ 4	- 6
28	45山	18巳	+ 3	- 7	16畑	19午	+ 3	- 7	46畑	20未	+ 4	- 7	17岩	21申	+ 4	- 7
29	46畑	18巳	+ 3	- 8	17岩	19午	+ 3	- 7	47岩	20未	+ 3	- 7	18宝	21申	+ 3	- 7
30	47岩	18巳	+ 2	- 8	18宝	19午	+ 2	- 8	48宝	20未	+ 3	- 7	19海	21申	+ 3	- 7
31	48宝	18巳	+ 2	- 8					49海	20未	+ 3	- 8	20雨	21申	+ 3	- 8

日	9月				10月				11月				12月			
	日干	月干	男	女	日干	月干	男	女	日干	月干	男	女	日干	月干	男	女
1	21木	21申	+ 2	- 8	51木	22酉	+ 2	- 8	22草	23戌	+ 2	- 8	52草	24亥	+ 2	- 8
2	22草	21申	+ 2	- 8	52草	22酉	+ 2	- 8	23陽	23戌	+ 2	- 8	53陽	24亥	+ 1	- 8
3	23陽	21申	+ 2	- 9	53陽	22酉	+ 2	- 8	24灯	23戌	+ 1	- 8	54灯	24亥	+ 1	- 8
4	24灯	21申	+ 1	- 9	54灯	22酉	+ 1	- 9	25山	23戌	+ 1	- 9	55山	24亥	+ 1	- 9
5	25山	21申	+ 1	- 9	55山	22酉	+ 1	- 9	26畑	23戌	+ 1	- 9	56畑	24亥	+ 1	- 9
6	26畑	21申	+ 1	- 0	56畑	22酉	+ 1	- 9	27岩	23戌	+ 1	- 9	57岩	24亥	+ 0	- 9
7	27岩	21申	+ 1	- 0	57岩	22酉	+ 1	- 0	28宝	23戌	+ 0	- 0	58宝	25子	+ 9	- 0
8	28宝	22酉	+ 0	- 1	58宝	22酉	+ 0	- 0	29海	24亥	+ 0	- 1	59海	25子	+ 9	- 1
9	29海	22酉	+ 0	- 1	59海	23戌	+ 0	- 1	30雨	24亥	+ 9	- 1	60雨	25子	+ 9	- 1
10	30雨	22酉	+ 9	- 1	60雨	23戌	+ 9	- 1	31木	24亥	+ 9	- 1	1木	25子	+ 8	- 1
11	31木	22酉	+ 9	- 1	1木	23戌	+ 9	- 1	32草	24亥	+ 9	- 1	2草	25子	+ 8	- 1
12	32草	22酉	+ 9	- 1	2草	23戌	+ 9	- 1	33陽	24亥	+ 8	- 1	3陽	25子	+ 8	- 1
13	33陽	22酉	+ 8	- 2	3陽	23戌	+ 8	- 1	34灯	24亥	+ 8	- 2	4灯	25子	+ 7	- 2
14	34灯	22酉	+ 8	- 2	4灯	23戌	+ 8	- 2	35山	24亥	+ 8	- 2	5山	25子	+ 7	- 2
15	35山	22酉	+ 8	- 2	5山	23戌	+ 8	- 2	36畑	24亥	+ 7	- 2	6畑	25子	+ 7	- 2
16	36畑	22酉	+ 7	- 3	6畑	23戌	+ 7	- 2	37岩	24亥	+ 7	- 3	7岩	25子	+ 6	- 3
17	37岩	22酉	+ 7	- 3	7岩	23戌	+ 7	- 3	38宝	24亥	+ 7	- 3	8宝	25子	+ 6	- 3
18	38宝	22酉	+ 7	- 3	8宝	23戌	+ 7	- 3	39海	24亥	+ 6	- 3	9海	25子	+ 6	- 3
19	39海	22酉	+ 6	- 4	9海	23戌	+ 6	- 3	40雨	24亥	+ 6	- 4	10雨	25子	+ 5	- 4
20	40雨	22酉	+ 6	- 4	10雨	23戌	+ 6	- 4	41木	24亥	+ 6	- 4	11木	25子	+ 5	- 4
21	41木	22酉	+ 6	- 4	11木	23戌	+ 6	- 4	42草	24亥	+ 5	- 4	12草	25子	+ 5	- 4
22	42草	22酉	+ 5	- 5	12草	23戌	+ 5	- 4	43陽	24亥	+ 5	- 5	13陽	25子	+ 4	- 5
23	43陽	22酉	+ 5	- 5	13陽	23戌	+ 5	- 5	44灯	24亥	+ 5	- 5	14灯	25子	+ 4	- 5
24	44灯	22酉	+ 5	- 5	14灯	23戌	+ 5	- 5	45山	24亥	+ 4	- 5	15山	25子	+ 4	- 5
25	45山	22酉	+ 4	6	15山	23戌	+ 4	- 5	46畑	24亥	+ 4	- 6	16畑	25子	+ 3	- 6
26	46畑	22酉	+ 4	- 6	16畑	23戌	+ 4	- 6	47岩	24亥	+ 4	- 6	17岩	25子	+ 3	- 6
27	47岩	22酉	+ 4	- 6	17岩	23戌	+ 4	- 6	48宝	24亥	+ 3	- 6	18宝	25子	+ 3	- 6
28	48宝	22酉	+ 3	- 7	18宝	23戌	+ 3	- 6	49海	24亥	+ 3	- 7	19海	25子	+ 2	- 7
29	49海	22酉	+ 3	- 7	19海	23戌	+ 3	- 7	50雨	24亥	+ 3	- 7	20雨	25子	+ 2	- 7
30	50雨	22酉	+ 3	- 7	20雨	23戌	+ 3	- 7	51木	24亥	+ 2	- 7	21木	25子	+ 2	- 7
31					21木	23戌	+ 2	- 7					22草	25子	+ 1	- 8

1971年　48 辛亥（2/4 ～翌年2/4）

日	1月				2月				3月				4月			
	日干	月干	男	女	日干	月干	男	女	日干	月干	男	女	日干	月干	男	女
1	23陽	25子	+ 2	- 8	54灯	26丑	+ 1	- 9	22草	27寅	- 8	+ 2	53陽	28卯	- 9	+ 1
2	24灯	25子	+ 1	- 9	55山	26丑	+ 1	- 9	23陽	27寅	- 8	+ 1	54灯	28卯	- 9	+ 1
3	25山	25子	+ 1	- 9	56畑	26丑	+ 1	- 9	24灯	27寅	- 9	+ 1	55山	28卯	- 9	+ 1
4	26畑	25子	+ 1	- 9	57岩	27寅	- 0	+ 0	25山	27寅	- 9	+ 1	56畑	28卯	- 0	+ 0
5	27岩	25子	+ 1	- 0	58宝	27寅	- 1	+ 0	26畑	27寅	- 9	+ 1	57岩	29辰	- 0	+ 0
6	28宝	26丑	+ 0	- 1	59海	27寅	- 1	+ 0	27岩	28卯	- 1	+ 0	58宝	29辰	- 1	+ 0
7	29海	26丑	+ 9	- 1	60雨	27寅	- 1	+ 9	28宝	28卯	- 1	+ 0	59海	29辰	- 1	+ 0
8	30雨	26丑	+ 9	- 1	1木	27寅	- 1	+ 9	29海	28卯	- 1	+ 9	60雨	29辰	- 1	+ 9
9	31木	26丑	+ 9	- 1	2草	27寅	- 1	+ 9	30雨	28卯	- 1	+ 9	1木	29辰	- 1	+ 9
10	32草	26丑	+ 8	- 1	3陽	27寅	- 2	+ 8	31木	28卯	- 1	+ 9	2草	29辰	- 1	+ 9
11	33陽	26丑	+ 8	- 2	4灯	27寅	- 2	+ 8	32草	28卯	- 2	+ 8	3陽	29辰	- 2	+ 8
12	34灯	26丑	+ 8	- 2	5山	27寅	- 2	+ 8	33陽	28卯	- 2	+ 8	4灯	29辰	- 2	+ 8
13	35山	26丑	+ 7	- 2	6畑	27寅	- 3	+ 7	34灯	28卯	- 2	+ 8	5山	29辰	- 2	+ 8
14	36畑	26丑	+ 7	- 3	7岩	27寅	- 3	+ 7	35山	28卯	- 3	+ 7	6畑	29辰	- 3	+ 7
15	37岩	26丑	+ 7	- 3	8宝	27寅	- 3	+ 7	36畑	28卯	- 3	+ 7	7岩	29辰	- 3	+ 7
16	38宝	26丑	+ 6	- 3	9海	27寅	- 4	+ 6	37岩	28卯	- 3	+ 7	8宝	29辰	- 3	+ 7
17	39海	26丑	+ 6	- 4	10雨	27寅	- 4	+ 6	38宝	28卯	- 4	+ 6	9海	29辰	- 4	+ 6
18	40雨	26丑	+ 6	- 4	11木	27寅	- 4	+ 6	39海	28卯	- 4	+ 6	10雨	29辰	- 4	+ 6
19	41木	26丑	+ 5	- 4	12草	27寅	- 5	+ 5	40雨	28卯	- 4	+ 6	11木	29辰	- 4	+ 6
20	42草	26丑	+ 5	- 5	13陽	27寅	- 5	+ 5	41木	28卯	- 5	+ 5	12草	29辰	- 5	+ 5
21	43陽	26丑	+ 5	- 5	14灯	27寅	- 5	+ 5	42草	28卯	- 5	+ 5	13陽	29辰	- 5	+ 5
22	44灯	26丑	+ 4	- 5	15山	27寅	- 6	+ 4	43陽	28卯	- 5	+ 5	14灯	29辰	- 5	+ 5
23	45山	26丑	+ 4	- 6	16畑	27寅	- 6	+ 4	44灯	28卯	- 6	+ 4	15山	29辰	- 6	+ 4
24	46畑	26丑	+ 4	- 6	17岩	27寅	- 6	+ 4	45山	28卯	- 6	+ 4	16畑	29辰	- 6	+ 4
25	47岩	26丑	+ 3	- 6	18宝	27寅	- 7	+ 3	46畑	28卯	- 6	+ 4	17岩	29辰	- 6	+ 4
26	48宝	26丑	+ 3	- 7	19海	27寅	- 7	+ 3	47岩	28卯	- 7	+ 3	18宝	29辰	- 7	+ 3
27	49海	26丑	+ 3	- 7	20雨	27寅	- 7	+ 3	48宝	28卯	- 7	+ 3	19海	29辰	- 7	+ 3
28	50雨	26丑	+ 2	- 7	21木	27寅	- 8	+ 2	49海	28卯	- 7	+ 3	20雨	29辰	- 7	+ 3
29	51木	26丑	+ 2	- 8					50雨	28卯	- 8	+ 2	21木	29辰	- 8	+ 2
30	52草	26丑	+ 2	- 8					51木	28卯	- 8	+ 2	22草	29辰	- 8	+ 2
31	53陽	26丑	+ 1	- 8					52草	28卯	- 8	+ 2				

日	5月				6月				7月				8月			
	日干	月干	男	女	日干	月干	男	女	日干	月干	男	女	日干	月干	男	女
1	23陽	29辰	- 8	+ 2	54灯	30巳	- 9	+ 2	24灯	31午	- 8	+ 2	55山	32未	- 8	+ 2
2	24灯	29辰	- 9	+ 1	55山	30巳	- 9	+ 1	25山	31午	- 9	+ 2	56畑	32未	- 8	+ 2
3	25山	29辰	- 9	+ 1	56畑	30巳	- 9	+ 1	26畑	31午	- 9	+ 1	57岩	32未	- 9	+ 2
4	26畑	29辰	- 9	+ 1	57岩	30巳	- 0	+ 1	27岩	31午	- 9	+ 1	58宝	32未	- 9	+ 1
5	27岩	29辰	- 0	+ 1	58宝	30巳	- 0	+ 1	28宝	31午	- 0	+ 1	59海	32未	- 9	+ 1
6	28宝	30巳	- 1	+ 0	59海	31午	- 0	+ 0	29海	31午	- 0	+ 1	60雨	32未	- 0	+ 1
7	29海	30巳	- 1	+ 0	60雨	31午	- 1	+ 0	30雨	31午	- 0	+ 0	1木	32未	- 0	+ 1
8	30雨	30巳	- 1	+ 0	1木	31午	- 1	+ 0	31木	32未	- 1	+ 0	2草	33申	- 1	+ 0
9	31木	30巳	- 1	+ 9	2草	31午	- 1	+ 9	32草	32未	- 1	+ 0	3陽	33申	- 1	+ 0
10	32草	30巳	- 1	+ 9	3陽	31午	- 1	+ 9	33陽	32未	- 1	+ 0	4灯	33申	- 1	+ 0
11	33陽	30巳	- 2	+ 9	4灯	31午	- 1	+ 9	34灯	32未	- 1	+ 9	5山	33申	- 1	+ 9
12	34灯	30巳	- 2	+ 8	5山	31午	- 2	+ 8	35山	32未	- 1	+ 9	6畑	33申	- 1	+ 9
13	35山	30巳	- 2	+ 8	6畑	31午	- 2	+ 8	36畑	32未	- 2	+ 9	7岩	33申	- 2	+ 9
14	36畑	30巳	- 3	+ 8	7岩	31午	- 2	+ 8	37岩	32未	- 2	+ 8	8宝	33申	- 2	+ 8
15	37岩	30巳	- 3	+ 7	8宝	31午	- 3	+ 7	38宝	32未	- 2	+ 8	9海	33申	- 2	+ 8
16	38宝	30巳	- 3	+ 7	9海	31午	- 3	+ 7	39海	32未	3	+ 8	10雨	33申	- 3	+ 8
17	39海	30巳	- 4	+ 7	10雨	31午	- 3	+ 7	40雨	32未	- 3	+ 7	11木	33申	- 3	+ 7
18	40雨	30巳	- 4	+ 6	11木	31午	- 4	+ 6	41木	32未	- 3	+ 7	12草	33申	- 3	+ 7
19	41木	30巳	- 4	+ 6	12草	31午	- 4	+ 6	42草	32未	- 4	+ 7	13陽	33申	- 4	+ 7
20	42草	30巳	- 5	+ 6	13陽	31午	- 4	+ 6	43陽	32未	- 4	+ 6	14灯	33申	- 4	+ 6
21	43陽	30巳	- 5	+ 5	14灯	31午	- 5	+ 5	44灯	32未	- 4	+ 6	15山	33申	- 4	+ 6
22	44灯	30巳	- 5	+ 5	15山	31午	- 5	+ 5	45山	32未	- 5	+ 6	16畑	33申	- 5	+ 6
23	45山	30巳	- 6	+ 5	16畑	31午	- 5	+ 5	46畑	32未	- 5	+ 5	17岩	33申	- 5	+ 5
24	46畑	30巳	- 6	+ 4	17岩	31午	- 6	+ 4	47岩	32未	- 5	+ 5	18宝	33申	- 5	+ 5
25	47岩	30巳	- 6	+ 4	18宝	31午	- 6	+ 4	48宝	32未	- 6	+ 5	19海	33申	- 6	+ 5
26	48宝	30巳	- 7	+ 4	19海	31午	- 6	+ 4	49海	32未	- 6	+ 4	20雨	33申	- 6	+ 4
27	49海	30巳	- 7	+ 3	20雨	31午	- 7	+ 3	50雨	32未	- 6	+ 4	21木	33申	- 6	+ 4
28	50雨	30巳	- 7	+ 3	21木	31午	- 7	+ 3	51木	32未	- 7	+ 4	22草	33申	- 7	+ 4
29	51木	30巳	- 8	+ 3	22草	31午	- 7	+ 3	52草	32未	- 7	+ 3	23陽	33申	- 7	+ 3
30	52草	30巳	- 8	+ 2	23陽	31午	- 8	+ 2	53陽	32未	- 7	+ 3	24灯	33申	- 7	+ 3
31	53陽	30巳	- 8	+ 2					54灯	32未	- 8	+ 3	25山	33申	- 8	+ 3

日	9月				10月				11月				12月			
	日干	月干	男	女	日干	月干	男	女	日干	月干	男	女	日干	月干	男	女
1	26畑	33申	- 8	+ 2	56畑	34酉	- 8	+ 2	27岩	35戌	- 8	+ 2	57岩	36亥	- 8	+ 2
2	27岩	33申	- 8	+ 2	57岩	34酉	- 8	+ 2	28宝	35戌	- 8	+ 2	58宝	36亥	- 8	+ 1
3	28宝	33申	- 9	+ 2	58宝	34酉	- 8	+ 2	29海	35戌	- 8	+ 1	59海	36亥	- 8	+ 1
4	29海	33申	- 9	+ 1	59海	34酉	- 9	+ 1	30雨	35戌	- 9	+ 1	60雨	36亥	- 9	+ 1
5	30雨	33申	- 9	+ 1	60雨	34酉	- 9	+ 1	31木	35戌	- 9	+ 1	1木	36亥	- 9	+ 1
6	31木	33申	- 0	+ 1	1木	34酉	- 9	+ 1	32草	35戌	- 9	+ 1	2草	36亥	- 9	+ 0
7	32草	33申	- 0	+ 1	2草	34酉	- 0	+ 1	33陽	35戌	- 0	+ 0	3陽	36亥	- 0	+ 9
8	33陽	34酉	- 1	+ 0	3陽	34酉	- 0	+ 0	34灯	36亥	- 1	+ 0	4灯	37子	- 1	+ 9
9	34灯	34酉	- 1	+ 0	4灯	35戌	- 1	+ 0	35山	36亥	- 1	+ 9	5山	37子	- 1	+ 9
10	35山	34酉	- 1	+ 9	5山	35戌	- 1	+ 9	36畑	36亥	- 1	+ 9	6畑	37子	- 1	+ 8
11	36畑	34酉	- 1	+ 9	6畑	35戌	- 1	+ 9	37岩	36亥	- 1	+ 9	7岩	37子	- 1	+ 8
12	37岩	34酉	- 1	+ 9	7岩	35戌	- 1	+ 9	38宝	36亥	- 1	+ 8	8宝	37子	- 1	+ 8
13	38宝	34酉	- 2	+ 8	8宝	35戌	- 1	+ 8	39海	36亥	- 2	+ 8	9海	37子	- 2	+ 7
14	39海	34酉	- 2	+ 8	9海	35戌	- 2	+ 8	40雨	36亥	- 2	+ 8	10雨	37子	- 2	+ 7
15	40雨	34酉	- 2	+ 8	10雨	35戌	- 2	+ 8	41木	36亥	- 2	+ 7	11木	37子	- 2	+ 7
16	41木	34酉	- 3	+ 7	11木	35戌	- 2	+ 7	42草	36亥	- 3	+ 7	12草	37子	- 3	+ 6
17	42草	34酉	- 3	+ 7	12草	35戌	- 3	+ 7	43陽	36亥	- 3	+ 7	13陽	37子	- 3	+ 6
18	43陽	34酉	- 3	+ 7	13陽	35戌	- 3	+ 7	44灯	36亥	- 3	+ 6	14灯	37子	- 3	+ 6
19	44灯	34酉	- 4	+ 6	14灯	35戌	- 3	+ 6	45山	36亥	- 4	+ 6	15山	37子	- 4	+ 5
20	45山	34酉	- 4	+ 6	15山	35戌	- 4	+ 6	46畑	36亥	- 4	+ 6	16畑	37子	- 4	+ 5
21	46畑	34酉	- 4	+ 6	16畑	35戌	- 4	+ 6	47岩	36亥	- 4	+ 5	17岩	37子	- 4	+ 5
22	47岩	34酉	- 5	+ 5	17岩	35戌	- 4	+ 5	48宝	36亥	- 5	+ 5	18宝	37子	- 5	+ 4
23	48宝	34酉	- 5	+ 5	18宝	35戌	- 5	+ 5	49海	36亥	- 5	+ 5	19海	37子	- 5	+ 4
24	49海	34酉	- 5	+ 5	19海	35戌	- 5	+ 5	50雨	36亥	- 5	+ 4	20雨	37子	- 5	+ 4
25	50雨	34酉	- 6	+ 4	20雨	35戌	- 5	+ 4	51木	36亥	- 6	+ 4	21木	37子	- 6	+ 3
26	51木	34酉	- 6	+ 4	21木	35戌	- 6	+ 4	52草	36亥	- 6	+ 4	22草	37子	- 6	+ 3
27	52草	34酉	- 6	+ 4	22草	35戌	- 6	+ 4	53陽	36亥	- 6	+ 3	23陽	37子	- 6	+ 3
28	53陽	34酉	- 7	+ 3	23陽	35戌	- 6	+ 3	54灯	36亥	- 7	+ 3	24灯	37子	- 7	+ 2
29	54灯	34酉	- 7	+ 3	24灯	35戌	- 7	+ 3	55山	36亥	- 7	+ 3	25山	37子	- 7	+ 2
30	55山	34酉	- 7	+ 3	25山	35戌	- 7	+ 3	56畑	36亥	- 7	+ 2	26畑	37子	- 7	+ 2
31					26畑	35戌	- 7	+ 2					27岩	37子	- 8	+ 1

1972年　49 壬子（2/5 〜翌年2/3）

日	1月 日干	1月 月干	1月 男	1月 女	2月 日干	2月 月干	2月 男	2月 女	3月 日干	3月 月干	3月 男	3月 女	4月 日干	4月 月干	4月 男	4月 女	5月 日干	5月 月干	5月 男	5月 女	6月 日干	6月 月干	6月 男	6月 女
1	28宝	37子	-8	+2	59海	38丑	-9	+1	28宝	39寅	+2	-8	59海	40卯	+1	-9	29海	41辰	+2	-8	60雨	42巳	+2	-9
2	29海	37子	-9	+1	60雨	38丑	-9	+1	29海	39寅	+1	-8	60雨	40卯	+1	-9	30雨	41辰	+1	-9	1木	42巳	+1	-9
3	30雨	37子	-9	+1	1木	38丑	-9	+1	30雨	39寅	+1	-9	1木	40卯	+1	-9	31木	41辰	+1	-9	2草	42巳	+1	-9
4	31木	37子	-9	+1	2草	38丑	-0	+0	31木	39寅	+1	-9	2草	40卯	+0	-0	32草	41辰	+1	-9	3陽	42巳	+1	-0
5	32草	37子	-0	+1	3陽	39寅	+0	-1	32草	40卯	+1	-9	3陽	41辰	+0	-0	33陽	42巳	+1	-0	4灯	43午	+1	-0
6	33陽	38丑	-1	+0	4灯	39寅	+0	-1	33陽	40卯	+0	-1	4灯	41辰	+0	-1	34灯	42巳	+0	-1	5山	43午	+0	-0
7	34灯	38丑	-1	+9	5山	39寅	+9	-1	34灯	40卯	+0	-1	5山	41辰	+0	-1	35山	42巳	+0	-1	6畑	43午	+0	-1
8	35山	38丑	-1	+9	6畑	39寅	+9	-1	35山	40卯	+9	-1	6畑	41辰	+9	-1	36畑	42巳	+0	-1	7岩	43午	+0	-1
9	36畑	38丑	-1	+9	7岩	39寅	+9	-1	36畑	40卯	+9	-1	7岩	41辰	+9	-1	37岩	42巳	+9	-1	8宝	43午	+9	-1
10	37岩	38丑	-1	+8	8宝	39寅	+8	-2	37岩	40卯	+9	-1	8宝	41辰	+9	-1	38宝	42巳	+9	-1	9海	43午	+9	-1
11	38宝	38丑	-2	+8	9海	39寅	+8	-2	38宝	40卯	+8	-2	9海	41辰	+8	-2	39海	42巳	+9	-2	10雨	43午	+9	-1
12	39海	38丑	-2	+8	10雨	39寅	+8	-2	39海	40卯	+8	-2	10雨	41辰	+8	-2	40雨	42巳	+8	-2	11木	43午	+8	-2
13	40雨	38丑	-2	+7	11木	39寅	+7	-3	40雨	40卯	+8	-2	11木	41辰	+8	-2	41木	42巳	+8	-2	12草	43午	+8	-2
14	41木	38丑	-3	+7	12草	39寅	+7	-3	41木	40卯	+7	-3	12草	41辰	+7	-3	42草	42巳	+8	-3	13陽	43午	+8	-2
15	42草	38丑	-3	+7	13陽	39寅	+7	-3	42草	40卯	+7	-3	13陽	41辰	+7	-3	43陽	42巳	+7	-3	14灯	43午	+7	-3
16	43陽	38丑	-3	+6	14灯	39寅	+6	-4	43陽	40卯	+7	-3	14灯	41辰	+7	-3	44灯	42巳	+7	-3	15山	43午	+7	-3
17	44灯	38丑	-4	+6	15山	39寅	+6	-4	44灯	40卯	+6	-4	15山	41辰	+6	-4	45山	42巳	+7	-4	16畑	43午	+7	-3
18	45山	38丑	-4	+6	16畑	39寅	+6	-4	45山	40卯	+6	-4	16畑	41辰	+6	-4	46畑	42巳	+6	-4	17岩	43午	+6	-4
19	46畑	38丑	-4	+5	17岩	39寅	+5	-5	46畑	40卯	+6	-4	17岩	41辰	+6	-4	47岩	42巳	+6	-4	18宝	43午	+6	-4
20	47岩	38丑	-5	+5	18宝	39寅	+5	-5	47岩	40卯	+5	-5	18宝	41辰	+5	-5	48宝	42巳	+6	-5	19海	43午	+6	-4
21	48宝	38丑	-5	+5	19海	39寅	+5	-5	48宝	40卯	+5	-5	19海	41辰	+5	-5	49海	42巳	+5	-5	20雨	43午	+5	-5
22	49海	38丑	-5	+4	20雨	39寅	+4	-6	49海	40卯	+5	-5	20雨	41辰	+5	-5	50雨	42巳	+5	-5	21木	43午	+5	-5
23	50雨	38丑	-6	+4	21木	39寅	+4	-6	50雨	40卯	+4	-6	21木	41辰	+4	-6	51木	42巳	+5	-6	22草	43午	+5	-5
24	51木	38丑	-6	+4	22草	39寅	+4	-6	51木	40卯	+4	-6	22草	41辰	+4	-6	52草	42巳	+4	-6	23陽	43午	+4	-6
25	52草	38丑	-6	+3	23陽	39寅	+3	-7	52草	40卯	+4	-6	23陽	41辰	+4	-6	53陽	42巳	+4	-6	24灯	43午	+4	-6
26	53陽	38丑	-7	+3	24灯	39寅	+3	-7	53陽	40卯	+3	-7	24灯	41辰	+3	-7	54灯	42巳	+4	-7	25山	43午	+4	-6
27	54灯	38丑	-7	+3	25山	39寅	+3	-7	54灯	40卯	+3	-7	25山	41辰	+3	-7	55山	42巳	+3	-7	26畑	43午	+3	-7
28	55山	38丑	-7	+2	26畑	39寅	+2	-8	55山	40卯	+3	-7	26畑	41辰	+3	-7	56畑	42巳	+3	-7	27岩	43午	+3	-7
29	56畑	38丑	-8	+2	27岩	39寅	+2	-8	56畑	40卯	+2	-8	27岩	41辰	+2	-8	57岩	42巳	+3	-8	28宝	43午	+3	-7
30	57岩	38丑	-8	+2					57岩	40卯	+2	-8	28宝	41辰	+2	-8	58宝	42巳	+2	-8	29海	43午	+2	-8
31	58宝	38丑	-8	+1					58宝	40卯	+2	-8					59海	42巳	+2	-8				

日	7月 日干	7月 月干	7月 男	7月 女	8月 日干	8月 月干	8月 男	8月 女	9月 日干	9月 月干	9月 男	9月 女	10月 日干	10月 月干	10月 男	10月 女	11月 日干	11月 月干	11月 男	11月 女	12月 日干	12月 月干	12月 男	12月 女
1	30雨	43午	+2	-8	1木	44未	+2	-8	32草	45申	+2	-8	2草	46酉	+2	-8	33陽	47戌	+2	-8	3陽	48亥	+2	-8
2	31木	43午	+2	-8	2草	44未	+2	-8	33陽	45申	+2	-8	3陽	46酉	+2	-8	34灯	47戌	+2	-8	4灯	48亥	+1	-8
3	32草	43午	+1	-9	3陽	44未	+2	-9	34灯	45申	+2	-9	4灯	46酉	+2	-8	35山	47戌	+1	-8	5山	48亥	+1	-8
4	33陽	43午	+1	-9	4灯	44未	+1	-9	35山	45申	+1	-9	5山	46酉	+1	-9	36畑	47戌	+1	-9	6畑	48亥	+1	-9
5	34灯	43午	+1	-9	5山	44未	+1	-9	36畑	45申	+1	-9	6畑	46酉	+1	-9	37岩	47戌	+1	-9	7岩	48亥	+1	-9
6	35山	43午	+1	-0	6畑	44未	+1	-0	37岩	45申	+1	-0	7岩	46酉	+1	-9	38宝	47戌	+1	-9	8宝	48亥	+0	-9
7	36畑	44未	+0	-0	7岩	45申	+1	-0	38宝	46酉	+1	-0	8宝	46酉	+1	-0	39海	48亥	+0	-0	9海	49子	+9	-0
8	37岩	44未	+0	-0	8宝	45申	+0	-1	39海	46酉	+0	-1	9海	47戌	+0	-0	40雨	48亥	+0	-1	10雨	49子	+9	-1
9	38宝	44未	+0	-1	9海	45申	+0	-1	40雨	46酉	+0	-1	10雨	47戌	+0	-1	41木	48亥	+9	-1	11木	49子	+9	-1
10	39海	44未	+0	-1	10雨	45申	+0	-1	41木	46酉	+9	-1	11木	47戌	+9	-1	42草	48亥	+9	-1	12草	49子	+8	-1
11	40雨	44未	+9	-1	11木	45申	+9	-1	42草	46酉	+9	-1	12草	47戌	+9	-1	43陽	48亥	+9	-1	13陽	49子	+8	-1
12	41木	44未	+9	-1	12草	45申	+9	-1	43陽	46酉	+9	-1	13陽	47戌	+9	-1	44灯	48亥	+8	-1	14灯	49子	+8	-1
13	42草	44未	+9	-1	13陽	45申	+9	-2	44灯	46酉	+8	-2	14灯	47戌	+8	-1	45山	48亥	+8	-2	15山	49子	+7	-2
14	43陽	44未	+8	-2	14灯	45申	+8	-2	45山	46酉	+8	-2	15山	47戌	+8	-2	46畑	48亥	+8	-2	16畑	49子	+7	-2
15	44灯	44未	+8	-2	15山	45申	+8	-2	46畑	46酉	+8	-2	16畑	47戌	+8	-2	47岩	48亥	+7	-2	17岩	49子	+7	-2
16	45山	44未	+8	-2	16畑	45申	+8	-3	47岩	46酉	+7	-3	17岩	47戌	+7	-2	48宝	48亥	+7	-3	18宝	49子	+6	-3
17	46畑	44未	+7	-3	17岩	45申	+7	-3	48宝	46酉	+7	-3	18宝	47戌	+7	-3	49海	48亥	+7	-3	19海	49子	+6	-3
18	47岩	44未	+7	-3	18宝	45申	+7	-3	49海	46酉	+7	-3	19海	47戌	+7	-3	50雨	48亥	+6	-3	20雨	49子	+6	-3
19	48宝	44未	+7	-3	19海	45申	+7	-4	50雨	46酉	+6	-4	20雨	47戌	+6	-3	51木	48亥	+6	-4	21木	49子	+5	-4
20	49海	44未	+6	-4	20雨	45申	+6	-4	51木	46酉	+6	-4	21木	47戌	+6	-4	52草	48亥	+6	-4	22草	49子	+5	-4
21	50雨	44未	+6	-4	21木	45申	+6	-4	52草	46酉	+6	-4	22草	47戌	+6	-4	53陽	48亥	+5	-4	23陽	49子	+5	-4
22	51木	44未	+6	-4	22草	45申	+6	-5	53陽	46酉	+5	-5	23陽	47戌	+5	-4	54灯	48亥	+5	-5	24灯	49子	+4	-5
23	52草	44未	+5	-5	23陽	45申	+5	-5	54灯	46酉	+5	-5	24灯	47戌	+5	-5	55山	48亥	+5	-5	25山	49子	+4	-5
24	53陽	44未	+5	-5	24灯	45申	+5	-5	55山	46酉	+5	-5	25山	47戌	+5	-5	56畑	48亥	+4	-5	26畑	49子	+4	-5
25	54灯	44未	+5	-5	25山	45申	+5	-6	56畑	46酉	+4	-6	26畑	47戌	+4	-5	57岩	48亥	+4	-6	27岩	49子	+3	-6
26	55山	44未	+4	-6	26畑	45申	+4	-6	57岩	46酉	+4	-6	27岩	47戌	+4	-6	58宝	48亥	+4	-6	28宝	49子	+3	-6
27	56畑	44未	+4	-6	27岩	45申	+4	-6	58宝	46酉	+4	-6	28宝	47戌	+4	-6	59海	48亥	+3	-6	29海	49子	+3	-6
28	57岩	44未	+4	-6	28宝	45申	+4	-7	59海	46酉	+3	-7	29海	47戌	+3	-6	60雨	48亥	+3	-7	30雨	49子	+2	-7
29	58宝	44未	+3	-7	29海	45申	+3	-7	60雨	46酉	+3	-7	30雨	47戌	+3	-7	1木	48亥	+3	-7	31木	49子	+2	-7
30	59海	44未	+3	-7	30雨	45申	+3	-7	1木	46酉	+3	-7	31木	47戌	+3	-7	2草	48亥	+2	-7	32草	49子	+2	-7
31	60雨	44未	+3	-7	31木	45申	+3	-8					32草	47戌	+2	-7					33陽	49子	+1	-8

1973年　50 癸丑（2/4 〜翌年2/3）

日	1月 日干	1月 月干	1月 男	1月 女	2月 日干	2月 月干	2月 男	2月 女	3月 日干	3月 月干	3月 男	3月 女	4月 日干	4月 月干	4月 男	4月 女	5月 日干	5月 月干	5月 男	5月 女	6月 日干	6月 月干	6月 男	6月 女
1	34灯	49子	+2	-8	5山	50丑	+1	-9	33陽	51寅	-8	+2	4灯	52卯	-9	+1	34灯	53辰	-8	+2	5山	54巳	-9	+2
2	35山	49子	+1	-9	6畑	50丑	+1	-9	34灯	51寅	-8	+1	5山	52卯	-9	+1	35山	53辰	-9	+1	6畑	54巳	-9	+1
3	36畑	49子	+1	-9	7岩	50丑	+1	-9	35山	51寅	-9	+1	6畑	52卯	-9	+1	36畑	53辰	-9	+1	7岩	54巳	-9	+1
4	37岩	49子	+1	-9	8宝	51寅	-0	+0	36畑	51寅	-9	+1	7岩	52卯	-0	+0	37岩	53辰	-9	+1	8宝	54巳	-0	+1
5	38宝	50丑	+1	-0	9海	51寅	-1	+0	37岩	51寅	-9	+1	8宝	53辰	-0	+0	38宝	53辰	-0	+1	9海	54巳	-0	+1
6	39海	50丑	+0	-1	10雨	51寅	-1	+0	38宝	52卯	-1	+0	9海	53辰	-1	+0	39海	54巳	-1	+0	10雨	55午	-0	+0
7	40雨	50丑	+9	-1	11木	51寅	-1	+9	39海	52卯	-1	+0	10雨	53辰	-1	+0	40雨	54巳	-1	+0	11木	55午	-1	+0
8	41木	50丑	+9	-1	12草	51寅	-1	+9	40雨	52卯	-1	+9	11木	53辰	-1	+9	41木	54巳	-1	+0	12草	55午	-1	+0
9	42草	50丑	+9	-1	13陽	51寅	-1	+9	41木	52卯	-1	+9	12草	53辰	-1	+9	42草	54巳	-1	+9	13陽	55午	-1	+9
10	43陽	50丑	+8	-1	14灯	51寅	-2	+8	42草	52卯	-1	+9	13陽	53辰	-1	+9	43陽	54巳	-1	+9	14灯	55午	-1	+9
11	44灯	50丑	+8	-2	15山	51寅	-2	+8	43陽	52卯	-2	+8	14灯	53辰	-2	+8	44灯	54巳	-2	+9	15山	55午	-1	+9
12	45山	50丑	+8	-2	16畑	51寅	-2	+8	44灯	52卯	-2	+8	15山	53辰	-2	+8	45山	54巳	-2	+8	16畑	55午	-2	+8
13	46畑	50丑	+7	-2	17岩	51寅	-3	+7	45山	52卯	-2	+8	16畑	53辰	-2	+8	46畑	54巳	-2	+8	17岩	55午	-2	+8
14	47岩	50丑	+7	-3	18宝	51寅	-3	+7	46畑	52卯	-3	+7	17岩	53辰	-3	+7	47岩	54巳	-3	+8	18宝	55午	-2	+8
15	48宝	50丑	+7	-3	19海	51寅	-3	+7	47岩	52卯	-3	+7	18宝	53辰	-3	+7	48宝	54巳	-3	+7	19海	55午	-3	+7
16	49海	50丑	+6	-3	20雨	51寅	-4	+6	48宝	52卯	-3	+7	19海	53辰	-3	+7	49海	54巳	-3	+7	20雨	55午	-3	+7
17	50雨	50丑	+6	-4	21木	51寅	-4	+6	49海	52卯	-4	+6	20雨	53辰	-4	+6	50雨	54巳	-4	+7	21木	55午	-3	+7
18	51木	50丑	+6	-4	22草	51寅	-4	+6	50雨	52卯	-4	+6	21木	53辰	-4	+6	51木	54巳	-4	+6	22草	55午	-4	+6
19	52草	50丑	+5	-4	23陽	51寅	-5	+5	51木	52卯	-4	+6	22草	53辰	-4	+6	52草	54巳	-4	+6	23陽	55午	-4	+6
20	53陽	50丑	+5	-5	24灯	51寅	-5	+5	52草	52卯	-5	+5	23陽	53辰	-5	+5	53陽	54巳	-5	+6	24灯	55午	-4	+6
21	54灯	50丑	+5	-5	25山	51寅	-5	+5	53陽	52卯	-5	+5	24灯	53辰	-5	+5	54灯	54巳	-5	+5	25山	55午	-5	+5
22	55山	50丑	+4	-5	26畑	51寅	-6	+4	54灯	52卯	-5	+5	25山	53辰	-5	+5	55山	54巳	-5	+5	26畑	55午	-5	+5
23	56畑	50丑	+4	-6	27岩	51寅	-6	+4	55山	52卯	-6	+4	26畑	53辰	-6	+4	56畑	54巳	-6	+5	27岩	55午	-5	+5
24	57岩	50丑	+4	-6	28宝	51寅	-6	+4	56畑	52卯	-6	+4	27岩	53辰	-6	+4	57岩	54巳	-6	+4	28宝	55午	-6	+4
25	58宝	50丑	+3	-6	29海	51寅	-7	+3	57岩	52卯	-6	+4	28宝	53辰	-6	+4	58宝	54巳	-6	+4	29海	55午	-6	+4
26	59海	50丑	+3	-7	30雨	51寅	-7	+3	58宝	52卯	-7	+3	29海	53辰	-7	+3	59海	54巳	-7	+4	30雨	55午	-6	+4
27	60雨	50丑	+3	-7	31木	51寅	-7	+3	59海	52卯	-7	+3	30雨	53辰	-7	+3	60雨	54巳	-7	+3	31木	55午	-7	+3
28	1木	50丑	+2	-7	32草	51寅	-8	+2	60雨	52卯	-7	+3	31木	53辰	-7	+3	1木	54巳	-7	+3	32草	55午	-7	+3
29	2草	50丑	+2	-8					1木	52卯	-8	+2	32草	53辰	-8	+2	2草	54巳	-8	+3	33陽	55午	-7	+3
30	3陽	50丑	+2	-8					2草	52卯	-8	+2	33陽	53辰	-8	+2	3陽	54巳	-8	+2	34灯	55午	-8	+2
31	4灯	50丑	+1	-8					3陽	52卯	-8	+2					4灯	54巳	-8	+2				

日	7月 日干	7月 月干	7月 男	7月 女	8月 日干	8月 月干	8月 男	8月 女	9月 日干	9月 月干	9月 男	9月 女	10月 日干	10月 月干	10月 男	10月 女	11月 日干	11月 月干	11月 男	11月 女	12月 日干	12月 月干	12月 男	12月 女
1	35山	55午	-8	+2	6畑	56未	-8	+2	37岩	57申	-8	+2	7岩	58酉	-8	+2	38宝	59戌	-8	+2	8宝	60亥	-8	+2
2	36畑	55午	-9	+2	7岩	56未	-8	+2	38宝	57申	-8	+2	8宝	58酉	-8	+2	39海	59戌	-8	+2	9海	60亥	-8	+1
3	37岩	55午	-9	+1	8宝	56未	-9	+2	39海	57申	-9	+2	9海	58酉	-8	+2	40雨	59戌	-8	+1	10雨	60亥	-8	+1
4	38宝	55午	-9	+1	9海	56未	-9	+1	40雨	57申	-9	+1	10雨	58酉	-9	+1	41木	59戌	-9	+1	11木	60亥	-9	+1
5	39海	55午	-0	+1	10雨	56未	-9	+1	41木	57申	-9	+1	11木	58酉	-9	+1	42草	59戌	-9	+1	12草	60亥	-9	+1
6	40雨	55午	-0	+1	11木	56未	-0	+1	42草	57申	-0	+1	12草	58酉	-9	+1	43陽	59戌	-9	+1	13陽	60亥	-9	+0
7	41木	56未	-0	+0	12草	56未	-0	+1	43陽	57申	-0	+1	13陽	58酉	-0	+1	44灯	60亥	-0	+0	14灯	1子	-0	+9
8	42草	56未	-1	+0	13陽	57申	-1	+0	44灯	58酉	-1	+0	14灯	59戌	-0	+0	45山	60亥	-1	+0	15山	1子	-1	+9
9	43陽	56未	-1	+0	14灯	57申	-1	+0	45山	58酉	-1	+0	15山	59戌	-1	+0	46畑	60亥	-1	+9	16畑	1子	-1	+9
10	44灯	56未	-1	+0	15山	57申	-1	+0	46畑	58酉	-1	+9	16畑	59戌	-1	+9	47岩	60亥	-1	+9	17岩	1子	-1	+8
11	45山	56未	-1	+9	16畑	57申	-1	+9	47岩	58酉	-1	+9	17岩	59戌	-1	+9	48宝	60亥	-1	+9	18宝	1子	-1	+8
12	46畑	56未	-1	+9	17岩	57申	-1	+9	48宝	58酉	-1	+9	18宝	59戌	-1	+9	49海	60亥	-1	+8	19海	1子	-1	+8
13	47岩	56未	-2	+9	18宝	57申	-2	+9	49海	58酉	-2	+8	19海	59戌	-1	+8	50雨	60亥	-2	+8	20雨	1子	-2	+7
14	48宝	56未	-2	+8	19海	57申	-2	+8	50雨	58酉	-2	+8	20雨	59戌	-2	+8	51木	60亥	-2	+8	21木	1子	-2	+7
15	49海	56未	-2	+8	20雨	57申	-2	+8	51木	58酉	-2	+8	21木	59戌	-2	+8	52草	60亥	-2	+7	22草	1子	-2	+7
16	50雨	56未	-3	+8	21木	57申	-3	+8	52草	58酉	-3	+7	22草	59戌	-2	+7	53陽	60亥	-3	+7	23陽	1子	-3	+6
17	51木	56未	-3	+7	22草	57申	-3	+7	53陽	58酉	-3	+7	23陽	59戌	-3	+7	54灯	60亥	-3	+7	24灯	1子	-3	+6
18	52草	56未	-3	+7	23陽	57申	-3	+7	54灯	58酉	-3	+7	24灯	59戌	-3	+7	55山	60亥	-3	+6	25山	1子	-3	+6
19	53陽	56未	-4	+7	24灯	57申	-4	+7	55山	58酉	-4	+6	25山	59戌	-3	+6	56畑	60亥	-4	+6	26畑	1子	-4	+5
20	54灯	56未	-4	+6	25山	57申	-4	+6	56畑	58酉	-4	+6	26畑	59戌	-4	+6	57岩	60亥	-4	+6	27岩	1子	-4	+5
21	55山	56未	-4	+6	26畑	57申	-4	+6	57岩	58酉	-4	+6	27岩	59戌	-4	+6	58宝	60亥	-4	+5	28宝	1子	-4	+5
22	56畑	56未	-5	+6	27岩	57申	-5	+6	58宝	58酉	-5	+5	28宝	59戌	-4	+5	59海	60亥	-5	+5	29海	1子	-5	+4
23	57岩	56未	-5	+5	28宝	57申	-5	+5	59海	58酉	-5	+5	29海	59戌	-5	+5	60雨	60亥	-5	+5	30雨	1子	-5	+4
24	58宝	56未	-5	+5	29海	57申	-5	+5	60雨	58酉	-5	+5	30雨	59戌	-5	+5	1木	60亥	-5	+4	31木	1子	-5	+4
25	59海	56未	-6	+5	30雨	57申	-6	+5	1木	58酉	-6	+4	31木	59戌	-5	+4	2草	60亥	-6	+4	32草	1子	-6	+3
26	60雨	56未	-6	+4	31木	57申	-6	+4	2草	58酉	-6	+4	32草	59戌	-6	+4	3陽	60亥	-6	+4	33陽	1子	-6	+3
27	1木	56未	-6	+4	32草	57申	-6	+4	3陽	58酉	-6	+4	33陽	59戌	-6	+4	4灯	60亥	-6	+3	34灯	1子	-6	+3
28	2草	56未	-7	+4	33陽	57申	-7	+4	4灯	58酉	-7	+3	34灯	59戌	-6	+3	5山	60亥	-7	+3	35山	1子	-7	+2
29	3陽	56未	-7	+3	34灯	57申	-7	+3	5山	58酉	-7	+3	35山	59戌	-7	+3	6畑	60亥	-7	+3	36畑	1子	-7	+2
30	4灯	56未	-7	+3	35山	57申	-7	+3	6畑	58酉	-7	+3	36畑	59戌	-7	+3	7岩	60亥	-7	+2	37岩	1子	-7	+2
31	5山	56未	-8	+3	36畑	57申	-8	+3					37岩	59戌	-7	+2					38宝	1子	-8	+1

1974年　51 甲寅（2/4～翌年2/3）

日	1月 日干	月干	男	女	2月 日干	月干	男	女	3月 日干	月干	男	女	4月 日干	月干	男	女
1	39海	1子	-8	+2	10雨	2丑	-9	+1	38宝	3寅	+2	-8	9海	4卯	+1	-9
2	40雨	1子	-9	+1	11木	2丑	-9	+1	39海	3寅	+1	-8	10雨	4卯	+1	-9
3	41木	1子	-9	+1	12草	2丑	-9	+1	40雨	3寅	+1	-9	11木	4卯	+1	-9
4	42草	1子	-9	+1	13陽	3寅	+0	-0	41木	3寅	+1	-9	12草	4卯	+0	-0
5	43陽	1子	-0	+1	14灯	3寅	+0	-1	42草	3寅	+1	-9	13陽	5辰	+0	-0
6	44灯	2丑	-1	+0	15山	3寅	+0	-1	43陽	4卯	+0	-1	14灯	5辰	+0	-1
7	45山	2丑	-1	+9	16畑	3寅	+9	-1	44灯	4卯	+0	-1	15山	5辰	+0	-1
8	46畑	2丑	-1	+9	17岩	3寅	+9	-1	45山	4卯	+9	-1	16畑	5辰	+9	-1
9	47岩	2丑	-1	+9	18宝	3寅	+9	-1	46畑	4卯	+9	-1	17岩	5辰	+9	-1
10	48宝	2丑	-1	+8	19海	3寅	+8	-2	47岩	4卯	+9	-1	18宝	5辰	+9	-1
11	49海	2丑	-2	+8	20雨	3寅	+8	-2	48宝	4卯	+8	-2	19海	5辰	+8	-2
12	50雨	2丑	-2	+8	21木	3寅	+8	-2	49海	4卯	+8	-2	20雨	5辰	+8	-2
13	51木	2丑	-2	+7	22草	3寅	+7	-3	50雨	4卯	+8	-2	21木	5辰	+8	-2
14	52草	2丑	-3	+7	23陽	3寅	+7	-3	51木	4卯	+7	-3	22草	5辰	+7	-3
15	53陽	2丑	-3	+7	24灯	3寅	+7	-3	52草	4卯	+7	-3	23陽	5辰	+7	-3
16	54灯	2丑	-3	+6	25山	3寅	+6	-4	53陽	4卯	+7	-3	24灯	5辰	+7	-3
17	55山	2丑	-4	+6	26畑	3寅	+6	-4	54灯	4卯	+6	-4	25山	5辰	+6	-4
18	56畑	2丑	-4	+6	27岩	3寅	+6	-4	55山	4卯	+6	-4	26畑	5辰	+6	-4
19	57岩	2丑	-4	+5	28宝	3寅	+5	-5	56畑	4卯	+6	-4	27岩	5辰	+6	-4
20	58宝	2丑	-5	+5	29海	3寅	+5	-5	57岩	4卯	+5	-5	28宝	5辰	+5	-5
21	59海	2丑	-5	+5	30雨	3寅	+5	-5	58宝	4卯	+5	-5	29海	5辰	+5	-5
22	60雨	2丑	-5	+4	31木	3寅	+4	-6	59海	4卯	+5	-5	30雨	5辰	+5	-5
23	1木	2丑	-6	+4	32草	3寅	+4	-6	60雨	4卯	+4	-6	31木	5辰	+4	-6
24	2草	2丑	-6	+4	33陽	3寅	+4	-6	1木	4卯	+4	-6	32草	5辰	+4	-6
25	3陽	2丑	-6	+3	34灯	3寅	+3	-7	2草	4卯	+4	-6	33陽	5辰	+4	-6
26	4灯	2丑	-7	+3	35山	3寅	+3	-7	3陽	4卯	+3	-7	34灯	5辰	+3	-7
27	5山	2丑	-7	+3	36畑	3寅	+3	-7	4灯	4卯	+3	-7	35山	5辰	+3	-7
28	6畑	2丑	-7	+2	37岩	3寅	+2	-8	5山	4卯	+3	-7	36畑	5辰	+3	-7
29	7岩	2丑	-8	+2					6畑	4卯	+2	-8	37岩	5辰	+2	-8
30	8宝	2丑	-8	+2					7岩	4卯	+2	-8	38宝	5辰	+2	-8
31	9海	2丑	-8	+1					8宝	4卯	+2	-8				

日	5月 日干	月干	男	女	6月 日干	月干	男	女	7月 日干	月干	男	女	8月 日干	月干	男	女
1	39海	5辰	+2	-8	10雨	6巳	+2	-9	40雨	7午	+2	-8	11木	8未	+2	-8
2	40雨	5辰	+1	-9	11木	6巳	+1	-9	41木	7午	+2	-9	12草	8未	+2	-8
3	41木	5辰	+1	-9	12草	6巳	+1	-9	42草	7午	+1	-9	13陽	8未	+2	-9
4	42草	5辰	+1	-9	13陽	6巳	+1	-0	43陽	7午	+1	-9	14灯	8未	+1	-9
5	43陽	5辰	+1	-0	14灯	6巳	+1	-0	44灯	7午	+1	-0	15山	8未	+1	-9
6	44灯	6巳	+0	-1	15山	7午	+0	-0	45山	7午	+1	-0	16畑	8未	+1	-0
7	45山	6巳	+0	-1	16畑	7午	+0	-1	46畑	8未	+0	-0	17岩	8未	+1	-0
8	46畑	6巳	+0	-1	17岩	7午	+0	-1	47岩	8未	+0	-1	18宝	9申	+0	-1
9	47岩	6巳	+9	-1	18宝	7午	+9	-1	48宝	8未	+0	-1	19海	9申	+0	-1
10	48宝	6巳	+9	-1	19海	7午	+9	-1	49海	8未	+0	-1	20雨	9申	+0	-1
11	49海	6巳	+9	-2	20雨	7午	+9	-1	50雨	8未	+9	-1	21木	9申	+9	-1
12	50雨	6巳	+8	-2	21木	7午	+8	-2	51木	8未	+9	-1	22草	9申	+9	-1
13	51木	6巳	+8	-2	22草	7午	+8	-2	52草	8未	+9	-2	23陽	9申	+9	-2
14	52草	6巳	+8	-3	23陽	7午	+8	-2	53陽	8未	+8	-2	24灯	9申	+8	-2
15	53陽	6巳	+7	-3	24灯	7午	+7	-3	54灯	8未	+8	-2	25山	9申	+8	-2
16	54灯	6巳	+7	-3	25山	7午	+7	-3	55山	8未	+8	-3	26畑	9申	+8	-3
17	55山	6巳	+7	-4	26畑	7午	+7	-3	56畑	8未	+7	-3	27岩	9申	+7	-3
18	56畑	6巳	+6	-4	27岩	7午	+6	-4	57岩	8未	+7	-3	28宝	9申	+7	-3
19	57岩	6巳	+6	-4	28宝	7午	+6	-4	58宝	8未	+7	-4	29海	9申	+7	-4
20	58宝	6巳	+6	-5	29海	7午	+6	-4	59海	8未	+6	-4	30雨	9申	+6	-4
21	59海	6巳	+5	-5	30雨	7午	+5	-5	60雨	8未	+6	-4	31木	9申	+6	-4
22	60雨	6巳	+5	-5	31木	7午	+5	-5	1木	8未	+6	-5	32草	9申	+6	-5
23	1木	6巳	+5	-6	32草	7午	+5	-5	2草	8未	+5	-5	33陽	9申	+5	-5
24	2草	6巳	+4	-6	33陽	7午	+4	-6	3陽	8未	+5	-5	34灯	9申	+5	-5
25	3陽	6巳	+4	-6	34灯	7午	+4	-6	4灯	8未	+5	-6	35山	9申	+5	-6
26	4灯	6巳	+4	-7	35山	7午	+4	-6	5山	8未	+4	-6	36畑	9申	+4	-6
27	5山	6巳	+3	-7	36畑	7午	+3	-7	6畑	8未	+4	-6	37岩	9申	+4	-6
28	6畑	6巳	+3	-7	37岩	7午	+3	-7	7岩	8未	+4	-7	38宝	9申	+4	-7
29	7岩	6巳	+3	-8	38宝	7午	+3	-7	8宝	8未	+3	-7	39海	9申	+3	-7
30	8宝	6巳	+2	-8	39海	7午	+2	-8	9海	8未	+3	-7	40雨	9申	+3	-7
31	9海	6巳	+2	-8					10雨	8未	+3	-8	41木	9申	+3	-8

日	9月 日干	月干	男	女	10月 日干	月干	男	女	11月 日干	月干	男	女	12月 日干	月干	男	女
1	42草	9申	+2	-8	12草	10酉	+2	-8	43陽	11戌	+2	-8	13陽	12亥	+2	-8
2	43陽	9申	+2	-8	13陽	10酉	+2	-8	44灯	11戌	+2	-8	14灯	12亥	+1	-8
3	44灯	9申	+2	-9	14灯	10酉	+2	-8	45山	11戌	+1	-8	15山	12亥	+1	-8
4	45山	9申	+1	-9	15山	10酉	+1	-9	46畑	11戌	+1	-9	16畑	12亥	+1	-9
5	46畑	9申	+1	-9	16畑	10酉	+1	-9	47岩	11戌	+1	-9	17岩	12亥	+1	-9
6	47岩	9申	+1	-0	17岩	10酉	+1	-9	48宝	11戌	+1	-9	18宝	12亥	+0	-9
7	48宝	9申	+1	-0	18宝	10酉	+1	-0	49海	11戌	+0	-0	19海	13子	+9	-0
8	49海	10酉	+0	-1	19海	10酉	+0	-0	50雨	12亥	+0	-1	20雨	13子	+9	-1
9	50雨	10酉	+0	-1	20雨	11戌	+0	-1	51木	12亥	+9	-1	21木	13子	+9	-1
10	51木	10酉	+9	-1	21木	11戌	+9	-1	52草	12亥	+9	-1	22草	13子	+8	-1
11	52草	10酉	+9	-1	22草	11戌	+9	-1	53陽	12亥	+9	-1	23陽	13子	+8	-1
12	53陽	10酉	+9	-1	23陽	11戌	+9	-1	54灯	12亥	+8	-1	24灯	13子	+8	-1
13	54灯	10酉	+8	-2	24灯	11戌	+8	-1	55山	12亥	+8	-2	25山	13子	+7	-2
14	55山	10酉	+8	-2	25山	11戌	+8	-2	56畑	12亥	+8	-2	26畑	13子	+7	-2
15	56畑	10酉	+8	-2	26畑	11戌	+8	-2	57岩	12亥	+7	-2	27岩	13子	+7	-2
16	57岩	10酉	+7	-3	27岩	11戌	+7	-2	58宝	12亥	+7	-3	28宝	13子	+6	-3
17	58宝	10酉	+7	-3	28宝	11戌	+7	-3	59海	12亥	+7	-3	29海	13子	+6	-3
18	59海	10酉	+7	-3	29海	11戌	+7	-3	60雨	12亥	+6	-3	30雨	13子	+6	-3
19	60雨	10酉	+6	-4	30雨	11戌	+6	-3	1木	12亥	+6	-4	31木	13子	+5	-4
20	1木	10酉	+6	-4	31木	11戌	+6	-4	2草	12亥	+6	-4	32草	13子	+5	-4
21	2草	10酉	+6	-4	32草	11戌	+6	-4	3陽	12亥	+5	-4	33陽	13子	+5	-4
22	3陽	10酉	+5	-5	33陽	11戌	+5	-4	4灯	12亥	+5	-5	34灯	13子	+4	-5
23	4灯	10酉	+5	-5	34灯	11戌	+5	-5	5山	12亥	+5	-5	35山	13子	+4	-5
24	5山	10酉	+5	-5	35山	11戌	+5	-5	6畑	12亥	+4	-5	36畑	13子	+4	-5
25	6畑	10酉	+4	-6	36畑	11戌	+4	-5	7岩	12亥	+4	-6	37岩	13子	+3	-6
26	7岩	10酉	+4	-6	37岩	11戌	+4	-6	8宝	12亥	+4	-6	38宝	13子	+3	-6
27	8宝	10酉	+4	-6	38宝	11戌	+4	-6	9海	12亥	+3	-6	39海	13子	+3	-6
28	9海	10酉	+3	-7	39海	11戌	+3	-6	10雨	12亥	+3	-7	40雨	13子	+2	-7
29	10雨	10酉	+3	-7	40雨	11戌	+3	-7	11木	12亥	+3	-7	41木	13子	+2	-7
30	11木	10酉	+3	-7	41木	11戌	+3	-7	12草	12亥	+2	-7	42草	13子	+2	-7
31					42草	11戌	+2	-7					43陽	13子	+1	-8

1975年　52 乙卯（2/4～翌年2/4）

日	1月 日干	月干	男	女	2月 日干	月干	男	女	3月 日干	月干	男	女	4月 日干	月干	男	女
1	44灯	13子	+2	-8	15山	14丑	+1	-9	43陽	15寅	-8	+2	14灯	16卯	-9	+1
2	45山	13子	+1	-9	16畑	14丑	+1	-9	44灯	15寅	-8	+1	15山	16卯	-9	+1
3	46畑	13子	+1	-9	17岩	14丑	+1	-9	45山	15寅	-9	+1	16畑	16卯	-9	+1
4	47岩	13子	+1	-9	18宝	15寅	-0	+0	46畑	15寅	-9	+1	17岩	16卯	-0	+0
5	48宝	13子	+1	-0	19海	15寅	-1	+0	47岩	15寅	-9	+1	18宝	17辰	-0	+0
6	49海	14丑	+0	-1	20雨	15寅	-1	+0	48宝	16卯	-1	+0	19海	17辰	-1	+0
7	50雨	14丑	+9	-1	21木	15寅	-1	+9	49海	16卯	-1	+0	20雨	17辰	-1	+0
8	51木	14丑	+9	-1	22草	15寅	-1	+9	50雨	16卯	-1	+9	21木	17辰	-1	+9
9	52草	14丑	+9	-1	23陽	15寅	-1	+9	51木	16卯	-1	+9	22草	17辰	-1	+9
10	53陽	14丑	+8	-1	24灯	15寅	-2	+8	52草	16卯	-1	+9	23陽	17辰	-1	+9
11	54灯	14丑	+8	-2	25山	15寅	-2	+8	53陽	16卯	-2	+8	24灯	17辰	-2	+8
12	55山	14丑	+8	-2	26畑	15寅	-2	+8	54灯	16卯	-2	+8	25山	17辰	-2	+8
13	56畑	14丑	+7	-2	27岩	15寅	-3	+7	55山	16卯	-2	+8	26畑	17辰	-2	+8
14	57岩	14丑	+7	-3	28宝	15寅	-3	+7	56畑	16卯	-3	+7	27岩	17辰	-3	+7
15	58宝	14丑	+7	-3	29海	15寅	-3	+7	57岩	16卯	-3	+7	28宝	17辰	-3	+7
16	59海	14丑	+6	-3	30雨	15寅	-4	+6	58宝	16卯	-3	+7	29海	17辰	-3	+7
17	60雨	14丑	+6	-4	31木	15寅	-4	+6	59海	16卯	-4	+6	30雨	17辰	-4	+6
18	1木	14丑	+6	-4	32草	15寅	-4	+6	60雨	16卯	-4	+6	31木	17辰	-4	+6
19	2草	14丑	+5	-4	33陽	15寅	-5	+5	1木	16卯	-4	+6	32草	17辰	-4	+6
20	3陽	14丑	+5	-5	34灯	15寅	-5	+5	2草	16卯	-5	+5	33陽	17辰	-5	+5
21	4灯	14丑	+5	-5	35山	15寅	-5	+5	3陽	16卯	-5	+5	34灯	17辰	-5	+5
22	5山	14丑	+4	-5	36畑	15寅	-6	+4	4灯	16卯	-5	+5	35山	17辰	-5	+5
23	6畑	14丑	+4	-6	37岩	15寅	-6	+4	5山	16卯	-6	+4	36畑	17辰	-6	+4
24	7岩	14丑	+4	-6	38宝	15寅	-6	+4	6畑	16卯	-6	+4	37岩	17辰	-6	+4
25	8宝	14丑	+3	-6	39海	15寅	-7	+3	7岩	16卯	-6	+4	38宝	17辰	-6	+4
26	9海	14丑	+3	-7	40雨	15寅	-7	+3	8宝	16卯	-7	+3	39海	17辰	-7	+3
27	10雨	14丑	+3	-7	41木	15寅	-7	+3	9海	16卯	-7	+3	40雨	17辰	-7	+3
28	11木	14丑	+2	-7	42草	15寅	-8	+2	10雨	16卯	-7	+3	41木	17辰	-7	+3
29	12草	14丑	+2	-8					11木	16卯	-8	+2	42草	17辰	-8	+2
30	13陽	14丑	+2	-8					12草	16卯	-8	+2	43陽	17辰	-8	+2
31	14灯	14丑	+1	-8					13陽	16卯	-8	+2				

日	5月 日干	月干	男	女	6月 日干	月干	男	女	7月 日干	月干	男	女	8月 日干	月干	男	女
1	44灯	17辰	-8	+2	15山	18巳	-9	+2	45山	19午	-8	+2	16畑	20未	-8	+2
2	45山	17辰	-9	+1	16畑	18巳	-9	+1	46畑	19午	-9	+2	17岩	20未	-8	+2
3	46畑	17辰	-9	+1	17岩	18巳	-9	+1	47岩	19午	-9	+1	18宝	20未	-9	+2
4	47岩	17辰	-9	+1	18宝	18巳	-0	+1	48宝	19午	-9	+1	19海	20未	-9	+1
5	48宝	17辰	-0	+1	19海	18巳	-0	+1	49海	19午	-0	+1	20雨	20未	-9	+1
6	49海	18巳	-1	+0	20雨	19午	-0	+0	50雨	19午	-0	+1	21木	20未	-0	+1
7	50雨	18巳	-1	+0	21木	19午	-1	+0	51木	19午	-0	+0	22草	20未	-0	+1
8	51木	18巳	-1	+0	22草	19午	-1	+0	52草	20未	-1	+0	23陽	21申	-1	+0
9	52草	18巳	-1	+9	23陽	19午	-1	+9	53陽	20未	-1	+0	24灯	21申	-1	+0
10	53陽	18巳	-1	+9	24灯	19午	-1	+9	54灯	20未	-1	+0	25山	21申	-1	+0
11	54灯	18巳	-2	+9	25山	19午	-1	+9	55山	20未	-1	+9	26畑	21申	-1	+9
12	55山	18巳	-2	+8	26畑	19午	-2	+8	56畑	20未	-1	+9	27岩	21申	-1	+9
13	56畑	18巳	-2	+8	27岩	19午	-2	+8	57岩	20未	-2	+9	28宝	21申	-2	+9
14	57岩	18巳	-3	+8	28宝	19午	-2	+8	58宝	20未	-2	+8	29海	21申	-2	+8
15	58宝	18巳	-3	+7	29海	19午	-3	+7	59海	20未	-2	+8	30雨	21申	-2	+8
16	59海	18巳	-3	+7	30雨	19午	-3	+7	60雨	20未	-3	+8	31木	21申	-3	+8
17	60雨	18巳	-4	+7	31木	19午	-3	+7	1木	20未	-3	+7	32草	21申	-3	+7
18	1木	18巳	-4	+6	32草	19午	-4	+6	2草	20未	-3	+7	33陽	21申	-3	+7
19	2草	18巳	-4	+6	33陽	19午	-4	+6	3陽	20未	-4	+7	34灯	21申	-4	+7
20	3陽	18巳	-5	+6	34灯	19午	-4	+6	4灯	20未	-4	+6	35山	21申	-4	+6
21	4灯	18巳	-5	+5	35山	19午	-5	+5	5山	20未	-4	+6	36畑	21申	-4	+6
22	5山	18巳	-5	+5	36畑	19午	-5	+5	6畑	20未	-5	+6	37岩	21申	-5	+6
23	6畑	18巳	-6	+5	37岩	19午	-5	+5	7岩	20未	-5	+5	38宝	21申	-5	+5
24	7岩	18巳	-6	+4	38宝	19午	-6	+4	8宝	20未	-5	+5	39海	21申	-5	+5
25	8宝	18巳	-6	+4	39海	19午	-6	+4	9海	20未	-6	+5	40雨	21申	-6	+5
26	9海	18巳	-7	+4	40雨	19午	-6	+4	10雨	20未	-6	+4	41木	21申	-6	+4
27	10雨	18巳	-7	+3	41木	19午	-7	+3	11木	20未	-6	+4	42草	21申	-6	+4
28	11木	18巳	-7	+3	42草	19午	-7	+3	12草	20未	-7	+4	43陽	21申	-7	+4
29	12草	18巳	-8	+3	43陽	19午	-7	+3	13陽	20未	-7	+3	44灯	21申	-7	+3
30	13陽	18巳	-8	+2	44灯	19午	-8	+2	14灯	20未	-7	+3	45山	21申	-7	+3
31	14灯	18巳	-8	+2					15山	20未	-8	+3	46畑	21申	-8	+3

日	9月 日干	月干	男	女	10月 日干	月干	男	女	11月 日干	月干	男	女	12月 日干	月干	男	女
1	47岩	21申	-8	+2	17岩	22酉	-8	+2	48宝	23戌	-8	+2	18宝	24亥	-8	+2
2	48宝	21申	-8	+2	18宝	22酉	-8	+2	49海	23戌	-8	+2	19海	24亥	-8	+1
3	49海	21申	-9	+2	19海	22酉	-8	+2	50雨	23戌	-8	+1	20雨	24亥	-8	+1
4	50雨	21申	-9	+1	20雨	22酉	-9	+1	51木	23戌	-9	+1	21木	24亥	-9	+1
5	51木	21申	-9	+1	21木	22酉	-9	+1	52草	23戌	-9	+1	22草	24亥	-9	+1
6	52草	21申	-0	+1	22草	22酉	-9	+1	53陽	23戌	-9	+1	23陽	24亥	-9	+0
7	53陽	21申	-0	+1	23陽	22酉	-0	+1	54灯	23戌	-0	+0	24灯	24亥	-0	+9
8	54灯	22酉	-1	+0	24灯	22酉	-0	+0	55山	24亥	-1	+0	25山	25子	-1	+9
9	55山	22酉	-1	+0	25山	23戌	-1	+0	56畑	24亥	-1	+9	26畑	25子	-1	+9
10	56畑	22酉	-1	+9	26畑	23戌	-1	+9	57岩	24亥	-1	+9	27岩	25子	-1	+8
11	57岩	22酉	-1	+9	27岩	23戌	-1	+9	58宝	24亥	-1	+9	28宝	25子	-1	+8
12	58宝	22酉	-1	+9	28宝	23戌	-1	+9	59海	24亥	-1	+8	29海	25子	-1	+8
13	59海	22酉	-2	+8	29海	23戌	-1	+8	60雨	24亥	-2	+8	30雨	25子	-2	+7
14	60雨	22酉	-2	+8	30雨	23戌	-2	+8	1木	24亥	-2	+8	31木	25子	-2	+7
15	1木	22酉	-2	+8	31木	23戌	-2	+8	2草	24亥	-2	+7	32草	25子	-2	+7
16	2草	22酉	-3	+7	32草	23戌	-2	+7	3陽	24亥	-3	+7	33陽	25子	-3	+6
17	3陽	22酉	-3	+7	33陽	23戌	-3	+7	4灯	24亥	-3	+7	34灯	25子	-3	+6
18	4灯	22酉	-3	+7	34灯	23戌	-3	+7	5山	24亥	-3	+6	35山	25子	-3	+6
19	5山	22酉	-4	+6	35山	23戌	-3	+6	6畑	24亥	-4	+6	36畑	25子	-4	+5
20	6畑	22酉	-4	+6	36畑	23戌	-4	+6	7岩	24亥	-4	+6	37岩	25子	-4	+5
21	7岩	22酉	-4	+6	37岩	23戌	-4	+6	8宝	24亥	-4	+5	38宝	25子	-4	+5
22	8宝	22酉	-5	+5	38宝	23戌	-4	+5	9海	24亥	-5	+5	39海	25子	-5	+4
23	9海	22酉	-5	+5	39海	23戌	-5	+5	10雨	24亥	-5	+5	40雨	25子	-5	+4
24	10雨	22酉	-5	+5	40雨	23戌	-5	+5	11木	24亥	-5	+4	41木	25子	-5	+4
25	11木	22酉	-6	+4	41木	23戌	-5	+4	12草	24亥	-6	+4	42草	25子	-6	+3
26	12草	22酉	-6	+4	42草	23戌	-6	+4	13陽	24亥	-6	+4	43陽	25子	-6	+3
27	13陽	22酉	-6	+4	43陽	23戌	-6	+4	14灯	24亥	-6	+3	44灯	25子	-6	+3
28	14灯	22酉	-7	+3	44灯	23戌	-6	+3	15山	24亥	-7	+3	45山	25子	-7	+2
29	15山	22酉	-7	+3	45山	23戌	-7	+3	16畑	24亥	-7	+3	46畑	25子	-7	+2
30	16畑	22酉	-7	+3	46畑	23戌	-7	+3	17岩	24亥	-7	+2	47岩	25子	-7	+2
31					47岩	23戌	-7	+2					48宝	25子	-8	+1

1976年　53 丙辰（2/5 〜翌年2/3）

日	1月				2月				3月				4月			
	日干	月干	男	女	日干	月干	男	女	日干	月干	男	女	日干	月干	男	女
1	49海	25子	-8	+2	20	26丑	-9	+1	49海	27寅	+2	-8	20	28卯	+1	-9
2	50	25子	-9	+1	21木	26丑	-9	+1	50	27寅	+1	-8	21木	28卯	+1	-9
3	51木	25子	-9	+1	22草	26丑	-9	+1	51木	27寅	+1	-9	22草	28卯	+1	-9
4	52草	25子	-9	+1	23陽	26丑	-0	+0	52草	27寅	+1	-9	23陽	28卯	+0	-0
5	53陽	25子	-0	+1	24灯	27寅	+0	-1	53陽	28卯	+1	-9	24灯	29辰	+0	-0
6	54灯	26丑	-1	+0	25山	27寅	+0	-1	54灯	28卯	+0	-1	25山	29辰	+0	-1
7	55山	26丑	-1	+9	26畑	27寅	+9	-1	55山	28卯	+0	-1	26畑	29辰	+0	-1
8	56畑	26丑	-1	+9	27岩	27寅	+9	-1	56畑	28卯	+9	-1	27岩	29辰	+9	-1
9	57岩	26丑	-1	+9	28宝	27寅	+9	-1	57岩	28卯	+9	-1	28宝	29辰	+9	-1
10	58宝	26丑	-1	+8	29海	27寅	+8	-2	58宝	28卯	+9	-1	29海	29辰	+9	-1
11	59海	26丑	-2	+8	30	27寅	+8	-2	59海	28卯	+8	-2	30	29辰	+8	-2
12	60	26丑	-2	+8	31木	27寅	+8	-2	60	28卯	+8	-2	31木	29辰	+8	-2
13	1木	26丑	-2	+7	32草	27寅	+7	-3	1木	28卯	+8	-2	32草	30辰	+8	-2
14	2草	26丑	-3	+7	33陽	27寅	+7	-3	2草	28卯	+7	-3	33陽	29辰	+7	-3
15	3陽	26丑	-3	+7	34灯	27寅	+7	-3	3陽	28卯	+7	-3	34灯	29辰	+7	-3
16	4灯	26丑	-3	+6	35山	27寅	+6	-4	4灯	28卯	+7	-3	35山	29辰	+7	-3
17	5山	26丑	-4	+6	36畑	27寅	+6	-4	5山	28卯	+6	-4	36畑	29辰	+6	-4
18	6畑	26丑	-4	+6	37岩	27寅	+6	-4	6畑	28卯	+6	-4	37岩	29辰	+6	-4
19	7岩	26丑	-4	+5	38宝	27寅	+5	-5	7岩	28卯	+6	-4	38宝	29辰	+6	-4
20	8宝	26丑	-5	+5	39海	27寅	+5	-5	8宝	28卯	+5	-5	39海	29辰	+5	-5
21	9海	26丑	-5	+5	40	27寅	+5	-5	9海	28卯	+5	-5	40	29辰	+5	-5
22	10	26丑	-5	+4	41木	27寅	+4	-6	10	28卯	+5	-5	41木	29辰	+5	-5
23	11木	26丑	-6	+4	42草	27寅	+4	-6	11木	28卯	+4	-6	42草	29辰	+4	-6
24	12草	26丑	-6	+4	43陽	27寅	+4	-6	12草	28卯	+4	-6	43陽	29辰	+4	-6
25	13陽	26丑	-6	+3	44灯	27寅	+3	-7	13陽	28卯	+4	-6	44灯	29辰	+4	-6
26	14灯	26丑	-7	+3	45山	27寅	+3	-7	14灯	28卯	+3	-7	45山	29辰	+3	-7
27	15山	26丑	-7	+3	46畑	27寅	+3	-7	15山	28卯	+3	-7	46畑	29辰	+3	-7
28	16畑	26丑	-7	+2	47岩	27寅	+2	-8	16畑	28卯	+3	-7	47岩	29辰	+3	-7
29	17岩	26丑	-8	+2	48宝	27寅	+2	-8	17岩	28卯	+2	-8	48宝	29辰	+2	-8
30	18宝	26丑	-8	+2					18宝	28卯	+2	-8	49海	29辰	+2	-8
31	19海	26丑	-8	+1					19海	28卯	+2	-8				

日	5月				6月				7月				8月			
	日干	月干	男	女	日干	月干	男	女	日干	月干	男	女	日干	月干	男	女
1	50	29辰	+2	-8	21木	30巳	+2	-9	51木	31午	+2	-8	22草	32未	+2	-8
2	51木	29辰	+1	-9	22草	30巳	+1	-9	52草	31午	+2	-8	23陽	32未	+2	-8
3	52草	29辰	+1	-9	23陽	30巳	+1	-9	53陽	31午	+1	-9	24灯	32未	+2	-9
4	53陽	29辰	+1	-9	24灯	30巳	+1	-0	54灯	31午	+1	-9	25山	32未	+1	-9
5	54灯	30巳	+1	-0	25山	31午	+1	-0	55山	31午	+1	-9	26畑	32未	+1	-9
6	55山	30巳	+0	-1	26畑	31午	+0	-0	56畑	31午	+1	-0	27岩	32未	+1	-0
7	56畑	30巳	+0	-1	27岩	31午	+0	-1	57岩	32未	+0	-0	28宝	33申	+1	-0
8	57岩	30巳	+0	-1	28宝	31午	+0	-1	58宝	32未	+0	-0	29海	33申	+0	-1
9	58宝	30巳	+9	-1	29海	31午	+9	-1	59海	32未	+0	-1	30	33申	+0	-1
10	59海	30巳	+9	-1	30	31午	+9	-1	60	32未	+0	-1	31木	33申	+0	-1
11	60	30巳	+9	-2	31木	31午	+9	-1	1木	32未	+9	-1	32草	33申	+9	-1
12	1木	30巳	+8	-2	32草	31午	+8	-2	2草	32未	+9	-1	33陽	33申	+9	-1
13	2草	30巳	+8	-2	33陽	31午	+8	-2	3陽	32未	+9	-1	34灯	33申	+9	-2
14	3陽	30巳	+8	-3	34灯	31午	+8	-2	4灯	32未	+8	-2	35山	33申	+8	-2
15	4灯	30巳	+7	-3	35山	31午	+7	-3	5山	32未	+8	-2	36畑	33申	+8	-2
16	5山	30巳	+7	-3	36畑	31午	+7	-3	6畑	32未	+8	-2	37岩	33申	+8	-3
17	6畑	30巳	+7	-4	37岩	31午	+7	-3	7岩	32未	+7	-3	38宝	33申	+7	-3
18	7岩	30巳	+6	-4	38宝	31午	+6	-4	8宝	32未	+7	-3	39海	33申	+7	-3
19	8宝	30巳	+6	-4	39海	31午	+6	-4	9海	32未	+7	-3	40	33申	+7	-4
20	9海	30巳	+6	-5	40	31午	+6	-4	10	32未	+6	-4	41木	33申	+6	-4
21	10	30巳	+5	-5	41木	31午	+5	-5	11木	32未	+6	-4	42草	33申	+6	-4
22	11木	30巳	+5	-5	42草	31午	+5	-5	12草	32未	+6	-4	43陽	33申	+6	-5
23	12草	30巳	+5	-6	43陽	31午	+5	-5	13陽	32未	+5	-5	44灯	33申	+5	-5
24	13陽	30巳	+4	-6	44灯	31午	+4	-6	14灯	32未	+5	-5	45山	33申	+5	-5
25	14灯	30巳	+4	-6	45山	31午	+4	-6	15山	32未	+5	-5	46畑	33申	+5	-6
26	15山	30巳	+4	-7	46畑	31午	+4	-6	16畑	32未	+4	-6	47岩	33申	+4	-6
27	16畑	30巳	+3	-7	47岩	31午	+3	-7	17岩	32未	+4	-6	48宝	33申	+4	-6
28	17岩	30巳	+3	-7	48宝	31午	+3	-7	18宝	32未	+4	-6	49海	33申	+4	-7
29	18宝	30巳	+3	-8	49海	31午	+3	-7	19海	32未	+3	-7	50	33申	+3	-7
30	19海	30巳	+2	-8	50	31午	+2	-8	20	32未	+3	-7	51木	33申	+3	-7
31	20	30巳	+2	-8					21木	32未	+3	-7	52草	33申	+3	-8

日	9月				10月				11月				12月			
	日干	月干	男	女	日干	月干	男	女	日干	月干	男	女	日干	月干	男	女
1	53陽	33申	+2	-8	23陽	34酉	+2	-8	54灯	35戌	+2	-8	24灯	36亥	+2	-8
2	54灯	33申	+2	-8	24灯	34酉	+2	-8	55山	35戌	+2	-8	25山	36亥	+1	-8
3	55山	33申	+2	-9	25山	34酉	+2	-8	56畑	35戌	+1	-8	26畑	36亥	+1	-8
4	56畑	33申	+1	-9	26畑	34酉	+1	-9	57岩	35戌	+1	-9	27岩	36亥	+1	-9
5	57岩	33申	+1	-9	27岩	34酉	+1	-9	58宝	35戌	+1	-9	28宝	36亥	+1	-9
6	58宝	33申	+1	-0	28宝	34酉	+1	-9	59海	35戌	+1	-9	29海	36亥	+0	-9
7	59海	34酉	+1	-0	29海	34酉	+1	-0	60	36亥	+0	-0	30	37子	+9	-0
8	60	34酉	+0	-1	30	35戌	+0	-0	1木	36亥	+0	-1	31木	37子	+9	-1
9	1木	34酉	+0	-1	31木	35戌	+0	-1	2草	36亥	+9	-1	32草	37子	+9	-1
10	2草	34酉	+9	-1	32草	35戌	+9	-1	3陽	36亥	+9	-1	33陽	37子	+8	-1
11	3陽	34酉	+9	-1	33陽	35戌	+9	-1	4灯	36亥	+9	-1	34灯	37子	+8	-1
12	4灯	34酉	+9	-1	34灯	35戌	+9	-1	5山	36亥	+8	-1	35山	37子	+8	-1
13	5山	34酉	+8	-2	35山	35戌	+8	-1	6畑	36亥	+8	-2	36畑	37子	+7	-2
14	6畑	34酉	+8	-2	36畑	35戌	+8	-2	7岩	36亥	+8	-2	37岩	37子	+7	-2
15	7岩	34酉	+8	-2	37岩	35戌	+8	-2	8宝	36亥	+7	-2	38宝	37子	+7	-2
16	8宝	34酉	+7	-3	38宝	35戌	+7	-2	9海	36亥	+7	-3	39海	37子	+6	-3
17	9海	34酉	+7	-3	39海	35戌	+7	-3	10	36亥	+7	-3	40	37子	+6	-3
18	10	34酉	+7	-3	40	35戌	+7	-3	11木	36亥	+6	-3	41木	37子	+6	-3
19	11木	34酉	+6	-4	41木	35戌	+6	-3	12草	36亥	+6	-4	42草	37子	+5	-4
20	12草	34酉	+6	-4	42草	35戌	+6	-4	13陽	36亥	+6	-4	43陽	37子	+5	-4
21	13陽	34酉	+6	-4	43陽	35戌	+6	-4	14灯	36亥	+5	-4	44灯	37子	+5	-4
22	14灯	34酉	+5	-5	44灯	35戌	+5	-4	15山	36亥	+5	-5	45山	37子	+4	-5
23	15山	34酉	+5	-5	45山	35戌	+5	-5	16畑	36亥	+5	-5	46畑	37子	+4	-5
24	16畑	34酉	+5	-5	46畑	35戌	+5	-5	17岩	36亥	+4	-5	47岩	37子	+4	-5
25	17岩	34酉	+4	-6	47岩	35戌	+4	-5	18宝	36亥	+4	-6	48宝	37子	+3	-6
26	18宝	34酉	+4	-6	48宝	35戌	+4	-6	19海	36亥	+4	-6	49海	37子	+3	-6
27	19海	34酉	+4	-6	49海	35戌	+4	-6	20	36亥	+3	-6	50	37子	+3	-6
28	20	34酉	+3	-7	50	35戌	+3	-6	21木	36亥	+3	-7	51木	37子	+2	-7
29	21木	34酉	+3	-7	51木	35戌	+3	-7	22草	36亥	+3	-7	52草	37子	+2	-7
30	22草	34酉	+3	-7	52草	35戌	+3	-7	23陽	36亥	+2	-7	53陽	37子	+2	-7
31					53陽	35戌	+2	-7					54灯	37子	+1	-8

1977年　54 丁巳（2/4 〜翌年2/3）

日	1月				2月				3月				4月			
	日干	月干	男	女	日干	月干	男	女	日干	月干	男	女	日干	月干	男	女
1	55山	37子	+2	-8	26畑	38丑	+1	-9	54灯	39寅	-8	+2	25山	40卯	-9	+1
2	56畑	37子	+1	-9	27岩	38丑	+1	-9	55山	39寅	-8	+1	26畑	40卯	-9	+1
3	57岩	37子	+1	-9	28宝	38丑	+1	-9	56畑	39寅	-9	+1	27岩	40卯	-9	+1
4	58宝	37子	+1	-9	29海	39寅	-0	+0	57岩	39寅	-9	+1	28宝	40卯	-0	+0
5	59海	38丑	+1	-0	30	39寅	-1	+0	58宝	39寅	-9	+1	29海	41辰	-0	+0
6	60	38丑	+0	-1	31木	39寅	-1	+0	59海	40卯	-1	+0	30	41辰	-1	+0
7	1木	38丑	+9	-1	32草	39寅	-1	+9	60	40卯	-1	+0	31木	41辰	-1	+0
8	2草	38丑	+9	-1	33陽	39寅	-1	+9	1木	40卯	-1	+9	32草	41辰	-1	+9
9	3陽	38丑	+9	-1	34灯	39寅	-1	+9	2草	40卯	-1	+9	33陽	41辰	-1	+9
10	4灯	38丑	+8	-1	35山	39寅	-2	+8	3陽	40卯	-1	+9	34灯	41辰	-1	+9
11	5山	38丑	+8	-2	36畑	39寅	-2	+8	4灯	40卯	-2	+8	35山	41辰	-2	+8
12	6畑	38丑	+8	-2	37岩	39寅	-2	+8	5山	40卯	-2	+8	36畑	41辰	-2	+8
13	7岩	38丑	+7	-2	38宝	39寅	-3	+7	6畑	40卯	-2	+8	37岩	41辰	-2	+8
14	8宝	38丑	+7	-3	39海	39寅	-3	+7	7岩	40卯	-3	+7	38宝	41辰	-3	+7
15	9海	38丑	+7	-3	40	39寅	-3	+7	8宝	40卯	-3	+7	39海	41辰	-3	+7
16	10	38丑	+6	-3	41木	39寅	-4	+6	9海	40卯	-3	+7	40	41辰	-3	+7
17	11木	38丑	+6	-4	42草	39寅	-4	+6	10	40卯	-4	+6	41木	41辰	-4	+6
18	12草	38丑	+6	-4	43陽	39寅	-4	+6	11木	40卯	-4	+6	42草	41辰	-4	+6
19	13陽	38丑	+5	-4	44灯	39寅	-5	+5	12草	40卯	-4	+6	43陽	41辰	-4	+6
20	14灯	38丑	+5	-5	45山	39寅	-5	+5	13陽	40卯	-5	+5	44灯	41辰	-5	+5
21	15山	38丑	+5	-5	46畑	39寅	-5	+5	14灯	40卯	-5	+5	45山	41辰	-5	+5
22	16畑	38丑	+4	-5	47岩	39寅	-6	+4	15山	40卯	-5	+5	46畑	41辰	-5	+5
23	17岩	38丑	+4	-6	48宝	39寅	-6	+4	16畑	40卯	-6	+4	47岩	41辰	-6	+4
24	18宝	38丑	+4	-6	49海	39寅	-6	+4	17岩	40卯	-6	+4	48宝	41辰	-6	+4
25	19海	38丑	+3	-6	50	39寅	-7	+3	18宝	40卯	-6	+4	49海	41辰	-6	+4
26	20	38丑	+3	-7	51木	39寅	-7	+3	19海	40卯	-7	+3	50	41辰	-7	+3
27	21木	38丑	+3	-7	52草	39寅	-7	+3	20	40卯	-7	+3	51木	41辰	-7	+3
28	22草	38丑	+2	-7	53陽	39寅	-8	+2	21木	40卯	-7	+3	52草	41辰	-7	+3
29	23陽	38丑	+2	-8					22草	40卯	-8	+2	53陽	41辰	-8	+2
30	24灯	38丑	+2	-8					23陽	40卯	-8	+2	54灯	41辰	-8	+2
31	25山	38丑	+1	-8					24灯	40卯	-8	+2				

日	5月				6月				7月				8月			
	日干	月干	男	女	日干	月干	男	女	日干	月干	男	女	日干	月干	男	女
1	55山	41辰	-8	+2	26畑	42巳	-9	+2	56畑	43午	-8	+2	27岩	44未	-8	+2
2	56畑	41辰	-9	+1	27岩	42巳	-9	+1	57岩	43午	-9	+2	28宝	44未	-8	+2
3	57岩	41辰	-9	+1	28宝	42巳	-9	+1	58宝	43午	-9	+1	29海	44未	-9	+2
4	58宝	41辰	-9	+1	29海	42巳	-0	+1	59海	43午	-9	+1	30	44未	-9	+1
5	59海	41辰	-0	+1	30	42巳	-0	+1	60	43午	-0	+1	31木	44未	-9	+1
6	60	42巳	-1	+0	31木	43午	-0	+0	1木	43午	-0	+1	32草	44未	-0	+1
7	1木	42巳	-1	+0	32草	43午	-1	+0	2草	44未	-0	+0	33陽	44未	-0	+1
8	2草	42巳	-1	+0	33陽	43午	-1	+0	3陽	44未	-1	+0	34灯	45申	-1	+0
9	3陽	42巳	-1	+9	34灯	43午	-1	+9	4灯	44未	-1	+0	35山	45申	-1	+0
10	4灯	42巳	-1	+9	35山	43午	-1	+9	5山	44未	-1	+0	36畑	45申	-1	+0
11	5山	42巳	-2	+9	36畑	43午	-1	+9	6畑	44未	-1	+9	37岩	45申	-1	+9
12	6畑	42巳	-2	+8	37岩	43午	-2	+8	7岩	44未	-1	+9	38宝	45申	-1	+9
13	7岩	42巳	-2	+8	38宝	43午	-2	+8	8宝	44未	-2	+9	39海	45申	-2	+9
14	8宝	42巳	-3	+8	39海	43午	-2	+8	9海	44未	-2	+8	40	45申	-2	+8
15	9海	42巳	-3	+7	40	43午	-3	+7	10	44未	-2	+8	41木	45申	-2	+8
16	10	42巳	-3	+7	41木	43午	-3	+7	11木	44未	-3	+8	42草	45申	-3	+8
17	11木	42巳	-4	+7	42草	43午	-3	+7	12草	44未	-3	+7	43陽	45申	-3	+7
18	12草	42巳	-4	+6	43陽	43午	-4	+6	13陽	44未	-3	+7	44灯	45申	-3	+7
19	13陽	42巳	-4	+6	44灯	43午	-4	+6	14灯	44未	-4	+7	45山	45申	-4	+7
20	14灯	42巳	-5	+6	45山	43午	-4	+6	15山	44未	-4	+6	46畑	45申	-4	+6
21	15山	42巳	-5	+5	46畑	43午	-5	+5	16畑	44未	-4	+6	47岩	45申	-4	+6
22	16畑	42巳	-5	+5	47岩	43午	-5	+5	17岩	44未	-5	+6	48宝	45申	-5	+6
23	17岩	42巳	-6	+5	48宝	43午	-5	+5	18宝	44未	-5	+5	49海	45申	-5	+5
24	18宝	42巳	-6	+4	49海	43午	-6	+4	19海	44未	-5	+5	50	45申	-5	+5
25	19海	42巳	-6	+4	50	43午	-6	+4	20	44未	-6	+5	51木	45申	-6	+5
26	20	42巳	-7	+4	51木	43午	-6	+4	21木	44未	-6	+4	52草	45申	-6	+4
27	21木	42巳	-7	+3	52草	43午	-7	+3	22草	44未	-6	+4	53陽	45申	-6	+4
28	22草	42巳	-7	+3	53陽	43午	-7	+3	23陽	44未	-7	+4	54灯	45申	-7	+4
29	23陽	42巳	-8	+3	54灯	43午	-7	+3	24灯	44未	-7	+3	55山	45申	-7	+3
30	24灯	42巳	-8	+2	55山	43午	-8	+2	25山	44未	-7	+3	56畑	45申	-7	+3
31	25山	42巳	-8	+2					26畑	44未	-8	+3	57岩	45申	-8	+3

日	9月				10月				11月				12月			
	日干	月干	男	女	日干	月干	男	女	日干	月干	男	女	日干	月干	男	女
1	58宝	45申	-8	+2	28宝	46酉	-8	+2	59海	47戌	-8	+2	29海	48亥	-8	+2
2	59海	45申	-8	+2	29海	46酉	-8	+2	60	47戌	-8	+2	30	48亥	-8	+1
3	60	45申	-9	+2	30	46酉	-8	+2	1木	47戌	-8	+1	31木	48亥	-8	+1
4	1木	45申	-9	+1	31木	46酉	-9	+1	2草	47戌	-9	+1	32草	48亥	-9	+1
5	2草	45申	-9	+1	32草	46酉	-9	+1	3陽	47戌	-9	+1	33陽	48亥	-9	+1
6	3陽	45申	-0	+1	33陽	46酉	-9	+1	4灯	47戌	-9	+1	34灯	48亥	-9	+0
7	4灯	45申	-0	+1	34灯	46酉	-0	+1	5山	48亥	-0	+0	35山	49子	-0	+9
8	5山	46酉	-1	+0	35山	47戌	-0	+0	6畑	48亥	-1	+0	36畑	49子	-1	+9
9	6畑	46酉	-1	+0	36畑	47戌	-1	+0	7岩	48亥	-1	+9	37岩	49子	-1	+9
10	7岩	46酉	-1	+9	37岩	47戌	-1	+9	8宝	48亥	-1	+9	38宝	49子	-1	+8
11	8宝	46酉	-1	+9	38宝	47戌	-1	+9	9海	48亥	-1	+9	39海	49子	-1	+8
12	9海	46酉	-1	+9	39海	47戌	-1	+9	10	48亥	-1	+8	40	49子	-1	+8
13	10	46酉	-2	+8	40	47戌	-1	+8	11木	48亥	-2	+8	41木	49子	-2	+7
14	11木	46酉	-2	+8	41木	47戌	-2	+8	12草	48亥	-2	+8	42草	49子	-2	+7
15	12草	46酉	-2	+8	42草	47戌	-2	+8	13陽	48亥	-2	+7	43陽	49子	-2	+7
16	13陽	46酉	-3	+7	43陽	47戌	-2	+7	14灯	48亥	-3	+7	44灯	49子	-3	+6
17	14灯	46酉	-3	+7	44灯	47戌	-3	+7	15山	48亥	-3	+7	45山	49子	-3	+6
18	15山	46酉	-3	+7	45山	47戌	-3	+7	16畑	48亥	-3	+6	46畑	49子	-3	+6
19	16畑	46酉	-4	+6	46畑	47戌	-3	+6	17岩	48亥	-4	+6	47岩	49子	-4	+5
20	17岩	46酉	-4	+6	47岩	47戌	-4	+6	18宝	48亥	-4	+6	48宝	49子	-4	+5
21	18宝	46酉	-4	+6	48宝	47戌	-4	+6	19海	48亥	-4	+5	49海	49子	-4	+5
22	19海	46酉	-5	+5	49海	47戌	-4	+5	20	48亥	-5	+5	50	49子	-5	+4
23	20	46酉	-5	+5	50	47戌	-5	+5	21木	48亥	-5	+5	51木	49子	-5	+4
24	21木	46酉	-5	+5	51木	47戌	-5	+5	22草	48亥	-5	+4	52草	49子	-5	+4
25	22草	46酉	-6	+4	52草	47戌	-5	+4	23陽	48亥	-6	+4	53陽	49子	-6	+3
26	23陽	46酉	-6	+4	53陽	47戌	-6	+4	24灯	48亥	-6	+4	54灯	49子	-6	+3
27	24灯	46酉	-6	+4	54灯	47戌	-6	+4	25山	48亥	-6	+3	55山	49子	-6	+3
28	25山	46酉	-7	+3	55山	47戌	-6	+3	26畑	48亥	-7	+3	56畑	49子	-7	+2
29	26畑	46酉	-7	+3	56畑	47戌	-7	+3	27岩	48亥	-7	+3	57岩	49子	-7	+2
30	27岩	46酉	-7	+3	57岩	47戌	-7	+3	28宝	48亥	-7	+2	58宝	49子	-7	+2
31					58宝	47戌	-7	+2					59海	49子	-8	+1

1978年　55 戊午（2/4 ～翌年2/3）

日	1月				2月				3月				4月				5月				6月			
日	日干	月干	男	女	日干	月干	男	女	日干	月干	男	女	日干	月干	男	女	日干	月干	男	女	日干	月干	男	女
1	60雨	49子	-8	+2	31木	50丑	-9	+1	59海	51寅	+2	-8	30雨	52卯	+1	-9	60雨	53辰	+2	-8	31木	54巳	+2	-9
2	1木	49子	-9	+1	32草	50丑	-9	+1	60雨	51寅	+1	-8	31木	52卯	+1	-9	1木	53辰	+1	-9	32草	54巳	+1	-9
3	2草	49子	-9	+1	33陽	50丑	-9	+1	1木	51寅	+1	-9	32草	52卯	+1	-9	2草	53辰	+1	-9	33陽	54巳	+1	-9
4	3陽	49子	-9	+1	34灯	51寅	+0	-0	2草	51寅	+1	-9	33陽	52卯	+0	-0	3陽	53辰	+1	-9	34灯	54巳	+1	-0
5	4灯	49子	-0	+1	35山	51寅	+0	-1	3陽	51寅	+1	-9	34灯	53辰	+0	-0	4灯	53辰	+1	-0	35山	54巳	+1	-0
6	5山	50丑	-1	+0	36畑	51寅	+0	-1	4灯	52卯	+0	-1	35山	53辰	+0	-1	5山	54巳	+0	-1	36畑	55午	+0	-0
7	6畑	50丑	-1	+9	37岩	51寅	+9	-1	5山	52卯	+0	-1	36畑	53辰	+0	-1	6畑	54巳	+0	-1	37岩	55午	+0	-1
8	7岩	50丑	-1	+9	38宝	51寅	+9	-1	6畑	52卯	+9	-1	37岩	53辰	+9	-1	7岩	54巳	+0	-1	38宝	55午	+0	-1
9	8宝	50丑	-1	+9	39海	51寅	+9	-1	7岩	52卯	+9	-1	38宝	53辰	+9	-1	8宝	54巳	+9	-1	39海	55午	+9	-1
10	9海	50丑	-1	+8	40雨	51寅	+8	-2	8宝	52卯	+9	-1	39海	53辰	+9	-1	9海	54巳	+9	-1	40雨	55午	+9	-1
11	10雨	50丑	-2	+8	41木	51寅	+8	-2	9海	52卯	+8	-2	40雨	53辰	+8	-2	10雨	54巳	+9	-2	41木	55午	+9	-1
12	11木	50丑	-2	+8	42草	51寅	+8	-2	10雨	52卯	+8	-2	41木	53辰	+8	-2	11木	54巳	+8	-2	42草	55午	+8	-2
13	12草	50丑	-2	+7	43陽	51寅	+7	-3	11木	52卯	+8	-2	42草	53辰	+8	-2	12草	54巳	+8	-2	43陽	55午	+8	-2
14	13陽	50丑	-3	+7	44灯	51寅	+7	-3	12草	52卯	+7	-3	43陽	53辰	+7	-3	13陽	54巳	+8	-3	44灯	55午	+8	-2
15	14灯	50丑	-3	+7	45山	51寅	+7	-3	13陽	52卯	+7	-3	44灯	53辰	+7	-3	14灯	54巳	+7	-3	45山	55午	+7	-3
16	15山	50丑	-3	+6	46畑	51寅	+6	-4	14灯	52卯	+7	-3	45山	53辰	+7	-3	15山	54巳	+7	-3	46畑	55午	+7	-3
17	16畑	50丑	-4	+6	47岩	51寅	+6	-4	15山	52卯	+6	-4	46畑	53辰	+6	-4	16畑	54巳	+7	-4	47岩	55午	+7	-3
18	17岩	50丑	-4	+6	48宝	51寅	+6	-4	16畑	52卯	+6	-4	47岩	53辰	+6	-4	17岩	54巳	+6	-4	48宝	55午	+6	-4
19	18宝	50丑	-4	+5	49海	51寅	+5	-5	17岩	52卯	+6	-4	48宝	53辰	+6	-4	18宝	54巳	+6	-4	49海	55午	+6	-4
20	19海	50丑	-5	+5	50雨	51寅	+5	-5	18宝	52卯	+5	-5	49海	53辰	+5	-5	19海	54巳	+6	-5	50雨	55午	+6	-4
21	20雨	50丑	-5	+5	51木	51寅	+5	-5	19海	52卯	+5	-5	50雨	53辰	+5	-5	20雨	54巳	+5	-5	51木	55午	+5	-5
22	21木	50丑	-5	+4	52草	51寅	+4	-6	20雨	52卯	+5	-5	51木	53辰	+5	-5	21木	54巳	+5	-5	52草	55午	+5	-5
23	22草	50丑	-6	+4	53陽	51寅	+4	-6	21木	52卯	+4	6	52草	53辰	+4	-6	22草	54巳	+5	-6	53陽	55午	+5	-5
24	23陽	50丑	-6	+4	54灯	51寅	+4	-6	22草	52卯	+4	-6	53陽	53辰	+4	-6	23陽	54巳	+4	-6	54灯	55午	+4	-6
25	24灯	50丑	-6	+3	55山	51寅	+3	7	23陽	52卯	+4	-6	54灯	53辰	+4	-6	24灯	54巳	+4	-6	55山	55午	+4	-6
26	25山	50丑	-7	+3	56畑	51寅	+3	-7	24灯	52卯	+3	-7	55山	53辰	+3	-7	25山	54巳	+4	-7	56畑	55午	+4	-6
27	26畑	50丑	-7	+3	57岩	51寅	+3	-7	25山	52卯	+3	-7	56畑	53辰	+3	-7	26畑	54巳	+3	-7	57岩	55午	+3	-7
28	27岩	50丑	-7	+2	58宝	51寅	+2	-8	26畑	52卯	+3	-7	57岩	53辰	+3	-7	27岩	54巳	+3	-7	58宝	55午	+3	-7
29	28宝	50丑	-8	+2					27岩	52卯	+2	-8	58宝	53辰	+2	-8	28宝	54巳	+3	-8	59海	55午	+3	-7
30	29海	50丑	-8	+2					28宝	52卯	+2	-8	59海	53辰	+2	-8	29海	54巳	+2	-8	60雨	55午	+2	-8
31	30雨	50丑	-8	+1					29海	52卯	+2	-8					30雨	54巳	+2	-8				

日	7月				8月				9月				10月				11月				12月			
日	日干	月干	男	女	日干	月干	男	女	日干	月干	男	女	日干	月干	男	女	日干	月干	男	女	日干	月干	男	女
1	1木	55午	+2	-8	32草	56未	+2	-8	3陽	57申	+2	-8	33陽	58酉	+2	-8	4灯	59戌	+2	-8	34灯	60亥	+2	-8
2	2草	55午	+2	-9	33陽	56未	+2	-8	4灯	57申	+2	-8	34灯	58酉	+2	-8	5山	59戌	+2	-8	35山	60亥	+1	-8
3	3陽	55午	+1	-9	34灯	56未	+2	-9	5山	57申	+2	-9	35山	58酉	+2	-8	6畑	59戌	+1	-8	36畑	60亥	+1	-8
4	4灯	55午	+1	-9	35山	56未	+1	-9	6畑	57申	+1	-9	36畑	58酉	+1	-9	7岩	59戌	+1	-9	37岩	60亥	+1	-9
5	5山	55午	+1	-0	36畑	56未	+1	-9	7岩	57申	+1	-9	37岩	58酉	+1	-9	8宝	59戌	+1	-9	38宝	60亥	+1	-9
6	6畑	55午	+1	-0	37岩	56未	+1	-0	8宝	57申	+1	-0	38宝	58酉	+1	-9	9海	59戌	+1	-9	39海	60亥	+0	-9
7	7岩	56未	+0	-0	38宝	56未	+1	-0	9海	57申	+1	-0	39海	58酉	+1	-0	10雨	59戌	+0	-0	40雨	1子	+9	-0
8	8宝	56未	+0	-1	39海	57申	+0	-1	10雨	58酉	+0	-1	40雨	58酉	+0	-0	11木	60亥	+0	-1	41木	1子	+9	-1
9	9海	56未	+0	-1	40雨	57申	+0	-1	11木	58酉	+0	-1	41木	59戌	+0	-1	12草	60亥	+9	-1	42草	1子	+9	-1
10	10雨	56未	+0	-1	41木	57申	+0	-1	12草	58酉	+9	-1	42草	59戌	+9	-1	13陽	60亥	+9	-1	43陽	1子	+8	-1
11	11木	56未	+9	-1	42草	57申	+9	-1	13陽	58酉	+9	-1	43陽	59戌	+9	-1	14灯	60亥	+9	-1	44灯	1子	+8	-1
12	12草	56未	+9	-1	43陽	57申	+9	-1	14灯	58酉	+9	-1	44灯	59戌	+9	-1	15山	60亥	+8	-1	45山	1子	+8	-1
13	13陽	56未	+9	-2	44灯	57申	+9	-2	15山	58酉	+8	-2	45山	59戌	+8	-1	16畑	60亥	+8	-2	46畑	1子	+7	-2
14	14灯	56未	+8	-2	45山	57申	+8	-2	16畑	58酉	+8	-2	46畑	59戌	+8	-2	17岩	60亥	+8	-2	47岩	1子	+7	-2
15	15山	56未	+8	-2	46畑	57申	+8	-2	17岩	58酉	+8	-2	47岩	59戌	+8	-2	18宝	60亥	+7	-2	48宝	1子	+7	-2
16	16畑	56未	+8	-3	47岩	57申	+8	-3	18宝	58酉	+7	-3	48宝	59戌	+7	-2	19海	60亥	+7	-3	49海	1子	+6	-3
17	17岩	56未	+7	-3	48宝	57申	+7	-3	19海	58酉	+7	-3	49海	59戌	+7	-3	20雨	60亥	+7	-3	50雨	1子	+6	-3
18	18宝	56未	+7	-3	49海	57申	+7	-3	20雨	58酉	+7	-3	50雨	59戌	+7	-3	21木	60亥	+6	-3	51木	1子	+6	-3
19	19海	56未	+7	-4	50雨	57申	+7	-4	21木	58酉	+6	-4	51木	59戌	+6	-3	22草	60亥	+6	-4	52草	1子	+5	-4
20	20雨	56未	+6	-4	51木	57申	+6	-4	22草	58酉	+6	-4	52草	59戌	+6	-4	23陽	60亥	+6	-4	53陽	1子	+5	-4
21	21木	56未	+6	-4	52草	57申	+6	-4	23陽	58酉	+6	-4	53陽	59戌	+6	-4	24灯	60亥	+5	-4	54灯	1子	+5	-4
22	22草	56未	+6	-5	53陽	57申	+6	-5	24灯	58酉	+5	-5	54灯	59戌	+5	-4	25山	60亥	+5	-5	55山	1子	+4	-5
23	23陽	56未	+5	-5	54灯	57申	+5	-5	25山	58酉	+5	-5	55山	59戌	+5	-5	26畑	60亥	+5	-5	56畑	1子	+4	-5
24	24灯	56未	+5	-5	55山	57申	+5	-5	26畑	58酉	+5	-5	56畑	59戌	+5	-5	27岩	60亥	+4	-5	57岩	1子	+4	-5
25	25山	56未	+5	-6	56畑	57申	+5	-6	27岩	58酉	+4	-6	57岩	59戌	+4	-5	28宝	60亥	+4	-6	58宝	1子	+3	-6
26	26畑	56未	+4	-6	57岩	57申	+4	-6	28宝	58酉	+4	-6	58宝	59戌	+4	-6	29海	60亥	+4	-6	59海	1子	+3	-6
27	27岩	56未	+4	-6	58宝	57申	+4	-6	29海	58酉	+4	6	59海	59戌	+4	-6	30雨	60亥	+3	-6	60雨	1子	+3	-6
28	28宝	56未	+4	-7	59海	57申	+4	-7	30雨	58酉	+3	-7	60雨	59戌	+3	-6	31木	60亥	+3	-7	1木	1子	+2	-7
29	29海	56未	+3	-7	60雨	57申	+3	-7	31木	58酉	+3	-7	1木	59戌	+3	-7	32草	60亥	+3	-7	2草	1子	+2	-7
30	30雨	56未	+3	-7	1木	57申	+3	-7	32草	58酉	+3	-7	2草	59戌	+3	-7	33陽	60亥	+2	-7	3陽	1子	+2	-7
31	31木	56未	+3	-8	32草	56未	+2	-8					3陽	59戌	+2	-7					4灯	1子	+1	-8

1979年　56 己未（2/4 ～翌年2/4）

日	1月				2月				3月				4月				5月				6月			
日	日干	月干	男	女	日干	月干	男	女	日干	月干	男	女	日干	月干	男	女	日干	月干	男	女	日干	月干	男	女
1	5山	1子	+2	-8	36畑	2丑	+1	-9	4灯	3寅	-8	+2	35山	4卯	-9	+1	5山	5辰	-8	+2	36畑	6巳	-9	+2
2	6畑	1子	+1	-9	37岩	2丑	+1	-9	5山	3寅	-8	+1	36畑	4卯	-9	+1	6畑	5辰	-9	+1	37岩	6巳	-9	+1
3	7岩	1子	+1	-9	38宝	2丑	+1	-9	6畑	3寅	-9	+1	37岩	4卯	-9	+1	7岩	5辰	-9	+1	38宝	6巳	-9	+1
4	8宝	1子	+1	-9	39海	3寅	-0	+0	7岩	3寅	-9	+1	38宝	4卯	-0	+0	8宝	5辰	-9	+1	39海	6巳	-0	+1
5	9海	1子	+1	-0	40雨	3寅	-1	+0	8宝	3寅	-9	+1	39海	5辰	-0	+0	9海	5辰	-0	+1	40雨	6巳	-0	+1
6	10雨	2丑	+0	-1	41木	3寅	-1	+0	9海	4卯	-1	+0	40雨	5辰	-1	+0	10雨	6巳	-1	+0	41木	7午	-0	+0
7	11木	2丑	+9	-1	42草	3寅	-1	+9	10雨	4卯	-1	+0	41木	5辰	-1	+0	11木	6巳	-1	+0	42草	7午	-1	+0
8	12草	2丑	+9	-1	43陽	3寅	-1	+9	11木	4卯	-1	+9	42草	5辰	-1	+9	12草	6巳	-1	+0	43陽	7午	-1	+0
9	13陽	2丑	+9	-1	44灯	3寅	-1	+9	12草	4卯	-1	+9	43陽	5辰	-1	+9	13陽	6巳	-1	+9	44灯	7午	-1	+9
10	14灯	2丑	+8	-1	45山	3寅	-2	+8	13陽	4卯	-1	+9	44灯	5辰	-1	+9	14灯	6巳	-1	+9	45山	7午	-1	+9
11	15山	2丑	+8	-2	46畑	3寅	-2	+8	14灯	4卯	-2	+8	45山	5辰	-2	+8	15山	6巳	-2	+9	46畑	7午	-1	+9
12	16畑	2丑	+8	-2	47岩	3寅	-2	+8	15山	4卯	-2	+8	46畑	5辰	-2	+8	16畑	6巳	-2	+8	47岩	7午	-2	+8
13	17岩	2丑	+7	-2	48宝	3寅	-3	+7	16畑	4卯	-2	+8	47岩	5辰	-2	+8	17岩	6巳	-2	+8	48宝	7午	-2	+8
14	18宝	2丑	+7	-3	49海	3寅	-3	+7	17岩	4卯	-3	+7	48宝	5辰	-3	+7	18宝	6巳	-3	+8	49海	7午	-2	+8
15	19海	2丑	+7	-3	50雨	3寅	-3	+7	18宝	4卯	-3	+7	49海	5辰	-3	+7	19海	6巳	-3	+7	50雨	7午	-3	+7
16	20雨	2丑	+6	-3	51木	3寅	-4	+6	19海	4卯	-3	+7	50雨	5辰	-3	+7	20雨	6巳	-3	+7	51木	7午	-3	+7
17	21木	2丑	+6	-4	52草	3寅	-4	+6	20雨	4卯	-4	+6	51木	5辰	-4	+6	21木	6巳	-4	+7	52草	7午	-3	+7
18	22草	2丑	+6	-4	53陽	3寅	-4	+6	21木	4卯	-4	+6	52草	5辰	-4	+6	22草	6巳	-4	+6	53陽	7午	-4	+6
19	23陽	2丑	+5	-4	54灯	3寅	-5	+5	22草	4卯	-4	+6	53陽	5辰	-4	+6	23陽	6巳	-4	+6	54灯	7午	-4	+6
20	24灯	2丑	+5	-5	55山	3寅	-5	+5	23陽	4卯	-5	+5	54灯	5辰	-5	+5	24灯	6巳	-5	+6	55山	7午	-4	+6
21	25山	2丑	+5	-5	56畑	3寅	-5	+5	24灯	4卯	-5	+5	55山	5辰	-5	+5	25山	6巳	-5	+5	56畑	7午	-5	+5
22	26畑	2丑	+4	-5	57岩	3寅	-6	+4	25山	4卯	-5	+5	56畑	5辰	-5	+5	26畑	6巳	-5	+5	57岩	7午	-5	+5
23	27岩	2丑	+4	-6	58宝	3寅	-6	+4	26畑	4卯	-6	+4	57岩	5辰	-6	+4	27岩	6巳	-6	+5	58宝	7午	-5	+5
24	28宝	2丑	+4	-6	59海	3寅	-6	+4	27岩	4卯	-6	+4	58宝	5辰	-6	+4	28宝	6巳	-6	+4	59海	7午	-6	+4
25	29海	2丑	+3	-6	60雨	3寅	-7	+3	28宝	4卯	-6	+4	59海	5辰	-6	+4	29海	6巳	-6	+4	60雨	7午	-6	+4
26	30雨	2丑	+3	-7	1木	3寅	-7	+3	29海	4卯	-7	+3	60雨	5辰	-7	+3	30雨	6巳	-7	+4	1木	7午	-6	+4
27	31木	2丑	+3	-7	2草	3寅	-7	+3	30雨	4卯	-7	+3	1木	5辰	-7	+3	31木	6巳	-7	+3	2草	7午	-7	+3
28	32草	2丑	+2	-7	3陽	3寅	-8	+2	31木	4卯	-7	+3	2草	5辰	-7	+3	32草	6巳	-7	+3	3陽	7午	-7	+3
29	33陽	2丑	+2	-8					32草	4卯	-8	+2	3陽	5辰	-8	+2	33陽	6巳	-8	+3	4灯	7午	-7	+3
30	34灯	2丑	+2	-8					33陽	4卯	-8	+2	4灯	5辰	-8	+2	34灯	6巳	-8	+2	5山	7午	-8	+2
31	35山	2丑	+1	-8					34灯	4卯	-8	+2					35山	6巳	-8	+2				

日	7月				8月				9月				10月				11月				12月			
日	日干	月干	男	女	日干	月干	男	女	日干	月干	男	女	日干	月干	男	女	日干	月干	男	女	日干	月干	男	女
1	6畑	7午	-8	+2	37岩	8未	-8	+2	8宝	9申	-8	+2	38宝	10酉	-8	+2	9海	11戌	-8	+2	39海	12亥	-8	+2
2	7岩	7午	-9	+2	38宝	8未	-8	+2	9海	9申	-8	+2	39海	10酉	-8	+2	10雨	11戌	-8	+2	40雨	12亥	-8	+1
3	8宝	7午	-9	+1	39海	8未	-9	+2	10雨	9申	-9	+2	40雨	10酉	-8	+2	11木	11戌	-8	+1	41木	12亥	-8	+1
4	9海	7午	-9	+1	40雨	8未	-9	+1	11木	9申	-9	+1	41木	10酉	-9	+1	12草	11戌	-9	+1	42草	12亥	-9	+1
5	10雨	7午	-0	+1	41木	8未	-9	+1	12草	9申	-9	+1	42草	10酉	-9	+1	13陽	11戌	-9	+1	43陽	12亥	-9	+1
6	11木	7午	-0	+1	42草	8未	-0	+1	13陽	9申	-0	+1	43陽	10酉	-9	+1	14灯	11戌	-9	+1	44灯	12亥	-9	+0
7	12草	7午	-0	+0	43陽	8未	-0	+1	14灯	9申	-0	+1	44灯	10酉	-0	+1	15山	11戌	-0	+0	45山	12亥	-0	+9
8	13陽	8未	-1	+0	44灯	9申	-1	+0	15山	10酉	-1	+0	45山	10酉	-0	+0	16畑	12亥	-1	+0	46畑	13子	-1	+9
9	14灯	8未	-1	+0	45山	9申	-1	+0	16畑	10酉	-1	+0	46畑	11戌	-1	+0	17岩	12亥	-1	+9	47岩	13子	-1	+9
10	15山	8未	-1	+0	46畑	9申	-1	+0	17岩	10酉	-1	+9	47岩	11戌	-1	+9	18宝	12亥	-1	+9	48宝	13子	-1	+8
11	16畑	8未	-1	+9	47岩	9申	-1	+9	18宝	10酉	-1	+9	48宝	11戌	-1	+9	19海	12亥	-1	+9	49海	13子	-1	+8
12	17岩	8未	-1	+9	48宝	9申	-1	+9	19海	10酉	-1	+9	49海	11戌	-1	+9	20雨	12亥	-1	+8	50雨	13子	-1	+8
13	18宝	8未	-2	+9	49海	9申	-2	+9	20雨	10酉	-2	+8	50雨	11戌	-1	+8	21木	12亥	-2	+8	51木	13子	-2	+7
14	19海	8未	-2	+8	50雨	9申	-2	+8	21木	10酉	-2	+8	51木	11戌	-2	+8	22草	12亥	-2	+8	52草	13子	-2	+7
15	20雨	8未	-2	+8	51木	9申	-2	+8	22草	10酉	-2	+8	52草	11戌	-2	+8	23陽	12亥	-2	+7	53陽	13子	-2	+7
16	21木	8未	-3	+8	52草	9申	-3	+8	23陽	10酉	-3	+7	53陽	11戌	-2	+7	24灯	12亥	-3	+7	54灯	13子	-3	+6
17	22草	8未	-3	+7	53陽	9申	-3	+7	24灯	10酉	-3	+7	54灯	11戌	-3	+7	25山	12亥	-3	+7	55山	13子	-3	+6
18	23陽	8未	-3	+7	54灯	9申	-3	+7	25山	10酉	-3	+7	55山	11戌	-3	+7	26畑	12亥	-3	+6	56畑	13子	-3	+6
19	24灯	8未	-4	+7	55山	9申	-4	+7	26畑	10酉	-4	+6	56畑	11戌	-3	+6	27岩	12亥	-4	+6	57岩	13子	-4	+5
20	25山	8未	-4	+6	56畑	9申	-4	+6	27岩	10酉	-4	+6	57岩	11戌	-4	+6	28宝	12亥	-4	+6	58宝	13子	-4	+5
21	26畑	8未	-4	+6	57岩	9申	-4	+6	28宝	10酉	-4	+6	58宝	11戌	-4	+6	29海	12亥	-4	+5	59海	13子	-4	+5
22	27岩	8未	-5	+6	58宝	9申	-5	+6	29海	10酉	-5	+5	59海	11戌	-4	+5	30雨	12亥	-5	+5	60雨	13子	-5	+4
23	28宝	8未	-5	+5	59海	9申	-5	+5	30雨	10酉	-5	+5	60雨	11戌	-5	+5	31木	12亥	-5	+5	1木	13子	-5	+4
24	29海	8未	-5	+5	60雨	9申	-5	+5	31木	10酉	-5	+5	1木	11戌	-5	+5	32草	12亥	-5	+4	2草	13子	-5	+4
25	30雨	8未	-6	+5	1木	9申	-6	+5	32草	10酉	-6	+4	2草	11戌	-5	+4	33陽	12亥	-6	+4	3陽	13子	-6	+3
26	31木	8未	-6	+4	2草	9申	-6	+4	33陽	10酉	-6	+4	3陽	11戌	-6	+4	34灯	12亥	-6	+4	4灯	13子	-6	+3
27	32草	8未	-6	+4	3陽	9申	-6	+4	34灯	10酉	-6	+4	4灯	11戌	-6	+4	35山	12亥	-6	+3	5山	13子	-6	+3
28	33陽	8未	-7	+4	4灯	9申	-7	+4	35山	10酉	-7	+3	5山	11戌	-6	+3	36畑	12亥	-7	+3	6畑	13子	-7	+2
29	34灯	8未	-7	+3	5山	9申	-7	+3	36畑	10酉	-7	+3	6畑	11戌	-7	+3	37岩	12亥	-7	+3	7岩	13子	-7	+2
30	35山	8未	-7	+3	6畑	9申	-7	+3	37岩	10酉	-7	+3	7岩	11戌	-7	+3	38宝	12亥	-7	+2	8宝	13子	-7	+2
31	36畑	8未	-8	+3	7岩	9申	-8	+3					8宝	11戌	-7	+2					9海	13子	-8	+1

1980年 57 庚申（2/5～翌年2/3）

日	1月 日干	1月 月干	1月 男	1月 女	2月 日干	2月 月干	2月 男	2月 女	3月 日干	3月 月干	3月 男	3月 女	4月 日干	4月 月干	4月 男	4月 女	5月 日干	5月 月干	5月 男	5月 女	6月 日干	6月 月干	6月 男	6月 女
1	10雨	13子	-8	+2	41木	14丑	-9	+1	10雨	15寅	+2	-8	41木	16卯	+1	-9	11木	17辰	+2	-8	42草	18巳	+2	-9
2	11木	13子	-9	+1	42草	14丑	-9	+1	11木	15寅	+1	-8	42草	16卯	+1	-9	12草	17辰	+1	-9	43陽	18巳	+1	-9
3	12草	13子	-9	+1	43陽	14丑	-9	+1	12草	15寅	+1	-9	43陽	16卯	+1	-9	13陽	17辰	+1	-9	44灯	18巳	+1	-9
4	13陽	13子	-9	+1	44灯	14丑	-0	+0	13陽	15寅	+1	-9	44灯	16卯	+0	-0	14灯	17辰	+1	-9	45山	18巳	+1	-0
5	14灯	13子	-0	+1	45山	15寅	+0	-1	14灯	16卯	+1	-9	45山	17辰	+0	-0	15山	18巳	+1	-0	46畑	19午	+1	-0
6	15山	14丑	-1	+0	46畑	15寅	+0	-1	15山	16卯	+0	-1	46畑	17辰	+0	-1	16畑	18巳	+0	-1	47岩	19午	+0	-0
7	16畑	14丑	-1	+9	47岩	15寅	+9	-1	16畑	16卯	+0	-1	47岩	17辰	+0	-1	17岩	18巳	+0	-1	48宝	19午	+0	-1
8	17岩	14丑	-1	+9	48宝	15寅	+9	-1	17岩	16卯	+9	-1	48宝	17辰	+9	-1	18宝	18巳	+0	-1	49海	19午	+0	-1
9	18宝	14丑	-1	+9	49海	15寅	+9	-1	18宝	16卯	+9	-1	49海	17辰	+9	-1	19海	18巳	+9	-1	50雨	19午	+9	-1
10	19海	14丑	-1	+8	50雨	15寅	+8	-2	19海	16卯	+9	-1	50雨	17辰	+9	-1	20雨	18巳	+9	-1	51木	19午	+9	-1
11	20雨	14丑	-2	+8	51木	15寅	+8	-2	20雨	16卯	+8	-2	51木	17辰	+8	-2	21木	18巳	+9	-2	52草	19午	+9	-1
12	21木	14丑	-2	+8	52草	15寅	+8	-2	21木	16卯	+8	-2	52草	17辰	+8	-2	22草	18巳	+8	-2	53陽	19午	+8	-2
13	22草	14丑	-2	+7	53陽	15寅	+7	-3	22草	16卯	+8	-2	53陽	17辰	+8	-2	23陽	18巳	+8	-2	54灯	19午	+8	-2
14	23陽	14丑	-3	+7	54灯	15寅	+7	-3	23陽	16卯	+7	-3	54灯	17辰	+7	-3	24灯	18巳	+8	-3	55山	19午	+8	-2
15	24灯	14丑	-3	+7	55山	15寅	+7	-3	24灯	16卯	+7	-3	55山	17辰	+7	-3	25山	18巳	+7	-3	56畑	19午	+7	-3
16	25山	14丑	-3	+6	56畑	15寅	+6	-4	25山	16卯	+7	-3	56畑	17辰	+7	-3	26畑	18巳	+7	-3	57岩	19午	+7	-3
17	26畑	14丑	-4	+6	57岩	15寅	+6	-4	26畑	16卯	+6	-4	57岩	17辰	+6	-4	27岩	18巳	+7	-4	58宝	19午	+7	-3
18	27岩	14丑	-4	+6	58宝	15寅	+6	-4	27岩	16卯	+6	-4	58宝	17辰	+6	-4	28宝	18巳	+6	-4	59海	19午	+6	-4
19	28宝	14丑	-4	+5	59海	15寅	+5	-5	28宝	16卯	+6	-4	59海	17辰	+6	-4	29海	18巳	+6	-4	60雨	19午	+6	-4
20	29海	14丑	-5	+5	60雨	15寅	+5	-5	29海	16卯	+5	-5	60雨	17辰	+5	-5	30雨	18巳	+6	-5	1木	19午	+6	-4
21	30雨	14丑	-5	+5	1木	15寅	+5	-5	30雨	16卯	+5	-5	1木	17辰	+5	-5	31木	18巳	+5	-5	2草	19午	+5	-5
22	31木	14丑	-5	+4	2草	15寅	+4	-6	31木	16卯	+5	-5	2草	17辰	+5	-5	32草	18巳	+5	-5	3陽	19午	+5	-5
23	32草	14丑	-6	+4	3陽	15寅	+4	-6	32草	16卯	+4	-6	3陽	17辰	+4	-6	33陽	18巳	+5	-6	4灯	19午	+5	-5
24	33陽	14丑	-6	+4	4灯	15寅	+4	-6	33陽	16卯	+4	-6	4灯	17辰	+4	-6	34灯	18巳	+4	-6	5山	19午	+4	-6
25	34灯	14丑	-6	+3	5山	15寅	+3	-7	34灯	16卯	+4	-6	5山	17辰	+4	-6	35山	18巳	+4	-6	6畑	19午	+4	-6
26	35山	14丑	-7	+3	6畑	15寅	+3	-7	35山	16卯	+3	-7	6畑	17辰	+3	-7	36畑	18巳	+4	-7	7岩	19午	+4	-6
27	36畑	14丑	-7	+3	7岩	15寅	+3	-7	36畑	16卯	+3	-7	7岩	17辰	+3	-7	37岩	18巳	+3	-7	8宝	19午	+3	-7
28	37岩	14丑	-7	+2	8宝	15寅	+2	-8	37岩	16卯	+3	-7	8宝	17辰	+3	-7	38宝	18巳	+3	-7	9海	19午	+3	-7
29	38宝	14丑	-8	+2	9海	15寅	+2	-8	38宝	16卯	+2	-8	9海	17辰	+2	-8	39海	18巳	+3	-8	10雨	19午	+3	-7
30	39海	14丑	-8	+2					39海	16卯	+2	-8	10雨	17辰	+2	-8	40雨	18巳	+2	-8	11木	19午	+2	-8
31	40雨	14丑	-8	+1					40雨	16卯	+2	-8					41木	18巳	+2	-8				

日	7月 日干	7月 月干	7月 男	7月 女	8月 日干	8月 月干	8月 男	8月 女	9月 日干	9月 月干	9月 男	9月 女	10月 日干	10月 月干	10月 男	10月 女	11月 日干	11月 月干	11月 男	11月 女	12月 日干	12月 月干	12月 男	12月 女
1	12草	19午	+2	-8	43陽	20未	+2	-8	14灯	21申	+2	-8	44灯	22酉	+2	-8	15山	23戌	+2	-8	45山	24亥	+2	-8
2	13陽	19午	+2	-8	44灯	20未	+2	-8	15山	21申	+2	-8	45山	22酉	+2	-8	16畑	23戌	+2	-8	46畑	24亥	+1	-8
3	14灯	19午	+1	-9	45山	20未	+2	-9	16畑	21申	+2	-9	46畑	22酉	+2	-8	17岩	23戌	+1	-8	47岩	24亥	+1	-8
4	15山	19午	+1	-9	46畑	20未	+1	-9	17岩	21申	+1	-9	47岩	22酉	+1	-9	18宝	23戌	+1	-9	48宝	24亥	+1	-9
5	16畑	19午	+1	-9	47岩	20未	+1	-9	18宝	21申	+1	-9	48宝	22酉	+1	-9	19海	23戌	+1	-9	49海	24亥	+1	-9
6	17岩	19午	+1	-0	48宝	20未	+1	-0	19海	21申	+1	-0	49海	22酉	+1	-9	20雨	23戌	+1	-9	50雨	24亥	+0	-9
7	18宝	20未	+0	-0	49海	21申	+1	-0	20雨	22酉	+1	-0	50雨	22酉	+1	-0	21木	24亥	+0	-0	51木	25子	+9	-0
8	19海	20未	+0	-0	50雨	21申	+0	-1	21木	22酉	+0	-1	51木	23戌	+0	-0	22草	24亥	+0	-1	52草	25子	+9	-1
9	20雨	20未	+0	-1	51木	21申	+0	-1	22草	22酉	+0	-1	52草	23戌	+0	-1	23陽	24亥	+9	-1	53陽	25子	+9	-1
10	21木	20未	+0	-1	52草	21申	+0	-1	23陽	22酉	+9	-1	53陽	23戌	+9	-1	24灯	24亥	+9	-1	54灯	25子	+8	-1
11	22草	20未	+9	-1	53陽	21申	+9	-1	24灯	22酉	+9	-1	54灯	23戌	+9	-1	25山	24亥	+9	-1	55山	25子	+8	-1
12	23陽	20未	+9	-1	54灯	21申	+9	-1	25山	22酉	+9	-1	55山	23戌	+9	-1	26畑	24亥	+8	-1	56畑	25子	+8	-1
13	24灯	20未	+9	-1	55山	21申	+9	-2	26畑	22酉	+8	-2	56畑	23戌	+8	-1	27岩	24亥	+8	-2	57岩	25子	+7	-2
14	25山	20未	+8	-2	56畑	21申	+8	-2	27岩	22酉	+8	-2	57岩	23戌	+8	-2	28宝	24亥	+8	-2	58宝	25子	+7	-2
15	26畑	20未	+8	-2	57岩	21申	+8	-2	28宝	22酉	+8	-2	58宝	23戌	+8	-2	29海	24亥	+7	-2	59海	25子	+7	-2
16	27岩	20未	+8	-2	58宝	21申	+8	-3	29海	22酉	+7	-3	59海	23戌	+7	-2	30雨	24亥	+7	-3	60雨	25子	+6	-3
17	28宝	20未	+7	-3	59海	21申	+7	-3	30雨	22酉	+7	-3	60雨	23戌	+7	-3	31木	24亥	+7	-3	1木	25子	+6	-3
18	29海	20未	+7	-3	60雨	21申	+7	-3	31木	22酉	+7	-3	1木	23戌	+7	-3	32草	24亥	+6	-3	2草	25子	+6	-3
19	30雨	20未	+7	-3	1木	21申	+7	-4	32草	22酉	+6	-4	2草	23戌	+6	-3	33陽	24亥	+6	-4	3陽	25子	+5	-4
20	31木	20未	+6	-4	2草	21申	+6	-4	33陽	22酉	+6	-4	3陽	23戌	+6	-4	34灯	24亥	+6	-4	4灯	25子	+5	-4
21	32草	20未	+6	-4	3陽	21申	+6	-4	34灯	22酉	+6	-4	4灯	23戌	+6	-4	35山	24亥	+5	-4	5山	25子	+5	-4
22	33陽	20未	+6	-4	4灯	21申	+6	-5	35山	22酉	+5	-5	5山	23戌	+5	-4	36畑	24亥	+5	-5	6畑	25子	+4	-5
23	34灯	20未	+5	-5	5山	21申	+5	-5	36畑	22酉	+5	-5	6畑	23戌	+5	-5	37岩	24亥	+5	-5	7岩	25子	+4	-5
24	35山	20未	+5	-5	6畑	21申	+5	-5	37岩	22酉	+5	-5	7岩	23戌	+5	-5	38宝	24亥	+4	-5	8宝	25子	+4	-5
25	36畑	20未	+5	-5	7岩	21申	+5	-6	38宝	22酉	+4	-6	8宝	23戌	+4	-5	39海	24亥	+4	-6	9海	25子	+3	-6
26	37岩	20未	+4	-6	8宝	21申	+4	-6	39海	22酉	+4	-6	9海	23戌	+4	-6	40雨	24亥	+4	-6	10雨	25子	+3	-6
27	38宝	20未	+4	-6	9海	21申	+4	-6	40雨	22酉	+4	-6	10雨	23戌	+4	-6	41木	24亥	+3	-6	11木	25子	+3	-6
28	39海	20未	+4	-6	10雨	21申	+4	-7	41木	22酉	+3	-7	11木	23戌	+3	-6	42草	24亥	+3	-7	12草	25子	+2	-7
29	40雨	20未	+3	-7	11木	21申	+3	-7	42草	22酉	+3	-7	12草	23戌	+3	-7	43陽	24亥	+3	-7	13陽	25子	+2	-7
30	41木	20未	+3	-7	12草	21申	+3	-7	43陽	22酉	+3	-7	13陽	23戌	+3	-7	44灯	24亥	+2	-7	14灯	25子	+2	-7
31	42草	20未	+3	-7	13陽	21申	+3	-8					14灯	23戌	+2	-7					15山	25子	+1	-8

1981年 58 辛酉（2/4～翌年2/3）

日	1月 日干	1月 月干	1月 男	1月 女	2月 日干	2月 月干	2月 男	2月 女	3月 日干	3月 月干	3月 男	3月 女	4月 日干	4月 月干	4月 男	4月 女	5月 日干	5月 月干	5月 男	5月 女	6月 日干	6月 月干	6月 男	6月 女
1	16畑	25子	+2	-8	47岩	26丑	+1	-9	15山	27寅	-8	+2	46畑	28卯	-9	+1	16畑	29辰	-8	+2	47岩	30巳	-9	+2
2	17岩	25子	+1	-9	48宝	26丑	+1	-9	16畑	27寅	-8	+1	47岩	28卯	-9	+1	17岩	29辰	-9	+1	48宝	30巳	-9	+1
3	18宝	25子	+1	-9	49海	26丑	+1	-9	17岩	27寅	-9	+1	48宝	28卯	-9	+1	18宝	29辰	-9	+1	49海	30巳	-9	+1
4	19海	25子	+1	-9	50雨	27寅	-0	+0	18宝	27寅	-9	+1	49海	28卯	-0	+0	19海	29辰	-9	+1	50雨	30巳	-0	+1
5	20雨	26丑	+1	-0	51木	27寅	-1	+0	19海	27寅	-9	+1	50雨	29辰	-0	+0	20雨	30巳	-0	+1	51木	30巳	-0	+1
6	21木	26丑	+0	-1	52草	27寅	-1	+0	20雨	28卯	-1	+0	51木	29辰	-1	+0	21木	30巳	-1	+0	52草	31午	-0	+0
7	22草	26丑	+9	-1	53陽	27寅	-1	+9	21木	28卯	-1	+0	52草	29辰	-1	+0	22草	30巳	-1	+0	53陽	31午	-1	+0
8	23陽	26丑	+9	-1	54灯	27寅	-1	+9	22草	28卯	-1	+9	53陽	29辰	-1	+9	23陽	30巳	-1	+0	54灯	31午	-1	+0
9	24灯	26丑	+9	-1	55山	27寅	-1	+9	23陽	28卯	-1	+9	54灯	29辰	-1	+9	24灯	30巳	-1	+9	55山	31午	-1	+9
10	25山	26丑	+8	-1	56畑	27寅	-2	+8	24灯	28卯	-1	+9	55山	29辰	-1	+9	25山	30巳	-1	+9	56畑	31午	-1	+9
11	26畑	26丑	+8	-2	57岩	27寅	-2	+8	25山	28卯	-2	+8	56畑	29辰	-2	+8	26畑	30巳	-2	+9	57岩	31午	-1	+9
12	27岩	26丑	+8	-2	58宝	27寅	-2	+8	26畑	28卯	-2	+8	57岩	29辰	-2	+8	27岩	30巳	-2	+8	58宝	31午	-2	+8
13	28宝	26丑	+7	-2	59海	27寅	-3	+7	27岩	28卯	-2	+8	58宝	29辰	-2	+8	28宝	30巳	-2	+8	59海	31午	-2	+8
14	29海	26丑	+7	-3	60雨	27寅	-3	+7	28宝	28卯	-3	+7	59海	29辰	-3	+7	29海	30巳	-3	+8	60雨	31午	-2	+8
15	30雨	26丑	+7	-3	1木	27寅	-3	+7	29海	28卯	-3	+7	60雨	29辰	-3	+7	30雨	30巳	-3	+7	1木	31午	-3	+7
16	31木	26丑	+6	-3	2草	27寅	-4	+6	30雨	28卯	-3	+7	1木	29辰	-3	+7	31木	30巳	-3	+7	2草	31午	-3	+7
17	32草	26丑	+6	-4	3陽	27寅	-4	+6	31木	28卯	-4	+6	2草	29辰	-4	+6	32草	30巳	-4	+7	3陽	31午	-3	+7
18	33陽	26丑	+6	-4	4灯	27寅	-4	+6	32草	28卯	-4	+6	3陽	29辰	-4	+6	33陽	30巳	-4	+6	4灯	31午	-4	+6
19	34灯	26丑	+5	-4	5山	27寅	-5	+5	33陽	28卯	-4	+6	4灯	29辰	-4	+6	34灯	30巳	-4	+6	5山	31午	-4	+6
20	35山	26丑	+5	-5	6畑	27寅	-5	+5	34灯	28卯	-5	+5	5山	29辰	-5	+5	35山	30巳	-5	+6	6畑	31午	-4	+6
21	36畑	26丑	+5	-5	7岩	27寅	-5	+5	35山	28卯	-5	+5	6畑	29辰	-5	+5	36畑	30巳	-5	+5	7岩	31午	-5	+5
22	37岩	26丑	+4	-5	8宝	27寅	-6	+4	36畑	28卯	-5	+5	7岩	29辰	-5	+5	37岩	30巳	-5	+5	8宝	31午	-5	+5
23	38宝	26丑	+4	-6	9海	27寅	-6	+4	37岩	28卯	-6	+4	8宝	29辰	-6	+4	38宝	30巳	-6	+5	9海	31午	-5	+5
24	39海	26丑	+4	-6	10雨	27寅	-6	+4	38宝	28卯	-6	+4	9海	29辰	-6	+4	39海	30巳	-6	+4	10雨	31午	-6	+4
25	40雨	26丑	+3	-6	11木	27寅	-7	+3	39海	28卯	-6	+4	10雨	29辰	-6	+4	40雨	30巳	-6	+4	11木	31午	-6	+4
26	41木	26丑	+3	-7	12草	27寅	-7	+3	40雨	28卯	-7	+3	11木	29辰	-7	+3	41木	30巳	-7	+4	12草	31午	-6	+4
27	42草	26丑	+3	-7	13陽	27寅	-7	+3	41木	28卯	-7	+3	12草	29辰	-7	+3	42草	30巳	-7	+3	13陽	31午	-7	+3
28	43陽	26丑	+2	-7	14灯	27寅	-8	+2	42草	28卯	-7	+3	13陽	29辰	-7	+3	43陽	30巳	-7	+3	14灯	31午	-7	+3
29	44灯	26丑	+2	-8					43陽	28卯	-8	+2	14灯	29辰	-8	+2	44灯	30巳	-8	+3	15山	31午	-7	+3
30	45山	26丑	+2	-8					44灯	28卯	-8	+2	15山	29辰	-8	+2	45山	30巳	-8	+2	16畑	31午	-8	+2
31	46畑	26丑	+1	-8					45山	28卯	-8	+2					46畑	30巳	-8	+2				

日	7月 日干	7月 月干	7月 男	7月 女	8月 日干	8月 月干	8月 男	8月 女	9月 日干	9月 月干	9月 男	9月 女	10月 日干	10月 月干	10月 男	10月 女	11月 日干	11月 月干	11月 男	11月 女	12月 日干	12月 月干	12月 男	12月 女
1	17岩	31午	-8	+2	48宝	32未	-8	+2	19海	33申	-8	+2	49海	34酉	-8	+2	20雨	35戌	-8	+2	50雨	36亥	-8	+2
2	18宝	31午	-9	+2	49海	32未	-8	+2	20雨	33申	-8	+2	50雨	34酉	-8	+2	21木	35戌	-8	+2	51木	36亥	-8	+1
3	19海	31午	-9	+1	50雨	32未	-9	+2	21木	33申	-9	+2	51木	34酉	-8	+2	22草	35戌	-8	+1	52草	36亥	-8	+1
4	20雨	31午	-9	+1	51木	32未	-9	+1	22草	33申	-9	+1	52草	34酉	-9	+1	23陽	35戌	-9	+1	53陽	36亥	-9	+1
5	21木	31午	-0	+1	52草	32未	-9	+1	23陽	33申	-9	+1	53陽	34酉	-9	+1	24灯	35戌	-9	+1	54灯	36亥	-9	+1
6	22草	31午	-0	+1	53陽	32未	-0	+1	24灯	33申	-0	+1	54灯	34酉	-9	+1	25山	35戌	-9	+1	55山	36亥	-9	+0
7	23陽	32未	-0	+0	54灯	33申	-0	+1	25山	33申	-0	+1	55山	34酉	-0	+1	26畑	36亥	-0	+0	56畑	37子	-0	+9
8	24灯	32未	-1	+0	55山	33申	-1	+0	26畑	34酉	-1	+0	56畑	35戌	-0	+0	27岩	36亥	-1	+0	57岩	37子	-1	+9
9	25山	32未	-1	+0	56畑	33申	-1	+0	27岩	34酉	-1	+0	57岩	35戌	-1	+0	28宝	36亥	-1	+9	58宝	37子	-1	+9
10	26畑	32未	-1	+0	57岩	33申	-1	+0	28宝	34酉	-1	+9	58宝	35戌	-1	+9	29海	36亥	-1	+9	59海	37子	-1	+8
11	27岩	32未	-1	+9	58宝	33申	-1	+9	29海	34酉	-1	+9	59海	35戌	-1	+9	30雨	36亥	-1	+9	60雨	37子	-1	+8
12	28宝	32未	-1	+9	59海	33申	-1	+9	30雨	34酉	-1	+9	60雨	35戌	-1	+9	31木	36亥	-1	+8	1木	37子	-1	+8
13	29海	32未	-2	+9	60雨	33申	-2	+9	31木	34酉	-2	+8	1木	35戌	-1	+8	32草	36亥	-2	+8	2草	37子	-2	+7
14	30雨	32未	-2	+8	1木	33申	-2	+8	32草	34酉	-2	+8	2草	35戌	-2	+8	33陽	36亥	-2	+8	3陽	37子	-2	+7
15	31木	32未	-2	+8	2草	33申	-2	+8	33陽	34酉	-2	+8	3陽	35戌	-2	+8	34灯	36亥	-2	+7	4灯	37子	-2	+7
16	32草	32未	-3	+8	3陽	33申	-3	+8	34灯	34酉	-3	+7	4灯	35戌	-2	+7	35山	36亥	-3	+7	5山	37子	-3	+6
17	33陽	32未	-3	+7	4灯	33申	-3	+7	35山	34酉	-3	+7	5山	35戌	-3	+7	36畑	36亥	-3	+7	6畑	37子	-3	+6
18	34灯	32未	-3	+7	5山	33申	-3	+7	36畑	34酉	-3	+7	6畑	35戌	-3	+7	37岩	36亥	-3	+6	7岩	37子	-3	+6
19	35山	32未	-4	+7	6畑	33申	-4	+7	37岩	34酉	-4	+6	7岩	35戌	-3	+6	38宝	36亥	-4	+6	8宝	37子	-4	+5
20	36畑	32未	-4	+6	7岩	33申	-4	+6	38宝	34酉	-4	+6	8宝	35戌	-4	+6	39海	36亥	-4	+6	9海	37子	-4	+5
21	37岩	32未	-4	+6	8宝	33申	-4	+6	39海	34酉	-4	+6	9海	35戌	-4	+6	40雨	36亥	-4	+5	10雨	37子	-4	+5
22	38宝	32未	-5	+6	9海	33申	-5	+6	40雨	34酉	-5	+5	10雨	35戌	-4	+5	41木	36亥	-5	+5	11木	37子	-5	+4
23	39海	32未	-5	+5	10雨	33申	-5	+5	41木	34酉	-5	+5	11木	35戌	-5	+5	42草	36亥	-5	+5	12草	37子	-5	+4
24	40雨	32未	-5	+5	11木	33申	-5	+5	42草	34酉	-5	+5	12草	35戌	-5	+5	43陽	36亥	-5	+4	13陽	37子	-5	+4
25	41木	32未	-6	+5	12草	33申	-6	+5	43陽	34酉	-6	+4	13陽	35戌	-5	+4	44灯	36亥	-6	+4	14灯	37子	-6	+3
26	42草	32未	-6	+4	13陽	33申	-6	+4	44灯	34酉	-6	+4	14灯	35戌	-6	+4	45山	36亥	-6	+4	15山	37子	-6	+3
27	43陽	32未	-6	+4	14灯	33申	-6	+4	45山	34酉	-6	+4	15山	35戌	-6	+4	46畑	36亥	-6	+3	16畑	37子	-6	+3
28	44灯	32未	-7	+4	15山	33申	-7	+4	46畑	34酉	-7	+3	16畑	35戌	-6	+3	47岩	36亥	-7	+3	17岩	37子	-7	+2
29	45山	32未	-7	+3	16畑	33申	-7	+3	47岩	34酉	-7	+3	17岩	35戌	-7	+3	48宝	36亥	-7	+3	18宝	37子	-7	+2
30	46畑	32未	-7	+3	17岩	33申	-7	+3	48宝	34酉	-7	+3	18宝	35戌	-7	+3	49海	36亥	-7	+2	19海	37子	-7	+2
31	47岩	32未	-8	+3	18宝	33申	-8	+3					19海	35戌	-7	+2					20雨	37子	-8	+1

1982年 59 壬戌（2/4～翌年2/3）

	1月				2月				3月				4月			
日	日干	月干	男	女	日干	月干	男	女	日干	月干	男	女	日干	月干	男	女
1	21木	37子	-8	+2	52草	38丑	-9	+1	20雨	39寅	+2	-8	51木	40卯	+1	-9
2	22草	37子	-9	+1	53陽	38丑	-9	+1	21木	39寅	+1	-8	52草	40卯	+1	-9
3	23陽	37子	-9	+1	54灯	38丑	-9	+1	22草	39寅	+1	-9	53陽	40卯	+1	-9
4	24灯	37子	-9	+1	55山	39寅	+0	-0	23陽	39寅	+1	-9	54灯	40卯	+0	-0
5	25山	37子	-0	+1	56畑	39寅	+0	-1	24灯	39寅	+1	-9	55山	41辰	+0	-0
6	26畑	38丑	-1	+0	57岩	39寅	+0	-1	25山	40卯	+0	-1	56畑	41辰	+0	-1
7	27岩	38丑	-1	+9	58宝	39寅	+9	-1	26畑	40卯	+0	-1	57岩	41辰	+0	-1
8	28宝	38丑	-1	+9	59海	39寅	+9	-1	27岩	40卯	+9	-1	58宝	41辰	+9	-1
9	29海	38丑	-1	+9	60雨	39寅	+9	-1	28宝	40卯	+9	-1	59海	41辰	+9	-1
10	30雨	38丑	-1	+8	1木	39寅	+8	-2	29海	40卯	+9	-1	60雨	41辰	+9	-1
11	31木	38丑	-2	+8	2草	39寅	+8	-2	30雨	40卯	+8	-2	1木	41辰	+8	-2
12	32草	38丑	-2	+8	3陽	39寅	+8	-2	31木	40卯	+8	-2	2草	41辰	+8	-2
13	33陽	38丑	-2	+7	4灯	39寅	+7	-3	32草	40卯	+8	-2	3陽	41辰	+8	-2
14	34灯	38丑	-3	+7	5山	39寅	+7	-3	33陽	40卯	+7	-3	4灯	41辰	+7	-3
15	35山	38丑	-3	+7	6畑	39寅	+7	-3	34灯	40卯	+7	-3	5山	41辰	+7	-3
16	36畑	38丑	-3	+6	7岩	39寅	+6	-4	35山	40卯	+7	-3	6畑	41辰	+7	-3
17	37岩	38丑	-4	+6	8宝	39寅	+6	-4	36畑	40卯	+6	-4	7岩	41辰	+6	-4
18	38宝	38丑	-4	+6	9海	39寅	+6	-4	37岩	40卯	+6	-4	8宝	41辰	+6	-4
19	39海	38丑	-4	+5	10雨	39寅	+5	-5	38宝	40卯	+6	-4	9海	41辰	+6	-4
20	40雨	38丑	-5	+5	11木	39寅	+5	-5	39海	40卯	+5	-5	10雨	41辰	+5	-5
21	41木	38丑	-5	+5	12草	39寅	+5	-5	40雨	40卯	+5	-5	11木	41辰	+5	-5
22	42草	38丑	-5	+4	13陽	39寅	+4	-6	41木	40卯	+5	-5	12草	41辰	+5	-5
23	43陽	38丑	-6	+4	14灯	39寅	+4	-6	42草	40卯	+4	-6	13陽	41辰	+4	-6
24	44灯	38丑	-6	+4	15山	39寅	+4	-6	43陽	40卯	+4	-6	14灯	41辰	+4	-6
25	45山	38丑	-6	+3	16畑	39寅	+3	-7	44灯	40卯	+4	-6	15山	41辰	+4	-6
26	46畑	38丑	-7	+3	17岩	39寅	+3	-7	45山	40卯	+3	-7	16畑	41辰	+3	-7
27	47岩	38丑	-7	+3	18宝	39寅	+3	-7	46畑	40卯	+3	-7	17岩	41辰	+3	-7
28	48宝	38丑	-7	+2	19海	39寅	+2	-8	47岩	40卯	+3	-7	18宝	41辰	+3	-7
29	49海	38丑	-8	+2					48宝	40卯	+2	-8	19海	41辰	+2	-8
30	50雨	38丑	-8	+2					49海	40卯	+2	-8	20雨	41辰	+2	-8
31	51木	38丑	-8	+1					50雨	40卯	+2	-8				

	5月				6月				7月				8月			
日	日干	月干	男	女	日干	月干	男	女	日干	月干	男	女	日干	月干	男	女
1	21木	41辰	+2	-8	52草	42巳	+2	-9	22草	43午	+2	-8	53陽	44未	+2	-8
2	22草	41辰	+1	-9	53陽	42巳	+1	-9	23陽	43午	+2	-9	54灯	44未	+2	-8
3	23陽	41辰	+1	-9	54灯	42巳	+1	-9	24灯	43午	+1	-9	55山	44未	+2	-9
4	24灯	41辰	+1	-9	55山	42巳	+1	-0	25山	43午	+1	-9	56畑	44未	+1	-9
5	25山	41辰	+1	-0	56畑	42巳	+1	-0	26畑	43午	+1	-0	57岩	44未	+1	-9
6	26畑	42巳	+0	-1	57岩	43午	+0	-0	27岩	43午	+1	-0	58宝	44未	+1	-0
7	27岩	42巳	+0	-1	58宝	43午	+0	-1	28宝	44未	+0	-0	59海	44未	+1	-0
8	28宝	42巳	+0	-1	59海	43午	+0	-1	29海	44未	+0	-1	60雨	45申	+0	-1
9	29海	42巳	+9	-1	60雨	43午	+9	-1	30雨	44未	+0	-1	1木	45申	+0	-1
10	30雨	42巳	+9	-1	1木	43午	+9	-1	31木	44未	+0	-1	2草	45申	+0	-1
11	31木	42巳	+9	-2	2草	43午	+9	-1	32草	44未	+9	-1	3陽	45申	+9	-1
12	32草	42巳	+8	-2	3陽	43午	+8	-2	33陽	44未	+9	-1	4灯	45申	+9	-1
13	33陽	42巳	+8	-2	4灯	43午	+8	-2	34灯	44未	+9	-2	5山	45申	+9	-2
14	34灯	42巳	+8	-3	5山	43午	+8	-2	35山	44未	+8	-2	6畑	45申	+8	-2
15	35山	42巳	+7	-3	6畑	43午	+7	-3	36畑	44未	+8	-2	7岩	45申	+8	-2
16	36畑	42巳	+7	-3	7岩	43午	+7	-3	37岩	44未	+8	-3	8宝	45申	+8	-3
17	37岩	42巳	+7	-4	8宝	43午	+7	-3	38宝	44未	+7	-3	9海	45申	+7	-3
18	38宝	42巳	+6	-4	9海	43午	+6	-4	39海	44未	+7	-3	10雨	45申	+7	-3
19	39海	42巳	+6	-4	10雨	43午	+6	-4	40雨	44未	+7	-4	11木	45申	+7	-4
20	40雨	42巳	+6	-5	11木	43午	+6	-4	41木	44未	+6	-4	12草	45申	+6	-4
21	41木	42巳	+5	-5	12草	43午	+5	-5	42草	44未	+6	-4	13陽	45申	+6	-4
22	42草	42巳	+5	-5	13陽	43午	+5	-5	43陽	44未	+6	-5	14灯	45申	+6	-5
23	43陽	42巳	+5	-6	14灯	43午	+5	-5	44灯	44未	+5	-5	15山	45申	+5	-5
24	44灯	42巳	+4	-6	15山	43午	+4	6	45山	44未	+5	-5	16畑	45申	+5	-5
25	45山	42巳	+4	-6	16畑	43午	+4	-6	46畑	44未	+5	-6	17岩	45申	+5	-6
26	46畑	42巳	+4	-7	17岩	43午	+4	-6	47岩	44未	+4	-6	18宝	45申	+4	-6
27	47岩	42巳	+3	-7	18宝	43午	+3	-7	48宝	44未	+4	-6	19海	45申	+4	-6
28	48宝	42巳	+3	-7	19海	43午	+3	-7	49海	44未	+4	-7	20雨	45申	+4	-7
29	49海	42巳	+3	-8	20雨	43午	+3	-7	50雨	44未	+3	-7	21木	45申	+3	-7
30	50雨	42巳	+2	-8	21木	43午	+2	-8	51木	44未	+3	-7	22草	45申	+3	-7
31	51木	42巳	+2	-8					52草	44未	+3	-8	23陽	45申	+3	-8

	9月				10月				11月				12月			
日	日干	月干	男	女	日干	月干	男	女	日干	月干	男	女	日干	月干	男	女
1	24灯	45申	+2	-8	54灯	46酉	+2	-8	25山	47戌	+2	-8	55山	48亥	+2	-8
2	25山	45申	+2	-8	55山	46酉	+2	-8	26畑	47戌	+2	-8	56畑	48亥	+1	-8
3	26畑	45申	+2	-9	56畑	46酉	+2	-8	27岩	47戌	+1	-8	57岩	48亥	+1	-8
4	27岩	45申	+1	-9	57岩	46酉	+1	-9	28宝	47戌	+1	-9	58宝	48亥	+1	-9
5	28宝	45申	+1	-9	58宝	46酉	+1	-9	29海	47戌	+1	-9	59海	48亥	+1	-9
6	29海	45申	+1	-0	59海	46酉	+1	-9	30雨	47戌	+1	-9	60雨	48亥	+0	-9
7	30雨	45申	+1	-0	60雨	46酉	+1	-0	31木	47戌	+0	-0	1木	49子	+9	-0
8	31木	46酉	+0	-1	1木	46酉	+0	-0	32草	48亥	+0	-1	2草	49子	+9	-1
9	32草	46酉	+0	-1	2草	47戌	+0	-1	33陽	48亥	+9	-1	3陽	49子	+9	-1
10	33陽	46酉	+9	-1	3陽	47戌	+9	-1	34灯	48亥	+9	-1	4灯	49子	+8	-1
11	34灯	46酉	+9	-1	4灯	47戌	+9	-1	35山	48亥	+9	-1	5山	49子	+8	-1
12	35山	46酉	+9	-1	5山	47戌	+9	-1	36畑	48亥	+8	-1	6畑	49子	+8	-1
13	36畑	46酉	+8	-2	6畑	47戌	+8	-1	37岩	48亥	+8	-2	7岩	49子	+7	-2
14	37岩	46酉	+8	-2	7岩	47戌	+8	-2	38宝	48亥	+8	-2	8宝	49子	+7	-2
15	38宝	46酉	+8	-2	8宝	47戌	+8	-2	39海	48亥	+7	-2	9海	49子	+7	-2
16	39海	46酉	+7	-3	9海	47戌	+7	-2	40雨	48亥	+7	-3	10雨	49子	+6	-3
17	40雨	46酉	+7	-3	10雨	47戌	+7	-3	41木	48亥	+7	-3	11木	49子	+6	-3
18	41木	46酉	+7	-3	11木	47戌	+7	-3	42草	48亥	+6	-3	12草	49子	+6	-3
19	42草	46酉	+6	-4	12草	47戌	+6	-3	43陽	48亥	+6	-4	13陽	49子	+5	-4
20	43陽	46酉	+6	-4	13陽	47戌	+6	-4	44灯	48亥	+6	-4	14灯	49子	+5	-4
21	44灯	46酉	+6	-4	14灯	47戌	+6	-4	45山	48亥	+5	-4	15山	49子	+5	-4
22	45山	46酉	+5	-5	15山	47戌	+5	-4	46畑	48亥	+5	-5	16畑	49子	+4	-5
23	46畑	46酉	+5	-5	16畑	47戌	+5	-5	47岩	48亥	+5	-5	17岩	49子	+4	-5
24	47岩	46酉	+5	-5	17岩	47戌	+5	-5	48宝	48亥	+4	-5	18宝	49子	+4	-5
25	48宝	46酉	+4	-6	18宝	47戌	+4	-5	49海	48亥	+4	-6	19海	49子	+3	-6
26	49海	46酉	+4	-6	19海	47戌	+4	-6	50雨	48亥	+4	-6	20雨	49子	+3	-6
27	50雨	46酉	+4	-6	20雨	47戌	+4	-6	51木	48亥	+3	-6	21木	49子	+3	-6
28	51木	46酉	+3	-7	21木	47戌	+3	-6	52草	48亥	+3	-7	22草	49子	+2	-7
29	52草	46酉	+3	-7	22草	47戌	+3	-7	53陽	48亥	+3	-7	23陽	49子	+2	-7
30	53陽	46酉	+3	-7	23陽	47戌	+3	-7	54灯	48亥	+2	-7	24灯	49子	+2	-7
31					24灯	47戌	+2	-7					25山	49子	+1	-8

1983年 60 癸亥（2/4～翌年2/4）

	1月				2月				3月				4月			
日	日干	月干	男	女	日干	月干	男	女	日干	月干	男	女	日干	月干	男	女
1	26畑	49子	+2	-8	57岩	50丑	+1	-9	25山	51寅	-8	+2	56畑	52卯	-9	+1
2	27岩	49子	+1	-9	58宝	50丑	+1	-9	26畑	51寅	-8	+1	57岩	52卯	-9	+1
3	28宝	49子	+1	-9	59海	50丑	+1	-9	27岩	51寅	-9	+1	58宝	52卯	-9	+1
4	29海	49子	+1	-9	60雨	51寅	-0	+0	28宝	51寅	-9	+1	59海	52卯	-0	+0
5	30雨	49子	+1	-0	1木	51寅	-1	+0	29海	51寅	-9	+1	60雨	53辰	-0	+0
6	31木	50丑	+0	-1	2草	51寅	-1	+0	30雨	52卯	-1	+0	1木	53辰	-1	+0
7	32草	50丑	+9	-1	3陽	51寅	-1	+9	31木	52卯	-1	+0	2草	53辰	-1	+0
8	33陽	50丑	+9	-1	4灯	51寅	-1	+9	32草	52卯	-1	+9	3陽	53辰	-1	+9
9	34灯	50丑	+9	-1	5山	51寅	-1	+9	33陽	52卯	-1	+9	4灯	53辰	-1	+9
10	35山	50丑	+8	-1	6畑	51寅	-2	+8	34灯	52卯	-1	+9	5山	53辰	-1	+9
11	36畑	50丑	+8	-2	7岩	51寅	-2	+8	35山	52卯	-2	+8	6畑	53辰	-2	+8
12	37岩	50丑	+8	-2	8宝	51寅	-2	+8	36畑	52卯	-2	+8	7岩	53辰	-2	+8
13	38宝	50丑	+7	-2	9海	51寅	-3	+7	37岩	52卯	-2	+8	8宝	53辰	-2	+8
14	39海	50丑	+7	-3	10雨	51寅	-3	+7	38宝	52卯	-3	+7	9海	53辰	-3	+7
15	40雨	50丑	+7	-3	11木	51寅	-3	+7	39海	52卯	-3	+7	10雨	53辰	3	+7
16	41木	50丑	+6	-3	12草	51寅	-4	+6	40雨	52卯	-3	+7	11木	53辰	-3	+7
17	42草	50丑	+6	-4	13陽	51寅	-4	+6	41木	52卯	-4	+6	12草	53辰	-4	+6
18	43陽	50丑	+6	-4	14灯	51寅	-4	+6	42草	52卯	-4	+6	13陽	53辰	-4	+6
19	44灯	50丑	+5	-4	15山	51寅	-5	+5	43陽	52卯	-4	+6	14灯	53辰	-4	+6
20	45山	50丑	+5	-5	16畑	51寅	-5	+5	44灯	52卯	-5	+5	15山	53辰	-5	+5
21	46畑	50丑	+5	-5	17岩	51寅	-5	+5	45山	52卯	-5	+5	16畑	53辰	-5	+5
22	47岩	50丑	+4	-5	18宝	51寅	-6	+4	46畑	52卯	-5	+5	17岩	53辰	-5	+5
23	48宝	50丑	+4	-6	19海	51寅	-6	+4	47岩	52卯	-6	+4	18宝	53辰	-6	+4
24	49海	50丑	+4	-6	20雨	51寅	-6	+4	48宝	52卯	-6	+4	19海	53辰	-6	+4
25	50雨	50丑	+3	-6	21木	51寅	-7	+3	49海	52卯	-6	+4	20雨	53辰	-6	+4
26	51木	50丑	+3	-7	22草	51寅	-7	+3	50雨	52卯	-7	+3	21木	53辰	-7	+3
27	52草	50丑	+3	-7	23陽	51寅	-7	+3	51木	52卯	-7	+3	22草	53辰	-7	+3
28	53陽	50丑	+2	-7	24灯	51寅	-8	+2	52草	52卯	-7	+3	23陽	53辰	-7	+3
29	54灯	50丑	+2	-8					53陽	52卯	-8	+2	24灯	53辰	-8	+2
30	55山	50丑	+2	-8					54灯	52卯	-8	+2	25山	53辰	-8	+2
31	56畑	50丑	+1	-8					55山	52卯	-8	+2				

	5月				6月				7月				8月			
日	日干	月干	男	女	日干	月干	男	女	日干	月干	男	女	日干	月干	男	女
1	26畑	53辰	-8	+2	57岩	54巳	-9	+2	27岩	55午	-8	+2	58宝	56未	-8	+2
2	27岩	53辰	-9	+1	58宝	54巳	-9	+1	28宝	55午	-9	+2	59海	56未	-8	+2
3	28宝	53辰	-9	+1	59海	54巳	-9	+1	29海	55午	-9	+1	60雨	56未	-9	+2
4	29海	53辰	-9	+1	60雨	54巳	-0	+1	30雨	55午	-9	+1	1木	56未	-9	+1
5	30雨	53辰	-0	+1	1木	54巳	-0	+1	31木	55午	-0	+1	2草	56未	-9	+1
6	31木	54巳	-1	+0	2草	55午	-0	+0	32草	55午	-0	+1	3陽	56未	-0	+1
7	32草	54巳	-1	+0	3陽	55午	-1	+0	33陽	55午	-0	+0	4灯	56未	-0	+1
8	33陽	54巳	-1	+0	4灯	55午	-1	+0	34灯	56未	-1	+0	5山	57申	-1	+0
9	34灯	54巳	-1	+9	5山	55午	-1	+9	35山	56未	-1	+0	6畑	57申	-1	+0
10	35山	54巳	-1	+9	6畑	55午	-1	+9	36畑	56未	-1	+0	7岩	57申	-1	+0
11	36畑	54巳	-2	+9	7岩	55午	-1	+9	37岩	56未	-1	+9	8宝	57申	-1	+9
12	37岩	54巳	-2	+8	8宝	55午	-2	+8	38宝	56未	-1	+9	9海	57申	-1	+9
13	38宝	54巳	-2	+8	9海	55午	-2	+8	39海	56未	-2	+9	10雨	57申	-2	+9
14	39海	54巳	-3	+8	10雨	55午	-2	+8	40雨	56未	-2	+8	11木	57申	-2	+8
15	40雨	54巳	-3	+7	11木	55午	-3	+7	41木	56未	-2	+8	12草	57申	-2	+8
16	41木	54巳	-3	+7	12草	55午	-3	+7	42草	56未	-3	+8	13陽	57申	-3	+8
17	42草	54巳	-4	+7	13陽	55午	-3	+7	43陽	56未	-3	+7	14灯	57申	-3	+7
18	43陽	54巳	-4	+6	14灯	55午	-4	+6	44灯	56未	-3	+7	15山	57申	-3	+7
19	44灯	54巳	-4	+6	15山	55午	-4	+6	45山	56未	-4	+7	16畑	57申	-4	+7
20	45山	54巳	-5	+6	16畑	55午	-4	+6	46畑	56未	-4	+6	17岩	57申	-4	+6
21	46畑	54巳	-5	+5	17岩	55午	-5	+5	47岩	56未	-4	+6	18宝	57申	-4	+6
22	47岩	54巳	-5	+5	18宝	55午	-5	+5	48宝	56未	-5	+6	19海	57申	-5	+6
23	48宝	54巳	-6	+5	19海	55午	-5	+5	49海	56未	-5	+5	20雨	57申	-5	+5
24	49海	54巳	-6	+4	20雨	55午	-6	+4	50雨	56未	-5	+5	21木	57申	-5	+5
25	50雨	54巳	-6	+4	21木	55午	-6	+4	51木	56未	-6	+5	22草	57申	-6	+5
26	51木	54巳	-7	+4	22草	55午	-6	+4	52草	56未	-6	+4	23陽	57申	-6	+4
27	52草	54巳	-7	+3	23陽	55午	-7	+3	53陽	56未	-6	+4	24灯	57申	-6	+4
28	53陽	54巳	-7	+3	24灯	55午	-7	+3	54灯	56未	-7	+4	25山	57申	-7	+4
29	54灯	54巳	-8	+3	25山	55午	-7	+3	55山	56未	-7	+3	26畑	57申	-7	+3
30	55山	54巳	-8	+2	26畑	55午	-8	+2	56畑	56未	-7	+3	27岩	57申	-7	+3
31	56畑	54巳	-8	+2					57岩	56未	-8	+3	28宝	57申	-8	+3

	9月				10月				11月				12月			
日	日干	月干	男	女	日干	月干	男	女	日干	月干	男	女	日干	月干	男	女
1	29海	57申	-8	+2	59海	58酉	-8	+2	30雨	59戌	-8	+2	60雨	60亥	-8	+2
2	30雨	57申	-8	+2	60雨	58酉	-8	+2	31木	59戌	-8	+2	1木	60亥	-8	+1
3	31木	57申	-9	+2	1木	58酉	-8	+2	32草	59戌	-8	+1	2草	60亥	-8	+1
4	32草	57申	-9	+1	2草	58酉	-9	+1	33陽	59戌	-9	+1	3陽	60亥	-9	+1
5	33陽	57申	-9	+1	3陽	58酉	-9	+1	34灯	59戌	-9	+1	4灯	60亥	-9	+1
6	34灯	57申	-0	+1	4灯	58酉	-9	+1	35山	59戌	-9	+1	5山	60亥	-9	+0
7	35山	57申	-0	+1	5山	58酉	-0	+1	36畑	59戌	-0	+0	6畑	60亥	-0	+9
8	36畑	58酉	-1	+0	6畑	58酉	-0	+0	37岩	60亥	-1	+0	7岩	1子	-1	+9
9	37岩	58酉	-1	+0	7岩	59戌	-1	+0	38宝	60亥	-1	+9	8宝	1子	-1	+9
10	38宝	58酉	-1	+9	8宝	59戌	-1	+9	39海	60亥	-1	+9	9海	1子	-1	+8
11	39海	58酉	-1	+9	9海	59戌	-1	+9	40雨	60亥	-1	+9	10雨	1子	-1	+8
12	40雨	58酉	-1	+9	10雨	59戌	-1	+9	41木	60亥	-1	+8	11木	1子	-1	+8
13	41木	58酉	-2	+8	11木	59戌	-1	+8	42草	60亥	-2	+8	12草	1子	-2	+7
14	42草	58酉	-2	+8	12草	59戌	-2	+8	43陽	60亥	-2	+8	13陽	1子	-2	+7
15	43陽	58酉	-2	+8	13陽	59戌	-2	+8	44灯	60亥	-2	+7	14灯	1子	-2	+7
16	44灯	58酉	-3	+7	14灯	59戌	-2	+7	45山	60亥	-3	+7	15山	1子	-3	+6
17	45山	58酉	-3	+7	15山	59戌	-3	+7	46畑	60亥	-3	+7	16畑	1子	-3	+6
18	46畑	58酉	-3	+7	16畑	59戌	-3	+7	47岩	60亥	-3	+6	17岩	1子	-3	+6
19	47岩	58酉	-4	+6	17岩	59戌	-3	+6	48宝	60亥	-4	+6	18宝	1子	-4	+5
20	48宝	58酉	-4	+6	18宝	59戌	-4	+6	49海	60亥	-4	+6	19海	1子	-4	+5
21	49海	58酉	-4	+6	19海	59戌	-4	+6	50雨	60亥	-4	+5	20雨	1子	-4	+5
22	50雨	58酉	-5	+5	20雨	59戌	-4	+5	51木	60亥	-5	+5	21木	1子	-5	+4
23	51木	58酉	-5	+5	21木	59戌	-5	+5	52草	60亥	-5	+5	22草	1子	-5	+4
24	52草	58酉	-5	+5	22草	59戌	-5	+5	53陽	60亥	-5	+4	23陽	1子	-5	+4
25	53陽	58酉	-6	+4	23陽	59戌	-5	+4	54灯	60亥	-6	+4	24灯	1子	-6	+3
26	54灯	58酉	-6	+4	24灯	59戌	-6	+4	55山	60亥	-6	+4	25山	1子	-6	+3
27	55山	58酉	-6	+4	25山	59戌	-6	+4	56畑	60亥	-6	+3	26畑	1子	-6	+3
28	56畑	58酉	-7	+3	26畑	59戌	-6	+3	57岩	60亥	-7	+3	27岩	1子	-7	+2
29	57岩	58酉	-7	+3	27岩	59戌	-7	+3	58宝	60亥	-7	+3	28宝	1子	-7	+2
30	58宝	58酉	-7	+3	28宝	59戌	-7	+3	59海	60亥	-7	+2	29海	1子	-7	+2
31					29海	59戌	-7	+2					30雨	1子	-8	+1

1984年　1 甲子（2/5～翌年2/3）

日	1月				2月				3月				4月				5月				6月			
	日干	月干	男	女	日干	月干	男	女	日干	月干	男	女	日干	月干	男	女	日干	月干	男	女	日干	月干	男	女
1	31木	1子	-8	+2	2草	2丑	-9	+1	31木	3寅	+2	-8	2草	4卯	+1	-9	32草	5辰	+2	-8	3陽	6巳	+2	-9
2	32草	1子	-9	+1	3陽	2丑	-9	+1	32草	3寅	+1	-8	3陽	4卯	+1	-9	33陽	5辰	+1	-9	4灯	6巳	+1	-9
3	33陽	1子	-9	+1	4灯	2丑	-9	+1	33陽	3寅	+1	-9	4灯	4卯	+1	-9	34灯	5辰	+1	-9	5山	6巳	+1	-9
4	34灯	1子	-9	+1	5山	2丑	-0	+0	34灯	3寅	+1	-9	5山	5辰	+0	-0	35山	5辰	+1	-9	6畑	6巳	+1	-0
5	35山	1子	-0	+1	6畑	3寅	+0	-1	35山	4卯	+1	-9	6畑	5辰	+0	-0	36畑	6巳	+1	-0	7岩	7午	+1	-0
6	36畑	2丑	-1	+0	7岩	3寅	+0	-1	36畑	4卯	+0	-1	7岩	5辰	+0	-1	37岩	6巳	+0	-1	8宝	7午	+0	-0
7	37岩	2丑	-1	+9	8宝	3寅	+9	-1	37岩	4卯	+0	-1	8宝	5辰	+0	-1	38宝	6巳	+0	-1	9海	7午	+0	-1
8	38宝	2丑	-1	+9	9海	3寅	+9	-1	38宝	4卯	+9	-1	9海	5辰	+9	-1	39海	6巳	+0	-1	10	7午	+0	-1
9	39海	2丑	-1	+9	10	3寅	+9	-1	39海	4卯	+9	-1	10	5辰	+9	-1	40	6巳	+9	-1	11木	7午	+9	-1
10	40	2丑	-1	+8	11木	3寅	+8	-2	40	4卯	+9	-1	11木	5辰	+9	-1	41木	6巳	+9	-1	12草	7午	+9	-1
11	41木	2丑	-2	+8	12草	3寅	+8	-2	41木	4卯	+8	-2	12草	5辰	+8	-2	42草	6巳	+9	-2	13陽	7午	+9	-1
12	42草	2丑	-2	+8	13陽	3寅	+8	-2	42草	4卯	+8	-2	13陽	5辰	+8	-2	43陽	6巳	+8	-2	14灯	7午	+8	-2
13	43陽	2丑	-2	+7	14灯	3寅	+7	-3	43陽	4卯	+8	-2	14灯	5辰	+8	-2	44灯	6巳	+8	-2	15山	7午	+8	-2
14	44灯	2丑	-3	+7	15山	3寅	+7	-3	44灯	4卯	+7	-3	15山	5辰	+7	-3	45山	6巳	+8	-3	16畑	7午	+8	-2
15	45山	2丑	-3	+7	16畑	3寅	+7	-3	45山	4卯	+7	-3	16畑	5辰	+7	-3	46畑	6巳	+7	-3	17岩	7午	+7	-3
16	46畑	2丑	-3	+6	17岩	3寅	+6	-4	46畑	4卯	+7	-3	17岩	5辰	+7	-3	47岩	6巳	+7	-3	18宝	7午	+7	-3
17	47岩	2丑	-4	+6	18宝	3寅	+6	-4	47岩	4卯	+6	-4	18宝	5辰	+6	-4	48宝	6巳	+7	-4	19海	7午	+7	-3
18	48宝	2丑	-4	+6	19海	3寅	+6	-4	48宝	4卯	+6	-4	19海	5辰	+6	-4	49海	6巳	+6	-4	20	7午	+6	-4
19	49海	2丑	-4	+5	20	3寅	+5	-5	49海	4卯	+6	-4	20	5辰	+6	-4	50	6巳	+6	-4	21木	7午	+6	-4
20	50	2丑	-5	+5	21木	3寅	+5	-5	50	4卯	+5	-5	21木	5辰	+5	-5	51木	6巳	+6	-5	22草	7午	+6	-4
21	51木	2丑	-5	+5	22草	3寅	+5	-5	51木	4卯	+5	-5	22草	5辰	+5	-5	52草	6巳	+5	-5	23陽	7午	+5	-5
22	52草	2丑	-5	+4	23陽	3寅	+4	-6	52草	4卯	+5	-5	23陽	5辰	+5	-5	53陽	6巳	+5	-5	24灯	7午	+5	-5
23	53陽	2丑	-6	+4	24灯	3寅	+4	-6	53陽	4卯	+4	-6	24灯	5辰	+4	-6	54灯	6巳	+5	-6	25山	7午	+5	-5
24	54灯	2丑	-6	+4	25山	3寅	+4	-6	54灯	4卯	+4	-6	25山	5辰	+4	-6	55山	6巳	+4	-6	26畑	7午	+4	-6
25	55山	2丑	-6	+3	26畑	3寅	+3	-7	55山	4卯	+4	-6	26畑	5辰	+4	-6	56畑	6巳	+4	-6	27岩	7午	+4	-6
26	56畑	2丑	-7	+3	27岩	3寅	+3	-7	56畑	4卯	+3	-7	27岩	5辰	+3	-7	57岩	6巳	+4	-7	28宝	7午	+4	-6
27	57岩	2丑	-7	+3	28宝	3寅	+3	-7	57岩	4卯	+3	-7	28宝	5辰	+3	-7	58宝	6巳	+3	-7	29海	7午	+3	-7
28	58宝	2丑	-7	+2	29海	3寅	+2	-8	58宝	4卯	+3	-7	29海	5辰	+3	-7	59海	6巳	+3	-7	30	7午	+3	-7
29	59海	2丑	-8	+2	30	3寅	+2	-8	59海	4卯	+2	-8	30	5辰	+2	-8	60	6巳	+3	-8	31木	7午	+3	-7
30	60	2丑	-8	+2					60	4卯	+2	-8	31木	5辰	+2	-8	1木	6巳	+2	-8	32草	7午	+2	-8
31	1木	2丑	-8	+1					1木	4卯	+2	-8					2草	6巳	+2	-8				

日	7月				8月				9月				10月				11月				12月			
	日干	月干	男	女	日干	月干	男	女	日干	月干	男	女	日干	月干	男	女	日干	月干	男	女	日干	月干	男	女
1	33陽	7午	+2	-8	4灯	8未	+2	-8	35山	9申	+2	-8	5山	10酉	+2	-8	36畑	11戌	+2	-8	6畑	12亥	+2	-8
2	34灯	7午	+2	-8	5山	8未	+2	-8	36畑	9申	+2	-8	6畑	10酉	+2	-8	37岩	11戌	+2	-8	7岩	12亥	+1	-8
3	35山	7午	+1	-9	6畑	8未	+2	-9	37岩	9申	+2	-9	7岩	10酉	+2	-8	38宝	11戌	+1	-8	8宝	12亥	+1	-8
4	36畑	7午	+1	-9	7岩	8未	+1	-9	38宝	9申	+1	-9	8宝	10酉	+1	-9	39海	11戌	+1	-9	9海	12亥	+1	-9
5	37岩	7午	+1	-9	8宝	8未	+1	-9	39海	9申	+1	-9	9海	10酉	+1	-9	40	11戌	+1	-9	10	12亥	+1	-9
6	38宝	7午	+1	-0	9海	8未	+1	-0	40	9申	+1	-0	10	10酉	+1	-9	41木	11戌	+1	-9	11木	12亥	+0	-9
7	39海	8未	+0	-0	10	9申	+1	-0	41木	10酉	+1	-0	11木	10酉	+1	-0	42草	12亥	+0	-0	12草	13子	+9	-0
8	40	8未	+0	-0	11木	9申	+0	-1	42草	10酉	+0	-1	12草	11戌	+0	-0	43陽	12亥	+0	-1	13陽	13子	+9	-1
9	41木	8未	+0	-1	12草	9申	+0	-1	43陽	10酉	+0	-1	13陽	11戌	+0	-1	44灯	12亥	+9	-1	14灯	13子	+9	-1
10	42草	8未	+0	-1	13陽	9申	+0	-1	44灯	10酉	+9	-1	14灯	11戌	+9	-1	45山	12亥	+9	-1	15山	13子	+8	-1
11	43陽	8未	+9	-1	14灯	9申	+9	-1	45山	10酉	+9	-1	15山	11戌	+9	-1	46畑	12亥	+9	-1	16畑	13子	+8	-1
12	44灯	8未	+9	-1	15山	9申	+9	-1	46畑	10酉	+9	-1	16畑	11戌	+9	-1	47岩	12亥	+8	-1	17岩	13子	+8	-1
13	45山	8未	+9	-1	16畑	9申	+9	-2	47岩	10酉	+8	-2	17岩	11戌	+8	-1	48宝	12亥	+8	-2	18宝	13子	+7	-2
14	46畑	8未	+8	-2	17岩	9申	+8	-2	48宝	10酉	+8	-2	18宝	11戌	+8	-2	49海	12亥	+8	-2	19海	13子	+7	-2
15	47岩	8未	+8	-2	18宝	9申	+8	-2	49海	10酉	+8	-2	19海	11戌	+8	-2	50	12亥	+7	-2	20	13子	+7	-2
16	48宝	8未	+8	-2	19海	9申	+8	-3	50	10酉	+7	-3	20	11戌	+7	-2	51木	12亥	+7	-3	21木	13子	+6	-3
17	49海	8未	+7	-3	20	9申	+7	-3	51木	10酉	+7	-3	21木	11戌	+7	-3	52草	12亥	+7	-3	22草	13子	+6	-3
18	50	8未	+7	-3	21木	9申	+7	-3	52草	10酉	+7	-3	22草	11戌	+7	-3	53陽	12亥	+6	-3	23陽	13子	+6	-3
19	51木	8未	+7	-3	22草	9申	+7	-4	53陽	10酉	+6	-4	23陽	11戌	+6	-3	54灯	12亥	+6	-4	24灯	13子	+5	-4
20	52草	8未	+6	-4	23陽	9申	+6	-4	54灯	10酉	+6	-4	24灯	11戌	+6	-4	55山	12亥	+6	-4	25山	13子	+5	-4
21	53陽	8未	+6	-4	24灯	9申	+6	-4	55山	10酉	+6	-4	25山	11戌	+6	-4	56畑	12亥	+5	-4	26畑	13子	+5	-4
22	54灯	8未	+6	-4	25山	9申	+6	-5	56畑	10酉	+5	-5	26畑	11戌	+5	-4	57岩	12亥	+5	-5	27岩	13子	+4	-5
23	55山	8未	+5	-5	26畑	9申	+5	-5	57岩	10酉	+5	-5	27岩	11戌	+5	-5	58宝	12亥	+5	-5	28宝	13子	+4	-5
24	56畑	8未	+5	-5	27岩	9申	+5	-5	58宝	10酉	+5	-5	28宝	11戌	+5	-5	59海	12亥	+4	-5	29海	13子	+4	-5
25	57岩	8未	+5	-5	28宝	9申	+5	-6	59海	10酉	+4	-6	29海	11戌	+4	-5	60	12亥	+4	-6	30	13子	+3	-6
26	58宝	8未	+4	-6	29海	9申	+4	-6	60	10酉	+4	-6	30	11戌	+4	-6	1木	12亥	+4	-6	31木	13子	+3	-6
27	59海	8未	+4	-6	30	9申	+4	-6	1木	10酉	+4	-6	31木	11戌	+4	-6	2草	12亥	+3	-6	32草	13子	+3	-6
28	60	8未	+4	-6	31木	9申	+4	-7	2草	10酉	+3	-7	32草	11戌	+3	-6	3陽	12亥	+3	-7	33陽	13子	+2	-7
29	1木	8未	+3	-7	32草	9申	+3	-7	3陽	10酉	+3	-7	33陽	11戌	+3	-7	4灯	12亥	+3	-7	34灯	13子	+2	-7
30	2草	8未	+3	-7	33陽	9申	+3	-7	4灯	10酉	+3	-7	34灯	11戌	+3	-7	5山	12亥	+2	-7	35山	13子	+2	-7
31	3陽	8未	+3	-7	34灯	9申	+3	-8					35山	11戌	+2	-7					36畑	13子	+1	-8

1985年　2 乙丑（2/4～翌年2/3）

日	1月				2月				3月				4月				5月				6月			
	日干	月干	男	女	日干	月干	男	女	日干	月干	男	女	日干	月干	男	女	日干	月干	男	女	日干	月干	男	女
1	37岩	13子	+2	-8	8宝	14丑	+1	-9	36畑	15寅	-8	+2	7岩	16卯	-9	+1	37岩	17辰	-8	+2	8宝	18巳	-9	+2
2	38宝	13子	+1	-9	9海	14丑	+1	-9	37岩	15寅	-8	+1	8宝	16卯	-9	+1	38宝	17辰	-9	+1	9海	18巳	-9	+1
3	39海	13子	+1	-9	10	14丑	+1	-9	38宝	15寅	-9	+1	9海	16卯	-9	+1	39海	17辰	-9	+1	10	18巳	-9	+1
4	40	13子	+1	-9	11木	15寅	-0	+0	39海	15寅	-9	+1	10	16卯	-0	+0	40	17辰	-9	+1	11木	18巳	-0	+1
5	41木	14丑	+1	-0	12草	15寅	-1	+0	40	15寅	-9	+1	11木	17辰	-0	+0	41木	18巳	-0	+1	12草	18巳	-0	+1
6	42草	14丑	+0	-1	13陽	15寅	-1	+0	41木	16卯	-1	+0	12草	17辰	-1	+0	42草	18巳	-1	+0	13陽	19午	-0	+0
7	43陽	14丑	+9	-1	14灯	15寅	-1	+9	42草	16卯	-1	+0	13陽	17辰	-1	+0	43陽	18巳	-1	+0	14灯	19午	-1	+0
8	44灯	14丑	+9	-1	15山	15寅	-1	+9	43陽	16卯	-1	+9	14灯	17辰	-1	+9	44灯	18巳	-1	+0	15山	19午	-1	+0
9	45山	14丑	+9	-1	16畑	15寅	-1	+9	44灯	16卯	-1	+9	15山	17辰	-1	+9	45山	18巳	-1	+9	16畑	19午	-1	+9
10	46畑	14丑	+8	-1	17岩	15寅	-2	+8	45山	16卯	-1	+9	16畑	17辰	-1	+9	46畑	18巳	-1	+9	17岩	19午	-1	+9
11	47岩	14丑	+8	-2	18宝	15寅	-2	+8	46畑	16卯	-2	+8	17岩	17辰	-2	+8	47岩	18巳	-2	+9	18宝	19午	-1	+9
12	48宝	14丑	+8	-2	19海	15寅	-2	+8	47岩	16卯	-2	+8	18宝	17辰	-2	+8	48宝	18巳	-2	+8	19海	19午	-2	+8
13	49海	14丑	+7	-2	20	15寅	-3	+7	48宝	16卯	-2	+8	19海	17辰	-2	+8	49海	18巳	-2	+8	20	19午	-2	+8
14	50	14丑	+7	-3	21木	15寅	-3	+7	49海	16卯	-3	+7	20	17辰	-3	+7	50	18巳	-3	+8	21木	19午	-2	+8
15	51木	14丑	+7	-3	22草	15寅	-3	+7	50	16卯	-3	+7	21木	17辰	-3	+7	51木	18巳	-3	+7	22草	19午	-3	+7
16	52草	14丑	+6	-3	23陽	15寅	-4	+6	51木	16卯	-3	+7	22草	17辰	-3	+7	52草	18巳	-3	+7	23陽	19午	-3	+7
17	53陽	14丑	+6	-4	24灯	15寅	-4	+6	52草	16卯	-4	+6	23陽	17辰	-4	+6	53陽	18巳	-4	+7	24灯	19午	-3	+7
18	54灯	14丑	+6	-4	25山	15寅	-4	+6	53陽	16卯	-4	+6	24灯	17辰	-4	+6	54灯	18巳	-4	+6	25山	19午	-4	+6
19	55山	14丑	+5	-4	26畑	15寅	-5	+5	54灯	16卯	-4	+6	25山	17辰	-4	+6	55山	18巳	-4	+6	26畑	19午	-4	+6
20	56畑	14丑	+5	-5	27岩	15寅	-5	+5	55山	16卯	-5	+5	26畑	17辰	-5	+5	56畑	18巳	-5	+6	27岩	19午	-4	+6
21	57岩	14丑	+5	-5	28宝	15寅	-5	+5	56畑	16卯	-5	+5	27岩	17辰	-5	+5	57岩	18巳	-5	+5	28宝	19午	-5	+5
22	58宝	14丑	+4	-5	29海	15寅	-6	+4	57岩	16卯	-5	+5	28宝	17辰	-5	+5	58宝	18巳	-5	+5	29海	19午	-5	+5
23	59海	14丑	+4	-6	30	15寅	-6	+4	58宝	16卯	-6	+4	29海	17辰	-6	+4	59海	18巳	-6	+5	30	19午	-5	+5
24	60	14丑	+4	-6	31木	15寅	-6	+4	59海	16卯	-6	+4	30	17辰	-6	+4	60	18巳	-6	+4	31木	19午	-6	+4
25	1木	14丑	+3	-6	32草	15寅	-7	+3	60	16卯	-6	+4	31木	17辰	-6	+4	1木	18巳	-6	+4	32草	19午	-6	+4
26	2草	14丑	+3	-7	33陽	15寅	-7	+3	1木	16卯	-7	+3	32草	17辰	-7	+3	2草	18巳	-7	+4	33陽	19午	-6	+4
27	3陽	14丑	+3	-7	34灯	15寅	-7	+3	2草	16卯	-7	+3	33陽	17辰	-7	+3	3陽	18巳	-7	+3	34灯	19午	-7	+3
28	4灯	14丑	+2	-7	35山	15寅	-8	+2	3陽	16卯	-7	+3	34灯	17辰	-7	+3	4灯	18巳	-7	+3	35山	19午	-7	+3
29	5山	14丑	+2	-8					4灯	16卯	-8	+2	35山	17辰	-8	+2	5山	18巳	-8	+3	36畑	19午	-7	+3
30	6畑	14丑	+2	-8					5山	16卯	-8	+2	36畑	17辰	-8	+2	6畑	18巳	-8	+2	37岩	19午	-8	+2
31	7岩	14丑	+1	-8					6畑	16卯	-8	+2					7岩	18巳	-8	+2				

日	7月				8月				9月				10月				11月				12月			
	日干	月干	男	女	日干	月干	男	女	日干	月干	男	女	日干	月干	男	女	日干	月干	男	女	日干	月干	男	女
1	38宝	19午	-8	+2	9海	20未	-8	+2	40	21申	-8	+2	10	22酉	-8	+2	41木	23戌	-8	+2	11木	24亥	-8	+2
2	39海	19午	-9	+2	10	20未	-8	+2	41木	21申	-8	+2	11木	22酉	-8	+2	42草	23戌	-8	+2	12草	24亥	-8	+1
3	40	19午	-9	+1	11木	20未	-9	+2	42草	21申	-9	+2	12草	22酉	-8	+2	43陽	23戌	-8	+1	13陽	24亥	-8	+1
4	41木	19午	-9	+1	12草	20未	-9	+1	43陽	21申	-9	+1	13陽	22酉	-9	+1	44灯	23戌	-9	+1	14灯	24亥	-9	+1
5	42草	19午	-0	+1	13陽	20未	-9	+1	44灯	21申	-9	+1	14灯	22酉	-9	+1	45山	23戌	-9	+1	15山	24亥	-9	+1
6	43陽	19午	-0	+1	14灯	20未	-0	+1	45山	21申	-0	+1	15山	22酉	-9	+1	46畑	23戌	-9	+1	16畑	24亥	-9	+0
7	44灯	20未	-0	+0	15山	21申	-0	+1	46畑	21申	-0	+1	16畑	22酉	-0	+1	47岩	24亥	-0	+0	17岩	25子	-0	+9
8	45山	20未	-1	+0	16畑	21申	-1	+0	47岩	22酉	-1	+0	17岩	23戌	-0	+0	48宝	24亥	-1	+0	18宝	25子	-1	+9
9	46畑	20未	-1	+0	17岩	21申	-1	+0	48宝	22酉	-1	+0	18宝	23戌	-1	+0	49海	24亥	-1	+9	19海	25子	-1	+9
10	47岩	20未	-1	+0	18宝	21申	-1	+0	49海	22酉	-1	+9	19海	23戌	-1	+9	50	24亥	-1	+9	20	25子	-1	+8
11	48宝	20未	-1	+9	19海	21申	-1	+9	50	22酉	-1	+9	20	23戌	-1	+9	51木	24亥	-1	+9	21木	25子	-1	+8
12	49海	20未	-1	+9	20	21申	-1	+9	51木	22酉	-1	+9	21木	23戌	-1	+9	52草	24亥	-1	+8	22草	25子	-1	+8
13	50	20未	-2	+9	21木	21申	-2	+9	52草	22酉	-2	+8	22草	23戌	-1	+8	53陽	24亥	-2	+8	23陽	25子	-2	+7
14	51木	20未	-2	+8	22草	21申	-2	+8	53陽	22酉	-2	+8	23陽	23戌	-2	+8	54灯	24亥	-2	+8	24灯	25子	-2	+7
15	52草	20未	-2	+8	23陽	21申	-2	+8	54灯	22酉	-2	+8	24灯	23戌	-2	+8	55山	24亥	-2	+7	25山	25子	-2	+7
16	53陽	20未	-3	+8	24灯	21申	-3	+8	55山	22酉	-3	+7	25山	23戌	-2	+7	56畑	24亥	-3	+7	26畑	25子	-3	+6
17	54灯	20未	-3	+7	25山	21申	-3	+7	56畑	22酉	-3	+7	26畑	23戌	-3	+7	57岩	24亥	-3	+7	27岩	25子	-3	+6
18	55山	20未	-3	+7	26畑	21申	-3	+7	57岩	22酉	-3	+7	27岩	23戌	-3	+7	58宝	24亥	-3	+6	28宝	25子	-3	+6
19	56畑	20未	-4	+7	27岩	21申	-4	+7	58宝	22酉	-4	+6	28宝	23戌	-3	+6	59海	24亥	-4	+6	29海	25子	-4	+5
20	57岩	20未	-4	+6	28宝	21申	-4	+6	59海	22酉	-4	+6	29海	23戌	-4	+6	60	24亥	-4	+6	30	25子	-4	+5
21	58宝	20未	-4	+6	29海	21申	-4	+6	60	22酉	-4	+6	30	23戌	-4	+6	1木	24亥	-4	+5	31木	25子	-4	+5
22	59海	20未	-5	+6	30	21申	-5	+6	1木	22酉	-5	+5	31木	23戌	-4	+5	2草	24亥	-5	+5	32草	25子	-5	+4
23	60	20未	-5	+5	31木	21申	-5	+5	2草	22酉	-5	+5	32草	23戌	-5	+5	3陽	24亥	-5	+5	33陽	25子	-5	+4
24	1木	20未	-5	+5	32草	21申	-5	+5	3陽	22酉	-5	+5	33陽	23戌	-5	+5	4灯	24亥	-5	+4	34灯	25子	-5	+4
25	2草	20未	-6	+5	33陽	21申	-6	+5	4灯	22酉	-6	+4	34灯	23戌	-5	+4	5山	24亥	-6	+4	35山	25子	-6	+3
26	3陽	20未	-6	+4	34灯	21申	-6	+4	5山	22酉	-6	+4	35山	23戌	-6	+4	6畑	24亥	-6	+4	36畑	25子	-6	+3
27	4灯	20未	-6	+4	35山	21申	-6	+4	6畑	22酉	-6	+4	36畑	23戌	-6	+4	7岩	24亥	-6	+3	37岩	25子	-6	+3
28	5山	20未	-7	+4	36畑	21申	-7	+4	7岩	22酉	-7	+3	37岩	23戌	-6	+3	8宝	24亥	-7	+3	38宝	25子	-7	+2
29	6畑	20未	-7	+3	37岩	21申	-7	+3	8宝	22酉	-7	+3	38宝	23戌	-7	+3	9海	24亥	-7	+3	39海	25子	-7	+2
30	7岩	20未	-7	+3	38宝	21申	-7	+3	9海	22酉	-7	+3	39海	23戌	-7	+3	10	24亥	-7	+2	40	25子	-7	+2
31	8宝	20未	-8	+3	39海	21申	-8	+3					40	23戌	-7	+2					41木	25子	-8	+1

1986年　3 丙寅（2/4～翌年2/3）

日	1月				2月				3月				4月				5月				6月			
	日干	月干	男	女	日干	月干	男	女	日干	月干	男	女	日干	月干	男	女	日干	月干	男	女	日干	月干	男	女
1	42草	25子	-8	+2	13陽	26丑	-9	+1	41木	27寅	+2	-8	12草	28卯	+1	-9	42草	29辰	+2	-8	13陽	30巳	+2	-9
2	43陽	25子	-9	+1	14灯	26丑	-9	+1	42草	27寅	+1	-8	13陽	28卯	+1	-9	43陽	29辰	+1	-9	14灯	30巳	+1	-9
3	44灯	25子	-9	+1	15山	26丑	-9	+1	43陽	27寅	+1	-9	14灯	28卯	+1	-9	44灯	29辰	+1	-9	15山	30巳	+1	-9
4	45山	25子	-9	+1	16畑	27寅	+0	-0	44灯	27寅	+1	-9	15山	28卯	+0	-0	45山	29辰	+1	-9	16畑	30巳	+1	-0
5	46畑	25子	-0	+1	17岩	27寅	+0	-1	45山	27寅	+1	-9	16畑	29辰	+0	-0	46畑	29辰	+1	-0	17岩	30巳	+1	-0
6	47岩	26丑	-1	+0	18宝	27寅	+0	-1	46畑	28卯	+0	-1	17岩	29辰	+0	-1	47岩	30巳	+0	-1	18宝	31午	+0	-0
7	48宝	26丑	-1	+9	19海	27寅	+9	-1	47岩	28卯	+0	-1	18宝	29辰	+0	-1	48宝	30巳	+0	-1	19海	31午	+0	-1
8	49海	26丑	-1	+9	20雨	27寅	+9	-1	48宝	28卯	+9	-1	19海	29辰	+9	-1	49海	30巳	+0	-1	20雨	31午	+0	-1
9	50雨	26丑	-1	+9	21木	27寅	+9	-1	49海	28卯	+9	-1	20雨	29辰	+9	-1	50雨	30巳	+9	-1	21木	31午	+9	-1
10	51木	26丑	-1	+8	22草	27寅	+8	-2	50雨	28卯	+9	-1	21木	29辰	+9	-1	51木	30巳	+9	-1	22草	31午	+9	-1
11	52草	26丑	-2	+8	23陽	27寅	+8	-2	51木	28卯	+8	-2	22草	29辰	+8	-2	52草	30巳	+9	-2	23陽	31午	+9	-1
12	53陽	26丑	-2	+8	24灯	27寅	+8	-2	52草	28卯	+8	-2	23陽	29辰	+8	-2	53陽	30巳	+8	-2	24灯	31午	+8	-2
13	54灯	26丑	-2	+7	25山	27寅	+7	-3	53陽	28卯	+8	-2	24灯	29辰	+8	-2	54灯	30巳	+8	-2	25山	31午	+8	-2
14	55山	26丑	-3	+7	26畑	27寅	+7	-3	54灯	28卯	+7	-3	25山	29辰	+7	-3	55山	30巳	+8	-3	26畑	31午	+8	-2
15	56畑	26丑	-3	+7	27岩	27寅	+7	-3	55山	28卯	+7	-3	26畑	29辰	+7	-3	56畑	30巳	+7	-3	27岩	31午	+7	-3
16	57岩	26丑	-3	+6	28宝	27寅	+6	-4	56畑	28卯	+7	-3	27岩	29辰	+7	-3	57岩	30巳	+7	-3	28宝	31午	+7	-3
17	58宝	26丑	-4	+6	29海	27寅	+6	-4	57岩	28卯	+6	-4	28宝	29辰	+6	-4	58宝	30巳	+7	-4	29海	31午	+7	-3
18	59海	26丑	-4	+6	30雨	27寅	+6	-4	58宝	28卯	+6	-4	29海	29辰	+6	-4	59海	30巳	+6	-4	30雨	31午	+6	-4
19	60雨	26丑	-4	+5	31木	27寅	+5	-5	59海	28卯	+6	-4	30雨	29辰	+6	-4	60雨	30巳	+6	-4	31木	31午	+6	-4
20	1木	26丑	-5	+5	32草	27寅	+5	-5	60雨	28卯	+5	-5	31木	29辰	+5	-5	1木	30巳	+6	-5	32草	31午	+6	-4
21	2草	26丑	-5	+5	33陽	27寅	+5	-5	1木	28卯	+5	-5	32草	29辰	+5	-5	2草	30巳	+5	-5	33陽	31午	+5	-5
22	3陽	26丑	-5	+4	34灯	27寅	+4	-6	2草	28卯	+5	-5	33陽	29辰	+5	-5	3陽	30巳	+5	-5	34灯	31午	+5	-5
23	4灯	26丑	-6	+4	35山	27寅	+4	-6	3陽	28卯	+4	-6	34灯	29辰	+4	-6	4灯	30巳	+5	-6	35山	31午	+5	-5
24	5山	26丑	-6	+4	36畑	27寅	+4	-6	4灯	28卯	+4	-6	35山	29辰	+4	-6	5山	30巳	+4	-6	36畑	31午	+4	-6
25	6畑	26丑	-6	+3	37岩	27寅	+3	-7	5山	28卯	+4	-6	36畑	29辰	+4	-6	6畑	30巳	+4	-6	37岩	31午	+4	-6
26	7岩	26丑	-7	+3	38宝	27寅	+3	-7	6畑	28卯	+3	-7	37岩	29辰	+3	-7	7岩	30巳	+4	-7	38宝	31午	+4	-6
27	8宝	26丑	-7	+3	39海	27寅	+3	-7	7岩	28卯	+3	-7	38宝	29辰	+3	-7	8宝	30巳	+3	-7	39海	31午	+3	-7
28	9海	26丑	-7	+2	40雨	27寅	+2	-8	8宝	28卯	+3	-7	39海	29辰	+3	-7	9海	30巳	+3	-7	40雨	31午	+3	-7
29	10雨	26丑	-8	+2					9海	28卯	+2	-8	40雨	29辰	+2	-8	10雨	30巳	+3	-8	41木	31午	+3	-7
30	11木	26丑	-8	+2					10雨	28卯	+2	-8	41木	29辰	+2	-8	11木	30巳	+2	-8	42草	31午	+2	-8
31	12草	26丑	-8	+1					11木	28卯	+2	-8					12草	30巳	+2	-8				

日	7月				8月				9月				10月				11月				12月			
	日干	月干	男	女	日干	月干	男	女	日干	月干	男	女	日干	月干	男	女	日干	月干	男	女	日干	月干	男	女
1	43陽	31午	+2	-8	14灯	32未	+2	-8	45山	33申	+2	-8	15山	34酉	+2	-8	46畑	35戌	+2	-8	16畑	36亥	+2	-8
2	44灯	31午	+2	-9	15山	32未	+2	-8	46畑	33申	+2	-8	16畑	34酉	+2	-8	47岩	35戌	+2	-8	17岩	36亥	+1	-8
3	45山	31午	+1	-9	16畑	32未	+2	-9	47岩	33申	+2	-9	17岩	34酉	+2	-8	48宝	35戌	+1	-8	18宝	36亥	+1	-8
4	46畑	31午	+1	-9	17岩	32未	+1	-9	48宝	33申	+1	-9	18宝	34酉	+1	-9	49海	35戌	+1	-9	19海	36亥	+1	-9
5	47岩	31午	+1	-0	18宝	32未	+1	-9	49海	33申	+1	-9	19海	34酉	+1	-9	50雨	35戌	+1	-9	20雨	36亥	+1	-9
6	48宝	31午	+1	-0	19海	32未	+1	-0	50雨	33申	+1	-0	20雨	34酉	+1	-9	51木	35戌	+1	-9	21木	36亥	+0	-9
7	49海	32未	+0	-0	20雨	32未	+1	-0	51木	33申	+1	-0	21木	34酉	+1	-0	52草	35戌	+0	-0	22草	37子	+9	-0
8	50雨	32未	+0	-1	21木	33申	+0	-1	52草	34酉	+0	-1	22草	35戌	+0	-0	53陽	36亥	+0	-1	23陽	37子	+9	-1
9	51木	32未	+0	-1	22草	33申	+0	-1	53陽	34酉	+0	-1	23陽	35戌	+0	-1	54灯	36亥	+9	-1	24灯	37子	+9	-1
10	52草	32未	+0	-1	23陽	33申	+0	-1	54灯	34酉	+9	-1	24灯	35戌	+9	-1	55山	36亥	+9	-1	25山	37子	+8	-1
11	53陽	32未	+9	-1	24灯	33申	+9	-1	55山	34酉	+9	-1	25山	35戌	+9	-1	56畑	36亥	+9	-1	26畑	37子	+8	-1
12	54灯	32未	+9	-1	25山	33申	+9	-1	56畑	34酉	+9	-1	26畑	35戌	+9	-1	57岩	36亥	+8	-1	27岩	37子	+8	-1
13	55山	32未	+9	-2	26畑	33申	+9	-2	57岩	34酉	+8	-2	27岩	35戌	+8	-1	58宝	36亥	+8	-2	28宝	37子	+7	-2
14	56畑	32未	+8	-2	27岩	33申	+8	-2	58宝	34酉	+8	-2	28宝	35戌	+8	-2	59海	36亥	+8	-2	29海	37子	+7	-2
15	57岩	32未	+8	-2	28宝	33申	+8	-2	59海	34酉	+8	-2	29海	35戌	+8	-2	60雨	36亥	+7	-2	30雨	37子	+7	-2
16	58宝	32未	+8	-3	29海	33申	+8	-3	60雨	34酉	+7	-3	30雨	35戌	+7	-2	1木	36亥	+7	-3	31木	37子	+6	-3
17	59海	32未	+7	-3	30雨	33申	+7	-3	1木	34酉	+7	-3	31木	35戌	+7	-3	2草	36亥	+7	-3	32草	37子	+6	-3
18	60雨	32未	+7	-3	31木	33申	+7	-3	2草	34酉	+7	-3	32草	35戌	+7	-3	3陽	36亥	+6	-3	33陽	37子	+6	-3
19	1木	32未	+7	-4	32草	33申	+7	-4	3陽	34酉	+6	-4	33陽	35戌	+6	-3	4灯	36亥	+6	-4	34灯	37子	+5	-4
20	2草	32未	+6	-4	33陽	33申	+6	-4	4灯	34酉	+6	-4	34灯	35戌	+6	-4	5山	36亥	+6	-4	35山	37子	+5	-4
21	3陽	32未	+6	-4	34灯	33申	+6	-4	5山	34酉	+6	-4	35山	35戌	+6	-4	6畑	36亥	+5	-4	36畑	37子	+5	-4
22	4灯	32未	+6	-5	35山	33申	+6	-5	6畑	34酉	+5	-5	36畑	35戌	+5	-4	7岩	36亥	+5	-5	37岩	37子	+4	-5
23	5山	32未	+5	-5	36畑	33申	+5	-5	7岩	34酉	+5	-5	37岩	35戌	+5	-5	8宝	36亥	+5	-5	38宝	37子	+4	-5
24	6畑	32未	+5	-5	37岩	33申	+5	-5	8宝	34酉	+5	-5	38宝	35戌	+5	-5	9海	36亥	+4	-5	39海	37子	+4	-5
25	7岩	32未	+5	-6	38宝	33申	+5	-6	9海	34酉	+4	-6	39海	35戌	+4	-5	10雨	36亥	+4	-6	40雨	37子	+3	-6
26	8宝	32未	+4	-6	39海	33申	+4	-6	10雨	34酉	+4	-6	40雨	35戌	+4	-6	11木	36亥	+4	-6	41木	37子	+3	-6
27	9海	32未	+4	-6	40雨	33申	+4	-6	11木	34酉	+4	-6	41木	35戌	+4	-6	12草	36亥	+3	-6	42草	37子	+3	-6
28	10雨	32未	+4	-7	41木	33申	+4	-7	12草	34酉	+3	-7	42草	35戌	+3	-6	13陽	36亥	+3	-7	43陽	37子	+2	-7
29	11木	32未	+3	-7	42草	33申	+3	-7	13陽	34酉	+3	-7	43陽	35戌	+3	-7	14灯	36亥	+3	-7	44灯	37子	+2	-7
30	12草	32未	+3	-7	43陽	33申	+3	-7	14灯	34酉	+3	-7	44灯	35戌	+3	-7	15山	36亥	+2	-7	45山	37子	+2	-7
31	13陽	32未	+3	-8	44灯	33申	+3	-8					45山	35戌	+2	-7					46畑	37子	+1	-8

1987年　4 丁卯（2/4～翌年2/3）

日	1月				2月				3月				4月				5月				6月			
	日干	月干	男	女	日干	月干	男	女	日干	月干	男	女	日干	月干	男	女	日干	月干	男	女	日干	月干	男	女
1	47岩	37子	+2	-8	18宝	38丑	+1	-9	46畑	39寅	-8	+2	17岩	40卯	-9	+1	47岩	41辰	-8	+2	18宝	42巳	-9	+2
2	48宝	37子	+1	-9	19海	38丑	+1	-9	47岩	39寅	-8	+1	18宝	40卯	-9	+1	48宝	41辰	-9	+1	19海	42巳	-9	+1
3	49海	37子	+1	-9	20雨	38丑	+1	-9	48宝	39寅	-9	+1	19海	40卯	-9	+1	49海	41辰	-9	+1	20雨	42巳	-9	+1
4	50雨	37子	+1	-9	21木	39寅	-0	+0	49海	39寅	-9	+1	20雨	40卯	-0	+0	50雨	41辰	-9	+1	21木	42巳	-0	+1
5	51木	37子	+1	-0	22草	39寅	-1	+0	50雨	39寅	-9	+1	21木	41辰	-0	+0	51木	41辰	-0	+1	22草	42巳	-0	+1
6	52草	38丑	+0	-1	23陽	39寅	-1	+0	51木	40卯	-1	+0	22草	41辰	-1	+0	52草	42巳	-1	+0	23陽	43午	-0	+0
7	53陽	38丑	+9	-1	24灯	39寅	-1	+9	52草	40卯	-1	+0	23陽	41辰	-1	+0	53陽	42巳	-1	+0	24灯	43午	-1	+0
8	54灯	38丑	+9	-1	25山	39寅	-1	+9	53陽	40卯	-1	+9	24灯	41辰	-1	+9	54灯	42巳	-1	+0	25山	43午	-1	+0
9	55山	38丑	+9	-1	26畑	39寅	-1	+9	54灯	40卯	-1	+9	25山	41辰	-1	+9	55山	42巳	-1	+9	26畑	43午	-1	+9
10	56畑	38丑	+8	-1	27岩	39寅	-2	+8	55山	40卯	-1	+9	26畑	41辰	-1	+9	56畑	42巳	-1	+9	27岩	43午	-1	+9
11	57岩	38丑	+8	-2	28宝	39寅	-2	+8	56畑	40卯	-2	+8	27岩	41辰	-2	+8	57岩	42巳	-2	+9	28宝	43午	-1	+9
12	58宝	38丑	+8	-2	29海	39寅	-2	+8	57岩	40卯	-2	+8	28宝	41辰	-2	+8	58宝	42巳	-2	+8	29海	43午	-2	+8
13	59海	38丑	+7	-2	30雨	39寅	-3	+7	58宝	40卯	-2	+8	29海	41辰	-2	+8	59海	42巳	-2	+8	30雨	43午	-2	+8
14	60雨	38丑	+7	-3	31木	39寅	-3	+7	59海	40卯	-3	+7	30雨	41辰	-3	+7	60雨	42巳	-3	+8	31木	43午	-2	+8
15	1木	38丑	+7	-3	32草	39寅	-3	+7	60雨	40卯	-3	+7	31木	41辰	-3	+7	1木	42巳	-3	+7	32草	43午	-3	+7
16	2草	38丑	+6	-3	33陽	39寅	-4	+6	1木	40卯	-3	+7	32草	41辰	-3	+7	2草	42巳	-3	+7	33陽	43午	-3	+7
17	3陽	38丑	+6	-4	34灯	39寅	-4	+6	2草	40卯	-4	+6	33陽	41辰	-4	+6	3陽	42巳	-4	+7	34灯	43午	-3	+7
18	4灯	38丑	+6	-4	35山	39寅	-4	+6	3陽	40卯	-4	+6	34灯	41辰	-4	+6	4灯	42巳	-4	+6	35山	43午	-4	+6
19	5山	38丑	+5	-4	36畑	39寅	-5	+5	4灯	40卯	-4	+6	35山	41辰	-4	+6	5山	42巳	-4	+6	36畑	43午	-4	+6
20	6畑	38丑	+5	-5	37岩	39寅	-5	+5	5山	40卯	-5	+5	36畑	41辰	-5	+5	6畑	42巳	-5	+6	37岩	43午	-4	+6
21	7岩	38丑	+5	-5	38宝	39寅	-5	+5	6畑	40卯	-5	+5	37岩	41辰	-5	+5	7岩	42巳	-5	+5	38宝	43午	-5	+5
22	8宝	38丑	+4	-5	39海	39寅	-6	+4	7岩	40卯	-5	+5	38宝	41辰	-5	+5	8宝	42巳	-5	+5	39海	43午	-5	+5
23	9海	38丑	+4	-6	40雨	39寅	-6	+4	8宝	40卯	-6	+4	39海	41辰	-6	+4	9海	42巳	-6	+5	40雨	43午	-5	+5
24	10雨	38丑	+4	-6	41木	39寅	-6	+4	9海	40卯	-6	+4	40雨	41辰	-6	+4	10雨	42巳	-6	+4	41木	43午	-6	+4
25	11木	38丑	+3	-6	42草	39寅	-7	+3	10雨	40卯	-6	+4	41木	41辰	-6	+4	11木	42巳	-6	+4	42草	43午	-6	+4
26	12草	38丑	+3	-7	43陽	39寅	-7	+3	11木	40卯	-7	+3	42草	41辰	-7	+3	12草	42巳	-7	+4	43陽	43午	-6	+4
27	13陽	38丑	+3	-7	44灯	39寅	-7	+3	12草	40卯	-7	+3	43陽	41辰	-7	+3	13陽	42巳	-7	+3	44灯	43午	-7	+3
28	14灯	38丑	+2	-7	45山	39寅	-8	+2	13陽	40卯	-7	+3	44灯	41辰	-7	+3	14灯	42巳	-7	+3	45山	43午	-7	+3
29	15山	38丑	+2	-8					14灯	40卯	-8	+2	45山	41辰	-8	+2	15山	42巳	-8	+3	46畑	43午	-7	+3
30	16畑	38丑	+2	-8					15山	40卯	-8	+2	46畑	41辰	-8	+2	16畑	42巳	-8	+2	47岩	43午	-8	+2
31	17岩	38丑	+1	-8					16畑	40卯	-8	+2					17岩	42巳	-8	+2				

日	7月				8月				9月				10月				11月				12月			
	日干	月干	男	女	日干	月干	男	女	日干	月干	男	女	日干	月干	男	女	日干	月干	男	女	日干	月干	男	女
1	48宝	43午	-8	+2	19海	44未	-8	+2	50雨	45申	-8	+2	20雨	46酉	-8	+2	51木	47戌	-8	+2	21木	48亥	-8	+2
2	49海	43午	-9	+2	20雨	44未	-8	+2	51木	45申	-8	+2	21木	46酉	-8	+2	52草	47戌	-8	+2	22草	48亥	-8	+1
3	50雨	43午	-9	+1	21木	44未	-9	+2	52草	45申	-9	+2	22草	46酉	-8	+2	53陽	47戌	-8	+1	23陽	48亥	-8	+1
4	51木	43午	-9	+1	22草	44未	-9	+1	53陽	45申	-9	+1	23陽	46酉	-9	+1	54灯	47戌	-9	+1	24灯	48亥	-9	+1
5	52草	43午	-0	+1	23陽	44未	-9	+1	54灯	45申	-9	+1	24灯	46酉	-9	+1	55山	47戌	-9	+1	25山	48亥	-9	+1
6	53陽	43午	-0	+1	24灯	44未	-0	+1	55山	45申	-0	+1	25山	46酉	-9	+1	56畑	47戌	-9	+1	26畑	48亥	-9	+0
7	54灯	43午	-0	+0	25山	44未	-0	+1	56畑	45申	-0	+1	26畑	46酉	-0	+1	57岩	47戌	-0	+0	27岩	48亥	-0	+9
8	55山	44未	-1	+0	26畑	45申	-1	+0	57岩	46酉	-1	+0	27岩	46酉	-0	+0	58宝	48亥	-1	+0	28宝	49子	-1	+9
9	56畑	44未	-1	+0	27岩	45申	-1	+0	58宝	46酉	-1	+0	28宝	47戌	-1	+0	59海	48亥	-1	+9	29海	49子	-1	+9
10	57岩	44未	-1	+0	28宝	45申	-1	+0	59海	46酉	-1	+9	29海	47戌	-1	+9	60雨	48亥	-1	+9	30雨	49子	-1	+8
11	58宝	44未	-1	+9	29海	45申	-1	+9	60雨	46酉	-1	+9	30雨	47戌	-1	+9	1木	48亥	-1	+9	31木	49子	-1	+8
12	59海	44未	-1	+9	30雨	45申	-1	+9	1木	46酉	-1	+9	31木	47戌	-1	+9	2草	48亥	-1	+8	32草	49子	-1	+8
13	60雨	44未	-2	+9	31木	45申	-2	+9	2草	46酉	-2	+8	32草	47戌	-1	+8	3陽	48亥	-2	+8	33陽	49子	-2	+7
14	1木	44未	-2	+8	32草	45申	-2	+8	3陽	46酉	-2	+8	33陽	47戌	-2	+8	4灯	48亥	-2	+8	34灯	49子	-2	+7
15	2草	44未	-2	+8	33陽	45申	-2	+8	4灯	46酉	-2	+8	34灯	47戌	-2	+8	5山	48亥	-2	+7	35山	49子	-2	+7
16	3陽	44未	-3	+8	34灯	45申	-3	+8	5山	46酉	-3	+7	35山	47戌	-2	+7	6畑	48亥	-3	+7	36畑	49子	-3	+6
17	4灯	44未	-3	+7	35山	45申	-3	+7	6畑	46酉	-3	+7	36畑	47戌	-3	+7	7岩	48亥	-3	+7	37岩	49子	-3	+6
18	5山	44未	-3	+7	36畑	45申	-3	+7	7岩	46酉	-3	+7	37岩	47戌	-3	+7	8宝	48亥	-3	+6	38宝	49子	-3	+6
19	6畑	44未	-4	+7	37岩	45申	-4	+7	8宝	46酉	-4	+6	38宝	47戌	-3	+6	9海	48亥	-4	+6	39海	49子	-4	+5
20	7岩	44未	-4	+6	38宝	45申	-4	+6	9海	46酉	-4	+6	39海	47戌	-4	+6	10雨	48亥	-4	+6	40雨	49子	-4	+5
21	8宝	44未	-4	+6	39海	45申	-4	+6	10雨	46酉	-4	+6	40雨	47戌	-4	+6	11木	48亥	-4	+5	41木	49子	-4	+5
22	9海	44未	-5	+6	40雨	45申	-5	+6	11木	46酉	-5	+5	41木	47戌	-4	+5	12草	48亥	-5	+5	42草	49子	-5	+4
23	10雨	44未	-5	+5	41木	45申	-5	+5	12草	46酉	-5	+5	42草	47戌	-5	+5	13陽	48亥	-5	+5	43陽	49子	-5	+4
24	11木	44未	-5	+5	42草	45申	-5	+5	13陽	46酉	-5	+5	43陽	47戌	-5	+5	14灯	48亥	-5	+4	44灯	49子	-5	+4
25	12草	44未	-6	+5	43陽	45申	-6	+5	14灯	46酉	-6	+4	44灯	47戌	-5	+4	15山	48亥	-6	+4	45山	49子	-6	+3
26	13陽	44未	-6	+4	44灯	45申	-6	+4	15山	46酉	-6	+4	45山	47戌	-6	+4	16畑	48亥	-6	+4	46畑	49子	-6	+3
27	14灯	44未	-6	+4	45山	45申	-6	+4	16畑	46酉	-6	+4	46畑	47戌	-6	+4	17岩	48亥	-6	+3	47岩	49子	-6	+3
28	15山	44未	-7	+4	46畑	45申	-7	+4	17岩	46酉	-7	+3	47岩	47戌	-6	+3	18宝	48亥	-7	+3	48宝	49子	-7	+2
29	16畑	44未	-7	+3	47岩	45申	-7	+3	18宝	46酉	-7	+3	48宝	47戌	-7	+3	19海	48亥	-7	+3	49海	49子	-7	+2
30	17岩	44未	-7	+3	48宝	45申	-7	+3	19海	46酉	-7	+3	49海	47戌	-7	+3	20雨	48亥	-7	+2	50雨	49子	-7	+2
31	18宝	44未	-8	+3	49海	45申	-8	+3					50雨	47戌	-7	+2					51木	49子	-8	+1

1988年　5 戊辰（2/4 ～翌年2/3）

日	1月				2月				3月				4月				5月				6月			
日	日干	月干	男	女	日干	月干	男	女	日干	月干	男	女	日干	月干	男	女	日干	月干	男	女	日干	月干	男	女
1	52草	49子	-8	+2	23陽	50丑	-9	+1	52草	51寅	+2	-8	23陽	52卯	+1	-9	53陽	53辰	+2	-8	24灯	54巳	+2	-9
2	53陽	49子	-9	+1	24灯	50丑	-9	+1	53陽	51寅	+1	-8	24灯	52卯	+1	-9	54灯	53辰	+1	-9	25山	54巳	+1	-9
3	54灯	49子	-9	+1	25山	50丑	-9	+1	54灯	51寅	+1	-9	25山	52卯	+1	-9	55山	53辰	+1	-9	26畑	54巳	+1	-9
4	55山	49子	-9	+1	26畑	51寅	+0	-0	55山	51寅	+1	-9	26畑	53辰	+0	-0	56畑	53辰	+1	-9	27岩	54巳	+1	-0
5	56畑	49子	-0	+1	27岩	51寅	+0	-1	56畑	52卯	+1	-9	27岩	53辰	+0	-0	57岩	54巳	+1	-0	28宝	55午	+1	-0
6	57岩	50丑	-1	+0	28宝	51寅	+0	-1	57岩	52卯	+0	-1	28宝	53辰	+0	-1	58宝	54巳	+0	-1	29海	55午	+0	-0
7	58宝	50丑	-1	+9	29海	51寅	+9	-1	58宝	52卯	+0	-1	29海	53辰	+0	-1	59海	54巳	+0	-1	30雨	55午	+0	-1
8	59海	50丑	-1	+9	30雨	51寅	+9	-1	59海	52卯	+9	-1	30雨	53辰	+9	-1	60雨	54巳	+0	-1	31木	55午	+0	-1
9	60雨	50丑	-1	+9	31木	51寅	+9	-1	60雨	52卯	+9	-1	31木	53辰	+9	-1	1木	54巳	+9	-1	32草	55午	+9	-1
10	1木	50丑	-1	+8	32草	51寅	+8	-2	1木	52卯	+9	-1	32草	53辰	+9	-1	2草	54巳	+9	-1	33陽	55午	+9	-1
11	2草	50丑	-2	+8	33陽	51寅	+8	-2	2草	52卯	+8	-2	33陽	53辰	+8	-2	3陽	54巳	+9	-2	34灯	55午	+9	-1
12	3陽	50丑	-2	+8	34灯	51寅	+8	-2	3陽	52卯	+8	-2	34灯	53辰	+8	-2	4灯	54巳	+8	-2	35山	55午	+8	-2
13	4灯	50丑	-2	+7	35山	51寅	+7	-3	4灯	52卯	+8	-2	35山	53辰	+8	-2	5山	54巳	+8	-2	36畑	55午	+8	-2
14	5山	50丑	-3	+7	36畑	51寅	+7	-3	5山	52卯	+7	-3	36畑	53辰	+7	-3	6畑	54巳	+8	-3	37岩	55午	+8	-2
15	6畑	50丑	-3	+7	37岩	51寅	+7	-3	6畑	52卯	+7	-3	37岩	53辰	+7	-3	7岩	54巳	+7	-3	38宝	55午	+7	-3
16	7岩	50丑	-3	+6	38宝	51寅	+6	-4	7岩	52卯	+7	-3	38宝	53辰	+7	-3	8宝	54巳	+7	-3	39海	55午	+7	-3
17	8宝	50丑	-4	+6	39海	51寅	+6	-4	8宝	52卯	+6	-4	39海	53辰	+6	-4	9海	54巳	+7	-4	40雨	55午	+7	-3
18	9海	50丑	-4	+6	40雨	51寅	+6	-4	9海	52卯	+6	-4	40雨	53辰	+6	-4	10雨	54巳	+6	-4	41木	55午	+6	-4
19	10雨	50丑	-4	+5	41木	51寅	+5	-5	10雨	52卯	+6	-4	41木	53辰	+6	-4	11木	54巳	+6	-4	42草	55午	+6	-4
20	11木	50丑	-5	+5	42草	51寅	+5	-5	11木	52卯	+5	-5	42草	53辰	+5	-5	12草	54巳	+6	-5	43陽	55午	+6	-4
21	12草	50丑	-5	+5	43陽	51寅	+5	-5	12草	52卯	+5	-5	43陽	53辰	+5	-5	13陽	54巳	+5	-5	44灯	55午	+5	-5
22	13陽	50丑	-5	+4	44灯	51寅	+4	-6	13陽	52卯	+5	-5	44灯	53辰	+5	-5	14灯	54巳	+5	-5	45山	55午	+5	-5
23	14灯	50丑	-6	+4	45山	51寅	+4	-6	14灯	52卯	+4	-6	45山	53辰	+4	-6	15山	54巳	+5	-6	46畑	55午	+5	-5
24	15山	50丑	-6	+4	46畑	51寅	+4	-6	15山	52卯	+4	-6	46畑	53辰	+4	-6	16畑	54巳	+4	-6	47岩	55午	+4	-6
25	16畑	50丑	-6	+3	47岩	51寅	+3	-7	16畑	52卯	+4	-6	47岩	53辰	+4	-6	17岩	54巳	+4	-6	48宝	55午	+4	-6
26	17岩	50丑	-7	+3	48宝	51寅	+3	-7	17岩	52卯	+3	-7	48宝	53辰	+3	-7	18宝	54巳	+4	-7	49海	55午	+4	-6
27	18宝	50丑	-7	+3	49海	51寅	+3	-7	18宝	52卯	+3	-7	49海	53辰	+3	-7	19海	54巳	+3	-7	50雨	55午	+3	-7
28	19海	50丑	-7	+2	50雨	51寅	+2	-8	19海	52卯	+3	-7	50雨	53辰	+3	-7	20雨	54巳	+3	-7	51木	55午	+3	-7
29	20雨	50丑	-8	+2	51木	51寅	+2	-8	20雨	52卯	+2	-8	51木	53辰	+2	-8	21木	54巳	+3	-8	52草	55午	+3	-7
30	21木	50丑	-8	+2					21木	52卯	+2	-8	52草	53辰	+2	-8	22草	54巳	+2	-8	53陽	55午	+2	-8
31	22草	50丑	-8	+1					22草	52卯	+2	-8					23陽	54巳	+2	-8				

日	7月				8月				9月				10月				11月				12月			
日	日干	月干	男	女	日干	月干	男	女	日干	月干	男	女	日干	月干	男	女	日干	月干	男	女	日干	月干	男	女
1	54灯	55午	+2	-8	25山	56未	+2	-8	56畑	57申	+2	-8	26畑	58酉	+2	-8	57岩	59戌	+2	-8	27岩	60亥	+2	-8
2	55山	55午	+2	-8	26畑	56未	+2	-8	57岩	57申	+2	-8	27岩	58酉	+2	-8	58宝	59戌	+2	-8	28宝	60亥	+1	-8
3	56畑	55午	+1	-9	27岩	56未	+2	-9	58宝	57申	+2	-9	28宝	58酉	+2	-8	59海	59戌	+1	-8	29海	60亥	+1	-8
4	57岩	55午	+1	-9	28宝	56未	+1	-9	59海	57申	+1	-9	29海	58酉	+1	-9	60雨	59戌	+1	-9	30雨	60亥	+1	-9
5	58宝	55午	+1	-9	29海	56未	+1	-9	60雨	57申	+1	-9	30雨	58酉	+1	-9	1木	59戌	+1	-9	31木	60亥	+1	-9
6	59海	55午	+1	-0	30雨	56未	+1	-0	1木	57申	+1	-0	31木	58酉	+1	-9	2草	59戌	+1	-9	32草	60亥	+0	-9
7	60雨	56未	+0	-0	31木	57申	+1	-0	2草	58酉	+1	-0	32草	58酉	+1	-0	3陽	60亥	+0	-0	33陽	1子	+9	-0
8	1木	56未	+0	-0	32草	57申	+0	-1	3陽	58酉	+0	-1	33陽	59戌	+0	-0	4灯	60亥	+0	-1	34灯	1子	+9	-1
9	2草	56未	+0	-1	33陽	57申	+0	-1	4灯	58酉	+0	-1	34灯	59戌	+0	-1	5山	60亥	+9	-1	35山	1子	+9	-1
10	3陽	56未	+0	-1	34灯	57申	+0	-1	5山	58酉	+9	-1	35山	59戌	+9	-1	6畑	60亥	+9	-1	36畑	1子	+8	-1
11	4灯	56未	+9	-1	35山	57申	+9	-1	6畑	58酉	+9	-1	36畑	59戌	+9	-1	7岩	60亥	+9	-1	37岩	1子	+8	-1
12	5山	56未	+9	-1	36畑	57申	+9	-1	7岩	58酉	+9	-1	37岩	59戌	+9	-1	8宝	60亥	+8	-1	38宝	1子	+8	-1
13	6畑	56未	+9	-1	37岩	57申	+9	-2	8宝	58酉	+8	-2	38宝	59戌	+8	-1	9海	60亥	+8	-2	39海	1子	+7	-2
14	7岩	56未	+8	-2	38宝	57申	+8	-2	9海	58酉	+8	-2	39海	59戌	+8	-2	10雨	60亥	+8	-2	40雨	1子	+7	-2
15	8宝	56未	+8	-2	39海	57申	+8	-2	10雨	58酉	+8	-2	40雨	59戌	+8	-2	11木	60亥	+7	-2	41木	1子	+7	-2
16	9海	56未	+8	-2	40雨	57申	+8	-3	11木	58酉	+7	-3	41木	59戌	+7	-2	12草	60亥	+7	-3	42草	1子	+6	-3
17	10雨	56未	+7	-3	41木	57申	+7	-3	12草	58酉	+7	-3	42草	59戌	+7	-3	13陽	60亥	+7	-3	43陽	1子	+6	-3
18	11木	56未	+7	-3	42草	57申	+7	-3	13陽	58酉	+7	-3	43陽	59戌	+7	-3	14灯	60亥	+6	-3	44灯	1子	+6	-3
19	12草	56未	+7	-3	43陽	57申	+7	-4	14灯	58酉	+6	-4	44灯	59戌	+6	-3	15山	60亥	+6	-4	45山	1子	+5	-4
20	13陽	56未	+6	-4	44灯	57申	+6	-4	15山	58酉	+6	-4	45山	59戌	+6	-4	16畑	60亥	+6	-4	46畑	1子	+5	-4
21	14灯	56未	+6	-4	45山	57申	+6	-4	16畑	58酉	+6	-4	46畑	59戌	+6	-4	17岩	60亥	+5	-4	47岩	1子	+5	-4
22	15山	56未	+6	-4	46畑	57申	+6	-5	17岩	58酉	+5	-5	47岩	59戌	+5	-4	18宝	60亥	+5	-5	48宝	1子	+4	-5
23	16畑	56未	+5	-5	47岩	57申	+5	-5	18宝	58酉	+5	-5	48宝	59戌	+5	-5	19海	60亥	+5	-5	49海	1子	+4	-5
24	17岩	56未	+5	-5	48宝	57申	+5	-5	19海	58酉	+5	-5	49海	59戌	+5	-5	20雨	60亥	+4	-5	50雨	1子	+4	-5
25	18宝	56未	+5	-5	49海	57申	+5	-6	20雨	58酉	+4	-6	50雨	59戌	+4	-5	21木	60亥	+4	-6	51木	1子	+3	-6
26	19海	56未	+4	-6	50雨	57申	+4	-6	21木	58酉	+4	-6	51木	59戌	+4	-6	22草	60亥	+4	-6	52草	1子	+3	-6
27	20雨	56未	+4	-6	51木	57申	+4	-6	22草	58酉	+4	-6	52草	59戌	+4	-6	23陽	60亥	+3	-6	53陽	1子	+3	-6
28	21木	56未	+4	-6	52草	57申	+4	-7	23陽	58酉	+3	-7	53陽	59戌	+3	-6	24灯	60亥	+3	-7	54灯	1子	+2	-7
29	22草	56未	+3	-7	53陽	57申	+3	-7	24灯	58酉	+3	-7	54灯	59戌	+3	-7	25山	60亥	+3	-7	55山	1子	+2	-7
30	23陽	56未	+3	-7	54灯	57申	+3	-7	25山	58酉	+3	-7	55山	59戌	+3	-7	26畑	60亥	+2	-7	56畑	1子	+2	-7
31	24灯	56未	+3	-7	55山	57申	+3	-8					56畑	59戌	+2	-7					57岩	1子	+1	-8

1989年　6 己巳（2/4 ～翌年2/3）

日	1月				2月				3月				4月				5月				6月			
日	日干	月干	男	女	日干	月干	男	女	日干	月干	男	女	日干	月干	男	女	日干	月干	男	女	日干	月干	男	女
1	58宝	1子	+2	-8	29海	2丑	+1	-9	57岩	3寅	-8	+2	28宝	4卯	-9	+1	58宝	5辰	-8	+2	29海	6巳	-9	+2
2	59海	1子	+1	-9	30雨	2丑	+1	-9	58宝	3寅	-8	+1	29海	4卯	-9	+1	59海	5辰	-9	+1	30雨	6巳	-9	+1
3	60雨	1子	+1	-9	31木	2丑	+1	-9	59海	3寅	-9	+1	30雨	4卯	-9	+1	60雨	5辰	-9	+1	31木	6巳	-9	+1
4	1木	1子	+1	-9	32草	3寅	-0	+0	60雨	3寅	-9	+1	31木	4卯	-0	+0	1木	5辰	-9	+1	32草	6巳	-0	+1
5	2草	2丑	+1	-0	33陽	3寅	-1	+0	1木	4卯	-9	+1	32草	5辰	-0	+0	2草	6巳	-0	+1	33陽	6巳	-0	+1
6	3陽	2丑	+0	-1	34灯	3寅	-1	+0	2草	4卯	-1	+0	33陽	5辰	-1	+0	3陽	6巳	-1	+0	34灯	7午	-0	+0
7	4灯	2丑	+9	-1	35山	3寅	-1	+9	3陽	4卯	-1	+0	34灯	5辰	-1	+0	4灯	6巳	-1	+0	35山	7午	-1	+0
8	5山	2丑	+9	-1	36畑	3寅	-1	+9	4灯	4卯	-1	+9	35山	5辰	-1	+9	5山	6巳	-1	+0	36畑	7午	-1	+0
9	6畑	2丑	+9	-1	37岩	3寅	-1	+9	5山	4卯	-1	+9	36畑	5辰	-1	+9	6畑	6巳	-1	+9	37岩	7午	-1	+9
10	7岩	2丑	+8	-1	38宝	3寅	-2	+8	6畑	4卯	-1	+9	37岩	5辰	-1	+9	7岩	6巳	-1	+9	38宝	7午	-1	+9
11	8宝	2丑	+8	-2	39海	3寅	-2	+8	7岩	4卯	-2	+8	38宝	5辰	-2	+8	8宝	6巳	-2	+9	39海	7午	-1	+9
12	9海	2丑	+8	-2	40雨	3寅	-2	+8	8宝	4卯	-2	+8	39海	5辰	-2	+8	9海	6巳	-2	+8	40雨	7午	-2	+8
13	10雨	2丑	+7	-2	41木	3寅	-3	+7	9海	4卯	-2	+8	40雨	5辰	-2	+8	10雨	6巳	-2	+8	41木	7午	-2	+8
14	11木	2丑	+7	-3	42草	3寅	-3	+7	10雨	4卯	-3	+7	41木	5辰	-3	+7	11木	6巳	-3	+8	42草	7午	-2	+8
15	12草	2丑	+7	-3	43陽	3寅	-3	+7	11木	4卯	-3	+7	42草	5辰	-3	+7	12草	6巳	-3	+7	43陽	7午	-3	+7
16	13陽	2丑	+6	-3	44灯	3寅	-4	+6	12草	4卯	-3	+7	43陽	5辰	-3	+7	13陽	6巳	-3	+7	44灯	7午	-3	+7
17	14灯	2丑	+6	-4	45山	3寅	-4	+6	13陽	4卯	-4	+6	44灯	5辰	-4	+6	14灯	6巳	-4	+7	45山	7午	-3	+7
18	15山	2丑	+6	-4	46畑	3寅	-4	+6	14灯	4卯	-4	+6	45山	5辰	-4	+6	15山	6巳	-4	+6	46畑	7午	-4	+6
19	16畑	2丑	+5	-4	47岩	3寅	-5	+5	15山	4卯	-4	+6	46畑	5辰	-4	+6	16畑	6巳	-4	+6	47岩	7午	-4	+6
20	17岩	2丑	+5	-5	48宝	3寅	-5	+5	16畑	4卯	-5	+5	47岩	5辰	-5	+5	17岩	6巳	-5	+6	48宝	7午	-4	+6
21	18宝	2丑	+5	-5	49海	3寅	-5	+5	17岩	4卯	-5	+5	48宝	5辰	-5	+5	18宝	6巳	-5	+5	49海	7午	-5	+5
22	19海	2丑	+4	-5	50雨	3寅	-6	+4	18宝	4卯	-5	+5	49海	5辰	-5	+5	19海	6巳	-5	+5	50雨	7午	-5	+5
23	20雨	2丑	+4	-6	51木	3寅	-6	+4	19海	4卯	-6	+4	50雨	5辰	-6	+4	20雨	6巳	-6	+5	51木	7午	-5	+5
24	21木	2丑	+4	-6	52草	3寅	-6	+4	20雨	4卯	-6	+4	51木	5辰	-6	+4	21木	6巳	-6	+4	52草	7午	-6	+4
25	22草	2丑	+3	-6	53陽	3寅	-7	+3	21木	4卯	-6	+4	52草	5辰	-6	+4	22草	6巳	-6	+4	53陽	7午	-6	+4
26	23陽	2丑	+3	-7	54灯	3寅	-7	+3	22草	4卯	-7	+3	53陽	5辰	-7	+3	23陽	6巳	-7	+4	54灯	7午	-6	+4
27	24灯	2丑	+3	-7	55山	3寅	-7	+3	23陽	4卯	-7	+3	54灯	5辰	-7	+3	24灯	6巳	-7	+3	55山	7午	-7	+3
28	25山	2丑	+2	-7	56畑	3寅	-8	+2	24灯	4卯	-7	+3	55山	5辰	-7	+3	25山	6巳	-7	+3	56畑	7午	-7	+3
29	26畑	2丑	+2	-8					25山	4卯	-8	+2	56畑	5辰	-8	+2	26畑	6巳	-8	+3	57岩	7午	-7	+3
30	27岩	2丑	+2	-8					26畑	4卯	-8	+2	57岩	5辰	-8	+2	27岩	6巳	-8	+2	58宝	7午	-8	+2
31	28宝	2丑	+1	-8					27岩	4卯	-8	+2					28宝	6巳	-8	+2				

日	7月				8月				9月				10月				11月				12月			
日	日干	月干	男	女	日干	月干	男	女	日干	月干	男	女	日干	月干	男	女	日干	月干	男	女	日干	月干	男	女
1	59海	7午	-8	+2	30雨	8未	-8	+2	1木	9申	-8	+2	31木	10酉	-8	+2	2草	11戌	-8	+2	32草	12亥	-8	+2
2	60雨	7午	-9	+2	31木	8未	-8	+2	2草	9申	-8	+2	32草	10酉	-8	+2	3陽	11戌	-8	+2	33陽	12亥	-8	+1
3	1木	7午	-9	+1	32草	8未	-9	+2	3陽	9申	-9	+2	33陽	10酉	-8	+2	4灯	11戌	-8	+1	34灯	12亥	-8	+1
4	2草	7午	-9	+1	33陽	8未	-9	+1	4灯	9申	-9	+1	34灯	10酉	-9	+1	5山	11戌	-9	+1	35山	12亥	-9	+1
5	3陽	7午	-0	+1	34灯	8未	-9	+1	5山	9申	-9	+1	35山	10酉	-9	+1	6畑	11戌	-9	+1	36畑	12亥	-9	+1
6	4灯	7午	-0	+1	35山	8未	-0	+1	6畑	9申	-0	+1	36畑	10酉	-9	+1	7岩	11戌	-9	+1	37岩	12亥	-9	+0
7	5山	8未	-0	+0	36畑	9申	-0	+1	7岩	9申	-0	+1	37岩	10酉	-0	+1	8宝	12亥	-0	+0	38宝	13子	-0	+9
8	6畑	8未	-1	+0	37岩	9申	-1	+0	8宝	10酉	-1	+0	38宝	11戌	-0	+0	9海	12亥	-1	+0	39海	13子	-1	+9
9	7岩	8未	-1	+0	38宝	9申	-1	+0	9海	10酉	-1	+0	39海	11戌	-1	+0	10雨	12亥	-1	+9	40雨	13子	-1	+9
10	8宝	8未	-1	+0	39海	9申	-1	+0	10雨	10酉	-1	+9	40雨	11戌	-1	+9	11木	12亥	-1	+9	41木	13子	-1	+8
11	9海	8未	-1	+9	40雨	9申	-1	+9	11木	10酉	-1	+9	41木	11戌	-1	+9	12草	12亥	-1	+9	42草	13子	-1	+8
12	10雨	8未	-1	+9	41木	9申	-1	+9	12草	10酉	-1	+9	42草	11戌	-1	+9	13陽	12亥	-1	+8	43陽	13子	-1	+8
13	11木	8未	-2	+9	42草	9申	-2	+9	13陽	10酉	-2	+8	43陽	11戌	-1	+8	14灯	12亥	-2	+8	44灯	13子	-2	+7
14	12草	8未	-2	+8	43陽	9申	-2	+8	14灯	10酉	-2	+8	44灯	11戌	-2	+8	15山	12亥	-2	+8	45山	13子	-2	+7
15	13陽	8未	-2	+8	44灯	9申	-2	+8	15山	10酉	-2	+8	45山	11戌	-2	+8	16畑	12亥	-2	+7	46畑	13子	-2	+7
16	14灯	8未	-3	+8	45山	9申	-3	+8	16畑	10酉	-3	+7	46畑	11戌	-2	+7	17岩	12亥	-3	+7	47岩	13子	-3	+6
17	15山	8未	-3	+7	46畑	9申	-3	+7	17岩	10酉	-3	+7	47岩	11戌	-3	+7	18宝	12亥	-3	+7	48宝	13子	-3	+6
18	16畑	8未	-3	+7	47岩	9申	-3	+7	18宝	10酉	-3	+7	48宝	11戌	-3	+7	19海	12亥	-3	+6	49海	13子	-3	+6
19	17岩	8未	-4	+7	48宝	9申	-4	+7	19海	10酉	-4	+6	49海	11戌	-3	+6	20雨	12亥	-4	+6	50雨	13子	-4	+5
20	18宝	8未	-4	+6	49海	9申	-4	+6	20雨	10酉	-4	+6	50雨	11戌	-4	+6	21木	12亥	-4	+6	51木	13子	-4	+5
21	19海	8未	-4	+6	50雨	9申	-4	+6	21木	10酉	-4	+6	51木	11戌	-4	+6	22草	12亥	-4	+5	52草	13子	-4	+5
22	20雨	8未	-5	+6	51木	9申	-5	+6	22草	10酉	-5	+5	52草	11戌	-4	+5	23陽	12亥	-5	+5	53陽	13子	-5	+4
23	21木	8未	-5	+5	52草	9申	-5	+5	23陽	10酉	-5	+5	53陽	11戌	-5	+5	24灯	12亥	-5	+5	54灯	13子	-5	+4
24	22草	8未	-5	+5	53陽	9申	-5	+5	24灯	10酉	-5	+5	54灯	11戌	-5	+5	25山	12亥	-5	+4	55山	13子	-5	+4
25	23陽	8未	-6	+5	54灯	9申	-6	+5	25山	10酉	-6	+4	55山	11戌	-5	+4	26畑	12亥	-6	+4	56畑	13子	-6	+3
26	24灯	8未	-6	+4	55山	9申	-6	+4	26畑	10酉	-6	+4	56畑	11戌	-6	+4	27岩	12亥	-6	+4	57岩	13子	-6	+3
27	25山	8未	-6	+4	56畑	9申	-6	+4	27岩	10酉	-6	+4	57岩	11戌	-6	+4	28宝	12亥	-6	+3	58宝	13子	-6	+3
28	26畑	8未	-7	+4	57岩	9申	-7	+4	28宝	10酉	-7	+3	58宝	11戌	-6	+3	29海	12亥	-7	+3	59海	13子	-7	+2
29	27岩	8未	-7	+3	58宝	9申	-7	+3	29海	10酉	-7	+3	59海	11戌	-7	+3	30雨	12亥	-7	+3	60雨	13子	-7	+2
30	28宝	8未	-7	+3	59海	9申	-7	+3	30雨	10酉	-7	+3	60雨	11戌	-7	+3	31木	12亥	-7	+2	1木	13子	-7	+2
31	29海	8未	-8	+3	60雨	9申	-8	+3					1木	11戌	-7	+2					2草	13子	-8	+1

1990年 7 庚午（2/4 ～翌年2/3）

日	1月				2月				3月				4月			
日	日干	月干	男	女	日干	月干	男	女	日干	月干	男	女	日干	月干	男	女
1	3陽	13子	-8	+2	34灯	14丑	-9	+1	2草	15寅	+2	-8	33陽	16卯	+1	-9
2	4灯	13子	-9	+1	35山	14丑	-9	+1	3陽	15寅	+1	-8	34灯	16卯	+1	-9
3	5山	13子	-9	+1	36畑	14丑	-9	+1	4灯	15寅	+1	-9	35山	16卯	+1	-9
4	6畑	13子	-9	+1	37岩	15寅	+0	-0	5山	15寅	+1	-9	36畑	16卯	+0	-0
5	7岩	14丑	-0	+1	38宝	15寅	+0	-1	6畑	15寅	+1	-9	37岩	17辰	+0	-0
6	8宝	14丑	-1	+0	39海	15寅	+0	-1	7岩	16卯	+0	-1	38宝	17辰	+0	-1
7	9海	14丑	-1	+9	40雨	15寅	+9	-1	8宝	16卯	+0	-1	39海	17辰	+0	-1
8	10雨	14丑	-1	+9	41木	15寅	+9	-1	9海	16卯	+9	-1	40雨	17辰	+9	-1
9	11木	14丑	-1	+9	42草	15寅	+9	-1	10雨	16卯	+9	-1	41木	17辰	+9	-1
10	12草	14丑	-1	+8	43陽	15寅	+8	-2	11木	16卯	+9	-1	42草	17辰	+9	-1
11	13陽	14丑	-2	+8	44灯	15寅	+8	-2	12草	16卯	+8	-2	43陽	17辰	+8	-2
12	14灯	14丑	-2	+8	45山	15寅	+8	-2	13陽	16卯	+8	-2	44灯	17辰	+8	-2
13	15山	14丑	-2	+7	46畑	15寅	+7	-3	14灯	16卯	+8	-2	45山	17辰	+8	-2
14	16畑	14丑	-3	+7	47岩	15寅	+7	-3	15山	16卯	+7	-3	46畑	17辰	+7	-3
15	17岩	14丑	-3	+7	48宝	15寅	+7	-3	16畑	16卯	+7	-3	47岩	17辰	+7	-3
16	18宝	14丑	-3	+6	49海	15寅	+6	-4	17岩	16卯	+7	-3	48宝	17辰	+7	-3
17	19海	14丑	-4	+6	50雨	15寅	+6	-4	18宝	16卯	+6	-4	49海	17辰	+6	-4
18	20雨	14丑	-4	+6	51木	15寅	+6	-4	19海	16卯	+6	-4	50雨	17辰	+6	-4
19	21木	14丑	-4	+5	52草	15寅	+5	-5	20雨	16卯	+6	-4	51木	17辰	+6	-4
20	22草	14丑	-5	+5	53陽	15寅	+5	-5	21木	16卯	+5	-5	52草	17辰	+5	-5
21	23陽	14丑	-5	+5	54灯	15寅	+5	-5	22草	16卯	+5	-5	53陽	17辰	+5	-5
22	24灯	14丑	-5	+4	55山	15寅	+4	-6	23陽	16卯	+5	-5	54灯	17辰	+5	-5
23	25山	14丑	-6	+4	56畑	15寅	+4	-6	24灯	16卯	+4	-6	55山	17辰	+4	-6
24	26畑	14丑	-6	+4	57岩	15寅	+4	-6	25山	16卯	+4	-6	56畑	17辰	+4	-6
25	27岩	14丑	-6	+3	58宝	15寅	+3	-7	26畑	16卯	+4	-6	57岩	17辰	+4	-6
26	28宝	14丑	-7	+3	59海	15寅	+3	-7	27岩	16卯	+3	-7	58宝	17辰	+3	-7
27	29海	14丑	-7	+3	60雨	15寅	+3	-7	28宝	16卯	+3	-7	59海	17辰	+3	-7
28	30雨	14丑	-7	+2	1木	15寅	+2	-8	29海	16卯	+3	-7	60雨	17辰	+3	-7
29	31木	14丑	-8	+2					30雨	16卯	+2	-8	1木	17辰	+2	-8
30	32草	14丑	-8	+2					31木	16卯	+2	-8	2草	17辰	+2	-8
31	33陽	14丑	-8	+1					32草	16卯	+2	-8				

日	5月				6月				7月				8月			
日	日干	月干	男	女	日干	月干	男	女	日干	月干	男	女	日干	月干	男	女
1	3陽	17辰	+2	-8	34灯	18巳	+2	-9	4灯	19午	+2	-8	35山	20未	+2	-8
2	4灯	17辰	+1	-9	35山	18巳	+1	-9	5山	19午	+2	-9	36畑	20未	+2	-8
3	5山	17辰	+1	-9	36畑	18巳	+1	-9	6畑	19午	+1	-9	37岩	20未	+2	-9
4	6畑	17辰	+1	-9	37岩	18巳	+1	-0	7岩	19午	+1	-9	38宝	20未	+1	-9
5	7岩	17辰	+1	-0	38宝	18巳	+1	-0	8宝	19午	+1	-0	39海	20未	+1	-9
6	8宝	18巳	+0	-1	39海	19午	+0	-0	9海	19午	+1	-0	40雨	20未	+1	-0
7	9海	18巳	+0	-1	40雨	19午	+0	-1	10雨	20未	+0	-0	41木	20未	+1	-0
8	10雨	18巳	+0	-1	41木	19午	+0	-1	11木	20未	+0	-1	42草	21申	+0	-1
9	11木	18巳	+9	-1	42草	19午	+9	-1	12草	20未	+0	-1	43陽	21申	+0	-1
10	12草	18巳	+9	-1	43陽	19午	+9	-1	13陽	20未	+0	-1	44灯	21申	+0	-1
11	13陽	18巳	+9	-2	44灯	19午	+9	-1	14灯	20未	+9	-1	45山	21申	+9	-1
12	14灯	18巳	+8	-2	45山	19午	+8	-2	15山	20未	+9	-1	46畑	21申	+9	-1
13	15山	18巳	+8	-2	46畑	19午	+8	-2	16畑	20未	+9	-2	47岩	21申	+9	-2
14	16畑	18巳	+8	-3	47岩	19午	+8	-2	17岩	20未	+8	-2	48宝	21申	+8	-2
15	17岩	18巳	+7	-3	48宝	19午	+7	-3	18宝	20未	+8	-2	49海	21申	+8	-2
16	18宝	18巳	+7	-3	49海	19午	+7	-3	19海	20未	+8	-3	50雨	21申	+8	-3
17	19海	18巳	+7	-4	50雨	19午	+7	-3	20雨	20未	+7	-3	51木	21申	+7	-3
18	20雨	18巳	+6	-4	51木	19午	+6	-4	21木	20未	+7	-3	52草	21申	+7	-3
19	21木	18巳	+6	-4	52草	19午	+6	-4	22草	20未	+7	-4	53陽	21申	+7	-4
20	22草	18巳	+6	-5	53陽	19午	+6	-4	23陽	20未	+6	-4	54灯	21申	+6	-4
21	23陽	18巳	+5	-5	54灯	19午	+5	-5	24灯	20未	+6	-4	55山	21申	+6	-4
22	24灯	18巳	+5	-5	55山	19午	+5	-5	25山	20未	+6	-5	56畑	21申	+6	-5
23	25山	18巳	+5	-6	56畑	19午	+5	-5	26畑	20未	+5	-5	57岩	21申	+5	-5
24	26畑	18巳	+4	-6	57岩	19午	+4	-6	27岩	20未	+5	-5	58宝	21申	+5	-5
25	27岩	18巳	+4	-6	58宝	19午	+4	6	28宝	20未	+5	-6	59海	21申	+5	-6
26	28宝	18巳	+4	-7	59海	19午	+4	-6	29海	20未	+4	-6	60雨	21申	+4	-6
27	29海	18巳	+3	-7	60雨	19午	+3	-7	30雨	20未	+4	-6	1木	21申	+4	-6
28	30雨	18巳	+3	-7	1木	19午	+3	-7	31木	20未	+4	-7	2草	21申	+4	-7
29	31木	18巳	+3	-8	2草	19午	+3	-7	32草	20未	+3	-7	3陽	21申	+3	-7
30	32草	18巳	+2	-8	3陽	19午	+2	-8	33陽	20未	+3	-7	4灯	21申	+3	-7
31	33陽	18巳	+2	-8					34灯	20未	+3	-8	5山	21申	+3	-8

日	9月				10月				11月				12月			
日	日干	月干	男	女	日干	月干	男	女	日干	月干	男	女	日干	月干	男	女
1	6畑	21申	+2	-8	36畑	22酉	+2	-8	7岩	23戌	+2	-8	37岩	24亥	+2	-8
2	7岩	21申	+2	-8	37岩	22酉	+2	-8	8宝	23戌	+2	-8	38宝	24亥	+1	-8
3	8宝	21申	+2	-9	38宝	22酉	+2	-8	9海	23戌	+1	-8	39海	24亥	+1	-8
4	9海	21申	+1	-9	39海	22酉	+1	-9	10雨	23戌	+1	-9	40雨	24亥	+1	-9
5	10雨	21申	+1	-9	40雨	22酉	+1	-9	11木	23戌	+1	-9	41木	24亥	+1	-9
6	11木	21申	+1	-0	41木	22酉	+1	-9	12草	23戌	+1	-9	42草	24亥	+0	-9
7	12草	21申	+1	-0	42草	22酉	+1	-0	13陽	23戌	+0	-0	43陽	25子	+9	-0
8	13陽	22酉	+0	-1	43陽	23戌	+0	-0	14灯	24亥	+0	-1	44灯	25子	+9	-1
9	14灯	22酉	+0	-1	44灯	23戌	+0	-1	15山	24亥	+9	-1	45山	25子	+9	-1
10	15山	22酉	+9	-1	45山	23戌	+9	-1	16畑	24亥	+9	-1	46畑	25子	+8	-1
11	16畑	22酉	+9	-1	46畑	23戌	+9	-1	17岩	24亥	+9	-1	47岩	25子	+8	-1
12	17岩	22酉	+9	-1	47岩	23戌	+9	-1	18宝	24亥	+8	-1	48宝	25子	+8	-1
13	18宝	22酉	+8	-2	48宝	23戌	+8	-1	19海	24亥	+8	-2	49海	25子	+7	-2
14	19海	22酉	+8	-2	49海	23戌	+8	-2	20雨	24亥	+8	-2	50雨	25子	+7	-2
15	20雨	22酉	+8	-2	50雨	23戌	+8	-2	21木	24亥	+7	-2	51木	25子	+7	-2
16	21木	22酉	+7	-3	51木	23戌	+7	-2	22草	24亥	+7	-3	52草	25子	+6	-3
17	22草	22酉	+7	-3	52草	23戌	+7	-3	23陽	24亥	+7	-3	53陽	25子	+6	-3
18	23陽	22酉	+7	-3	53陽	23戌	+7	-3	24灯	24亥	+6	-3	54灯	25子	+6	-3
19	24灯	22酉	+6	-4	54灯	23戌	+6	-3	25山	24亥	+6	-4	55山	25子	+5	-4
20	25山	22酉	+6	-4	55山	23戌	+6	-4	26畑	24亥	+6	-4	56畑	25子	+5	-4
21	26畑	22酉	+6	-4	56畑	23戌	+6	-4	27岩	24亥	+5	-4	57岩	25子	+5	-4
22	27岩	22酉	+5	-5	57岩	23戌	+5	-4	28宝	24亥	+5	-5	58宝	25子	+4	-5
23	28宝	22酉	+5	-5	58宝	23戌	+5	-5	29海	24亥	+5	-5	59海	25子	+4	-5
24	29海	22酉	+5	-5	59海	23戌	+5	-5	30雨	24亥	+4	-5	60雨	25子	+4	-5
25	30雨	22酉	+4	-6	60雨	23戌	+4	-5	31木	24亥	+4	-6	1木	25子	+3	-6
26	31木	22酉	+4	-6	1木	23戌	+4	-6	32草	24亥	+4	-6	2草	25子	+3	-6
27	32草	22酉	+4	-6	2草	23戌	+4	-6	33陽	24亥	+3	-6	3陽	25子	+3	-6
28	33陽	22酉	+3	-7	3陽	23戌	+3	-6	34灯	24亥	+3	-7	4灯	25子	+2	-7
29	34灯	22酉	+3	-7	4灯	23戌	+3	-7	35山	24亥	+3	-7	5山	25子	+2	-7
30	35山	22酉	+3	-7	5山	23戌	+3	-7	36畑	24亥	+2	-7	6畑	25子	+2	-7
31					6畑	23戌	+2	-7					7岩	25子	+1	-8

1991年 8 辛未（2/4 ～翌年2/3）

日	1月				2月				3月				4月			
日	日干	月干	男	女	日干	月干	男	女	日干	月干	男	女	日干	月干	男	女
1	8宝	25子	+2	-8	39海	26丑	+1	-9	7岩	27寅	-8	+2	38宝	28卯	-9	+1
2	9海	25子	+1	-9	40雨	26丑	+1	-9	8宝	27寅	-8	+1	39海	28卯	-9	+1
3	10雨	25子	+1	-9	41木	26丑	+1	-9	9海	27寅	-9	+1	40雨	28卯	-9	+1
4	11木	25子	+1	-9	42草	27寅	-0	+0	10雨	27寅	-9	+1	41木	28卯	-0	+0
5	12草	25子	+1	-0	43陽	27寅	-1	+0	11木	27寅	-9	+1	42草	29辰	-0	+0
6	13陽	26丑	+0	-1	44灯	27寅	-1	+0	12草	28卯	-1	+0	43陽	29辰	-1	+0
7	14灯	26丑	+9	-1	45山	27寅	-1	+9	13陽	28卯	-1	+0	44灯	29辰	-1	+0
8	15山	26丑	+9	-1	46畑	27寅	-1	+9	14灯	28卯	-1	+9	45山	29辰	-1	+9
9	16畑	26丑	+9	-1	47岩	27寅	-1	+9	15山	28卯	-1	+9	46畑	29辰	-1	+9
10	17岩	26丑	+8	-1	48宝	27寅	-2	+8	16畑	28卯	-1	+9	47岩	29辰	-1	+9
11	18宝	26丑	+8	-2	49海	27寅	-2	+8	17岩	28卯	-2	+8	48宝	29辰	-2	+8
12	19海	26丑	+8	-2	50雨	27寅	-2	+8	18宝	28卯	-2	+8	49海	29辰	-2	+8
13	20雨	26丑	+7	-2	51木	27寅	-3	+7	19海	28卯	-2	+8	50雨	29辰	-2	+8
14	21木	26丑	+7	-3	52草	27寅	-3	+7	20雨	28卯	-3	+7	51木	29辰	-3	+7
15	22草	26丑	+7	-3	53陽	27寅	-3	+7	21木	28卯	-3	+7	52草	29辰	-3	+7
16	23陽	26丑	+6	-3	54灯	27寅	-4	+6	22草	28卯	-3	+7	53陽	29辰	-3	+7
17	24灯	26丑	+6	-4	55山	27寅	-4	+6	23陽	28卯	-4	+6	54灯	29辰	-4	+6
18	25山	26丑	+6	-4	56畑	27寅	-4	+6	24灯	28卯	-4	+6	55山	29辰	-4	+6
19	26畑	26丑	+5	-4	57岩	27寅	-5	+5	25山	28卯	-4	+6	56畑	29辰	-4	+6
20	27岩	26丑	+5	-5	58宝	27寅	-5	+5	26畑	28卯	-5	+5	57岩	29辰	-5	+5
21	28宝	26丑	+5	-5	59海	27寅	-5	+5	27岩	28卯	-5	+5	58宝	29辰	-5	+5
22	29海	26丑	+4	-5	60雨	27寅	-6	+4	28宝	28卯	-5	+5	59海	29辰	-5	+5
23	30雨	26丑	+4	-6	1木	27寅	-6	+4	29海	28卯	-6	+4	60雨	29辰	-6	+4
24	31木	26丑	+4	-6	2草	27寅	-6	+4	30雨	28卯	-6	+4	1木	29辰	-6	+4
25	32草	26丑	+3	-6	3陽	27寅	-7	+3	31木	28卯	-6	+4	2草	29辰	-6	+4
26	33陽	26丑	+3	-7	4灯	27寅	-7	+3	32草	28卯	-7	+3	3陽	29辰	-7	+3
27	34灯	26丑	+3	-7	5山	27寅	-7	+3	33陽	28卯	-7	+3	4灯	29辰	-7	+3
28	35山	26丑	+2	-7	6畑	27寅	-8	+2	34灯	28卯	-7	+3	5山	29辰	-7	+3
29	36畑	26丑	+2	-8					35山	28卯	-8	+2	6畑	29辰	-8	+2
30	37岩	26丑	+2	-8					36畑	28卯	-8	+2	7岩	29辰	-8	+2
31	38宝	26丑	+1	-8					37岩	28卯	-8	+2				

日	5月				6月				7月				8月			
日	日干	月干	男	女	日干	月干	男	女	日干	月干	男	女	日干	月干	男	女
1	8宝	29辰	-8	+2	39海	30巳	-9	+2	9海	31午	-8	+2	40雨	32未	-8	+2
2	9海	29辰	-9	+1	40雨	30巳	-9	+1	10雨	31午	-9	+2	41木	32未	-8	+2
3	10雨	29辰	-9	+1	41木	30巳	-9	+1	11木	31午	-9	+1	42草	32未	-9	+2
4	11木	29辰	-9	+1	42草	30巳	-0	+1	12草	31午	-9	+1	43陽	32未	-9	+1
5	12草	29辰	-0	+1	43陽	30巳	-0	+1	13陽	31午	-0	+1	44灯	32未	-9	+1
6	13陽	30巳	-1	+0	44灯	31午	-0	+0	14灯	31午	-0	+1	45山	32未	-0	+1
7	14灯	30巳	-1	+0	45山	31午	-1	+0	15山	32未	-0	+0	46畑	32未	-0	+1
8	15山	30巳	-1	+0	46畑	31午	-1	+0	16畑	32未	-1	+0	47岩	33申	-1	+0
9	16畑	30巳	-1	+9	47岩	31午	-1	+9	17岩	32未	-1	+0	48宝	33申	-1	+0
10	17岩	30巳	-1	+9	48宝	31午	-1	+9	18宝	32未	-1	+0	49海	33申	-1	+0
11	18宝	30巳	-2	+9	49海	31午	-1	+9	19海	32未	-1	+9	50雨	33申	-1	+9
12	19海	30巳	-2	+8	50雨	31午	-2	+8	20雨	32未	-1	+9	51木	33申	-1	+9
13	20雨	30巳	-2	+8	51木	31午	-2	+8	21木	32未	-2	+9	52草	33申	-2	+9
14	21木	30巳	-3	+8	52草	31午	-2	+8	22草	32未	-2	+8	53陽	33申	-2	+8
15	22草	30巳	-3	+7	53陽	31午	-3	+7	23陽	32未	-2	+8	54灯	33申	-2	+8
16	23陽	30巳	-3	+7	54灯	31午	-3	+7	24灯	32未	-3	+8	55山	33申	-3	+8
17	24灯	30巳	-4	+7	55山	31午	-3	+7	25山	32未	-3	+7	56畑	33申	-3	+7
18	25山	30巳	-4	+6	56畑	31午	-4	+6	26畑	32未	-3	+7	57岩	33申	-3	+7
19	26畑	30巳	-4	+6	57岩	31午	-4	+6	27岩	32未	-4	+7	58宝	33申	-4	+7
20	27岩	30巳	-5	+6	58宝	31午	-4	+6	28宝	32未	-4	+6	59海	33申	-4	+6
21	28宝	30巳	-5	+5	59海	31午	-5	+5	29海	32未	-4	+6	60雨	33申	-4	+6
22	29海	30巳	-5	+5	60雨	31午	-5	+5	30雨	32未	-5	+6	1木	33申	-5	+6
23	30雨	30巳	-6	+5	1木	31午	-5	+5	31木	32未	-5	+5	2草	33申	-5	+5
24	31木	30巳	-6	+4	2草	31午	-6	+4	32草	32未	-5	+5	3陽	33申	-5	+5
25	32草	30巳	-6	+4	3陽	31午	-6	+4	33陽	32未	-6	+5	4灯	33申	-6	+5
26	33陽	30巳	-7	+4	4灯	31午	-6	+4	34灯	32未	-6	+4	5山	33申	-6	+4
27	34灯	30巳	-7	+3	5山	31午	-7	+3	35山	32未	-6	+4	6畑	33申	-6	+4
28	35山	30巳	-7	+3	6畑	31午	-7	+3	36畑	32未	-7	+4	7岩	33申	-7	+4
29	36畑	30巳	-8	+3	7岩	31午	-7	+3	37岩	32未	-7	+3	8宝	33申	-7	+3
30	37岩	30巳	-8	+2	8宝	31午	-8	+2	38宝	32未	-7	+3	9海	33申	-7	+3
31	38宝	30巳	-8	+2					39海	32未	-8	+3	10雨	33申	-8	+3

日	9月				10月				11月				12月			
日	日干	月干	男	女	日干	月干	男	女	日干	月干	男	女	日干	月干	男	女
1	11木	33申	-8	+2	41木	34酉	-8	+2	12草	35戌	-8	+2	42草	36亥	-8	+2
2	12草	33申	-8	+2	42草	34酉	-8	+2	13陽	35戌	-8	+2	43陽	36亥	-8	+1
3	13陽	33申	-9	+2	43陽	34酉	-8	+2	14灯	35戌	-8	+1	44灯	36亥	-8	+1
4	14灯	33申	-9	+1	44灯	34酉	-9	+1	15山	35戌	-9	+1	45山	36亥	-9	+1
5	15山	33申	-9	+1	45山	34酉	-9	+1	16畑	35戌	-9	+1	46畑	36亥	-9	+1
6	16畑	33申	-0	+1	46畑	34酉	-9	+1	17岩	35戌	-9	+1	47岩	36亥	-9	+0
7	17岩	33申	-0	+1	47岩	34酉	-0	+1	18宝	35戌	-0	+0	48宝	37子	-0	+9
8	18宝	34酉	-1	+0	48宝	34酉	-0	+0	19海	36亥	-1	+0	49海	37子	-1	+9
9	19海	34酉	-1	+0	49海	35戌	-1	+0	20雨	36亥	-1	+9	50雨	37子	-1	+9
10	20雨	34酉	-1	+9	50雨	35戌	-1	+9	21木	36亥	-1	+9	51木	37子	-1	+8
11	21木	34酉	-1	+9	51木	35戌	-1	+9	22草	36亥	-1	+9	52草	37子	-1	+8
12	22草	34酉	-1	+9	52草	35戌	-1	+9	23陽	36亥	-1	+8	53陽	37子	-1	+8
13	23陽	34酉	-2	+8	53陽	35戌	-1	+8	24灯	36亥	-2	+8	54灯	37子	-2	+7
14	24灯	34酉	-2	+8	54灯	35戌	-2	+8	25山	36亥	-2	+8	55山	37子	-2	+7
15	25山	34酉	-2	+8	55山	35戌	-2	+8	26畑	36亥	-2	+7	56畑	37子	-2	+7
16	26畑	34酉	-3	+7	56畑	35戌	-2	+7	27岩	36亥	-3	+7	57岩	37子	-3	+6
17	27岩	34酉	-3	+7	57岩	35戌	-3	+7	28宝	36亥	-3	+7	58宝	37子	-3	+6
18	28宝	34酉	-3	+7	58宝	35戌	-3	+7	29海	36亥	-3	+6	59海	37子	-3	+6
19	29海	34酉	-4	+6	59海	35戌	-3	+6	30雨	36亥	-4	+6	60雨	37子	-4	+5
20	30雨	34酉	-4	+6	60雨	35戌	-4	+6	31木	36亥	-4	+6	1木	37子	-4	+5
21	31木	34酉	-4	+6	1木	35戌	-4	+6	32草	36亥	-4	+5	2草	37子	-4	+5
22	32草	34酉	-5	+5	2草	35戌	-4	+5	33陽	36亥	-5	+5	3陽	37子	-5	+4
23	33陽	34酉	-5	+5	3陽	35戌	-5	+5	34灯	36亥	-5	+5	4灯	37子	-5	+4
24	34灯	34酉	-5	+5	4灯	35戌	-5	+5	35山	36亥	-5	+4	5山	37子	-5	+4
25	35山	34酉	-6	+4	5山	35戌	-5	+4	36畑	36亥	-6	+4	6畑	37子	-6	+3
26	36畑	34酉	-6	+4	6畑	35戌	-6	+4	37岩	36亥	-6	+4	7岩	37子	-6	+3
27	37岩	34酉	-6	+4	7岩	35戌	-6	+4	38宝	36亥	-6	+3	8宝	37子	-6	+3
28	38宝	34酉	-7	+3	8宝	35戌	-6	+3	39海	36亥	-7	+3	9海	37子	-7	+2
29	39海	34酉	-7	+3	9海	35戌	-7	+3	40雨	36亥	-7	+3	10雨	37子	-7	+2
30	40雨	34酉	-7	+3	10雨	35戌	-7	+3	41木	36亥	-7	+2	11木	37子	-7	+2
31					11木	35戌	-7	+2					12草	37子	-8	+1

1992年　9 壬申（2/4 ～翌年2/3）

日	1月 日干	月干	男	女	2月 日干	月干	男	女	3月 日干	月干	男	女	4月 日干	月干	男	女	5月 日干	月干	男	女	6月 日干	月干	男	女
1	13陽	37子	-8	+2	44灯	38丑	-9	+1	13陽	39寅	+2	-8	44灯	40卯	+1	-9	14灯	41辰	+2	-8	45山	42巳	+2	-9
2	14灯	37子	-9	+1	45山	38丑	-9	+1	14灯	39寅	+1	-8	45山	40卯	+1	-9	15山	41辰	+1	-9	46畑	42巳	+1	-9
3	15山	37子	-9	+1	46畑	38丑	-9	+1	15山	39寅	+1	-9	46畑	40卯	+1	-9	16畑	41辰	+1	-9	47岩	42巳	+1	-9
4	16畑	37子	-9	+1	47岩	39寅	+0	-0	16畑	39寅	+1	-9	47岩	41辰	+0	-0	17岩	41辰	+1	-9	48宝	42巳	+1	-0
5	17岩	37子	-0	+1	48宝	39寅	+0	-1	17岩	40卯	+1	-9	48宝	41辰	+0	-0	18宝	42巳	+1	-0	49海	43午	+1	-0
6	18宝	38丑	-1	+0	49海	39寅	+0	-1	18宝	40卯	+0	-1	49海	41辰	+0	-1	19海	42巳	+0	-1	50雨	43午	+0	-0
7	19海	38丑	-1	+9	50雨	39寅	+9	-1	19海	40卯	+0	-1	50雨	41辰	+0	-1	20雨	42巳	+0	-1	51木	43午	+0	-1
8	20雨	38丑	-1	+9	51木	39寅	+9	-1	20雨	40卯	+9	-1	51木	41辰	+9	-1	21木	42巳	+0	-1	52草	43午	+0	-1
9	21木	38丑	-1	+9	52草	39寅	+9	-1	21木	40卯	+9	-1	52草	41辰	+9	-1	22草	42巳	+9	-1	53陽	43午	+9	-1
10	22草	38丑	-1	+8	53陽	39寅	+8	-2	22草	40卯	+9	-1	53陽	41辰	+9	-1	23陽	42巳	+9	-1	54灯	43午	+9	-1
11	23陽	38丑	-2	+8	54灯	39寅	+8	-2	23陽	40卯	+8	-2	54灯	41辰	+8	-2	24灯	42巳	+9	-2	55山	43午	+9	-1
12	24灯	38丑	-2	+8	55山	39寅	+8	-2	24灯	40卯	+8	-2	55山	41辰	+8	-2	25山	42巳	+8	-2	56畑	43午	+8	-2
13	25山	38丑	-2	+7	56畑	39寅	+7	-3	25山	40卯	+8	-2	56畑	41辰	+8	-2	26畑	42巳	+8	-2	57岩	43午	+8	-2
14	26畑	38丑	-3	+7	57岩	39寅	+7	-3	26畑	40卯	+7	-3	57岩	41辰	+7	-3	27岩	42巳	+8	-3	58宝	43午	+8	-2
15	27岩	38丑	-3	+7	58宝	39寅	+7	-3	27岩	40卯	+7	-3	58宝	41辰	+7	-3	28宝	42巳	+7	-3	59海	43午	+7	-3
16	28宝	38丑	-3	+6	59海	39寅	+6	-4	28宝	40卯	+7	-3	59海	41辰	+7	-3	29海	42巳	+7	-3	60雨	43午	+7	-3
17	29海	38丑	-4	+6	60雨	39寅	+6	-4	29海	40卯	+6	-4	60雨	41辰	+6	-4	30雨	42巳	+7	-4	1木	43午	+7	-3
18	30雨	38丑	-4	+6	1木	39寅	+6	-4	30雨	40卯	+6	-4	1木	41辰	+6	-4	31木	42巳	+6	-4	2草	43午	+6	-4
19	31木	38丑	-4	+5	2草	39寅	+5	-5	31木	40卯	+6	-4	2草	41辰	+6	-4	32草	42巳	+6	-4	3陽	43午	+6	-4
20	32草	38丑	-5	+5	3陽	39寅	+5	-5	32草	40卯	+5	-5	3陽	41辰	+5	-5	33陽	42巳	+6	-5	4灯	43午	+6	-4
21	33陽	38丑	-5	+5	4灯	39寅	+5	-5	33陽	40卯	+5	-5	4灯	41辰	+5	-5	34灯	42巳	+5	-5	5山	43午	+5	-5
22	34灯	38丑	-5	+4	5山	39寅	+4	-6	34灯	40卯	+5	-5	5山	41辰	+5	-5	35山	42巳	+5	-5	6畑	43午	+5	-5
23	35山	38丑	-6	+4	6畑	39寅	+4	-6	35山	40卯	+4	-6	6畑	41辰	+4	-6	36畑	42巳	+5	-6	7岩	43午	+5	-5
24	36畑	38丑	-6	+4	7岩	39寅	+4	-6	36畑	40卯	+4	-6	7岩	41辰	+4	-6	37岩	42巳	+4	-6	8宝	43午	+4	-6
25	37岩	38丑	-6	+3	8宝	39寅	+3	-7	37岩	40卯	+4	-6	8宝	41辰	+4	-6	38宝	42巳	+4	-6	9海	43午	+4	-6
26	38宝	38丑	-7	+3	9海	39寅	+3	-7	38宝	40卯	+3	-7	9海	41辰	+3	-7	39海	42巳	+4	-7	10雨	43午	+4	-6
27	39海	38丑	-7	+3	10雨	39寅	+3	-7	39海	40卯	+3	-7	10雨	41辰	+3	-7	40雨	42巳	+3	-7	11木	43午	+3	-7
28	40雨	38丑	-7	+2	11木	39寅	+2	-8	40雨	40卯	+3	-7	11木	41辰	+3	-7	41木	42巳	+3	-7	12草	43午	+3	-7
29	41木	38丑	-8	+2	12草	39寅	+2	-8	41木	40卯	+2	-8	12草	41辰	+2	-8	42草	42巳	+3	-8	13陽	43午	+3	-7
30	42草	38丑	-8	+2					42草	40卯	+2	-8	13陽	41辰	+2	-8	43陽	42巳	+2	-8	14灯	43午	+2	-8
31	43陽	38丑	-8	+1					43陽	40卯	+2	-8					44灯	42巳	+2	-8				

日	7月 日干	月干	男	女	8月 日干	月干	男	女	9月 日干	月干	男	女	10月 日干	月干	男	女	11月 日干	月干	男	女	12月 日干	月干	男	女
1	15山	43午	+2	-8	46畑	44未	+2	-8	17岩	45申	+2	-8	47岩	46酉	+2	-8	18宝	47戌	+2	-8	48宝	48亥	+2	-8
2	16畑	43午	+2	-8	47岩	44未	+2	-8	18宝	45申	+2	-8	48宝	46酉	+2	-8	19海	47戌	+2	-8	49海	48亥	+1	-8
3	17岩	43午	+1	-9	48宝	44未	+2	-9	19海	45申	+2	-9	49海	46酉	+2	-8	20雨	47戌	+1	-8	50雨	48亥	+1	-8
4	18宝	43午	+1	-9	49海	44未	+1	-9	20雨	45申	+1	-9	50雨	46酉	+1	-9	21木	47戌	+1	-9	51木	48亥	+1	-9
5	19海	43午	+1	-9	50雨	44未	+1	-9	21木	45申	+1	-9	51木	46酉	+1	-9	22草	47戌	+1	-9	52草	48亥	+1	-9
6	20雨	43午	+1	-0	51木	44未	+1	-0	22草	45申	+1	-0	52草	46酉	+1	-9	23陽	47戌	+1	-9	53陽	48亥	+0	-9
7	21木	44未	+0	-0	52草	45申	+1	-0	23陽	46酉	+1	-0	53陽	46酉	+1	-0	24灯	48亥	+0	-0	54灯	49子	+9	-0
8	22草	44未	+0	-0	53陽	45申	+0	-1	24灯	46酉	+0	-1	54灯	47戌	+0	-0	25山	48亥	+0	-1	55山	49子	+9	-1
9	23陽	44未	+0	-1	54灯	45申	+0	-1	25山	46酉	+0	-1	55山	47戌	+0	-1	26畑	48亥	+9	-1	56畑	49子	+9	-1
10	24灯	44未	+0	-1	55山	45申	+0	-1	26畑	46酉	+9	-1	56畑	47戌	+9	-1	27岩	48亥	+9	-1	57岩	49子	+8	-1
11	25山	44未	+9	-1	56畑	45申	+9	-1	27岩	46酉	+9	-1	57岩	47戌	+9	-1	28宝	48亥	+9	-1	58宝	49子	+8	-1
12	26畑	44未	+9	-1	57岩	45申	+9	-1	28宝	46酉	+9	-1	58宝	47戌	+9	-1	29海	48亥	+8	-1	59海	49子	+8	-1
13	27岩	44未	+9	-1	58宝	45申	+9	-2	29海	46酉	+8	-2	59海	47戌	+8	-1	30雨	48亥	+8	-2	60雨	49子	+7	-2
14	28宝	44未	+8	-2	59海	45申	+8	-2	30雨	46酉	+8	-2	60雨	47戌	+8	-2	31木	48亥	+8	-2	1木	49子	+7	-2
15	29海	44未	+8	-2	60雨	45申	+8	-2	31木	46酉	+8	-2	1木	47戌	+8	-2	32草	48亥	+7	-2	2草	49子	+7	-2
16	30雨	44未	+8	-2	1木	45申	+8	-3	32草	46酉	+7	-3	2草	47戌	+7	-2	33陽	48亥	+7	-3	3陽	49子	+6	-3
17	31木	44未	+7	-3	2草	45申	+7	-3	33陽	46酉	+7	-3	3陽	47戌	+7	-3	34灯	48亥	+7	-3	4灯	49子	+6	-3
18	32草	44未	+7	-3	3陽	45申	+7	-3	34灯	46酉	+7	-3	4灯	47戌	+7	-3	35山	48亥	+6	-3	5山	49子	+6	-3
19	33陽	44未	+7	-3	4灯	45申	+7	-4	35山	46酉	+6	-4	5山	47戌	+6	-3	36畑	48亥	+6	-4	6畑	49子	+5	-4
20	34灯	44未	+6	-4	5山	45申	+6	-4	36畑	46酉	+6	-4	6畑	47戌	+6	-4	37岩	48亥	+6	-4	7岩	49子	+5	-4
21	35山	44未	+6	-4	6畑	45申	+6	-4	37岩	46酉	+6	-4	7岩	47戌	+6	-4	38宝	48亥	+5	-4	8宝	49子	+5	-4
22	36畑	44未	+6	-4	7岩	45申	+6	-5	38宝	46酉	+5	-5	8宝	47戌	+5	-4	39海	48亥	+5	-5	9海	49子	+4	-5
23	37岩	44未	+5	-5	8宝	45申	+5	-5	39海	46酉	+5	-5	9海	47戌	+5	-5	40雨	48亥	+5	-5	10雨	49子	+4	-5
24	38宝	44未	+5	-5	9海	45申	+5	-5	40雨	46酉	+5	-5	10雨	47戌	+5	-5	41木	48亥	+4	-5	11木	49子	+4	-5
25	39海	44未	+5	-5	10雨	45申	+5	-6	41木	46酉	+4	-6	11木	47戌	+4	-5	42草	48亥	+4	-6	12草	49子	+3	-6
26	40雨	44未	+4	-6	11木	45申	+4	-6	42草	46酉	+4	-6	12草	47戌	+4	-6	43陽	48亥	+4	-6	13陽	49子	+3	-6
27	41木	44未	+4	-6	12草	45申	+4	-6	43陽	46酉	+4	-6	13陽	47戌	+4	-6	44灯	48亥	+3	-6	14灯	49子	+3	-6
28	42草	44未	+4	-6	13陽	45申	+4	-7	44灯	46酉	+3	-7	14灯	47戌	+3	-6	45山	48亥	+3	-7	15山	49子	+2	-7
29	43陽	44未	+3	-7	14灯	45申	+3	-7	45山	46酉	+3	-7	15山	47戌	+3	-7	46畑	48亥	+3	-7	16畑	49子	+2	-7
30	44灯	44未	+3	-7	15山	45申	+3	-7	46畑	46酉	+3	-7	16畑	47戌	+3	-7	47岩	48亥	+2	-7	17岩	49子	+2	-7
31	45山	44未	+3	-7	16畑	45申	+3	-8					17岩	47戌	+2	-7					18宝	49子	+1	-8

1993年　10 癸酉（2/4 ～翌年2/3）

日	1月 日干	月干	男	女	2月 日干	月干	男	女	3月 日干	月干	男	女	4月 日干	月干	男	女	5月 日干	月干	男	女	6月 日干	月干	男	女
1	19海	49子	+2	-8	50雨	50丑	+1	-9	18宝	51寅	-8	+2	49海	52卯	-9	+1	19海	53辰	-8	+2	50雨	54巳	-9	+2
2	20雨	49子	+1	-9	51木	50丑	+1	-9	19海	51寅	-8	+1	50雨	52卯	-9	+1	20雨	53辰	-9	+1	51木	54巳	-9	+1
3	21木	49子	+1	-9	52草	50丑	+1	-9	20雨	51寅	-9	+1	51木	52卯	-9	+1	21木	53辰	-9	+1	52草	54巳	-9	+1
4	22草	49子	+1	-9	53陽	51寅	-0	+0	21木	51寅	-9	+1	52草	52卯	-0	+0	22草	53辰	-9	+1	53陽	54巳	-0	+1
5	23陽	50丑	+1	-0	54灯	51寅	-1	+0	22草	52卯	-9	+1	53陽	53辰	-0	+0	23陽	54巳	-0	+1	54灯	54巳	-0	+1
6	24灯	50丑	+0	-1	55山	51寅	-1	+0	23陽	52卯	-1	+0	54灯	53辰	-1	+0	24灯	54巳	-1	+0	55山	55午	-0	+0
7	25山	50丑	+9	-1	56畑	51寅	-1	+9	24灯	52卯	-1	+0	55山	53辰	-1	+0	25山	54巳	-1	+0	56畑	55午	-1	+0
8	26畑	50丑	+9	-1	57岩	51寅	-1	+9	25山	52卯	-1	+9	56畑	53辰	-1	+9	26畑	54巳	-1	+0	57岩	55午	-1	+0
9	27岩	50丑	+9	-1	58宝	51寅	-1	+9	26畑	52卯	-1	+9	57岩	53辰	-1	+9	27岩	54巳	-1	+9	58宝	55午	-1	+9
10	28宝	50丑	+8	-1	59海	51寅	-2	+8	27岩	52卯	-1	+9	58宝	53辰	-1	+9	28宝	54巳	-1	+9	59海	55午	-1	+9
11	29海	50丑	+8	-2	60雨	51寅	-2	+8	28宝	52卯	-2	+8	59海	53辰	-2	+8	29海	54巳	-2	+9	60雨	55午	-1	+9
12	30雨	50丑	+8	-2	1木	51寅	-2	+8	29海	52卯	-2	+8	60雨	53辰	-2	+8	30雨	54巳	-2	+8	1木	55午	-2	+8
13	31木	50丑	+7	-2	2草	51寅	-3	+7	30雨	52卯	-2	+8	1木	53辰	-2	+8	31木	54巳	-2	+8	2草	55午	-2	+8
14	32草	50丑	+7	-3	3陽	51寅	-3	+7	31木	52卯	-3	+7	2草	53辰	-3	+7	32草	54巳	-3	+8	3陽	55午	-2	+8
15	33陽	50丑	+7	-3	4灯	51寅	-3	+7	32草	52卯	-3	+7	3陽	53辰	-3	+7	33陽	54巳	-3	+7	4灯	55午	-3	+7
16	34灯	50丑	+6	-3	5山	51寅	-4	+6	33陽	52卯	-3	+7	4灯	53辰	-3	+7	34灯	54巳	-3	+7	5山	55午	-3	+7
17	35山	50丑	+6	-4	6畑	51寅	-4	+6	34灯	52卯	-4	+6	5山	53辰	-4	+6	35山	54巳	-4	+7	6畑	55午	-3	+7
18	36畑	50丑	+6	-4	7岩	51寅	-4	+6	35山	52卯	-4	+6	6畑	53辰	-4	+6	36畑	54巳	-4	+6	7岩	55午	-4	+6
19	37岩	50丑	+5	-4	8宝	51寅	-5	+5	36畑	52卯	-4	+6	7岩	53辰	-4	+6	37岩	54巳	-4	+6	8宝	55午	-4	+6
20	38宝	50丑	+5	-5	9海	51寅	-5	+5	37岩	52卯	-5	+5	8宝	53辰	-5	+5	38宝	54巳	-5	+6	9海	55午	-4	+6
21	39海	50丑	+5	-5	10雨	51寅	-5	+5	38宝	52卯	-5	+5	9海	53辰	-5	+5	39海	54巳	-5	+5	10雨	55午	-5	+5
22	40雨	50丑	+4	-5	11木	51寅	-6	+4	39海	52卯	-5	+5	10雨	53辰	-5	+5	40雨	54巳	-5	+5	11木	55午	-5	+5
23	41木	50丑	+4	-6	12草	51寅	-6	+4	40雨	52卯	-6	+4	11木	53辰	-6	+4	41木	54巳	-6	+5	12草	55午	-5	+5
24	42草	50丑	+4	-6	13陽	51寅	-6	+4	41木	52卯	-6	+4	12草	53辰	-6	+4	42草	54巳	-6	+4	13陽	55午	-6	+4
25	43陽	50丑	+3	-6	14灯	51寅	-7	+3	42草	52卯	-6	+4	13陽	53辰	-6	+4	43陽	54巳	-6	+4	14灯	55午	-6	+4
26	44灯	50丑	+3	-7	15山	51寅	-7	+3	43陽	52卯	-7	+3	14灯	53辰	-7	+3	44灯	54巳	-7	+4	15山	55午	-6	+4
27	45山	50丑	+3	-7	16畑	51寅	-7	+3	44灯	52卯	-7	+3	15山	53辰	-7	+3	45山	54巳	-7	+3	16畑	55午	-7	+3
28	46畑	50丑	+2	-7	17岩	51寅	-8	+2	45山	52卯	-7	+3	16畑	53辰	-7	+3	46畑	54巳	-7	+3	17岩	55午	-7	+3
29	47岩	50丑	+2	-8					46畑	52卯	-8	+2	17岩	53辰	-8	+2	47岩	54巳	-8	+3	18宝	55午	-7	+3
30	48宝	50丑	+2	-8					47岩	52卯	-8	+2	18宝	53辰	-8	+2	48宝	54巳	-8	+2	19海	55午	-8	+2
31	49海	50丑	+1	-8					48宝	52卯	-8	+2					49海	54巳	-8	+2				

日	7月 日干	月干	男	女	8月 日干	月干	男	女	9月 日干	月干	男	女	10月 日干	月干	男	女	11月 日干	月干	男	女	12月 日干	月干	男	女
1	20雨	55午	-8	+2	51木	56未	-8	+2	22草	57申	-8	+2	52草	58酉	-8	+2	23陽	59戌	-8	+2	53陽	60亥	-8	+2
2	21木	55午	-9	+2	52草	56未	-8	+2	23陽	57申	-8	+2	53陽	58酉	-8	+2	24灯	59戌	-8	+2	54灯	60亥	-8	+1
3	22草	55午	-9	+1	53陽	56未	-9	+2	24灯	57申	-9	+2	54灯	58酉	-8	+2	25山	59戌	-8	+1	55山	60亥	-8	+1
4	23陽	55午	-9	+1	54灯	56未	-9	+1	25山	57申	-9	+1	55山	58酉	-9	+1	26畑	59戌	-9	+1	56畑	60亥	-9	+1
5	24灯	55午	-0	+1	55山	56未	-9	+1	26畑	57申	-9	+1	56畑	58酉	-9	+1	27岩	59戌	-9	+1	57岩	60亥	-9	+1
6	25山	55午	-0	+1	56畑	56未	-0	+1	27岩	57申	-0	+1	57岩	58酉	-9	+1	28宝	59戌	-9	+1	58宝	60亥	-9	+0
7	26畑	56未	-0	+0	57岩	57申	-0	+1	28宝	57申	-0	+1	58宝	58酉	-0	+1	29海	60亥	-0	+0	59海	1子	-0	+9
8	27岩	56未	-1	+0	58宝	57申	-1	+0	29海	58酉	-1	+0	59海	59戌	-0	+0	30雨	60亥	-1	+0	60雨	1子	-1	+9
9	28宝	56未	-1	+0	59海	57申	-1	+0	30雨	58酉	-1	+0	60雨	59戌	-1	+0	31木	60亥	-1	+9	1木	1子	-1	+9
10	29海	56未	-1	+0	60雨	57申	-1	+0	31木	58酉	-1	+9	1木	59戌	-1	+9	32草	60亥	-1	+9	2草	1子	-1	+8
11	30雨	56未	-1	+9	1木	57申	-1	+9	32草	58酉	-1	+9	2草	59戌	-1	+9	33陽	60亥	-1	+9	3陽	1子	-1	+8
12	31木	56未	-1	+9	2草	57申	-1	+9	33陽	58酉	-1	+9	3陽	59戌	-1	+9	34灯	60亥	-1	+8	4灯	1子	-1	+8
13	32草	56未	-2	+9	3陽	57申	-2	+9	34灯	58酉	-2	+8	4灯	59戌	-1	+8	35山	60亥	-2	+8	5山	1子	-2	+7
14	33陽	56未	-2	+8	4灯	57申	-2	+8	35山	58酉	-2	+8	5山	59戌	-2	+8	36畑	60亥	-2	+8	6畑	1子	-2	+7
15	34灯	56未	-2	+8	5山	57申	-2	+8	36畑	58酉	-2	+8	6畑	59戌	-2	+8	37岩	60亥	-2	+7	7岩	1子	-2	+7
16	35山	56未	-3	+8	6畑	57申	-3	+8	37岩	58酉	-3	+7	7岩	59戌	-2	+7	38宝	60亥	-3	+7	8宝	1子	-3	+6
17	36畑	56未	-3	+7	7岩	57申	-3	+7	38宝	58酉	-3	+7	8宝	59戌	-3	+7	39海	60亥	-3	+7	9海	1子	-3	+6
18	37岩	56未	-3	+7	8宝	57申	-3	+7	39海	58酉	-3	+7	9海	59戌	-3	+7	40雨	60亥	-3	+6	10雨	1子	-3	+6
19	38宝	56未	-4	+7	9海	57申	-4	+7	40雨	58酉	-4	+6	10雨	59戌	-3	+6	41木	60亥	-4	+6	11木	1子	-4	+5
20	39海	56未	-4	+6	10雨	57申	-4	+6	41木	58酉	-4	+6	11木	59戌	-4	+6	42草	60亥	-4	+6	12草	1子	-4	+5
21	40雨	56未	-4	+6	11木	57申	-4	+6	42草	58酉	-4	+6	12草	59戌	-4	+6	43陽	60亥	-4	+5	13陽	1子	-4	+5
22	41木	56未	-5	+6	12草	57申	-5	+6	43陽	58酉	-5	+5	13陽	59戌	-4	+5	44灯	60亥	-5	+5	14灯	1子	-5	+4
23	42草	56未	-5	+5	13陽	57申	-5	+5	44灯	58酉	-5	+5	14灯	59戌	-5	+5	45山	60亥	-5	+5	15山	1子	-5	+4
24	43陽	56未	-5	+5	14灯	57申	-5	+5	45山	58酉	-5	+5	15山	59戌	-5	+5	46畑	60亥	-5	+4	16畑	1子	-5	+4
25	44灯	56未	-6	+5	15山	57申	-6	+5	46畑	58酉	-6	+4	16畑	59戌	-5	+4	47岩	60亥	-6	+4	17岩	1子	-6	+3
26	45山	56未	-6	+4	16畑	57申	-6	+4	47岩	58酉	-6	+4	17岩	59戌	-6	+4	48宝	60亥	-6	+4	18宝	1子	-6	+3
27	46畑	56未	-6	+4	17岩	57申	-6	+4	48宝	58酉	-6	+4	18宝	59戌	-6	+4	49海	60亥	-6	+3	19海	1子	-6	+3
28	47岩	56未	-7	+4	18宝	57申	-7	+4	49海	58酉	-7	+3	19海	59戌	-6	+3	50雨	60亥	-7	+3	20雨	1子	-7	+2
29	48宝	56未	-7	+3	19海	57申	-7	+3	50雨	58酉	-7	+3	20雨	59戌	-7	+3	51木	60亥	-7	+3	21木	1子	-7	+2
30	49海	56未	-7	+3	20雨	57申	-7	+3	51木	58酉	-7	+3	21木	59戌	-7	+3	52草	60亥	-7	+2	22草	1子	-7	+2
31	50雨	56未	-8	+3	21木	57申	-8	+3					22草	59戌	-7	+2					23陽	1子	-8	+1

1994年　11 甲戌（2/4 ～翌年2/3）

日	1月 日干	1月 月干	男	女	2月 日干	2月 月干	男	女	3月 日干	3月 月干	男	女	4月 日干	4月 月干	男	女
1	24灯	1子	-8	+2	55山	2丑	-9	+1	23陽	3寅	+2	-8	54灯	4卯	+1	-9
2	25山	1子	-9	+1	56畑	2丑	-9	+1	24灯	3寅	+1	-8	55山	4卯	+1	-9
3	26畑	1子	-9	+1	57岩	2丑	-9	+1	25山	3寅	+1	-9	56畑	4卯	+1	-9
4	27岩	1子	-9	+1	58宝	3寅	+0	-0	26畑	3寅	+1	-9	57岩	4卯	+0	-0
5	28宝	2丑	-0	+1	59海	3寅	+0	-1	27岩	3寅	+1	-9	58宝	5辰	+0	-0
6	29海	2丑	-1	+0	60雨	3寅	+0	-1	28宝	4卯	+0	-1	59海	5辰	+0	-1
7	30雨	2丑	-1	+9	1木	3寅	+9	-1	29海	4卯	+0	-1	60雨	5辰	+0	-1
8	31木	2丑	-1	+9	2草	3寅	+9	-1	30雨	4卯	+9	-1	1木	5辰	+9	-1
9	32草	2丑	-1	+9	3陽	3寅	+9	-1	31木	4卯	+9	-1	2草	5辰	+9	-1
10	33陽	2丑	-1	+8	4灯	3寅	+8	-2	32草	4卯	+9	-1	3陽	5辰	+9	-1
11	34灯	2丑	-2	+8	5山	3寅	+8	-2	33陽	4卯	+8	-2	4灯	5辰	+8	-2
12	35山	2丑	-2	+8	6畑	3寅	+8	-2	34灯	4卯	+8	-2	5山	5辰	+8	-2
13	36畑	2丑	-2	+7	7岩	3寅	+7	-3	35山	4卯	+8	-2	6畑	5辰	+8	-2
14	37岩	2丑	-3	+7	8宝	3寅	+7	-3	36畑	4卯	+7	-3	7岩	5辰	+7	-3
15	38宝	2丑	-3	+7	9海	3寅	+7	-3	37岩	4卯	+7	-3	8宝	5辰	+7	-3
16	39海	2丑	-3	+6	10雨	3寅	+6	-4	38宝	4卯	+7	-3	9海	5辰	+7	-3
17	40雨	2丑	-4	+6	11木	3寅	+6	-4	39海	4卯	+6	-4	10雨	5辰	+6	-4
18	41木	2丑	-4	+6	12草	3寅	+6	-4	40雨	4卯	+6	-4	11木	5辰	+6	-4
19	42草	2丑	-4	+5	13陽	3寅	+5	-5	41木	4卯	+6	-4	12草	5辰	+6	-4
20	43陽	2丑	-5	+5	14灯	3寅	+5	-5	42草	4卯	+5	-5	13陽	5辰	+5	-5
21	44灯	2丑	-5	+5	15山	3寅	+5	-5	43陽	4卯	+5	-5	14灯	5辰	+5	-5
22	45山	2丑	-5	+4	16畑	3寅	+4	-6	44灯	4卯	+5	-5	15山	5辰	+5	-5
23	46畑	2丑	-6	+4	17岩	3寅	+4	-6	45山	4卯	+4	-6	16畑	5辰	+4	-6
24	47岩	2丑	-6	+4	18宝	3寅	+4	-6	46畑	4卯	+4	-6	17岩	5辰	+4	-6
25	48宝	2丑	-6	+3	19海	3寅	+3	-7	47岩	4卯	+4	-6	18宝	5辰	+4	-6
26	49海	2丑	-7	+3	20雨	3寅	+3	-7	48宝	4卯	+3	-7	19海	5辰	+3	-7
27	50雨	2丑	-7	+3	21木	3寅	+3	-7	49海	4卯	+3	-7	20雨	5辰	+3	-7
28	51木	2丑	-7	+2	22草	3寅	+2	-8	50雨	4卯	+3	-7	21木	5辰	+3	-7
29	52草	2丑	-8	+2					51木	4卯	+2	-8	22草	5辰	+2	-8
30	53陽	2丑	-8	+2					52草	4卯	+2	-8	23陽	5辰	+2	-8
31	54灯	2丑	-8	+1					53陽	4卯	+2	-8				

日	5月 日干	5月 月干	男	女	6月 日干	6月 月干	男	女	7月 日干	7月 月干	男	女	8月 日干	8月 月干	男	女
1	24灯	5辰	+2	-8	55山	6巳	+2	-9	25山	7午	+2	-8	56畑	8未	+2	-8
2	25山	5辰	+1	-9	56畑	6巳	+1	-9	26畑	7午	+2	-9	57岩	8未	+2	-8
3	26畑	5辰	+1	-9	57岩	6巳	+1	-9	27岩	7午	+1	-9	58宝	8未	+2	-9
4	27岩	5辰	+1	-9	58宝	6巳	+1	-0	28宝	7午	+1	-9	59海	8未	+1	-9
5	28宝	5辰	+1	-0	59海	6巳	+1	-0	29海	7午	+1	-0	60雨	8未	+1	-9
6	29海	6巳	+0	-1	60雨	7午	+0	-0	30雨	7午	+1	-0	1木	8未	+1	-0
7	30雨	6巳	+0	-1	1木	7午	+0	-1	31木	8未	+0	-0	2草	8未	+1	-0
8	31木	6巳	+0	-1	2草	7午	+0	-1	32草	8未	+0	-1	3陽	9申	+0	-1
9	32草	6巳	+9	-1	3陽	7午	+9	-1	33陽	8未	+0	-1	4灯	9申	+0	-1
10	33陽	6巳	+9	-1	4灯	7午	+9	-1	34灯	8未	+0	-1	5山	9申	+0	-1
11	34灯	6巳	+9	-2	5山	7午	+9	-1	35山	8未	+9	-1	6畑	9申	+9	-1
12	35山	6巳	+8	-2	6畑	7午	+8	-2	36畑	8未	+9	-1	7岩	9申	+9	-1
13	36畑	6巳	+8	-2	7岩	7午	+8	-2	37岩	8未	+9	-2	8宝	9申	+9	-2
14	37岩	6巳	+8	-3	8宝	7午	+8	-2	38宝	8未	+8	-2	9海	9申	+8	-2
15	38宝	6巳	+7	-3	9海	7午	+7	-3	39海	8未	+8	-2	10雨	9申	+8	-2
16	39海	6巳	+7	-3	10雨	7午	+7	-3	40雨	8未	+8	-3	11木	9申	+8	-3
17	40雨	6巳	+7	-4	11木	7午	+7	-3	41木	8未	+7	-3	12草	9申	+7	-3
18	41木	6巳	+6	-4	12草	7午	+6	-4	42草	8未	+7	-3	13陽	9申	+7	-3
19	42草	6巳	+6	-4	13陽	7午	+6	-4	43陽	8未	+7	-4	14灯	9申	+7	-4
20	43陽	6巳	+6	-5	14灯	7午	+6	-4	44灯	8未	+6	-4	15山	9申	+6	-4
21	44灯	6巳	+5	-5	15山	7午	+5	-5	45山	8未	+6	-4	16畑	9申	+6	-4
22	45山	6巳	+5	-5	16畑	7午	+5	-5	46畑	8未	+6	-5	17岩	9申	+6	-5
23	46畑	6巳	+5	-6	17岩	7午	+5	-5	47岩	8未	+5	-5	18宝	9申	+5	-5
24	47岩	6巳	+4	-6	18宝	7午	+4	-6	48宝	8未	+5	-5	19海	9申	+5	-5
25	48宝	6巳	+4	-6	19海	7午	+4	-6	49海	8未	+5	-6	20雨	9申	+5	-6
26	49海	6巳	+4	-7	20雨	7午	+4	-6	50雨	8未	+4	-6	21木	9申	+4	-6
27	50雨	6巳	+3	-7	21木	7午	+3	-7	51木	8未	+4	-6	22草	9申	+4	-6
28	51木	6巳	+3	-7	22草	7午	+3	-7	52草	8未	+4	-7	23陽	9申	+4	-7
29	52草	6巳	+3	-8	23陽	7午	+3	-7	53陽	8未	+3	-7	24灯	9申	+3	-7
30	53陽	6巳	+2	-8	24灯	7午	+2	-8	54灯	8未	+3	-7	25山	9申	+3	-7
31	54灯	6巳	+2	-8					55山	8未	+3	-8	26畑	9申	+3	-8

日	9月 日干	9月 月干	男	女	10月 日干	10月 月干	男	女	11月 日干	11月 月干	男	女	12月 日干	12月 月干	男	女
1	27岩	9申	+2	-8	57岩	10酉	+2	-8	28宝	11戌	+2	-8	58宝	12亥	+2	-8
2	28宝	9申	+2	-8	58宝	10酉	+2	-8	29海	11戌	+2	-8	59海	12亥	+1	-8
3	29海	9申	+2	-9	59海	10酉	+2	-8	30雨	11戌	+1	-8	60雨	12亥	+1	-8
4	30雨	9申	+1	-9	60雨	10酉	+1	-9	31木	11戌	+1	-9	1木	12亥	+1	-9
5	31木	9申	+1	-9	1木	10酉	+1	-9	32草	11戌	+1	-9	2草	12亥	+1	-9
6	32草	9申	+1	-0	2草	10酉	+1	-9	33陽	11戌	+1	-9	3陽	12亥	+0	-9
7	33陽	9申	+1	-0	3陽	10酉	+1	-0	34灯	11戌	+0	-0	4灯	13子	+9	-0
8	34灯	10酉	+0	-1	4灯	11戌	+0	-0	35山	12亥	+0	-1	5山	13子	+9	-1
9	35山	10酉	+0	-1	5山	11戌	+0	-1	36畑	12亥	+9	-1	6畑	13子	+9	-1
10	36畑	10酉	+9	-1	6畑	11戌	+9	-1	37岩	12亥	+9	-1	7岩	13子	+8	-1
11	37岩	10酉	+9	-1	7岩	11戌	+9	-1	38宝	12亥	+9	-1	8宝	13子	+8	-1
12	38宝	10酉	+9	-1	8宝	11戌	+9	-1	39海	12亥	+8	-1	9海	13子	+8	-1
13	39海	10酉	+8	-2	9海	11戌	+8	-1	40雨	12亥	+8	-2	10雨	13子	+7	-2
14	40雨	10酉	+8	-2	10雨	11戌	+8	-2	41木	12亥	+8	-2	11木	13子	+7	-2
15	41木	10酉	+8	-2	11木	11戌	+8	-2	42草	12亥	+7	-2	12草	13子	+7	-2
16	42草	10酉	+7	-3	12草	11戌	+7	-2	43陽	12亥	+7	-3	13陽	13子	+6	-3
17	43陽	10酉	+7	-3	13陽	11戌	+7	-3	44灯	12亥	+7	-3	14灯	13子	+6	-3
18	44灯	10酉	+7	-3	14灯	11戌	+7	-3	45山	12亥	+6	-3	15山	13子	+6	-3
19	45山	10酉	+6	-4	15山	11戌	+6	-3	46畑	12亥	+6	-4	16畑	13子	+5	-4
20	46畑	10酉	+6	-4	16畑	11戌	+6	-4	47岩	12亥	+6	-4	17岩	13子	+5	-4
21	47岩	10酉	+6	-4	17岩	11戌	+6	-4	48宝	12亥	+5	-4	18宝	13子	+5	-4
22	48宝	10酉	+5	-5	18宝	11戌	+5	-4	49海	12亥	+5	-5	19海	13子	+4	-5
23	49海	10酉	+5	-5	19海	11戌	+5	-5	50雨	12亥	+5	-5	20雨	13子	+4	-5
24	50雨	10酉	+5	-5	20雨	11戌	+5	-5	51木	12亥	+4	-5	21木	13子	+4	-5
25	51木	10酉	+4	-6	21木	11戌	+4	-5	52草	12亥	+4	-6	22草	13子	+3	-6
26	52草	10酉	+4	-6	22草	11戌	+4	-6	53陽	12亥	+4	-6	23陽	13子	+3	-6
27	53陽	10酉	+4	-6	23陽	11戌	+4	-6	54灯	12亥	+3	-6	24灯	13子	+3	-6
28	54灯	10酉	+3	-7	24灯	11戌	+3	-6	55山	12亥	+3	-7	25山	13子	+2	-7
29	55山	10酉	+3	-7	25山	11戌	+3	-7	56畑	12亥	+3	-7	26畑	13子	+2	-7
30	56畑	10酉	+3	-7	26畑	11戌	+3	-7	57岩	12亥	+2	-7	27岩	13子	+2	-7
31					27岩	11戌	+2	-7					28宝	13子	+1	-8

1995年　12 乙亥（2/4 ～翌年2/3）

日	1月 日干	1月 月干	男	女	2月 日干	2月 月干	男	女	3月 日干	3月 月干	男	女	4月 日干	4月 月干	男	女
1	29海	13子	+2	-8	60雨	14丑	+1	-9	28宝	15寅	-8	+2	59海	16卯	-9	+1
2	30雨	13子	+1	-9	1木	14丑	+1	-9	29海	15寅	-8	+1	60雨	16卯	-9	+1
3	31木	13子	+1	-9	2草	14丑	+1	-9	30雨	15寅	-9	+1	1木	16卯	-9	+1
4	32草	13子	+1	-9	3陽	15寅	-0	+0	31木	15寅	-9	+1	2草	16卯	-0	+0
5	33陽	13子	+1	-0	4灯	15寅	-1	+0	32草	15寅	-9	+1	3陽	17辰	-0	+0
6	34灯	14丑	+0	-1	5山	15寅	-1	+0	33陽	16卯	-1	+0	4灯	17辰	-1	+0
7	35山	14丑	+9	-1	6畑	15寅	-1	+9	34灯	16卯	-1	+0	5山	17辰	-1	+0
8	36畑	14丑	+9	-1	7岩	15寅	-1	+9	35山	16卯	-1	+9	6畑	17辰	-1	+9
9	37岩	14丑	+9	-1	8宝	15寅	-1	+9	36畑	16卯	-1	+9	7岩	17辰	-1	+9
10	38宝	14丑	+8	-1	9海	15寅	-2	+8	37岩	16卯	-1	+9	8宝	17辰	-1	+9
11	39海	14丑	+8	-2	10雨	15寅	-2	+8	38宝	16卯	-2	+8	9海	17辰	-2	+8
12	40雨	14丑	+8	-2	11木	15寅	-2	+8	39海	16卯	-2	+8	10雨	17辰	-2	+8
13	41木	14丑	+7	-2	12草	15寅	-3	+7	40雨	16卯	-2	+8	11木	17辰	-2	+8
14	42草	14丑	+7	-3	13陽	15寅	-3	+7	41木	16卯	-3	+7	12草	17辰	-3	+7
15	43陽	14丑	+7	-3	14灯	15寅	-3	+7	42草	16卯	-3	+7	13陽	17辰	-3	+7
16	44灯	14丑	+6	-3	15山	15寅	-4	+6	43陽	16卯	-3	+7	14灯	17辰	-3	+7
17	45山	14丑	+6	-4	16畑	15寅	-4	+6	44灯	16卯	-4	+6	15山	17辰	-4	+6
18	46畑	14丑	+6	-4	17岩	15寅	-4	+6	45山	16卯	-4	+6	16畑	17辰	-4	+6
19	47岩	14丑	+5	-4	18宝	15寅	-5	+5	46畑	16卯	-4	+6	17岩	17辰	-4	+6
20	48宝	14丑	+5	-5	19海	15寅	-5	+5	47岩	16卯	-5	+5	18宝	17辰	-5	+5
21	49海	14丑	+5	-5	20雨	15寅	-5	+5	48宝	16卯	-5	+5	19海	17辰	-5	+5
22	50雨	14丑	+4	-5	21木	15寅	-6	+4	49海	16卯	-5	+5	20雨	17辰	-5	+5
23	51木	14丑	+4	-6	22草	15寅	-6	+4	50雨	16卯	-6	+4	21木	17辰	-6	+4
24	52草	14丑	+4	-6	23陽	15寅	-6	+4	51木	16卯	-6	+4	22草	17辰	-6	+4
25	53陽	14丑	+3	-6	24灯	15寅	-7	+3	52草	16卯	-6	+4	23陽	17辰	-6	+4
26	54灯	14丑	+3	-7	25山	15寅	-7	+3	53陽	16卯	-7	+3	24灯	17辰	-7	+3
27	55山	14丑	+3	-7	26畑	15寅	-7	+3	54灯	16卯	-7	+3	25山	17辰	-7	+3
28	56畑	14丑	+2	-7	27岩	15寅	-8	+2	55山	16卯	-7	+3	26畑	17辰	-7	+3
29	57岩	14丑	+2	-8					56畑	16卯	-8	+2	27岩	17辰	-8	+2
30	58宝	14丑	+2	-8					57岩	16卯	-8	+2	28宝	17辰	-8	+2
31	59海	14丑	+1	-8					58宝	16卯	-8	+2				

日	5月 日干	5月 月干	男	女	6月 日干	6月 月干	男	女	7月 日干	7月 月干	男	女	8月 日干	8月 月干	男	女
1	29海	17辰	-8	+2	60雨	18巳	-9	+2	30雨	19午	-8	+2	1木	20未	-8	+2
2	30雨	17辰	-9	+1	1木	18巳	-9	+1	31木	19午	-9	+2	2草	20未	-8	+2
3	31木	17辰	-9	+1	2草	18巳	-9	+1	32草	19午	-9	+1	3陽	20未	-9	+2
4	32草	17辰	-9	+1	3陽	18巳	-0	+1	33陽	19午	-9	+1	4灯	20未	-9	+1
5	33陽	17辰	-0	+1	4灯	18巳	-0	+1	34灯	19午	-0	+1	5山	20未	-9	+1
6	34灯	18巳	-1	+0	5山	19午	-0	+0	35山	19午	-0	+1	6畑	20未	-0	+1
7	35山	18巳	-1	+0	6畑	19午	-1	+0	36畑	20未	-0	+0	7岩	20未	-0	+1
8	36畑	18巳	-1	+0	7岩	19午	-1	+0	37岩	20未	-1	+0	8宝	21申	-1	+0
9	37岩	18巳	-1	+9	8宝	19午	-1	+9	38宝	20未	-1	+0	9海	21申	-1	+0
10	38宝	18巳	-1	+9	9海	19午	-1	+9	39海	20未	-1	+0	10雨	21申	-1	+0
11	39海	18巳	-2	+9	10雨	19午	-1	+9	40雨	20未	-1	+9	11木	21申	-1	+9
12	40雨	18巳	-2	+8	11木	19午	-2	+8	41木	20未	-1	+9	12草	21申	-1	+9
13	41木	18巳	-2	+8	12草	19午	-2	+8	42草	20未	-2	+9	13陽	21申	-2	+9
14	42草	18巳	-3	+8	13陽	19午	-2	+8	43陽	20未	-2	+8	14灯	21申	-2	+8
15	43陽	18巳	-3	+7	14灯	19午	-3	+7	44灯	20未	-2	+8	15山	21申	-2	+8
16	44灯	18巳	-3	+7	15山	19午	-3	+7	45山	20未	-3	+8	16畑	21申	-3	+8
17	45山	18巳	-4	+7	16畑	19午	-3	+7	46畑	20未	-3	+7	17岩	21申	-3	+7
18	46畑	18巳	-4	+6	17岩	19午	-4	+6	47岩	20未	-3	+7	18宝	21申	-3	+7
19	47岩	18巳	-4	+6	18宝	19午	-4	+6	48宝	20未	-4	+7	19海	21申	-4	+7
20	48宝	18巳	-5	+6	19海	19午	-4	+6	49海	20未	-4	+6	20雨	21申	-4	+6
21	49海	18巳	-5	+5	20雨	19午	-5	+5	50雨	20未	-4	+6	21木	21申	-4	+6
22	50雨	18巳	-5	+5	21木	19午	-5	+5	51木	20未	-5	+6	22草	21申	-5	+6
23	51木	18巳	-6	+5	22草	19午	-5	+5	52草	20未	-5	+5	23陽	21申	-5	+5
24	52草	18巳	-6	+4	23陽	19午	-6	+4	53陽	20未	-5	+5	24灯	21申	-5	+5
25	53陽	18巳	-6	+4	24灯	19午	-6	+4	54灯	20未	-6	+5	25山	21申	-6	+5
26	54灯	18巳	-7	+4	25山	19午	-6	+4	55山	20未	-6	+4	26畑	21申	-6	+4
27	55山	18巳	-7	+3	26畑	19午	-7	+3	56畑	20未	-6	+4	27岩	21申	-6	+4
28	56畑	18巳	-7	+3	27岩	19午	-7	+3	57岩	20未	-7	+4	28宝	21申	-7	+4
29	57岩	18巳	-8	+3	28宝	19午	-7	+3	58宝	20未	-7	+3	29海	21申	-7	+3
30	58宝	18巳	-8	+2	29海	19午	-8	+2	59海	20未	-7	+3	30雨	21申	-7	+3
31	59海	18巳	-8	+2					60雨	20未	-8	+3	31木	21申	-8	+3

日	9月 日干	9月 月干	男	女	10月 日干	10月 月干	男	女	11月 日干	11月 月干	男	女	12月 日干	12月 月干	男	女
1	32草	21申	-8	+2	2草	22酉	-8	+2	33陽	23戌	-8	+2	3陽	24亥	-8	+2
2	33陽	21申	-8	+2	3陽	22酉	-8	+2	34灯	23戌	-8	+2	4灯	24亥	-8	+1
3	34灯	21申	-9	+2	4灯	22酉	-8	+2	35山	23戌	-8	+1	5山	24亥	-8	+1
4	35山	21申	-9	+1	5山	22酉	-9	+1	36畑	23戌	-9	+1	6畑	24亥	-9	+1
5	36畑	21申	-9	+1	6畑	22酉	-9	+1	37岩	23戌	-9	+1	7岩	24亥	-9	+1
6	37岩	21申	-0	+1	7岩	22酉	-9	+1	38宝	23戌	-9	+1	8宝	24亥	-9	+0
7	38宝	21申	-0	+1	8宝	22酉	-0	+1	39海	23戌	-0	+0	9海	25子	-0	+9
8	39海	22酉	-1	+0	9海	22酉	-0	+0	40雨	24亥	-1	+0	10雨	25子	-1	+9
9	40雨	22酉	-1	+0	10雨	23戌	-1	+0	41木	24亥	-1	+9	11木	25子	-1	+9
10	41木	22酉	-1	+9	11木	23戌	-1	+9	42草	24亥	-1	+9	12草	25子	-1	+8
11	42草	22酉	-1	+9	12草	23戌	-1	+9	43陽	24亥	-1	+9	13陽	25子	-1	+8
12	43陽	22酉	-1	+9	13陽	23戌	-1	+9	44灯	24亥	-1	+8	14灯	25子	-1	+8
13	44灯	22酉	-2	+8	14灯	23戌	-1	+8	45山	24亥	-2	+8	15山	25子	-2	+7
14	45山	22酉	-2	+8	15山	23戌	-2	+8	46畑	24亥	-2	+8	16畑	25子	-2	+7
15	46畑	22酉	-2	+8	16畑	23戌	-2	+8	47岩	24亥	-2	+7	17岩	25子	-2	+7
16	47岩	22酉	-3	+7	17岩	23戌	-2	+7	48宝	24亥	-3	+7	18宝	25子	-3	+6
17	48宝	22酉	-3	+7	18宝	23戌	-3	+7	49海	24亥	-3	+7	19海	25子	-3	+6
18	49海	22酉	-3	+7	19海	23戌	-3	+7	50雨	24亥	-3	+6	20雨	25子	-3	+6
19	50雨	22酉	-4	+6	20雨	23戌	-3	+6	51木	24亥	-4	+6	21木	25子	-4	+5
20	51木	22酉	-4	+6	21木	23戌	-4	+6	52草	24亥	-4	+6	22草	25子	-4	+5
21	52草	22酉	-4	+6	22草	23戌	-4	+6	53陽	24亥	-4	+5	23陽	25子	-4	+5
22	53陽	22酉	-5	+5	23陽	23戌	-4	+5	54灯	24亥	-5	+5	24灯	25子	-5	+4
23	54灯	22酉	-5	+5	24灯	23戌	-5	+5	55山	24亥	-5	+5	25山	25子	-5	+4
24	55山	22酉	-5	+5	25山	23戌	-5	+5	56畑	24亥	-5	+4	26畑	25子	-5	+4
25	56畑	22酉	-6	+4	26畑	23戌	-5	+4	57岩	24亥	-6	+4	27岩	25子	-6	+3
26	57岩	22酉	-6	+4	27岩	23戌	-6	+4	58宝	24亥	-6	+4	28宝	25子	-6	+3
27	58宝	22酉	-6	+4	28宝	23戌	-6	+4	59海	24亥	-6	+3	29海	25子	-6	+3
28	59海	22酉	-7	+3	29海	23戌	-6	+3	60雨	24亥	-7	+3	30雨	25子	-7	+2
29	60雨	22酉	-7	+3	30雨	23戌	-7	+3	1木	24亥	-7	+3	31木	25子	-7	+2
30	1木	22酉	-7	+3	31木	23戌	-7	+3	2草	24亥	-7	+2	32草	25子	-7	+2
31					32草	23戌	-7	+2					33陽	25子	-8	+1

1996年　13 丙子（2/4～翌年2/3）

日	1月				2月				3月				4月				5月				6月			
	日干	月干	男	女	日干	月干	男	女	日干	月干	男	女	日干	月干	男	女	日干	月干	男	女	日干	月干	男	女
1	34灯	25子	-8	+2	5山	26丑	-9	+1	34灯	27寅	+2	-8	5山	28卯	+1	-9	35山	29辰	+2	-8	6畑	30巳	+2	-9
2	35山	25子	-9	+1	6畑	26丑	-9	+1	35山	27寅	+1	-8	6畑	28卯	+1	-9	36畑	29辰	+1	-9	7岩	30巳	+1	-9
3	36畑	25子	-9	+1	7岩	26丑	-9	+1	36畑	27寅	+1	-9	7岩	28卯	+1	-9	37岩	29辰	+1	-9	8宝	30巳	+1	-9
4	37岩	25子	-9	+1	8宝	27寅	+0	-0	37岩	27寅	+1	-9	8宝	29辰	+0	-0	38宝	29辰	+1	-9	9海	30巳	+1	-0
5	38宝	25子	-0	+1	9海	27寅	+0	-1	38宝	28卯	+1	-9	9海	29辰	+0	-0	39海	30巳	+1	-0	10雨	31午	+1	-0
6	39海	26丑	-1	+0	10雨	27寅	+0	-1	39海	28卯	+0	-1	10雨	29辰	+0	-1	40雨	30巳	+0	-1	11木	31午	+0	-0
7	40雨	26丑	-1	+9	11木	27寅	+9	-1	40雨	28卯	+0	-1	11木	29辰	+0	-1	41木	30巳	+0	-1	12草	31午	+0	-1
8	41木	26丑	-1	+9	12草	27寅	+9	-1	41木	28卯	+9	-1	12草	29辰	+9	-1	42草	30巳	+0	-1	13陽	31午	+0	-1
9	42草	26丑	-1	+9	13陽	27寅	+9	-1	42草	28卯	+9	-1	13陽	29辰	+9	-1	43陽	30巳	+9	-1	14灯	31午	+9	-1
10	43陽	26丑	-1	+8	14灯	27寅	+8	-2	43陽	28卯	+9	-1	14灯	29辰	+9	-1	44灯	30巳	+9	-1	15山	31午	+9	-1
11	44灯	26丑	-2	+8	15山	27寅	+8	-2	44灯	28卯	+8	-2	15山	29辰	+8	-2	45山	30巳	+9	-2	16畑	31午	+9	-1
12	45山	26丑	-2	+8	16畑	27寅	+8	-2	45山	28卯	+8	-2	16畑	29辰	+8	-2	46畑	30巳	+8	-2	17岩	31午	+8	-2
13	46畑	26丑	-2	+7	17岩	27寅	+7	-3	46畑	28卯	+8	-2	17岩	29辰	+8	-2	47岩	30巳	+8	-2	18宝	31午	+8	-2
14	47岩	26丑	-3	+7	18宝	27寅	+7	-3	47岩	28卯	+7	-3	18宝	29辰	+7	-3	48宝	30巳	+8	-3	19海	31午	+8	-2
15	48宝	26丑	-3	+7	19海	27寅	+7	-3	48宝	28卯	+7	-3	19海	29辰	+7	-3	49海	30巳	+7	-3	20雨	31午	+7	-3
16	49海	26丑	-3	+6	20雨	27寅	+6	-4	49海	28卯	+7	-3	20雨	29辰	+7	-3	50雨	30巳	+7	-3	21木	31午	+7	-3
17	50雨	26丑	-4	+6	21木	27寅	+6	-4	50雨	28卯	+6	-4	21木	29辰	+6	-4	51木	30巳	+7	-4	22草	31午	+7	-3
18	51木	26丑	-4	+6	22草	27寅	+6	-4	51木	28卯	+6	-4	22草	29辰	+6	-4	52草	30巳	+6	-4	23陽	31午	+6	-4
19	52草	26丑	-4	+5	23陽	27寅	+5	-5	52草	28卯	+6	-4	23陽	29辰	+6	-4	53陽	30巳	+6	-4	24灯	31午	+6	-4
20	53陽	26丑	-5	+5	24灯	27寅	+5	-5	53陽	28卯	+5	-5	24灯	29辰	+5	-5	54灯	30巳	+6	-5	25山	31午	+6	-4
21	54灯	26丑	-5	+5	25山	27寅	+5	-5	54灯	28卯	+5	-5	25山	29辰	+5	-5	55山	30巳	+5	-5	26畑	31午	+5	-5
22	55山	26丑	-5	+4	26畑	27寅	+4	-6	55山	28卯	+5	-5	26畑	29辰	+5	-5	56畑	30巳	+5	-5	27岩	31午	+5	-5
23	56畑	26丑	-6	+4	27岩	27寅	+4	-6	56畑	28卯	+4	-6	27岩	29辰	+4	-6	57岩	30巳	+5	-6	28宝	31午	+5	-5
24	57岩	26丑	-6	+4	28宝	27寅	+4	-6	57岩	28卯	+4	-6	28宝	29辰	+4	-6	58宝	30巳	+4	-6	29海	31午	+4	-6
25	58宝	26丑	-6	+3	29海	27寅	+3	-7	58宝	28卯	+4	-6	29海	29辰	+4	-6	59海	30巳	+4	-6	30雨	31午	+4	-6
26	59海	26丑	-7	+3	30雨	27寅	+3	-7	59海	28卯	+3	-7	30雨	29辰	+3	-7	60雨	30巳	+4	-7	31木	31午	+4	-6
27	60雨	26丑	-7	+3	31木	27寅	+3	-7	60雨	28卯	+3	-7	31木	29辰	+3	-7	1木	30巳	+3	-7	32草	31午	+3	-7
28	1木	26丑	-7	+2	32草	27寅	+2	-8	1木	28卯	+3	-7	32草	29辰	+3	-7	2草	30巳	+3	-7	33陽	31午	+3	-7
29	2草	26丑	-8	+2	33陽	27寅	+2	-8	2草	28卯	+2	-8	33陽	29辰	+2	-8	3陽	30巳	+3	-8	34灯	31午	+3	-7
30	3陽	26丑	-8	+2					3陽	28卯	+2	-8	34灯	29辰	+2	-8	4灯	30巳	+2	-8	35山	31午	+2	-8
31	4灯	26丑	-8	+1					4灯	28卯	+2	-8					5山	30巳	+2	-8				

日	7月				8月				9月				10月				11月				12月			
	日干	月干	男	女	日干	月干	男	女	日干	月干	男	女	日干	月干	男	女	日干	月干	男	女	日干	月干	男	女
1	36畑	31午	+2	-8	7岩	32未	+2	-8	38宝	33申	+2	-8	8宝	34酉	+2	-8	39海	35戌	+2	-8	9海	36亥	+2	-8
2	37岩	31午	+2	-8	8宝	32未	+2	-8	39海	33申	+2	-8	9海	34酉	+2	-8	40雨	35戌	+2	-8	10雨	36亥	+1	-8
3	38宝	31午	+1	-9	9海	32未	+2	-9	40雨	33申	+2	-9	10雨	34酉	+2	-8	41木	35戌	+1	-8	11木	36亥	+1	-8
4	39海	31午	+1	-9	10雨	32未	+1	-9	41木	33申	+1	-9	11木	34酉	+1	-9	42草	35戌	+1	-9	12草	36亥	+1	-9
5	40雨	31午	+1	-9	11木	32未	+1	-9	42草	33申	+1	-9	12草	34酉	+1	-9	43陽	35戌	+1	-9	13陽	36亥	+1	-9
6	41木	31午	+1	-0	12草	32未	+1	-0	43陽	33申	+1	-0	13陽	34酉	+1	-9	44灯	35戌	+1	-9	14灯	36亥	+0	-9
7	42草	32未	+0	-0	13陽	33申	+1	-0	44灯	34酉	+1	-0	14灯	34酉	+1	-0	45山	36亥	+0	-0	15山	37子	+9	-0
8	43陽	32未	+0	-0	14灯	33申	+0	-1	45山	34酉	+0	-1	15山	35戌	+0	-0	46畑	36亥	+0	-1	16畑	37子	+9	-1
9	44灯	32未	+0	-1	15山	33申	+0	-1	46畑	34酉	+0	-1	16畑	35戌	+0	-1	47岩	36亥	+9	-1	17岩	37子	+9	-1
10	45山	32未	+0	-1	16畑	33申	+0	-1	47岩	34酉	+9	-1	17岩	35戌	+9	-1	48宝	36亥	+9	-1	18宝	37子	+8	-1
11	46畑	32未	+9	-1	17岩	33申	+9	-1	48宝	34酉	+9	-1	18宝	35戌	+9	-1	49海	36亥	+9	-1	19海	37子	+8	-1
12	47岩	32未	+9	-1	18宝	33申	+9	-1	49海	34酉	+9	-1	19海	35戌	+9	-1	50雨	36亥	+8	-1	20雨	37子	+8	-1
13	48宝	32未	+9	-1	19海	33申	+9	-2	50雨	34酉	+8	-2	20雨	35戌	+8	-1	51木	36亥	+8	-2	21木	37子	+7	-2
14	49海	32未	+8	-2	20雨	33申	+8	-2	51木	34酉	+8	-2	21木	35戌	+8	-2	52草	36亥	+8	-2	22草	37子	+7	-2
15	50雨	32未	+8	-2	21木	33申	+8	-2	52草	34酉	+8	-2	22草	35戌	+8	-2	53陽	36亥	+7	-2	23陽	37子	+7	-2
16	51木	32未	+8	-2	22草	33申	+8	-3	53陽	34酉	+7	-3	23陽	35戌	+7	-2	54灯	36亥	+7	-3	24灯	37子	+6	-3
17	52草	32未	+7	-3	23陽	33申	+7	-3	54灯	34酉	+7	-3	24灯	35戌	+7	-3	55山	36亥	+7	-3	25山	37子	+6	-3
18	53陽	32未	+7	-3	24灯	33申	+7	-3	55山	34酉	+7	-3	25山	35戌	+7	-3	56畑	36亥	+6	-3	26畑	37子	+6	-3
19	54灯	32未	+7	-3	25山	33申	+7	-4	56畑	34酉	+6	-4	26畑	35戌	+6	-3	57岩	36亥	+6	-4	27岩	37子	+5	-4
20	55山	32未	+6	-4	26畑	33申	+6	-4	57岩	34酉	+6	-4	27岩	35戌	+6	-4	58宝	36亥	+6	-4	28宝	37子	+5	-4
21	56畑	32未	+6	-4	27岩	33申	+6	-4	58宝	34酉	+6	-4	28宝	35戌	+6	-4	59海	36亥	+5	-4	29海	37子	+5	-4
22	57岩	32未	+6	-4	28宝	33申	+6	-5	59海	34酉	+5	-5	29海	35戌	+5	-4	60雨	36亥	+5	-5	30雨	37子	+4	-5
23	58宝	32未	+5	-5	29海	33申	+5	-5	60雨	34酉	+5	-5	30雨	35戌	+5	-5	1木	36亥	+5	-5	31木	37子	+4	-5
24	59海	32未	+5	-5	30雨	33申	+5	-5	1木	34酉	+5	-5	31木	35戌	+5	-5	2草	36亥	+4	-5	32草	37子	+4	-5
25	60雨	32未	+5	-5	31木	33申	+5	-6	2草	34酉	+4	-6	32草	35戌	+4	-5	3陽	36亥	+4	-6	33陽	37子	+3	-6
26	1木	32未	+4	-6	32草	33申	+4	-6	3陽	34酉	+4	-6	33陽	35戌	+4	-6	4灯	36亥	+4	-6	34灯	37子	+3	-6
27	2草	32未	+4	-6	33陽	33申	+4	-6	4灯	34酉	+4	-6	34灯	35戌	+4	-6	5山	36亥	+3	-6	35山	37子	+3	-6
28	3陽	32未	+4	-6	34灯	33申	+4	-7	5山	34酉	+3	-7	35山	35戌	+3	-6	6畑	36亥	+3	-7	36畑	37子	+2	-7
29	4灯	32未	+3	-7	35山	33申	+3	-7	6畑	34酉	+3	-7	36畑	35戌	+3	-7	7岩	36亥	+3	-7	37岩	37子	+2	-7
30	5山	32未	+3	-7	36畑	33申	+3	-7	7岩	34酉	+3	-7	37岩	35戌	+3	-7	8宝	36亥	+2	-7	38宝	37子	+2	-7
31	6畑	32未	+3	-7	37岩	33申	+3	-8					38宝	35戌	+2	-7					39海	37子	+1	-8

1997年　14 丁丑（2/4～翌年2/3）

日	1月				2月				3月				4月				5月				6月			
	日干	月干	男	女	日干	月干	男	女	日干	月干	男	女	日干	月干	男	女	日干	月干	男	女	日干	月干	男	女
1	40雨	37子	+2	-8	11木	38丑	+1	-9	39海	39寅	-8	+2	10雨	40卯	-9	+1	40雨	41辰	-8	+2	11木	42巳	-9	+2
2	41木	37子	+1	-9	12草	38丑	+1	-9	40雨	39寅	-8	+1	11木	40卯	-9	+1	41木	41辰	-9	+1	12草	42巳	-9	+1
3	42草	37子	+1	-9	13陽	38丑	+1	-9	41木	39寅	-9	+1	12草	40卯	-9	+1	42草	41辰	-9	+1	13陽	42巳	-9	+1
4	43陽	37子	+1	-9	14灯	39寅	-0	+0	42草	39寅	-9	+1	13陽	40卯	-0	+0	43陽	41辰	-9	+1	14灯	42巳	-0	+1
5	44灯	38丑	+1	-0	15山	39寅	-1	+0	43陽	40卯	-9	+1	14灯	41辰	-0	+0	44灯	42巳	-0	+1	15山	42巳	-0	+1
6	45山	38丑	+0	-1	16畑	39寅	-1	+0	44灯	40卯	-1	+0	15山	41辰	-1	+0	45山	42巳	-1	+0	16畑	43午	-0	+0
7	46畑	38丑	+9	-1	17岩	39寅	-1	+9	45山	40卯	-1	+0	16畑	41辰	-1	+0	46畑	42巳	-1	+0	17岩	43午	-1	+0
8	47岩	38丑	+9	-1	18宝	39寅	-1	+9	46畑	40卯	-1	+9	17岩	41辰	-1	+9	47岩	42巳	-1	+0	18宝	43午	-1	+0
9	48宝	38丑	+9	-1	19海	39寅	-1	+9	47岩	40卯	-1	+9	18宝	41辰	-1	+9	48宝	42巳	-1	+9	19海	43午	-1	+9
10	49海	38丑	+8	-1	20雨	39寅	-2	+8	48宝	40卯	-1	+9	19海	41辰	-1	+9	49海	42巳	-1	+9	20雨	43午	-1	+9
11	50雨	38丑	+8	-2	21木	39寅	-2	+8	49海	40卯	-2	+8	20雨	41辰	-2	+8	50雨	42巳	-2	+9	21木	43午	-1	+9
12	51木	38丑	+8	-2	22草	39寅	-2	+8	50雨	40卯	-2	+8	21木	41辰	-2	+8	51木	42巳	-2	+8	22草	43午	-2	+8
13	52草	38丑	+7	-2	23陽	39寅	-3	+7	51木	40卯	-2	+8	22草	41辰	-2	+8	52草	42巳	-2	+8	23陽	43午	-2	+8
14	53陽	38丑	+7	-3	24灯	39寅	-3	+7	52草	40卯	-3	+7	23陽	41辰	-3	+7	53陽	42巳	-3	+8	24灯	43午	-2	+8
15	54灯	38丑	+7	-3	25山	39寅	-3	+7	53陽	40卯	-3	+7	24灯	41辰	-3	+7	54灯	42巳	-3	+7	25山	43午	-3	+7
16	55山	38丑	+6	-3	26畑	39寅	-4	+6	54灯	40卯	-3	+7	25山	41辰	-3	+7	55山	42巳	-3	+7	26畑	43午	-3	+7
17	56畑	38丑	+6	-4	27岩	39寅	-4	+6	55山	40卯	-4	+6	26畑	41辰	-4	+6	56畑	42巳	-4	+7	27岩	43午	-3	+7
18	57岩	38丑	+6	-4	28宝	39寅	-4	+6	56畑	40卯	-4	+6	27岩	41辰	-4	+6	57岩	42巳	-4	+6	28宝	43午	-4	+6
19	58宝	38丑	+5	-4	29海	39寅	-5	+5	57岩	40卯	-4	+6	28宝	41辰	-4	+6	58宝	42巳	-4	+6	29海	43午	-4	+6
20	59海	38丑	+5	-5	30雨	39寅	-5	+5	58宝	40卯	-5	+5	29海	41辰	-5	+5	59海	42巳	-5	+6	30雨	43午	-4	+6
21	60雨	38丑	+5	-5	31木	39寅	-5	+5	59海	40卯	-5	+5	30雨	41辰	-5	+5	60雨	42巳	-5	+5	31木	43午	-5	+5
22	1木	38丑	+4	-5	32草	39寅	-6	+4	60雨	40卯	-5	+5	31木	41辰	-5	+5	1木	42巳	-5	+5	32草	43午	-5	+5
23	2草	38丑	+4	-6	33陽	39寅	-6	+4	1木	40卯	-6	+4	32草	41辰	-6	+4	2草	42巳	-6	+5	33陽	43午	-5	+5
24	3陽	38丑	+4	-6	34灯	39寅	-6	+4	2草	40卯	-6	+4	33陽	41辰	-6	+4	3陽	42巳	-6	+4	34灯	43午	-6	+4
25	4灯	38丑	+3	-6	35山	39寅	-7	+3	3陽	40卯	-6	+4	34灯	41辰	-6	+4	4灯	42巳	-6	+4	35山	43午	-6	+4
26	5山	38丑	+3	-7	36畑	39寅	-7	+3	4灯	40卯	-7	+3	35山	41辰	-7	+3	5山	42巳	-7	+4	36畑	43午	-6	+4
27	6畑	38丑	+3	-7	37岩	39寅	-7	+3	5山	40卯	-7	+3	36畑	41辰	-7	+3	6畑	42巳	-7	+3	37岩	43午	-7	+3
28	7岩	38丑	+2	-7	38宝	39寅	-8	+2	6畑	40卯	-7	+3	37岩	41辰	-7	+3	7岩	42巳	-7	+3	38宝	43午	-7	+3
29	8宝	38丑	+2	-8					7岩	40卯	-8	+2	38宝	41辰	-8	+2	8宝	42巳	-8	+3	39海	43午	-7	+3
30	9海	38丑	+2	-8					8宝	40卯	-8	+2	39海	41辰	-8	+2	9海	42巳	-8	+2	40雨	43午	-8	+2
31	10雨	38丑	+1	-8					9海	40卯	-8	+2					10雨	42巳	-8	+2				

日	7月				8月				9月				10月				11月				12月			
	日干	月干	男	女	日干	月干	男	女	日干	月干	男	女	日干	月干	男	女	日干	月干	男	女	日干	月干	男	女
1	41木	43午	-8	+2	12草	44未	-8	+2	43陽	45申	-8	+2	13陽	46酉	-8	+2	44灯	47戌	-8	+2	14灯	48亥	-8	+2
2	42草	43午	-9	+2	13陽	44未	-8	+2	44灯	45申	-8	+2	14灯	46酉	-8	+2	45山	47戌	-8	+2	15山	48亥	-8	+1
3	43陽	43午	-9	+1	14灯	44未	-9	+2	45山	45申	-9	+2	15山	46酉	-8	+2	46畑	47戌	-8	+1	16畑	48亥	-8	+1
4	44灯	43午	-9	+1	15山	44未	-9	+1	46畑	45申	-9	+1	16畑	46酉	-9	+1	47岩	47戌	-9	+1	17岩	48亥	-9	+1
5	45山	43午	-0	+1	16畑	44未	-9	+1	47岩	45申	-9	+1	17岩	46酉	-9	+1	48宝	47戌	-9	+1	18宝	48亥	-9	+1
6	46畑	43午	-0	+1	17岩	44未	-0	+1	48宝	45申	-0	+1	18宝	46酉	-9	+1	49海	47戌	-9	+1	19海	48亥	-9	+0
7	47岩	44未	-0	+0	18宝	45申	-0	+1	49海	46酉	-0	+1	19海	46酉	-0	+1	50雨	48亥	-0	+0	20雨	49子	-0	+9
8	48宝	44未	-1	+0	19海	45申	-1	+0	50雨	46酉	-1	+0	20雨	47戌	-0	+0	51木	48亥	-1	+0	21木	49子	-1	+9
9	49海	44未	-1	+0	20雨	45申	-1	+0	51木	46酉	-1	+0	21木	47戌	-1	+0	52草	48亥	-1	+9	22草	49子	-1	+9
10	50雨	44未	-1	+0	21木	45申	-1	+0	52草	46酉	-1	+9	22草	47戌	-1	+9	53陽	48亥	-1	+9	23陽	49子	-1	+8
11	51木	44未	-1	+9	22草	45申	-1	+9	53陽	46酉	-1	+9	23陽	47戌	-1	+9	54灯	48亥	-1	+9	24灯	49子	-1	+8
12	52草	44未	-1	+9	23陽	45申	-1	+9	54灯	46酉	-1	+9	24灯	47戌	-1	+9	55山	48亥	-1	+8	25山	49子	-1	+8
13	53陽	44未	-2	+9	24灯	45申	-2	+9	55山	46酉	-2	+8	25山	47戌	-1	+8	56畑	48亥	-2	+8	26畑	49子	-2	+7
14	54灯	44未	-2	+8	25山	45申	-2	+8	56畑	46酉	-2	+8	26畑	47戌	-2	+8	57岩	48亥	-2	+8	27岩	49子	-2	+7
15	55山	44未	-2	+8	26畑	45申	-2	+8	57岩	46酉	-2	+8	27岩	47戌	-2	+8	58宝	48亥	-2	+7	28宝	49子	-2	+7
16	56畑	44未	-3	+8	27岩	45申	-3	+8	58宝	46酉	-3	+7	28宝	47戌	-2	+7	59海	48亥	-3	+7	29海	49子	-3	+6
17	57岩	44未	-3	+7	28宝	45申	-3	+7	59海	46酉	-3	+7	29海	47戌	-3	+7	60雨	48亥	-3	+7	30雨	49子	-3	+6
18	58宝	44未	-3	+7	29海	45申	-3	+7	60雨	46酉	-3	+7	30雨	47戌	-3	+7	1木	48亥	-3	+6	31木	49子	-3	+6
19	59海	44未	-4	+7	30雨	45申	-4	+7	1木	46酉	-4	+6	31木	47戌	-3	+6	2草	48亥	-4	+6	32草	49子	-4	+5
20	60雨	44未	-4	+6	31木	45申	-4	+6	2草	46酉	-4	+6	32草	47戌	-4	+6	3陽	48亥	-4	+6	33陽	49子	-4	+5
21	1木	44未	-4	+6	32草	45申	-4	+6	3陽	46酉	-4	+6	33陽	47戌	-4	+6	4灯	48亥	-4	+5	34灯	49子	-4	+5
22	2草	44未	-5	+6	33陽	45申	-5	+6	4灯	46酉	-5	+5	34灯	47戌	-4	+5	5山	48亥	-5	+5	35山	49子	-5	+4
23	3陽	44未	-5	+5	34灯	45申	-5	+5	5山	46酉	-5	+5	35山	47戌	-5	+5	6畑	48亥	-5	+5	36畑	49子	-5	+4
24	4灯	44未	-5	+5	35山	45申	-5	+5	6畑	46酉	-5	+5	36畑	47戌	-5	+5	7岩	48亥	-5	+4	37岩	49子	-5	+4
25	5山	44未	-6	+5	36畑	45申	-6	+5	7岩	46酉	-6	+4	37岩	47戌	-5	+4	8宝	48亥	-6	+4	38宝	49子	-6	+3
26	6畑	44未	-6	+4	37岩	45申	-6	+4	8宝	46酉	-6	+4	38宝	47戌	-6	+4	9海	48亥	-6	+4	39海	49子	-6	+3
27	7岩	44未	-6	+4	38宝	45申	-6	+4	9海	46酉	-6	+4	39海	47戌	-6	+4	10雨	48亥	-6	+3	40雨	49子	-6	+3
28	8宝	44未	-7	+4	39海	45申	-7	+4	10雨	46酉	-7	+3	40雨	47戌	-6	+3	11木	48亥	-7	+3	41木	49子	-7	+2
29	9海	44未	-7	+3	40雨	45申	-7	+3	11木	46酉	-7	+3	41木	47戌	-7	+3	12草	48亥	-7	+3	42草	49子	-7	+2
30	10雨	44未	-7	+3	41木	45申	-7	+3	12草	46酉	-7	+3	42草	47戌	-7	+3	13陽	48亥	-7	+2	43陽	49子	-7	+2
31	11木	44未	-8	+3	42草	45申	-8	+3					43陽	47戌	-7	+2					44灯	49子	-8	+1

1998年　15 戊寅（2/4 ～翌年2/3）

日	1月				2月				3月				4月				5月				6月			
	日干	月干	男	女	日干	月干	男	女	日干	月干	男	女	日干	月干	男	女	日干	月干	男	女	日干	月干	男	女
1	45山	49子	-8	+2	16畑	50丑	-9	+1	44灯	51寅	+2	-8	15山	52卯	+1	-9	45山	53辰	+2	-8	16畑	54巳	+2	-9
2	46畑	49子	-9	+1	17岩	50丑	-9	+1	45山	51寅	+1	-8	16畑	52卯	+1	-9	46畑	53辰	+1	-9	17岩	54巳	+1	-9
3	47岩	49子	-9	+1	18宝	50丑	-9	+1	46畑	51寅	+1	-9	17岩	52卯	+1	-9	47岩	53辰	+1	-9	18宝	54巳	+1	-9
4	48宝	49子	-9	+1	19海	51寅	+0	-0	47岩	51寅	+1	-9	18宝	52卯	+0	-0	48宝	53辰	+1	-9	19海	54巳	+1	-0
5	49海	50丑	-0	+1	20雨	51寅	+0	-1	48宝	51寅	+1	-9	19海	53辰	+0	-0	49海	53辰	+1	-0	20雨	54巳	+1	-0
6	50雨	50丑	-1	+0	21木	51寅	+0	-1	49海	52卯	+0	-1	20雨	53辰	+0	-1	50雨	54巳	+0	-1	21木	55午	+0	-0
7	51木	50丑	-1	+9	22草	51寅	+9	-1	50雨	52卯	+0	-1	21木	53辰	+0	-1	51木	54巳	+0	-1	22草	55午	+0	-1
8	52草	50丑	-1	+9	23陽	51寅	+9	-1	51木	52卯	+9	-1	22草	53辰	+9	-1	52草	54巳	+0	-1	23陽	55午	+0	-1
9	53陽	50丑	-1	+9	24灯	51寅	+9	-1	52草	52卯	+9	-1	23陽	53辰	+9	-1	53陽	54巳	+9	-1	24灯	55午	+9	-1
10	54灯	50丑	-1	+8	25山	51寅	+8	-2	53陽	52卯	+9	-1	24灯	53辰	+9	-1	54灯	54巳	+9	-1	25山	55午	+9	-1
11	55山	50丑	-2	+8	26畑	51寅	+8	-2	54灯	52卯	+8	-2	25山	53辰	+8	-2	55山	54巳	+9	-2	26畑	55午	+9	-1
12	56畑	50丑	-2	+8	27岩	51寅	+8	-2	55山	52卯	+8	-2	26畑	53辰	+8	-2	56畑	54巳	+8	-2	27岩	55午	+8	-2
13	57岩	50丑	-2	+7	28宝	51寅	+7	-3	56畑	52卯	+8	-2	27岩	53辰	+8	-2	57岩	54巳	+8	-2	28宝	55午	+8	-2
14	58宝	50丑	-3	+7	29海	51寅	+7	-3	57岩	52卯	+7	-3	28宝	53辰	+7	-3	58宝	54巳	+8	-3	29海	55午	+8	-2
15	59海	50丑	-3	+7	30雨	51寅	+7	-3	58宝	52卯	+7	-3	29海	53辰	+7	-3	59海	54巳	+7	-3	30雨	55午	+7	-3
16	60雨	50丑	-3	+6	31木	51寅	+6	-4	59海	52卯	+7	-3	30雨	53辰	+7	-3	60雨	54巳	+7	-3	31木	55午	+7	-3
17	1木	50丑	-4	+6	32草	51寅	+6	-4	60雨	52卯	+6	-4	31木	53辰	+6	-4	1木	54巳	+7	-4	32草	55午	+7	-3
18	2草	50丑	-4	+6	33陽	51寅	+6	-4	1木	52卯	+6	-4	32草	53辰	+6	-4	2草	54巳	+6	-4	33陽	55午	+6	-4
19	3陽	50丑	-4	+5	34灯	51寅	+5	-5	2草	52卯	+6	-4	33陽	53辰	+6	-4	3陽	54巳	+6	-4	34灯	55午	+6	-4
20	4灯	50丑	-5	+5	35山	51寅	+5	-5	3陽	52卯	+5	-5	34灯	53辰	+5	-5	4灯	54巳	+6	-5	35山	55午	+6	-4
21	5山	50丑	-5	+5	36畑	51寅	+5	-5	4灯	52卯	+5	-5	35山	53辰	+5	-5	5山	54巳	+5	-5	36畑	55午	+5	-5
22	6畑	50丑	-5	+4	37岩	51寅	+4	-6	5山	52卯	+5	-5	36畑	53辰	+5	-5	6畑	54巳	+5	-5	37岩	55午	+5	-5
23	7岩	50丑	-6	+4	38宝	51寅	+4	-6	6畑	52卯	+4	-6	37岩	53辰	+4	-6	7岩	54巳	+5	-6	38宝	55午	+5	-5
24	8宝	50丑	-6	+4	39海	51寅	+4	-6	7岩	52卯	+4	-6	38宝	53辰	+4	-6	8宝	54巳	+4	-6	39海	55午	+4	-6
25	9海	50丑	-6	+3	40雨	51寅	+3	-7	8宝	52卯	+4	-6	39海	53辰	+4	-6	9海	54巳	+4	-6	40雨	55午	+4	-6
26	10雨	50丑	-7	+3	41木	51寅	+3	-7	9海	52卯	+3	-7	40雨	53辰	+3	-7	10雨	54巳	+4	-7	41木	55午	+4	-6
27	11木	50丑	-7	+3	42草	51寅	+3	-7	10雨	52卯	+3	-7	41木	53辰	+3	-7	11木	54巳	+3	-7	42草	55午	+3	-7
28	12草	50丑	-7	+2	43陽	51寅	+2	-8	11木	52卯	+3	-7	42草	53辰	+3	-7	12草	54巳	+3	-7	43陽	55午	+3	-7
29	13陽	50丑	-8	+2					12草	52卯	+2	-8	43陽	53辰	+2	-8	13陽	54巳	+3	-8	44灯	55午	+3	-7
30	14灯	50丑	-8	+2					13陽	52卯	+2	-8	44灯	53辰	+2	-8	14灯	54巳	+2	-8	45山	55午	+2	-8
31	15山	50丑	-8	+1					14灯	52卯	+2	-8					15山	54巳	+2	-8				

日	7月				8月				9月				10月				11月				12月			
	日干	月干	男	女	日干	月干	男	女	日干	月干	男	女	日干	月干	男	女	日干	月干	男	女	日干	月干	男	女
1	46畑	55午	+2	-8	17岩	56未	+2	-8	48宝	57申	+2	-8	18宝	58酉	+2	-8	49海	59戌	+2	-8	19海	60亥	+2	-8
2	47岩	55午	+2	-9	18宝	56未	+2	-8	49海	57申	+2	-8	19海	58酉	+2	-8	50雨	59戌	+2	-8	20雨	60亥	+1	-8
3	48宝	55午	+1	-9	19海	56未	+2	-9	50雨	57申	+2	-9	20雨	58酉	+2	-8	51木	59戌	+1	-8	21木	60亥	+1	-8
4	49海	55午	+1	-9	20雨	56未	+1	-9	51木	57申	+1	-9	21木	58酉	+1	-9	52草	59戌	+1	-9	22草	60亥	+1	-9
5	50雨	55午	+1	-0	21木	56未	+1	-9	52草	57申	+1	-9	22草	58酉	+1	-9	53陽	59戌	+1	-9	23陽	60亥	+1	-9
6	51木	55午	+1	-0	22草	56未	+1	-0	53陽	57申	+1	-0	23陽	58酉	+1	-9	54灯	59戌	+1	-9	24灯	60亥	+0	-9
7	52草	56未	+0	-0	23陽	56未	+1	-0	54灯	57申	+1	-0	24灯	58酉	+1	-0	55山	59戌	+0	-0	25山	1子	+9	-0
8	53陽	56未	+0	-1	24灯	57申	+0	-1	55山	58酉	+0	-1	25山	59戌	+0	-0	56畑	60亥	+0	-1	26畑	1子	+9	-1
9	54灯	56未	+0	-1	25山	57申	+0	-1	56畑	58酉	+0	-1	26畑	59戌	+0	-1	57岩	60亥	+9	-1	27岩	1子	+9	-1
10	55山	56未	+0	-1	26畑	57申	+0	-1	57岩	58酉	+9	-1	27岩	59戌	+9	-1	58宝	60亥	+9	-1	28宝	1子	+8	-1
11	56畑	56未	+9	-1	27岩	57申	+9	-1	58宝	58酉	+9	-1	28宝	59戌	+9	-1	59海	60亥	+9	-1	29海	1子	+8	-1
12	57岩	56未	+9	-1	28宝	57申	+9	-1	59海	58酉	+9	-1	29海	59戌	+9	-1	60雨	60亥	+8	-1	30雨	1子	+8	-1
13	58宝	56未	+9	-2	29海	57申	+9	-2	60雨	58酉	+8	-2	30雨	59戌	+8	-1	1木	60亥	+8	-2	31木	1子	+7	-2
14	59海	56未	+8	-2	30雨	57申	+8	-2	1木	58酉	+8	-2	31木	59戌	+8	-2	2草	60亥	+8	-2	32草	1子	+7	-2
15	60雨	56未	+8	-2	31木	57申	+8	-2	2草	58酉	+8	-2	32草	59戌	+8	-2	3陽	60亥	+7	-2	33陽	1子	+7	-2
16	1木	56未	+8	-3	32草	57申	+8	-3	3陽	58酉	+7	-3	33陽	59戌	+7	-2	4灯	60亥	+7	-3	34灯	1子	+6	-3
17	2草	56未	+7	-3	33陽	57申	+7	-3	4灯	58酉	+7	-3	34灯	59戌	+7	-3	5山	60亥	+7	-3	35山	1子	+6	-3
18	3陽	56未	+7	-3	34灯	57申	+7	-3	5山	58酉	+7	-3	35山	59戌	+7	-3	6畑	60亥	+6	-3	36畑	1子	+6	-3
19	4灯	56未	+7	-4	35山	57申	+7	-4	6畑	58酉	+6	-4	36畑	59戌	+6	-3	7岩	60亥	+6	-4	37岩	1子	+5	-4
20	5山	56未	+6	-4	36畑	57申	+6	-4	7岩	58酉	+6	-4	37岩	59戌	+6	-4	8宝	60亥	+6	-4	38宝	1子	+5	-4
21	6畑	56未	+6	-4	37岩	57申	+6	-4	8宝	58酉	+6	-4	38宝	59戌	+6	-4	9海	60亥	+5	-4	39海	1子	+5	-4
22	7岩	56未	+6	-5	38宝	57申	+6	-5	9海	58酉	+5	-5	39海	59戌	+5	-4	10雨	60亥	+5	-5	40雨	1子	+4	-5
23	8宝	56未	+5	-5	39海	57申	+5	-5	10雨	58酉	+5	-5	40雨	59戌	+5	-5	11木	60亥	+5	-5	41木	1子	+4	-5
24	9海	56未	+5	-5	40雨	57申	+5	-5	11木	58酉	+5	-5	41木	59戌	+5	-5	12草	60亥	+4	-5	42草	1子	+4	-5
25	10雨	56未	+5	-6	41木	57申	+5	-6	12草	58酉	+4	-6	42草	59戌	+4	-5	13陽	60亥	+4	-6	43陽	1子	+3	-6
26	11木	56未	+4	-6	42草	57申	+4	-6	13陽	58酉	+4	-6	43陽	59戌	+4	-6	14灯	60亥	+4	-6	44灯	1子	+3	-6
27	12草	56未	+4	-6	43陽	57申	+4	-6	14灯	58酉	+4	-6	44灯	59戌	+4	-6	15山	60亥	+3	-6	45山	1子	+3	-6
28	13陽	56未	+4	-7	44灯	57申	+4	-7	15山	58酉	+3	-7	45山	59戌	+3	-6	16畑	60亥	+3	-7	46畑	1子	+2	-7
29	14灯	56未	+3	-7	45山	57申	+3	-7	16畑	58酉	+3	-7	46畑	59戌	+3	-7	17岩	60亥	+3	-7	47岩	1子	+2	-7
30	15山	56未	+3	-7	46畑	57申	+3	-7	17岩	58酉	+3	-7	47岩	59戌	+3	-7	18宝	60亥	+2	-7	48宝	1子	+2	-7
31	16畑	56未	+3	-8	47岩	57申	+3	-8					48宝	59戌	+2	-7					49海	1子	+1	-8

1999年　16 己卯（2/4 ～翌年2/4）

日	1月				2月				3月				4月				5月				6月			
	日干	月干	男	女	日干	月干	男	女	日干	月干	男	女	日干	月干	男	女	日干	月干	男	女	日干	月干	男	女
1	50雨	1子	+2	-8	21木	2丑	+1	-9	49海	3寅	-8	+2	20雨	4卯	-9	+1	50雨	5辰	-8	+2	21木	6巳	-9	+2
2	51木	1子	+1	-9	22草	2丑	+1	-9	50雨	3寅	-8	+1	21木	4卯	-9	+1	51木	5辰	-9	+1	22草	6巳	-9	+1
3	52草	1子	+1	-9	23陽	2丑	+1	-9	51木	3寅	-9	+1	22草	4卯	-9	+1	52草	5辰	-9	+1	23陽	6巳	-9	+1
4	53陽	1子	+1	-9	24灯	3寅	-0	+0	52草	3寅	-9	+1	23陽	4卯	-0	+0	53陽	5辰	-9	+1	24灯	6巳	-0	+1
5	54灯	1子	+1	-0	25山	3寅	-1	+0	53陽	3寅	-9	+1	24灯	5辰	-0	+0	54灯	5辰	-0	+1	25山	6巳	-0	+1
6	55山	2丑	+0	-1	26畑	3寅	-1	+0	54灯	4卯	-1	+0	25山	5辰	-1	+0	55山	6巳	-1	+0	26畑	7午	-0	+0
7	56畑	2丑	+9	-1	27岩	3寅	-1	+9	55山	4卯	-1	+0	26畑	5辰	-1	+0	56畑	6巳	-1	+0	27岩	7午	-1	+0
8	57岩	2丑	+9	-1	28宝	3寅	-1	+9	56畑	4卯	-1	+9	27岩	5辰	-1	+9	57岩	6巳	-1	+0	28宝	7午	-1	+0
9	58宝	2丑	+9	-1	29海	3寅	-1	+9	57岩	4卯	-1	+9	28宝	5辰	-1	+9	58宝	6巳	-1	+9	29海	7午	-1	+9
10	59海	2丑	+8	-1	30雨	3寅	-2	+8	58宝	4卯	-1	+9	29海	5辰	-1	+9	59海	6巳	-1	+9	30雨	7午	-1	+9
11	60雨	2丑	+8	-2	31木	3寅	-2	+8	59海	4卯	-2	+8	30雨	5辰	-2	+8	60雨	6巳	-2	+9	31木	7午	-1	+9
12	1木	2丑	+8	-2	32草	3寅	-2	+8	60雨	4卯	-2	+8	31木	5辰	-2	+8	1木	6巳	-2	+8	32草	7午	-2	+8
13	2草	2丑	+7	-2	33陽	3寅	-3	+7	1木	4卯	-2	+8	32草	5辰	-2	+8	2草	6巳	-2	+8	33陽	7午	-2	+8
14	3陽	2丑	+7	-3	34灯	3寅	-3	+7	2草	4卯	-3	+7	33陽	5辰	-3	+7	3陽	6巳	-3	+8	34灯	7午	-2	+8
15	4灯	2丑	+7	-3	35山	3寅	-3	+7	3陽	4卯	-3	+7	34灯	5辰	-3	+7	4灯	6巳	-3	+7	35山	7午	-3	+7
16	5山	2丑	+6	-3	36畑	3寅	-4	+6	4灯	4卯	-3	+7	35山	5辰	-3	+7	5山	6巳	-3	+7	36畑	7午	-3	+7
17	6畑	2丑	+6	-4	37岩	3寅	-4	+6	5山	4卯	-4	+6	36畑	5辰	-4	+6	6畑	6巳	-4	+7	37岩	7午	-3	+7
18	7岩	2丑	+6	-4	38宝	3寅	-4	+6	6畑	4卯	-4	+6	37岩	5辰	-4	+6	7岩	6巳	-4	+6	38宝	7午	-4	+6
19	8宝	2丑	+5	-4	39海	3寅	-5	+5	7岩	4卯	-4	+6	38宝	5辰	-4	+6	8宝	6巳	-4	+6	39海	7午	-4	+6
20	9海	2丑	+5	-5	40雨	3寅	-5	+5	8宝	4卯	-5	+5	39海	5辰	-5	+5	9海	6巳	-5	+6	40雨	7午	-4	+6
21	10雨	2丑	+5	-5	41木	3寅	-5	+5	9海	4卯	-5	+5	40雨	5辰	-5	+5	10雨	6巳	-5	+5	41木	7午	-5	+5
22	11木	2丑	+4	-5	42草	3寅	-6	+4	10雨	4卯	-5	+5	41木	5辰	-5	+5	11木	6巳	-5	+5	42草	7午	-5	+5
23	12草	2丑	+4	-6	43陽	3寅	-6	+4	11木	4卯	-6	+4	42草	5辰	-6	+4	12草	6巳	-6	+5	43陽	7午	-5	+5
24	13陽	2丑	+4	-6	44灯	3寅	-6	+4	12草	4卯	-6	+4	43陽	5辰	-6	+4	13陽	6巳	-6	+4	44灯	7午	-6	+4
25	14灯	2丑	+3	-6	45山	3寅	-7	+3	13陽	4卯	-6	+4	44灯	5辰	-6	+4	14灯	6巳	-6	+4	45山	7午	-6	+4
26	15山	2丑	+3	-7	46畑	3寅	-7	+3	14灯	4卯	-7	+3	45山	5辰	-7	+3	15山	6巳	-7	+4	46畑	7午	-6	+4
27	16畑	2丑	+3	-7	47岩	3寅	-7	+3	15山	4卯	-7	+3	46畑	5辰	-7	+3	16畑	6巳	-7	+3	47岩	7午	-7	+3
28	17岩	2丑	+2	-7	48宝	3寅	-8	+2	16畑	4卯	-7	+3	47岩	5辰	-7	+3	17岩	6巳	-7	+3	48宝	7午	-7	+3
29	18宝	2丑	+2	-8					17岩	4卯	-8	+2	48宝	5辰	-8	+2	18宝	6巳	-8	+3	49海	7午	-7	+3
30	19海	2丑	+2	-8					18宝	4卯	-8	+2	49海	5辰	-8	+2	19海	6巳	-8	+2	50雨	7午	-8	+2
31	20雨	2丑	+1	-8					19海	4卯	-8	+2					20雨	6巳	-8	+2				

日	7月				8月				9月				10月				11月				12月			
	日干	月干	男	女	日干	月干	男	女	日干	月干	男	女	日干	月干	男	女	日干	月干	男	女	日干	月干	男	女
1	51木	7午	-8	+2	22草	8未	-8	+2	53陽	9申	-8	+2	23陽	10酉	-8	+2	54灯	11戌	-8	+2	24灯	12亥	-8	+2
2	52草	7午	-9	+2	23陽	8未	-8	+2	54灯	9申	-8	+2	24灯	10酉	-8	+2	55山	11戌	-8	+2	25山	12亥	-8	+1
3	53陽	7午	-9	+1	24灯	8未	-9	+2	55山	9申	-9	+2	25山	10酉	-8	+2	56畑	11戌	-8	+1	26畑	12亥	-8	+1
4	54灯	7午	-9	+1	25山	8未	-9	+1	56畑	9申	-9	+1	26畑	10酉	-9	+1	57岩	11戌	-9	+1	27岩	12亥	-9	+1
5	55山	7午	-0	+1	26畑	8未	-9	+1	57岩	9申	-9	+1	27岩	10酉	-9	+1	58宝	11戌	-9	+1	28宝	12亥	-9	+1
6	56畑	7午	-0	+1	27岩	8未	-0	+1	58宝	9申	-0	+1	28宝	10酉	-9	+1	59海	11戌	-9	+1	29海	12亥	-9	+0
7	57岩	8未	-0	+0	28宝	8未	-0	+1	59海	9申	-0	+1	29海	10酉	-0	+1	60雨	11戌	-0	+0	30雨	13子	-0	+9
8	58宝	8未	-1	+0	29海	9申	-1	+0	60雨	10酉	-1	+0	30雨	10酉	-0	+0	1木	12亥	-1	+0	31木	13子	-1	+9
9	59海	8未	-1	+0	30雨	9申	-1	+0	1木	10酉	-1	+0	31木	11戌	-1	+0	2草	12亥	-1	+9	32草	13子	-1	+9
10	60雨	8未	-1	+0	31木	9申	-1	+0	2草	10酉	-1	+9	32草	11戌	-1	+9	3陽	12亥	-1	+9	33陽	13子	-1	+8
11	1木	8未	-1	+9	32草	9申	-1	+9	3陽	10酉	-1	+9	33陽	11戌	-1	+9	4灯	12亥	-1	+9	34灯	13子	-1	+8
12	2草	8未	-1	+9	33陽	9申	-1	+9	4灯	10酉	-1	+9	34灯	11戌	-1	+9	5山	12亥	-1	+8	35山	13子	-1	+8
13	3陽	8未	-2	+9	34灯	9申	-2	+9	5山	10酉	-2	+8	35山	11戌	-1	+8	6畑	12亥	-2	+8	36畑	13子	-2	+7
14	4灯	8未	-2	+8	35山	9申	-2	+8	6畑	10酉	-2	+8	36畑	11戌	-2	+8	7岩	12亥	-2	+8	37岩	13子	-2	+7
15	5山	8未	-2	+8	36畑	9申	-2	+8	7岩	10酉	-2	+8	37岩	11戌	-2	+8	8宝	12亥	-2	+7	38宝	13子	-2	+7
16	6畑	8未	-3	+8	37岩	9申	-3	+8	8宝	10酉	-3	+7	38宝	11戌	-2	+7	9海	12亥	-3	+7	39海	13子	-3	+6
17	7岩	8未	-3	+7	38宝	9申	-3	+7	9海	10酉	-3	+7	39海	11戌	-3	+7	10雨	12亥	-3	+7	40雨	13子	-3	+6
18	8宝	8未	-3	+7	39海	9申	-3	+7	10雨	10酉	-3	+7	40雨	11戌	-3	+7	11木	12亥	-3	+6	41木	13子	-3	+6
19	9海	8未	-4	+7	40雨	9申	-4	+7	11木	10酉	-4	+6	41木	11戌	-3	+6	12草	12亥	-4	+6	42草	13子	-4	+5
20	10雨	8未	-4	+6	41木	9申	-4	+6	12草	10酉	-4	+6	42草	11戌	-4	+6	13陽	12亥	-4	+6	43陽	13子	-4	+5
21	11木	8未	-4	+6	42草	9申	-4	+6	13陽	10酉	-4	+6	43陽	11戌	-4	+6	14灯	12亥	-4	+5	44灯	13子	-4	+5
22	12草	8未	-5	+6	43陽	9申	-5	+6	14灯	10酉	-5	+5	44灯	11戌	-4	+5	15山	12亥	-5	+5	45山	13子	-5	+4
23	13陽	8未	-5	+5	44灯	9申	-5	+5	15山	10酉	-5	+5	45山	11戌	-5	+5	16畑	12亥	-5	+5	46畑	13子	-5	+4
24	14灯	8未	-5	+5	45山	9申	-5	+5	16畑	10酉	-5	+5	46畑	11戌	-5	+5	17岩	12亥	-5	+4	47岩	13子	-5	+4
25	15山	8未	-6	+5	46畑	9申	-6	+5	17岩	10酉	-6	+4	47岩	11戌	-5	+4	18宝	12亥	-6	+4	48宝	13子	-6	+3
26	16畑	8未	-6	+4	47岩	9申	-6	+4	18宝	10酉	-6	+4	48宝	11戌	-6	+4	19海	12亥	-6	+4	49海	13子	-6	+3
27	17岩	8未	-6	+4	48宝	9申	-6	+4	19海	10酉	-6	+4	49海	11戌	-6	+4	20雨	12亥	-6	+3	50雨	13子	-6	+3
28	18宝	8未	-7	+4	49海	9申	-7	+4	20雨	10酉	-7	+3	50雨	11戌	-6	+3	21木	12亥	-7	+3	51木	13子	-7	+2
29	19海	8未	-7	+3	50雨	9申	-7	+3	21木	10酉	-7	+3	51木	11戌	-7	+3	22草	12亥	-7	+3	52草	13子	-7	+2
30	20雨	8未	-7	+3	51木	9申	-7	+3	22草	10酉	-7	+3	52草	11戌	-7	+3	23陽	12亥	-7	+2	53陽	13子	-7	+2
31	21木	8未	-8	+3	52草	9申	-8	+3					53陽	11戌	-7	+2					54灯	13子	-8	+1

2000年　17 庚辰（2/5 ～翌年2/3）

日	1月				2月				3月				4月				5月				6月				7月				8月				9月				10月				11月				12月			
	日干	月干	男	女	日干	月干	男	女	日干	月干	男	女	日干	月干	男	女	日干	月干	男	女	日干	月干	男	女	日干	月干	男	女	日干	月干	男	女	日干	月干	男	女	日干	月干	男	女	日干	月干	男	女	日干	月干	男	女
1	55山	13子	−8	+2	26畑	14丑	−9	+1	55山	15寅	+2	−8	26畑	16卯	+1	−9	56畑	17辰	+2	−8	27岩	18巳	+2	−9	57岩	19午	+2	−8	28宝	20未	+2	−8	59海	21申	+2	−8	29海	22酉	+2	−8	60雨	23戌	+2	−8	30雨	24亥	+2	−8
2	56畑	13子	−9	+1	27岩	14丑	−9	+1	56畑	15寅	+1	−8	27岩	16卯	+1	−9	57岩	17辰	+1	−9	28宝	18巳	+1	−9	58宝	19午	+2	−8	29海	20未	+2	−8	60雨	21申	+2	−8	30雨	22酉	+2	−8	1木	23戌	+2	−8	31木	24亥	+1	−8
3	57岩	13子	−9	+1	28宝	14丑	−9	+1	57岩	15寅	+1	−9	28宝	16卯	+1	−9	58宝	17辰	+1	−9	29海	18巳	+1	−9	59海	19午	+1	−9	30雨	20未	+2	−9	1木	21申	+2	−9	31木	22酉	+2	−8	2草	23戌	+1	−8	32草	24亥	+1	−8
4	58宝	13子	−9	+1	29海	14丑	−0	+0	58宝	15寅	+1	−9	29海	17辰	+0	−0	59海	17辰	+1	−9	30雨	18巳	+1	−0	60雨	19午	+1	−9	31木	20未	+1	−9	2草	21申	+1	−9	32草	22酉	+1	−9	3陽	23戌	+1	−9	33陽	24亥	+1	−9
5	59海	13子	−0	+1	30雨	15寅	+0	−1	59海	15寅	+1	−9	30雨	17辰	+0	−0	60雨	18巳	+1	−0	31木	19午	+1	−0	1木	19午	+1	−9	32草	20未	+1	−9	3陽	21申	+1	−9	33陽	22酉	+1	−9	4灯	23戌	+1	−9	34灯	24亥	+1	−9
6	60雨	13子	−1	+0	31木	15寅	+0	−1	60雨	16卯	+0	−1	31木	17辰	+0	−1	1木	18巳	+0	−1	32草	19午	+0	−0	2草	19午	+1	−0	33陽	20未	+1	−0	4灯	21申	+1	−0	34灯	22酉	+1	−9	5山	23戌	+1	−9	35山	24亥	+0	−9
7	1木	14丑	−1	+9	32草	15寅	+9	−1	1木	16卯	+0	−1	32草	17辰	+0	−1	2草	18巳	+0	−1	33陽	19午	+0	−1	3陽	20未	+0	−0	34灯	21申	+1	−0	5山	22酉	+1	−0	35山	22酉	+1	−0	6畑	24亥	+0	−0	36畑	25子	+9	−0
8	2草	14丑	−1	+9	33陽	15寅	+9	−1	2草	16卯	+9	−1	33陽	17辰	+9	−1	3陽	18巳	+0	−1	34灯	19午	+0	−1	4灯	20未	+0	−0	35山	21申	+0	−1	6畑	22酉	+0	−1	36畑	23戌	+0	−0	7岩	24亥	+0	−1	37岩	25子	+9	−1
9	3陽	14丑	−1	+9	34灯	15寅	+9	−1	3陽	16卯	+9	−1	34灯	17辰	+9	−1	4灯	18巳	+9	−1	35山	19午	+9	−1	5山	20未	+0	−1	36畑	21申	+0	−1	7岩	22酉	+0	−1	37岩	23戌	+0	−1	8宝	24亥	+9	−1	38宝	25子	+9	−1
10	4灯	14丑	−1	+8	35山	15寅	+8	−2	4灯	16卯	+9	−1	35山	17辰	+9	−1	5山	18巳	+9	−1	36畑	19午	+9	−1	6畑	20未	+0	−1	37岩	21申	+0	−1	8宝	22酉	+9	−1	38宝	23戌	+9	−1	9海	24亥	+9	−1	39海	25子	+8	−1
11	5山	14丑	−2	+8	36畑	15寅	+8	−2	5山	16卯	+8	−2	36畑	17辰	+8	−2	6畑	18巳	+9	−2	37岩	19午	+9	−1	7岩	20未	+9	−1	38宝	21申	+9	−1	9海	22酉	+9	−1	39海	23戌	+9	−1	10雨	24亥	+9	−1	40雨	25子	+8	−1
12	6畑	14丑	−2	+8	37岩	15寅	+8	−2	6畑	16卯	+8	−2	37岩	17辰	+8	−2	7岩	18巳	+8	−2	38宝	19午	+8	−2	8宝	20未	+9	−1	39海	21申	+9	−1	10雨	22酉	+9	−1	40雨	23戌	+9	−1	11木	24亥	+8	−1	41木	25子	+8	−1
13	7岩	14丑	−2	+7	38宝	15寅	+7	−3	7岩	16卯	+8	−2	38宝	17辰	+8	−2	8宝	18巳	+8	−2	39海	19午	+8	−2	9海	20未	+9	−1	40雨	21申	+9	−2	11木	22酉	+8	−2	41木	23戌	+8	−1	12草	24亥	+8	−2	42草	25子	+7	−2
14	8宝	14丑	−3	+7	39海	15寅	+7	−3	8宝	16卯	+7	−3	39海	17辰	+7	−3	9海	18巳	+8	−3	40雨	19午	+8	−2	10雨	20未	+8	−2	41木	21申	+8	−2	12草	22酉	+8	−2	42草	23戌	+8	−2	13陽	24亥	+8	−2	43陽	25子	+7	−2
15	9海	14丑	−3	+7	40雨	15寅	+7	−3	9海	16卯	+7	−3	40雨	17辰	+7	−3	10雨	18巳	+7	−3	41木	19午	+7	−3	11木	20未	+8	−2	42草	21申	+8	−2	13陽	22酉	+8	−2	43陽	23戌	+8	−2	14灯	24亥	+7	−2	44灯	25子	+7	−2
16	10雨	14丑	−3	+6	41木	15寅	+6	−4	10雨	16卯	+7	−3	41木	17辰	+7	−3	11木	18巳	+7	−3	42草	19午	+7	−3	12草	20未	+8	−2	43陽	21申	+8	−3	14灯	22酉	+7	−3	44灯	23戌	+7	−2	15山	24亥	+7	−3	45山	25子	+6	−3
17	11木	14丑	−4	+6	42草	15寅	+6	−4	11木	16卯	+6	−4	42草	17辰	+6	−4	12草	18巳	+7	−4	43陽	19午	+7	−3	13陽	20未	+7	−3	44灯	21申	+7	−3	15山	22酉	+7	−3	45山	23戌	+7	−3	16畑	24亥	+7	−3	46畑	25子	+6	−3
18	12草	14丑	−4	+6	43陽	15寅	+6	−4	12草	16卯	+6	−4	43陽	17辰	+6	−4	13陽	18巳	+6	−4	44灯	19午	+6	−4	14灯	20未	+7	−3	45山	21申	+7	−3	16畑	22酉	+7	−3	46畑	23戌	+7	−3	17岩	24亥	+6	−3	47岩	25子	+6	−3
19	13陽	14丑	−4	+5	44灯	15寅	+5	−5	13陽	16卯	+6	−4	44灯	17辰	+6	−4	14灯	18巳	+6	−4	45山	19午	+6	−4	15山	20未	+7	−3	46畑	21申	+7	−4	17岩	22酉	+6	−4	47岩	23戌	+6	−3	18宝	24亥	+6	−4	48宝	25子	+5	−4
20	14灯	14丑	−5	+5	45山	15寅	+5	−5	14灯	16卯	+5	−5	45山	17辰	+5	−5	15山	18巳	+6	−5	46畑	19午	+6	−4	16畑	20未	+6	−4	47岩	21申	+6	−4	18宝	22酉	+6	−4	48宝	23戌	+6	−4	19海	24亥	+6	−4	49海	25子	+5	−4
21	15山	14丑	−5	+5	46畑	15寅	+5	−5	15山	16卯	+5	−5	46畑	17辰	+5	−5	16畑	18巳	+5	−5	47岩	19午	+5	−5	17岩	20未	+6	−4	48宝	21申	+6	−4	19海	22酉	+6	−4	49海	23戌	+6	−4	20雨	24亥	+5	−4	50雨	25子	+5	−4
22	16畑	14丑	−5	+4	47岩	15寅	+4	−6	16畑	16卯	+5	−5	47岩	17辰	+5	−5	17岩	18巳	+5	−5	48宝	19午	+5	−5	18宝	20未	+6	−4	49海	21申	+6	−5	20雨	22酉	+5	−5	50雨	23戌	+5	−4	21木	24亥	+5	−5	51木	25子	+4	−5
23	17岩	14丑	−6	+4	48宝	15寅	+4	−6	17岩	16卯	+4	−6	48宝	17辰	+4	−6	18宝	18巳	+5	−6	49海	19午	+5	−5	19海	20未	+5	−5	50雨	21申	+5	−5	21木	22酉	+5	−5	51木	23戌	+5	−5	22草	24亥	+5	−5	52草	25子	+4	−5
24	18宝	14丑	−6	+4	49海	15寅	+4	−6	18宝	16卯	+4	−6	49海	17辰	+4	−6	19海	18巳	+4	−6	50雨	19午	+4	−6	20雨	20未	+5	−5	51木	21申	+5	−5	22草	22酉	+5	−5	52草	23戌	+5	−5	23陽	24亥	+4	−5	53陽	25子	+4	−5
25	19海	14丑	−6	+3	50雨	15寅	+3	−7	19海	16卯	+4	−6	50雨	17辰	+4	−6	20雨	18巳	+4	−6	51木	19午	+4	−6	21木	20未	+5	−5	52草	21申	+5	−6	23陽	22酉	+4	−6	53陽	23戌	+4	−5	24灯	24亥	+4	−6	54灯	25子	+3	−6
26	20雨	14丑	−7	+3	51木	15寅	+3	−7	20雨	16卯	+3	−7	51木	17辰	+3	−7	21木	18巳	+4	−7	52草	19午	+4	−6	22草	20未	+4	−6	53陽	21申	+4	−6	24灯	22酉	+4	−6	54灯	23戌	+4	−6	25山	24亥	+4	−6	55山	25子	+3	−6
27	21木	14丑	−7	+3	52草	15寅	+3	−7	21木	16卯	+3	−7	52草	17辰	+3	−7	22草	18巳	+3	−7	53陽	19午	+3	−7	23陽	20未	+4	−6	54灯	21申	+4	−6	25山	22酉	+4	−6	55山	23戌	+4	−6	26畑	24亥	+3	−6	56畑	25子	+3	−6
28	22草	14丑	−7	+2	53陽	15寅	+2	−8	22草	16卯	+3	−7	53陽	17辰	+3	−7	23陽	18巳	+3	−7	54灯	19午	+3	−7	24灯	20未	+4	−6	55山	21申	+4	−7	26畑	22酉	+3	−7	56畑	23戌	+3	−6	27岩	24亥	+3	−7	57岩	25子	+2	−7
29	23陽	14丑	−8	+2	54灯	15寅	+2	−8	23陽	16卯	+2	−8	54灯	17辰	+2	−8	24灯	18巳	+3	−8	55山	19午	+3	−7	25山	20未	+3	−7	56畑	21申	+3	−7	27岩	22酉	+3	−7	57岩	23戌	+3	−7	28宝	24亥	+3	−7	58宝	25子	+2	−7
30	24灯	14丑	−8	+2					24灯	16卯	+2	−8	55山	17辰	+2	−8	25山	18巳	+2	−8	56畑	19午	+2	−8	26畑	20未	+3	−7	57岩	21申	+3	−7	28宝	22酉	+3	−7	58宝	23戌	+3	−7	29海	24亥	+2	−7	59海	25子	+2	−7
31	25山	14丑	−8	+1					25山	16卯	+2	−8					26畑	18巳	+2	−8					27岩	20未	+3	−7	58宝	21申	+3	−8					59海	23戌	+2	−7					60雨	25子	+1	−8

2001年　18 辛巳（2/4 ～翌年2/3）

日	1月				2月				3月				4月				5月				6月				7月				8月				9月				10月				11月				12月			
	日干	月干	男	女	日干	月干	男	女	日干	月干	男	女	日干	月干	男	女	日干	月干	男	女	日干	月干	男	女	日干	月干	男	女	日干	月干	男	女	日干	月干	男	女	日干	月干	男	女	日干	月干	男	女	日干	月干	男	女
1	1木	25子	+2	−8	32草	26丑	+1	−9	60雨	27寅	−8	+2	31木	28卯	−9	+1	1木	29辰	−8	+2	32草	30巳	−9	+2	2草	31午	−8	+2	33陽	32未	−8	+2	4灯	33申	−8	+2	34灯	34酉	−8	+2	5山	35戌	−8	+2	35山	36亥	−8	+2
2	2草	25子	+1	−9	33陽	26丑	+1	−9	1木	27寅	−8	+1	32草	28卯	−9	+1	2草	29辰	−9	+1	33陽	30巳	−9	+1	3陽	31午	−9	+2	34灯	32未	−8	+2	5山	33申	−8	+2	35山	34酉	−8	+2	6畑	35戌	−8	+2	36畑	36亥	−8	+1
3	3陽	25子	+1	−9	34灯	26丑	+1	−9	2草	27寅	−9	+1	33陽	28卯	−9	+1	3陽	29辰	−9	+1	34灯	30巳	−9	+1	4灯	31午	−9	+1	35山	32未	−9	+2	6畑	33申	−9	+2	36畑	34酉	−8	+2	7岩	35戌	−8	+1	37岩	36亥	−8	+1
4	4灯	25子	+1	−9	35山	27寅	−0	+0	3陽	27寅	−9	+1	34灯	28卯	−0	+0	4灯	29辰	−9	+1	35山	30巳	−0	+1	5山	31午	−9	+1	36畑	32未	−9	+1	7岩	33申	−9	+1	37岩	34酉	−9	+1	8宝	35戌	−9	+1	38宝	36亥	−9	+1
5	5山	26丑	+1	−0	36畑	27寅	−1	+0	4灯	28卯	−9	+1	35山	29辰	−0	+0	5山	30巳	−0	+1	36畑	31午	−0	+1	6畑	31午	−0	+1	37岩	32未	−9	+1	8宝	33申	−9	+1	38宝	34酉	−9	+1	9海	35戌	−9	+1	39海	36亥	−9	+1
6	6畑	26丑	+0	−1	37岩	27寅	−1	+0	5山	28卯	−1	+0	36畑	29辰	−1	+0	6畑	30巳	−1	+0	37岩	31午	−0	+0	7岩	31午	−0	+1	38宝	32未	−0	+1	9海	33申	−0	+1	39海	34酉	−9	+1	10雨	35戌	−9	+1	40雨	36亥	−9	+0
7	7岩	26丑	+9	−1	38宝	27寅	−1	+9	6畑	28卯	−1	+0	37岩	29辰	−1	+0	7岩	30巳	−1	+0	38宝	31午	−1	+0	8宝	32未	−0	+0	39海	33申	−0	+1	10雨	34酉	−0	+1	40雨	34酉	−0	+1	11木	36亥	−0	+0	41木	37子	−0	+9
8	8宝	26丑	+9	−1	39海	27寅	−1	+9	7岩	28卯	−1	+9	38宝	29辰	−1	+9	8宝	30巳	−1	+0	39海	31午	−1	+0	9海	32未	−1	+0	40雨	33申	−1	+0	11木	34酉	−1	+0	41木	35戌	−0	+0	12草	36亥	−1	+0	42草	37子	−1	+9
9	9海	26丑	+9	−1	40雨	27寅	−1	+9	8宝	28卯	−1	+9	39海	29辰	−1	+9	9海	30巳	−1	+9	40雨	31午	−1	+9	10雨	32未	−1	+0	41木	33申	−1	+0	12草	34酉	−1	+0	42草	35戌	−1	+0	13陽	36亥	−1	+9	43陽	37子	−1	+9
10	10雨	26丑	+8	−1	41木	27寅	−2	+8	9海	28卯	−1	+9	40雨	29辰	−1	+9	10雨	30巳	−1	+9	41木	31午	−1	+9	11木	32未	−1	+0	42草	33申	−1	+0	13陽	34酉	−1	+9	43陽	35戌	−1	+9	14灯	36亥	−1	+9	44灯	37子	−1	+8
11	11木	26丑	+8	−2	42草	27寅	−2	+8	10雨	28卯	−2	+8	41木	29辰	−2	+8	11木	30巳	−2	+9	42草	31午	−1	+9	12草	32未	−1	+9	43陽	33申	−1	+9	14灯	34酉	−1	+9	44灯	35戌	−1	+9	15山	36亥	−1	+9	45山	37子	−1	+8
12	12草	26丑	+8	−2	43陽	27寅	−2	+8	11木	28卯	−2	+8	42草	29辰	−2	+8	12草	30巳	−2	+8	43陽	31午	−2	+8	13陽	32未	−1	+9	44灯	33申	−1	+9	15山	34酉	−1	+9	45山	35戌	−1	+9	16畑	36亥	−1	+8	46畑	37子	−1	+8
13	13陽	26丑	+7	−2	44灯	27寅	−3	+7	12草	28卯	−2	+8	43陽	29辰	−2	+8	13陽	30巳	−2	+8	44灯	31午	−2	+8	14灯	32未	−2	+9	45山	33申	−2	+9	16畑	34酉	−2	+8	46畑	35戌	−1	+8	17岩	36亥	−2	+8	47岩	37子	−2	+7
14	14灯	26丑	+7	−3	45山	27寅	−3	+7	13陽	28卯	−3	+7	44灯	29辰	−3	+7	14灯	30巳	−3	+8	45山	31午	−2	+8	15山	32未	−2	+8	46畑	33申	−2	+8	17岩	34酉	−2	+8	47岩	35戌	−2	+8	18宝	36亥	−2	+8	48宝	37子	−2	+7
15	15山	26丑	+7	−3	46畑	27寅	−3	+7	14灯	28卯	−3	+7	45山	29辰	−3	+7	15山	30巳	−3	+7	46畑	31午	−3	+7	16畑	32未	−2	+8	47岩	33申	−2	+8	18宝	34酉	−2	+8	48宝	35戌	−2	+8	19海	36亥	−2	+7	49海	37子	−2	+7
16	16畑	26丑	+6	−3	47岩	27寅	−4	+6	15山	28卯	−3	+7	46畑	29辰	−3	+7	16畑	30巳	−3	+7	47岩	31午	−3	+7	17岩	32未	−3	+8	48宝	33申	−3	+8	19海	34酉	−3	+7	49海	35戌	−2	+7	20雨	36亥	−3	+7	50雨	37子	−3	+6
17	17岩	26丑	+6	−4	48宝	27寅	−4	+6	16畑	28卯	−4	+6	47岩	29辰	−4	+6	17岩	30巳	−4	+7	48宝	31午	−3	+7	18宝	32未	−3	+7	49海	33申	−3	+7	20雨	34酉	−3	+7	50雨	35戌	−3	+7	21木	36亥	−3	+7	51木	37子	−3	+6
18	18宝	26丑	+6	−4	49海	27寅	−4	+6	17岩	28卯	−4	+6	48宝	29辰	−4	+6	18宝	30巳	−4	+6	49海	31午	−4	+6	19海	32未	−3	+7	50雨	33申	−3	+7	21木	34酉	−3	+7	51木	35戌	−3	+7	22草	36亥	−3	+6	52草	37子	−3	+6
19	19海	26丑	+5	−4	50雨	27寅	−5	+5	18宝	28卯	−4	+6	49海	29辰	−4	+6	19海	30巳	−4	+6	50雨	31午	−4	+6	20雨	32未	−4	+7	51木	33申	−4	+7	22草	34酉	−4	+6	52草	35戌	−3	+6	23陽	36亥	−4	+6	53陽	37子	−4	+5
20	20雨	26丑	+5	−5	51木	27寅	−5	+5	19海	28卯	−5	+5	50雨	29辰	−5	+5	20雨	30巳	−5	+6	51木	31午	−4	+6	21木	32未	−4	+6	52草	33申	−4	+6	23陽	34酉	−4	+6	53陽	35戌	−4	+6	24灯	36亥	−4	+6	54灯	37子	−4	+5
21	21木	26丑	+5	−5	52草	27寅	−5	+5	20雨	28卯	−5	+5	51木	29辰	−5	+5	21木	30巳	−5	+5	52草	31午	−5	+5	22草	32未	−4	+6	53陽	33申	−4	+6	24灯	34酉	−4	+6	54灯	35戌	−4	+6	25山	36亥	−4	+5	55山	37子	−4	+5
22	22草	26丑	+4	−5	53陽	27寅	−6	+4	21木	28卯	−5	+5	52草	29辰	−5	+5	22草	30巳	−5	+5	53陽	31午	−5	+5	23陽	32未	−5	+6	54灯	33申	−5	+6	25山	34酉	−5	+5	55山	35戌	−4	+5	26畑	36亥	−5	+5	56畑	37子	−5	+4
23	23陽	26丑	+4	−6	54灯	27寅	−6	+4	22草	28卯	−6	+4	53陽	29辰	−6	+4	23陽	30巳	−6	+5	54灯	31午	−5	+5	24灯	32未	−5	+5	55山	33申	−5	+5	26畑	34酉	−5	+5	56畑	35戌	−5	+5	27岩	36亥	−5	+5	57岩	37子	−5	+4
24	24灯	26丑	+4	−6	55山	27寅	−6	+4	23陽	28卯	−6	+4	54灯	29辰	−6	+4	24灯	30巳	−6	+4	55山	31午	−6	+4	25山	32未	−5	+5	56畑	33申	−5	+5	27岩	34酉	−5	+5	57岩	35戌	−5	+5	28宝	36亥	−5	+4	58宝	37子	−5	+4
25	25山	26丑	+3	−6	56畑	27寅	−7	+3	24灯	28卯	−6	+4	55山	29辰	−6	+4	25山	30巳	−6	+4	56畑	31午	−6	+4	26畑	32未	−6	+5	57岩	33申	−6	+5	28宝	34酉	−6	+4	58宝	35戌	−5	+4	29海	36亥	−6	+4	59海	37子	−6	+3
26	26畑	26丑	+3	−7	57岩	27寅	−7	+3	25山	28卯	−7	+3	56畑	29辰	−7	+3	26畑	30巳	−7	+4	57岩	31午	−6	+4	27岩	32未	−6	+4	58宝	33申	−6	+4	29海	34酉	−6	+4	59海	35戌	−6	+4	30雨	36亥	−6	+4	60雨	37子	−6	+3
27	27岩	26丑	+3	−7	58宝	27寅	−7	+3	26畑	28卯	−7	+3	57岩	29辰	−7	+3	27岩	30巳	−7	+3	58宝	31午	−7	+3	28宝	32未	−6	+4	59海	33申	−6	+4	30雨	34酉	−6	+4	60雨	35戌	−6	+4	31木	36亥	−6	+3	1木	37子	−6	+3
28	28宝	26丑	+2	−7	59海	27寅	−8	+2	27岩	28卯	−7	+3	58宝	29辰	−7	+3	28宝	30巳	−7	+3	59海	31午	−7	+3	29海	32未	−7	+4	60雨	33申	−7	+4	31木	34酉	−7	+3	1木	35戌	−6	+3	32草	36亥	−7	+3	2草	37子	−7	+2
29	29海	26丑	+2	−8					28宝	28卯	−8	+2	59海	29辰	−8	+2	29海	30巳	−8	+3	60雨	31午	−7	+3	30雨	32未	−7	+3	1木	33申	−7	+3	32草	34酉	−7	+3	2草	35戌	−7	+3	33陽	36亥	−7	+3	3陽	37子	−7	+2
30	30雨	26丑	+2	−8					29海	28卯	−8	+2	60雨	29辰	−8	+2	30雨	30巳	−8	+2	1木	31午	−8	+2	31木	32未	−7	+3	2草	33申	−7	+3	33陽	34酉	−7	+3	3陽	35戌	−7	+3	34灯	36亥	−7	+2	4灯	37子	−7	+2
31	31木	26丑	+1	−8					30雨	28卯	−8	+2					31木	30巳	−8	+2					32草	32未	−8	+3	3陽	33申	−8	+3					4灯	35戌	−7	+2					5山	37子	−8	+1

2002年　19 壬午（2/4～翌年2/3）

日	1月				2月				3月				4月				5月				6月			
	日干	月干	男	女	日干	月干	男	女	日干	月干	男	女	日干	月干	男	女	日干	月干	男	女	日干	月干	男	女
1	6畑	37子	−8	+2	37岩	38丑	−9	+1	5山	39寅	+2	−8	36畑	40卯	+1	−9	6畑	41辰	+2	−8	37岩	42巳	+2	−9
2	7岩	37子	−9	+1	38宝	38丑	−9	+1	6畑	39寅	+1	−8	37岩	40卯	+1	−9	7岩	41辰	+1	−9	38宝	42巳	+1	−9
3	8宝	37子	−9	+1	39海	38丑	−9	+1	7岩	39寅	+1	−9	38宝	40卯	+1	−9	8宝	41辰	+1	−9	39海	42巳	+1	−9
4	9海	37子	−9	+1	40雨	39寅	+0	−0	8宝	39寅	+1	−9	39海	40卯	+0	−0	9海	41辰	+1	−9	40雨	42巳	+1	−0
5	10雨	38丑	−0	+1	41木	39寅	+0	−1	9海	39寅	+1	−9	40雨	41辰	+0	−0	10雨	41辰	+1	−0	41木	42巳	+1	−0
6	11木	38丑	−1	+0	42草	39寅	+0	−1	10雨	40卯	+0	−1	41木	41辰	+0	−1	11木	42巳	+0	−1	42草	43午	+0	−0
7	12草	38丑	−1	+9	43陽	39寅	+9	−1	11木	40卯	+0	−1	42草	41辰	+0	−1	12草	42巳	+0	−1	43陽	43午	+0	−1
8	13陽	38丑	−1	+9	44灯	39寅	+9	−1	12草	40卯	+9	−1	43陽	41辰	+9	−1	13陽	42巳	+0	−1	44灯	43午	+0	−1
9	14灯	38丑	−1	+9	45山	39寅	+9	−1	13陽	40卯	+9	−1	44灯	41辰	+9	−1	14灯	42巳	+9	−1	45山	43午	+9	−1
10	15山	38丑	−1	+8	46畑	39寅	+8	−2	14灯	40卯	+9	−1	45山	41辰	+9	−1	15山	42巳	+9	−1	46畑	43午	+9	−1
11	16畑	38丑	−2	+8	47岩	39寅	+8	−2	15山	40卯	+8	−2	46畑	41辰	+8	−2	16畑	42巳	+9	−2	47岩	43午	+9	−1
12	17岩	38丑	−2	+8	48宝	39寅	+8	−2	16畑	40卯	+8	−2	47岩	41辰	+8	−2	17岩	42巳	+8	−2	48宝	43午	+8	−2
13	18宝	38丑	−2	+7	49海	39寅	+7	−3	17岩	40卯	+8	−2	48宝	41辰	+8	−2	18宝	42巳	+8	−2	49海	43午	+8	−2
14	19海	38丑	−3	+7	50雨	39寅	+7	−3	18宝	40卯	+7	−3	49海	41辰	+7	−3	19海	42巳	+8	−3	50雨	43午	+8	−2
15	20雨	38丑	−3	+7	51木	39寅	+7	−3	19海	40卯	+7	−3	50雨	41辰	+7	−3	20雨	42巳	+7	−3	51木	43午	+7	−3
16	21木	38丑	−3	+6	52草	39寅	+6	−4	20雨	40卯	+7	−3	51木	41辰	+7	−3	21木	42巳	+7	−3	52草	43午	+7	−3
17	22草	38丑	−4	+6	53陽	39寅	+6	−4	21木	40卯	+6	−4	52草	41辰	+6	−4	22草	42巳	+7	−4	53陽	43午	+7	−3
18	23陽	38丑	−4	+6	54灯	39寅	+6	−4	22草	40卯	+6	−4	53陽	41辰	+6	−4	23陽	42巳	+6	−4	54灯	43午	+6	−4
19	24灯	38丑	−4	+5	55山	39寅	+5	−5	23陽	40卯	+6	−4	54灯	41辰	+6	−4	24灯	42巳	+6	−4	55山	43午	+6	−4
20	25山	38丑	−5	+5	56畑	39寅	+5	−5	24灯	40卯	+5	−5	55山	41辰	+5	−5	25山	42巳	+6	−5	56畑	43午	+6	−4
21	26畑	38丑	−5	+5	57岩	39寅	+5	−5	25山	40卯	+5	−5	56畑	41辰	+5	−5	26畑	42巳	+5	−5	57岩	43午	+5	−5
22	27岩	38丑	−5	+4	58宝	39寅	+4	−6	26畑	40卯	+5	−5	57岩	41辰	+5	−5	27岩	42巳	+5	−5	58宝	43午	+5	−5
23	28宝	38丑	−6	+4	59海	39寅	+4	−6	27岩	40卯	+4	−6	58宝	41辰	+4	−6	28宝	42巳	+5	−6	59海	43午	+5	−5
24	29海	38丑	−6	+4	60雨	39寅	+4	−6	28宝	40卯	+4	−6	59海	41辰	+4	−6	29海	42巳	+4	−6	60雨	43午	+4	−6
25	30雨	38丑	6	+3	1木	39寅	+3	−7	29海	40卯	+4	−6	60雨	41辰	+4	−6	30雨	42巳	+4	−6	1木	43午	+4	−6
26	31木	38丑	−7	+3	2草	39寅	+3	−7	30雨	40卯	+3	−7	1木	41辰	+3	−7	31木	42巳	+4	−7	2草	43午	+4	−6
27	32草	38丑	−7	+3	3陽	39寅	+3	−7	31木	40卯	+3	−7	2草	41辰	+3	−7	32草	42巳	+3	−7	3陽	43午	+3	−7
28	33陽	38丑	−7	+2	4灯	39寅	+2	−8	32草	40卯	+3	−7	3陽	41辰	+3	−7	33陽	42巳	+3	−7	4灯	43午	+3	−7
29	34灯	38丑	−8	+2					33陽	40卯	+2	−8	4灯	41辰	+2	−8	34灯	42巳	+3	−8	5山	43午	+3	−7
30	35山	38丑	−8	+2					34灯	40卯	+2	−8	5山	41辰	+2	−8	35山	42巳	+2	−8	6畑	43午	+2	−8
31	36畑	38丑	−8	+1					35山	40卯	+2	−8					36畑	42巳	+2	−8				

日	7月				8月				9月				10月				11月				12月			
	日干	月干	男	女	日干	月干	男	女	日干	月干	男	女	日干	月干	男	女	日干	月干	男	女	日干	月干	男	女
1	7岩	43午	+2	−8	38宝	44未	+2	−8	9海	45申	+2	−8	39海	46酉	+2	−8	10雨	47戌	+2	−8	40雨	48亥	+2	−8
2	8宝	43午	+2	−9	39海	44未	+2	−8	10雨	45申	+2	−8	40雨	46酉	+2	−8	11木	47戌	+2	−8	41木	48亥	+1	−8
3	9海	43午	+1	−9	40雨	44未	+2	−9	11木	45申	+2	−9	41木	46酉	+2	−8	12草	47戌	+1	−8	42草	48亥	+1	−8
4	10雨	43午	+1	−9	41木	44未	+1	−9	12草	45申	+1	−9	42草	46酉	+1	−9	13陽	47戌	+1	−9	43陽	48亥	+1	−9
5	11木	43午	+1	−0	42草	44未	+1	−9	13陽	45申	+1	−9	43陽	46酉	+1	−9	14灯	47戌	+1	−9	44灯	48亥	+1	−9
6	12草	43午	+1	−0	43陽	44未	+1	−0	14灯	45申	+1	−0	44灯	46酉	+1	−9	15山	47戌	+1	−9	45山	48亥	+0	−9
7	13陽	44未	+0	−0	44灯	44未	+1	−0	15山	45申	+1	−0	45山	46酉	+1	−0	16畑	48亥	+0	−0	46畑	49子	+9	−0
8	14灯	44未	+0	−1	45山	45申	+0	−1	16畑	46酉	+0	−1	46畑	47戌	+0	−0	17岩	48亥	+0	−1	47岩	49子	+9	−1
9	15山	44未	+0	−1	46畑	45申	+0	−1	17岩	46酉	+0	−1	47岩	47戌	+0	−1	18宝	48亥	+9	−1	48宝	49子	+9	−1
10	16畑	44未	+0	−1	47岩	45申	+0	−1	18宝	46酉	+9	−1	48宝	47戌	+9	−1	19海	48亥	+9	−1	49海	49子	+8	−1
11	17岩	44未	+9	−1	48宝	45申	+9	−1	19海	46酉	+9	−1	49海	47戌	+9	−1	20雨	48亥	+9	−1	50雨	49子	+8	−1
12	18宝	44未	+9	−1	49海	45申	+9	−1	20雨	46酉	+9	−1	50雨	47戌	+9	−1	21木	48亥	+8	−1	51木	49子	+8	−1
13	19海	44未	+9	−2	50雨	45申	+9	−2	21木	46酉	+8	−2	51木	47戌	+8	−1	22草	48亥	+8	−2	52草	49子	+7	−2
14	20雨	44未	+8	−2	51木	45申	+8	−2	22草	46酉	+8	−2	52草	47戌	+8	−2	23陽	48亥	+8	−2	53陽	49子	+7	−2
15	21木	44未	+8	−2	52草	45申	+8	−2	23陽	46酉	+8	−2	53陽	47戌	+8	−2	24灯	48亥	+7	−2	54灯	49子	+7	−2
16	22草	44未	+8	−3	53陽	45申	+8	−3	24灯	46酉	+7	−3	54灯	47戌	+7	−2	25山	48亥	+7	−3	55山	49子	+6	−3
17	23陽	44未	+7	−3	54灯	45申	+7	−3	25山	46酉	+7	−3	55山	47戌	+7	−3	26畑	48亥	+7	−3	56畑	49子	+6	−3
18	24灯	44未	+7	−3	55山	45申	+7	−3	26畑	46酉	+7	−3	56畑	47戌	+7	−3	27岩	48亥	+6	−3	57岩	49子	+6	−3
19	25山	44未	+7	−4	56畑	45申	+7	−4	27岩	46酉	+6	−4	57岩	47戌	+6	−3	28宝	48亥	+6	−4	58宝	49子	+5	−4
20	26畑	44未	+6	−4	57岩	45申	+6	−4	28宝	46酉	+6	−4	58宝	47戌	+6	−4	29海	48亥	+6	−4	59海	49子	+5	−4
21	27岩	44未	+6	−4	58宝	45申	+6	−4	29海	46酉	+6	−4	59海	47戌	+6	−4	30雨	48亥	+5	−4	60雨	49子	+5	−4
22	28宝	44未	+6	−5	59海	45申	+6	−5	30雨	46酉	+5	−5	60雨	47戌	+5	−4	31木	48亥	+5	−5	1木	49子	+4	−5
23	29海	44未	+5	−5	60雨	45申	+5	−5	31木	46酉	+5	−5	1木	47戌	+5	−5	32草	48亥	+5	−5	2草	49子	+4	−5
24	30雨	44未	+5	−5	1木	45申	+5	−5	32草	46酉	+5	−5	2草	47戌	+5	−5	33陽	48亥	+4	−5	3陽	49子	+4	−5
25	31木	44未	+5	−6	2草	45申	+5	−6	33陽	46酉	+4	−6	3陽	47戌	+4	−5	34灯	48亥	+4	−6	4灯	49子	+3	−6
26	32草	44未	+4	−6	3陽	45申	+4	−6	34灯	46酉	+4	−6	4灯	47戌	+4	−6	35山	48亥	+4	−6	5山	49子	+3	−6
27	33陽	44未	+4	−6	4灯	45申	+4	−6	35山	46酉	+4	−6	5山	47戌	+4	−6	36畑	48亥	+3	−6	6畑	49子	+3	−6
28	34灯	44未	+4	−7	5山	45申	+4	−7	36畑	46酉	+3	−7	6畑	47戌	+3	−6	37岩	48亥	+3	−7	7岩	49子	+2	−7
29	35山	44未	+3	−7	6畑	45申	+3	−7	37岩	46酉	+3	−7	7岩	47戌	+3	−7	38宝	48亥	+3	−7	8宝	49子	+2	−7
30	36畑	44未	+3	−7	7岩	45申	+3	−7	38宝	46酉	+3	−7	8宝	47戌	+3	−7	39海	48亥	+2	−7	9海	49子	+2	−7
31	37岩	44未	+3	−8	8宝	45申	+3	−8					9海	47戌	+2	−7					10雨	49子	+1	−8

2003年　20 癸未（2/4～翌年2/3）

日	1月				2月				3月				4月				5月				6月			
	日干	月干	男	女	日干	月干	男	女	日干	月干	男	女	日干	月干	男	女	日干	月干	男	女	日干	月干	男	女
1	11木	49子	+2	−8	42草	50丑	+1	−9	10雨	51寅	−8	+2	41木	52卯	−9	+1	11木	53辰	−8	+2	42草	54巳	−9	+2
2	12草	49子	+1	−9	43陽	50丑	+1	−9	11木	51寅	−8	+1	42草	52卯	−9	+1	12草	53辰	−9	+1	43陽	54巳	−9	+1
3	13陽	49子	+1	−9	44灯	50丑	+1	−9	12草	51寅	−9	+1	43陽	52卯	−9	+1	13陽	53辰	−9	+1	44灯	54巳	−9	+1
4	14灯	49子	+1	−9	45山	51寅	−0	+0	13陽	51寅	−9	+1	44灯	52卯	−0	+0	14灯	53辰	−9	+1	45山	54巳	−0	+1
5	15山	49子	+1	−0	46畑	51寅	−1	+0	14灯	51寅	−9	+1	45山	53辰	−0	+0	15山	53辰	−0	+1	46畑	54巳	−0	+1
6	16畑	50丑	+0	−1	47岩	51寅	−1	+0	15山	52卯	−1	+0	46畑	53辰	−1	+0	16畑	54巳	−1	+0	47岩	55午	−0	+0
7	17岩	50丑	+9	−1	48宝	51寅	−1	+9	16畑	52卯	−1	+0	47岩	53辰	−1	+0	17岩	54巳	−1	+0	48宝	55午	−1	+0
8	18宝	50丑	+9	−1	49海	51寅	−1	+9	17岩	52卯	−1	+9	48宝	53辰	−1	+9	18宝	54巳	−1	+0	49海	55午	−1	+0
9	19海	50丑	+9	−1	50雨	51寅	−1	+9	18宝	52卯	−1	+9	49海	53辰	−1	+9	19海	54巳	−1	+9	50雨	55午	−1	+9
10	20雨	50丑	+8	−1	51木	51寅	−2	+8	19海	52卯	−1	+9	50雨	53辰	−1	+9	20雨	54巳	−1	+9	51木	55午	−1	+9
11	21木	50丑	+8	−2	52草	51寅	−2	+8	20雨	52卯	−2	+8	51木	53辰	−2	+8	21木	54巳	−2	+9	52草	55午	−1	+9
12	22草	50丑	+8	−2	53陽	51寅	−2	+8	21木	52卯	−2	+8	52草	53辰	−2	+8	22草	54巳	−2	+8	53陽	55午	−2	+8
13	23陽	50丑	+7	−2	54灯	51寅	−3	+7	22草	52卯	−2	+8	53陽	53辰	−2	+8	23陽	54巳	−2	+8	54灯	55午	−2	+8
14	24灯	50丑	+7	−3	55山	51寅	−3	+7	23陽	52卯	−3	+7	54灯	53辰	−3	+7	24灯	54巳	−3	+8	55山	55午	−2	+8
15	25山	50丑	+7	−3	56畑	51寅	−3	+7	24灯	52卯	−3	+7	55山	53辰	−3	+7	25山	54巳	−3	+7	56畑	55午	−3	+7
16	26畑	50丑	+6	−3	57岩	51寅	−4	+6	25山	52卯	−3	+7	56畑	53辰	−3	+7	26畑	54巳	−3	+7	57岩	55午	−3	+7
17	27岩	50丑	+6	−4	58宝	51寅	−4	+6	26畑	52卯	−4	+6	57岩	53辰	−4	+6	27岩	54巳	−4	+7	58宝	55午	−3	+7
18	28宝	50丑	+6	−4	59海	51寅	−4	+6	27岩	52卯	−4	+6	58宝	53辰	−4	+6	28宝	54巳	−4	+6	59海	55午	−4	+6
19	29海	50丑	+5	−4	60雨	51寅	−5	+5	28宝	52卯	−4	+6	59海	53辰	−4	+6	29海	54巳	−4	+6	60雨	55午	−4	+6
20	30雨	50丑	+5	−5	1木	51寅	−5	+5	29海	52卯	−5	+5	60雨	53辰	−5	+5	30雨	54巳	−5	+6	1木	55午	−4	+6
21	31木	50丑	+5	−5	2草	51寅	−5	+5	30雨	52卯	−5	+5	1木	53辰	−5	+5	31木	54巳	−5	+5	2草	55午	−5	+5
22	32草	50丑	+4	−5	3陽	51寅	−6	+4	31木	52卯	−5	+5	2草	53辰	−5	+5	32草	54巳	−5	+5	3陽	55午	−5	+5
23	33陽	50丑	+4	−6	4灯	51寅	−6	+4	32草	52卯	−6	+4	3陽	53辰	−6	+4	33陽	54巳	−6	+5	4灯	55午	−5	+5
24	34灯	50丑	+4	−6	5山	51寅	−6	+4	33陽	52卯	−6	+4	4灯	53辰	−6	+4	34灯	54巳	−6	+4	5山	55午	−6	+4
25	35山	50丑	+3	−6	6畑	51寅	−7	+3	34灯	52卯	−6	+4	5山	53辰	−6	+4	35山	54巳	−6	+4	6畑	55午	−6	+4
26	36畑	50丑	+3	−7	7岩	51寅	−7	+3	35山	52卯	−7	+3	6畑	53辰	−7	+3	36畑	54巳	−7	+4	7岩	55午	−6	+4
27	37岩	50丑	+3	−7	8宝	51寅	−7	+3	36畑	52卯	−7	+3	7岩	53辰	−7	+3	37岩	54巳	−7	+3	8宝	55午	−7	+3
28	38宝	50丑	+2	−7	9海	51寅	−8	+2	37岩	52卯	−7	+3	8宝	53辰	−7	+3	38宝	54巳	−7	+3	9海	55午	−7	+3
29	39海	50丑	+2	−8					38宝	52卯	−8	+2	9海	53辰	−8	+2	39海	54巳	−8	+3	10雨	55午	−7	+3
30	40雨	50丑	+2	−8					39海	52卯	−8	+2	10雨	53辰	−8	+2	40雨	54巳	−8	+2	11木	55午	−8	+2
31	41木	50丑	+1	−8					40雨	52卯	−8	+2					41木	54巳	−8	+2				

日	7月				8月				9月				10月				11月				12月			
	日干	月干	男	女	日干	月干	男	女	日干	月干	男	女	日干	月干	男	女	日干	月干	男	女	日干	月干	男	女
1	12草	55午	−8	+2	43陽	56未	−8	+2	14灯	57申	−8	+2	44灯	58酉	−8	+2	15山	59戌	−8	+2	45山	60亥	−8	+2
2	13陽	55午	−9	+2	44灯	56未	−8	+2	15山	57申	−8	+2	45山	58酉	−8	+2	16畑	59戌	−8	+2	46畑	60亥	−8	+1
3	14灯	55午	−9	+1	45山	56未	−9	+2	16畑	57申	−9	+2	46畑	58酉	−8	+2	17岩	59戌	−8	+1	47岩	60亥	−8	+1
4	15山	55午	−9	+1	46畑	56未	−9	+1	17岩	57申	−9	+1	47岩	58酉	−9	+1	18宝	59戌	−9	+1	48宝	60亥	−9	+1
5	16畑	55午	−0	+1	47岩	56未	−9	+1	18宝	57申	−9	+1	48宝	58酉	−9	+1	19海	59戌	−9	+1	49海	60亥	−9	+1
6	17岩	55午	−0	+1	48宝	56未	−0	+1	19海	57申	−0	+1	49海	58酉	−9	+1	20雨	59戌	−9	+1	50雨	60亥	−9	+0
7	18宝	56未	−0	+0	49海	56未	−0	+1	20雨	57申	−0	+1	50雨	58酉	−0	+1	21木	59戌	−0	+0	51木	1子	−0	+9
8	19海	56未	−1	+0	50雨	57申	−1	+0	21木	58酉	−1	+0	51木	58酉	−0	+0	22草	60亥	−1	+0	52草	1子	−1	+9
9	20雨	56未	−1	+0	51木	57申	−1	+0	22草	58酉	−1	+0	52草	59戌	−1	+0	23陽	60亥	−1	+9	53陽	1子	−1	+9
10	21木	56未	−1	+0	52草	57申	−1	+0	23陽	58酉	−1	+9	53陽	59戌	−1	+9	24灯	60亥	−1	+9	54灯	1子	−1	+8
11	22草	56未	−1	+9	53陽	57申	−1	+9	24灯	58酉	−1	+9	54灯	59戌	−1	+9	25山	60亥	−1	+9	55山	1子	−1	+8
12	23陽	56未	−1	+9	54灯	57申	−1	+9	25山	58酉	−1	+9	55山	59戌	−1	+9	26畑	60亥	−1	+8	56畑	1子	−1	+8
13	24灯	56未	−2	+9	55山	57申	−2	+9	26畑	58酉	−2	+8	56畑	59戌	−1	+8	27岩	60亥	−2	+8	57岩	1子	−2	+7
14	25山	56未	−2	+8	56畑	57申	−2	+8	27岩	58酉	−2	+8	57岩	59戌	−2	+8	28宝	60亥	−2	+8	58宝	1子	−2	+7
15	26畑	56未	−2	+8	57岩	57申	−2	+8	28宝	58酉	−2	+8	58宝	59戌	−2	+8	29海	60亥	−2	+7	59海	1子	−2	+7
16	27岩	56未	−3	+8	58宝	57申	−3	+8	29海	58酉	−3	+7	59海	59戌	−2	+7	30雨	60亥	−3	+7	60雨	1子	−3	+6
17	28宝	56未	−3	+7	59海	57申	−3	+7	30雨	58酉	−3	+7	60雨	59戌	−3	+7	31木	60亥	−3	+7	1木	1子	−3	+6
18	29海	56未	−3	+7	60雨	57申	−3	+7	31木	58酉	−3	+7	1木	59戌	−3	+7	32草	60亥	−3	+6	2草	1子	−3	+6
19	30雨	56未	−4	+7	1木	57申	−4	+7	32草	58酉	−4	+6	2草	59戌	−3	+6	33陽	60亥	−4	+6	3陽	1子	−4	+5
20	31木	56未	−4	+6	2草	57申	−4	+6	33陽	58酉	−4	+6	3陽	59戌	−4	+6	34灯	60亥	−4	+6	4灯	1子	−4	+5
21	32草	56未	−4	+6	3陽	57申	−4	+6	34灯	58酉	−4	+6	4灯	59戌	−4	+6	35山	60亥	−4	+5	5山	1子	−4	+5
22	33陽	56未	−5	+6	4灯	57申	−5	+6	35山	58酉	−5	+5	5山	59戌	−4	+5	36畑	60亥	−5	+5	6畑	1子	−5	+4
23	34灯	56未	−5	+5	5山	57申	−5	+5	36畑	58酉	−5	+5	6畑	59戌	−5	+5	37岩	60亥	−5	+5	7岩	1子	−5	+4
24	35山	56未	−5	+5	6畑	57申	−5	+5	37岩	58酉	−5	+5	7岩	59戌	−5	+5	38宝	60亥	−5	+4	8宝	1子	−5	+4
25	36畑	56未	−6	+5	7岩	57申	−6	+5	38宝	58酉	−6	+4	8宝	59戌	−5	+4	39海	60亥	−6	+4	9海	1子	−6	+3
26	37岩	56未	−6	+4	8宝	57申	−6	+4	39海	58酉	−6	+4	9海	59戌	−6	+4	40雨	60亥	−6	+4	10雨	1子	−6	+3
27	38宝	56未	−6	+4	9海	57申	−6	+4	40雨	58酉	−6	+4	10雨	59戌	−6	+4	41木	60亥	−6	+3	11木	1子	−6	+3
28	39海	56未	−7	+4	10雨	57申	−7	+4	41木	58酉	−7	+3	11木	59戌	−6	+3	42草	60亥	−7	+3	12草	1子	−7	+2
29	40雨	56未	−7	+3	11木	57申	−7	+3	42草	58酉	−7	+3	12草	59戌	−7	+3	43陽	60亥	−7	+3	13陽	1子	−7	+2
30	41木	56未	−7	+3	12草	57申	−7	+3	43陽	58酉	−7	+3	13陽	59戌	−7	+3	44灯	60亥	−7	+2	14灯	1子	−7	+2
31	42草	56未	−8	+3	13陽	57申	−8	+3					14灯	59戌	−7	+2					15山	1子	−8	+1

2004年　21 甲申（2/4 〜翌年2/3）

日	1月 日干	1月 月干	1月 男	1月 女	2月 日干	2月 月干	2月 男	2月 女	3月 日干	3月 月干	3月 男	3月 女	4月 日干	4月 月干	4月 男	4月 女	5月 日干	5月 月干	5月 男	5月 女	6月 日干	6月 月干	6月 男	6月 女
1	16畑	1子	-8	+2	47岩	2丑	-9	+1	16畑	3寅	+2	-8	47岩	4卯	+1	-9	17岩	5辰	+2	-8	48宝	6巳	+2	-9
2	17岩	1子	-9	+1	48宝	2丑	-9	+1	17岩	3寅	+1	-8	48宝	4卯	+1	-9	18宝	5辰	+1	-9	49海	6巳	+1	-9
3	18宝	1子	-9	+1	49海	2丑	-9	+1	18宝	3寅	+1	-9	49海	4卯	+1	-9	19海	5辰	+1	-9	50雨	6巳	+1	-9
4	19海	1子	-9	+1	50雨	3寅	+0	-0	19海	3寅	+1	-9	50雨	5辰	+0	-0	20雨	5辰	+1	-9	51木	6巳	+1	-0
5	20雨	1子	-0	+1	51木	3寅	+0	-1	20雨	4卯	+1	-9	51木	5辰	+0	-0	21木	6巳	+1	-0	52草	7午	+1	-0
6	21木	2丑	-1	+0	52草	3寅	+0	-1	21木	4卯	+0	-1	52草	5辰	+0	-1	22草	6巳	+0	-1	53陽	7午	+0	-0
7	22草	2丑	-1	+9	53陽	3寅	+9	-1	22草	4卯	+0	-1	53陽	5辰	+0	-1	23陽	6巳	+0	-1	54灯	7午	+0	-1
8	23陽	2丑	-1	+9	54灯	3寅	+9	-1	23陽	4卯	+9	-1	54灯	5辰	+9	-1	24灯	6巳	+0	-1	55山	7午	+0	-1
9	24灯	2丑	-1	+9	55山	3寅	+9	-1	24灯	4卯	+9	-1	55山	5辰	+9	-1	25山	6巳	+9	-1	56畑	7午	+9	-1
10	25山	2丑	-1	+8	56畑	3寅	+8	-2	25山	4卯	+9	-1	56畑	5辰	+9	-1	26畑	6巳	+9	-1	57岩	7午	+9	-1
11	26畑	2丑	-2	+8	57岩	3寅	+8	-2	26畑	4卯	+8	-2	57岩	5辰	+8	-2	27岩	6巳	+9	-2	58宝	7午	+9	-1
12	27岩	2丑	-2	+8	58宝	3寅	+8	-2	27岩	4卯	+8	-2	58宝	5辰	+8	-2	28宝	6巳	+8	-2	59海	7午	+8	-2
13	28宝	2丑	-2	+7	59海	3寅	+7	3	28宝	4卯	+8	-2	59海	5辰	+8	-2	29海	6巳	+8	-2	60雨	7午	+8	-2
14	29海	2丑	-3	+7	60雨	3寅	+7	-3	29海	4卯	+7	-3	60雨	5辰	+7	-3	30雨	6巳	+8	-3	1木	7午	+8	-2
15	30雨	2丑	-3	+7	1木	3寅	+7	-3	30雨	4卯	+7	-3	1木	5辰	+7	-3	31木	6巳	+7	-3	2草	7午	+7	-3
16	31木	2丑	-3	+6	2草	3寅	+6	-4	31木	4卯	+7	-3	2草	5辰	+7	-3	32草	6巳	+7	-3	3陽	7午	+7	-3
17	32草	2丑	-4	+6	3陽	3寅	+6	-4	32草	4卯	+6	-4	3陽	5辰	+6	-4	33陽	6巳	+7	-4	4灯	7午	+7	-3
18	33陽	2丑	-4	+6	4灯	3寅	+6	-4	33陽	4卯	+6	-4	4灯	5辰	+6	-4	34灯	6巳	+6	-4	5山	7午	+6	-4
19	34灯	2丑	-4	+5	5山	3寅	+5	-5	34灯	4卯	+6	-4	5山	5辰	+6	-4	35山	6巳	+6	-4	6畑	7午	+6	-4
20	35山	2丑	-5	+5	6畑	3寅	+5	-5	35山	4卯	+5	-5	6畑	5辰	+5	-5	36畑	6巳	+6	-5	7岩	7午	+6	-4
21	36畑	2丑	-5	+5	7岩	3寅	+5	-5	36畑	4卯	+5	-5	7岩	5辰	+5	-5	37岩	6巳	+5	-5	8宝	7午	+5	-5
22	37岩	2丑	-5	+4	8宝	3寅	+4	-6	37岩	4卯	+5	-5	8宝	5辰	+5	-5	38宝	6巳	+5	-5	9海	7午	+5	-5
23	38宝	2丑	-6	+4	9海	3寅	+4	-6	38宝	4卯	+4	-6	9海	5辰	+4	-6	39海	6巳	+5	-6	10雨	7午	+5	-5
24	39海	2丑	-6	+4	10雨	3寅	+4	-6	39海	4卯	+4	-6	10雨	5辰	+4	-6	40雨	6巳	+4	-6	11木	7午	+4	-6
25	40雨	2丑	-6	+3	11木	3寅	+3	-7	40雨	4卯	+4	-6	11木	5辰	+4	-6	41木	6巳	+4	-6	12草	7午	+4	-6
26	41木	2丑	-7	+3	12草	3寅	+3	-7	41木	4卯	+3	-7	12草	5辰	+3	-7	42草	6巳	+4	-7	13陽	7午	+4	-6
27	42草	2丑	-7	+3	13陽	3寅	+3	-7	42草	4卯	+3	-7	13陽	5辰	+3	-7	43陽	6巳	+3	-7	14灯	7午	+3	-7
28	43陽	2丑	-7	+2	14灯	3寅	+2	-8	43陽	4卯	+3	-7	14灯	5辰	+3	-7	44灯	6巳	+3	-7	15山	7午	+3	-7
29	44灯	2丑	-8	+2	15山	3寅	+2	-8	44灯	4卯	+2	-8	15山	5辰	+2	-8	45山	6巳	+3	-8	16畑	7午	+3	-7
30	45山	2丑	-8	+2					45山	4卯	+2	-8	16畑	5辰	+2	-8	46畑	6巳	+2	-8	17岩	7午	+2	-8
31	46畑	2丑	-8	+1					46畑	4卯	+2	-8					47岩	6巳	+2	-8				

日	7月 日干	7月 月干	7月 男	7月 女	8月 日干	8月 月干	8月 男	8月 女	9月 日干	9月 月干	9月 男	9月 女	10月 日干	10月 月干	10月 男	10月 女	11月 日干	11月 月干	11月 男	11月 女	12月 日干	12月 月干	12月 男	12月 女
1	18宝	7午	+2	-8	49海	8未	+2	-8	20雨	9申	+2	-8	50雨	10酉	+2	-8	21木	11戌	+2	-8	51木	12亥	+2	-8
2	19海	7午	+2	-8	50雨	8未	+2	-8	21木	9申	+2	-8	51木	10酉	+2	-8	22草	11戌	+2	-8	52草	12亥	+1	-8
3	20雨	7午	+1	-9	51木	8未	+2	-9	22草	9申	+2	-9	52草	10酉	+2	-8	23陽	11戌	+1	-8	53陽	12亥	+1	-8
4	21木	7午	+1	-9	52草	8未	+1	-9	23陽	9申	+1	-9	53陽	10酉	+1	-9	24灯	11戌	+1	-9	54灯	12亥	+1	-9
5	22草	7午	+1	-9	53陽	8未	+1	-9	24灯	9申	+1	-9	54灯	10酉	+1	-9	25山	11戌	+1	-9	55山	12亥	+1	-9
6	23陽	7午	+1	-0	54灯	8未	+1	-0	25山	9申	+1	-0	55山	10酉	+1	-9	26畑	11戌	+1	-9	56畑	12亥	+0	-9
7	24灯	8未	+0	-0	55山	9申	+1	-0	26畑	10酉	+1	-0	56畑	10酉	+1	-0	27岩	12亥	+0	-0	57岩	13子	+9	-0
8	25山	8未	+0	-0	56畑	9申	+0	-1	27岩	10酉	+0	-1	57岩	11戌	+0	-0	28宝	12亥	+0	-1	58宝	13子	+9	-1
9	26畑	8未	+0	-1	57岩	9申	+0	-1	28宝	10酉	+0	-1	58宝	11戌	+0	-1	29海	12亥	+9	-1	59海	13子	+9	-1
10	27岩	8未	+0	-1	58宝	9申	+0	-1	29海	10酉	+9	-1	59海	11戌	+9	-1	30雨	12亥	+9	-1	60雨	13子	+8	-1
11	28宝	8未	+9	-1	59海	9申	+9	-1	30雨	10酉	+9	-1	60雨	11戌	+9	-1	31木	12亥	+9	-1	1木	13子	+8	-1
12	29海	8未	+0	1	60雨	9申	+9	-1	31木	10酉	+9	-1	1木	11戌	+9	-1	32草	12亥	+8	-1	2草	13子	+8	-1
13	30雨	8未	+9	-1	1木	9申	+9	-2	32草	10酉	+8	-2	2草	11戌	+8	-1	33陽	12亥	+8	-2	3陽	13子	+7	-2
14	31木	8未	+8	-2	2草	9申	+8	-2	33陽	10酉	+8	-2	3陽	11戌	+8	-2	34灯	12亥	+8	-2	4灯	13子	+7	-2
15	32草	8未	+8	-2	3陽	9申	+8	-2	34灯	10酉	+8	-2	4灯	11戌	+8	-2	35山	12亥	+7	-2	5山	13子	+7	-2
16	33陽	8未	+8	-2	4灯	9申	+8	-3	35山	10酉	+7	-3	5山	11戌	+7	-2	36畑	12亥	+7	-3	6畑	13子	+6	-3
17	34灯	8未	+7	-3	5山	9申	+7	-3	36畑	10酉	+7	-3	6畑	11戌	+7	-3	37岩	12亥	+7	-3	7岩	13子	+6	-3
18	35山	8未	+7	-3	6畑	9申	+7	-3	37岩	10酉	+7	-3	7岩	11戌	+7	-3	38宝	12亥	+6	-3	8宝	13子	+6	-3
19	36畑	8未	+7	-3	7岩	9申	+7	-4	38宝	10酉	+6	-4	8宝	11戌	+6	-3	39海	12亥	+6	-4	9海	13子	+5	-4
20	37岩	8未	+6	-4	8宝	9申	+6	-4	39海	10酉	+6	-4	9海	11戌	+6	-4	40雨	12亥	+6	-4	10雨	13子	+5	-4
21	38宝	8未	+6	-4	9海	9申	+6	-4	40雨	10酉	+6	-4	10雨	11戌	+6	-4	41木	12亥	+5	-4	11木	13子	+5	-4
22	39海	8未	+6	-4	10雨	9申	+6	-5	41木	10酉	+5	-5	11木	11戌	+5	-4	42草	12亥	+5	-5	12草	13子	+4	-5
23	40雨	8未	+5	-5	11木	9申	+5	-5	42草	10酉	+5	-5	12草	11戌	+5	-5	43陽	12亥	+5	-5	13陽	13子	+4	-5
24	41木	8未	+5	-5	12草	9申	+5	-5	43陽	10酉	+5	-5	13陽	11戌	+5	-5	44灯	12亥	+4	-5	14灯	13子	+4	-5
25	42草	8未	+5	-5	13陽	9申	+5	-6	44灯	10酉	+4	-6	14灯	11戌	+4	-5	45山	12亥	+4	-6	15山	13子	+3	-6
26	43陽	8未	+4	-6	14灯	9申	+4	-6	45山	10酉	+4	-6	15山	11戌	+4	-6	46畑	12亥	+4	-6	16畑	13子	+3	-6
27	44灯	8未	+4	-6	15山	9申	+4	-6	46畑	10酉	+4	-6	16畑	11戌	+4	-6	47岩	12亥	+3	-6	17岩	13子	+3	-6
28	45山	8未	+4	-6	16畑	9申	+4	-7	47岩	10酉	+3	-7	17岩	11戌	+3	-6	48宝	12亥	+3	-7	18宝	13子	+2	-7
29	46畑	8未	+3	-7	17岩	9申	+3	-7	48宝	10酉	+3	-7	18宝	11戌	+3	-7	49海	12亥	+3	-7	19海	13子	+2	-7
30	47岩	8未	+3	-7	18宝	9申	+3	-7	49海	10酉	+3	-7	19海	11戌	+3	-7	50雨	12亥	+2	-7	20雨	13子	+2	-7
31	48宝	8未	+3	-7	19海	9申	+3	-8					20雨	11戌	+2	-7					21木	13子	+1	-8

2005年　22 乙酉（2/4 〜翌年2/3）

日	1月 日干	1月 月干	1月 男	1月 女	2月 日干	2月 月干	2月 男	2月 女	3月 日干	3月 月干	3月 男	3月 女	4月 日干	4月 月干	4月 男	4月 女	5月 日干	5月 月干	5月 男	5月 女	6月 日干	6月 月干	6月 男	6月 女
1	22草	13子	+2	-8	53陽	14丑	+1	-9	21木	15寅	-8	+2	52草	16卯	-9	+1	22草	17辰	-8	+2	53陽	18巳	-9	+2
2	23陽	13子	+1	-9	54灯	14丑	+1	-9	22草	15寅	-8	+1	53陽	16卯	-9	+1	23陽	17辰	-9	+1	54灯	18巳	-9	+1
3	24灯	13子	+1	-9	55山	14丑	+1	-9	23陽	15寅	-9	+1	54灯	16卯	-9	+1	24灯	17辰	-9	+1	55山	18巳	-9	+1
4	25山	13子	+1	-9	56畑	15寅	-0	+0	24灯	15寅	-9	+1	55山	16卯	-0	+0	25山	17辰	-9	+1	56畑	18巳	-0	+1
5	26畑	14丑	+1	-0	57岩	15寅	-1	+0	25山	16卯	-9	+1	56畑	17辰	-0	+0	26畑	18巳	-0	+1	57岩	19午	-0	+1
6	27岩	14丑	+0	-1	58宝	15寅	-1	+0	26畑	16卯	-1	+0	57岩	17辰	-1	+0	27岩	18巳	-1	+0	58宝	19午	-0	+0
7	28宝	14丑	+9	-1	59海	15寅	-1	+9	27岩	16卯	-1	+0	58宝	17辰	-1	+0	28宝	18巳	-1	+0	59海	19午	-1	+0
8	29海	14丑	+9	-1	60雨	15寅	-1	+9	28宝	16卯	-1	+9	59海	17辰	-1	+9	29海	18巳	-1	+0	60雨	19午	-1	+0
9	30雨	14丑	+9	-1	1木	15寅	-1	+9	29海	16卯	-1	+9	60雨	17辰	-1	+9	30雨	18巳	-1	+9	1木	19午	-1	+9
10	31木	14丑	+8	-1	2草	15寅	-2	+8	30雨	16卯	-1	+9	1木	17辰	-1	+9	31木	18巳	-1	+9	2草	19午	-1	+9
11	32草	14丑	+8	-2	3陽	15寅	-2	+8	31木	16卯	-2	+8	2草	17辰	-2	+8	32草	18巳	-2	+9	3陽	19午	-1	+9
12	33陽	14丑	+8	-2	4灯	15寅	-2	+8	32草	16卯	-2	+8	3陽	17辰	-2	+8	33陽	18巳	-2	+8	4灯	19午	-2	+8
13	34灯	14丑	+7	-2	5山	15寅	-3	+7	33陽	16卯	-2	+8	4灯	17辰	-2	+8	34灯	18巳	-2	+8	5山	19午	-2	+8
14	35山	14丑	+7	-3	6畑	15寅	-3	+7	34灯	16卯	-3	+7	5山	17辰	-3	+7	35山	18巳	-3	+8	6畑	19午	-2	+8
15	36畑	14丑	+7	-3	7岩	15寅	-3	+7	35山	16卯	-3	+7	6畑	17辰	-3	+7	36畑	18巳	-3	+7	7岩	19午	-3	+7
16	37岩	14丑	+6	-3	8宝	15寅	-4	+6	36畑	16卯	-3	+7	7岩	17辰	-3	+7	37岩	18巳	-3	+7	8宝	19午	-3	+7
17	38宝	14丑	+6	-4	9海	15寅	-4	+6	37岩	16卯	-4	+6	8宝	17辰	-4	+6	38宝	18巳	-4	+7	9海	19午	-3	+7
18	39海	14丑	+6	-4	10雨	15寅	-4	+6	38宝	16卯	-4	+6	9海	17辰	-4	+6	39海	18巳	-4	+6	10雨	19午	-4	+6
19	40雨	14丑	+5	-4	11木	15寅	-5	+5	39海	16卯	-4	+6	10雨	17辰	-4	+6	40雨	18巳	-4	+6	11木	19午	-4	+6
20	41木	14丑	+5	-5	12草	15寅	-5	+5	40雨	16卯	-5	+5	11木	17辰	-5	+5	41木	18巳	-5	+6	12草	19午	-4	+6
21	42草	14丑	+5	-5	13陽	15寅	-5	+5	41木	16卯	-5	+5	12草	17辰	-5	+5	42草	18巳	-5	+5	13陽	19午	-5	+5
22	43陽	14丑	+4	-5	14灯	15寅	-6	+4	42草	16卯	-5	+5	13陽	17辰	-5	+5	43陽	18巳	-5	+5	14灯	19午	-5	+5
23	44灯	14丑	+4	-6	15山	15寅	-6	+4	43陽	16卯	-6	+4	14灯	17辰	-6	+4	44灯	18巳	-6	+5	15山	19午	-5	+5
24	45山	14丑	+4	-6	16畑	15寅	-6	+4	44灯	16卯	-6	+4	15山	17辰	-6	+4	45山	18巳	-6	+4	16畑	19午	-6	+4
25	46畑	14丑	+3	-6	17岩	15寅	-7	+3	45山	16卯	-6	+4	16畑	17辰	-6	+4	46畑	18巳	-6	+4	17岩	19午	-6	+4
26	47岩	14丑	+3	-7	18宝	15寅	-7	+3	46畑	16卯	-7	+3	17岩	17辰	-7	+3	47岩	18巳	-7	+4	18宝	19午	-6	+4
27	48宝	14丑	+3	-7	19海	15寅	-7	+3	47岩	16卯	-7	+3	18宝	17辰	-7	+3	48宝	18巳	-7	+3	19海	19午	-7	+3
28	49海	14丑	+2	-7	20雨	15寅	-8	+2	48宝	16卯	-7	+3	19海	17辰	-7	+3	49海	18巳	-7	+3	20雨	19午	-7	+3
29	50雨	14丑	+2	-8					49海	16卯	-8	+2	20雨	17辰	-8	+2	50雨	18巳	-8	+3	21木	19午	-7	+3
30	51木	14丑	+2	-8					50雨	16卯	-8	+2	21木	17辰	-8	+2	51木	18巳	-8	+2	22草	19午	-8	+2
31	52草	14丑	+1	-8					51木	16卯	-8	+2					52草	18巳	-8	+2				

日	7月 日干	7月 月干	7月 男	7月 女	8月 日干	8月 月干	8月 男	8月 女	9月 日干	9月 月干	9月 男	9月 女	10月 日干	10月 月干	10月 男	10月 女	11月 日干	11月 月干	11月 男	11月 女	12月 日干	12月 月干	12月 男	12月 女
1	23陽	19午	-8	+2	54灯	20未	-8	+2	25山	21申	-8	+2	55山	22酉	-8	+2	26畑	23戌	-8	+2	56畑	24亥	-8	+2
2	24灯	19午	-9	+2	55山	20未	-8	+2	26畑	21申	-8	+2	56畑	22酉	-8	+2	27岩	23戌	-8	+2	57岩	24亥	-8	+1
3	25山	19午	-9	+1	56畑	20未	-9	+2	27岩	21申	-9	+2	57岩	22酉	-8	+2	28宝	23戌	-8	+1	58宝	24亥	-8	+1
4	26畑	19午	-9	+1	57岩	20未	-9	+1	28宝	21申	-9	+1	58宝	22酉	-9	+1	29海	23戌	-9	+1	59海	24亥	-9	+1
5	27岩	19午	-0	+1	58宝	20未	-9	+1	29海	21申	-9	+1	59海	22酉	-9	+1	30雨	23戌	-9	+1	60雨	24亥	-9	+1
6	28宝	19午	-0	+1	59海	20未	-0	+1	30雨	21申	-0	+1	60雨	22酉	-9	+1	31木	23戌	-9	+1	1木	24亥	-9	+0
7	29海	20未	-0	+0	60雨	21申	-0	+1	31木	22酉	-0	+1	1木	22酉	-0	+1	32草	24亥	-0	+0	2草	25子	-0	+9
8	30雨	20未	-1	+0	1木	21申	-1	+0	32草	22酉	-1	+0	2草	23戌	-0	+0	33陽	24亥	-1	+0	3陽	25子	-1	+9
9	31木	20未	-1	+0	2草	21申	-1	+0	33陽	22酉	-1	+0	3陽	23戌	-1	+0	34灯	24亥	-1	+9	4灯	25子	-1	+9
10	32草	20未	-1	+0	3陽	21申	-1	+0	34灯	22酉	-1	+9	4灯	23戌	-1	+9	35山	24亥	-1	+9	5山	25子	-1	+8
11	33陽	20未	-1	+9	4灯	21申	-1	+9	35山	22酉	-1	+9	5山	23戌	-1	+9	36畑	24亥	-1	+9	6畑	25子	-1	+8
12	34灯	20未	-1	+9	5山	21申	-1	+9	36畑	22酉	-1	+9	6畑	23戌	-1	+9	37岩	24亥	-1	+8	7岩	25子	-1	+8
13	35山	20未	-2	+9	6畑	21申	-2	+9	37岩	22酉	-2	+8	7岩	23戌	-1	+8	38宝	24亥	-2	+8	8宝	25子	-2	+7
14	36畑	20未	-2	+8	7岩	21申	-2	+8	38宝	22酉	-2	+8	8宝	23戌	-2	+8	39海	24亥	-2	+8	9海	25子	-2	+7
15	37岩	20未	-2	+8	8宝	21申	-2	+8	39海	22酉	-2	+8	9海	23戌	-2	+8	40雨	24亥	-2	+7	10雨	25子	-2	+7
16	38宝	20未	-3	+8	9海	21申	-3	+8	40雨	22酉	-3	+7	10雨	23戌	-2	+7	41木	24亥	-3	+7	11木	25子	-3	+6
17	39海	20未	-3	+7	10雨	21申	-3	+7	41木	22酉	-3	+7	11木	23戌	-3	+7	42草	24亥	-3	+7	12草	25子	-3	+6
18	40雨	20未	-3	+7	11木	21申	-3	+7	42草	22酉	-3	+7	12草	23戌	-3	+7	43陽	24亥	-3	+6	13陽	25子	-3	+6
19	41木	20未	-4	+7	12草	21申	-4	+7	43陽	22酉	-4	+6	13陽	23戌	-3	+6	44灯	24亥	-4	+6	14灯	25子	-4	+5
20	42草	20未	-4	+6	13陽	21申	-4	+6	44灯	22酉	-4	+6	14灯	23戌	-4	+6	45山	24亥	-4	+6	15山	25子	-4	+5
21	43陽	20未	-4	+6	14灯	21申	-4	+6	45山	22酉	-4	+6	15山	23戌	-4	+6	46畑	24亥	-4	+5	16畑	25子	-4	+5
22	44灯	20未	-5	+6	15山	21申	-5	+6	46畑	22酉	-5	+5	16畑	23戌	-4	+5	47岩	24亥	-5	+5	17岩	25子	-5	+4
23	45山	20未	-5	+5	16畑	21申	-5	+5	47岩	22酉	-5	+5	17岩	23戌	-5	+5	48宝	24亥	-5	+5	18宝	25子	-5	+4
24	46畑	20未	-5	+5	17岩	21申	-5	+5	48宝	22酉	-5	+5	18宝	23戌	-5	+5	49海	24亥	-5	+4	19海	25子	-5	+4
25	47岩	20未	-6	+5	18宝	21申	-6	+5	49海	22酉	-6	+4	19海	23戌	-5	+4	50雨	24亥	-6	+4	20雨	25子	-6	+3
26	48宝	20未	-6	+4	19海	21申	-6	+4	50雨	22酉	-6	+4	20雨	23戌	-6	+4	51木	24亥	-6	+4	21木	25子	-6	+3
27	49海	20未	-6	+4	20雨	21申	-6	+4	51木	22酉	-6	+4	21木	23戌	-6	+4	52草	24亥	-6	+3	22草	25子	-6	+3
28	50雨	20未	-7	+4	21木	21申	-7	+4	52草	22酉	-7	+3	22草	23戌	-6	+3	53陽	24亥	-7	+3	23陽	25子	-7	+2
29	51木	20未	-7	+3	22草	21申	-7	+3	53陽	22酉	-7	+3	23陽	23戌	-7	+3	54灯	24亥	-7	+3	24灯	25子	-7	+2
30	52草	20未	-7	+3	23陽	21申	-7	+3	54灯	22酉	-7	+3	24灯	23戌	-7	+3	55山	24亥	-7	+2	25山	25子	-7	+2
31	53陽	20未	-8	+3	24灯	21申	-8	+3					25山	23戌	-7	+2					26畑	25子	-8	+1

2006年　23 丙戌（2/4 ～翌年2/3）

日	1月				2月				3月				4月			
	日干	月干	男	女	日干	月干	男	女	日干	月干	男	女	日干	月干	男	女
1	27岩	25子	-8	+2	58宝	26丑	-9	+1	26畑	27寅	+2	-8	57岩	28卯	+1	-9
2	28宝	25子	-9	+1	59海	26丑	-9	+1	27岩	27寅	+1	-8	58宝	28卯	+1	-9
3	29海	25子	-9	+1	60雨	26丑	-9	+1	28宝	27寅	+1	-9	59海	28卯	+1	-9
4	30雨	25子	-9	+1	1木	27寅	+0	-0	29海	27寅	+1	-9	60雨	28卯	+0	-0
5	31木	26丑	-0	+1	2草	27寅	+0	-1	30雨	27寅	+1	-9	1木	29辰	+0	-0
6	32草	26丑	-1	+0	3陽	27寅	+0	-1	31木	28卯	+0	-1	2草	29辰	+0	-1
7	33陽	26丑	-1	+9	4灯	27寅	+9	-1	32草	28卯	+0	-1	3陽	29辰	+0	-1
8	34灯	26丑	-1	+9	5山	27寅	+9	-1	33陽	28卯	+9	-1	4灯	29辰	+9	-1
9	35山	26丑	-1	+9	6畑	27寅	+9	-1	34灯	28卯	+9	-1	5山	29辰	+9	-1
10	36畑	26丑	-1	+8	7岩	27寅	+8	-2	35山	28卯	+9	-1	6畑	29辰	+9	-1
11	37岩	26丑	-2	+8	8宝	27寅	+8	-2	36畑	28卯	+8	-2	7岩	29辰	+8	-2
12	38宝	26丑	-2	+8	9海	27寅	+8	-2	37岩	28卯	+8	-2	8宝	29辰	+8	-2
13	39海	26丑	-2	+7	10雨	27寅	+7	-3	38宝	28卯	+8	-2	9海	29辰	+8	-2
14	40雨	26丑	-3	+7	11木	27寅	+7	-3	39海	28卯	+7	-3	10雨	29辰	+7	-3
15	41木	26丑	-3	+7	12草	27寅	+7	-3	40雨	28卯	+7	-3	11木	29辰	+7	-3
16	42草	26丑	-3	+6	13陽	27寅	+6	-4	41木	28卯	+7	-3	12草	29辰	+7	-3
17	43陽	26丑	-4	+6	14灯	27寅	+6	-4	42草	28卯	+6	-4	13陽	29辰	+6	-4
18	44灯	26丑	-4	+6	15山	27寅	+6	-4	43陽	28卯	+6	-4	14灯	29辰	+6	-4
19	45山	26丑	-4	+5	16畑	27寅	+5	-5	44灯	28卯	+6	-4	15山	29辰	+6	-4
20	46畑	26丑	-5	+5	17岩	27寅	+5	-5	45山	28卯	+5	-5	16畑	29辰	+5	-5
21	47岩	26丑	-5	+5	18宝	27寅	+5	-5	46畑	28卯	+5	-5	17岩	29辰	+5	-5
22	48宝	26丑	-5	+4	19海	27寅	+4	-6	47岩	28卯	+5	-5	18宝	29辰	+5	-5
23	49海	26丑	-6	+4	20雨	27寅	+4	-6	48宝	28卯	+4	-6	19海	29辰	+4	-6
24	50雨	26丑	-6	+4	21木	27寅	+4	-6	49海	28卯	+4	-6	20雨	29辰	+4	-6
25	51木	26丑	-6	+3	22草	27寅	+3	-7	50雨	28卯	+4	-6	21木	29辰	+4	-6
26	52草	26丑	-7	+3	23陽	27寅	+3	-7	51木	28卯	+3	-7	22草	29辰	+3	-7
27	53陽	26丑	-7	+3	24灯	27寅	+3	-7	52草	28卯	+3	-7	23陽	29辰	+3	-7
28	54灯	26丑	-7	+2	25山	27寅	+2	-8	53陽	28卯	+3	-7	24灯	29辰	+3	-7
29	55山	26丑	-8	+2					54灯	28卯	+2	-8	25山	29辰	+2	-8
30	56畑	26丑	-8	+2					55山	28卯	+2	-8	26畑	29辰	+2	-8
31	57岩	26丑	-8	+1					56畑	28卯	+2	-8				

日	5月				6月				7月				8月			
	日干	月干	男	女	日干	月干	男	女	日干	月干	男	女	日干	月干	男	女
1	27岩	29辰	+2	-8	58宝	30巳	+2	-9	28宝	31午	+2	-8	59海	32未	+2	-8
2	28宝	29辰	+1	-9	59海	30巳	+1	-9	29海	31午	+2	-9	60雨	32未	+2	-8
3	29海	29辰	+1	-9	60雨	30巳	+1	-9	30雨	31午	+1	-9	1木	32未	+2	-9
4	30雨	29辰	+1	-9	1木	30巳	+1	-0	31木	31午	+1	-9	2草	32未	+1	-9
5	31木	29辰	+1	-0	2草	30巳	+1	-0	32草	31午	+1	-0	3陽	32未	+1	-9
6	32草	30巳	+0	-1	3陽	31午	+0	-0	33陽	31午	+1	-0	4灯	32未	+1	-0
7	33陽	30巳	+0	-1	4灯	31午	+0	-1	34灯	32未	+0	-0	5山	32未	+1	-0
8	34灯	30巳	+0	-1	5山	31午	+0	-1	35山	32未	+0	-1	6畑	33申	+0	-1
9	35山	30巳	+9	-1	6畑	31午	+9	-1	36畑	32未	+0	-1	7岩	33申	+0	-1
10	36畑	30巳	+9	-1	7岩	31午	+9	-1	37岩	32未	+0	-1	8宝	33申	+0	-1
11	37岩	30巳	+9	-2	8宝	31午	+9	-1	38宝	32未	+9	-1	9海	33申	+9	-1
12	38宝	30巳	+8	-2	9海	31午	+8	-2	39海	32未	+9	-1	10雨	33申	+9	-1
13	39海	30巳	+8	-2	10雨	31午	+8	-2	40雨	32未	+9	-2	11木	33申	+9	-2
14	40雨	30巳	+8	-3	11木	31午	+8	-2	41木	32未	+8	-2	12草	33申	+8	-2
15	41木	30巳	+7	-3	12草	31午	+7	-3	42草	32未	+8	-2	13陽	33申	+8	-2
16	42草	30巳	+7	-3	13陽	31午	+7	-3	43陽	32未	+8	-3	14灯	33申	+8	-3
17	43陽	30巳	+7	-4	14灯	31午	+7	-3	44灯	32未	+7	-3	15山	33申	+7	-3
18	44灯	30巳	+6	-4	15山	31午	+6	-4	45山	32未	+7	-3	16畑	33申	+7	-3
19	45山	30巳	+6	-4	16畑	31午	+6	-4	46畑	32未	+7	-4	17岩	33申	+7	-4
20	46畑	30巳	+6	-5	17岩	31午	+6	-4	47岩	32未	+6	-4	18宝	33申	+6	-4
21	47岩	30巳	+5	-5	18宝	31午	+5	-5	48宝	32未	+6	-4	19海	33申	+6	-4
22	48宝	30巳	+5	-5	19海	31午	+5	-5	49海	32未	+6	-5	20雨	33申	+6	-5
23	49海	30巳	+5	-6	20雨	31午	+5	-5	50雨	32未	+5	-5	21木	33申	+5	-5
24	50雨	30巳	+4	-6	21木	31午	+4	-6	51木	32未	+5	-5	22草	33申	+5	-5
25	51木	30巳	+4	-6	22草	31午	+4	-6	52草	32未	+5	-6	23陽	33申	+5	-6
26	52草	30巳	+4	-7	23陽	31午	+4	-6	53陽	32未	+4	-6	24灯	33申	+4	-6
27	53陽	30巳	+3	-7	24灯	31午	+3	-7	54灯	32未	+4	-6	25山	33申	+4	-6
28	54灯	30巳	+3	-7	25山	31午	+3	-7	55山	32未	+4	-7	26畑	33申	+4	-7
29	55山	30巳	+3	-8	26畑	31午	+3	-7	56畑	32未	+3	-7	27岩	33申	+3	-7
30	56畑	30巳	+2	-8	27岩	31午	+2	-8	57岩	32未	+3	-7	28宝	33申	+3	-7
31	57岩	30巳	+2	-8					58宝	32未	+3	-8	29海	33申	+3	-8

日	9月				10月				11月				12月			
	日干	月干	男	女	日干	月干	男	女	日干	月干	男	女	日干	月干	男	女
1	30雨	33申	+2	-8	60雨	34酉	+2	-8	31木	35戌	+2	-8	1木	36亥	+2	-8
2	31木	33申	+2	-8	1木	34酉	+2	-8	32草	35戌	+2	-8	2草	36亥	+1	-8
3	32草	33申	+2	-9	2草	34酉	+2	-8	33陽	35戌	+1	-8	3陽	36亥	+1	-8
4	33陽	33申	+1	-9	3陽	34酉	+1	-9	34灯	35戌	+1	-9	4灯	36亥	+1	-9
5	34灯	33申	+1	-9	4灯	34酉	+1	-9	35山	35戌	+1	-9	5山	36亥	+1	-9
6	35山	33申	+1	-0	5山	34酉	+1	-9	36畑	35戌	+1	-9	6畑	36亥	+0	-9
7	36畑	33申	+1	-0	6畑	34酉	+1	-0	37岩	36亥	+0	-0	7岩	37子	+9	-0
8	37岩	34酉	+0	-1	7岩	35戌	+0	-0	38宝	36亥	+0	-1	8宝	37子	+9	-1
9	38宝	34酉	+0	-1	8宝	35戌	+0	-1	39海	36亥	+9	-1	9海	37子	+9	-1
10	39海	34酉	+9	-1	9海	35戌	+9	-1	40雨	36亥	+9	-1	10雨	37子	+8	-1
11	40雨	34酉	+9	-1	10雨	35戌	+9	-1	41木	36亥	+9	-1	11木	37子	+8	-1
12	41木	34酉	+9	-1	11木	35戌	+9	-1	42草	36亥	+8	-1	12草	37子	+8	-1
13	42草	34酉	+8	-2	12草	35戌	+8	-1	43陽	36亥	+8	-2	13陽	37子	+7	-2
14	43陽	34酉	+8	-2	13陽	35戌	+8	-2	44灯	36亥	+8	-2	14灯	37子	+7	-2
15	44灯	34酉	+8	-2	14灯	35戌	+8	-2	45山	36亥	+7	-2	15山	37子	+7	-2
16	45山	34酉	+7	-3	15山	35戌	+7	-2	46畑	36亥	+7	-3	16畑	37子	+6	-3
17	46畑	34酉	+7	-3	16畑	35戌	+7	-3	47岩	36亥	+7	-3	17岩	37子	+6	-3
18	47岩	34酉	+7	-3	17岩	35戌	+7	-3	48宝	36亥	+6	-3	18宝	37子	+6	-3
19	48宝	34酉	+6	-4	18宝	35戌	+6	-3	49海	36亥	+6	-4	19海	37子	+5	-4
20	49海	34酉	+6	-4	19海	35戌	+6	-4	50雨	36亥	+6	-4	20雨	37子	+5	-4
21	50雨	34酉	+6	-4	20雨	35戌	+6	-4	51木	36亥	+5	-4	21木	37子	+5	-4
22	51木	34酉	+5	-5	21木	35戌	+5	-4	52草	36亥	+5	-5	22草	37子	+4	-5
23	52草	34酉	+5	-5	22草	35戌	+5	-5	53陽	36亥	+5	-5	23陽	37子	+4	-5
24	53陽	34酉	+5	-5	23陽	35戌	+5	-5	54灯	36亥	+4	-5	24灯	37子	+4	-5
25	54灯	34酉	+4	-6	24灯	35戌	+4	-5	55山	36亥	+4	-6	25山	37子	+3	-6
26	55山	34酉	+4	-6	25山	35戌	+4	-6	56畑	36亥	+4	-6	26畑	37子	+3	-6
27	56畑	34酉	+4	-6	26畑	35戌	+4	-6	57岩	36亥	+3	-6	27岩	37子	+3	-6
28	57岩	34酉	+3	-7	27岩	35戌	+3	-6	58宝	36亥	+3	-7	28宝	37子	+2	-7
29	58宝	34酉	+3	-7	28宝	35戌	+3	-7	59海	36亥	+3	-7	29海	37子	+2	-7
30	59海	34酉	+3	-7	29海	35戌	+3	-7	60雨	36亥	+2	-7	30雨	37子	+2	-7
31					30雨	35戌	+2	-7					31木	37子	+1	-8

2007年　24 丁亥（2/4 ～翌年2/3）

日	1月				2月				3月				4月			
	日干	月干	男	女	日干	月干	男	女	日干	月干	男	女	日干	月干	男	女
1	32草	37子	+2	-8	3陽	38丑	+1	-9	31木	39寅	-8	+2	2草	40卯	-9	+1
2	33陽	37子	+1	-9	4灯	38丑	+1	-9	32草	39寅	-8	+1	3陽	40卯	-9	+1
3	34灯	37子	+1	-9	5山	38丑	+1	-9	33陽	39寅	-9	+1	4灯	40卯	-9	+1
4	35山	37子	+1	-9	6畑	39寅	-0	+0	34灯	39寅	-9	+1	5山	40卯	-0	+0
5	36畑	37子	+1	-0	7岩	39寅	-1	+0	35山	39寅	-9	+1	6畑	41辰	-0	+0
6	37岩	38丑	+0	-1	8宝	39寅	-1	+0	36畑	40卯	-1	+0	7岩	41辰	-1	+0
7	38宝	38丑	+9	-1	9海	39寅	-1	+9	37岩	40卯	-1	+0	8宝	41辰	-1	+0
8	39海	38丑	+9	-1	10雨	39寅	-1	+9	38宝	40卯	-1	+9	9海	41辰	-1	+9
9	40雨	38丑	+9	-1	11木	39寅	-1	+9	39海	40卯	-1	+9	10雨	41辰	-1	+9
10	41木	38丑	+8	-1	12草	39寅	-2	+8	40雨	40卯	-1	+9	11木	41辰	-1	+9
11	42草	38丑	+8	-2	13陽	39寅	-2	+8	41木	40卯	-2	+8	12草	41辰	-2	+8
12	43陽	38丑	+8	-2	14灯	39寅	-2	+8	42草	40卯	-2	+8	13陽	41辰	-2	+8
13	44灯	38丑	+7	-2	15山	39寅	-3	+7	43陽	40卯	-2	+8	14灯	41辰	-2	+8
14	45山	38丑	+7	-3	16畑	39寅	-3	+7	44灯	40卯	-3	+7	15山	41辰	-3	+7
15	46畑	38丑	+7	-3	17岩	39寅	-3	+7	45山	40卯	-3	+7	16畑	41辰	-3	+7
16	47岩	38丑	+6	-3	18宝	39寅	-4	+6	46畑	40卯	-3	+7	17岩	41辰	-3	+7
17	48宝	38丑	+6	-4	19海	39寅	-4	+6	47岩	40卯	-4	+6	18宝	41辰	-4	+6
18	49海	38丑	+6	-4	20雨	39寅	-4	+6	48宝	40卯	-4	+6	19海	41辰	-4	+6
19	50雨	38丑	+5	-4	21木	39寅	-5	+5	49海	40卯	-4	+6	20雨	41辰	-4	+6
20	51木	38丑	+5	-5	22草	39寅	-5	+5	50雨	40卯	-5	+5	21木	41辰	-5	+5
21	52草	38丑	+5	-5	23陽	39寅	-5	+5	51木	40卯	-5	+5	22草	41辰	-5	+5
22	53陽	38丑	+4	-5	24灯	39寅	-6	+4	52草	40卯	-5	+5	23陽	41辰	-5	+5
23	54灯	38丑	+4	-6	25山	39寅	-6	+4	53陽	40卯	-6	+4	24灯	41辰	-6	+4
24	55山	38丑	+4	-6	26畑	39寅	-6	+4	54灯	40卯	-6	+4	25山	41辰	-6	+4
25	56畑	38丑	+3	-6	27岩	39寅	-7	+3	55山	40卯	-6	+4	26畑	41辰	-6	+4
26	57岩	38丑	+3	-7	28宝	39寅	-7	+3	56畑	40卯	-7	+3	27岩	41辰	-7	+3
27	58宝	38丑	+3	-7	29海	39寅	-7	+3	57岩	40卯	-7	+3	28宝	41辰	-7	+3
28	59海	38丑	+2	-7	30雨	39寅	-8	+2	58宝	40卯	-7	+3	29海	41辰	-7	+3
29	60雨	38丑	+2	-8					59海	40卯	-8	+2	30雨	41辰	-8	+2
30	1木	38丑	+2	-8					60雨	40卯	-8	+2	31木	41辰	-8	+2
31	2草	38丑	+1	-8					1木	40卯	-8	+2				

日	5月				6月				7月				8月			
	日干	月干	男	女	日干	月干	男	女	日干	月干	男	女	日干	月干	男	女
1	32草	41辰	-8	+2	3陽	42巳	-9	+2	33陽	43午	-8	+2	4灯	44未	-8	+2
2	33陽	41辰	-9	+1	4灯	42巳	-9	+1	34灯	43午	-9	+2	5山	44未	-8	+2
3	34灯	41辰	-9	+1	5山	42巳	-9	+1	35山	43午	-9	+1	6畑	44未	-9	+2
4	35山	41辰	-9	+1	6畑	42巳	-0	+1	36畑	43午	-9	+1	7岩	44未	-9	+1
5	36畑	41辰	-0	+1	7岩	42巳	-0	+1	37岩	43午	-0	+1	8宝	44未	-9	+1
6	37岩	42巳	-1	+0	8宝	43午	-0	+0	38宝	43午	-0	+1	9海	44未	-0	+1
7	38宝	42巳	-1	+0	9海	43午	-1	+0	39海	44未	-0	+0	10雨	44未	-0	+1
8	39海	42巳	-1	+0	10雨	43午	-1	+0	40雨	44未	-1	+0	11木	45申	-1	+0
9	40雨	42巳	-1	+9	11木	43午	-1	+9	41木	44未	-1	+0	12草	45申	-1	+0
10	41木	42巳	-1	+9	12草	43午	-1	+9	42草	44未	-1	+0	13陽	45申	-1	+0
11	42草	42巳	-2	+9	13陽	43午	-1	+9	43陽	44未	-1	+9	14灯	45申	-1	+9
12	43陽	42巳	-2	+8	14灯	43午	-2	+8	44灯	44未	-1	+9	15山	45申	-1	+9
13	44灯	42巳	-2	+8	15山	43午	-2	+8	45山	44未	-2	+9	16畑	45申	-2	+9
14	45山	42巳	-3	+8	16畑	43午	-2	+8	46畑	44未	-2	+8	17岩	45申	-2	+8
15	46畑	42巳	-3	+7	17岩	43午	-3	+7	47岩	44未	-2	+8	18宝	45申	-2	+8
16	47岩	42巳	-3	+7	18宝	43午	-3	+7	48宝	44未	-3	+8	19海	45申	-3	+8
17	48宝	42巳	-4	+7	19海	43午	-3	+7	49海	44未	-3	+7	20雨	45申	-3	+7
18	49海	42巳	-4	+6	20雨	43午	-4	+6	50雨	44未	-3	+7	21木	45申	-3	+7
19	50雨	42巳	-4	+6	21木	43午	-4	+6	51木	44未	-4	+7	22草	45申	-4	+7
20	51木	42巳	-5	+6	22草	43午	-4	+6	52草	44未	-4	+6	23陽	45申	-4	+6
21	52草	42巳	-5	+5	23陽	43午	-5	+5	53陽	44未	-4	+6	24灯	45申	-4	+6
22	53陽	42巳	-5	+5	24灯	43午	-5	+5	54灯	44未	-5	+6	25山	45申	-5	+6
23	54灯	42巳	-6	+5	25山	43午	-5	+5	55山	44未	-5	+5	26畑	45申	-5	+5
24	55山	42巳	-6	+4	26畑	43午	-6	+4	56畑	44未	-5	+5	27岩	45申	-5	+5
25	56畑	42巳	-6	+4	27岩	43午	-6	+4	57岩	44未	-6	+5	28宝	45申	-6	+5
26	57岩	42巳	-7	+4	28宝	43午	-6	+4	58宝	44未	-6	+4	29海	45申	-6	+4
27	58宝	42巳	-7	+3	29海	43午	-7	+3	59海	44未	-6	+4	30雨	45申	-6	+4
28	59海	42巳	-7	+3	30雨	43午	-7	+3	60雨	44未	-7	+4	31木	45申	-7	+4
29	60雨	42巳	-8	+3	31木	43午	-7	+3	1木	44未	-7	+3	32草	45申	-7	+3
30	1木	42巳	-8	+2	32草	43午	-8	+2	2草	44未	-7	+3	33陽	45申	-7	+3
31	2草	42巳	-8	+2					3陽	44未	-8	+3	34灯	45申	-8	+3

日	9月				10月				11月				12月			
	日干	月干	男	女	日干	月干	男	女	日干	月干	男	女	日干	月干	男	女
1	35山	45申	-8	+2	5山	46酉	-8	+2	36畑	47戌	-8	+2	6畑	48亥	-8	+2
2	36畑	45申	-8	+2	6畑	46酉	-8	+2	37岩	47戌	-8	+2	7岩	48亥	-8	+1
3	37岩	45申	-9	+2	7岩	46酉	-8	+2	38宝	47戌	-8	+1	8宝	48亥	-8	+1
4	38宝	45申	-9	+1	8宝	46酉	-9	+1	39海	47戌	-9	+1	9海	48亥	-9	+1
5	39海	45申	-9	+1	9海	46酉	-9	+1	40雨	47戌	-9	+1	10雨	48亥	-9	+1
6	40雨	45申	-0	+1	10雨	46酉	-9	+1	41木	47戌	-9	+1	11木	48亥	-9	+0
7	41木	45申	-0	+1	11木	46酉	-0	+1	42草	47戌	-0	+0	12草	49子	-0	+9
8	42草	46酉	-1	+0	12草	46酉	-0	+0	43陽	48亥	-1	+0	13陽	49子	-1	+9
9	43陽	46酉	-1	+0	13陽	47戌	-1	+0	44灯	48亥	-1	+9	14灯	49子	-1	+9
10	44灯	46酉	-1	+9	14灯	47戌	-1	+9	45山	48亥	-1	+9	15山	49子	-1	+8
11	45山	46酉	-1	+9	15山	47戌	-1	+9	46畑	48亥	-1	+9	16畑	49子	-1	+8
12	46畑	46酉	-1	+9	16畑	47戌	-1	+9	47岩	48亥	-1	+8	17岩	49子	-1	+8
13	47岩	46酉	-2	+8	17岩	47戌	-1	+8	48宝	48亥	-2	+8	18宝	49子	-2	+7
14	48宝	46酉	-2	+8	18宝	47戌	-2	+8	49海	48亥	-2	+8	19海	49子	-2	+7
15	49海	46酉	-2	+8	19海	47戌	-2	+8	50雨	48亥	-2	+7	20雨	49子	-2	+7
16	50雨	46酉	-3	+7	20雨	47戌	-2	+7	51木	48亥	-3	+7	21木	49子	-3	+6
17	51木	46酉	-3	+7	21木	47戌	-3	+7	52草	48亥	-3	+7	22草	49子	-3	+6
18	52草	46酉	-3	+7	22草	47戌	-3	+7	53陽	48亥	-3	+6	23陽	49子	-3	+6
19	53陽	46酉	-4	+6	23陽	47戌	-3	+6	54灯	48亥	-4	+6	24灯	49子	-4	+5
20	54灯	46酉	-4	+6	24灯	47戌	-4	+6	55山	48亥	-4	+6	25山	49子	-4	+5
21	55山	46酉	-4	+6	25山	47戌	-4	+6	56畑	48亥	-4	+5	26畑	49子	-4	+5
22	56畑	46酉	-5	+5	26畑	47戌	-4	+5	57岩	48亥	-5	+5	27岩	49子	-5	+4
23	57岩	46酉	-5	+5	27岩	47戌	-5	+5	58宝	48亥	-5	+5	28宝	49子	-5	+4
24	58宝	46酉	-5	+5	28宝	47戌	-5	+5	59海	48亥	-5	+4	29海	49子	-5	+4
25	59海	46酉	-6	+4	29海	47戌	-5	+4	60雨	48亥	-6	+4	30雨	49子	-6	+3
26	60雨	46酉	-6	+4	30雨	47戌	-6	+4	1木	48亥	-6	+4	31木	49子	-6	+3
27	1木	46酉	-6	+4	31木	47戌	-6	+4	2草	48亥	-6	+3	32草	49子	-6	+3
28	2草	46酉	-7	+3	32草	47戌	-6	+3	3陽	48亥	-7	+3	33陽	49子	-7	+2
29	3陽	46酉	-7	+3	33陽	47戌	-7	+3	4灯	48亥	-7	+3	34灯	49子	-7	+2
30	4灯	46酉	-7	+3	34灯	47戌	-7	+3	5山	48亥	-7	+2	35山	49子	-7	+2
31					35山	47戌	-7	+2					36畑	49子	-8	+1

2008年　25 戊子（2/4 ～翌年2/3）

日	1月 日干	1月 月干	1月 男	1月 女	2月 日干	2月 月干	2月 男	2月 女	3月 日干	3月 月干	3月 男	3月 女	4月 日干	4月 月干	4月 男	4月 女
1	37岩	49子	-8	+2	8宝	50丑	-9	+1	37岩	51寅	+2	-8	8宝	52卯	+1	-9
2	38宝	49子	-9	+1	9海	50丑	-9	+1	38宝	51寅	+1	-8	9海	52卯	+1	-9
3	39海	49子	-9	+1	10	50丑	-9	+1	39海	51寅	+1	-9	10	52卯	+1	-9
4	40	49子	-9	+1	11木	51寅	+0	-0	40	51寅	+1	-9	11木	53辰	+0	-0
5	41木	49子	-0	+1	12草	51寅	+0	-1	41木	52卯	+1	-9	12草	53辰	+0	-0
6	42草	50丑	-1	+0	13陽	51寅	+0	-1	42草	52卯	+0	-1	13陽	53辰	+0	-1
7	43陽	50丑	-1	+9	14灯	51寅	+9	-1	43陽	52卯	+0	-1	14灯	53辰	+0	-1
8	44灯	50丑	-1	+9	15山	51寅	+9	-1	44灯	52卯	+9	-1	15山	53辰	+9	-1
9	45山	50丑	-1	+9	16畑	51寅	+9	-1	45山	52卯	+9	-1	16畑	53辰	+9	-1
10	46畑	50丑	-1	+8	17岩	51寅	+8	-2	46畑	52卯	+9	-1	17岩	53辰	+9	-1
11	47岩	50丑	-2	+8	18宝	51寅	+8	-2	47岩	52卯	+8	-2	18宝	53辰	+8	-2
12	48宝	50丑	-2	+8	19海	51寅	+8	-2	48宝	52卯	+8	-2	19海	53辰	+8	-2
13	49海	50丑	-3	+7	20	51寅	+7	-3	49海	52卯	+8	-2	20	53辰	+8	-2
14	50	50丑	-3	+7	21木	51寅	+7	-3	50	52卯	+7	-3	21木	53辰	+7	-3
15	51木	50丑	-3	+7	22草	51寅	+7	-3	51木	52卯	+7	-3	22草	53辰	+7	-3
16	52草	50丑	-3	+6	23陽	51寅	+6	-4	52草	52卯	+7	-3	23陽	53辰	+7	-3
17	53陽	50丑	-4	+6	24灯	51寅	+6	-4	53陽	52卯	+6	-4	24灯	53辰	+6	-4
18	54灯	50丑	-4	+6	25山	51寅	+6	-4	54灯	52卯	+6	-4	25山	53辰	+6	-4
19	55山	50丑	-4	+5	26畑	51寅	+5	-5	55山	52卯	+6	-4	26畑	53辰	+6	-4
20	56畑	50丑	-5	+5	27岩	51寅	+5	-5	56畑	52卯	+5	-5	27岩	53辰	+5	-5
21	57岩	50丑	-5	+5	28宝	51寅	+5	-5	57岩	52卯	+5	-5	28宝	53辰	+5	-5
22	58宝	50丑	-5	+4	29海	51寅	+4	-6	58宝	52卯	+5	-5	29海	53辰	+5	-5
23	59海	50丑	-6	+4	30	51寅	+4	-6	59海	52卯	+4	-6	30	53辰	+4	-6
24	60	50丑	-6	+4	31木	51寅	+4	-6	60	52卯	+4	-6	31木	53辰	+4	-6
25	1木	50丑	-6	+3	32草	51寅	+3	-7	1木	52卯	+4	-6	32草	53辰	+4	-6
26	2草	50丑	-7	+3	33陽	51寅	+3	-7	2草	52卯	+3	-7	33陽	53辰	+3	-7
27	3陽	50丑	-7	+3	34灯	51寅	+3	-7	3陽	52卯	+3	-7	34灯	53辰	+3	-7
28	4灯	50丑	-7	+2	35山	51寅	+2	-8	4灯	52卯	+3	-7	35山	53辰	+3	-7
29	5山	50丑	-8	+2	36畑	51寅	+2	-8	5山	52卯	+2	-8	36畑	53辰	+2	-8
30	6畑	50丑	-8	+2					6畑	52卯	+2	-8	37岩	53辰	+2	-8
31	7岩	50丑	-8	+1					7岩	52卯	+2	-8				

日	5月 日干	5月 月干	5月 男	5月 女	6月 日干	6月 月干	6月 男	6月 女	7月 日干	7月 月干	7月 男	7月 女	8月 日干	8月 月干	8月 男	8月 女
1	38宝	53辰	+2	-8	9海	54巳	+2	-9	39海	55午	+2	-8	10	56未	+2	-8
2	39海	53辰	+1	-9	10	54巳	+1	-9	40	55午	+2	-8	11木	56未	+2	-8
3	40	53辰	+1	-9	11木	54巳	+1	-9	41木	55午	+1	-9	12草	56未	+2	-9
4	41木	53辰	+1	-9	12草	54巳	+1	-0	42草	55午	+1	-9	13陽	56未	+1	-9
5	42草	54巳	+1	-0	13陽	55午	+1	-0	43陽	55午	+1	-9	14灯	56未	+1	-9
6	43陽	54巳	+0	-1	14灯	55午	+0	-0	44灯	55午	+1	-0	15山	56未	+1	-0
7	44灯	54巳	+0	-1	15山	55午	+0	-1	45山	56未	+0	-0	16畑	57申	+1	-0
8	45山	54巳	+0	-1	16畑	55午	+0	-1	46畑	56未	+0	-0	17岩	57申	+0	-1
9	46畑	54巳	+9	-1	17岩	55午	+9	-1	47岩	56未	+0	-1	18宝	57申	+0	-1
10	47岩	54巳	+9	-1	18宝	55午	+9	-1	48宝	56未	+0	-1	19海	57申	+0	-1
11	48宝	54巳	+9	-2	19海	55午	+9	-1	49海	56未	+9	-1	20	57申	+9	-1
12	49海	54巳	+8	-2	20	55午	+8	-2	50	56未	+9	-1	21木	57申	+9	-1
13	50	54巳	+8	-2	21木	55午	+8	-2	51木	56未	+9	-1	22草	57申	+9	-2
14	51木	54巳	+8	-3	22草	55午	+8	-2	52草	56未	+8	-2	23陽	57申	+8	-2
15	52草	54巳	+7	-3	23陽	55午	+7	-3	53陽	56未	+8	-2	24灯	57申	+8	-2
16	53陽	54巳	+7	-3	24灯	55午	+7	-3	54灯	56未	+8	-2	25山	57申	+8	-3
17	54灯	54巳	+7	-4	25山	55午	+7	-3	55山	56未	+7	-3	26畑	57申	+7	-3
18	55山	54巳	+6	-4	26畑	55午	+6	-4	56畑	56未	+7	-3	27岩	57申	+7	-3
19	56畑	54巳	+6	-4	27岩	55午	+6	-4	57岩	56未	+7	-3	28宝	57申	+7	-4
20	57岩	54巳	+6	-5	28宝	55午	+6	-4	58宝	56未	+6	-4	29海	57申	+6	-4
21	58宝	54巳	+5	-5	29海	55午	+5	-5	59海	56未	+6	-4	30	57申	+6	-4
22	59海	54巳	+5	-5	30	55午	+5	-5	60	56未	+6	-4	31木	57申	+6	-5
23	60	54巳	+5	-6	31木	55午	+5	-5	1木	56未	+5	-5	32草	57申	+5	-5
24	1木	54巳	+4	-6	32草	55午	+4	-6	2草	56未	+5	-5	33陽	57申	+5	-5
25	2草	54巳	+4	-6	33陽	55午	+4	-6	3陽	56未	+5	-5	34灯	57申	+5	-6
26	3陽	54巳	+4	-7	34灯	55午	+4	-6	4灯	56未	+4	-6	35山	57申	+4	-6
27	4灯	54巳	+3	-7	35山	55午	+3	-7	5山	56未	+4	-6	36畑	57申	+4	-6
28	5山	54巳	+3	-7	36畑	55午	+3	-7	6畑	56未	+4	-6	37岩	57申	+4	-7
29	6畑	54巳	+3	-8	37岩	55午	+3	-7	7岩	56未	+3	-7	38宝	57申	+3	-7
30	7岩	54巳	+2	-8	38宝	55午	+2	-8	8宝	56未	+3	-7	39海	57申	+3	-7
31	8宝	54巳	+2	-8					9海	56未	+3	-7	40	57申	+3	-8

日	9月 日干	9月 月干	9月 男	9月 女	10月 日干	10月 月干	10月 男	10月 女	11月 日干	11月 月干	11月 男	11月 女	12月 日干	12月 月干	12月 男	12月 女
1	41木	57申	+2	-8	11木	58酉	+2	-8	42草	59戌	+2	-8	12草	60亥	+2	-8
2	42草	57申	+2	-8	12草	58酉	+2	-8	43陽	59戌	+2	-8	13陽	60亥	+1	-8
3	43陽	57申	+2	-9	13陽	58酉	+2	-8	44灯	59戌	+1	-8	14灯	60亥	+1	-8
4	44灯	57申	+1	-9	14灯	58酉	+1	-9	45山	59戌	+1	-9	15山	60亥	+1	-9
5	45山	57申	+1	-9	15山	58酉	+1	-9	46畑	59戌	+1	-9	16畑	60亥	+1	-9
6	46畑	57申	+1	-0	16畑	58酉	+1	-9	47岩	59戌	+1	-9	17岩	60亥	+0	-9
7	47岩	58酉	+1	-0	17岩	58酉	+1	-0	48宝	60亥	+0	-0	18宝	1子	+9	-0
8	48宝	58酉	+0	-1	18宝	59戌	+0	-0	49海	60亥	+0	-1	19海	1子	+9	-1
9	49海	58酉	+0	-1	19海	59戌	+0	-1	50	60亥	+9	-1	20	1子	+9	-1
10	50	58酉	+9	-1	20	59戌	+9	-1	51木	60亥	+9	-1	21木	1子	+8	-1
11	51木	58酉	+9	-1	21木	59戌	+9	-1	52草	60亥	+9	-1	22草	1子	+8	-1
12	52草	58酉	+9	-1	22草	59戌	+9	-1	53陽	60亥	+8	1	23陽	1子	+8	-1
13	53陽	58酉	+8	-2	23陽	59戌	+8	-1	54灯	60亥	+8	-2	24灯	1子	+7	-2
14	54灯	58酉	+8	-2	24灯	59戌	+8	-2	55山	60亥	+8	-2	25山	1子	+7	-2
15	55山	58酉	+8	-2	25山	59戌	+8	-2	56畑	60亥	+7	-2	26畑	1子	+7	-2
16	56畑	58酉	+7	-3	26畑	59戌	+7	-2	57岩	60亥	+7	-3	27岩	1子	+6	-3
17	57岩	58酉	+7	-3	27岩	59戌	+7	-3	58宝	60亥	+7	-3	28宝	1子	+6	-3
18	58宝	58酉	+7	-3	28宝	59戌	+7	-3	59海	60亥	+6	-3	29海	1子	+6	-3
19	59海	58酉	+6	-4	29海	59戌	+6	-3	60	60亥	+6	-4	30	1子	+5	-4
20	60	58酉	+6	-4	30	59戌	+6	-4	1木	60亥	+6	-4	31木	1子	+5	-4
21	1木	58酉	+6	-4	31木	59戌	+6	-4	2草	60亥	+5	-4	32草	1子	+5	-4
22	2草	58酉	+5	-5	32草	59戌	+5	-4	3陽	60亥	+5	-5	33陽	1子	+4	-5
23	3陽	58酉	+5	-5	33陽	59戌	+5	-5	4灯	60亥	+5	-5	34灯	1子	+4	-5
24	4灯	58酉	+5	-5	34灯	59戌	+5	-5	5山	60亥	+4	-5	35山	1子	+4	-5
25	5山	58酉	+4	-6	35山	59戌	+4	-5	6畑	60亥	+4	-6	36畑	1子	+3	-6
26	6畑	58酉	+4	-6	36畑	59戌	+4	-6	7岩	60亥	+4	-6	37岩	1子	+3	-6
27	7岩	58酉	+4	-6	37岩	59戌	+4	-6	8宝	60亥	+3	-6	38宝	1子	+3	-6
28	8宝	58酉	+3	-7	38宝	59戌	+3	-6	9海	60亥	+3	-7	39海	1子	+2	-7
29	9海	58酉	+3	-7	39海	59戌	+3	-7	10	60亥	+3	-7	40	1子	+2	-7
30	10	58酉	+3	-7	40	59戌	+3	-7	11木	60亥	+2	-7	41木	1子	+2	-7
31					41木	59戌	+2	-7					42草	1子	+1	-8

2009年　26 己丑（2/4 ～翌年2/3）

日	1月 日干	1月 月干	1月 男	1月 女	2月 日干	2月 月干	2月 男	2月 女	3月 日干	3月 月干	3月 男	3月 女	4月 日干	4月 月干	4月 男	4月 女
1	43陽	1子	+2	-8	14灯	2丑	+1	-9	42草	3寅	-8	+2	13陽	4卯	-9	+1
2	44灯	1子	+1	-9	15山	2丑	+1	-9	43陽	3寅	-8	+1	14灯	4卯	-9	+1
3	45山	1子	+1	-9	16畑	2丑	+1	-9	44灯	3寅	-9	+1	15山	4卯	-9	+1
4	46畑	1子	+1	-9	17岩	3寅	-0	+0	45山	3寅	-9	+1	16畑	4卯	-0	+0
5	47岩	2丑	+1	-0	18宝	3寅	-1	+0	46畑	4卯	-9	+1	17岩	5辰	-0	+0
6	48宝	2丑	+0	-1	19海	3寅	-1	+0	47岩	4卯	-1	+0	18宝	5辰	-1	+0
7	49海	2丑	+9	-1	20	3寅	-1	+9	48宝	4卯	-1	+0	19海	5辰	-1	+0
8	50	2丑	+9	-1	21木	3寅	-1	+9	49海	4卯	-1	+9	20	5辰	-1	+9
9	51木	2丑	+9	-1	22草	3寅	-1	+9	50	4卯	-1	+9	21木	5辰	-1	+9
10	52草	2丑	+8	-1	23陽	3寅	-2	+8	51木	4卯	-1	+9	22草	5辰	-1	+9
11	53陽	2丑	+8	-2	24灯	3寅	-2	+8	52草	4卯	-2	+8	23陽	5辰	-2	+8
12	54灯	2丑	+8	-2	25山	3寅	-2	+8	53陽	4卯	-2	+8	24灯	5辰	-2	+8
13	55山	2丑	+7	-2	26畑	3寅	-3	+7	54灯	4卯	-2	+8	25山	5辰	-2	+8
14	56畑	2丑	+7	-3	27岩	3寅	-3	+7	55山	4卯	-3	+7	26畑	5辰	-3	+7
15	57岩	2丑	+7	-3	28宝	3寅	-3	+7	56畑	4卯	-3	+7	27岩	5辰	-3	+7
16	58宝	2丑	+6	-3	29海	3寅	-4	+6	57岩	4卯	-3	+7	28宝	5辰	-3	+7
17	59海	2丑	+6	-4	30	3寅	-4	+6	58宝	4卯	-4	+6	29海	5辰	-4	+6
18	60	2丑	+6	-4	31木	3寅	-4	+6	59海	4卯	-4	+6	30	5辰	-4	+6
19	1木	2丑	+5	-4	32草	3寅	-5	+5	60	4卯	-4	+6	31木	5辰	-4	+6
20	2草	2丑	+5	-5	33陽	3寅	-5	+5	1木	4卯	-5	+5	32草	5辰	-5	+5
21	3陽	2丑	+5	-5	34灯	3寅	-5	+5	2草	4卯	-5	+5	33陽	5辰	-5	+5
22	4灯	2丑	+4	-5	35山	3寅	-6	+4	3陽	4卯	-5	+5	34灯	5辰	-5	+5
23	5山	2丑	+4	-6	36畑	3寅	-6	+4	4灯	4卯	-6	+4	35山	5辰	-6	+4
24	6畑	2丑	+4	-6	37岩	3寅	-6	+4	5山	4卯	-6	+4	36畑	5辰	-6	+4
25	7岩	2丑	+3	-6	38宝	3寅	-7	+3	6畑	4卯	-6	+4	37岩	5辰	-6	+4
26	8宝	2丑	+3	-7	39海	3寅	-7	+3	7岩	4卯	-7	+3	38宝	5辰	-7	+3
27	9海	2丑	+3	-7	40	3寅	-7	+3	8宝	4卯	-7	+3	39海	5辰	-7	+3
28	10	2丑	+2	-7	41木	3寅	-8	+2	9海	4卯	-7	+3	40	5辰	-7	+3
29	11木	2丑	+2	-8					10	4卯	-8	+2	41木	5辰	-8	+2
30	12草	2丑	+2	-8					11木	4卯	-8	+2	42草	5辰	-8	+2
31	13陽	2丑	+1	-8					12草	4卯	-8	+2				

日	5月 日干	5月 月干	5月 男	5月 女	6月 日干	6月 月干	6月 男	6月 女	7月 日干	7月 月干	7月 男	7月 女	8月 日干	8月 月干	8月 男	8月 女
1	43陽	5辰	-8	+2	14灯	6巳	-9	+2	44灯	7午	-8	+2	15山	8未	-8	+2
2	44灯	5辰	-9	+1	15山	6巳	-9	+1	45山	7午	-9	+2	16畑	8未	-8	+2
3	45山	5辰	-9	+1	16畑	6巳	-9	+1	46畑	7午	-9	+1	17岩	8未	-9	+2
4	46畑	5辰	-9	+1	17岩	6巳	-0	+1	47岩	7午	-9	+1	18宝	8未	-9	+1
5	47岩	6巳	-0	+1	18宝	7午	-0	+1	48宝	7午	-0	+1	19海	8未	-9	+1
6	48宝	6巳	-1	+0	19海	7午	-0	+0	49海	7午	-0	+1	20	8未	-0	+1
7	49海	6巳	-1	+0	20	7午	-1	+0	50	8未	-0	+0	21木	9申	-0	+1
8	50	6巳	-1	+0	21木	7午	-1	+0	51木	8未	-1	+0	22草	9申	-1	+0
9	51木	6巳	-1	+9	22草	7午	-1	+9	52草	8未	-1	+0	23陽	9申	-1	+0
10	52草	6巳	-1	+9	23陽	7午	-1	+9	53陽	8未	-1	+0	24灯	9申	-1	+0
11	53陽	6巳	-2	+9	24灯	7午	-1	+9	54灯	8未	-1	+9	25山	9申	-1	+9
12	54灯	6巳	-2	+8	25山	7午	-2	+8	55山	8未	-1	+9	26畑	9申	-1	+9
13	55山	6巳	-2	+8	26畑	7午	-2	+8	56畑	8未	-2	+9	27岩	9申	-2	+9
14	56畑	6巳	-3	+8	27岩	7午	-2	+8	57岩	8未	-2	+8	28宝	9申	-2	+8
15	57岩	6巳	-3	+7	28宝	7午	-3	+7	58宝	8未	-2	+8	29海	9申	-2	+8
16	58宝	6巳	-3	+7	29海	7午	-3	+7	59海	8未	-3	+8	30	9申	-3	+8
17	59海	6巳	-4	+7	30	7午	-3	+7	60	8未	-3	+7	31木	9申	-3	+7
18	60	6巳	-4	+6	31木	7午	-4	+6	1木	8未	-3	+7	32草	9申	-3	+7
19	1木	6巳	-4	+6	32草	7午	-4	+6	2草	8未	-4	+7	33陽	9申	-4	+7
20	2草	6巳	-5	+6	33陽	7午	-4	+6	3陽	8未	-4	+6	34灯	9申	-4	+6
21	3陽	6巳	-5	+5	34灯	7午	-5	+5	4灯	8未	-4	+6	35山	9申	-4	+6
22	4灯	6巳	-5	+5	35山	7午	-5	+5	5山	8未	-5	+6	36畑	9申	-5	+6
23	5山	6巳	-6	+5	36畑	7午	-5	+5	6畑	8未	-5	+5	37岩	9申	-5	+5
24	6畑	6巳	-6	+4	37岩	7午	-6	+4	7岩	8未	-5	+5	38宝	9申	-5	+5
25	7岩	6巳	-6	+4	38宝	7午	-6	+4	8宝	8未	-6	+5	39海	9申	-6	+5
26	8宝	6巳	-7	+4	39海	7午	-6	+4	9海	8未	-6	+4	40	9申	-6	+4
27	9海	6巳	-7	+3	40	7午	-7	+3	10	8未	-6	+4	41木	9申	-6	+4
28	10	6巳	-7	+3	41木	7午	-7	+3	11木	8未	-7	+4	42草	9申	-7	+4
29	11木	6巳	-8	+3	42草	7午	-7	+3	12草	8未	-7	+3	43陽	9申	-7	+3
30	12草	6巳	-8	+2	43陽	7午	-8	+2	13陽	8未	-7	+3	44灯	9申	-7	+3
31	13陽	6巳	-8	+2					14灯	8未	-8	+3	45山	9申	-8	+3

日	9月 日干	9月 月干	9月 男	9月 女	10月 日干	10月 月干	10月 男	10月 女	11月 日干	11月 月干	11月 男	11月 女	12月 日干	12月 月干	12月 男	12月 女
1	46畑	9申	-8	+2	16畑	10酉	-8	+2	47岩	11戌	-8	+2	17岩	12亥	-8	+2
2	47岩	9申	-8	+2	17岩	10酉	-8	+2	48宝	11戌	-8	+2	18宝	12亥	-8	+1
3	48宝	9申	-9	+2	18宝	10酉	-8	+2	49海	11戌	-8	+1	19海	12亥	-8	+1
4	49海	9申	-9	+1	19海	10酉	-9	+1	50	11戌	-9	+1	20	12亥	-9	+1
5	50	9申	-9	+1	20	10酉	-9	+1	51木	11戌	-9	+1	21木	12亥	-9	+1
6	51木	9申	-0	+1	21木	10酉	-9	+1	52草	11戌	-9	+1	22草	12亥	-9	+0
7	52草	10酉	-0	+1	22草	10酉	-0	+1	53陽	12亥	-0	+0	23陽	13子	-0	+9
8	53陽	10酉	-1	+0	23陽	11戌	-0	+0	54灯	12亥	-1	+0	24灯	13子	-1	+9
9	54灯	10酉	-1	+0	24灯	11戌	-1	+0	55山	12亥	-1	+9	25山	13子	-1	+9
10	55山	10酉	-1	+9	25山	11戌	-1	+9	56畑	12亥	-1	+9	26畑	13子	-1	+8
11	56畑	10酉	-1	+9	26畑	11戌	-1	+9	57岩	12亥	-1	+9	27岩	13子	-1	+8
12	57岩	10酉	-1	+9	27岩	11戌	-1	+9	58宝	12亥	-1	+8	28宝	13子	-1	+8
13	58宝	10酉	-2	+8	28宝	11戌	-1	+8	59海	12亥	-2	+8	29海	13子	-2	+7
14	59海	10酉	-2	+8	29海	11戌	-2	+8	60	12亥	-2	+8	30	13子	-2	+7
15	60	10酉	-2	+8	30	11戌	-2	+8	1木	12亥	-2	+7	31木	13子	-2	+7
16	1木	10酉	-3	+7	31木	11戌	-2	+7	2草	12亥	-3	+7	32草	13子	-3	+6
17	2草	10酉	-3	+7	32草	11戌	-3	+7	3陽	12亥	-3	+7	33陽	13子	-3	+6
18	3陽	10酉	-3	+7	33陽	11戌	-3	+7	4灯	12亥	-3	+6	34灯	13子	-3	+6
19	4灯	10酉	-4	+6	34灯	11戌	-3	+6	5山	12亥	-4	+6	35山	13子	-4	+5
20	5山	10酉	-4	+6	35山	11戌	-4	+6	6畑	12亥	-4	+6	36畑	13子	-4	+5
21	6畑	10酉	-4	+6	36畑	11戌	-4	+6	7岩	12亥	-4	+5	37岩	13子	-4	+5
22	7岩	10酉	-5	+5	37岩	11戌	-4	+5	8宝	12亥	-5	+5	38宝	13子	-5	+4
23	8宝	10酉	-5	+5	38宝	11戌	-5	+5	9海	12亥	-5	+5	39海	13子	-5	+4
24	9海	10酉	-5	+5	39海	11戌	-5	+5	10	12亥	-5	+4	40	13子	-5	+4
25	10	10酉	-6	+4	40	11戌	-5	+4	11木	12亥	-6	+4	41木	13子	-6	+3
26	11木	10酉	-6	+4	41木	11戌	-6	+4	12草	12亥	-6	+4	42草	13子	-6	+3
27	12草	10酉	-6	+4	42草	11戌	-6	+4	13陽	12亥	-6	+3	43陽	13子	-6	+3
28	13陽	10酉	-7	+3	43陽	11戌	-6	+3	14灯	12亥	-7	+3	44灯	13子	-7	+2
29	14灯	10酉	-7	+3	44灯	11戌	-7	+3	15山	12亥	-7	+3	45山	13子	-7	+2
30	15山	10酉	-7	+3	45山	11戌	-7	+3	16畑	12亥	-7	+2	46畑	13子	-7	+2
31					46畑	11戌	-7	+2					47岩	13子	-8	+1

2010年　27 庚寅（2/4 ～翌年2/3）

日	1月 日干	1月 月干	1月 男	1月 女	2月 日干	2月 月干	2月 男	2月 女	3月 日干	3月 月干	3月 男	3月 女	4月 日干	4月 月干	4月 男	4月 女	5月 日干	5月 月干	5月 男	5月 女	6月 日干	6月 月干	6月 男	6月 女
1	48宝	13子	-8	+2	19海	14丑	-9	+1	47岩	15寅	+2	-8	18宝	16卯	+1	-9	48宝	17辰	+2	-8	19海	18巳	+2	-9
2	49海	13子	-9	+1	20雨	14丑	-9	+1	48宝	15寅	+1	-8	19海	16卯	+1	-9	49海	17辰	+1	-9	20雨	18巳	+1	-9
3	50雨	13子	-9	+1	21木	14丑	-9	+1	49海	15寅	+1	-9	20雨	16卯	+1	-9	50雨	17辰	+1	-9	21木	18巳	+1	-9
4	51木	13子	-9	+1	22草	15寅	+0	-0	50雨	15寅	+1	-9	21木	16卯	+0	-0	51木	17辰	+1	-9	22草	18巳	+1	-0
5	52草	14丑	-0	+1	23陽	15寅	+0	-1	51木	15寅	+1	-9	22草	17辰	+0	-0	52草	18巳	+1	-0	23陽	18巳	+1	-0
6	53陽	14丑	-1	+0	24灯	15寅	+0	-1	52草	16卯	+0	-1	23陽	17辰	+0	-1	53陽	18巳	+0	-1	24灯	19午	+0	-0
7	54灯	14丑	-1	+9	25山	15寅	+9	-1	53陽	16卯	+0	-1	24灯	17辰	+0	-1	54灯	18巳	+0	-1	25山	19午	+0	-1
8	55山	14丑	-1	+9	26畑	15寅	+9	-1	54灯	16卯	+9	-1	25山	17辰	+9	-1	55山	18巳	+0	-1	26畑	19午	+0	-1
9	56畑	14丑	-1	+9	27岩	15寅	+9	-1	55山	16卯	+9	-1	26畑	17辰	+9	-1	56畑	18巳	+9	-1	27岩	19午	+9	-1
10	57岩	14丑	-1	+8	28宝	15寅	+8	-2	56畑	16卯	+9	-1	27岩	17辰	+9	-1	57岩	18巳	+9	-1	28宝	19午	+9	-1
11	58宝	14丑	-2	+8	29海	15寅	+8	-2	57岩	16卯	+8	-2	28宝	17辰	+8	-2	58宝	18巳	+9	-2	29海	19午	+9	-1
12	59海	14丑	-2	+8	30雨	15寅	+8	-2	58宝	16卯	+8	-2	29海	17辰	+8	-2	59海	18巳	+8	-2	30雨	19午	+8	-2
13	60雨	14丑	-2	+7	31木	15寅	+7	-3	59海	16卯	+8	-2	30雨	17辰	+8	-2	60雨	18巳	+8	-2	31木	19午	+8	-2
14	1木	14丑	-3	+7	32草	15寅	+7	-3	60雨	16卯	+7	-3	31木	17辰	+7	-3	1木	18巳	+8	-3	32草	19午	+8	-2
15	2草	14丑	-3	+7	33陽	15寅	+7	-3	1木	16卯	+7	-3	32草	17辰	+7	-3	2草	18巳	+7	-3	33陽	19午	+7	-3
16	3陽	14丑	-3	+6	34灯	15寅	+6	-4	2草	16卯	+7	-3	33陽	17辰	+7	-3	3陽	18巳	+7	-3	34灯	19午	+7	-3
17	4灯	14丑	-4	+6	35山	15寅	+6	-4	3陽	16卯	+6	-4	34灯	17辰	+6	-4	4灯	18巳	+7	-4	35山	19午	+7	-3
18	5山	14丑	-4	+6	36畑	15寅	+6	-4	4灯	16卯	+6	-4	35山	17辰	+6	-4	5山	18巳	+6	-4	36畑	19午	+6	-4
19	6畑	14丑	-4	+5	37岩	15寅	+5	-5	5山	16卯	+6	-4	36畑	17辰	+6	-4	6畑	18巳	+6	-4	37岩	19午	+6	-4
20	7岩	14丑	-5	+5	38宝	15寅	+5	-5	6畑	16卯	+5	-5	37岩	17辰	+5	-5	7岩	18巳	+6	-5	38宝	19午	+6	-4
21	8宝	14丑	-5	+5	39海	15寅	+5	-5	7岩	16卯	+5	-5	38宝	17辰	+5	-5	8宝	18巳	+5	-5	39海	19午	+5	-5
22	9海	14丑	-5	+4	40雨	15寅	+4	-6	8宝	16卯	+5	-5	39海	17辰	+5	-5	9海	18巳	+5	-5	40雨	19午	+5	-5
23	10雨	14丑	-6	+4	41木	15寅	+4	-6	9海	16卯	+4	-6	40雨	17辰	+4	-6	10雨	18巳	+5	-6	41木	19午	+5	-5
24	11木	14丑	-6	+4	42草	15寅	+4	-6	10雨	16卯	+4	-6	41木	17辰	+4	-6	11木	18巳	+4	-6	42草	19午	+4	-6
25	12草	14丑	-6	+3	43陽	15寅	+3	-7	11木	16卯	+4	-6	42草	17辰	+4	-6	12草	18巳	+4	-6	43陽	19午	+4	-6
26	13陽	14丑	-7	+3	44灯	15寅	+3	-7	12草	16卯	+3	-7	43陽	17辰	+3	-7	13陽	18巳	+4	-7	44灯	19午	+4	-6
27	14灯	14丑	-7	+3	45山	15寅	+3	-7	13陽	16卯	+3	-7	44灯	17辰	+3	-7	14灯	18巳	+3	-7	45山	19午	+3	-7
28	15山	14丑	-7	+2	46畑	15寅	+2	-8	14灯	16卯	+3	-7	45山	17辰	+3	-7	15山	18巳	+3	-7	46畑	19午	+3	-7
29	16畑	14丑	-8	+2					15山	16卯	+2	-8	46畑	17辰	+2	-8	16畑	18巳	+3	-8	47岩	19午	+3	-7
30	17岩	14丑	-8	+2					16畑	16卯	+2	-8	47岩	17辰	+2	-8	17岩	18巳	+2	-8	48宝	19午	+2	-8
31	18宝	14丑	-8	+1					17岩	16卯	+2	-8					18宝	18巳	+2	-8				

日	7月 日干	7月 月干	7月 男	7月 女	8月 日干	8月 月干	8月 男	8月 女	9月 日干	9月 月干	9月 男	9月 女	10月 日干	10月 月干	10月 男	10月 女	11月 日干	11月 月干	11月 男	11月 女	12月 日干	12月 月干	12月 男	12月 女
1	49海	19午	+2	-8	20雨	20未	+2	-8	51木	21申	+2	-8	21木	22酉	+2	-8	52草	23戌	+2	-8	22草	24亥	+2	-8
2	50雨	19午	+2	-9	21木	20未	+2	-8	52草	21申	+2	-8	22草	22酉	+2	-8	53陽	23戌	+2	-8	23陽	24亥	+1	-8
3	51木	19午	+1	-9	22草	20未	+2	-9	53陽	21申	+2	-9	23陽	22酉	+2	-8	54灯	23戌	+1	-8	24灯	24亥	+1	-8
4	52草	19午	+1	-9	23陽	20未	+1	-9	54灯	21申	+1	-9	24灯	22酉	+1	-9	55山	23戌	+1	-9	25山	24亥	+1	-9
5	53陽	19午	+1	-0	24灯	20未	+1	-9	55山	21申	+1	-9	25山	22酉	+1	-9	56畑	23戌	+1	-9	26畑	24亥	+1	-9
6	54灯	19午	+1	-0	25山	20未	+1	-0	56畑	21申	+1	-0	26畑	22酉	+1	-9	57岩	23戌	+1	-9	27岩	24亥	+0	-9
7	55山	20未	+0	-0	26畑	21申	+1	-0	57岩	21申	+1	-0	27岩	22酉	+1	-0	58宝	24亥	+0	-0	28宝	25子	+9	-0
8	56畑	20未	+0	-1	27岩	21申	+0	-1	58宝	22酉	+0	-1	28宝	23戌	+0	-0	59海	24亥	+0	-1	29海	25子	+9	-1
9	57岩	20未	+0	-1	28宝	21申	+0	-1	59海	22酉	+0	-1	29海	23戌	+0	-1	60雨	24亥	+9	-1	30雨	25子	+9	-1
10	58宝	20未	+0	-1	29海	21申	+0	-1	60雨	22酉	+9	-1	30雨	23戌	+9	-1	1木	24亥	+9	-1	31木	25子	+8	-1
11	59海	20未	+9	-1	30雨	21申	+9	-1	1木	22酉	+9	-1	31木	23戌	+9	-1	2草	24亥	+9	-1	32草	25子	+8	-1
12	60雨	20未	+9	-1	31木	21申	+9	-1	2草	22酉	+9	-1	32草	23戌	+9	-1	3陽	24亥	+8	-1	33陽	25子	+8	-1
13	1木	20未	+9	-2	32草	21申	+9	-2	3陽	22酉	+8	-2	33陽	23戌	+8	-1	4灯	24亥	+8	-2	34灯	25子	+7	-2
14	2草	20未	+8	-2	33陽	21申	+8	-2	4灯	22酉	+8	-2	34灯	23戌	+8	-2	5山	24亥	+8	-2	35山	25子	+7	-2
15	3陽	20未	+8	-2	34灯	21申	+8	-2	5山	22酉	+8	-2	35山	23戌	+8	-2	6畑	24亥	+7	-2	36畑	25子	+7	-2
16	4灯	20未	+8	-3	35山	21申	+8	-3	6畑	22酉	+7	-3	36畑	23戌	+7	-2	7岩	24亥	+7	-3	37岩	25子	+6	-3
17	5山	20未	+7	-3	36畑	21申	+7	-3	7岩	22酉	+7	-3	37岩	23戌	+7	-3	8宝	24亥	+7	-3	38宝	25子	+6	-3
18	6畑	20未	+7	-3	37岩	21申	+7	-3	8宝	22酉	+7	-3	38宝	23戌	+7	-3	9海	24亥	+6	-3	39海	25子	+6	-3
19	7岩	20未	+7	-4	38宝	21申	+7	-4	9海	22酉	+6	-4	39海	23戌	+6	-3	10雨	24亥	+6	-4	40雨	25子	+5	-4
20	8宝	20未	+6	-4	39海	21申	+6	-4	10雨	22酉	+6	-4	40雨	23戌	+6	-4	11木	24亥	+6	-4	41木	25子	+5	-4
21	9海	20未	+6	-4	40雨	21申	+6	-4	11木	22酉	+6	-4	41木	23戌	+6	-4	12草	24亥	+5	-4	42草	25子	+5	-4
22	10雨	20未	+6	-5	41木	21申	+6	-5	12草	22酉	+5	-5	42草	23戌	+5	-4	13陽	24亥	+5	-5	43陽	25子	+4	-5
23	11木	20未	+5	-5	42草	21申	+5	-5	13陽	22酉	+5	-5	43陽	23戌	+5	-5	14灯	24亥	+5	-5	44灯	25子	+4	-5
24	12草	20未	+5	-5	43陽	21申	+5	-5	14灯	22酉	+5	-5	44灯	23戌	+5	-5	15山	24亥	+4	-5	45山	25子	+4	-5
25	13陽	20未	+5	-6	44灯	21申	+5	-6	15山	22酉	+4	-6	45山	23戌	+4	-5	16畑	24亥	+4	-6	46畑	25子	+3	-6
26	14灯	20未	+4	-6	45山	21申	+4	-6	16畑	22酉	+4	-6	46畑	23戌	+4	-6	17岩	24亥	+4	-6	47岩	25子	+3	-6
27	15山	20未	+4	-6	46畑	21申	+4	-6	17岩	22酉	+4	-6	47岩	23戌	+4	-6	18宝	24亥	+3	-6	48宝	25子	+3	-6
28	16畑	20未	+4	-7	47岩	21申	+4	-7	18宝	22酉	+3	-7	48宝	23戌	+3	6	19海	24亥	+3	-7	49海	25子	+2	-7
29	17岩	20未	+3	-7	48宝	21申	+3	-7	19海	22酉	+3	-7	49海	23戌	+3	-7	20雨	24亥	+3	-7	50雨	25子	+2	-7
30	18宝	20未	+3	-7	49海	21申	+3	-7	20雨	22酉	+3	-7	50雨	23戌	+3	-7	21木	24亥	+2	-7	51木	25子	+2	-7
31	19海	20未	+3	-8	50雨	21申	+3	-8					51木	23戌	+2	-7					52草	25子	+1	-8

2011年　28 辛卯（2/4 ～翌年2/3）

日	1月 日干	1月 月干	1月 男	1月 女	2月 日干	2月 月干	2月 男	2月 女	3月 日干	3月 月干	3月 男	3月 女	4月 日干	4月 月干	4月 男	4月 女	5月 日干	5月 月干	5月 男	5月 女	6月 日干	6月 月干	6月 男	6月 女
1	53陽	25子	+2	-8	24灯	26丑	+1	-9	52草	27寅	-8	+2	23陽	28卯	-9	+1	53陽	29辰	-8	+2	24灯	30巳	-9	+2
2	54灯	25子	+1	-9	25山	26丑	+1	-9	53陽	27寅	-8	+1	24灯	28卯	-9	+1	54灯	29辰	-9	+1	25山	30巳	-9	+1
3	55山	25子	+1	-9	26畑	26丑	+1	-9	54灯	27寅	-9	+1	25山	28卯	-9	+1	55山	29辰	-9	+1	26畑	30巳	-9	+1
4	56畑	25子	+1	-9	27岩	27寅	-0	+0	55山	27寅	-9	+1	26畑	28卯	-0	+0	56畑	29辰	-9	+1	27岩	30巳	-0	+1
5	57岩	25子	+1	-0	28宝	27寅	-1	+0	56畑	27寅	-9	+1	27岩	29辰	-0	+0	57岩	29辰	-0	+1	28宝	30巳	-0	+1
6	58宝	26丑	+0	-1	29海	27寅	-1	+0	57岩	28卯	-1	+0	28宝	29辰	-1	+0	58宝	30巳	-1	+0	29海	31午	-0	+0
7	59海	26丑	+9	-1	30雨	27寅	-1	+9	58宝	28卯	-1	+0	29海	29辰	-1	+0	59海	30巳	-1	+0	30雨	31午	-1	+0
8	60雨	26丑	+9	-1	31木	27寅	-1	+9	59海	28卯	-1	+9	30雨	29辰	-1	+9	60雨	30巳	-1	+0	31木	31午	-1	+0
9	1木	26丑	+9	-1	32草	27寅	-1	+9	60雨	28卯	-1	+9	31木	29辰	-1	+9	1木	30巳	-1	+9	32草	31午	-1	+9
10	2草	26丑	+8	-1	33陽	27寅	-2	+8	1木	28卯	-1	+9	32草	29辰	-1	+9	2草	30巳	-1	+9	33陽	31午	-1	+9
11	3陽	26丑	+8	-2	34灯	27寅	-2	+8	2草	28卯	-2	+8	33陽	29辰	-2	+8	3陽	30巳	-2	+9	34灯	31午	-1	+9
12	4灯	26丑	+8	-2	35山	27寅	-2	+8	3陽	28卯	-2	+8	34灯	29辰	-2	+8	4灯	30巳	-2	+8	35山	31午	-2	+8
13	5山	26丑	+7	-2	36畑	27寅	-3	+7	4灯	28卯	-2	+8	35山	29辰	-2	+8	5山	30巳	-2	+8	36畑	31午	-2	+8
14	6畑	26丑	+7	-3	37岩	27寅	-3	+7	5山	28卯	-3	+7	36畑	29辰	-3	+7	6畑	30巳	-3	+8	37岩	31午	-2	+8
15	7岩	26丑	+7	-3	38宝	27寅	-3	+7	6畑	28卯	-3	+7	37岩	29辰	-3	+7	7岩	30巳	-3	+7	38宝	31午	-3	+7
16	8宝	26丑	+6	-3	39海	27寅	-4	+6	7岩	28卯	-3	+7	38宝	29辰	-3	+7	8宝	30巳	-3	+7	39海	31午	-3	+7
17	9海	26丑	+6	-4	40雨	27寅	-4	+6	8宝	28卯	-4	+6	39海	29辰	-4	+6	9海	30巳	-4	+7	40雨	31午	-3	+7
18	10雨	26丑	+6	-4	41木	27寅	-4	+6	9海	28卯	-4	+6	40雨	29辰	-4	+6	10雨	30巳	-4	+6	41木	31午	-4	+6
19	11木	26丑	+5	-4	42草	27寅	-5	+5	10雨	28卯	-4	+6	41木	29辰	-4	+6	11木	30巳	-4	+6	42草	31午	-4	+6
20	12草	26丑	+5	-5	43陽	27寅	-5	+5	11木	28卯	-5	+5	42草	29辰	-5	+5	12草	30巳	-5	+6	43陽	31午	-4	+6
21	13陽	26丑	+5	-5	44灯	27寅	-5	+5	12草	28卯	-5	+5	43陽	29辰	-5	+5	13陽	30巳	-5	+5	44灯	31午	-5	+5
22	14灯	26丑	+4	-5	45山	27寅	-6	+4	13陽	28卯	-5	+5	44灯	29辰	-5	+5	14灯	30巳	-5	+5	45山	31午	-5	+5
23	15山	26丑	+4	-6	46畑	27寅	-6	+4	14灯	28卯	-6	+4	45山	29辰	-6	+4	15山	30巳	-6	+5	46畑	31午	-5	+5
24	16畑	26丑	+4	-6	47岩	27寅	-6	+4	15山	28卯	-6	+4	46畑	29辰	-6	+4	16畑	30巳	-6	+4	47岩	31午	-6	+4
25	17岩	26丑	+3	-6	48宝	27寅	-7	+3	16畑	28卯	-6	+4	47岩	29辰	-6	+4	17岩	30巳	-6	+4	48宝	31午	-6	+4
26	18宝	26丑	+3	-7	49海	27寅	-7	+3	17岩	28卯	-7	+3	48宝	29辰	-7	+3	18宝	30巳	-7	+4	49海	31午	-6	+4
27	19海	26丑	+3	-7	50雨	27寅	-7	+3	18宝	28卯	-7	+3	49海	29辰	-7	+3	19海	30巳	-7	+3	50雨	31午	-7	+3
28	20雨	26丑	+2	-7	51木	27寅	-8	+2	19海	28卯	-7	+3	50雨	29辰	-7	+3	20雨	30巳	-7	+3	51木	31午	-7	+3
29	21木	26丑	+2	-8					20雨	28卯	-8	+2	51木	29辰	-8	+2	21木	30巳	-8	+3	52草	31午	-7	+3
30	22草	26丑	+2	-8					21木	28卯	-8	+2	52草	29辰	-8	+2	22草	30巳	-8	+2	53陽	31午	-8	+2
31	23陽	26丑	+1	-8					22草	28卯	-8	+2					23陽	30巳	-8	+2				

日	7月 日干	7月 月干	7月 男	7月 女	8月 日干	8月 月干	8月 男	8月 女	9月 日干	9月 月干	9月 男	9月 女	10月 日干	10月 月干	10月 男	10月 女	11月 日干	11月 月干	11月 男	11月 女	12月 日干	12月 月干	12月 男	12月 女
1	54灯	31午	-8	+2	25山	32未	-8	+2	56畑	33申	-8	+2	26畑	34酉	-8	+2	57岩	35戌	-8	+2	27岩	36亥	-8	+2
2	55山	31午	-9	+2	26畑	32未	-8	+2	57岩	33申	-8	+2	27岩	34酉	-8	+2	58宝	35戌	-8	+2	28宝	36亥	-8	+1
3	56畑	31午	-9	+1	27岩	32未	-9	+2	58宝	33申	-9	+2	28宝	34酉	-8	+2	59海	35戌	-8	+1	29海	36亥	-8	+1
4	57岩	31午	-9	+1	28宝	32未	-9	+1	59海	33申	-9	+1	29海	34酉	-9	+1	60雨	35戌	-9	+1	30雨	36亥	-9	+1
5	58宝	31午	-0	+1	29海	32未	-9	+1	60雨	33申	-9	+1	30雨	34酉	-9	+1	1木	35戌	-9	+1	31木	36亥	-9	+1
6	59海	31午	-0	+1	30雨	32未	-0	+1	1木	33申	-0	+1	31木	34酉	-9	+1	2草	35戌	-9	+1	32草	36亥	-9	+0
7	60雨	32未	-0	+0	31木	32未	-0	+1	2草	33申	-0	+1	32草	34酉	-0	+1	3陽	35戌	-0	+0	33陽	37子	-0	+9
8	1木	32未	-1	+0	32草	33申	-1	+0	3陽	34酉	-1	+0	33陽	34酉	-0	+0	4灯	36亥	-1	+0	34灯	37子	-1	+9
9	2草	32未	-1	+0	33陽	33申	-1	+0	4灯	34酉	-1	+0	34灯	35戌	-1	+0	5山	36亥	-1	+9	35山	37子	-1	+9
10	3陽	32未	-1	+0	34灯	33申	-1	+0	5山	34酉	-1	+9	35山	35戌	-1	+9	6畑	36亥	-1	+9	36畑	37子	-1	+8
11	4灯	32未	-1	+9	35山	33申	-1	+9	6畑	34酉	-1	+9	36畑	35戌	-1	+9	7岩	36亥	-1	+9	37岩	37子	-1	+8
12	5山	32未	-1	+9	36畑	33申	-1	+9	7岩	34酉	-1	+9	37岩	35戌	-1	+9	8宝	36亥	-1	+8	38宝	37子	-1	+8
13	6畑	32未	-2	+9	37岩	33申	-2	+9	8宝	34酉	-2	+8	38宝	35戌	-1	+8	9海	36亥	-2	+8	39海	37子	-2	+7
14	7岩	32未	-2	+8	38宝	33申	-2	+8	9海	34酉	-2	+8	39海	35戌	-2	+8	10雨	36亥	-2	+8	40雨	37子	-2	+7
15	8宝	32未	-2	+8	39海	33申	-2	+8	10雨	34酉	-2	+8	40雨	35戌	-2	+8	11木	36亥	-2	+7	41木	37子	-2	+7
16	9海	32未	-3	+8	40雨	33申	-3	+8	11木	34酉	-3	+7	41木	35戌	-2	+7	12草	36亥	-3	+7	42草	37子	-3	+6
17	10雨	32未	-3	+7	41木	33申	-3	+7	12草	34酉	-3	+7	42草	35戌	-3	+7	13陽	36亥	-3	+7	43陽	37子	-3	+6
18	11木	32未	-3	+7	42草	33申	-3	+7	13陽	34酉	-3	+7	43陽	35戌	-3	+7	14灯	36亥	-3	+6	44灯	37子	-3	+6
19	12草	32未	-4	+7	43陽	33申	-4	+7	14灯	34酉	-4	+6	44灯	35戌	-3	+6	15山	36亥	-4	+6	45山	37子	-4	+5
20	13陽	32未	-4	+6	44灯	33申	-4	+6	15山	34酉	-4	+6	45山	35戌	-4	+6	16畑	36亥	-4	+6	46畑	37子	-4	+5
21	14灯	32未	-4	+6	45山	33申	-4	+6	16畑	34酉	-4	+6	46畑	35戌	-4	+6	17岩	36亥	-4	+5	47岩	37子	-4	+5
22	15山	32未	-5	+6	46畑	33申	-5	+6	17岩	34酉	-5	+5	47岩	35戌	-4	+5	18宝	36亥	-5	+5	48宝	37子	-5	+4
23	16畑	32未	-5	+5	47岩	33申	-5	+5	18宝	34酉	-5	+5	48宝	35戌	-5	+5	19海	36亥	-5	+5	49海	37子	-5	+4
24	17岩	32未	-5	+5	48宝	33申	-5	+5	19海	34酉	-5	+5	49海	35戌	-5	+5	20雨	36亥	-5	+4	50雨	37子	-5	+4
25	18宝	32未	-6	+5	49海	33申	-6	+5	20雨	34酉	-6	+4	50雨	35戌	-5	+4	21木	36亥	-6	+4	51木	37子	-6	+3
26	19海	32未	-6	+4	50雨	33申	-6	+4	21木	34酉	-6	+4	51木	35戌	-6	+4	22草	36亥	-6	+4	52草	37子	-6	+3
27	20雨	32未	-6	+4	51木	33申	-6	+4	22草	34酉	-6	+4	52草	35戌	-6	+4	23陽	36亥	-6	+3	53陽	37子	-6	+3
28	21木	32未	-7	+4	52草	33申	-7	+4	23陽	34酉	-7	+3	53陽	35戌	-6	+3	24灯	36亥	-7	+3	54灯	37子	-7	+2
29	22草	32未	-7	+3	53陽	33申	-7	+3	24灯	34酉	-7	+3	54灯	35戌	-7	+3	25山	36亥	-7	+3	55山	37子	-7	+2
30	23陽	32未	-7	+3	54灯	33申	-7	+3	25山	34酉	-7	+3	55山	35戌	-7	+3	26畑	36亥	-7	+2	56畑	37子	-7	+2
31	24灯	32未	-8	+3	55山	33申	-8	+3					56畑	35戌	-7	+2					57岩	37子	-8	+1

2012年　29 壬辰（2/4 ～翌年2/3）

日	1月				2月				3月				4月			
	日干	月干	男	女	日干	月干	男	女	日干	月干	男	女	日干	月干	男	女
1	58宝	37子	-8	+2	29海	38丑	-9	+1	58宝	39寅	+2	-8	29海	40卯	+1	-9
2	59海	37子	-9	+1	30雨	38丑	-9	+1	59海	39寅	+1	-8	30雨	40卯	+1	-9
3	60雨	37子	-9	+1	31木	38丑	-9	+1	60雨	39寅	+1	-9	31木	40卯	+1	-9
4	1木	37子	-9	+1	32草	39寅	+0	-0	1木	39寅	+1	-9	32草	41辰	+0	-0
5	2草	37子	-0	+1	33陽	39寅	+0	-1	2草	40卯	+1	-9	33陽	41辰	+0	-0
6	3陽	38丑	-1	+0	34灯	39寅	+0	-1	3陽	40卯	+0	-1	34灯	41辰	+0	-1
7	4灯	38丑	-1	+9	35山	39寅	+9	-1	4灯	40卯	+0	-1	35山	41辰	+0	-1
8	5山	38丑	-1	+9	36畑	39寅	+9	-1	5山	40卯	+9	-1	36畑	41辰	+9	-1
9	6畑	38丑	-1	+9	37岩	39寅	+9	-1	6畑	40卯	+9	-1	37岩	41辰	+9	-1
10	7岩	38丑	-1	+8	38宝	39寅	+8	-2	7岩	40卯	+9	-1	38宝	41辰	+9	-1
11	8宝	38丑	-2	+8	39海	39寅	+8	-2	8宝	40卯	+8	-2	39海	41辰	+8	-2
12	9海	38丑	-2	+8	40雨	39寅	+8	-2	9海	40卯	+8	-2	40雨	41辰	+8	-2
13	10雨	38丑	-2	+7	41木	39寅	+7	-3	10雨	40卯	+8	-2	41木	41辰	+8	-2
14	11木	38丑	-3	+7	42草	39寅	+7	-3	11木	40卯	+7	3	42草	41辰	+7	-3
15	12草	38丑	-3	+7	43陽	39寅	+7	-3	12草	40卯	+7	-3	43陽	41辰	+7	-3
16	13陽	38丑	-3	+6	44灯	39寅	+6	-4	13陽	40卯	+7	-3	44灯	41辰	+7	-3
17	14灯	38丑	-4	+6	45山	39寅	+6	-4	14灯	40卯	+6	-4	45山	41辰	+6	-4
18	15山	38丑	-4	+6	46畑	39寅	+6	-4	15山	40卯	+6	-4	46畑	41辰	+6	-4
19	16畑	38丑	-4	+5	47岩	39寅	+5	-5	16畑	40卯	+6	-4	47岩	41辰	+6	-4
20	17岩	38丑	-5	+5	48宝	39寅	+5	-5	17岩	40卯	+5	-5	48宝	41辰	+5	-5
21	18宝	38丑	-5	+5	49海	39寅	+5	-5	18宝	40卯	+5	-5	49海	41辰	+5	-5
22	19海	38丑	-5	+4	50雨	39寅	+4	-6	19海	40卯	+5	-5	50雨	41辰	+5	-5
23	20雨	38丑	-6	+4	51木	39寅	+4	-6	20雨	40卯	+4	-6	51木	41辰	+4	-6
24	21木	38丑	-6	+4	52草	39寅	+4	-6	21木	40卯	+4	-6	52草	41辰	+4	-6
25	22草	38丑	-6	+3	53陽	39寅	+3	-7	22草	40卯	+4	-6	53陽	41辰	+4	-6
26	23陽	38丑	-7	+3	54灯	39寅	+3	-7	23陽	40卯	+3	-7	54灯	41辰	+3	-7
27	24灯	38丑	-7	+3	55山	39寅	+3	-7	24灯	40卯	+3	-7	55山	41辰	+3	-7
28	25山	38丑	-7	+2	56畑	39寅	+2	-8	25山	40卯	+3	-7	56畑	41辰	+3	-7
29	26畑	38丑	-8	+2	57岩	39寅	+2	-8	26畑	40卯	+2	-8	57岩	41辰	+2	-8
30	27岩	38丑	-8	+2					27岩	40卯	+2	-8	58宝	41辰	+2	-8
31	28宝	38丑	-8	+1					28宝	40卯	+2	-8				

日	5月				6月				7月				8月			
	日干	月干	男	女	日干	月干	男	女	日干	月干	男	女	日干	月干	男	女
1	59海	41辰	+2	-8	30雨	42巳	+2	-9	60雨	43午	+2	-8	31木	44未	+2	-8
2	60雨	41辰	+1	-9	31木	42巳	+1	-9	1木	43午	+2	-8	32草	44未	+2	-8
3	1木	41辰	+1	-9	32草	42巳	+1	-9	2草	43午	+1	-9	33陽	44未	+2	-9
4	2草	41辰	+1	-9	33陽	42巳	+1	-0	3陽	43午	+1	-9	34灯	44未	+1	-9
5	3陽	42巳	+1	0	34灯	43午	+1	-0	4灯	43午	+1	-9	35山	44未	+1	-9
6	4灯	42巳	+0	-1	35山	43午	+0	-0	5山	43午	+1	-0	36畑	44未	+1	-0
7	5山	42巳	+0	-1	36畑	43午	+0	-1	6畑	44未	+0	-0	37岩	45申	+1	-0
8	6畑	42巳	+0	-1	37岩	43午	+0	-1	7岩	44未	+0	-0	38宝	45申	+0	-1
9	7岩	42巳	+9	-1	38宝	43午	+9	-1	8宝	44未	+0	-1	39海	45申	+0	-1
10	8宝	42巳	+9	-1	39海	43午	+9	-1	9海	44未	+0	-1	40雨	45申	+0	-1
11	9海	42巳	+9	-2	40雨	43午	+9	-1	10雨	44未	+9	-1	41木	45申	+9	-1
12	10雨	42巳	+8	-2	41木	43午	+8	-2	11木	44未	+9	-1	42草	45申	+9	-1
13	11木	42巳	+8	-2	42草	43午	+8	-2	12草	44未	+9	-1	43陽	45申	+9	-2
14	12草	42巳	+8	-3	43陽	43午	+8	-2	13陽	44未	+8	-2	44灯	45申	+8	-2
15	13陽	42巳	+7	-3	44灯	43午	+7	-3	14灯	44未	+8	-2	45山	45申	+8	-2
16	14灯	42巳	+7	-3	45山	43午	+7	-3	15山	44未	+8	-2	46畑	45申	+8	-3
17	15山	42巳	+7	-4	46畑	43午	+7	-3	16畑	44未	+7	-3	47岩	45申	+7	-3
18	16畑	42巳	+6	-4	47岩	43午	+6	-4	17岩	44未	+7	-3	48宝	45申	+7	-3
19	17岩	42巳	+6	-4	48宝	43午	+6	-4	18宝	44未	+7	-3	49海	45申	+7	-4
20	18宝	42巳	+6	-5	49海	43午	+6	-4	19海	44未	+6	-4	50雨	45申	+6	-4
21	19海	42巳	+5	-5	50雨	43午	+5	-5	20雨	44未	+6	-4	51木	45申	+6	-4
22	20雨	42巳	+5	-5	51木	43午	+5	-5	21木	44未	+6	-4	52草	45申	+6	-5
23	21木	42巳	+5	-6	52草	43午	+5	-5	22草	44未	+5	-5	53陽	45申	+5	-5
24	22草	42巳	+4	-6	53陽	43午	+4	-6	23陽	44未	+5	-5	54灯	45申	+5	-5
25	23陽	42巳	+4	-6	54灯	43午	+4	-6	24灯	44未	+5	-5	55山	45申	+5	-6
26	24灯	42巳	+4	-7	55山	43午	+4	-6	25山	44未	+4	-6	56畑	45申	+4	-6
27	25山	42巳	+3	-7	56畑	43午	+3	-7	26畑	44未	+4	-6	57岩	45申	+4	-6
28	26畑	42巳	+3	-7	57岩	43午	+3	-7	27岩	44未	+4	-6	58宝	45申	+4	-7
29	27岩	42巳	+3	-8	58宝	43午	+3	-7	28宝	44未	+3	-7	59海	45申	+3	-7
30	28宝	42巳	+2	-8	59海	43午	+2	-8	29海	44未	+3	-7	60雨	45申	+3	-7
31	29海	42巳	+2	-8					30雨	44未	+3	-7	1木	45申	+3	-8

日	9月				10月				11月				12月			
	日干	月干	男	女	日干	月干	男	女	日干	月干	男	女	日干	月干	男	女
1	2草	45申	+2	-8	32草	46酉	+2	-8	3陽	47戌	+2	-8	33陽	48亥	+2	-8
2	3陽	45申	+2	-8	33陽	46酉	+2	-8	4灯	47戌	+2	-8	34灯	48亥	+1	-8
3	4灯	45申	+2	-9	34灯	46酉	+2	-8	5山	47戌	+1	-8	35山	48亥	+1	-8
4	5山	45申	+1	-9	35山	46酉	+1	-9	6畑	47戌	+1	-9	36畑	48亥	+1	-9
5	6畑	45申	+1	-9	36畑	46酉	+1	-9	7岩	47戌	+1	-9	37岩	48亥	+1	-9
6	7岩	45申	+1	-0	37岩	46酉	+1	-9	8宝	47戌	+1	-9	38宝	48亥	+0	-9
7	8宝	46酉	+1	-0	38宝	46酉	+1	-0	9海	48亥	+0	-0	39海	49子	+9	-0
8	9海	46酉	+0	-1	39海	47戌	+0	-0	10雨	48亥	+0	-1	40雨	49子	+9	-1
9	10雨	46酉	+0	-1	40雨	47戌	+0	-1	11木	48亥	+9	-1	41木	49子	+9	-1
10	11木	46酉	+9	-1	41木	47戌	+9	-1	12草	48亥	+9	-1	42草	49子	+8	-1
11	12草	46酉	+9	-1	42草	47戌	+9	-1	13陽	48亥	+9	-1	43陽	49子	+8	-1
12	13陽	46酉	+9	-1	43陽	47戌	+9	-1	14灯	48亥	+8	-1	44灯	49子	+8	1
13	14灯	46酉	+8	-2	44灯	47戌	+8	-1	15山	48亥	+8	-2	45山	49子	+7	-2
14	15山	46酉	+8	-2	45山	47戌	+8	-2	16畑	48亥	+8	-2	46畑	49子	+7	-2
15	16畑	46酉	+8	-2	46畑	47戌	+8	-2	17岩	48亥	+7	-2	47岩	49子	+7	-2
16	17岩	46酉	+7	-3	47岩	47戌	+7	-2	18宝	48亥	+7	-3	48宝	49子	+6	-3
17	18宝	46酉	+7	-3	48宝	47戌	+7	-3	19海	48亥	+7	-3	49海	49子	+6	-3
18	19海	46酉	+7	-3	49海	47戌	+7	-3	20雨	48亥	+6	-3	50雨	49子	+6	-3
19	20雨	46酉	+6	-4	50雨	47戌	+6	-3	21木	48亥	+6	-4	51木	49子	+5	-4
20	21木	46酉	+6	-4	51木	47戌	+6	-4	22草	48亥	+6	-4	52草	49子	+5	-4
21	22草	46酉	+6	-4	52草	47戌	+6	-4	23陽	48亥	+5	-4	53陽	49子	+5	-4
22	23陽	46酉	+5	-5	53陽	47戌	+5	-4	24灯	48亥	+5	-5	54灯	49子	+4	-5
23	24灯	46酉	+5	-5	54灯	47戌	+5	-5	25山	48亥	+5	-5	55山	49子	+4	-5
24	25山	46酉	+5	-5	55山	47戌	+5	-5	26畑	48亥	+4	-5	56畑	49子	+4	-5
25	26畑	46酉	+4	6	56畑	47戌	+4	-5	27岩	48亥	+4	-6	57岩	49子	+3	-6
26	27岩	46酉	+4	-6	57岩	47戌	+4	-6	28宝	48亥	+4	-6	58宝	49子	+3	-6
27	28宝	46酉	+4	-6	58宝	47戌	+4	-6	29海	48亥	+3	-6	59海	49子	+3	-6
28	29海	46酉	+3	-7	59海	47戌	+3	-6	30雨	48亥	+3	-7	60雨	49子	+2	-7
29	30雨	46酉	+3	-7	60雨	47戌	+3	-7	31木	48亥	+3	-7	1木	49子	+2	-7
30	31木	46酉	+3	-7	1木	47戌	+3	-7	32草	48亥	+2	-7	2草	49子	+2	-7
31					2草	47戌	+2	-7					3陽	49子	+1	-8

2013年　30 癸巳（2/4 ～翌年2/3）

日	1月				2月				3月				4月			
	日干	月干	男	女	日干	月干	男	女	日干	月干	男	女	日干	月干	男	女
1	4灯	49子	+2	-8	35山	50丑	+1	-9	3陽	51寅	-8	+2	34灯	52卯	-9	+1
2	5山	49子	+1	-9	36畑	50丑	+1	-9	4灯	51寅	-8	+1	35山	52卯	-9	+1
3	6畑	49子	+1	-9	37岩	50丑	+1	-9	5山	51寅	-9	+1	36畑	52卯	-9	+1
4	7岩	49子	+1	-9	38宝	51寅	-0	+0	6畑	51寅	-9	+1	37岩	52卯	-0	+0
5	8宝	50丑	+1	-0	39海	51寅	-1	+0	7岩	52卯	-9	+1	38宝	53辰	-0	+0
6	9海	50丑	+0	-1	40雨	51寅	-1	+0	8宝	52卯	-1	+0	39海	53辰	-1	+0
7	10雨	50丑	+9	-1	41木	51寅	-1	+9	9海	52卯	-1	+0	40雨	53辰	-1	+0
8	11木	50丑	+9	-1	42草	51寅	-1	+9	10雨	52卯	-1	+9	41木	53辰	-1	+9
9	12草	50丑	+9	-1	43陽	51寅	-1	+9	11木	52卯	-1	+9	42草	53辰	-1	+9
10	13陽	50丑	+8	-1	44灯	51寅	-2	+8	12草	52卯	-1	+9	43陽	53辰	-1	+9
11	14灯	50丑	+8	-2	45山	51寅	-2	+8	13陽	52卯	-2	+8	44灯	53辰	-2	+8
12	15山	50丑	+8	-2	46畑	51寅	-2	+8	14灯	52卯	-2	+8	45山	53辰	-2	+8
13	16畑	50丑	+7	-2	47岩	51寅	-3	+7	15山	52卯	-2	+8	46畑	53辰	-2	+8
14	17岩	50丑	+7	-3	48宝	51寅	-3	+7	16畑	52卯	-3	+7	47岩	53辰	-3	+7
15	18宝	50丑	+7	-3	49海	51寅	-3	+7	17岩	52卯	-3	+7	48宝	53辰	-3	+7
16	19海	50丑	+6	-3	50雨	51寅	-4	+6	18宝	52卯	-3	+7	49海	53辰	-3	+7
17	20雨	50丑	+6	-4	51木	51寅	-4	+6	19海	52卯	-4	+6	50雨	53辰	-4	+6
18	21木	50丑	+6	-4	52草	51寅	-4	+6	20雨	52卯	-4	+6	51木	53辰	-4	+6
19	22草	50丑	+5	-4	53陽	51寅	-5	+5	21木	52卯	-4	+6	52草	53辰	-4	+6
20	23陽	50丑	+5	-5	54灯	51寅	-5	+5	22草	52卯	-5	+5	53陽	53辰	-5	+5
21	24灯	50丑	+5	-5	55山	51寅	-5	+5	23陽	52卯	-5	+5	54灯	53辰	-5	+5
22	25山	50丑	+4	-5	56畑	51寅	-6	+4	24灯	52卯	-5	+5	55山	53辰	-5	+5
23	26畑	50丑	+4	-6	57岩	51寅	-6	+4	25山	52卯	-6	+4	56畑	53辰	-6	+4
24	27岩	50丑	+4	-6	58宝	51寅	-6	+4	26畑	52卯	-6	+4	57岩	53辰	-6	+4
25	28宝	50丑	+3	-6	59海	51寅	-7	+3	27岩	52卯	-6	+4	58宝	53辰	-6	+4
26	29海	50丑	+3	-7	60雨	51寅	-7	+3	28宝	52卯	-7	+3	59海	53辰	-7	+3
27	30雨	50丑	+3	-7	1木	51寅	-7	+3	29海	52卯	-7	+3	60雨	53辰	-7	+3
28	31木	50丑	+2	-7	2草	51寅	-8	+2	30雨	52卯	-7	+3	1木	53辰	-7	+3
29	32草	50丑	+2	-8					31木	52卯	-8	+2	2草	53辰	-8	+2
30	33陽	50丑	+2	-8					32草	52卯	-8	+2	3陽	53辰	-8	+2
31	34灯	50丑	+1	-8					33陽	52卯	-8	+2				

日	5月				6月				7月				8月			
	日干	月干	男	女	日干	月干	男	女	日干	月干	男	女	日干	月干	男	女
1	4灯	53辰	-8	+2	35山	54巳	-9	+2	5山	55午	-8	+2	36畑	56未	-8	+2
2	5山	53辰	-9	+1	36畑	54巳	-9	+1	6畑	55午	-9	+2	37岩	56未	-8	+2
3	6畑	53辰	-9	+1	37岩	54巳	-9	+1	7岩	55午	-9	+1	38宝	56未	-9	+2
4	7岩	53辰	-9	+1	38宝	54巳	-0	+1	8宝	55午	-9	+1	39海	56未	-9	+1
5	8宝	54巳	-0	+1	39海	55午	-0	+1	9海	55午	-0	+1	40雨	56未	-9	+1
6	9海	54巳	-1	+0	40雨	55午	-0	+0	10雨	55午	-0	+1	41木	56未	-0	+1
7	10雨	54巳	-1	+0	41木	55午	-1	+0	11木	56未	-0	+0	42草	57申	-0	+1
8	11木	54巳	-1	+0	42草	55午	-1	+0	12草	56未	-1	+0	43陽	57申	-1	+0
9	12草	54巳	-1	+9	43陽	55午	-1	+9	13陽	56未	-1	+0	44灯	57申	-1	+0
10	13陽	54巳	-1	+9	44灯	55午	-1	+9	14灯	56未	-1	+0	45山	57申	-1	+0
11	14灯	54巳	-2	+9	45山	55午	-1	+9	15山	56未	-1	+9	46畑	57申	-1	+9
12	15山	54巳	-2	+8	46畑	55午	-2	+8	16畑	56未	-1	+9	47岩	57申	-1	+9
13	16畑	54巳	-2	+8	47岩	55午	-2	+8	17岩	56未	-2	+9	48宝	57申	-2	+9
14	17岩	54巳	-3	+8	48宝	55午	-2	+8	18宝	56未	-2	+8	49海	57申	-2	+8
15	18宝	54巳	-3	+7	49海	55午	-3	+7	19海	56未	-2	+8	50雨	57申	-2	+8
16	19海	54巳	-3	+7	50雨	55午	-3	+7	20雨	56未	-3	+8	51木	57申	-3	+8
17	20雨	54巳	-4	+7	51木	55午	-3	+7	21木	56未	-3	+7	52草	57申	-3	+7
18	21木	54巳	-4	+6	52草	55午	-4	+6	22草	56未	-3	+7	53陽	57申	-3	+7
19	22草	54巳	-4	+6	53陽	55午	-4	+6	23陽	56未	-4	+7	54灯	57申	-4	+7
20	23陽	54巳	-5	+6	54灯	55午	-4	+6	24灯	56未	-4	+6	55山	57申	-4	+6
21	24灯	54巳	-5	+5	55山	55午	-5	+5	25山	56未	-4	+6	56畑	57申	-4	+6
22	25山	54巳	-5	+5	56畑	55午	-5	+5	26畑	56未	-5	+6	57岩	57申	-5	+6
23	26畑	54巳	-6	+5	57岩	55午	-5	+5	27岩	56未	-5	+5	58宝	57申	-5	+5
24	27岩	54巳	-6	+4	58宝	55午	-6	+4	28宝	56未	-5	+5	59海	57申	-5	+5
25	28宝	54巳	-6	+4	59海	55午	-6	+4	29海	56未	-6	+5	60雨	57申	-6	+5
26	29海	54巳	-7	+4	60雨	55午	-6	+4	30雨	56未	-6	+4	1木	57申	-6	+4
27	30雨	54巳	-7	+3	1木	55午	-7	+3	31木	56未	-6	+4	2草	57申	-6	+4
28	31木	54巳	-7	+3	2草	55午	-7	+3	32草	56未	-7	+4	3陽	57申	-7	+4
29	32草	54巳	-8	+3	3陽	55午	-7	+3	33陽	56未	-7	+3	4灯	57申	-7	+3
30	33陽	54巳	-8	+2	4灯	55午	-8	+2	34灯	56未	-7	+3	5山	57申	-7	+3
31	34灯	54巳	-8	+2					35山	56未	-8	+3	6畑	57申	-8	+3

日	9月				10月				11月				12月			
	日干	月干	男	女	日干	月干	男	女	日干	月干	男	女	日干	月干	男	女
1	7岩	57申	-8	+2	37岩	58酉	-8	+2	8宝	59戌	-8	+2	38宝	60亥	-8	+2
2	8宝	57申	-8	+2	38宝	58酉	-8	+2	9海	59戌	-8	+2	39海	60亥	-8	+1
3	9海	57申	-9	+2	39海	58酉	-8	+2	10雨	59戌	-8	+1	40雨	60亥	-8	+1
4	10雨	57申	-9	+1	40雨	58酉	-9	+1	11木	59戌	-9	+1	41木	60亥	-9	+1
5	11木	57申	-9	+1	41木	58酉	-9	+1	12草	59戌	-9	+1	42草	60亥	-9	+1
6	12草	57申	-0	+1	42草	58酉	-9	+1	13陽	59戌	-9	+1	43陽	60亥	-9	+0
7	13陽	58酉	-0	+1	43陽	58酉	-0	+1	14灯	60亥	-0	+0	44灯	1子	-0	+9
8	14灯	58酉	-1	+0	44灯	59戌	-0	+0	15山	60亥	-1	+0	45山	1子	-1	+9
9	15山	58酉	-1	+0	45山	59戌	-1	+0	16畑	60亥	-1	+9	46畑	1子	-1	+9
10	16畑	58酉	-1	+9	46畑	59戌	-1	+9	17岩	60亥	-1	+9	47岩	1子	-1	+8
11	17岩	58酉	-1	+9	47岩	59戌	-1	+9	18宝	60亥	-1	+9	48宝	1子	-1	+8
12	18宝	58酉	-1	+9	48宝	59戌	-1	+9	19海	60亥	-1	+8	49海	1子	-1	+8
13	19海	58酉	-2	+8	49海	59戌	-1	+8	20雨	60亥	-2	+8	50雨	1子	-2	+7
14	20雨	58酉	-2	+8	50雨	59戌	-2	+8	21木	60亥	-2	+8	51木	1子	-2	+7
15	21木	58酉	-2	+8	51木	59戌	-2	+8	22草	60亥	-2	+7	52草	1子	-2	+7
16	22草	58酉	-3	+7	52草	59戌	-2	+7	23陽	60亥	-3	+7	53陽	1子	-3	+6
17	23陽	58酉	-3	+7	53陽	59戌	-3	+7	24灯	60亥	-3	+7	54灯	1子	-3	+6
18	24灯	58酉	-3	+7	54灯	59戌	-3	+7	25山	60亥	-3	+6	55山	1子	-3	+6
19	25山	58酉	-4	+6	55山	59戌	-3	+6	26畑	60亥	-4	+6	56畑	1子	-4	+5
20	26畑	58酉	-4	+6	56畑	59戌	-4	+6	27岩	60亥	-4	+6	57岩	1子	-4	+5
21	27岩	58酉	-4	+6	57岩	59戌	-4	+6	28宝	60亥	-4	+5	58宝	1子	-4	+5
22	28宝	58酉	-5	+5	58宝	59戌	-4	+5	29海	60亥	-5	+5	59海	1子	-5	+4
23	29海	58酉	-5	+5	59海	59戌	-5	+5	30雨	60亥	-5	+5	60雨	1子	-5	+4
24	30雨	58酉	-5	+5	60雨	59戌	-5	+5	31木	60亥	-5	+4	1木	1子	-5	+4
25	31木	58酉	-6	+4	1木	59戌	-5	+4	32草	60亥	-6	+4	2草	1子	-6	+3
26	32草	58酉	-6	+4	2草	59戌	-6	+4	33陽	60亥	-6	+4	3陽	1子	-6	+3
27	33陽	58酉	-6	+4	3陽	59戌	-6	+4	34灯	60亥	-6	+3	4灯	1子	-6	+3
28	34灯	58酉	-7	+3	4灯	59戌	-6	+3	35山	60亥	-7	+3	5山	1子	-7	+2
29	35山	58酉	-7	+3	5山	59戌	-7	+3	36畑	60亥	-7	+3	6畑	1子	-7	+2
30	36畑	58酉	-7	+3	6畑	59戌	-7	+3	37岩	60亥	-7	+2	7岩	1子	-7	+2
31					7岩	59戌	-7	+2					8宝	1子	-8	+1

2014年　31 甲午（2/4～翌年2/3）

日	1月				2月				3月				4月				5月				6月			
日	日干	月干	男	女	日干	月干	男	女	日干	月干	男	女	日干	月干	男	女	日干	月干	男	女	日干	月干	男	女
1	9海	1子	-8	+2	40雨	2丑	-9	+1	8宝	3寅	+2	-8	39海	4卯	+1	-9	9海	5辰	+2	-8	40雨	6巳	+2	-9
2	10雨	1子	-9	+1	41木	2丑	-9	+1	9海	3寅	+1	-8	40雨	4卯	+1	-9	10雨	5辰	+1	-9	41木	6巳	+1	-9
3	11木	1子	-9	+1	42草	2丑	-9	+1	10雨	3寅	+1	-9	41木	4卯	+1	-9	11木	5辰	+1	-9	42草	6巳	+1	-9
4	12草	1子	-9	+1	43陽	3寅	+0	-0	11木	3寅	+1	-9	42草	4卯	+0	-0	12草	5辰	+1	-9	43陽	6巳	+1	-0
5	13陽	2丑	-0	+1	44灯	3寅	+0	-1	12草	3寅	+1	-9	43陽	5辰	+0	-0	13陽	6巳	+1	-0	44灯	6午	+1	-0
6	14灯	2丑	-1	+0	45山	3寅	+0	-1	13陽	4卯	+0	-1	44灯	5辰	+0	-1	14灯	6巳	+0	-1	45山	7午	+0	-0
7	15山	2丑	-1	+9	46畑	3寅	+9	-1	14灯	4卯	+0	-1	45山	5辰	+0	-1	15山	6巳	+0	-1	46畑	7午	+0	-1
8	16畑	2丑	-1	+9	47岩	3寅	+9	-1	15山	4卯	+9	-1	46畑	5辰	+9	-1	16畑	6巳	+0	-1	47岩	7午	+0	-1
9	17岩	2丑	-1	+9	48宝	3寅	+9	-1	16畑	4卯	+9	-1	47岩	5辰	+9	-1	17岩	6巳	+9	-1	48宝	7午	+9	-1
10	18宝	2丑	-1	+8	49海	3寅	+8	-2	17岩	4卯	+9	-1	48宝	5辰	+9	-1	18宝	6巳	+9	-1	49海	7午	+9	-1
11	19海	2丑	-2	+8	50雨	3寅	+8	-2	18宝	4卯	+8	-2	49海	5辰	+8	-2	19海	6巳	+9	-2	50雨	7午	+9	-1
12	20雨	2丑	-2	+8	51木	3寅	+8	-2	19海	4卯	+8	-2	50雨	5辰	+8	-2	20雨	6巳	+8	-2	51木	7午	+8	-2
13	21木	2丑	-2	+7	52草	3寅	+7	-3	20雨	4卯	+8	-2	51木	5辰	+8	-2	21木	6巳	+8	-2	52草	7午	+8	-2
14	22草	2丑	-3	+7	53陽	3寅	+7	-3	21木	4卯	+7	-3	52草	5辰	+7	-3	22草	6巳	+8	-3	53陽	7午	+8	-2
15	23陽	2丑	-3	+7	54灯	3寅	+7	-3	22草	4卯	+7	-3	53陽	5辰	+7	-3	23陽	6巳	+7	-3	54灯	7午	+7	-3
16	24灯	2丑	-3	+6	55山	3寅	+6	-4	23陽	4卯	+7	-3	54灯	5辰	+7	-3	24灯	6巳	+7	-3	55山	7午	+7	-3
17	25山	2丑	-4	+6	56畑	3寅	+6	-4	24灯	4卯	+6	-4	55山	5辰	+6	-4	25山	6巳	+7	-4	56畑	7午	+7	-3
18	26畑	2丑	-4	+6	57岩	3寅	+6	-4	25山	4卯	+6	-4	56畑	5辰	+6	-4	26畑	6巳	+6	-4	57岩	7午	+6	-4
19	27岩	2丑	-4	+5	58宝	3寅	+5	-5	26畑	4卯	+6	-4	57岩	5辰	+6	-4	27岩	6巳	+6	-4	58宝	7午	+6	-4
20	28宝	2丑	-5	+5	59海	3寅	+5	-5	27岩	4卯	+5	-5	58宝	5辰	+5	-5	28宝	6巳	+6	-5	59海	7午	+6	-4
21	29海	2丑	-5	+5	60雨	3寅	+5	-5	28宝	4卯	+5	-5	59海	5辰	+5	-5	29海	6巳	+5	-5	60雨	7午	+5	-5
22	30雨	2丑	-5	+4	1木	3寅	+4	-6	29海	4卯	+5	-5	60雨	5辰	+5	-5	30雨	6巳	+5	-5	1木	7午	+5	-5
23	31木	2丑	-6	+4	2草	3寅	+4	-6	30雨	4卯	+4	-6	1木	5辰	+4	-6	31木	6巳	+5	-6	2草	7午	+5	-5
24	32草	2丑	-6	+4	3陽	3寅	+4	-6	31木	4卯	+4	-6	2草	5辰	+4	-6	32草	6巳	+4	-6	3陽	7午	+4	-6
25	33陽	2丑	-6	+3	4灯	3寅	+3	-7	32草	4卯	+4	-6	3陽	5辰	+4	-6	33陽	6巳	+4	-6	4灯	7午	+4	-6
26	34灯	2丑	-7	+3	5山	3寅	+3	-7	33陽	4卯	+3	-7	4灯	5辰	+3	-7	34灯	6巳	+4	-7	5山	7午	+4	-6
27	35山	2丑	-7	+3	6畑	3寅	+3	-7	34灯	4卯	+3	-7	5山	5辰	+3	-7	35山	6巳	+3	-7	6畑	7午	+3	-7
28	36畑	2丑	-7	+2	7岩	3寅	+2	-8	35山	4卯	+3	-7	6畑	5辰	+3	-7	36畑	6巳	+3	-7	7岩	7午	+3	-7
29	37岩	2丑	-8	+2					36畑	4卯	+2	-8	7岩	5辰	+2	-8	37岩	6巳	+3	-8	8宝	7午	+3	-7
30	38宝	2丑	-8	+2					37岩	4卯	+2	-8	8宝	5辰	+2	-8	38宝	6巳	+2	-8	9海	7午	+2	-8
31	39海	2丑	-8	+1					38宝	4卯	+2	-8					39海	6巳	+2	-8				

日	7月				8月				9月				10月				11月				12月			
日	日干	月干	男	女	日干	月干	男	女	日干	月干	男	女	日干	月干	男	女	日干	月干	男	女	日干	月干	男	女
1	10雨	7午	+2	-8	41木	8未	+2	-8	12草	9申	+2	-8	42草	10酉	+2	-8	13陽	11戌	+2	-8	43陽	12亥	+2	-8
2	11木	7午	+2	-9	42草	8未	+2	-8	13陽	9申	+2	-8	43陽	10酉	+2	-8	14灯	11戌	+2	-8	44灯	12亥	+1	-8
3	12草	7午	+1	-9	43陽	8未	+2	-9	14灯	9申	+2	-9	44灯	10酉	+2	-8	15山	11戌	+1	-8	45山	12亥	+1	-8
4	13陽	7午	+1	-9	44灯	8未	+1	-9	15山	9申	+1	-9	45山	10酉	+1	-9	16畑	11戌	+1	-9	46畑	12亥	+1	-9
5	14灯	7午	+1	-0	45山	8未	+1	-9	16畑	9申	+1	-9	46畑	10酉	+1	-9	17岩	11戌	+1	-9	47岩	12亥	+1	-9
6	15山	7午	+1	-0	46畑	8未	+1	-0	17岩	9申	+1	-0	47岩	10酉	+1	-9	18宝	11戌	+1	-9	48宝	12亥	+0	-9
7	16畑	8未	+0	-0	47岩	9申	+1	-0	18宝	9申	+1	-0	48宝	10酉	+1	-0	19海	12亥	+0	-0	49海	13子	+9	-0
8	17岩	8未	+0	-1	48宝	9申	+0	-1	19海	10酉	+0	-1	49海	11戌	+0	-0	20雨	12亥	+0	-1	50雨	13子	+9	-1
9	18宝	8未	+0	-1	49海	9申	+0	-1	20雨	10酉	+0	-1	50雨	11戌	+0	-1	21木	12亥	+9	-1	51木	13子	+9	-1
10	19海	8未	+0	-1	50雨	9申	+0	-1	21木	10酉	+9	-1	51木	11戌	+9	-1	22草	12亥	+9	-1	52草	13子	+8	-1
11	20雨	8未	+9	-1	51木	9申	+9	-1	22草	10酉	+9	-1	52草	11戌	+9	-1	23陽	12亥	+9	-1	53陽	13子	+8	-1
12	21木	8未	+9	-1	52草	9申	+9	-1	23陽	10酉	+9	-1	53陽	11戌	+9	-1	24灯	12亥	+8	-1	54灯	13子	+8	-1
13	22草	8未	+9	-2	53陽	9申	+9	-2	24灯	10酉	+8	-2	54灯	11戌	+8	-1	25山	12亥	+8	-2	55山	13子	+7	-2
14	23陽	8未	+8	-2	54灯	9申	+8	-2	25山	10酉	+8	-2	55山	11戌	+8	-2	26畑	12亥	+8	-2	56畑	13子	+7	-2
15	24灯	8未	+8	-2	55山	9申	+8	-2	26畑	10酉	+8	-2	56畑	11戌	+8	-2	27岩	12亥	+7	-2	57岩	13子	+7	-2
16	25山	8未	+8	-3	56畑	9申	+8	-3	27岩	10酉	+7	-3	57岩	11戌	+7	-2	28宝	12亥	+7	-3	58宝	13子	+6	-3
17	26畑	8未	+7	-3	57岩	9申	+7	-3	28宝	10酉	+7	-3	58宝	11戌	+7	-3	29海	12亥	+7	-3	59海	13子	+6	-3
18	27岩	8未	+7	-3	58宝	9申	+7	-3	29海	10酉	+7	-3	59海	11戌	+7	-3	30雨	12亥	+6	-3	60雨	13子	+6	-3
19	28宝	8未	+7	-4	59海	9申	+7	-4	30雨	10酉	+6	-4	60雨	11戌	+6	-3	31木	12亥	+6	-4	1木	13子	+5	-4
20	29海	8未	+6	-4	60雨	9申	+6	-4	31木	10酉	+6	-4	1木	11戌	+6	-4	32草	12亥	+6	-4	2草	13子	+5	-4
21	30雨	8未	+6	-4	1木	9申	+6	-4	32草	10酉	+6	-4	2草	11戌	+6	-4	33陽	12亥	+5	-4	3陽	13子	+5	-4
22	31木	8未	+6	-5	2草	9申	+6	-5	33陽	10酉	+5	-5	3陽	11戌	+5	-4	34灯	12亥	+5	-5	4灯	13子	+4	-5
23	32草	8未	+5	-5	3陽	9申	+5	-5	34灯	10酉	+5	-5	4灯	11戌	+5	-5	35山	12亥	+5	-5	5山	13子	+4	-5
24	33陽	8未	+5	-5	4灯	9申	+5	-5	35山	10酉	+5	-5	5山	11戌	+5	-5	36畑	12亥	+4	-5	6畑	13子	+4	-5
25	34灯	8未	+5	-6	5山	9申	+5	-6	36畑	10酉	+4	-6	6畑	11戌	+4	-5	37岩	12亥	+4	-6	7岩	13子	+3	-6
26	35山	8未	+4	-6	6畑	9申	+4	-6	37岩	10酉	+4	-6	7岩	11戌	+4	-6	38宝	12亥	+4	-6	8宝	13子	+3	-6
27	36畑	8未	+4	-6	7岩	9申	+4	-6	38宝	10酉	+4	-6	8宝	11戌	+4	-6	39海	12亥	+3	-6	9海	13子	+3	-6
28	37岩	8未	+4	-7	8宝	9申	+4	-7	39海	10酉	+3	-7	9海	11戌	+3	-6	40雨	12亥	+3	-7	10雨	13子	+2	-7
29	38宝	8未	+3	-7	9海	9申	+3	-7	40雨	10酉	+3	-7	10雨	11戌	+3	-7	41木	12亥	+3	-7	11木	13子	+2	-7
30	39海	8未	+3	-7	10雨	9申	+3	-7	41木	10酉	+3	-7	11木	11戌	+3	-7	42草	12亥	+2	-7	12草	13子	+2	-7
31	40雨	8未	+3	-8	11木	9申	+3	-8					12草	11戌	+2	-7					13陽	13子	+1	-8

2015年　32 乙未（2/4～翌年2/3）

日	1月				2月				3月				4月				5月				6月			
日	日干	月干	男	女	日干	月干	男	女	日干	月干	男	女	日干	月干	男	女	日干	月干	男	女	日干	月干	男	女
1	14灯	13子	+2	-8	45山	14丑	+1	-9	13陽	15寅	-8	+2	44灯	16卯	-9	+1	14灯	17辰	-8	+2	45山	18巳	-9	+2
2	15山	13子	+1	-9	46畑	14丑	+1	-9	14灯	15寅	-8	+1	45山	16卯	-9	+1	15山	17辰	-9	+1	46畑	18巳	-9	+1
3	16畑	13子	+1	-9	47岩	14丑	+1	-9	15山	15寅	-9	+1	46畑	16卯	-9	+1	16畑	17辰	-9	+1	47岩	18巳	-9	+1
4	17岩	13子	+1	-9	48宝	15寅	-0	+0	16畑	15寅	-9	+1	47岩	16卯	-0	+0	17岩	17辰	-9	+1	48宝	18巳	-0	+1
5	18宝	13子	+1	-0	49海	15寅	-1	+0	17岩	15寅	-9	+1	48宝	17辰	-0	+0	18宝	17辰	-0	+1	49海	18巳	-0	+1
6	19海	14丑	+0	-1	50雨	15寅	-1	+0	18宝	16卯	-1	+0	49海	17辰	-1	+0	19海	18巳	-1	+0	50雨	19午	-0	+0
7	20雨	14丑	+9	-1	51木	15寅	-1	+9	19海	16卯	-1	+0	50雨	17辰	-1	+0	20雨	18巳	-1	+0	51木	19午	-1	+0
8	21木	14丑	+9	-1	52草	15寅	-1	+9	20雨	16卯	-1	+9	51木	17辰	-1	+9	21木	18巳	-1	+0	52草	19午	-1	+0
9	22草	14丑	+9	-1	53陽	15寅	-1	+9	21木	16卯	-1	+9	52草	17辰	-1	+9	22草	18巳	-1	+9	53陽	19午	-1	+9
10	23陽	14丑	+8	-1	54灯	15寅	-2	+8	22草	16卯	-1	+9	53陽	17辰	-1	+9	23陽	18巳	-1	+9	54灯	19午	-1	+9
11	24灯	14丑	+8	-2	55山	15寅	-2	+8	23陽	16卯	-2	+8	54灯	17辰	-2	+8	24灯	18巳	-2	+9	55山	19午	-1	+9
12	25山	14丑	+8	-2	56畑	15寅	-2	+8	24灯	16卯	-2	+8	55山	17辰	-2	+8	25山	18巳	-2	+8	56畑	19午	-2	+8
13	26畑	14丑	+7	-2	57岩	15寅	-3	+7	25山	16卯	-2	+8	56畑	17辰	-2	+8	26畑	18巳	-2	+8	57岩	19午	-2	+8
14	27岩	14丑	+7	-3	58宝	15寅	-3	+7	26畑	16卯	-3	+7	57岩	17辰	-3	+7	27岩	18巳	-3	+8	58宝	19午	-2	+8
15	28宝	14丑	+7	-3	59海	15寅	-3	+7	27岩	16卯	-3	+7	58宝	17辰	-3	+7	28宝	18巳	-3	+7	59海	19午	-3	+7
16	29海	14丑	+6	-3	60雨	15寅	-4	+6	28宝	16卯	-3	+7	59海	17辰	-3	+7	29海	18巳	-3	+7	60雨	19午	-3	+7
17	30雨	14丑	+6	-4	1木	15寅	-4	+6	29海	16卯	-4	+6	60雨	17辰	-4	+6	30雨	18巳	-4	+7	1木	19午	-3	+7
18	31木	14丑	+6	-4	2草	15寅	-4	+6	30雨	16卯	-4	+6	1木	17辰	-4	+6	31木	18巳	-4	+6	2草	19午	-4	+6
19	32草	14丑	+5	-4	3陽	15寅	-5	+5	31木	16卯	-4	+6	2草	17辰	-4	+6	32草	18巳	-4	+6	3陽	19午	-4	+6
20	33陽	14丑	+5	-5	4灯	15寅	-5	+5	32草	16卯	-5	+5	3陽	17辰	-5	+5	33陽	18巳	-5	+6	4灯	19午	-4	+6
21	34灯	14丑	+5	-5	5山	15寅	-5	+5	33陽	16卯	-5	+5	4灯	17辰	-5	+5	34灯	18巳	-5	+5	5山	19午	-5	+5
22	35山	14丑	+4	-5	6畑	15寅	-6	+4	34灯	16卯	-5	+5	5山	17辰	-5	+5	35山	18巳	-5	+5	6畑	19午	-5	+5
23	36畑	14丑	+4	-6	7岩	15寅	-6	+4	35山	16卯	-6	+4	6畑	17辰	-6	+4	36畑	18巳	-6	+5	7岩	19午	-5	+5
24	37岩	14丑	+4	-6	8宝	15寅	-6	+4	36畑	16卯	-6	+4	7岩	17辰	-6	+4	37岩	18巳	-6	+4	8宝	19午	-6	+4
25	38宝	14丑	+3	-6	9海	15寅	-7	+3	37岩	16卯	-6	+4	8宝	17辰	-6	+4	38宝	18巳	-6	+4	9海	19午	-6	+4
26	39海	14丑	+3	-7	10雨	15寅	-7	+3	38宝	16卯	-7	+3	9海	17辰	-7	+3	39海	18巳	-7	+4	10雨	19午	-6	+4
27	40雨	14丑	+3	-7	11木	15寅	-7	+3	39海	16卯	-7	+3	10雨	17辰	-7	+3	40雨	18巳	-7	+3	11木	19午	-7	+3
28	41木	14丑	+2	-7	12草	15寅	-8	+2	40雨	16卯	-7	+3	11木	17辰	-7	+3	41木	18巳	-7	+3	12草	19午	-7	+3
29	42草	14丑	+2	-8					41木	16卯	-8	+2	12草	17辰	-8	+2	42草	18巳	-8	+3	13陽	19午	-7	+3
30	43陽	14丑	+2	-8					42草	16卯	-8	+2	13陽	17辰	-8	+2	43陽	18巳	-8	+2	14灯	19午	-8	+2
31	44灯	14丑	+1	-8					43陽	16卯	-8	+2					44灯	18巳	-8	+2				

日	7月				8月				9月				10月				11月				12月			
日	日干	月干	男	女	日干	月干	男	女	日干	月干	男	女	日干	月干	男	女	日干	月干	男	女	日干	月干	男	女
1	15山	19午	-8	+2	46畑	20未	-8	+2	17岩	21申	-8	+2	47岩	22酉	-8	+2	18宝	23戌	-8	+2	48宝	24亥	-8	+2
2	16畑	19午	-9	+2	47岩	20未	-8	+2	18宝	21申	-8	+2	48宝	22酉	-8	+2	19海	23戌	-8	+2	49海	24亥	-8	+1
3	17岩	19午	-9	+1	48宝	20未	-9	+2	19海	21申	-9	+2	49海	22酉	-8	+2	20雨	23戌	-8	+1	50雨	24亥	-8	+1
4	18宝	19午	-9	+1	49海	20未	-9	+1	20雨	21申	-9	+1	50雨	22酉	-9	+1	21木	23戌	-9	+1	51木	24亥	-9	+1
5	19海	19午	-0	+1	50雨	20未	-9	+1	21木	21申	-9	+1	51木	22酉	-9	+1	22草	23戌	-9	+1	52草	24亥	-9	+1
6	20雨	19午	-0	+1	51木	20未	-0	+1	22草	21申	-0	+1	52草	22酉	-9	+1	23陽	23戌	-9	+1	53陽	24亥	-9	+0
7	21木	20未	-0	+0	52草	20未	-0	+1	23陽	21申	-0	+1	53陽	22酉	-0	+1	24灯	23戌	-0	+0	54灯	25子	-0	+9
8	22草	20未	-1	+0	53陽	21申	-1	+0	24灯	22酉	-1	+0	54灯	23戌	-0	+0	25山	24亥	-1	+0	55山	25子	-1	+9
9	23陽	20未	-1	+0	54灯	21申	-1	+0	25山	22酉	-1	+0	55山	23戌	-1	+0	26畑	24亥	-1	+9	56畑	25子	-1	+9
10	24灯	20未	-1	+0	55山	21申	-1	+0	26畑	22酉	-1	+9	56畑	23戌	-1	+9	27岩	24亥	-1	+9	57岩	25子	-1	+8
11	25山	20未	-1	+9	56畑	21申	-1	+9	27岩	22酉	-1	+9	57岩	23戌	-1	+9	28宝	24亥	-1	+9	58宝	25子	-1	+8
12	26畑	20未	-1	+9	57岩	21申	-1	+9	28宝	22酉	-1	+9	58宝	23戌	-1	+9	29海	24亥	-1	+8	59海	25子	-1	+8
13	27岩	20未	-2	+9	58宝	21申	-2	+9	29海	22酉	-2	+8	59海	23戌	-1	+8	30雨	24亥	-2	+8	60雨	25子	-2	+7
14	28宝	20未	-2	+8	59海	21申	-2	+8	30雨	22酉	-2	+8	60雨	23戌	-2	+8	31木	24亥	-2	+8	1木	25子	-2	+7
15	29海	20未	-2	+8	60雨	21申	-2	+8	31木	22酉	-2	+8	1木	23戌	-2	+8	32草	24亥	-2	+7	2草	25子	-2	+7
16	30雨	20未	-3	+8	1木	21申	-3	+8	32草	22酉	-3	+7	2草	23戌	-2	+7	33陽	24亥	-3	+7	3陽	25子	-3	+6
17	31木	20未	-3	+7	2草	21申	-3	+7	33陽	22酉	-3	+7	3陽	23戌	-3	+7	34灯	24亥	-3	+7	4灯	25子	-3	+6
18	32草	20未	-3	+7	3陽	21申	-3	+7	34灯	22酉	-3	+7	4灯	23戌	-3	+7	35山	24亥	-3	+6	5山	25子	-3	+6
19	33陽	20未	-4	+7	4灯	21申	-4	+7	35山	22酉	-4	+6	5山	23戌	-3	+6	36畑	24亥	-4	+6	6畑	25子	-4	+5
20	34灯	20未	-4	+6	5山	21申	-4	+6	36畑	22酉	-4	+6	6畑	23戌	-4	+6	37岩	24亥	-4	+6	7岩	25子	-4	+5
21	35山	20未	-4	+6	6畑	21申	-4	+6	37岩	22酉	-4	+6	7岩	23戌	-4	+6	38宝	24亥	-4	+5	8宝	25子	-4	+5
22	36畑	20未	-5	+6	7岩	21申	-5	+6	38宝	22酉	-5	+5	8宝	23戌	-4	+5	39海	24亥	-5	+5	9海	25子	-5	+4
23	37岩	20未	-5	+5	8宝	21申	-5	+5	39海	22酉	-5	+5	9海	23戌	-5	+5	40雨	24亥	-5	+5	10雨	25子	-5	+4
24	38宝	20未	-5	+5	9海	21申	-5	+5	40雨	22酉	-5	+5	10雨	23戌	-5	+5	41木	24亥	-5	+4	11木	25子	-5	+4
25	39海	20未	-6	+5	10雨	21申	-6	+5	41木	22酉	-6	+4	11木	23戌	-5	+4	42草	24亥	-6	+4	12草	25子	-6	+3
26	40雨	20未	-6	+4	11木	21申	-6	+4	42草	22酉	-6	+4	12草	23戌	-6	+4	43陽	24亥	-6	+4	13陽	25子	-6	+3
27	41木	20未	-6	+4	12草	21申	-6	+4	43陽	22酉	-6	+4	13陽	23戌	-6	+4	44灯	24亥	-6	+3	14灯	25子	-6	+3
28	42草	20未	-7	+4	13陽	21申	-7	+4	44灯	22酉	-7	+3	14灯	23戌	-6	+3	45山	24亥	-7	+3	15山	25子	-7	+2
29	43陽	20未	-7	+3	14灯	21申	-7	+3	45山	22酉	-7	+3	15山	23戌	-7	+3	46畑	24亥	-7	+3	16畑	25子	-7	+2
30	44灯	20未	-7	+3	15山	21申	-7	+3	46畑	22酉	-7	+3	16畑	23戌	-7	+3	47岩	24亥	-7	+2	17岩	25子	-7	+2
31	45山	20未	-8	+3	16畑	21申	-8	+3					17岩	23戌	-7	+2					18宝	25子	-8	+1

2016年　33 丙申（2/4 ～翌年2/3）

	1月				2月				3月				4月			
日	日干	月干	男	女	日干	月干	男	女	日干	月干	男	女	日干	月干	男	女
1	19海	25子	-8	+2	50雨	26丑	-9	+1	19海	27寅	+2	-8	50雨	28卯	+1	-9
2	20雨	25子	-9	+1	51木	26丑	-9	+1	20雨	27寅	+1	-8	51木	28卯	+1	-9
3	21木	25子	-9	+1	52草	26丑	-9	+1	21木	27寅	+1	-9	52草	28卯	+1	-9
4	22草	25子	-9	+1	53陽	27寅	+0	-0	22草	27寅	+1	-9	53陽	29辰	+0	-0
5	23陽	25子	-0	+1	54灯	27寅	+0	-1	23陽	28卯	+1	-9	54灯	29辰	+0	-0
6	24灯	26丑	-1	+0	55山	27寅	+0	-1	24灯	28卯	+0	-1	55山	29辰	+0	-1
7	25山	26丑	-1	+9	56畑	27寅	+9	-1	25山	28卯	+0	-1	56畑	29辰	+0	-1
8	26畑	26丑	-1	+9	57岩	27寅	+9	-1	26畑	28卯	+9	-1	57岩	29辰	+9	-1
9	27岩	26丑	-1	+9	58宝	27寅	+9	-1	27岩	28卯	+9	-1	58宝	29辰	+9	-1
10	28宝	26丑	-1	+8	59海	27寅	+8	-2	28宝	28卯	+9	-1	59海	29辰	+9	-1
11	29海	26丑	-2	+8	60雨	27寅	+8	-2	29海	28卯	+8	-2	60雨	29辰	+8	-2
12	30雨	26丑	-2	+8	1木	27寅	+8	-2	30雨	28卯	+8	-2	1木	29辰	+8	-2
13	31木	26丑	-2	+7	2草	27寅	+7	-3	31木	28卯	+8	-2	2草	29辰	+8	-2
14	32草	26丑	-3	+7	3陽	27寅	+7	-3	32草	28卯	+7	-3	3陽	29辰	+7	-3
15	33陽	26丑	-3	+7	4灯	27寅	+7	-3	33陽	28卯	+7	-3	4灯	29辰	+7	-3
16	34灯	26丑	-3	+6	5山	27寅	+6	-4	34灯	28卯	+7	-3	5山	29辰	+7	-3
17	35山	26丑	-4	+6	6畑	27寅	+6	-4	35山	28卯	+6	-4	6畑	29辰	+6	-4
18	36畑	26丑	-4	+6	7岩	27寅	+6	-4	36畑	28卯	+6	-4	7岩	29辰	+6	-4
19	37岩	26丑	-4	+5	8宝	27寅	+5	-5	37岩	28卯	+6	-4	8宝	29辰	+6	-4
20	38宝	26丑	-5	+5	9海	27寅	+5	-5	38宝	28卯	+5	-5	9海	29辰	+5	-5
21	39海	26丑	-5	+5	10雨	27寅	+5	-5	39海	28卯	+5	-5	10雨	29辰	+5	-5
22	40雨	26丑	-5	+4	11木	27寅	+4	-6	40雨	28卯	+5	-5	11木	29辰	+5	-5
23	41木	26丑	-6	+4	12草	27寅	+4	-6	41木	28卯	+4	-6	12草	29辰	+4	-6
24	42草	26丑	-6	+4	13陽	27寅	+4	-6	42草	28卯	+4	-6	13陽	29辰	+4	-6
25	43陽	26丑	-6	+3	14灯	27寅	+3	-7	43陽	28卯	+4	-6	14灯	29辰	+4	-6
26	44灯	26丑	-7	+3	15山	27寅	+3	-7	44灯	28卯	+3	-7	15山	29辰	+3	-7
27	45山	26丑	-7	+3	16畑	27寅	+3	-7	45山	28卯	+3	-7	16畑	29辰	+3	-7
28	46畑	26丑	-7	+2	17岩	27寅	+2	-8	46畑	28卯	+3	-7	17岩	29辰	+3	-7
29	47岩	26丑	-8	+2	18宝	27寅	+2	-8	47岩	28卯	+2	-8	18宝	29辰	+2	-8
30	48宝	26丑	-8	+2					48宝	28卯	+2	-8	19海	29辰	+2	-8
31	49海	26丑	-8	+1					49海	28卯	+2	-8				

	5月				6月				7月				8月			
日	日干	月干	男	女	日干	月干	男	女	日干	月干	男	女	日干	月干	男	女
1	20雨	29辰	+2	-8	51木	30巳	+2	-9	21木	31午	+2	-8	52草	32未	+2	-8
2	21木	29辰	+1	-9	52草	30巳	+1	-9	22草	31午	+2	-8	53陽	32未	+2	-8
3	22草	29辰	+1	-9	53陽	30巳	+1	-9	23陽	31午	+1	-9	54灯	32未	+2	-9
4	23陽	29辰	+1	-9	54灯	30巳	+1	-0	24灯	31午	+1	-9	55山	32未	+1	-9
5	24灯	30巳	+1	-0	55山	31午	+1	-0	25山	31午	+1	-9	56畑	32未	+1	-9
6	25山	30巳	+0	-1	56畑	31午	+0	-0	26畑	31午	+1	-0	57岩	32未	+1	-0
7	26畑	30巳	+0	-1	57岩	31午	+0	-1	27岩	32未	+0	-0	58宝	33申	+1	-0
8	27岩	30巳	+0	-1	58宝	31午	+0	-1	28宝	32未	+0	-0	59海	33申	+0	-1
9	28宝	30巳	+9	-1	59海	31午	+9	-1	29海	32未	+0	-1	60雨	33申	+0	-1
10	29海	30巳	+9	-1	60雨	31午	+9	-1	30雨	32未	+0	-1	1木	33申	+0	-1
11	30雨	30巳	+9	-2	1木	31午	+9	-1	31木	32未	+9	-1	2草	33申	+9	-1
12	31木	30巳	+8	-2	2草	31午	+8	-2	32草	32未	+9	-1	3陽	33申	+9	-1
13	32草	30巳	+8	-2	3陽	31午	+8	-2	33陽	32未	+9	-1	4灯	33申	+9	-2
14	33陽	30巳	+8	-3	4灯	31午	+8	-2	34灯	32未	+8	-2	5山	33申	+8	-2
15	34灯	30巳	+7	-3	5山	31午	+7	-3	35山	32未	+8	-2	6畑	33申	+8	-2
16	35山	30巳	+7	-3	6畑	31午	+7	-3	36畑	32未	+8	-2	7岩	33申	+8	-3
17	36畑	30巳	+7	-4	7岩	31午	+7	-3	37岩	32未	+7	-3	8宝	33申	+7	-3
18	37岩	30巳	+6	-4	8宝	31午	+6	-4	38宝	32未	+7	-3	9海	33申	+7	-3
19	38宝	30巳	+6	-4	9海	31午	+6	-4	39海	32未	+7	-3	10雨	33申	+7	-4
20	39海	30巳	+6	-5	10雨	31午	+6	-4	40雨	32未	+6	-4	11木	33申	+6	-4
21	40雨	30巳	+5	-5	11木	31午	+5	-5	41木	32未	+6	-4	12草	33申	+6	-4
22	41木	30巳	+5	-5	12草	31午	+5	-5	42草	32未	+6	-4	13陽	33申	+6	-5
23	42草	30巳	+5	-6	13陽	31午	+5	-5	43陽	32未	+5	-5	14灯	33申	+5	-5
24	43陽	30巳	+4	-6	14灯	31午	+4	-6	44灯	32未	+5	-5	15山	33申	+5	-5
25	44灯	30巳	+4	-6	15山	31午	+4	-6	45山	32未	+5	-5	16畑	33申	+5	-6
26	45山	30巳	+4	-7	16畑	31午	+4	-6	46畑	32未	+4	-6	17岩	33申	+4	-6
27	46畑	30巳	+3	-7	17岩	31午	+3	-7	47岩	32未	+4	-6	18宝	33申	+4	-6
28	47岩	30巳	+3	-7	18宝	31午	+3	-7	48宝	32未	+4	-6	19海	33申	+4	-7
29	48宝	30巳	+3	-8	19海	31午	+3	-7	49海	32未	+3	-7	20雨	33申	+3	-7
30	49海	30巳	+2	-8	20雨	31午	+2	-8	50雨	32未	+3	-7	21木	33申	+3	-7
31	50雨	30巳	+2	-8					51木	32未	+3	-7	22草	33申	+3	-8

	9月				10月				11月				12月			
日	日干	月干	男	女	日干	月干	男	女	日干	月干	男	女	日干	月干	男	女
1	23陽	33申	+2	-8	53陽	34酉	+2	-8	24灯	35戌	+2	-8	54灯	36亥	+2	-8
2	24灯	33申	+2	-8	54灯	34酉	+2	-8	25山	35戌	+2	-8	55山	36亥	+1	-8
3	25山	33申	+2	-9	55山	34酉	+2	-8	26畑	35戌	+1	-8	56畑	36亥	+1	-8
4	26畑	33申	+1	-9	56畑	34酉	+1	-9	27岩	35戌	+1	-9	57岩	36亥	+1	-9
5	27岩	33申	+1	-9	57岩	34酉	+1	-9	28宝	35戌	+1	-9	58宝	36亥	+1	-9
6	28宝	33申	+1	-0	58宝	34酉	+1	-9	29海	35戌	+1	-9	59海	36亥	+0	-9
7	29海	34酉	+1	-0	59海	34酉	+1	-0	30雨	36亥	+0	-0	60雨	37子	+9	-0
8	30雨	34酉	+0	-1	60雨	35戌	+0	-0	31木	36亥	+0	-1	1木	37子	+9	-1
9	31木	34酉	+0	-1	1木	35戌	+0	-1	32草	36亥	+9	-1	2草	37子	+9	-1
10	32草	34酉	+9	-1	2草	35戌	+9	-1	33陽	36亥	+9	-1	3陽	37子	+8	-1
11	33陽	34酉	+9	-1	3陽	35戌	+9	-1	34灯	36亥	+9	-1	4灯	37子	+8	-1
12	34灯	34酉	+9	-1	4灯	35戌	+9	-1	35山	36亥	+8	-1	5山	37子	+8	-1
13	35山	34酉	+8	-2	5山	35戌	+8	-1	36畑	36亥	+8	-2	6畑	37子	+7	-2
14	36畑	34酉	+8	-2	6畑	35戌	+8	-2	37岩	36亥	+8	-2	7岩	37子	+7	-2
15	37岩	34酉	+8	-2	7岩	35戌	+8	-2	38宝	36亥	+7	-2	8宝	37子	+7	-2
16	38宝	34酉	+7	-3	8宝	35戌	+7	-2	39海	36亥	+7	-3	9海	37子	+6	-3
17	39海	34酉	+7	-3	9海	35戌	+7	-3	40雨	36亥	+7	-3	10雨	37子	+6	-3
18	40雨	34酉	+7	-3	10雨	35戌	+7	-3	41木	36亥	+6	-3	11木	37子	+6	-3
19	41木	34酉	+6	-4	11木	35戌	+6	-3	42草	36亥	+6	-4	12草	37子	+5	-4
20	42草	34酉	+6	-4	12草	35戌	+6	-4	43陽	36亥	+6	-4	13陽	37子	+5	-4
21	43陽	34酉	+6	-4	13陽	35戌	+6	-4	44灯	36亥	+5	-4	14灯	37子	+5	-4
22	44灯	34酉	+5	-5	14灯	35戌	+5	-4	45山	36亥	+5	-5	15山	37子	+4	-5
23	45山	34酉	+5	-5	15山	35戌	+5	-5	46畑	36亥	+5	-5	16畑	37子	+4	-5
24	46畑	34酉	+5	-5	16畑	35戌	+5	-5	47岩	36亥	+4	-5	17岩	37子	+4	-5
25	47岩	34酉	+4	-6	17岩	35戌	+4	-5	48宝	36亥	+4	-6	18宝	37子	+3	-6
26	48宝	34酉	+4	-6	18宝	35戌	+4	-6	49海	36亥	+4	-6	19海	37子	+3	-6
27	49海	34酉	+4	-6	19海	35戌	+4	-6	50雨	36亥	+3	-6	20雨	37子	+3	-6
28	50雨	34酉	+3	-7	20雨	35戌	+3	-6	51木	36亥	+3	-7	21木	37子	+2	-7
29	51木	34酉	+3	-7	21木	35戌	+3	-7	52草	36亥	+3	-7	22草	37子	+2	-7
30	52草	34酉	+3	-7	22草	35戌	+3	-7	53陽	36亥	+2	-7	23陽	37子	+2	-7
31					23陽	35戌	+2	-7					24灯	37子	+1	-8

2017年　34 丁酉（2/4 ～翌年2/3）

	1月				2月				3月				4月			
日	日干	月干	男	女	日干	月干	男	女	日干	月干	男	女	日干	月干	男	女
1	25山	37子	+2	-8	56畑	38丑	+1	-9	24灯	39寅	-8	+2	55山	40卯	-9	+1
2	26畑	37子	+1	-9	57岩	38丑	+1	-9	25山	39寅	-8	+1	56畑	40卯	-9	+1
3	27岩	37子	+1	-9	58宝	38丑	+1	-9	26畑	39寅	-9	+1	57岩	40卯	-9	+1
4	28宝	37子	+1	-9	59海	39寅	-0	+0	27岩	39寅	-9	+1	58宝	41辰	-0	+0
5	29海	38丑	+1	-0	60雨	39寅	-1	+0	28宝	40卯	-9	+1	59海	41辰	-0	+0
6	30雨	38丑	+0	-1	1木	39寅	-1	+0	29海	40卯	-1	+0	60雨	41辰	-1	+0
7	31木	38丑	+9	-1	2草	39寅	-1	+9	30雨	40卯	-1	+0	1木	41辰	-1	+0
8	32草	38丑	+9	-1	3陽	39寅	-1	+9	31木	40卯	-1	+9	2草	41辰	-1	+9
9	33陽	38丑	+9	-1	4灯	39寅	-1	+9	32草	40卯	-1	+9	3陽	41辰	-1	+9
10	34灯	38丑	+8	-1	5山	39寅	-2	+8	33陽	40卯	-1	+9	4灯	41辰	-1	+9
11	35山	38丑	+8	-2	6畑	39寅	-2	+8	34灯	40卯	-2	+8	5山	41辰	-2	+8
12	36畑	38丑	+8	-2	7岩	39寅	-2	+8	35山	40卯	-2	+8	6畑	41辰	-2	+8
13	37岩	38丑	+7	-2	8宝	39寅	-3	+7	36畑	40卯	-2	+8	7岩	41辰	-2	+8
14	38宝	38丑	+7	-3	9海	39寅	-3	+7	37岩	40卯	-3	+7	8宝	41辰	-3	+7
15	39海	38丑	+7	-3	10雨	39寅	-3	+7	38宝	40卯	-3	+7	9海	41辰	-3	+7
16	40雨	38丑	+6	-3	11木	39寅	-4	+6	39海	40卯	-3	+7	10雨	41辰	-3	+7
17	41木	38丑	+6	-4	12草	39寅	-4	+6	40雨	40卯	-4	+6	11木	41辰	-4	+6
18	42草	38丑	+6	-4	13陽	39寅	-4	+6	41木	40卯	-4	+6	12草	41辰	-4	+6
19	43陽	38丑	+5	-4	14灯	39寅	-5	+5	42草	40卯	-4	+6	13陽	41辰	-4	+6
20	44灯	38丑	+5	-5	15山	39寅	-5	+5	43陽	40卯	-5	+5	14灯	41辰	-5	+5
21	45山	38丑	+5	-5	16畑	39寅	-5	+5	44灯	40卯	-5	+5	15山	41辰	-5	+5
22	46畑	38丑	+4	-5	17岩	39寅	-6	+4	45山	40卯	-5	+5	16畑	41辰	-5	+5
23	47岩	38丑	+4	-6	18宝	39寅	-6	+4	46畑	40卯	-6	+4	17岩	41辰	-6	+4
24	48宝	38丑	+4	-6	19海	39寅	-6	+4	47岩	40卯	-6	+4	18宝	41辰	-6	+4
25	49海	38丑	+3	-6	20雨	39寅	-7	+3	48宝	40卯	-6	+4	19海	41辰	-6	+4
26	50雨	38丑	+3	-7	21木	39寅	-7	+3	49海	40卯	-7	+3	20雨	41辰	-7	+3
27	51木	38丑	+3	-7	22草	39寅	-7	+3	50雨	40卯	-7	+3	21木	41辰	-7	+3
28	52草	38丑	+2	-7	23陽	39寅	-8	+2	51木	40卯	-7	+3	22草	41辰	-7	+3
29	53陽	38丑	+2	-8					52草	40卯	-8	+2	23陽	41辰	-8	+2
30	54灯	38丑	+2	-8					53陽	40卯	-8	+2	24灯	41辰	-8	+2
31	55山	38丑	+1	-8					54灯	40卯	-8	+2				

	5月				6月				7月				8月			
日	日干	月干	男	女	日干	月干	男	女	日干	月干	男	女	日干	月干	男	女
1	25山	41辰	-8	+2	56畑	42巳	-9	+2	26畑	43午	-8	+2	57岩	44未	-8	+2
2	26畑	41辰	-9	+1	57岩	42巳	-9	+1	27岩	43午	-9	+2	58宝	44未	-8	+2
3	27岩	41辰	-9	+1	58宝	42巳	-9	+1	28宝	43午	-9	+1	59海	44未	-9	+2
4	28宝	41辰	-9	+1	59海	42巳	-0	+1	29海	43午	-9	+1	60雨	44未	-9	+1
5	29海	42巳	-0	+1	60雨	43午	-0	+1	30雨	43午	-0	+1	1木	44未	-9	+1
6	30雨	42巳	-1	+0	1木	43午	-0	+0	31木	43午	-0	+1	2草	44未	-0	+1
7	31木	42巳	-1	+0	2草	43午	-1	+0	32草	44未	-0	+0	3陽	45申	-0	+1
8	32草	42巳	-1	+0	3陽	43午	-1	+0	33陽	44未	-1	+0	4灯	45申	-1	+0
9	33陽	42巳	-1	+9	4灯	43午	-1	+9	34灯	44未	-1	+0	5山	45申	-1	+0
10	34灯	42巳	-1	+9	5山	43午	-1	+9	35山	44未	-1	+0	6畑	45申	-1	+0
11	35山	42巳	-2	+9	6畑	43午	-1	+9	36畑	44未	-1	+9	7岩	45申	-1	+9
12	36畑	42巳	-2	+8	7岩	43午	-2	+8	37岩	44未	-1	+9	8宝	45申	-1	+9
13	37岩	42巳	-2	+8	8宝	43午	-2	+8	38宝	44未	-2	+9	9海	45申	-2	+9
14	38宝	42巳	-3	+8	9海	43午	-2	+8	39海	44未	-2	+8	10雨	45申	-2	+8
15	39海	42巳	-3	+7	10雨	43午	-3	+7	40雨	44未	-2	+8	11木	45申	-2	+8
16	40雨	42巳	-3	+7	11木	43午	-3	+7	41木	44未	-3	+8	12草	45申	-3	+8
17	41木	42巳	-4	+7	12草	43午	-3	+7	42草	44未	-3	+7	13陽	45申	-3	+7
18	42草	42巳	-4	+6	13陽	43午	-4	+6	43陽	44未	-3	+7	14灯	45申	-3	+7
19	43陽	42巳	-4	+6	14灯	43午	-4	+6	44灯	44未	-4	+7	15山	45申	-4	+7
20	44灯	42巳	-5	+6	15山	43午	-4	+6	45山	44未	-4	+6	16畑	45申	-4	+6
21	45山	42巳	-5	+5	16畑	43午	-5	+5	46畑	44未	-4	+6	17岩	45申	-4	+6
22	46畑	42巳	-5	+5	17岩	43午	-5	+5	47岩	44未	-5	+6	18宝	45申	-5	+6
23	47岩	42巳	-6	+5	18宝	43午	-5	+5	48宝	44未	-5	+5	19海	45申	-5	+5
24	48宝	42巳	-6	+4	19海	43午	-6	+4	49海	44未	-5	+5	20雨	45申	-5	+5
25	49海	42巳	-6	+4	20雨	43午	-6	+4	50雨	44未	-6	+5	21木	45申	-6	+5
26	50雨	42巳	-7	+4	21木	43午	-6	+4	51木	44未	-6	+4	22草	45申	-6	+4
27	51木	42巳	-7	+3	22草	43午	-7	+3	52草	44未	-6	+4	23陽	45申	-6	+4
28	52草	42巳	-7	+3	23陽	43午	-7	+3	53陽	44未	-7	+4	24灯	45申	-7	+4
29	53陽	42巳	-8	+3	24灯	43午	-7	+3	54灯	44未	-7	+3	25山	45申	-7	+3
30	54灯	42巳	-8	+2	25山	43午	-8	+2	55山	44未	-7	+3	26畑	45申	-7	+3
31	55山	42巳	-8	+2					56畑	44未	-8	+3	27岩	45申	-8	+3

	9月				10月				11月				12月			
日	日干	月干	男	女	日干	月干	男	女	日干	月干	男	女	日干	月干	男	女
1	28宝	45申	-8	+2	58宝	46酉	-8	+2	29海	47戌	-8	+2	59海	48亥	-8	+2
2	29海	45申	-8	+2	59海	46酉	-8	+2	30雨	47戌	-8	+2	60雨	48亥	-8	+1
3	30雨	45申	-9	+2	60雨	46酉	-8	+2	31木	47戌	-8	+1	1木	48亥	-8	+1
4	31木	45申	-9	+1	1木	46酉	-9	+1	32草	47戌	-9	+1	2草	48亥	-9	+1
5	32草	45申	-9	+1	2草	46酉	-9	+1	33陽	47戌	-9	+1	3陽	48亥	-9	+1
6	33陽	45申	-0	+1	3陽	46酉	-9	+1	34灯	47戌	-9	+1	4灯	48亥	-9	+0
7	34灯	46酉	-0	+1	4灯	46酉	-0	+1	35山	48亥	-0	+0	5山	49子	-0	+9
8	35山	46酉	-1	+0	5山	47戌	-0	+0	36畑	48亥	-1	+0	6畑	49子	-1	+9
9	36畑	46酉	-1	+0	6畑	47戌	-1	+0	37岩	48亥	-1	+9	7岩	49子	-1	+9
10	37岩	46酉	-1	+9	7岩	47戌	-1	+9	38宝	48亥	-1	+9	8宝	49子	-1	+8
11	38宝	46酉	-1	+9	8宝	47戌	-1	+9	39海	48亥	-1	+9	9海	49子	-1	+8
12	39海	46酉	-1	+9	9海	47戌	-1	+9	40雨	48亥	-1	+8	10雨	49子	-1	+8
13	40雨	46酉	-2	+8	10雨	47戌	-1	+8	41木	48亥	-2	+8	11木	49子	-2	+7
14	41木	46酉	-2	+8	11木	47戌	-2	+8	42草	48亥	-2	+8	12草	49子	-2	+7
15	42草	46酉	-2	+8	12草	47戌	-2	+8	43陽	48亥	-2	+7	13陽	49子	-2	+7
16	43陽	46酉	-3	+7	13陽	47戌	-2	+7	44灯	48亥	-3	+7	14灯	49子	-3	+6
17	44灯	46酉	-3	+7	14灯	47戌	-3	+7	45山	48亥	-3	+7	15山	49子	-3	+6
18	45山	46酉	-3	+7	15山	47戌	-3	+7	46畑	48亥	-3	+6	16畑	49子	-3	+6
19	46畑	46酉	-4	+6	16畑	47戌	-3	+6	47岩	48亥	-4	+6	17岩	49子	-4	+5
20	47岩	46酉	-4	+6	17岩	47戌	-4	+6	48宝	48亥	-4	+6	18宝	49子	-4	+5
21	48宝	46酉	-4	+6	18宝	47戌	-4	+6	49海	48亥	-4	+5	19海	49子	-4	+5
22	49海	46酉	-5	+5	19海	47戌	-4	+5	50雨	48亥	-5	+5	20雨	49子	-5	+4
23	50雨	46酉	-5	+5	20雨	47戌	-5	+5	51木	48亥	-5	+5	21木	49子	-5	+4
24	51木	46酉	-5	+5	21木	47戌	-5	+5	52草	48亥	-5	+4	22草	49子	-5	+4
25	52草	46酉	-6	+4	22草	47戌	-5	+4	53陽	48亥	-6	+4	23陽	49子	-6	+3
26	53陽	46酉	-6	+4	23陽	47戌	-6	+4	54灯	48亥	-6	+4	24灯	49子	-6	+3
27	54灯	46酉	-6	+4	24灯	47戌	-6	+4	55山	48亥	-6	+3	25山	49子	-6	+3
28	55山	46酉	-7	+3	25山	47戌	-6	+3	56畑	48亥	-7	+3	26畑	49子	-7	+2
29	56畑	46酉	-7	+3	26畑	47戌	-7	+3	57岩	48亥	-7	+3	27岩	49子	-7	+2
30	57岩	46酉	-7	+3	27岩	47戌	-7	+3	58宝	48亥	-7	+2	28宝	49子	-7	+2
31					28宝	47戌	-7	+2					29海	49子	-8	+1

2018年　35 戊戌（2/4 ～翌年2/3）

日	1月日干	1月月干	1月男	1月女	2月日干	2月月干	2月男	2月女	3月日干	3月月干	3月男	3月女	4月日干	4月月干	4月男	4月女	5月日干	5月月干	5月男	5月女	6月日干	6月月干	6月男	6月女
1	30雨	49子	-8	+2	1木	50丑	-9	+1	29海	51寅	+2	-8	60雨	52卯	+1	-9	30雨	53辰	+2	-8	1木	54巳	+2	-9
2	31木	49子	-9	+1	2草	50丑	-9	+1	30雨	51寅	+1	-8	1木	52卯	+1	-9	31木	53辰	+1	-9	2草	54巳	+1	-9
3	32草	49子	-9	+1	3陽	50丑	-9	+1	31木	51寅	+1	-9	2草	52卯	+1	-9	32草	53辰	+1	-9	3陽	54巳	+1	-9
4	33陽	49子	-9	+1	4灯	51寅	+0	-0	32草	51寅	+1	-9	3陽	52卯	+0	-0	33陽	53辰	+1	-9	4灯	54巳	+1	-0
5	34灯	50丑	-0	+1	5山	51寅	+0	-1	33陽	51寅	+1	-9	4灯	53辰	+0	-0	34灯	54巳	+1	-0	5山	54巳	+1	-0
6	35山	50丑	-1	+0	6畑	51寅	+0	-1	34灯	52卯	+0	-1	5山	53辰	+0	-1	35山	54巳	+0	-1	6畑	55午	+0	-0
7	36畑	50丑	-1	+9	7岩	51寅	+9	-1	35山	52卯	+0	-1	6畑	53辰	+0	-1	36畑	54巳	+0	-1	7岩	55午	+0	-1
8	37岩	50丑	-1	+9	8宝	51寅	+9	-1	36畑	52卯	+9	-1	7岩	53辰	+9	-1	37岩	54巳	+0	-1	8宝	55午	+0	-1
9	38宝	50丑	-1	+9	9海	51寅	+9	-1	37岩	52卯	+9	-1	8宝	53辰	+9	-1	38宝	54巳	+9	-1	9海	55午	+9	-1
10	39海	50丑	-1	+8	10雨	51寅	+8	-2	38宝	52卯	+9	-1	9海	53辰	+9	-1	39海	54巳	+9	-1	10雨	55午	+9	-1
11	40雨	50丑	-2	+8	11木	51寅	+8	-2	39海	52卯	+8	-2	10雨	53辰	+8	-2	40雨	54巳	+9	-2	11木	55午	+9	-1
12	41木	50丑	-2	+8	12草	51寅	+8	-2	40雨	52卯	+8	-2	11木	53辰	+8	-2	41木	54巳	+8	-2	12草	55午	+8	-2
13	42草	50丑	-2	+7	13陽	51寅	+7	-3	41木	52卯	+8	-2	12草	53辰	+8	-2	42草	54巳	+8	-2	13陽	55午	+8	-2
14	43陽	50丑	-3	+7	14灯	51寅	+7	-3	42草	52卯	+7	-3	13陽	53辰	+7	-3	43陽	54巳	+8	-3	14灯	55午	+8	-2
15	44灯	50丑	-3	+7	15山	51寅	+7	-3	43陽	52卯	+7	-3	14灯	53辰	+7	-3	44灯	54巳	+7	-3	15山	55午	+7	-3
16	45山	50丑	-3	+6	16畑	51寅	+6	-4	44灯	52卯	+7	-3	15山	53辰	+7	-3	45山	54巳	+7	-3	16畑	55午	+7	-3
17	46畑	50丑	-4	+6	17岩	51寅	+6	-4	45山	52卯	+6	-4	16畑	53辰	+6	-4	46畑	54巳	+7	-4	17岩	55午	+7	-3
18	47岩	50丑	-4	+6	18宝	51寅	+6	-4	46畑	52卯	+6	-4	17岩	53辰	+6	-4	47岩	54巳	+6	-4	18宝	55午	+6	-4
19	48宝	50丑	-4	+5	19海	51寅	+5	-5	47岩	52卯	+6	-4	18宝	53辰	+6	-4	48宝	54巳	+6	-4	19海	55午	+6	-4
20	49海	50丑	-5	+5	20雨	51寅	+5	-5	48宝	52卯	+5	-5	19海	53辰	+5	-5	49海	54巳	+6	-5	20雨	55午	+6	-4
21	50雨	50丑	-5	+5	21木	51寅	+5	-5	49海	52卯	+5	-5	20雨	53辰	+5	-5	50雨	54巳	+5	-5	21木	55午	+5	-5
22	51木	50丑	-5	+4	22草	51寅	+4	-6	50雨	52卯	+5	-5	21木	53辰	+5	-5	51木	54巳	+5	-5	22草	55午	+5	-5
23	52草	50丑	-6	+4	23陽	51寅	+4	-6	51木	52卯	+4	-6	22草	53辰	+4	-6	52草	54巳	+5	-6	23陽	55午	+5	-5
24	53陽	50丑	-6	+4	24灯	51寅	+4	-6	52草	52卯	+4	-6	23陽	53辰	+4	-6	53陽	54巳	+4	-6	24灯	55午	+4	-6
25	54灯	50丑	-6	+3	25山	51寅	+3	-7	53陽	52卯	+4	-6	24灯	53辰	+4	-6	54灯	54巳	+4	-6	25山	55午	+4	-6
26	55山	50丑	-7	+3	26畑	51寅	+3	-7	54灯	52卯	+3	-7	25山	53辰	+3	-7	55山	54巳	+4	-7	26畑	55午	+4	-6
27	56畑	50丑	-7	+3	27岩	51寅	+3	7	55山	52卯	+3	-7	26畑	53辰	+3	-7	56畑	54巳	+3	-7	27岩	55午	+3	-7
28	57岩	50丑	-7	+2	28宝	51寅	+2	-8	56畑	52卯	+3	-7	27岩	53辰	+3	-7	57岩	54巳	+3	-7	28宝	55午	+3	-7
29	58宝	50丑	-8	+2					57岩	52卯	+2	-8	28宝	53辰	+2	-8	58宝	54巳	+3	-8	29海	55午	+3	-7
30	59海	50丑	-8	+2					58宝	52卯	+2	-8	29海	53辰	+2	-8	59海	54巳	+2	-8	30雨	55午	+2	-8
31	60雨	50丑	-8	+1					59海	52卯	+2	-8					60雨	54巳	+2	-8				

日	7月日干	7月月干	7月男	7月女	8月日干	8月月干	8月男	8月女	9月日干	9月月干	9月男	9月女	10月日干	10月月干	10月男	10月女	11月日干	11月月干	11月男	11月女	12月日干	12月月干	12月男	12月女
1	31木	55午	+2	-8	2草	56未	+2	-8	33陽	57申	+2	-8	3陽	58酉	+2	-8	34灯	59戌	+2	-8	4灯	60亥	+2	-8
2	32草	55午	+2	-9	3陽	56未	+2	-8	34灯	57申	+2	-8	4灯	58酉	+2	-8	35山	59戌	+2	-8	5山	60亥	+1	-8
3	33陽	55午	+1	-9	4灯	56未	+2	-9	35山	57申	+2	-9	5山	58酉	+2	-8	36畑	59戌	+1	-8	6畑	60亥	+1	-8
4	34灯	55午	+1	-9	5山	56未	+1	-9	36畑	57申	+1	-9	6畑	58酉	+1	-9	37岩	59戌	+1	-9	7岩	60亥	+1	-9
5	35山	55午	+1	-0	6畑	56未	+1	-9	37岩	57申	+1	-9	7岩	58酉	+1	-9	38宝	59戌	+1	-9	8宝	60亥	+1	-9
6	36畑	55午	+1	-0	7岩	56未	+1	-0	38宝	57申	+1	-0	8宝	58酉	+1	-9	39海	59戌	+1	-9	9海	60亥	+0	-9
7	37岩	56未	+0	-0	8宝	57申	+1	-0	39海	57申	+1	-0	9海	58酉	+1	-0	40雨	60亥	+0	-0	10雨	1子	+9	-0
8	38宝	56未	+0	-1	9海	57申	+0	-1	40雨	58酉	+0	-1	10雨	59戌	+0	-0	41木	60亥	+0	-1	11木	1子	+9	-1
9	39海	56未	+0	-1	10雨	57申	+0	-1	41木	58酉	+0	-1	11木	59戌	+0	-1	42草	60亥	+9	-1	12草	1子	+9	-1
10	40雨	56未	+0	-1	11木	57申	+0	-1	42草	58酉	+9	-1	12草	59戌	+9	-1	43陽	60亥	+9	-1	13陽	1子	+8	-1
11	41木	56未	+9	-1	12草	57申	+9	-1	43陽	58酉	+9	-1	13陽	59戌	+9	-1	44灯	60亥	+9	-1	14灯	1子	+8	-1
12	42草	56未	+9	-1	13陽	57申	+9	-1	44灯	58酉	+9	-1	14灯	59戌	+9	-1	45山	60亥	+8	-1	15山	1子	+8	-1
13	43陽	56未	+9	-2	14灯	57申	+9	-2	45山	58酉	+8	-2	15山	59戌	+8	-1	46畑	60亥	+8	-2	16畑	1子	+7	-2
14	44灯	56未	+8	-2	15山	57申	+8	-2	46畑	58酉	+8	-2	16畑	59戌	+8	-2	47岩	60亥	+8	-2	17岩	1子	+7	-2
15	45山	56未	+8	-2	16畑	57申	+8	-2	47岩	58酉	+8	-2	17岩	59戌	+8	-2	48宝	60亥	+7	-2	18宝	1子	+7	-2
16	46畑	56未	+8	-3	17岩	57申	+8	-3	48宝	58酉	+7	-3	18宝	59戌	+7	-2	49海	60亥	+7	-3	19海	1子	+6	-3
17	47岩	56未	+7	-3	18宝	57申	+7	-3	49海	58酉	+7	-3	19海	59戌	+7	-3	50雨	60亥	+7	-3	20雨	1子	+6	-3
18	48宝	56未	+7	-3	19海	57申	+7	-3	50雨	58酉	+7	-3	20雨	59戌	+7	-3	51木	60亥	+6	-3	21木	1子	+6	-3
19	49海	56未	+7	-4	20雨	57申	+7	-4	51木	58酉	+6	-4	21木	59戌	+6	-3	52草	60亥	+6	-4	22草	1子	+5	-4
20	50雨	56未	+6	-4	21木	57申	+6	-4	52草	58酉	+6	-4	22草	59戌	+6	-4	53陽	60亥	+6	-4	23陽	1子	+5	-4
21	51木	56未	+6	-4	22草	57申	+6	-4	53陽	58酉	+6	-4	23陽	59戌	+6	-4	54灯	60亥	+5	-4	24灯	1子	+5	-4
22	52草	56未	+6	-5	23陽	57申	+6	-5	54灯	58酉	+5	-5	24灯	59戌	+5	-4	55山	60亥	+5	-5	25山	1子	+4	-5
23	53陽	56未	+5	-5	24灯	57申	+5	-5	55山	58酉	+5	-5	25山	59戌	+5	-5	56畑	60亥	+5	-5	26畑	1子	+4	-5
24	54灯	56未	+5	-5	25山	57申	+5	-5	56畑	58酉	+5	-5	26畑	59戌	+5	-5	57岩	60亥	+4	-5	27岩	1子	+4	-5
25	55山	56未	+5	-6	26畑	57申	+5	-6	57岩	58酉	+4	-6	27岩	59戌	+4	-5	58宝	60亥	+4	-6	28宝	1子	+3	-6
26	56畑	56未	+4	-6	27岩	57申	+4	-6	58宝	58酉	+4	-6	28宝	59戌	+4	-6	59海	60亥	+4	-6	29海	1子	+3	-6
27	57岩	56未	+4	-6	28宝	57申	+4	-6	59海	58酉	+4	-6	29海	59戌	+4	-6	60雨	60亥	+3	-6	30雨	1子	+3	-6
28	58宝	56未	+4	7	29海	57申	+4	-7	60雨	58酉	+3	-7	30雨	59戌	+3	-6	1木	60亥	+3	-7	31木	1子	+2	-7
29	59海	56未	+3	-7	30雨	57申	+3	-7	1木	58酉	+3	-7	31木	59戌	+3	-7	2草	60亥	+3	-7	32草	1子	+2	-7
30	60雨	56未	+3	-7	31木	57申	+3	-7	2草	58酉	+3	-7	32草	59戌	+3	-7	3陽	60亥	+2	-7	33陽	1子	+2	-7
31	1木	56未	+3	-8	32草	57申	+3	-8					33陽	59戌	+2	-7					34灯	1子	+1	-8

2019年　36 己亥（2/4 ～翌年2/2）

日	1月日干	1月月干	1月男	1月女	2月日干	2月月干	2月男	2月女	3月日干	3月月干	3月男	3月女	4月日干	4月月干	4月男	4月女	5月日干	5月月干	5月男	5月女	6月日干	6月月干	6月男	6月女
1	35山	1子	+2	-8	6畑	2丑	+1	-9	34灯	3寅	-8	+2	5山	4卯	-9	+1	35山	5辰	-8	+2	6畑	6巳	-9	+2
2	36畑	1子	+1	-9	7岩	2丑	+1	-9	35山	3寅	-8	+1	6畑	4卯	-9	+1	36畑	5辰	-9	+1	7岩	6巳	-9	+1
3	37岩	1子	+1	-9	8宝	2丑	+1	-9	36畑	3寅	-9	+1	7岩	4卯	-9	+1	37岩	5辰	-9	+1	8宝	6巳	-9	+1
4	38宝	1子	+1	-9	9海	3寅	-0	+0	37岩	3寅	-9	+1	8宝	4卯	-0	+0	38宝	5辰	-9	+1	9海	6巳	-0	+1
5	39海	1子	+1	-0	10雨	3寅	-1	+0	38宝	3寅	-9	+1	9海	5辰	-0	+0	39海	5辰	-0	+1	10雨	6巳	-0	+1
6	40雨	2丑	+0	-1	11木	3寅	-1	+0	39海	4卯	-1	+0	10雨	5辰	-1	+0	40雨	6巳	-1	+0	11木	7午	-0	+0
7	41木	2丑	+9	-1	12草	3寅	-1	+9	40雨	4卯	-1	+0	11木	5辰	-1	+0	41木	6巳	-1	+0	12草	7午	-1	+0
8	42草	2丑	+9	-1	13陽	3寅	-1	+9	41木	4卯	-1	+9	12草	5辰	-1	+9	42草	6巳	-1	+0	13陽	7午	-1	+0
9	43陽	2丑	+9	-1	14灯	3寅	-1	+9	42草	4卯	-1	+9	13陽	5辰	-1	+9	43陽	6巳	-1	+9	14灯	7午	-1	+9
10	44灯	2丑	+8	-1	15山	3寅	-2	+8	43陽	4卯	-1	+9	14灯	5辰	-1	+9	44灯	6巳	-1	+9	15山	7午	-1	+9
11	45山	2丑	+8	-2	16畑	3寅	-2	+8	44灯	4卯	-2	+8	15山	5辰	-2	+8	45山	6巳	-2	+9	16畑	7午	-1	+9
12	46畑	2丑	+8	-2	17岩	3寅	-2	+8	45山	4卯	-2	+8	16畑	5辰	-2	+8	46畑	6巳	-2	+8	17岩	7午	-2	+8
13	47岩	2丑	+7	-2	18宝	3寅	-3	+7	46畑	4卯	-2	+8	17岩	5辰	-2	+8	47岩	6巳	-2	+8	18宝	7午	-2	+8
14	48宝	2丑	+7	-3	19海	3寅	-3	+7	47岩	4卯	-3	+7	18宝	5辰	-3	+7	48宝	6巳	-3	+8	19海	7午	-2	+8
15	49海	2丑	+7	-3	20雨	3寅	-3	+7	48宝	4卯	-3	+7	19海	5辰	-3	+7	49海	6巳	-3	+7	20雨	7午	-3	+7
16	50雨	2丑	+6	-3	21木	3寅	-4	+6	49海	4卯	-3	+7	20雨	5辰	-3	+7	50雨	6巳	-3	+7	21木	7午	-3	+7
17	51木	2丑	+6	-4	22草	3寅	-4	+6	50雨	4卯	-4	+6	21木	5辰	-4	+6	51木	6巳	-4	+7	22草	7午	-3	+7
18	52草	2丑	+6	-4	23陽	3寅	-4	+6	51木	4卯	-4	+6	22草	5辰	-4	+6	52草	6巳	-4	+6	23陽	7午	-4	+6
19	53陽	2丑	+5	-4	24灯	3寅	-5	+5	52草	4卯	-4	+6	23陽	5辰	-4	+6	53陽	6巳	-4	+6	24灯	7午	-4	+6
20	54灯	2丑	+5	-5	25山	3寅	-5	+5	53陽	4卯	-5	+5	24灯	5辰	-5	+5	54灯	6巳	-5	+6	25山	7午	-4	+6
21	55山	2丑	+5	-5	26畑	3寅	-5	+5	54灯	4卯	-5	+5	25山	5辰	-5	+5	55山	6巳	-5	+5	26畑	7午	-5	+5
22	56畑	2丑	+4	-5	27岩	3寅	-6	+4	55山	4卯	-5	+5	26畑	5辰	-5	+5	56畑	6巳	-5	+5	27岩	7午	-5	+5
23	57岩	2丑	+4	-6	28宝	3寅	-6	+4	56畑	4卯	-6	+4	27岩	5辰	-6	+4	57岩	6巳	-6	+5	28宝	7午	-5	+5
24	58宝	2丑	+4	-6	29海	3寅	-6	+4	57岩	4卯	-6	+4	28宝	5辰	-6	+4	58宝	6巳	-6	+4	29海	7午	-6	+4
25	59海	2丑	+3	-6	30雨	3寅	-7	+3	58宝	4卯	-6	+4	29海	5辰	-6	+4	59海	6巳	-6	+4	30雨	7午	-6	+4
26	60雨	2丑	+3	-7	31木	3寅	-7	+3	59海	4卯	-7	+3	30雨	5辰	-7	+3	60雨	6巳	-7	+4	31木	7午	-6	+4
27	1木	2丑	+3	-7	32草	3寅	-7	+3	60雨	4卯	-7	+3	31木	5辰	-7	+3	1木	6巳	-7	+3	32草	7午	-7	+3
28	2草	2丑	+2	-7	33陽	3寅	-8	+2	1木	4卯	-7	+3	32草	5辰	-7	+3	2草	6巳	-7	+3	33陽	7午	-7	+3
29	3陽	2丑	+2	-8					2草	4卯	-8	+2	33陽	5辰	-8	+2	3陽	6巳	-8	+3	34灯	7午	-7	+3
30	4灯	2丑	+2	-8					3陽	4卯	-8	+2	34灯	5辰	-8	+2	4灯	6巳	-8	+2	35山	7午	-8	+2
31	5山	2丑	+1	-8					4灯	4卯	-8	+2					5山	6巳	-8	+2				

日	7月日干	7月月干	7月男	7月女	8月日干	8月月干	8月男	8月女	9月日干	9月月干	9月男	9月女	10月日干	10月月干	10月男	10月女	11月日干	11月月干	11月男	11月女	12月日干	12月月干	12月男	12月女
1	36畑	7午	-8	+2	7岩	8未	-8	+2	38宝	9申	-8	+2	8宝	10酉	-8	+2	39海	11戌	-8	+2	9海	12亥	-8	+2
2	37岩	7午	-9	+2	8宝	8未	-8	+2	39海	9申	-8	+2	9海	10酉	-8	+2	40雨	11戌	-8	+2	10雨	12亥	-8	+1
3	38宝	7午	-9	+1	9海	8未	-9	+2	40雨	9申	-9	+2	10雨	10酉	-8	+2	41木	11戌	-8	+1	11木	12亥	-8	+1
4	39海	7午	-9	+1	10雨	8未	-9	+1	41木	9申	-9	+1	11木	10酉	-9	+1	42草	11戌	-9	+1	12草	12亥	-9	+1
5	40雨	7午	-0	+1	11木	8未	-9	+1	42草	9申	-9	+1	12草	10酉	-9	+1	43陽	11戌	-9	+1	13陽	12亥	-9	+1
6	41木	7午	-0	+1	12草	8未	-0	+1	43陽	9申	-0	+1	13陽	10酉	-9	+1	44灯	11戌	-9	+1	14灯	12亥	-9	+0
7	42草	8未	-0	+0	13陽	8未	-0	+1	44灯	9申	-0	+1	14灯	10酉	-0	+1	45山	11戌	-0	+0	15山	13子	-0	+9
8	43陽	8未	-1	+0	14灯	9申	-1	+0	45山	10酉	-1	+0	15山	11戌	-0	+0	46畑	12亥	-1	+0	16畑	13子	-1	+9
9	44灯	8未	-1	+0	15山	9申	-1	+0	46畑	10酉	-1	+0	16畑	11戌	-1	+0	47岩	12亥	-1	+9	17岩	13子	-1	+9
10	45山	8未	-1	+0	16畑	9申	-1	+0	47岩	10酉	-1	+9	17岩	11戌	-1	+9	48宝	12亥	-1	+9	18宝	13子	-1	+8
11	46畑	8未	-1	+9	17岩	9申	-1	+9	48宝	10酉	-1	+9	18宝	11戌	-1	+9	49海	12亥	-1	+9	19海	13子	-1	+8
12	47岩	8未	-1	+9	18宝	9申	-1	+9	49海	10酉	-1	+9	19海	11戌	-1	+9	50雨	12亥	-1	+8	20雨	13子	-1	+8
13	48宝	8未	-2	+9	19海	9申	-2	+9	50雨	10酉	-2	+8	20雨	11戌	-1	+8	51木	12亥	-2	+8	21木	13子	-2	+7
14	49海	8未	-2	+8	20雨	9申	-2	+8	51木	10酉	-2	+8	21木	11戌	-2	+8	52草	12亥	-2	+8	22草	13子	-2	+7
15	50雨	8未	-2	+8	21木	9申	-2	+8	52草	10酉	-2	+8	22草	11戌	-2	+8	53陽	12亥	-2	+7	23陽	13子	-2	+7
16	51木	8未	-3	+8	22草	9申	-3	+8	53陽	10酉	-3	+7	23陽	11戌	-2	+7	54灯	12亥	-3	+7	24灯	13子	-3	+6
17	52草	8未	-3	+7	23陽	9申	-3	+7	54灯	10酉	-3	+7	24灯	11戌	-3	+7	55山	12亥	-3	+7	25山	13子	-3	+6
18	53陽	8未	-3	+7	24灯	9申	-3	+7	55山	10酉	-3	+7	25山	11戌	-3	+7	56畑	12亥	-3	+6	26畑	13子	-3	+6
19	54灯	8未	-4	+7	25山	9申	-4	+7	56畑	10酉	-4	+6	26畑	11戌	-3	+6	57岩	12亥	-4	+6	27岩	13子	-4	+5
20	55山	8未	-4	+6	26畑	9申	-4	+6	57岩	10酉	-4	+6	27岩	11戌	-4	+6	58宝	12亥	-4	+6	28宝	13子	-4	+5
21	56畑	8未	-4	+6	27岩	9申	-4	+6	58宝	10酉	-4	+6	28宝	11戌	-4	+6	59海	12亥	-4	+5	29海	13子	-4	+5
22	57岩	8未	-5	+6	28宝	9申	-5	+6	59海	10酉	-5	+5	29海	11戌	-4	+5	60雨	12亥	-5	+5	30雨	13子	-5	+4
23	58宝	8未	-5	+5	29海	9申	-5	+5	60雨	10酉	-5	+5	30雨	11戌	-5	+5	1木	12亥	-5	+5	31木	13子	-5	+4
24	59海	8未	-5	+5	30雨	9申	-5	+5	1木	10酉	-5	+5	31木	11戌	-5	+5	2草	12亥	-5	+4	32草	13子	-5	+4
25	60雨	8未	-6	+5	31木	9申	-6	+5	2草	10酉	-6	+4	32草	11戌	-5	+4	3陽	12亥	-6	+4	33陽	13子	-6	+3
26	1木	8未	-6	+4	32草	9申	-6	+4	3陽	10酉	-6	+4	33陽	11戌	-6	+4	4灯	12亥	-6	+4	34灯	13子	-6	+3
27	2草	8未	-6	+4	33陽	9申	-6	+4	4灯	10酉	-6	+4	34灯	11戌	-6	+4	5山	12亥	-6	+3	35山	13子	-6	+3
28	3陽	8未	-7	+4	34灯	9申	-7	+4	5山	10酉	-7	+3	35山	11戌	-6	+3	6畑	12亥	-7	+3	36畑	13子	-7	+2
29	4灯	8未	-7	+3	35山	9申	-7	+3	6畑	10酉	-7	+3	36畑	11戌	-7	+3	7岩	12亥	-7	+3	37岩	13子	-7	+2
30	5山	8未	-7	+3	36畑	9申	-7	+3	7岩	10酉	-7	+3	37岩	11戌	-7	+3	8宝	12亥	-7	+2	38宝	13子	-7	+2
31	6畑	8未	-8	+3	37岩	9申	-8	+3					38宝	11戌	-7	+2					39海	13子	-8	+1

2020年　37 庚子（2/3 ～翌年2/1）

日	1月				2月				3月				4月			
日	日干	月干	男	女	日干	月干	男	女	日干	月干	男	女	日干	月干	男	女
1	40	13子	-8	+2	11木	14丑	-9	1	40	15寅	+2	-8	11木	16卯	+1	-9
2	41木	13子	-9	+1	12草	14丑	-9	1	41木	15寅	+1	-8	12草	16卯	+1	-9
3	42草	13子	-9	+1	13陽	15寅	+1	-9	42草	15寅	+1	-9	13陽	16卯	+1	-9
4	43陽	13子	-9	+1	14灯	15寅	+0	-0	43陽	16卯	+1	-9	14灯	17辰	+0	-0
5	44灯	14丑	-0	+1	15山	15寅	+0	-1	44灯	16卯	+1	-9	15山	17辰	+0	-0
6	45山	14丑	-1	+0	16畑	15寅	+0	-1	45山	16卯	+0	-1	16畑	17辰	+0	-1
7	46畑	14丑	-1	+9	17岩	15寅	+9	-1	46畑	16卯	+0	-1	17岩	17辰	+0	-1
8	47岩	14丑	-1	+9	18宝	15寅	+9	-1	47岩	16卯	+9	-1	18宝	17辰	+9	-1
9	48宝	14丑	-1	+9	19海	15寅	+9	-1	48宝	16卯	+9	-1	19海	17辰	+9	-1
10	49海	14丑	-1	+8	20	15寅	+8	-2	49海	16卯	+9	-1	20	17辰	+9	-1
11	50	14丑	-2	+8	21木	15寅	+8	-2	50	16卯	+8	-2	21木	17辰	+8	-2
12	51木	14丑	-2	+8	22草	15寅	+8	-2	51木	16卯	+8	-2	22草	17辰	+8	-2
13	52草	14丑	-2	+7	23陽	15寅	+7	-3	52草	16卯	+8	-2	23陽	17辰	+8	-2
14	53陽	14丑	-3	+7	24灯	15寅	+7	-3	53陽	16卯	+7	-3	24灯	17辰	+7	-3
15	54灯	14丑	-3	+7	25山	15寅	+7	-3	54灯	16卯	+7	-3	25山	17辰	+7	-3
16	55山	14丑	-3	+6	26畑	15寅	+6	-4	55山	16卯	+7	-3	26畑	17辰	+7	-3
17	56畑	14丑	-4	+6	27岩	15寅	+6	-4	56畑	16卯	+6	-4	27岩	17辰	+6	-4
18	57岩	14丑	-4	+6	28宝	15寅	+6	-4	57岩	16卯	+6	-4	28宝	17辰	+6	-4
19	58宝	14丑	-4	+5	29海	15寅	+5	-5	58宝	16卯	+6	-4	29海	17辰	+6	-4
20	59海	14丑	-5	+5	30	15寅	+5	-5	59海	16卯	+5	-5	30	17辰	+5	-5
21	60	14丑	-5	+5	31木	15寅	+5	-5	60	16卯	+5	-5	31木	17辰	+5	-5
22	1木	14丑	-5	+4	32草	15寅	+4	-6	1木	16卯	+5	-5	32草	17辰	+5	-5
23	2草	14丑	-6	+4	33陽	15寅	+4	-6	2草	16卯	+4	-6	33陽	17辰	+4	-6
24	3陽	14丑	-6	+4	34灯	15寅	+4	-6	3陽	16卯	+4	-6	34灯	17辰	+4	-6
25	4灯	14丑	-6	+3	35山	15寅	+3	-7	4灯	16卯	+4	-6	35山	17辰	+4	-6
26	5山	14丑	-7	+3	36畑	15寅	+3	-7	5山	16卯	+3	-7	36畑	17辰	+3	-7
27	6畑	14丑	-7	+3	37岩	15寅	+3	-7	6畑	16卯	+3	-7	37岩	17辰	+3	-7
28	7岩	14丑	-7	+2	38宝	15寅	+2	-8	7岩	16卯	+3	-7	38宝	17辰	+3	-7
29	8宝	14丑	-8	+2	39海	15寅	+2	-8	8宝	16卯	+2	-8	39海	17辰	+2	-8
30	9海	14丑	-8	+2					9海	16卯	+2	-8	40	17辰	+2	-8
31	10	14丑	-8	+1					10	16卯	+2	-8				

日	5月				6月				7月				8月			
日	日干	月干	男	女	日干	月干	男	女	日干	月干	男	女	日干	月干	男	女
1	41木	17辰	+2	-8	12草	18巳	+2	-9	42草	19午	+2	-8	13陽	20未	+2	-8
2	42草	17辰	+1	-9	13陽	18巳	+1	-9	43陽	19午	+2	-8	14灯	20未	+2	-8
3	43陽	17辰	+1	-9	14灯	18巳	+1	-9	44灯	19午	+1	-9	15山	20未	+2	-9
4	44灯	17辰	+1	-9	15山	18巳	+1	-0	45山	19午	+1	-9	16畑	20未	+1	-9
5	45山	18巳	+1	-0	16畑	19午	+1	-0	46畑	19午	+1	-9	17岩	20未	+1	-9
6	46畑	18巳	+0	-1	17岩	19午	+0	-0	47岩	19午	+1	-0	18宝	20未	+1	-0
7	47岩	18巳	+0	-1	18宝	19午	+0	-1	48宝	20未	+0	-0	19海	21申	+1	-0
8	48宝	18巳	+0	-1	19海	19午	+0	-1	49海	20未	+0	-0	20	21申	+0	-1
9	49海	18巳	+9	-1	20	19午	+9	-1	50	20未	+0	-1	21木	21申	+0	-1
10	50	18巳	+9	-1	21木	19午	+9	-1	51木	20未	+0	-1	22草	21申	+0	-1
11	51木	18巳	+9	-2	22草	19午	+9	-1	52草	20未	+9	-1	23陽	21申	+9	-1
12	52草	18巳	+8	-2	23陽	19午	+8	-2	53陽	20未	+9	-1	24灯	21申	+9	-1
13	53陽	18巳	+8	-2	24灯	19午	+8	-2	54灯	20未	+9	-1	25山	21申	+9	-2
14	54灯	18巳	+8	-3	25山	19午	+8	-2	55山	20未	+8	-2	26畑	21申	+8	-2
15	55山	18巳	+7	-3	26畑	19午	+7	-3	56畑	20未	+8	-2	27岩	21申	+8	-2
16	56畑	18巳	+7	-3	27岩	19午	+7	-3	57岩	20未	+8	-2	28宝	21申	+8	-3
17	57岩	18巳	+7	-4	28宝	19午	+7	-3	58宝	20未	+7	-3	29海	21申	+7	-3
18	58宝	18巳	+6	-4	29海	19午	+6	-4	59海	20未	+7	-3	30	21申	+7	-3
19	59海	18巳	+6	-4	30	19午	+6	-4	60	20未	+7	-3	31木	21申	+7	-4
20	60	18巳	+6	-5	31木	19午	+6	-4	1木	20未	+6	-4	32草	21申	+6	-4
21	1木	18巳	+5	-5	32草	19午	+5	-5	2草	20未	+6	-4	33陽	21申	+6	-4
22	2草	18巳	+5	-5	33陽	19午	+5	-5	3陽	20未	+6	-4	34灯	21申	+6	-5
23	3陽	18巳	+5	-6	34灯	19午	+5	-5	4灯	20未	+5	-5	35山	21申	+5	-5
24	4灯	18巳	+4	-6	35山	19午	+4	-6	5山	20未	+5	-5	36畑	21申	+5	-5
25	5山	18巳	+4	-6	36畑	19午	+4	-6	6畑	20未	+5	-5	37岩	21申	+5	-6
26	6畑	18巳	+4	-7	37岩	19午	+4	-6	7岩	20未	+4	-6	38宝	21申	+4	-6
27	7岩	18巳	+3	-7	38宝	19午	+3	-7	8宝	20未	+4	-6	39海	21申	+4	-6
28	8宝	18巳	+3	-7	39海	19午	+3	-7	9海	20未	+4	-6	40	21申	+4	-7
29	9海	18巳	+3	-8	40	19午	+3	-7	10	20未	+3	-7	41木	21申	+3	-7
30	10	18巳	+2	-8	41木	19午	+2	-8	11木	20未	+3	-7	42草	21申	+3	-7
31	11木	18巳	+2	-8					12草	20未	+3	-7	43陽	21申	+3	-8

日	9月				10月				11月				12月			
日	日干	月干	男	女	日干	月干	男	女	日干	月干	男	女	日干	月干	男	女
1	44灯	21申	+2	-8	14灯	22酉	+2	-8	45山	23戌	+2	-8	15山	24亥	+2	-8
2	45山	21申	+2	-8	15山	22酉	+2	-8	46畑	23戌	+2	-8	16畑	24亥	+1	-8
3	46畑	21申	+2	-9	16畑	22酉	+2	-8	47岩	23戌	+1	-8	17岩	24亥	+1	-8
4	47岩	21申	+1	-9	17岩	22酉	+1	-9	48宝	23戌	+1	-9	18宝	24亥	+1	-9
5	48宝	21申	+1	-9	18宝	22酉	+1	-9	49海	23戌	+1	-9	19海	24亥	+1	-9
6	49海	21申	+1	-0	19海	22酉	+1	-9	50	23戌	+1	-9	20	24亥	+0	-9
7	50	22酉	+1	-0	20	22酉	+1	-0	51木	24亥	+0	-0	21木	25子	+9	-0
8	51木	22酉	+0	-1	21木	23戌	+0	-0	52草	24亥	+0	-1	22草	25子	+9	-1
9	52草	22酉	+0	-1	22草	23戌	+0	-1	53陽	24亥	+9	-1	23陽	25子	+9	-1
10	53陽	22酉	+9	-1	23陽	23戌	+9	-1	54灯	24亥	+9	-1	24灯	25子	+8	-1
11	54灯	22酉	+9	-1	24灯	23戌	+9	-1	55山	24亥	+9	-1	25山	25子	+8	-1
12	55山	22酉	+9	-1	25山	23戌	+9	-1	56畑	24亥	+8	-1	26畑	25子	+8	-1
13	56畑	22酉	+8	-2	26畑	23戌	+8	-1	57岩	24亥	+8	-2	27岩	25子	+7	-2
14	57岩	22酉	+8	-2	27岩	23戌	+8	-2	58宝	24亥	+8	-2	28宝	25子	+7	-2
15	58宝	22酉	+8	-2	28宝	23戌	+8	-2	59海	24亥	+7	-2	29海	25子	+7	-2
16	59海	22酉	+7	-3	29海	23戌	+7	-2	60	24亥	+7	-3	30	25子	+6	-3
17	60	22酉	+7	-3	30	23戌	+7	-3	1木	24亥	+7	-3	31木	25子	+6	-3
18	1木	22酉	+7	-3	31木	23戌	+7	-3	2草	24亥	+6	-3	32草	25子	+6	-3
19	2草	22酉	+6	-4	32草	23戌	+6	-3	3陽	24亥	+6	-4	33陽	25子	+5	-4
20	3陽	22酉	+6	-4	33陽	23戌	+6	-4	4灯	24亥	+6	-4	34灯	25子	+5	-4
21	4灯	22酉	+6	-4	34灯	23戌	+6	-4	5山	24亥	+5	-4	35山	25子	+5	-4
22	5山	22酉	+5	-5	35山	23戌	+5	-4	6畑	24亥	+5	-5	36畑	25子	+4	-5
23	6畑	22酉	+5	-5	36畑	23戌	+5	-5	7岩	24亥	+5	-5	37岩	25子	+4	-5
24	7岩	22酉	+5	-5	37岩	23戌	+5	-5	8宝	24亥	+4	-5	38宝	25子	+4	-5
25	8宝	22酉	+4	-6	38宝	23戌	+4	-5	9海	24亥	+4	-6	39海	25子	+3	-6
26	9海	22酉	+4	-6	39海	23戌	+4	-6	10	24亥	+4	-6	40	25子	+3	-6
27	10	22酉	+4	-6	40	23戌	+4	-6	11木	24亥	+3	-6	41木	25子	+3	-6
28	11木	22酉	+3	-7	41木	23戌	+3	-6	12草	24亥	+3	-7	42草	25子	+2	-7
29	12草	22酉	+3	-7	42草	23戌	+3	-7	13陽	24亥	+3	-7	43陽	25子	+2	-7
30	13陽	22酉	+3	-7	43陽	23戌	+3	-7	14灯	24亥	+2	-7	44灯	25子	+2	-7
31					44灯	23戌	+2	-7					45山	25子	+1	-8

2021年　38 辛丑（2/2 ～翌年2/3）

日	1月				2月				3月				4月			
日	日干	月干	男	女	日干	月干	男	女	日干	月干	男	女	日干	月干	男	女
1	46畑	25子	+2	-8	17岩	26丑	+1	-9	45山	27寅	-8	+2	16畑	28卯	-9	+1
2	47岩	25子	+1	-9	18宝	26丑	-9	+1	46畑	27寅	-8	+1	17岩	28卯	-9	+1
3	48宝	25子	+1	-9	19海	27寅	-1	+9	47岩	27寅	-9	+1	18宝	28卯	-9	+1
4	49海	25子	+1	-9	20	27寅	-0	+0	48宝	27寅	-9	+1	19海	29辰	-0	+0
5	50	26丑	+1	-0	21木	27寅	-1	+0	49海	28卯	-9	+1	20	29辰	-0	+0
6	51木	26丑	+0	-1	22草	27寅	-1	+0	50	28卯	-1	+0	21木	29辰	-1	+0
7	52草	26丑	+9	-1	23陽	27寅	-1	+9	51木	28卯	-1	+0	22草	29辰	-1	+0
8	53陽	26丑	+9	-1	24灯	27寅	-1	+9	52草	28卯	-1	+9	23陽	29辰	-1	+9
9	54灯	26丑	+9	-1	25山	27寅	-1	+9	53陽	28卯	-1	+9	24灯	29辰	-1	+9
10	55山	26丑	+8	-1	26畑	27寅	-2	+8	54灯	28卯	-1	+9	25山	29辰	-1	+9
11	56畑	26丑	+8	-2	27岩	27寅	-2	+8	55山	28卯	-2	+8	26畑	29辰	-2	+8
12	57岩	26丑	+8	-2	28宝	27寅	-2	+8	56畑	28卯	-2	+8	27岩	29辰	-2	+8
13	58宝	26丑	+7	-2	29海	27寅	-3	+7	57岩	28卯	-2	+8	28宝	29辰	-2	+8
14	59海	26丑	+7	-3	30	27寅	-3	+7	58宝	28卯	-3	+7	29海	29辰	-3	+7
15	60	26丑	+7	-3	31木	27寅	-3	+7	59海	28卯	-3	+7	30	29辰	-3	+7
16	1木	26丑	+6	-3	32草	27寅	-4	+6	60	28卯	-3	+7	31木	29辰	-3	+7
17	2草	26丑	+6	-4	33陽	27寅	-4	+6	1木	28卯	-4	+6	32草	29辰	-4	+6
18	3陽	26丑	+6	-4	34灯	27寅	-4	+6	2草	28卯	-4	+6	33陽	29辰	-4	+6
19	4灯	26丑	+5	-4	35山	27寅	-5	+5	3陽	28卯	-4	+6	34灯	29辰	-4	+6
20	5山	26丑	+5	-5	36畑	27寅	-5	+5	4灯	28卯	-5	+5	35山	29辰	-5	+5
21	6畑	26丑	+5	-5	37岩	27寅	-5	+5	5山	28卯	-5	+5	36畑	29辰	-5	+5
22	7岩	26丑	+4	-5	38宝	27寅	-6	+4	6畑	28卯	-5	+5	37岩	29辰	-5	+5
23	8宝	26丑	+4	-6	39海	27寅	-6	+4	7岩	28卯	-6	+4	38宝	29辰	-6	+4
24	9海	26丑	+4	-6	40	27寅	-6	+4	8宝	28卯	-6	+4	39海	29辰	-6	+4
25	10	26丑	+3	-6	41木	27寅	-7	+3	9海	28卯	-6	+4	40	29辰	-6	+4
26	11木	26丑	+3	-7	42草	27寅	-7	+3	10	28卯	-7	+3	41木	29辰	-7	+3
27	12草	26丑	+3	-7	43陽	27寅	-7	+3	11木	28卯	-7	+3	42草	29辰	-7	+3
28	13陽	26丑	+2	-7	44灯	27寅	-8	+2	12草	28卯	-7	+3	43陽	29辰	-7	+3
29	14灯	26丑	+2	-8					13陽	28卯	-8	+2	44灯	29辰	-8	+2
30	15山	26丑	+2	-8					14灯	28卯	-8	+2	45山	29辰	-8	+2
31	16畑	26丑	+1	-8					15山	28卯	-8	+2				

日	5月				6月				7月				8月			
日	日干	月干	男	女	日干	月干	男	女	日干	月干	男	女	日干	月干	男	女
1	46畑	29辰	-8	+2	17岩	30巳	-9	+2	47岩	31午	-8	+2	18宝	32未	-8	+2
2	47岩	29辰	-9	+1	18宝	30巳	-9	+1	48宝	31午	-9	+2	19海	32未	-8	+2
3	48宝	29辰	-9	+1	19海	30巳	-9	+1	49海	31午	-9	+1	20	32未	-9	+2
4	49海	29辰	-9	+1	20	30巳	-0	+1	50	31午	-9	+1	21木	32未	-9	+1
5	50	30巳	-0	+1	21木	31午	-0	+1	51木	31午	-0	+1	22草	32未	-9	+1
6	51木	30巳	-1	+0	22草	31午	-0	+0	52草	31午	-0	+1	23陽	32未	-0	+1
7	52草	30巳	-1	+0	23陽	31午	-1	+0	53陽	32未	-0	+0	24灯	33申	-0	+1
8	53陽	30巳	-1	+0	24灯	31午	-1	+0	54灯	32未	-1	+0	25山	33申	-1	+0
9	54灯	30巳	-1	+9	25山	31午	-1	+9	55山	32未	-1	+0	26畑	33申	-1	+0
10	55山	30巳	-1	+9	26畑	31午	-1	+9	56畑	32未	-1	+0	27岩	33申	-1	+0
11	56畑	30巳	-2	+9	27岩	31午	-1	+9	57岩	32未	-1	+9	28宝	33申	-1	+9
12	57岩	30巳	-2	+8	28宝	31午	-2	+8	58宝	32未	-1	+9	29海	33申	-1	+9
13	58宝	30巳	-2	+8	29海	31午	-2	+8	59海	32未	-2	+9	30	33申	-2	+9
14	59海	30巳	-3	+8	30	31午	-2	+8	60	32未	-2	+8	31木	33申	-2	+8
15	60	30巳	-3	+7	31木	31午	-3	+7	1木	32未	-2	+8	32草	33申	-2	+8
16	1木	30巳	-3	+7	32草	31午	-3	+7	2草	32未	-3	+8	33陽	33申	-3	+8
17	2草	30巳	-4	+7	33陽	31午	-3	+7	3陽	32未	-3	+7	34灯	33申	-3	+7
18	3陽	30巳	-4	+6	34灯	31午	-4	+6	4灯	32未	-3	+7	35山	33申	-3	+7
19	4灯	30巳	-4	+6	35山	31午	-4	+6	5山	32未	-4	+7	36畑	33申	-4	+7
20	5山	30巳	-5	+6	36畑	31午	-4	+6	6畑	32未	-4	+6	37岩	33申	-4	+6
21	6畑	30巳	-5	+5	37岩	31午	-5	+5	7岩	32未	-4	+6	38宝	33申	-4	+6
22	7岩	30巳	-5	+5	38宝	31午	-5	+5	8宝	32未	-5	+6	39海	33申	-5	+6
23	8宝	30巳	-6	+5	39海	31午	-5	+5	9海	32未	-5	+5	40	33申	-5	+5
24	9海	30巳	-6	+4	40	31午	-6	+4	10	32未	-5	+5	41木	33申	-5	+5
25	10	30巳	-6	+4	41木	31午	-6	+4	11木	32未	-6	+5	42草	33申	-6	+5
26	11木	30巳	-7	+4	42草	31午	-6	+4	12草	32未	-6	+4	43陽	33申	-6	+4
27	12草	30巳	-7	+3	43陽	31午	-7	+3	13陽	32未	-6	+4	44灯	33申	-6	+4
28	13陽	30巳	-7	+3	44灯	31午	-7	+3	14灯	32未	-7	+4	45山	33申	-7	+4
29	14灯	30巳	-8	+3	45山	31午	-7	+3	15山	32未	-7	+3	46畑	33申	-7	+3
30	15山	30巳	-8	+2	46畑	31午	-8	+2	16畑	32未	-7	+3	47岩	33申	-7	+3
31	16畑	30巳	-8	+2					17岩	32未	-8	+3	48宝	33申	-8	+3

日	9月				10月				11月				12月			
日	日干	月干	男	女	日干	月干	男	女	日干	月干	男	女	日干	月干	男	女
1	49海	33申	-8	+2	19海	34酉	-8	+2	50	35戌	-8	+2	20	36亥	-8	+2
2	50	33申	-8	+2	20	34酉	-8	+2	51木	35戌	-8	+2	21木	36亥	-8	+1
3	51木	33申	-9	+2	21木	34酉	-8	+2	52草	35戌	-8	+1	22草	36亥	-8	+1
4	52草	33申	-9	+1	22草	34酉	-9	+1	53陽	35戌	-9	+1	23陽	36亥	-9	+1
5	53陽	33申	-9	+1	23陽	34酉	-9	+1	54灯	35戌	-9	+1	24灯	36亥	-9	+1
6	54灯	33申	-0	+1	24灯	34酉	-9	+1	55山	35戌	-9	+1	25山	36亥	-9	+0
7	55山	34酉	-0	+1	25山	34酉	-0	+1	56畑	36亥	-0	+0	26畑	37子	-0	+9
8	56畑	34酉	-1	+0	26畑	35戌	-0	+0	57岩	36亥	-1	+0	27岩	37子	-1	+9
9	57岩	34酉	-1	+0	27岩	35戌	-1	+0	58宝	36亥	-1	+9	28宝	37子	-1	+9
10	58宝	34酉	-1	+9	28宝	35戌	-1	+9	59海	36亥	-1	+9	29海	37子	-1	+8
11	59海	34酉	-1	+9	29海	35戌	-1	+9	60	36亥	-1	+9	30	37子	-1	+8
12	60	34酉	-1	+9	30	35戌	-1	+9	1木	36亥	-1	+8	31木	37子	-1	+8
13	1木	34酉	-2	+8	31木	35戌	-1	+8	2草	36亥	-2	+8	32草	37子	-2	+7
14	2草	34酉	-2	+8	32草	35戌	-2	+8	3陽	36亥	-2	+8	33陽	37子	-2	+7
15	3陽	34酉	-2	+8	33陽	35戌	-2	+8	4灯	36亥	-2	+7	34灯	37子	-2	+7
16	4灯	34酉	-3	+7	34灯	35戌	-2	+7	5山	36亥	-3	+7	35山	37子	-3	+6
17	5山	34酉	-3	+7	35山	35戌	-3	+7	6畑	36亥	-3	+7	36畑	37子	-3	+6
18	6畑	34酉	-3	+7	36畑	35戌	-3	+7	7岩	36亥	-3	+6	37岩	37子	-3	+6
19	7岩	34酉	-4	+6	37岩	35戌	-3	+6	8宝	36亥	-4	+6	38宝	37子	-4	+5
20	8宝	34酉	-4	+6	38宝	35戌	-4	+6	9海	36亥	-4	+6	39海	37子	-4	+5
21	9海	34酉	-4	+6	39海	35戌	-4	+6	10	36亥	-4	+5	40	37子	-4	+5
22	10	34酉	-5	+5	40	35戌	-4	+5	11木	36亥	-5	+5	41木	37子	-5	+4
23	11木	34酉	-5	+5	41木	35戌	-5	+5	12草	36亥	-5	+5	42草	37子	-5	+4
24	12草	34酉	-5	+5	42草	35戌	-5	+5	13陽	36亥	-5	+4	43陽	37子	-5	+4
25	13陽	34酉	-6	+4	43陽	35戌	-5	+4	14灯	36亥	-6	+4	44灯	37子	-6	+3
26	14灯	34酉	-6	+4	44灯	35戌	-6	+4	15山	36亥	-6	+4	45山	37子	-6	+3
27	15山	34酉	-6	+4	45山	35戌	-6	+4	16畑	36亥	-6	+3	46畑	37子	-6	+3
28	16畑	34酉	-7	+3	46畑	35戌	-6	+3	17岩	36亥	-7	+3	47岩	37子	-7	+2
29	17岩	34酉	-7	+3	47岩	35戌	-7	+3	18宝	36亥	-7	+3	48宝	37子	-7	+2
30	18宝	34酉	-7	+3	48宝	35戌	-7	+3	19海	36亥	-7	+2	49海	37子	-7	+2
31					49海	35戌	-7	+2					50	37子	-8	+1

2022年　39 壬寅（2/4 ～翌年2/3）

	1月				2月				3月				4月				5月				6月			
日	日干	月干	男	女	日干	月干	男	女	日干	月干	男	女	日干	月干	男	女	日干	月干	男	女	日干	月干	男	女
1	51木	37子	−8	+2	22草	38丑	−9	+1	50雨	39寅	+2	−8	21木	40卯	+1	−9	51木	41辰	+2	−8	22草	42巳	+2	−9
2	52草	37子	−9	+1	23陽	38丑	−9	+1	51木	39寅	+1	−8	22草	40卯	+1	−9	52草	41辰	+1	−9	23陽	42巳	+1	−9
3	53陽	37子	−9	+1	24灯	38丑	−9	+1	52草	39寅	+1	−9	23陽	40卯	+1	−9	53陽	41辰	+1	−9	24灯	42巳	+1	−9
4	54灯	37子	−9	+1	25山	39寅	+0	−0	53陽	39寅	+1	−9	24灯	40卯	+0	−0	54灯	41辰	+1	−9	25山	42巳	+1	−0
5	55山	38丑	−0	+1	26畑	39寅	+0	−1	54灯	40卯	+1	−9	25山	41辰	+0	−0	55山	42巳	+1	−0	26畑	42巳	+1	−0
6	56畑	38丑	−1	+0	27岩	39寅	+0	−1	55山	40卯	+0	−1	26畑	41辰	+0	−1	56畑	42巳	+0	−1	27岩	43午	+0	−0
7	57岩	38丑	−1	+9	28宝	39寅	+9	−1	56畑	40卯	+0	−1	27岩	41辰	+0	−1	57岩	42巳	+0	−1	28宝	43午	+0	−1
8	58宝	38丑	−1	+9	29海	39寅	+9	−1	57岩	40卯	+9	−1	28宝	41辰	+9	−1	58宝	42巳	+0	−1	29海	43午	+0	−1
9	59海	38丑	−1	+9	30雨	39寅	+9	−1	58宝	40卯	+9	−1	29海	41辰	+9	−1	59海	42巳	+9	−1	30雨	43午	+9	−1
10	60雨	38丑	−1	+8	31木	39寅	+8	−2	59海	40卯	+9	−1	30雨	41辰	+9	−1	60雨	42巳	+9	−1	31木	43午	+9	−1
11	1木	38丑	−2	+8	32草	39寅	+8	2	60雨	40卯	+8	−2	31木	41辰	+8	−2	1木	42巳	+9	−2	32草	43午	+9	−1
12	2草	38丑	−2	+8	33陽	39寅	+8	−2	1木	40卯	+8	−2	32草	41辰	+8	−2	2草	42巳	+8	−2	33陽	43午	+8	−2
13	3陽	38丑	−2	+7	34灯	39寅	+7	−3	2草	40卯	+8	−2	33陽	41辰	+8	−2	3陽	42巳	+8	−2	34灯	43午	+8	−2
14	4灯	38丑	−3	+7	35山	39寅	+7	−3	3陽	40卯	+7	−3	34灯	41辰	+7	−3	4灯	42巳	+8	−3	35山	43午	+8	−2
15	5山	38丑	−3	+7	36畑	39寅	+7	−3	4灯	40卯	+7	−3	35山	41辰	+7	−3	5山	42巳	+7	−3	36畑	43午	+7	−3
16	6畑	38丑	−3	+6	37岩	39寅	+6	−4	5山	40卯	+7	−3	36畑	41辰	+7	−3	6畑	42巳	+7	−3	37岩	43午	+7	−3
17	7岩	38丑	−4	+6	38宝	39寅	+6	−4	6畑	40卯	+6	−4	37岩	41辰	+6	−4	7岩	42巳	+7	−4	38宝	43午	+7	−3
18	8宝	38丑	−4	+6	39海	39寅	+6	−4	7岩	40卯	+6	−4	38宝	41辰	+6	−4	8宝	42巳	+6	−4	39海	43午	+6	−4
19	9海	38丑	−4	+5	40雨	39寅	+5	−5	8宝	40卯	+6	−4	39海	41辰	+6	−4	9海	42巳	+6	−4	40雨	43午	+6	−4
20	10雨	38丑	−5	+5	41木	39寅	+5	−5	9海	40卯	+5	−5	40雨	41辰	+5	−5	10雨	42巳	+6	−5	41木	43午	+6	−4
21	11木	38丑	−5	+5	42草	39寅	+5	−5	10雨	40卯	+5	−5	41木	41辰	+5	−5	11木	42巳	+5	−5	42草	43午	+5	−5
22	12草	38丑	−5	+4	43陽	39寅	+4	−6	11木	40卯	+5	−5	42草	41辰	+5	−5	12草	42巳	+5	−5	43陽	43午	+5	−5
23	13陽	38丑	−6	+4	44灯	39寅	+4	−6	12草	40卯	+4	−6	43陽	41辰	+4	−6	13陽	42巳	+5	−6	44灯	43午	+5	−5
24	14灯	38丑	−6	+4	45山	39寅	+4	−6	13陽	40卯	+4	−6	44灯	41辰	+4	−6	14灯	42巳	+4	−6	45山	43午	+4	−6
25	15山	38丑	−6	+3	46畑	39寅	+3	−7	14灯	40卯	+4	−6	45山	41辰	+4	−6	15山	42巳	+4	−6	46畑	43午	+4	−6
26	16畑	38丑	−7	+3	47岩	39寅	+3	−7	15山	40卯	+3	−7	46畑	41辰	+3	−7	16畑	42巳	+4	−7	47岩	43午	+4	−6
27	17岩	38丑	−7	+3	48宝	39寅	+3	−7	16畑	40卯	+3	−7	47岩	41辰	+3	−7	17岩	42巳	+3	−7	48宝	43午	+3	−7
28	18宝	38丑	−7	+2	49海	39寅	+2	−8	17岩	40卯	+3	−7	48宝	41辰	+3	−7	18宝	42巳	+3	−7	49海	43午	+3	−7
29	19海	38丑	−8	+2					18宝	40卯	+2	−8	49海	41辰	+2	−8	19海	42巳	+3	−8	50雨	43午	+3	−7
30	20雨	38丑	−8	+2					19海	40卯	+2	−8	50雨	41辰	+2	−8	20雨	42巳	+2	−8	51木	43午	+2	−8
31	21木	38丑	−8	+1					20雨	40卯	+2	−8					21木	42巳	+2	−8				

	7月				8月				9月				10月				11月				12月			
日	日干	月干	男	女	日干	月干	男	女	日干	月干	男	女	日干	月干	男	女	日干	月干	男	女	日干	月干	男	女
1	52草	43午	+2	−8	23陽	44未	+2	−8	54灯	45申	+2	−8	24灯	46酉	+2	−8	55山	47戌	+2	−8	25山	48亥	+2	−8
2	53陽	43午	+2	−9	24灯	44未	+2	−8	55山	45申	+2	−8	25山	46酉	+2	−8	56畑	47戌	+2	−8	26畑	48亥	+1	−8
3	54灯	43午	+1	−9	25山	44未	+2	−9	56畑	45申	+2	−9	26畑	46酉	+2	−8	57岩	47戌	+1	−8	27岩	48亥	+1	−8
4	55山	43午	+1	−9	26畑	44未	+1	−9	57岩	45申	+1	−9	27岩	46酉	+1	−9	58宝	47戌	+1	−9	28宝	48亥	+1	−9
5	56畑	43午	+1	−0	27岩	44未	+1	−9	58宝	45申	+1	−9	28宝	46酉	+1	−9	59海	47戌	+1	−9	29海	48亥	+1	−9
6	57岩	43午	+1	−0	28宝	44未	+1	−0	59海	45申	+1	−0	29海	46酉	+1	−9	60雨	47戌	+1	−9	30雨	48亥	+0	−9
7	58宝	44未	+0	−0	29海	45申	+1	−0	60雨	45申	+1	−0	30雨	46酉	+1	−0	1木	48亥	+0	−0	31木	49子	+9	−0
8	59海	44未	+0	−1	30雨	45申	+0	−1	1木	46酉	+0	−1	31木	47戌	+0	−0	2草	48亥	+0	−1	32草	49子	+9	−1
9	60雨	44未	+0	−1	31木	45申	+0	−1	2草	46酉	+0	−1	32草	47戌	+0	−1	3陽	48亥	+9	−1	33陽	49子	+9	−1
10	1木	44未	+0	−1	32草	45申	+0	−1	3陽	46酉	+9	−1	33陽	47戌	+9	−1	4灯	48亥	+9	−1	34灯	49子	+8	−1
11	2草	44未	+9	−1	33陽	45申	+9	−1	4灯	46酉	+9	−1	34灯	47戌	+9	−1	5山	48亥	+9	−1	35山	49子	+8	−1
12	3陽	44未	+9	−1	34灯	45申	+9	−1	5山	46酉	+9	−1	35山	47戌	+9	−1	6畑	48亥	+8	−1	36畑	49子	+8	−1
13	4灯	44未	+9	−2	35山	45申	+9	−2	6畑	46酉	+8	−2	36畑	47戌	+8	−1	7岩	48亥	+8	−2	37岩	49子	+7	−2
14	5山	44未	+8	−2	36畑	45申	+8	−2	7岩	46酉	+8	−2	37岩	47戌	+8	−2	8宝	48亥	+8	−2	38宝	49子	+7	−2
15	6畑	44未	+8	−2	37岩	45申	+8	−2	8宝	46酉	+8	−2	38宝	47戌	+8	−2	9海	48亥	+7	−2	39海	49子	+7	−2
16	7岩	44未	+8	−3	38宝	45申	+8	−3	9海	46酉	+7	−3	39海	47戌	+7	−2	10雨	48亥	+7	−3	40雨	49子	+6	−3
17	8宝	44未	+7	−3	39海	45申	+7	−3	10雨	46酉	+7	−3	40雨	47戌	+7	−3	11木	48亥	+7	−3	41木	49子	+6	−3
18	9海	44未	+7	−3	40雨	45申	+7	−3	11木	46酉	+7	−3	41木	47戌	+7	−3	12草	48亥	+6	−3	42草	49子	+6	−3
19	10雨	44未	+7	−4	41木	45申	+7	−4	12草	46酉	+6	−4	42草	47戌	+6	−3	13陽	48亥	+6	−4	43陽	49子	+5	−4
20	11木	44未	+6	−4	42草	45申	+6	−4	13陽	46酉	+6	−4	43陽	47戌	+6	−4	14灯	48亥	+6	−4	44灯	49子	+5	−4
21	12草	44未	+6	−4	43陽	45申	+6	−4	14灯	46酉	+6	−4	44灯	47戌	+6	−4	15山	48亥	+5	−4	45山	49子	+5	−4
22	13陽	44未	+6	−5	44灯	45申	+6	−5	15山	46酉	+5	−5	45山	47戌	+5	−4	16畑	48亥	+5	−5	46畑	49子	+4	−5
23	14灯	44未	+5	−5	45山	45申	+5	−5	16畑	46酉	+5	−5	46畑	47戌	+5	−5	17岩	48亥	+5	−5	47岩	49子	+4	−5
24	15山	44未	+5	−5	46畑	45申	+5	−5	17岩	46酉	+5	−5	47岩	47戌	+5	−5	18宝	48亥	+4	−5	48宝	49子	+4	−5
25	16畑	44未	+5	−6	47岩	45申	+5	−6	18宝	46酉	+4	−6	48宝	47戌	+4	−5	19海	48亥	+4	−6	49海	49子	+3	−6
26	17岩	44未	+4	−6	48宝	45申	+4	−6	19海	46酉	+4	−6	49海	47戌	+4	−6	20雨	48亥	+4	−6	50雨	49子	+3	−6
27	18宝	44未	+4	−6	49海	45申	+4	−6	20雨	46酉	+4	−6	50雨	47戌	+4	−6	21木	48亥	+3	−6	51木	49子	+3	−6
28	19海	44未	+4	7	50雨	45申	+4	−7	21木	46酉	+3	−7	51木	47戌	+3	−6	22草	48亥	+3	−7	52草	49子	+2	−7
29	20雨	44未	+3	−7	51木	45申	+3	−7	22草	46酉	+3	−7	52草	47戌	+3	−7	23陽	48亥	+3	−7	53陽	49子	+2	−7
30	21木	44未	+3	−7	52草	45申	+3	−7	23陽	46酉	+3	−7	53陽	47戌	+3	−7	24灯	48亥	+2	−7	54灯	49子	+2	−7
31	22草	44未	+3	−8	53陽	45申	+3	−8					54灯	47戌	+2	−7					55山	49子	+1	−8

2023年　40 癸卯（2/4 ～翌年2/3）

	1月				2月				3月				4月				5月				6月			
日	日干	月干	男	女	日干	月干	男	女	日干	月干	男	女	日干	月干	男	女	日干	月干	男	女	日干	月干	男	女
1	56畑	49子	+2	−8	27岩	50丑	+1	−9	55山	51寅	−8	+2	26畑	52卯	−9	+1	56畑	53辰	−8	+2	27岩	54巳	−9	+2
2	57岩	49子	+1	−9	28宝	50丑	+1	−9	56畑	51寅	−8	+1	27岩	52卯	−9	+1	57岩	53辰	−9	+1	28宝	54巳	−9	+1
3	58宝	49子	+1	−9	29海	50丑	+1	−9	57岩	51寅	−9	+1	28宝	52卯	−9	+1	58宝	53辰	−9	+1	29海	54巳	−9	+1
4	59海	49子	+1	−9	30雨	51寅	−0	+0	58宝	51寅	−9	+1	29海	52卯	−0	+0	59海	53辰	−9	+1	30雨	54巳	−0	+1
5	60雨	49子	+1	−0	31木	51寅	−1	+0	59海	51寅	−9	+1	30雨	53辰	−0	+0	60雨	53辰	−0	+1	31木	54巳	−0	+1
6	1木	50丑	+0	−1	32草	51寅	−1	+0	60雨	52卯	−1	+0	31木	53辰	−1	+0	1木	54巳	−1	+0	32草	55午	−0	+0
7	2草	50丑	+9	−1	33陽	51寅	−1	+9	1木	52卯	−1	+0	32草	53辰	−1	+0	2草	54巳	−1	+0	33陽	55午	−1	+0
8	3陽	50丑	+9	−1	34灯	51寅	−1	+9	2草	52卯	−1	+9	33陽	53辰	−1	+9	3陽	54巳	−1	+0	34灯	55午	−1	+0
9	4灯	50丑	+9	−1	35山	51寅	−1	+9	3陽	52卯	−1	+9	34灯	53辰	−1	+9	4灯	54巳	−1	+9	35山	55午	−1	+9
10	5山	50丑	+8	−1	36畑	51寅	−2	+8	4灯	52卯	−1	+9	35山	53辰	−1	+9	5山	54巳	−1	+9	36畑	55午	−1	+9
11	6畑	50丑	+8	−2	37岩	51寅	−2	+8	5山	52卯	−2	+8	36畑	53辰	−2	+8	6畑	54巳	−2	+9	37岩	55午	−1	+9
12	7岩	50丑	+8	−2	38宝	51寅	−2	+8	6畑	52卯	−2	+8	37岩	53辰	−2	+8	7岩	54巳	−2	+8	38宝	55午	−2	+8
13	8宝	50丑	+7	−2	39海	51寅	−3	+7	7岩	52卯	−2	+8	38宝	53辰	−2	+8	8宝	54巳	−2	+8	39海	55午	−2	+8
14	9海	50丑	+7	−3	40雨	51寅	−3	+7	8宝	52卯	−3	+7	39海	53辰	−3	+7	9海	54巳	−3	+8	40雨	55午	−2	+8
15	10雨	50丑	+7	−3	41木	51寅	−3	+7	9海	52卯	−3	+7	40雨	53辰	−3	+7	10雨	54巳	−3	+7	41木	55午	−3	+7
16	11木	50丑	+6	−3	42草	51寅	−4	+6	10雨	52卯	−3	+7	41木	53辰	−3	+7	11木	54巳	−3	+7	42草	55午	−3	+7
17	12草	50丑	+6	−4	43陽	51寅	−4	+6	11木	52卯	−4	+6	42草	53辰	−4	+6	12草	54巳	−4	+7	43陽	55午	−3	+7
18	13陽	50丑	+6	−4	44灯	51寅	−4	+6	12草	52卯	−4	+6	43陽	53辰	−4	+6	13陽	54巳	−4	+6	44灯	55午	−4	+6
19	14灯	50丑	+5	−4	45山	51寅	−5	+5	13陽	52卯	−4	+6	44灯	53辰	−4	+6	14灯	54巳	−4	+6	45山	55午	−4	+6
20	15山	50丑	+5	−5	46畑	51寅	−5	+5	14灯	52卯	−5	+5	45山	53辰	−5	+5	15山	54巳	−5	+6	46畑	55午	−4	+6
21	16畑	50丑	+5	−5	47岩	51寅	−5	+5	15山	52卯	−5	+5	46畑	53辰	−5	+5	16畑	54巳	−5	+5	47岩	55午	−5	+5
22	17岩	50丑	+4	−5	48宝	51寅	−6	+4	16畑	52卯	−5	+5	47岩	53辰	−5	+5	17岩	54巳	−5	+5	48宝	55午	−5	+5
23	18宝	50丑	+4	−6	49海	51寅	−6	+4	17岩	52卯	−6	+4	48宝	53辰	−6	+4	18宝	54巳	−6	+5	49海	55午	−5	+5
24	19海	50丑	+4	−6	50雨	51寅	−6	+4	18宝	52卯	−6	+4	49海	53辰	−6	+4	19海	54巳	−6	+4	50雨	55午	−6	+4
25	20雨	50丑	+3	−6	51木	51寅	−7	+3	19海	52卯	−6	+4	50雨	53辰	−6	+4	20雨	54巳	−6	+4	51木	55午	−6	+4
26	21木	50丑	+3	−7	52草	51寅	−7	+3	20雨	52卯	−7	+3	51木	53辰	−7	+3	21木	54巳	−7	+4	52草	55午	−6	+4
27	22草	50丑	+3	−7	53陽	51寅	−7	+3	21木	52卯	−7	+3	52草	53辰	−7	+3	22草	54巳	−7	+3	53陽	55午	−7	+3
28	23陽	50丑	+2	−7	54灯	51寅	−8	+2	22草	52卯	−7	+3	53陽	53辰	−7	+3	23陽	54巳	−7	+3	54灯	55午	−7	+3
29	24灯	50丑	+2	−8					23陽	52卯	−8	+2	54灯	53辰	−8	+2	24灯	54巳	−8	+3	55山	55午	−7	+3
30	25山	50丑	+2	−8					24灯	52卯	−8	+2	55山	53辰	−8	+2	25山	54巳	−8	+2	56畑	55午	−8	+2
31	26畑	50丑	+1	−8					25山	52卯	−8	+2					26畑	54巳	−8	+2				

	7月				8月				9月				10月				11月				12月			
日	日干	月干	男	女	日干	月干	男	女	日干	月干	男	女	日干	月干	男	女	日干	月干	男	女	日干	月干	男	女
1	57岩	55午	−8	+2	28宝	56未	−8	+2	59海	57申	−8	+2	29海	58酉	−8	+2	60雨	59戌	−8	+2	30雨	60亥	−8	+2
2	58宝	55午	−9	+2	29海	56未	−8	+2	60雨	57申	−8	+2	30雨	58酉	−8	+2	1木	59戌	−8	+2	31木	60亥	−8	+1
3	59海	55午	−9	+1	30雨	56未	−9	+2	1木	57申	−9	+2	31木	58酉	−8	+2	2草	59戌	−8	+1	32草	60亥	−8	+1
4	60雨	55午	−9	+1	31木	56未	−9	+1	2草	57申	−9	+1	32草	58酉	−9	+1	3陽	59戌	−9	+1	33陽	60亥	−9	+1
5	1木	55午	−0	+1	32草	56未	−9	+1	3陽	57申	−9	+1	33陽	58酉	−9	+1	4灯	59戌	−9	+1	34灯	60亥	−9	+1
6	2草	55午	−0	+1	33陽	56未	−0	+1	4灯	57申	−0	+1	34灯	58酉	−9	+1	5山	59戌	−9	+1	35山	60亥	−9	+0
7	3陽	56未	−0	+0	34灯	56未	−0	+1	5山	57申	−0	+1	35山	58酉	−0	+1	6畑	59戌	−0	+0	36畑	1子	−0	+9
8	4灯	56未	−1	+0	35山	57申	−1	+0	6畑	58酉	−1	+0	36畑	59戌	−0	+0	7岩	60亥	−1	+0	37岩	1子	−1	+9
9	5山	56未	−1	+0	36畑	57申	−1	+0	7岩	58酉	−1	+0	37岩	59戌	−1	+0	8宝	60亥	−1	+9	38宝	1子	−1	+9
10	6畑	56未	−1	+0	37岩	57申	−1	+0	8宝	58酉	−1	+9	38宝	59戌	−1	+9	9海	60亥	−1	+9	39海	1子	−1	+8
11	7岩	56未	−1	+9	38宝	57申	−1	+9	9海	58酉	−1	+9	39海	59戌	−1	+9	10雨	60亥	−1	+9	40雨	1子	−1	+8
12	8宝	56未	−1	+9	39海	57申	−1	+9	10雨	58酉	−1	+9	40雨	59戌	−1	+9	11木	60亥	−1	+8	41木	1子	−1	+8
13	9海	56未	−2	+9	40雨	57申	−2	+9	11木	58酉	−2	+8	41木	59戌	−1	+8	12草	60亥	−2	+8	42草	1子	−2	+7
14	10雨	56未	−2	+8	41木	57申	−2	+8	12草	58酉	−2	+8	42草	59戌	−2	+8	13陽	60亥	−2	+8	43陽	1子	−2	+7
15	11木	56未	−2	+8	42草	57申	−2	+8	13陽	58酉	−2	+8	43陽	59戌	−2	+8	14灯	60亥	−2	+7	44灯	1子	−2	+7
16	12草	56未	−3	+8	43陽	57申	−3	+8	14灯	58酉	−3	+7	44灯	59戌	−2	+7	15山	60亥	−3	+7	45山	1子	−3	+6
17	13陽	56未	−3	+7	44灯	57申	−3	+7	15山	58酉	−3	+7	45山	59戌	−3	+7	16畑	60亥	−3	+7	46畑	1子	−3	+6
18	14灯	56未	−3	+7	45山	57申	−3	+7	16畑	58酉	−3	+7	46畑	59戌	−3	+7	17岩	60亥	−3	+6	47岩	1子	−3	+6
19	15山	56未	−4	+7	46畑	57申	−4	+7	17岩	58酉	−4	+6	47岩	59戌	−3	+6	18宝	60亥	−4	+6	48宝	1子	−4	+5
20	16畑	56未	−4	+6	47岩	57申	−4	+6	18宝	58酉	−4	+6	48宝	59戌	−4	+6	19海	60亥	−4	+6	49海	1子	−4	+5
21	17岩	56未	−4	+6	48宝	57申	−4	+6	19海	58酉	−4	+6	49海	59戌	−4	+6	20雨	60亥	−4	+5	50雨	1子	−4	+5
22	18宝	56未	−5	+6	49海	57申	−5	+6	20雨	58酉	−5	+5	50雨	59戌	−4	+5	21木	60亥	−5	+5	51木	1子	−5	+4
23	19海	56未	−5	+5	50雨	57申	−5	+5	21木	58酉	−5	+5	51木	59戌	−5	+5	22草	60亥	−5	+5	52草	1子	−5	+4
24	20雨	56未	−5	+5	51木	57申	−5	+5	22草	58酉	−5	+5	52草	59戌	−5	+5	23陽	60亥	−5	+4	53陽	1子	−5	+4
25	21木	56未	−6	+5	52草	57申	−6	+5	23陽	58酉	−6	+4	53陽	59戌	−5	+4	24灯	60亥	−6	+4	54灯	1子	−6	+3
26	22草	56未	−6	+4	53陽	57申	−6	+4	24灯	58酉	−6	+4	54灯	59戌	−6	+4	25山	60亥	−6	+4	55山	1子	−6	+3
27	23陽	56未	−6	+4	54灯	57申	−6	+4	25山	58酉	−6	+4	55山	59戌	−6	+4	26畑	60亥	−6	+3	56畑	1子	−6	+3
28	24灯	56未	−7	+4	55山	57申	−7	+4	26畑	58酉	−7	+3	56畑	59戌	−6	+3	27岩	60亥	−7	+3	57岩	1子	−7	+2
29	25山	56未	−7	+3	56畑	57申	−7	+3	27岩	58酉	−7	+3	57岩	59戌	−7	+3	28宝	60亥	−7	+3	58宝	1子	−7	+2
30	26畑	56未	−7	+3	57岩	57申	−7	+3	28宝	58酉	−7	+3	58宝	59戌	−7	+3	29海	60亥	−7	+2	59海	1子	−7	+2
31	27岩	56未	−8	+3	58宝	57申	−8	+3					59海	59戌	−7	+2					60雨	1子	−8	+1

2024年 41 甲辰（2/4～翌年2/2）

日	1月				2月				3月				4月				5月				6月			
	日干	月干	男	女	日干	月干	男	女	日干	月干	男	女	日干	月干	男	女	日干	月干	男	女	日干	月干	男	女
1	1木	1子	-8	+2	32草	2丑	-9	+1	1木	3寅	+2	-8	32草	4卯	+1	-9	2草	5辰	+2	-8	33陽	6巳	+2	-9
2	2草	1子	-9	+1	33陽	2丑	-9	+1	2草	3寅	+1	-8	33陽	4卯	+1	-9	3陽	5辰	+1	-9	34灯	6巳	+1	-9
3	3陽	1子	-9	+1	34灯	2丑	-9	+1	3陽	3寅	+1	-9	34灯	4卯	+1	-9	4灯	5辰	+1	-9	35山	6巳	+1	-9
4	4灯	1子	-9	+1	35山	3寅	+0	-0	4灯	3寅	+1	-9	35山	5辰	+0	-0	5山	5辰	+1	-9	36畑	6巳	+1	-0
5	5山	1子	-0	+1	36畑	3寅	+0	-1	5山	4卯	+1	-9	36畑	5辰	+0	-0	6畑	6巳	+1	-0	37岩	7午	+1	-0
6	6畑	2丑	-1	+0	37岩	3寅	+0	-1	6畑	4卯	+0	-1	37岩	5辰	+0	-1	7岩	6巳	+0	-1	38宝	7午	+0	-0
7	7岩	2丑	-1	+9	38宝	3寅	+9	-1	7岩	4卯	+0	-1	38宝	5辰	+0	-1	8宝	6巳	+0	-1	39海	7午	+0	-1
8	8宝	2丑	-1	+9	39海	3寅	+9	-1	8宝	4卯	+9	-1	39海	5辰	+9	-1	9海	6巳	+0	-1	40雨	7午	+0	-1
9	9海	2丑	-1	+9	40雨	3寅	+9	-1	9海	4卯	+9	-1	40雨	5辰	+9	-1	10雨	6巳	+9	-1	41木	7午	+9	-1
10	10雨	2丑	-1	+8	41木	3寅	+8	-2	10雨	4卯	+9	-1	41木	5辰	+9	-1	11木	6巳	+9	-1	42草	7午	+9	-1
11	11木	2丑	-2	+8	42草	3寅	+8	-2	11木	4卯	+8	-2	42草	5辰	+8	-2	12草	6巳	+9	-2	43陽	7午	+9	-1
12	12草	2丑	-2	+8	43陽	3寅	+8	-2	12草	4卯	+8	-2	43陽	5辰	+8	-2	13陽	6巳	+8	-2	44灯	7午	+8	-2
13	13陽	2丑	-2	+7	44灯	3寅	+7	-3	13陽	4卯	+8	-2	44灯	5辰	+8	-2	14灯	6巳	+8	-2	45山	7午	+8	-2
14	14灯	2丑	-3	+7	45山	3寅	+7	-3	14灯	4卯	+7	-3	45山	5辰	+7	-3	15山	6巳	+8	-3	46畑	7午	+8	-2
15	15山	2丑	-3	+7	46畑	3寅	+7	-3	15山	4卯	+7	-3	46畑	5辰	+7	-3	16畑	6巳	+7	-3	47岩	7午	+7	-3
16	16畑	2丑	-3	+6	47岩	3寅	+6	-4	16畑	4卯	+7	-3	47岩	5辰	+7	-3	17岩	6巳	+7	-3	48宝	7午	+7	-3
17	17岩	2丑	-4	+6	48宝	3寅	+6	-4	17岩	4卯	+6	-4	48宝	5辰	+6	-4	18宝	6巳	+7	-4	49海	7午	+7	-3
18	18宝	2丑	-4	+6	49海	3寅	+6	-4	18宝	4卯	+6	-4	49海	5辰	+6	-4	19海	6巳	+6	-4	50雨	7午	+6	-4
19	19海	2丑	-4	+5	50雨	3寅	+5	-5	19海	4卯	+6	-4	50雨	5辰	+6	-4	20雨	6巳	+6	-4	51木	7午	+6	-4
20	20雨	2丑	-5	+5	51木	3寅	+5	-5	20雨	4卯	+5	-5	51木	5辰	+5	-5	21木	6巳	+6	-5	52草	7午	+6	-4
21	21木	2丑	-5	+5	52草	3寅	+5	-5	21木	4卯	+5	-5	52草	5辰	+5	-5	22草	6巳	+5	-5	53陽	7午	+5	-5
22	22草	2丑	-5	+4	53陽	3寅	+4	-6	22草	4卯	+5	-5	53陽	5辰	+5	-5	23陽	6巳	+5	-5	54灯	7午	+5	-5
23	23陽	2丑	-6	+4	54灯	3寅	+4	-6	23陽	4卯	+4	-6	54灯	5辰	+4	-6	24灯	6巳	+5	-6	55山	7午	+5	-5
24	24灯	2丑	-6	+4	55山	3寅	+4	-6	24灯	4卯	+4	-6	55山	5辰	+4	-6	25山	6巳	+4	-6	56畑	7午	+4	-6
25	25山	2丑	-6	+3	56畑	3寅	+3	-7	25山	4卯	+4	-6	56畑	5辰	+4	-6	26畑	6巳	+4	-6	57岩	7午	+4	-6
26	26畑	2丑	-7	+3	57岩	3寅	+3	-7	26畑	4卯	+3	-7	57岩	5辰	+3	-7	27岩	6巳	+4	-7	58宝	7午	+4	-6
27	27岩	2丑	-7	+3	58宝	3寅	+3	-7	27岩	4卯	+3	-7	58宝	5辰	+3	-7	28宝	6巳	+3	-7	59海	7午	+3	-7
28	28宝	2丑	-7	+2	59海	3寅	+2	-8	28宝	4卯	+3	-7	59海	5辰	+3	-7	29海	6巳	+3	-7	60雨	7午	+3	-7
29	29海	2丑	-8	+2	60雨	3寅	+2	-8	29海	4卯	+2	-8	60雨	5辰	+2	-8	30雨	6巳	+3	-8	1木	7午	+3	-7
30	30雨	2丑	-8	+2					30雨	4卯	+2	-8	1木	5辰	+2	-8	31木	6巳	+2	-8	2草	7午	+2	-8
31	31木	2丑	-8	+1					31木	4卯	+2	-8					32草	6巳	+2	-8				

日	7月				8月				9月				10月				11月				12月			
	日干	月干	男	女	日干	月干	男	女	日干	月干	男	女	日干	月干	男	女	日干	月干	男	女	日干	月干	男	女
1	3陽	7午	+2	-8	34灯	8未	+2	-8	5山	9申	+2	-8	35山	10酉	+2	-8	6畑	11戌	+2	-8	36畑	12亥	+2	-8
2	4灯	7午	+2	-8	35山	8未	+2	-8	6畑	9申	+2	-8	36畑	10酉	+2	-8	7岩	11戌	+2	-8	37岩	12亥	+1	-8
3	5山	7午	+1	-9	36畑	8未	+2	-9	7岩	9申	+2	-9	37岩	10酉	+2	-8	8宝	11戌	+1	-8	38宝	12亥	+1	-8
4	6畑	7午	+1	-9	37岩	8未	+1	-9	8宝	9申	+1	-9	38宝	10酉	+1	-9	9海	11戌	+1	-9	39海	12亥	+1	-9
5	7岩	7午	+1	-9	38宝	8未	+1	-9	9海	9申	+1	-9	39海	10酉	+1	-9	10雨	11戌	+1	-9	40雨	12亥	+1	-9
6	8宝	8未	+1	-0	39海	8未	+1	-0	10雨	9申	+1	-0	40雨	10酉	+1	-9	11木	11戌	+1	-9	41木	12亥	+0	-9
7	9海	8未	+0	-0	40雨	9申	+1	-0	11木	10酉	+1	-0	41木	10酉	+1	-0	12草	12亥	+0	-0	42草	13子	+9	-0
8	10雨	8未	+0	-0	41木	9申	+0	-1	12草	10酉	+0	-1	42草	11戌	+0	-0	13陽	12亥	+0	-1	43陽	13子	+9	-1
9	11木	8未	+0	-1	42草	9申	+0	-1	13陽	10酉	+0	-1	43陽	11戌	+0	-1	14灯	12亥	+9	-1	44灯	13子	+9	-1
10	12草	8未	+0	-1	43陽	9申	+0	-1	14灯	10酉	+9	-1	44灯	11戌	+9	-1	15山	12亥	+9	-1	45山	13子	+8	-1
11	13陽	8未	+9	-1	44灯	9申	+9	-1	15山	10酉	+9	-1	45山	11戌	+9	-1	16畑	12亥	+9	-1	46畑	13子	+8	-1
12	14灯	8未	+9	-1	45山	9申	+9	-1	16畑	10酉	+9	-1	46畑	11戌	+9	-1	17岩	12亥	+8	-1	47岩	13子	+8	-1
13	15山	8未	+9	-1	46畑	9申	+9	-2	17岩	10酉	+8	-2	47岩	11戌	+8	-1	18宝	12亥	+8	-2	48宝	13子	+7	-2
14	16畑	8未	+8	-2	47岩	9申	+8	-2	18宝	10酉	+8	-2	48宝	11戌	+8	-2	19海	12亥	+8	-2	49海	13子	+7	-2
15	17岩	8未	+8	-2	48宝	9申	+8	-2	19海	10酉	+8	-2	49海	11戌	+8	-2	20雨	12亥	+7	-2	50雨	13子	+7	-2
16	18宝	8未	+8	-2	49海	9申	+8	-3	20雨	10酉	+7	-3	50雨	11戌	+7	-2	21木	12亥	+7	-3	51木	13子	+6	-3
17	19海	8未	+7	-3	50雨	9申	+7	-3	21木	10酉	+7	-3	51木	11戌	+7	-3	22草	12亥	+7	-3	52草	13子	+6	-3
18	20雨	8未	+7	-3	51木	9申	+7	-3	22草	10酉	+7	-3	52草	11戌	+7	-3	23陽	12亥	+6	-3	53陽	13子	+6	-3
19	21木	8未	+7	-3	52草	9申	+7	-4	23陽	10酉	+6	-4	53陽	11戌	+6	-3	24灯	12亥	+6	-4	54灯	13子	+5	-4
20	22草	8未	+6	-4	53陽	9申	+6	-4	24灯	10酉	+6	-4	54灯	11戌	+6	-4	25山	12亥	+6	-4	55山	13子	+5	-4
21	23陽	8未	+6	-4	54灯	9申	+6	-4	25山	10酉	+6	-4	55山	11戌	+6	-4	26畑	12亥	+5	-4	56畑	13子	+5	-4
22	24灯	8未	+6	-4	55山	9申	+6	-5	26畑	10酉	+5	-5	56畑	11戌	+5	-4	27岩	12亥	+5	-5	57岩	13子	+4	-5
23	25山	8未	+5	-5	56畑	9申	+5	-5	27岩	10酉	+5	-5	57岩	11戌	+5	-5	28宝	12亥	+5	-5	58宝	13子	+4	-5
24	26畑	8未	+5	-5	57岩	9申	+5	-5	28宝	10酉	+5	-5	58宝	11戌	+5	-5	29海	12亥	+4	-5	59海	13子	+4	-5
25	27岩	8未	+5	-5	58宝	9申	+5	-6	29海	10酉	+4	-6	59海	11戌	+4	-5	30雨	12亥	+4	-6	60雨	13子	+3	-6
26	28宝	8未	+4	-6	59海	9申	+4	-6	30雨	10酉	+4	-6	60雨	11戌	+4	-6	31木	12亥	+4	-6	1木	13子	+3	-6
27	29海	8未	+4	-6	60雨	9申	+4	-6	31木	10酉	+4	-6	1木	11戌	+4	-6	32草	12亥	+3	-6	2草	13子	+3	-6
28	30雨	8未	+4	-6	1木	9申	+4	-7	32草	10酉	+3	-7	2草	11戌	+3	-6	33陽	12亥	+3	-7	3陽	13子	+2	-7
29	31木	8未	+3	-7	2草	9申	+3	-7	33陽	10酉	+3	-7	3陽	11戌	+3	-7	34灯	12亥	+3	-7	4灯	13子	+2	-7
30	32草	8未	+3	-7	3陽	9申	+3	-7	34灯	10酉	+3	-7	4灯	11戌	+3	-7	35山	12亥	+2	-7	5山	13子	+2	-7
31	33陽	8未	+3	-7	4灯	9申	+3	-8					5山	11戌	+2	-7					6畑	13子	+1	-8

2025年 42 乙巳（2/3～翌年2/3）

日	1月				2月				3月				4月				5月				6月			
	日干	月干	男	女	日干	月干	男	女	日干	月干	男	女	日干	月干	男	女	日干	月干	男	女	日干	月干	男	女
1	7岩	13子	+2	-8	38宝	14丑	+1	-9	6畑	15寅	-8	+2	37岩	16卯	-9	+1	7岩	17辰	-8	+2	38宝	18巳	-9	+2
2	8宝	13子	+1	-9	39海	14丑	+1	-9	7岩	15寅	-8	+1	38宝	16卯	-9	+1	8宝	17辰	-9	+1	39海	18巳	-9	+1
3	9海	13子	+1	-9	40雨	15寅	-9	+1	8宝	15寅	-9	+1	39海	16卯	-9	+1	9海	17辰	-9	+1	40雨	18巳	-9	+1
4	10雨	13子	+1	-9	41木	15寅	-0	+0	9海	15寅	-9	+1	40雨	17辰	-0	+0	10雨	17辰	-9	+1	41木	18巳	-0	+1
5	11木	14丑	+1	-0	42草	15寅	-1	+0	10雨	16卯	-9	+1	41木	17辰	-0	+0	11木	18巳	-0	+1	42草	19午	-0	+1
6	12草	14丑	+0	-1	43陽	15寅	-1	+0	11木	16卯	-1	+0	42草	17辰	-1	+0	12草	18巳	-1	+0	43陽	19午	-0	+0
7	13陽	14丑	+9	-1	44灯	15寅	-1	+9	12草	16卯	-1	+0	43陽	17辰	-1	+0	13陽	18巳	-1	+0	44灯	19午	-1	+0
8	14灯	14丑	+9	-1	45山	15寅	-1	+9	13陽	16卯	-1	+9	44灯	17辰	-1	+9	14灯	18巳	-1	+0	45山	19午	-1	+0
9	15山	14丑	+9	-1	46畑	15寅	-1	+9	14灯	16卯	-1	+9	45山	17辰	-1	+9	15山	18巳	-1	+9	46畑	19午	-1	+9
10	16畑	14丑	+8	-1	47岩	15寅	-2	+8	15山	16卯	-1	+9	46畑	17辰	-1	+9	16畑	18巳	-1	+9	47岩	19午	-1	+9
11	17岩	14丑	+8	-2	48宝	15寅	-2	+8	16畑	16卯	-2	+8	47岩	17辰	-2	+8	17岩	18巳	-2	+9	48宝	19午	-1	+9
12	18宝	14丑	+8	-2	49海	15寅	-2	+8	17岩	16卯	-2	+8	48宝	17辰	-2	+8	18宝	18巳	-2	+8	49海	19午	-2	+8
13	19海	14丑	+7	-2	50雨	15寅	-3	+7	18宝	16卯	-2	+8	49海	17辰	-2	+8	19海	18巳	-2	+8	50雨	19午	-2	+8
14	20雨	14丑	+7	-3	51木	15寅	-3	+7	19海	16卯	-3	+7	50雨	17辰	-3	+7	20雨	18巳	-3	+8	51木	19午	-2	+8
15	21木	14丑	+7	-3	52草	15寅	-3	+7	20雨	16卯	-3	+7	51木	17辰	-3	+7	21木	18巳	-3	+7	52草	19午	-3	+7
16	22草	14丑	+6	-3	53陽	15寅	-4	+6	21木	16卯	-3	+7	52草	17辰	-3	+7	22草	18巳	-3	+7	53陽	19午	-3	+7
17	23陽	14丑	+6	-4	54灯	15寅	-4	+6	22草	16卯	-4	+6	53陽	17辰	-4	+6	23陽	18巳	-4	+7	54灯	19午	-3	+7
18	24灯	14丑	+6	-4	55山	15寅	-4	+6	23陽	16卯	-4	+6	54灯	17辰	-4	+6	24灯	18巳	-4	+6	55山	19午	-4	+6
19	25山	14丑	+5	-4	56畑	15寅	-5	+5	24灯	16卯	-4	+6	55山	17辰	-4	+6	25山	18巳	-4	+6	56畑	19午	-4	+6
20	26畑	14丑	+5	-5	57岩	15寅	-5	+5	25山	16卯	-5	+5	56畑	17辰	-5	+5	26畑	18巳	-5	+6	57岩	19午	-4	+6
21	27岩	14丑	+5	-5	58宝	15寅	-5	+5	26畑	16卯	-5	+5	57岩	17辰	-5	+5	27岩	18巳	-5	+5	58宝	19午	-5	+5
22	28宝	14丑	+4	-5	59海	15寅	-6	+4	27岩	16卯	-5	+5	58宝	17辰	-5	+5	28宝	18巳	-5	+5	59海	19午	-5	+5
23	29海	14丑	+4	-6	60雨	15寅	-6	+4	28宝	16卯	-6	+4	59海	17辰	-6	+4	29海	18巳	-6	+5	60雨	19午	-5	+5
24	30雨	14丑	+4	-6	1木	15寅	-6	+4	29海	16卯	-6	+4	60雨	17辰	-6	+4	30雨	18巳	-6	+4	1木	19午	-6	+4
25	31木	14丑	+3	-6	2草	15寅	-7	+3	30雨	16卯	-6	+4	1木	17辰	-6	+4	31木	18巳	-6	+4	2草	19午	-6	+4
26	32草	14丑	+3	-7	3陽	15寅	-7	+3	31木	16卯	-7	+3	2草	17辰	-7	+3	32草	18巳	-7	+4	3陽	19午	-6	+4
27	33陽	14丑	+3	-7	4灯	15寅	-7	+3	32草	16卯	-7	+3	3陽	17辰	-7	+3	33陽	18巳	-7	+3	4灯	19午	-7	+3
28	34灯	14丑	+2	-7	5山	15寅	-8	+2	33陽	16卯	-7	+3	4灯	17辰	-7	+3	34灯	18巳	-7	+3	5山	19午	-7	+3
29	35山	14丑	+2	-8					34灯	16卯	-8	+2	5山	17辰	-8	+2	35山	18巳	-8	+3	6畑	19午	-7	+3
30	36畑	14丑	+2	-8					35山	16卯	-8	+2	6畑	17辰	-8	+2	36畑	18巳	-8	+2	7岩	19午	-8	+2
31	37岩	14丑	+1	-8					36畑	16卯	-8	+2					37岩	18巳	-8	+2				

日	7月				8月				9月				10月				11月				12月			
	日干	月干	男	女	日干	月干	男	女	日干	月干	男	女	日干	月干	男	女	日干	月干	男	女	日干	月干	男	女
1	8宝	19午	-8	+2	39海	20未	-8	+2	10雨	21申	-8	+2	40雨	22酉	-8	+2	11木	23戌	-8	+2	41木	24亥	-8	+2
2	9海	19午	-9	+2	40雨	20未	-8	+2	11木	21申	-8	+2	41木	22酉	-8	+2	12草	23戌	-8	+2	42草	24亥	-8	+1
3	10雨	19午	-9	+1	41木	20未	-9	+2	12草	21申	-9	+2	42草	22酉	-8	+2	13陽	23戌	-8	+1	43陽	24亥	-8	+1
4	11木	19午	-9	+1	42草	20未	-9	+1	13陽	21申	-9	+1	43陽	22酉	-9	+1	14灯	23戌	-9	+1	44灯	24亥	-9	+1
5	12草	19午	-0	+1	43陽	20未	-9	+1	14灯	21申	-9	+1	44灯	22酉	-9	+1	15山	23戌	-9	+1	45山	24亥	-9	+1
6	13陽	19午	-0	+1	44灯	20未	-0	+1	15山	21申	-0	+1	45山	22酉	-9	+1	16畑	23戌	-9	+1	46畑	24亥	-9	+0
7	14灯	20未	-0	+0	45山	21申	-0	+1	16畑	22酉	-0	+1	46畑	22酉	-0	+1	17岩	24亥	-0	+0	47岩	25子	-0	+9
8	15山	20未	-1	+0	46畑	21申	-1	+0	17岩	22酉	-1	+0	47岩	23戌	-0	+0	18宝	24亥	-1	+0	48宝	25子	-1	+9
9	16畑	20未	-1	+0	47岩	21申	-1	+0	18宝	22酉	-1	+0	48宝	23戌	-1	+0	19海	24亥	-1	+9	49海	25子	-1	+9
10	17岩	20未	-1	+0	48宝	21申	-1	+0	19海	22酉	-1	+9	49海	23戌	-1	+9	20雨	24亥	-1	+9	50雨	25子	-1	+8
11	18宝	20未	-1	+9	49海	21申	-1	+9	20雨	22酉	-1	+9	50雨	23戌	-1	+9	21木	24亥	-1	+9	51木	25子	-1	+8
12	19海	20未	-1	+9	50雨	21申	-1	+9	21木	22酉	-1	+9	51木	23戌	-1	+9	22草	24亥	-1	+8	52草	25子	-1	+8
13	20雨	20未	-2	+9	51木	21申	-2	+9	22草	22酉	-2	+8	52草	23戌	-1	+8	23陽	24亥	-2	+8	53陽	25子	-2	+7
14	21木	20未	-2	+8	52草	21申	-2	+8	23陽	22酉	-2	+8	53陽	23戌	-2	+8	24灯	24亥	-2	+8	54灯	25子	-2	+7
15	22草	20未	-2	+8	53陽	21申	-2	+8	24灯	22酉	-2	+8	54灯	23戌	-2	+8	25山	24亥	-2	+7	55山	25子	-2	+7
16	23陽	20未	-3	+8	54灯	21申	-3	+8	25山	22酉	-3	+7	55山	23戌	-2	+7	26畑	24亥	-3	+7	56畑	25子	-3	+6
17	24灯	20未	-3	+7	55山	21申	-3	+7	26畑	22酉	-3	+7	56畑	23戌	-3	+7	27岩	24亥	-3	+7	57岩	25子	-3	+6
18	25山	20未	-3	+7	56畑	21申	-3	+7	27岩	22酉	-3	+7	57岩	23戌	-3	+7	28宝	24亥	-3	+6	58宝	25子	-3	+6
19	26畑	20未	-4	+7	57岩	21申	-4	+7	28宝	22酉	-4	+6	58宝	23戌	-3	+6	29海	24亥	-4	+6	59海	25子	-4	+5
20	27岩	20未	-4	+6	58宝	21申	-4	+6	29海	22酉	-4	+6	59海	23戌	-4	+6	30雨	24亥	-4	+6	60雨	25子	-4	+5
21	28宝	20未	-4	+6	59海	21申	-4	+6	30雨	22酉	-4	+6	60雨	23戌	-4	+6	31木	24亥	-4	+5	1木	25子	-4	+5
22	29海	20未	-5	+6	60雨	21申	-5	+6	31木	22酉	-5	+5	1木	23戌	-4	+5	32草	24亥	-5	+5	2草	25子	-5	+4
23	30雨	20未	-5	+5	1木	21申	-5	+5	32草	22酉	-5	+5	2草	23戌	-5	+5	33陽	24亥	-5	+5	3陽	25子	-5	+4
24	31木	20未	-5	+5	2草	21申	-5	+5	33陽	22酉	-5	+5	3陽	23戌	-5	+5	34灯	24亥	-5	+4	4灯	25子	-5	+4
25	32草	20未	-6	+5	3陽	21申	-6	+5	34灯	22酉	-6	+4	4灯	23戌	-5	+4	35山	24亥	-6	+4	5山	25子	-6	+3
26	33陽	20未	-6	+4	4灯	21申	-6	+4	35山	22酉	-6	+4	5山	23戌	-6	+4	36畑	24亥	-6	+4	6畑	25子	-6	+3
27	34灯	20未	-6	+4	5山	21申	-6	+4	36畑	22酉	-6	+4	6畑	23戌	-6	+4	37岩	24亥	-6	+3	7岩	25子	-6	+3
28	35山	20未	-7	+4	6畑	21申	-7	+4	37岩	22酉	-7	+3	7岩	23戌	-6	+3	38宝	24亥	-7	+3	8宝	25子	-7	+2
29	36畑	20未	-7	+3	7岩	21申	-7	+3	38宝	22酉	-7	+3	8宝	23戌	-7	+3	39海	24亥	-7	+3	9海	25子	-7	+2
30	37岩	20未	-7	+3	8宝	21申	-7	+3	39海	22酉	-7	+3	9海	23戌	-7	+3	40雨	24亥	-7	+2	10雨	25子	-7	+2
31	38宝	20未	-8	+3	9海	21申	-8	+3					10雨	23戌	-7	+2					11木	25子	-8	+1

2026年　43 丙午（2/4 ～翌年2/3）

日	1月				2月				3月				4月				5月				6月			
日	日干	月干	男	女	日干	月干	男	女	日干	月干	男	女	日干	月干	男	女	日干	月干	男	女	日干	月干	男	女
1	12草	25子	−8	+2	43陽	26丑	−9	+1	11木	27寅	+2	−8	42草	28卯	+1	−9	12草	29辰	+2	−8	43陽	30巳	+2	−9
2	13陽	25子	−9	+1	44灯	26丑	−9	+1	12草	27寅	+1	−8	43陽	28卯	+1	−9	13陽	29辰	+1	−9	44灯	30巳	+1	−9
3	14灯	25子	−9	+1	45山	26丑	−9	+1	13陽	27寅	+1	−9	44灯	28卯	+1	−9	14灯	29辰	+1	−9	45山	30巳	+1	−9
4	15山	25子	−9	+1	46畑	27寅	+0	−0	14灯	27寅	+1	−9	45山	28卯	+0	−0	15山	29辰	+1	−9	46畑	30巳	+1	−0
5	16畑	26丑	−0	+1	47岩	27寅	+0	−1	15山	28卯	+1	−9	46畑	29辰	+0	−0	16畑	30巳	+1	−0	47岩	30巳	+1	−0
6	17岩	26丑	−1	+0	48宝	27寅	+0	−1	16畑	28卯	+0	−1	47岩	29辰	+0	−1	17岩	30巳	+0	−1	48宝	31午	+0	−0
7	18宝	26丑	−1	+9	49海	27寅	+9	−1	17岩	28卯	+0	−1	48宝	29辰	+0	−1	18宝	30巳	+0	−1	49海	31午	+0	−1
8	19海	26丑	−1	+9	50雨	27寅	+9	−1	18宝	28卯	+9	−1	49海	29辰	+9	−1	19海	30巳	+0	−1	50雨	31午	+0	−1
9	20雨	26丑	−1	+9	51木	27寅	+9	−1	19海	28卯	+9	−1	50雨	29辰	+9	−1	20雨	30巳	+9	−1	51木	31午	+9	−1
10	21木	26丑	−1	+8	52草	27寅	+8	−2	20雨	28卯	+9	−1	51木	29辰	+9	−1	21木	30巳	+9	−1	52草	31午	+9	−1
11	22草	26丑	−2	+8	53陽	27寅	+8	−2	21木	28卯	+8	−2	52草	29辰	+8	−2	22草	30巳	+9	−2	53陽	31午	+9	−1
12	23陽	26丑	−2	+8	54灯	27寅	+8	−2	22草	28卯	+8	−2	53陽	29辰	+8	−2	23陽	30巳	+8	−2	54灯	31午	+8	−2
13	24灯	26丑	−2	+7	55山	27寅	+7	−3	23陽	28卯	+8	−2	54灯	29辰	+8	−2	24灯	30巳	+8	−2	55山	31午	+8	−2
14	25山	26丑	−3	+7	56畑	27寅	+7	−3	24灯	28卯	+7	−3	55山	29辰	+7	−3	25山	30巳	+8	−3	56畑	31午	+8	−2
15	26畑	26丑	−3	+7	57岩	27寅	+7	−3	25山	28卯	+7	−3	56畑	29辰	+7	−3	26畑	30巳	+7	−3	57岩	31午	+7	−3
16	27岩	26丑	−3	+6	58宝	27寅	+6	−4	26畑	28卯	+7	−3	57岩	29辰	+7	−3	27岩	30巳	+7	−3	58宝	31午	+7	−3
17	28宝	26丑	−4	+6	59海	27寅	+6	−4	27岩	28卯	+6	−4	58宝	29辰	+6	−4	28宝	30巳	+7	−4	59海	31午	+7	−3
18	29海	26丑	−4	+6	60雨	27寅	+6	−4	28宝	28卯	+6	−4	59海	29辰	+6	−4	29海	30巳	+6	−4	60雨	31午	+6	−4
19	30雨	26丑	−4	+5	1木	27寅	+5	−5	29海	28卯	+6	−4	60雨	29辰	+6	−4	30雨	30巳	+6	−4	1木	31午	+6	−4
20	31木	26丑	−5	+5	2草	27寅	+5	−5	30雨	28卯	+5	−5	1木	29辰	+5	−5	31木	30巳	+6	−5	2草	31午	+6	−4
21	32草	26丑	−5	+5	3陽	27寅	+5	−5	31木	28卯	+5	−5	2草	29辰	+5	−5	32草	30巳	+5	−5	3陽	31午	+5	−5
22	33陽	26丑	−5	+4	4灯	27寅	+4	−6	32草	28卯	+5	−5	3陽	29辰	+5	−5	33陽	30巳	+5	−5	4灯	31午	+5	−5
23	34灯	26丑	−6	+4	5山	27寅	+4	−6	33陽	28卯	+4	−6	4灯	29辰	+4	−6	34灯	30巳	+5	−6	5山	31午	+5	−5
24	35山	26丑	−6	+4	6畑	27寅	+4	−6	34灯	28卯	+4	−6	5山	29辰	+4	−6	35山	30巳	+4	−6	6畑	31午	+4	−6
25	36畑	26丑	−6	+3	7岩	27寅	+3	−7	35山	28卯	+4	−6	6畑	29辰	+4	−6	36畑	30巳	+4	−6	7岩	31午	+4	−6
26	37岩	26丑	−7	+3	8宝	27寅	+3	−7	36畑	28卯	+3	−7	7岩	29辰	+3	−7	37岩	30巳	+4	−7	8宝	31午	+4	−6
27	38宝	26丑	−7	+3	9海	27寅	+3	−7	37岩	28卯	+3	−7	8宝	29辰	+3	−7	38宝	30巳	+3	−7	9海	31午	+3	−7
28	39海	26丑	−7	+2	10雨	27寅	+2	−8	38宝	28卯	+3	−7	9海	29辰	+3	−7	39海	30巳	+3	−7	10雨	31午	+3	−7
29	40雨	26丑	−8	+2					39海	28卯	+2	−8	10雨	29辰	+2	−8	40雨	30巳	+3	−8	11木	31午	+3	−7
30	41木	26丑	−8	+2					40雨	28卯	+2	−8	11木	29辰	+2	−8	41木	30巳	+2	−8	12草	31午	+2	−8
31	42草	26丑	−8	+1					41木	28卯	+2	−8					42草	30巳	+2	−8				

日	7月				8月				9月				10月				11月				12月			
日	日干	月干	男	女	日干	月干	男	女	日干	月干	男	女	日干	月干	男	女	日干	月干	男	女	日干	月干	男	女
1	13陽	31午	+2	−8	44灯	32未	+2	−8	15山	33申	+2	−8	45山	34酉	+2	−8	16畑	35戌	+2	−8	46畑	36亥	+2	−8
2	14灯	31午	+2	−9	45山	32未	+2	−8	16畑	33申	+2	−8	46畑	34酉	+2	−8	17岩	35戌	+2	−8	47岩	36亥	+1	−8
3	15山	31午	+1	−9	46畑	32未	+2	−9	17岩	33申	+2	−9	47岩	34酉	+2	−8	18宝	35戌	+1	−8	48宝	36亥	+1	−8
4	16畑	31午	+1	−9	47岩	32未	+1	−9	18宝	33申	+1	9	48宝	34酉	+1	−9	19海	35戌	+1	−9	49海	36亥	+1	−9
5	17岩	31午	+1	−0	48宝	32未	+1	−9	19海	33申	+1	−9	49海	34酉	+1	−9	20雨	35戌	+1	−9	50雨	36亥	+1	−9
6	18宝	31午	+1	−0	49海	32未	+1	−0	20雨	33申	+1	−0	50雨	34酉	+1	−9	21木	35戌	+1	−9	51木	36亥	+0	−9
7	19海	32未	+0	−0	50雨	33申	+1	−0	21木	34酉	+1	−0	51木	34酉	+1	−0	22草	36亥	+0	−0	52草	37子	+9	−0
8	20雨	32未	+0	−1	51木	33申	+0	−1	22草	34酉	+0	−1	52草	35戌	+0	−0	23陽	36亥	+0	−1	53陽	37子	+9	−1
9	21木	32未	+0	−1	52草	33申	+0	−1	23陽	34酉	+0	−1	53陽	35戌	+0	−1	24灯	36亥	+9	−1	54灯	37子	+9	−1
10	22草	32未	+0	−1	53陽	33申	+0	−1	24灯	34酉	+9	−1	54灯	35戌	+9	−1	25山	36亥	+9	−1	55山	37子	+8	−1
11	23陽	32未	+9	−1	54灯	33申	+9	−1	25山	34酉	+9	−1	55山	35戌	+9	−1	26畑	36亥	+9	−1	56畑	37子	+8	−1
12	24灯	32未	+9	−1	55山	33申	+9	−1	26畑	34酉	+9	−1	56畑	35戌	+9	−1	27岩	36亥	+8	−1	57岩	37子	+8	−1
13	25山	32未	+9	−2	56畑	33申	+9	−2	27岩	34酉	+8	−2	57岩	35戌	+8	−1	28宝	36亥	+8	−2	58宝	37子	+7	−2
14	26畑	32未	+8	−2	57岩	33申	+8	−2	28宝	34酉	+8	−2	58宝	35戌	+8	−2	29海	36亥	+8	−2	59海	37子	+7	−2
15	27岩	32未	+8	−2	58宝	33申	+8	−2	29海	34酉	+8	−2	59海	35戌	+8	−2	30雨	36亥	+7	−2	60雨	37子	+7	−2
16	28宝	32未	+8	−3	59海	33申	+8	−3	30雨	34酉	+7	−3	60雨	35戌	+7	−2	31木	36亥	+7	−3	1木	37子	+6	−3
17	29海	32未	+7	−3	60雨	33申	+7	−3	31木	34酉	+7	−3	1木	35戌	+7	−3	32草	36亥	+7	−3	2草	37子	+6	−3
18	30雨	32未	+7	−3	1木	33申	+7	−3	32草	34酉	+7	−3	2草	35戌	+7	−3	33陽	36亥	+6	−3	3陽	37子	+6	−3
19	31木	32未	+7	−4	2草	33申	+7	−4	33陽	34酉	+6	−4	3陽	35戌	+6	−3	34灯	36亥	+6	−4	4灯	37子	+5	−4
20	32草	32未	+6	−4	3陽	33申	+6	−4	34灯	34酉	+6	−4	4灯	35戌	+6	−4	35山	36亥	+6	−4	5山	37子	+5	−4
21	33陽	32未	+6	−4	4灯	33申	+6	−4	35山	34酉	+6	−4	5山	35戌	+6	−4	36畑	36亥	+5	−4	6畑	37子	+5	−4
22	34灯	32未	+6	−5	5山	33申	+6	−5	36畑	34酉	+5	−5	6畑	35戌	+5	−4	37岩	36亥	+5	−5	7岩	37子	+4	−5
23	35山	32未	+5	−5	6畑	33申	+5	−5	37岩	34酉	+5	−5	7岩	35戌	+5	−5	38宝	36亥	+5	−5	8宝	37子	+4	−5
24	36畑	32未	+5	−5	7岩	33申	+5	−5	38宝	34酉	+5	−5	8宝	35戌	+5	−5	39海	36亥	+4	−5	9海	37子	+4	−5
25	37岩	32未	+5	−6	8宝	33申	+5	−6	39海	34酉	+4	−6	9海	35戌	+4	−5	40雨	36亥	+4	−6	10雨	37子	+3	−6
26	38宝	32未	+4	−6	9海	33申	+4	−6	40雨	34酉	+4	−6	10雨	35戌	+4	−6	41木	36亥	+4	−6	11木	37子	+3	−6
27	39海	32未	+4	−6	10雨	33申	+4	−6	41木	34酉	+4	−6	11木	35戌	+4	−6	42草	36亥	+3	−6	12草	37子	+3	−6
28	40雨	32未	+4	−7	11木	33申	+4	7	42草	34酉	+3	−7	12草	35戌	+3	−6	43陽	36亥	+3	−7	13陽	37子	+2	−7
29	41木	32未	+3	−7	12草	33申	+3	−7	43陽	34酉	+3	−7	13陽	35戌	+3	−7	44灯	36亥	+3	−7	14灯	37子	+2	−7
30	42草	32未	+3	−7	13陽	33申	+3	−7	44灯	34酉	+3	−7	14灯	35戌	+3	−7	45山	36亥	+2	−7	15山	37子	+2	−7
31	43陽	32未	+3	−8	14灯	33申	+3	−8					15山	35戌	+2	−7					16畑	37子	+1	−8

2027年　44 丁未（2/4 ～翌年2/3）

日	1月				2月				3月				4月				5月				6月			
日	日干	月干	男	女	日干	月干	男	女	日干	月干	男	女	日干	月干	男	女	日干	月干	男	女	日干	月干	男	女
1	17岩	37子	+2	−8	48宝	38丑	+1	−9	16畑	39寅	−8	+2	47岩	40卯	−9	+1	17岩	41辰	−8	+2	48宝	42巳	−9	+2
2	18宝	37子	+1	−9	49海	38丑	+1	−9	17岩	39寅	−8	+1	48宝	40卯	−9	+1	18宝	41辰	−9	+1	49海	42巳	−9	+1
3	19海	37子	+1	−9	50雨	38丑	+1	−9	18宝	39寅	−9	+1	49海	40卯	−9	+1	19海	41辰	−9	+1	50雨	42巳	−9	+1
4	20雨	37子	+1	−9	51木	39寅	−0	+0	19海	39寅	−9	+1	50雨	40卯	−0	+0	20雨	41辰	−9	+1	51木	42巳	−0	+1
5	21木	38丑	+1	−0	52草	39寅	−1	+0	20雨	39寅	−9	+1	51木	41辰	−0	+0	21木	41辰	−0	+1	52草	42巳	−0	+1
6	22草	38丑	+0	−1	53陽	39寅	−1	+0	21木	40卯	−1	+0	52草	41辰	−1	+0	22草	42巳	−1	+0	53陽	43午	−0	+0
7	23陽	38丑	+9	−1	54灯	39寅	−1	+9	22草	40卯	−1	+0	53陽	41辰	−1	+0	23陽	42巳	−1	+0	54灯	43午	−1	+0
8	24灯	38丑	+9	−1	55山	39寅	−1	+9	23陽	40卯	−1	+9	54灯	41辰	−1	+9	24灯	42巳	−1	+0	55山	43午	−1	+0
9	25山	38丑	+9	−1	56畑	39寅	−1	+9	24灯	40卯	−1	+9	55山	41辰	−1	+9	25山	42巳	−1	+9	56畑	43午	−1	+9
10	26畑	38丑	+8	−1	57岩	39寅	−2	+8	25山	40卯	−1	+9	56畑	41辰	−1	+9	26畑	42巳	−1	+9	57岩	43午	−1	+9
11	27岩	38丑	+8	−2	58宝	39寅	−2	+8	26畑	40卯	−2	+8	57岩	41辰	−2	+8	27岩	42巳	−2	+9	58宝	43午	−1	+9
12	28宝	38丑	+8	−2	59海	39寅	−2	+8	27岩	40卯	−2	+8	58宝	41辰	−2	+8	28宝	42巳	−2	+8	59海	43午	−2	+8
13	29海	38丑	+7	−2	60雨	39寅	−3	+7	28宝	40卯	−2	+8	59海	41辰	−2	+8	29海	42巳	−2	+8	60雨	43午	−2	+8
14	30雨	38丑	+7	−3	1木	39寅	−3	+7	29海	40卯	−3	+7	60雨	41辰	−3	+7	30雨	42巳	−3	+8	1木	43午	−2	+8
15	31木	38丑	+7	−3	2草	39寅	−3	+7	30雨	40卯	−3	+7	1木	41辰	−3	+7	31木	42巳	−3	+7	2草	43午	−3	+7
16	32草	38丑	+6	3	3陽	39寅	−4	+6	31木	40卯	−3	+7	2草	41辰	−3	+7	32草	42巳	−3	+7	3陽	43午	−3	+7
17	33陽	38丑	+6	−4	4灯	39寅	−4	+6	32草	40卯	−4	+6	3陽	41辰	−4	+6	33陽	42巳	−4	+7	4灯	43午	−3	+7
18	34灯	38丑	+6	−4	5山	39寅	−4	+6	33陽	40卯	−4	+6	4灯	41辰	−4	+6	34灯	42巳	−4	+6	5山	43午	−4	+6
19	35山	38丑	+5	−4	6畑	39寅	−5	+5	34灯	40卯	−4	+6	5山	41辰	−4	+6	35山	42巳	−4	+6	6畑	43午	−4	+6
20	36畑	38丑	+5	−5	7岩	39寅	−5	+5	35山	40卯	−5	+5	6畑	41辰	−5	+5	36畑	42巳	−5	+6	7岩	43午	−4	+6
21	37岩	38丑	+5	−5	8宝	39寅	−5	+5	36畑	40卯	−5	+5	7岩	41辰	−5	+5	37岩	42巳	−5	+5	8宝	43午	−5	+5
22	38宝	38丑	+4	−5	9海	39寅	−6	+4	37岩	40卯	−5	+5	8宝	41辰	−5	+5	38宝	42巳	−5	+5	9海	43午	−5	+5
23	39海	38丑	+4	−6	10雨	39寅	−6	+4	38宝	40卯	−6	+4	9海	41辰	−6	+4	39海	42巳	−6	+5	10雨	43午	−5	+5
24	40雨	38丑	+4	−6	11木	39寅	−6	+4	39海	40卯	−6	+4	10雨	41辰	−6	+4	40雨	42巳	−6	+4	11木	43午	−6	+4
25	41木	38丑	+3	−6	12草	39寅	−7	+3	40雨	40卯	−6	+4	11木	41辰	−6	+4	41木	42巳	−6	+4	12草	43午	−6	+4
26	42草	38丑	+3	−7	13陽	39寅	−7	+3	41木	40卯	−7	+3	12草	41辰	−7	+3	42草	42巳	−7	+4	13陽	43午	−6	+4
27	43陽	38丑	+3	−7	14灯	39寅	−7	+3	42草	40卯	−7	+3	13陽	41辰	−7	+3	43陽	42巳	−7	+3	14灯	43午	−7	+3
28	44灯	38丑	+2	−7	15山	39寅	−8	+2	43陽	40卯	−7	+3	14灯	41辰	−7	+3	44灯	42巳	−7	+3	15山	43午	−7	+3
29	45山	38丑	+2	−8					44灯	40卯	−8	+2	15山	41辰	−8	+2	45山	42巳	−8	+3	16畑	43午	−7	+3
30	46畑	38丑	+2	−8					45山	40卯	−8	+2	16畑	41辰	−8	+2	46畑	42巳	−8	+2	17岩	43午	−8	+2
31	47岩	38丑	+1	−8					46畑	40卯	−8	+2					47岩	42巳	−8	+2				

日	7月				8月				9月				10月				11月				12月			
日	日干	月干	男	女	日干	月干	男	女	日干	月干	男	女	日干	月干	男	女	日干	月干	男	女	日干	月干	男	女
1	18宝	43午	−8	+2	49海	44未	−8	+2	20雨	45申	−8	+2	50雨	46酉	−8	+2	21木	47戌	−8	+2	51木	48亥	−8	+2
2	19海	43午	−9	+2	50雨	44未	−8	+2	21木	45申	−8	+2	51木	46酉	−8	+2	22草	47戌	−8	+2	52草	48亥	−8	+1
3	20雨	43午	−9	+1	51木	44未	−9	+2	22草	45申	−9	+2	52草	46酉	−8	+2	23陽	47戌	−8	+1	53陽	48亥	−8	+1
4	21木	43午	−9	+1	52草	44未	−9	+1	23陽	45申	−9	+1	53陽	46酉	−9	+1	24灯	47戌	−9	+1	54灯	48亥	−9	+1
5	22草	43午	−0	+1	53陽	44未	−9	+1	24灯	45申	−9	+1	54灯	46酉	−9	+1	25山	47戌	−9	+1	55山	48亥	−9	+1
6	23陽	43午	−0	+1	54灯	44未	−0	+1	25山	45申	−0	+1	55山	46酉	−9	+1	26畑	47戌	−9	+1	56畑	48亥	−9	+0
7	24灯	44未	−0	+0	55山	44未	−0	+1	26畑	45申	−0	+1	56畑	46酉	−0	+1	27岩	47戌	−0	+0	57岩	49子	−0	+9
8	25山	44未	−1	+0	56畑	45申	−1	+0	27岩	46酉	−1	+0	57岩	47戌	−0	+0	28宝	48亥	−1	+0	58宝	49子	−1	+9
9	26畑	44未	−1	+0	57岩	45申	−1	+0	28宝	46酉	−1	+0	58宝	47戌	−1	+0	29海	48亥	−1	+9	59海	49子	−1	+9
10	27岩	44未	−1	+0	58宝	45申	−1	+0	29海	46酉	−1	+9	59海	47戌	−1	+9	30雨	48亥	−1	+9	60雨	49子	−1	+8
11	28宝	44未	−1	+9	59海	45申	−1	+9	30雨	46酉	−1	+9	60雨	47戌	−1	+9	31木	48亥	−1	+9	1木	49子	−1	+8
12	29海	44未	−1	+9	60雨	45申	−1	+9	31木	46酉	−1	+9	1木	47戌	−1	+9	32草	48亥	−1	+8	2草	49子	−1	+8
13	30雨	44未	−2	+9	1木	45申	−2	+9	32草	46酉	−2	+8	2草	47戌	−1	+8	33陽	48亥	−2	+8	3陽	49子	−2	+7
14	31木	44未	−2	+8	2草	45申	−2	+8	33陽	46酉	−2	+8	3陽	47戌	−2	+8	34灯	48亥	−2	+8	4灯	49子	−2	+7
15	32草	44未	−2	+8	3陽	45申	−2	+8	34灯	46酉	−2	+8	4灯	47戌	−2	+8	35山	48亥	−2	+7	5山	49子	−2	+7
16	33陽	44未	−3	+8	4灯	45申	−3	+8	35山	46酉	−3	+7	5山	47戌	−2	+7	36畑	48亥	−3	+7	6畑	49子	−3	+6
17	34灯	44未	−3	+7	5山	45申	−3	+7	36畑	46酉	−3	+7	6畑	47戌	3	+7	37岩	48亥	−3	+7	7岩	49子	−3	+6
18	35山	44未	−3	+7	6畑	45申	−3	+7	37岩	46酉	−3	+7	7岩	47戌	−3	+7	38宝	48亥	−3	+6	8宝	49子	−3	+6
19	36畑	44未	−4	+7	7岩	45申	−4	+7	38宝	46酉	−4	+6	8宝	47戌	−3	+6	39海	48亥	−4	+6	9海	49子	−4	+5
20	37岩	44未	−4	+6	8宝	45申	−4	+6	39海	46酉	−4	+6	9海	47戌	−4	+6	40雨	48亥	−4	+6	10雨	49子	−4	+5
21	38宝	44未	−4	+6	9海	45申	−4	+6	40雨	46酉	−4	+6	10雨	47戌	−4	+6	41木	48亥	−4	+5	11木	49子	−4	+5
22	39海	44未	−5	+6	10雨	45申	−5	+6	41木	46酉	−5	+5	11木	47戌	−4	+5	42草	48亥	−5	+5	12草	49子	−5	+4
23	40雨	44未	−5	+5	11木	45申	−5	+5	42草	46酉	−5	+5	12草	47戌	−5	+5	43陽	48亥	−5	+5	13陽	49子	−5	+4
24	41木	44未	−5	+5	12草	45申	−5	+5	43陽	46酉	−5	+5	13陽	47戌	−5	+5	44灯	48亥	−5	+4	14灯	49子	−5	+4
25	42草	44未	−6	+5	13陽	45申	−6	+5	44灯	46酉	−6	+4	14灯	47戌	−5	+4	45山	48亥	−6	+4	15山	49子	−6	+3
26	43陽	44未	−6	+4	14灯	45申	−6	+4	45山	46酉	−6	+4	15山	47戌	−6	+4	46畑	48亥	−6	+4	16畑	49子	−6	+3
27	44灯	44未	−6	+4	15山	45申	−6	+4	46畑	46酉	−6	+4	16畑	47戌	−6	+4	47岩	48亥	−6	+3	17岩	49子	−6	+3
28	45山	44未	−7	+4	16畑	45申	−7	+4	47岩	46酉	−7	+3	17岩	47戌	−6	+3	48宝	48亥	−7	+3	18宝	49子	−7	+2
29	46畑	44未	−7	+3	17岩	45申	−7	+3	48宝	46酉	−7	+3	18宝	47戌	−7	+3	49海	48亥	−7	+3	19海	49子	−7	+2
30	47岩	44未	−7	+3	18宝	45申	−7	+3	49海	46酉	−7	+3	19海	47戌	−7	+3	50雨	48亥	−7	+2	20雨	49子	−7	+2
31	48宝	44未	−8	+3	19海	45申	−8	+3					20雨	47戌	−7	+2					21木	49子	−8	+1

2028年　45 戊申（2/4～翌年2/2）

日	1月				2月				3月			
	日干	月干	男	女	日干	月干	男	女	日干	月干	男	女
1	22 草	49子	- 8	+ 2	53 陽	50丑	- 9	+ 1	22 草	51寅	+ 2	- 8
2	23 陽	49子	- 9	+ 1	54 灯	50丑	- 9	+ 1	23 陽	51寅	+ 1	- 8
3	24 灯	49子	- 9	+ 1	55 山	50丑	- 9	+ 1	24 灯	51寅	+ 1	- 9
4	25 山	49子	- 9	+ 1	56 畑	51寅	+ 0	- 0	25 山	51寅	+ 1	- 9
5	26 畑	49子	- 0	+ 1	57 岩	51寅	+ 0	- 1	26 畑	52卯	+ 1	- 9
6	27 岩	50丑	- 1	+ 0	58 宝	51寅	+ 0	- 1	27 岩	52卯	+ 0	- 1
7	28 宝	50丑	- 1	+ 9	59 海	51寅	+ 9	- 1	28 宝	52卯	+ 0	- 1
8	29 海	50丑	- 1	+ 9	60 雨	51寅	+ 9	- 1	29 海	52卯	+ 9	- 1
9	30 雨	50丑	- 1	+ 9	1 木	51寅	+ 9	- 1	30 雨	52卯	+ 9	- 1
10	31 木	50丑	- 1	+ 8	2 草	51寅	+ 8	- 2	31 木	52卯	+ 9	- 1
11	32 草	50丑	- 2	+ 8	3 陽	51寅	+ 8	- 2	32 草	52卯	+ 8	- 2
12	33 陽	50丑	- 2	+ 8	4 灯	51寅	+ 8	- 2	33 陽	52卯	+ 8	- 2
13	34 灯	50丑	- 2	+ 7	5 山	51寅	+ 7	- 3	34 灯	52卯	+ 8	- 2
14	35 山	50丑	- 3	+ 7	6 畑	51寅	+ 7	- 3	35 山	52卯	+ 7	- 3
15	36 畑	50丑	- 3	+ 7	7 岩	51寅	+ 7	- 3	36 畑	52卯	+ 7	- 3
16	37 岩	50丑	- 3	+ 6	8 宝	51寅	+ 6	- 4	37 岩	52卯	+ 7	- 3
17	38 宝	50丑	- 4	+ 6	9 海	51寅	+ 6	- 4	38 宝	52卯	+ 6	- 4
18	39 海	50丑	- 4	+ 6	10 雨	51寅	+ 6	- 4	39 海	52卯	+ 6	- 4
19	40 雨	50丑	- 4	+ 5	11 木	51寅	+ 5	- 5	40 雨	52卯	+ 6	- 4
20	41 木	50丑	- 5	+ 5	12 草	51寅	+ 5	- 5	41 木	52卯	+ 5	- 5
21	42 草	50丑	- 5	+ 5	13 陽	51寅	+ 5	- 5	42 草	52卯	+ 5	- 5
22	43 陽	50丑	- 5	+ 4	14 灯	51寅	+ 4	- 6	43 陽	52卯	+ 5	- 5
23	44 灯	50丑	- 6	+ 4	15 山	51寅	+ 4	- 6	44 灯	52卯	+ 4	- 6
24	45 山	50丑	- 6	+ 4	16 畑	51寅	+ 4	- 6	45 山	52卯	+ 4	- 6
25	46 畑	50丑	- 6	+ 3	17 岩	51寅	+ 3	- 7	46 畑	52卯	+ 4	- 6
26	47 岩	50丑	- 7	+ 3	18 宝	51寅	+ 3	- 7	47 岩	52卯	+ 3	- 7
27	48 宝	50丑	- 7	+ 3	19 海	51寅	+ 3	- 7	48 宝	52卯	+ 3	- 7
28	49 海	50丑	- 7	+ 2	20 雨	51寅	+ 2	- 8	49 海	52卯	+ 3	- 7
29	50 雨	50丑	- 8	+ 2	21 木	51寅	+ 2	- 8	50 雨	52卯	+ 2	- 8
30	51 木	50丑	- 8	+ 2					51 木	52卯	+ 2	- 8
31	52 草	50丑	- 8	+ 1					52 草	52卯	+ 2	- 8

日	4月				5月				6月			
	日干	月干	男	女	日干	月干	男	女	日干	月干	男	女
1	53 陽	52卯	+ 1	- 9	23 陽	53辰	+ 2	- 8	54 灯	54巳	+ 2	- 9
2	54 灯	52卯	+ 1	- 9	24 灯	53辰	+ 1	- 9	55 山	54巳	+ 1	- 9
3	55 山	52卯	+ 1	- 9	25 山	53辰	+ 1	- 9	56 畑	54巳	+ 1	- 9
4	56 畑	53辰	+ 0	- 0	26 畑	53辰	+ 1	- 9	57 岩	54巳	+ 1	- 0
5	57 岩	53辰	+ 0	- 0	27 岩	54巳	+ 1	- 0	58 宝	55午	+ 1	- 0
6	58 宝	53辰	+ 0	- 1	28 宝	54巳	+ 0	- 1	59 海	55午	+ 0	- 0
7	59 海	53辰	+ 0	- 1	29 海	54巳	+ 0	- 1	60 雨	55午	+ 0	- 1
8	60 雨	53辰	+ 9	- 1	30 雨	54巳	+ 0	- 1	1 木	55午	+ 0	- 1
9	1 木	53辰	+ 9	- 1	31 木	54巳	+ 9	- 1	2 草	55午	+ 9	- 1
10	2 草	53辰	+ 9	- 1	32 草	54巳	+ 9	- 1	3 陽	55午	+ 9	- 1
11	3 陽	53辰	+ 8	- 2	33 陽	54巳	+ 9	- 2	4 灯	55午	+ 9	- 1
12	4 灯	53辰	+ 8	- 2	34 灯	54巳	+ 8	- 2	5 山	55午	+ 8	- 2
13	5 山	53辰	+ 8	- 2	35 山	54巳	+ 8	- 2	6 畑	55午	+ 8	- 2
14	6 畑	53辰	+ 7	- 3	36 畑	54巳	+ 8	- 3	7 岩	55午	+ 8	- 2
15	7 岩	53辰	+ 7	- 3	37 岩	54巳	+ 7	- 3	8 宝	55午	+ 7	- 3
16	8 宝	53辰	+ 7	- 3	38 宝	54巳	+ 7	- 3	9 海	55午	+ 7	- 3
17	9 海	53辰	+ 6	- 4	39 海	54巳	+ 7	- 4	10 雨	55午	+ 7	- 3
18	10 雨	53辰	+ 6	- 4	40 雨	54巳	+ 6	- 4	11 木	55午	+ 6	- 4
19	11 木	53辰	+ 6	- 4	41 木	54巳	+ 6	- 4	12 草	55午	+ 6	- 4
20	12 草	53辰	+ 5	- 5	42 草	54巳	+ 6	- 5	13 陽	55午	+ 6	- 4
21	13 陽	53辰	+ 5	- 5	43 陽	54巳	+ 5	- 5	14 灯	55午	+ 5	- 5
22	14 灯	53辰	+ 5	- 5	44 灯	54巳	+ 5	- 5	15 山	55午	+ 5	- 5
23	15 山	53辰	+ 4	- 6	45 山	54巳	+ 5	- 6	16 畑	55午	+ 5	- 5
24	16 畑	53辰	+ 4	- 6	46 畑	54巳	+ 4	- 6	17 岩	55午	+ 4	- 6
25	17 岩	53辰	+ 4	- 6	47 岩	54巳	+ 4	- 6	18 宝	55午	+ 4	- 6
26	18 宝	53辰	+ 3	- 7	48 宝	54巳	+ 4	- 7	19 海	55午	+ 4	- 6
27	19 海	53辰	+ 3	- 7	49 海	54巳	+ 3	- 7	20 雨	55午	+ 3	- 7
28	20 雨	53辰	+ 3	- 7	50 雨	54巳	+ 3	- 7	21 木	55午	+ 3	- 7
29	21 木	53辰	+ 2	- 8	51 木	54巳	+ 3	- 8	22 草	55午	+ 3	- 7
30	22 草	53辰	+ 2	- 8	52 草	54巳	+ 2	- 8	23 陽	55午	+ 2	- 8
31					53 陽	54巳	+ 2	- 8				

日	7月				8月				9月			
	日干	月干	男	女	日干	月干	男	女	日干	月干	男	女
1	24 灯	55午	+ 2	- 8	55 山	56未	+ 2	- 8	26 畑	57申	+ 2	- 8
2	25 山	55午	+ 2	- 8	56 畑	56未	+ 2	- 8	27 岩	57申	+ 2	- 8
3	26 畑	55午	+ 1	- 9	57 岩	56未	+ 2	- 9	28 宝	57申	+ 2	- 9
4	27 岩	55午	+ 1	- 9	58 宝	56未	+ 1	- 9	29 海	57申	+ 1	- 9
5	28 宝	55午	+ 1	- 9	59 海	56未	+ 1	- 9	30 雨	57申	+ 1	- 9
6	29 海	56未	+ 1	- 0	60 雨	56未	+ 1	- 0	31 木	57申	+ 1	- 0
7	30 雨	56未	+ 0	- 0	1 木	57申	+ 1	- 0	32 草	58酉	+ 1	- 0
8	31 木	56未	+ 0	- 0	2 草	57申	+ 0	- 1	33 陽	58酉	+ 0	- 1
9	32 草	56未	+ 0	- 1	3 陽	57申	+ 0	- 1	34 灯	58酉	+ 0	- 1
10	33 陽	56未	+ 0	- 1	4 灯	57申	+ 0	- 1	35 山	58酉	+ 9	- 1
11	34 灯	56未	+ 9	- 1	5 山	57申	+ 9	- 1	36 畑	58酉	+ 9	- 1
12	35 山	56未	+ 9	- 1	6 畑	57申	+ 9	- 1	37 岩	58酉	+ 9	- 1
13	36 畑	56未	+ 9	- 1	7 岩	57申	+ 9	- 2	38 宝	58酉	+ 8	- 2
14	37 岩	56未	+ 8	- 2	8 宝	57申	+ 8	- 2	39 海	58酉	+ 8	- 2
15	38 宝	56未	+ 8	- 2	9 海	57申	+ 8	- 2	40 雨	58酉	+ 8	- 2
16	39 海	56未	+ 8	- 2	10 雨	57申	+ 8	- 3	41 木	58酉	+ 7	- 3
17	40 雨	56未	+ 7	- 3	11 木	57申	+ 7	- 3	42 草	58酉	+ 7	- 3
18	41 木	56未	+ 7	- 3	12 草	57申	+ 7	- 3	43 陽	58酉	+ 7	- 3
19	42 草	56未	+ 7	- 3	13 陽	57申	+ 7	- 4	44 灯	58酉	+ 6	- 4
20	43 陽	56未	+ 6	- 4	14 灯	57申	+ 6	- 4	45 山	58酉	+ 6	- 4
21	44 灯	56未	+ 6	- 4	15 山	57申	+ 6	- 4	46 畑	58酉	+ 6	- 4
22	45 山	56未	+ 6	- 4	16 畑	57申	+ 6	- 5	47 岩	58酉	+ 5	- 5
23	46 畑	56未	+ 5	- 5	17 岩	57申	+ 5	- 5	48 宝	58酉	+ 5	- 5
24	47 岩	56未	+ 5	- 5	18 宝	57申	+ 5	- 5	49 海	58酉	+ 5	- 5
25	48 宝	56未	+ 5	- 5	19 海	57申	+ 5	- 6	50 雨	58酉	+ 4	- 6
26	49 海	56未	+ 4	- 6	20 雨	57申	+ 4	- 6	51 木	58酉	+ 4	- 6
27	50 雨	56未	+ 4	- 6	21 木	57申	+ 4	- 6	52 草	58酉	+ 4	- 6
28	51 木	56未	+ 4	- 6	22 草	57申	+ 4	- 7	53 陽	58酉	+ 3	- 7
29	52 草	56未	+ 3	- 7	23 陽	57申	+ 3	- 7	54 灯	58酉	+ 3	- 7
30	53 陽	56未	+ 3	- 7	24 灯	57申	+ 3	- 7	55 山	58酉	+ 3	- 7
31	54 灯	56未	+ 3	- 7	25 山	57申	+ 3	- 8				

日	10月				11月				12月			
	日干	月干	男	女	日干	月干	男	女	日干	月干	男	女
1	56 畑	58酉	+ 2	- 8	27 岩	59戌	+ 2	- 8	57 岩	60亥	+ 2	- 8
2	57 岩	58酉	+ 2	- 8	28 宝	59戌	+ 2	- 8	58 宝	60亥	+ 1	- 8
3	58 宝	58酉	+ 2	- 8	29 海	59戌	+ 1	- 8	59 海	60亥	+ 1	- 8
4	59 海	58酉	+ 1	- 9	30 雨	59戌	+ 1	- 9	60 雨	60亥	+ 1	- 9
5	60 雨	58酉	+ 1	- 9	31 木	59戌	+ 1	- 9	1 木	60亥	+ 1	- 9
6	1 木	58酉	+ 1	- 9	32 草	59戌	+ 1	- 9	2 草	1子	+ 0	- 9
7	2 草	58酉	+ 1	- 0	33 陽	60亥	+ 0	- 0	3 陽	1子	+ 9	- 0
8	3 陽	59戌	+ 0	- 0	34 灯	60亥	+ 0	- 1	4 灯	1子	+ 9	- 1
9	4 灯	59戌	+ 0	- 1	35 山	60亥	+ 9	- 1	5 山	1子	+ 9	- 1
10	5 山	59戌	+ 9	- 1	36 畑	60亥	+ 9	- 1	6 畑	1子	+ 8	- 1
11	6 畑	59戌	+ 9	- 1	37 岩	60亥	+ 9	- 1	7 岩	1子	+ 8	- 1
12	7 岩	59戌	+ 9	- 1	38 宝	60亥	+ 8	- 1	8 宝	1子	+ 8	- 1
13	8 宝	59戌	+ 8	- 1	39 海	60亥	+ 8	- 2	9 海	1子	+ 7	- 2
14	9 海	59戌	+ 8	- 2	40 雨	60亥	+ 8	- 2	10 雨	1子	+ 7	- 2
15	10 雨	59戌	+ 8	- 2	41 木	60亥	+ 7	- 2	11 木	1子	+ 7	- 2
16	11 木	59戌	+ 7	- 2	42 草	60亥	+ 7	- 3	12 草	1子	+ 6	- 3
17	12 草	59戌	+ 7	- 3	43 陽	60亥	+ 7	- 3	13 陽	1子	+ 6	- 3
18	13 陽	59戌	+ 7	- 3	44 灯	60亥	+ 6	- 3	14 灯	1子	+ 6	- 3
19	14 灯	59戌	+ 6	- 3	45 山	60亥	+ 6	- 4	15 山	1子	+ 5	- 4
20	15 山	59戌	+ 6	- 4	46 畑	60亥	+ 6	- 4	16 畑	1子	+ 5	- 4
21	16 畑	59戌	+ 6	- 4	47 岩	60亥	+ 5	- 4	17 岩	1子	+ 5	- 4
22	17 岩	59戌	+ 5	- 4	48 宝	60亥	+ 5	- 5	18 宝	1子	+ 4	- 5
23	18 宝	59戌	+ 5	- 5	49 海	60亥	+ 5	- 5	19 海	1子	+ 4	- 5
24	19 海	59戌	+ 5	- 5	50 雨	60亥	+ 4	- 5	20 雨	1子	+ 4	- 5
25	20 雨	59戌	+ 4	- 5	51 木	60亥	+ 4	- 6	21 木	1子	+ 3	- 6
26	21 木	59戌	+ 4	- 6	52 草	60亥	+ 4	- 6	22 草	1子	+ 3	- 6
27	22 草	59戌	+ 4	- 6	53 陽	60亥	+ 3	- 6	23 陽	1子	+ 3	- 6
28	23 陽	59戌	+ 3	- 6	54 灯	60亥	+ 3	- 7	24 灯	1子	+ 2	- 7
29	24 灯	59戌	+ 3	- 7	55 山	60亥	+ 3	- 7	25 山	1子	+ 2	- 7
30	25 山	59戌	+ 3	- 7	56 畑	60亥	+ 2	- 7	26 畑	1子	+ 2	- 7
31	26 畑	59戌	+ 2	- 7					27 岩	1子	+ 1	- 8

2029年　46 己酉（2/3～翌年2/3）

日	1月				2月				3月			
	日干	月干	男	女	日干	月干	男	女	日干	月干	男	女
1	28 宝	1子	+ 2	- 8	59 海	2丑	+ 1	- 9	27 岩	3寅	- 8	+ 2
2	29 海	1子	+ 1	- 9	60 雨	2丑	+ 1	- 9	28 宝	3寅	- 8	+ 1
3	30 雨	1子	+ 1	- 9	1 木	3寅	- 9	+ 1	29 海	3寅	- 9	+ 1
4	31 木	1子	+ 1	- 9	2 草	3寅	- 0	+ 0	30 雨	3寅	- 9	+ 1
5	32 草	2丑	+ 1	- 0	3 陽	3寅	- 1	+ 0	31 木	4卯	- 9	+ 1
6	33 陽	2丑	+ 0	- 1	4 灯	3寅	- 1	+ 0	32 草	4卯	- 1	+ 0
7	34 灯	2丑	+ 9	- 1	5 山	3寅	- 1	+ 9	33 陽	4卯	- 1	+ 0
8	35 山	2丑	+ 9	- 1	6 畑	3寅	- 1	+ 9	34 灯	4卯	- 1	+ 9
9	36 畑	2丑	+ 9	- 1	7 岩	3寅	- 1	+ 9	35 山	4卯	- 1	+ 9
10	37 岩	2丑	+ 8	- 1	8 宝	3寅	- 2	+ 8	36 畑	4卯	- 1	+ 9
11	38 宝	2丑	+ 8	- 2	9 海	3寅	- 2	+ 8	37 岩	4卯	- 2	+ 8
12	39 海	2丑	+ 8	- 2	10 雨	3寅	- 2	+ 8	38 宝	4卯	- 2	+ 8
13	40 雨	2丑	+ 7	- 2	11 木	3寅	- 3	+ 7	39 海	4卯	- 2	+ 8
14	41 木	2丑	+ 7	- 3	12 草	3寅	- 3	+ 7	40 雨	4卯	- 3	+ 7
15	42 草	2丑	+ 7	- 3	13 陽	3寅	- 3	+ 7	41 木	4卯	- 3	+ 7
16	43 陽	2丑	+ 6	- 3	14 灯	3寅	- 4	+ 6	42 草	4卯	- 3	+ 7
17	44 灯	2丑	+ 6	- 4	15 山	3寅	- 4	+ 6	43 陽	4卯	- 4	+ 6
18	45 山	2丑	+ 6	- 4	16 畑	3寅	- 4	+ 6	44 灯	4卯	- 4	+ 6
19	46 畑	2丑	+ 5	- 4	17 岩	3寅	- 5	+ 5	45 山	4卯	- 4	+ 6
20	47 岩	2丑	+ 5	- 5	18 宝	3寅	- 5	+ 5	46 畑	4卯	- 5	+ 5
21	48 宝	2丑	+ 5	- 5	19 海	3寅	- 5	+ 5	47 岩	4卯	- 5	+ 5
22	49 海	2丑	+ 4	- 5	20 雨	3寅	- 6	+ 4	48 宝	4卯	- 5	+ 5
23	50 雨	2丑	+ 4	- 6	21 木	3寅	- 6	+ 4	49 海	4卯	- 6	+ 4
24	51 木	2丑	+ 4	- 6	22 草	3寅	- 6	+ 4	50 雨	4卯	- 6	+ 4
25	52 草	2丑	+ 3	- 6	23 陽	3寅	- 7	+ 3	51 木	4卯	- 6	+ 4
26	53 陽	2丑	+ 3	- 7	24 灯	3寅	- 7	+ 3	52 草	4卯	- 7	+ 3
27	54 灯	2丑	+ 3	- 7	25 山	3寅	- 7	+ 3	53 陽	4卯	- 7	+ 3
28	55 山	2丑	+ 2	- 7	26 畑	3寅	- 8	+ 2	54 灯	4卯	- 7	+ 3
29	56 畑	2丑	+ 2	- 8					55 山	4卯	- 8	+ 2
30	57 岩	2丑	+ 2	- 8					56 畑	4卯	- 8	+ 2
31	58 宝	2丑	+ 1	- 8					57 岩	4卯	- 8	+ 2

日	4月				5月				6月			
	日干	月干	男	女	日干	月干	男	女	日干	月干	男	女
1	58 宝	4卯	- 9	+ 1	28 宝	5辰	- 8	+ 2	59 海	6巳	- 9	+ 2
2	59 海	4卯	- 9	+ 1	29 海	5辰	- 9	+ 1	60 雨	6巳	- 9	+ 1
3	60 雨	4卯	- 9	+ 1	30 雨	5辰	- 9	+ 1	1 木	6巳	- 9	+ 1
4	1 木	5辰	- 0	+ 0	31 木	5辰	- 9	+ 1	2 草	6巳	- 0	+ 1
5	2 草	5辰	- 0	+ 0	32 草	6巳	- 0	+ 1	3 陽	7午	- 0	+ 1
6	3 陽	5辰	- 1	+ 0	33 陽	6巳	- 1	+ 0	4 灯	7午	- 0	+ 0
7	4 灯	5辰	- 1	+ 0	34 灯	6巳	- 1	+ 0	5 山	7午	- 1	+ 0
8	5 山	5辰	- 1	+ 9	35 山	6巳	- 1	+ 0	6 畑	7午	- 1	+ 0
9	6 畑	5辰	- 1	+ 9	36 畑	6巳	- 1	+ 9	7 岩	7午	- 1	+ 9
10	7 岩	5辰	- 1	+ 9	37 岩	6巳	- 1	+ 9	8 宝	7午	- 1	+ 9
11	8 宝	5辰	- 2	+ 8	38 宝	6巳	- 2	+ 9	9 海	7午	- 1	+ 9
12	9 海	5辰	- 2	+ 8	39 海	6巳	- 2	+ 8	10 雨	7午	- 2	+ 8
13	10 雨	5辰	- 2	+ 8	40 雨	6巳	- 2	+ 8	11 木	7午	- 2	+ 8
14	11 木	5辰	- 3	+ 7	41 木	6巳	- 3	+ 8	12 草	7午	- 2	+ 8
15	12 草	5辰	- 3	+ 7	42 草	6巳	- 3	+ 7	13 陽	7午	- 3	+ 7
16	13 陽	5辰	- 3	+ 7	43 陽	6巳	- 3	+ 7	14 灯	7午	- 3	+ 7
17	14 灯	5辰	- 4	+ 6	44 灯	6巳	- 4	+ 7	15 山	7午	- 3	+ 7
18	15 山	5辰	- 4	+ 6	45 山	6巳	- 4	+ 6	16 畑	7午	- 4	+ 6
19	16 畑	5辰	- 4	+ 6	46 畑	6巳	- 4	+ 6	17 岩	7午	- 4	+ 6
20	17 岩	5辰	- 5	+ 5	47 岩	6巳	- 5	+ 6	18 宝	7午	- 4	+ 6
21	18 宝	5辰	- 5	+ 5	48 宝	6巳	- 5	+ 5	19 海	7午	- 5	+ 5
22	19 海	5辰	- 5	+ 5	49 海	6巳	- 5	+ 5	20 雨	7午	- 5	+ 5
23	20 雨	5辰	- 6	+ 4	50 雨	6巳	- 6	+ 5	21 木	7午	- 5	+ 5
24	21 木	5辰	- 6	+ 4	51 木	6巳	- 6	+ 4	22 草	7午	- 6	+ 4
25	22 草	5辰	- 6	+ 4	52 草	6巳	- 6	+ 4	23 陽	7午	- 6	+ 4
26	23 陽	5辰	- 7	+ 3	53 陽	6巳	- 7	+ 4	24 灯	7午	- 6	+ 4
27	24 灯	5辰	- 7	+ 3	54 灯	6巳	- 7	+ 3	25 山	7午	- 7	+ 3
28	25 山	5辰	- 7	+ 3	55 山	6巳	- 7	+ 3	26 畑	7午	- 7	+ 3
29	26 畑	5辰	- 8	+ 2	56 畑	6巳	- 8	+ 3	27 岩	7午	- 7	+ 3
30	27 岩	5辰	- 8	+ 2	57 岩	6巳	- 8	+ 2	28 宝	7午	- 8	+ 2
31					58 宝	6巳	- 8	+ 2				

日	7月				8月				9月			
	日干	月干	男	女	日干	月干	男	女	日干	月干	男	女
1	29 海	7午	- 8	+ 2	60 雨	8未	- 8	+ 2	31 木	9申	- 8	+ 2
2	30 雨	7午	- 9	+ 2	1 木	8未	- 8	+ 2	32 草	9申	- 8	+ 2
3	31 木	7午	- 9	+ 1	2 草	8未	- 9	+ 2	33 陽	9申	- 9	+ 2
4	32 草	7午	- 9	+ 1	3 陽	8未	- 9	+ 1	34 灯	9申	- 9	+ 1
5	33 陽	7午	- 0	+ 1	4 灯	8未	- 9	+ 1	35 山	9申	- 9	+ 1
6	34 灯	7午	- 0	+ 1	5 山	8未	- 0	+ 1	36 畑	9申	- 0	+ 1
7	35 山	8未	- 0	+ 0	6 畑	9申	- 0	+ 1	37 岩	10酉	- 0	+ 1
8	36 畑	8未	- 1	+ 0	7 岩	9申	- 1	+ 0	38 宝	10酉	- 1	+ 0
9	37 岩	8未	- 1	+ 0	8 宝	9申	- 1	+ 0	39 海	10酉	- 1	+ 0
10	38 宝	8未	- 1	+ 0	9 海	9申	- 1	+ 0	40 雨	10酉	- 1	+ 9
11	39 海	8未	- 1	+ 9	10 雨	9申	- 1	+ 9	41 木	10酉	- 1	+ 9
12	40 雨	8未	- 1	+ 9	11 木	9申	- 1	+ 9	42 草	10酉	- 1	+ 9
13	41 木	8未	- 2	+ 9	12 草	9申	- 2	+ 9	43 陽	10酉	- 2	+ 8
14	42 草	8未	- 2	+ 8	13 陽	9申	- 2	+ 8	44 灯	10酉	- 2	+ 8
15	43 陽	8未	- 2	+ 8	14 灯	9申	- 2	+ 8	45 山	10酉	- 2	+ 8
16	44 灯	8未	- 3	+ 8	15 山	9申	- 3	+ 8	46 畑	10酉	- 3	+ 7
17	45 山	8未	- 3	+ 7	16 畑	9申	- 3	+ 7	47 岩	10酉	- 3	+ 7
18	46 畑	8未	- 3	+ 7	17 岩	9申	- 3	+ 7	48 宝	10酉	- 3	+ 7
19	47 岩	8未	- 4	+ 7	18 宝	9申	- 4	+ 7	49 海	10酉	- 4	+ 6
20	48 宝	8未	- 4	+ 6	19 海	9申	- 4	+ 6	50 雨	10酉	- 4	+ 6
21	49 海	8未	- 4	+ 6	20 雨	9申	- 4	+ 6	51 木	10酉	- 4	+ 6
22	50 雨	8未	- 5	+ 6	21 木	9申	- 5	+ 6	52 草	10酉	- 5	+ 5
23	51 木	8未	- 5	+ 5	22 草	9申	- 5	+ 5	53 陽	10酉	- 5	+ 5
24	52 草	8未	- 5	+ 5	23 陽	9申	- 5	+ 5	54 灯	10酉	- 5	+ 5
25	53 陽	8未	- 6	+ 5	24 灯	9申	- 6	+ 5	55 山	10酉	- 6	+ 4
26	54 灯	8未	- 6	+ 4	25 山	9申	- 6	+ 4	56 畑	10酉	- 6	+ 4
27	55 山	8未	- 6	+ 4	26 畑	9申	- 6	+ 4	57 岩	10酉	- 6	+ 4
28	56 畑	8未	- 7	+ 4	27 岩	9申	- 7	+ 4	58 宝	10酉	- 7	+ 3
29	57 岩	8未	- 7	+ 3	28 宝	9申	- 7	+ 3	59 海	10酉	- 7	+ 3
30	58 宝	8未	- 7	+ 3	29 海	9申	- 7	+ 3	60 雨	10酉	- 7	+ 3
31	59 海	8未	- 8	+ 3	30 雨	9申	- 8	+ 3				

日	10月				11月				12月			
	日干	月干	男	女	日干	月干	男	女	日干	月干	男	女
1	1 木	10酉	- 8	+ 2	32 草	11戌	- 8	+ 2	2 草	12亥	- 8	+ 2
2	2 草	10酉	- 8	+ 2	33 陽	11戌	- 8	+ 2	3 陽	12亥	- 8	+ 1
3	3 陽	10酉	- 8	+ 2	34 灯	11戌	- 8	+ 1	4 灯	12亥	- 8	+ 1
4	4 灯	10酉	- 9	+ 1	35 山	11戌	- 9	+ 1	5 山	12亥	- 9	+ 1
5	5 山	10酉	- 9	+ 1	36 畑	11戌	- 9	+ 1	6 畑	12亥	- 9	+ 1
6	6 畑	10酉	- 9	+ 1	37 岩	11戌	- 9	+ 1	7 岩	12亥	- 9	+ 0
7	7 岩	10酉	- 0	+ 1	38 宝	12亥	- 0	+ 0	8 宝	13子	- 0	+ 9
8	8 宝	11戌	- 0	+ 0	39 海	12亥	- 1	+ 0	9 海	13子	- 1	+ 9
9	9 海	11戌	- 1	+ 0	40 雨	12亥	- 1	+ 9	10 雨	13子	- 1	+ 9
10	10 雨	11戌	- 1	+ 9	41 木	12亥	- 1	+ 9	11 木	13子	- 1	+ 8
11	11 木	11戌	- 1	+ 9	42 草	12亥	- 1	+ 9	12 草	13子	- 1	+ 8
12	12 草	11戌	- 1	+ 9	43 陽	12亥	- 1	+ 8	13 陽	13子	- 1	+ 8
13	13 陽	11戌	- 1	+ 8	44 灯	12亥	- 2	+ 8	14 灯	13子	- 2	+ 7
14	14 灯	11戌	- 2	+ 8	45 山	12亥	- 2	+ 8	15 山	13子	- 2	+ 7
15	15 山	11戌	- 2	+ 8	46 畑	12亥	- 2	+ 7	16 畑	13子	- 2	+ 7
16	16 畑	11戌	- 2	+ 7	47 岩	12亥	- 3	+ 7	17 岩	13子	- 3	+ 6
17	17 岩	11戌	- 3	+ 7	48 宝	12亥	- 3	+ 7	18 宝	13子	- 3	+ 6
18	18 宝	11戌	- 3	+ 7	49 海	12亥	- 3	+ 6	19 海	13子	- 3	+ 6
19	19 海	11戌	- 3	+ 6	50 雨	12亥	- 4	+ 6	20 雨	13子	- 4	+ 5
20	20 雨	11戌	- 4	+ 6	51 木	12亥	- 4	+ 6	21 木	13子	- 4	+ 5
21	21 木	11戌	- 4	+ 6	52 草	12亥	- 4	+ 5	22 草	13子	- 4	+ 5
22	22 草	11戌	- 4	+ 5	53 陽	12亥	- 5	+ 5	23 陽	13子	- 5	+ 4
23	23 陽	11戌	- 5	+ 5	54 灯	12亥	- 5	+ 5	24 灯	13子	- 5	+ 4
24	24 灯	11戌	- 5	+ 5	55 山	12亥	- 5	+ 4	25 山	13子	- 5	+ 4
25	25 山	11戌	- 5	+ 4	56 畑	12亥	- 6	+ 4	26 畑	13子	- 6	+ 3
26	26 畑	11戌	- 6	+ 4	57 岩	12亥	- 6	+ 4	27 岩	13子	- 6	+ 3
27	27 岩	11戌	- 6	+ 4	58 宝	12亥	- 6	+ 3	28 宝	13子	- 6	+ 3
28	28 宝	11戌	- 6	+ 3	59 海	12亥	- 7	+ 3	29 海	13子	- 7	+ 2
29	29 海	11戌	- 7	+ 3	60 雨	12亥	- 7	+ 3	30 雨	13子	- 7	+ 2
30	30 雨	11戌	- 7	+ 3	1 木	12亥	- 7	+ 2	31 木	13子	- 7	+ 2
31	31 木	11戌	- 7	+ 2					32 草	13子	- 8	+ 1

2030年　47 庚戌（2/4 ～翌年2/3）

日	1月				2月				3月				4月				5月				6月			
日	日干	月干	男	女	日干	月干	男	女	日干	月干	男	女	日干	月干	男	女	日干	月干	男	女	日干	月干	男	女
1	33陽	13子	-8	+2	4灯	14丑	-9	+1	32草	15寅	+2	-8	3陽	16卯	+1	-9	33陽	17辰	+2	-8	4灯	18巳	+2	-9
2	34灯	13子	-9	+1	5山	14丑	-9	+1	33陽	15寅	+1	-8	4灯	16卯	+1	-9	34灯	17辰	+1	-9	5山	18巳	+1	-9
3	35山	13子	-9	+1	6畑	14丑	-9	+1	34灯	15寅	+1	-9	5山	16卯	+1	-9	35山	17辰	+1	-9	6畑	18巳	+1	-9
4	36畑	13子	-9	+1	7岩	15寅	+0	-0	35山	15寅	+1	-9	6畑	16卯	+0	-0	36畑	17辰	+1	-9	7岩	18巳	+1	-0
5	37岩	14丑	-0	+1	8宝	15寅	+0	-1	36畑	16卯	+1	-9	7岩	17辰	+0	-0	37岩	18巳	+1	-0	8宝	19午	+1	-0
6	38宝	14丑	-1	+0	9海	15寅	+0	-1	37岩	16卯	+0	-1	8宝	17辰	+0	-1	38宝	18巳	+0	-1	9海	19午	+0	-0
7	39海	14丑	-1	+9	10雨	15寅	+9	-1	38宝	16卯	+0	-1	9海	17辰	+0	-1	39海	18巳	+0	-1	10雨	19午	+0	-1
8	40雨	14丑	-1	+9	11木	15寅	+9	-1	39海	16卯	+9	-1	10雨	17辰	+9	-1	40雨	18巳	+0	-1	11木	19午	+0	-1
9	41木	14丑	-1	+9	12草	15寅	+9	-1	40雨	16卯	+9	-1	11木	17辰	+9	-1	41木	18巳	+9	-1	12草	19午	+9	-1
10	42草	14丑	-1	+8	13陽	15寅	+8	-2	41木	16卯	+9	-1	12草	17辰	+9	-1	42草	18巳	+9	-1	13陽	19午	+9	-1
11	43陽	14丑	-2	+8	14灯	15寅	+8	-2	42草	16卯	+8	-2	13陽	17辰	+8	-2	43陽	18巳	+9	-2	14灯	19午	+9	-1
12	44灯	14丑	-2	+8	15山	15寅	+8	-2	43陽	16卯	+8	-2	14灯	17辰	+8	-2	44灯	18巳	+8	-2	15山	19午	+8	-2
13	45山	14丑	-2	+7	16畑	15寅	+7	-3	44灯	16卯	+8	-2	15山	17辰	+8	-2	45山	18巳	+8	-2	16畑	19午	+8	-2
14	46畑	14丑	-3	+7	17岩	15寅	+7	-3	45山	16卯	+7	-3	16畑	17辰	+7	-3	46畑	18巳	+8	-3	17岩	19午	+8	-2
15	47岩	14丑	-3	+7	18宝	15寅	+7	-3	46畑	16卯	+7	-3	17岩	17辰	+7	-3	47岩	18巳	+7	-3	18宝	19午	+7	-3
16	48宝	14丑	-3	+6	19海	15寅	+6	-4	47岩	16卯	+7	-3	18宝	17辰	+7	-3	48宝	18巳	+7	-3	19海	19午	+7	-3
17	49海	14丑	-4	+6	20雨	15寅	+6	-4	48宝	16卯	+6	-4	19海	17辰	+6	-4	49海	18巳	+7	-4	20雨	19午	+7	-3
18	50雨	14丑	-4	+6	21木	15寅	+6	-4	49海	16卯	+6	-4	20雨	17辰	+6	-4	50雨	18巳	+6	-4	21木	19午	+6	-4
19	51木	14丑	-4	+5	22草	15寅	+5	-5	50雨	16卯	+6	-4	21木	17辰	+6	-4	51木	18巳	+6	-4	22草	19午	+6	-4
20	52草	14丑	-5	+5	23陽	15寅	+5	-5	51木	16卯	+5	-5	22草	17辰	+5	-5	52草	18巳	+6	-5	23陽	19午	+6	-4
21	53陽	14丑	-5	+5	24灯	15寅	+5	-5	52草	16卯	+5	-5	23陽	17辰	+5	-5	53陽	18巳	+5	-5	24灯	19午	+5	-5
22	54灯	14丑	-5	+4	25山	15寅	+4	-6	53陽	16卯	+5	-5	24灯	17辰	+5	-5	54灯	18巳	+5	-5	25山	19午	+5	-5
23	55山	14丑	-6	+4	26畑	15寅	+4	-6	54灯	16卯	+4	-6	25山	17辰	+4	-6	55山	18巳	+5	-6	26畑	19午	+5	-5
24	56畑	14丑	-6	+4	27岩	15寅	+4	-6	55山	16卯	+4	-6	26畑	17辰	+4	-6	56畑	18巳	+4	-6	27岩	19午	+4	-6
25	57岩	14丑	-6	+3	28宝	15寅	+3	-7	56畑	16卯	+4	-6	27岩	17辰	+4	-6	57岩	18巳	+4	-6	28宝	19午	+4	-6
26	58宝	14丑	-7	+3	29海	15寅	+3	-7	57岩	16卯	+3	-7	28宝	17辰	+3	-7	58宝	18巳	+4	-7	29海	19午	+4	-6
27	59海	14丑	-7	+3	30雨	15寅	+3	-7	58宝	16卯	+3	-7	29海	17辰	+3	-7	59海	18巳	+3	-7	30雨	19午	+3	-7
28	60雨	14丑	-7	+2	31木	15寅	+2	-8	59海	16卯	+3	-7	30雨	17辰	+3	-7	60雨	18巳	+3	-7	31木	19午	+3	-7
29	1木	14丑	-8	+2					60雨	16卯	+2	-8	31木	17辰	+2	-8	1木	18巳	+3	-8	32草	19午	+3	-7
30	2草	14丑	-8	+2					1木	16卯	+2	-8	32草	17辰	+2	-8	2草	18巳	+2	-8	33陽	19午	+2	-8
31	3陽	14丑	-8	+1					2草	16卯	+2	-8					3陽	18巳	+2	-8				

日	7月				8月				9月				10月				11月				12月			
日	日干	月干	男	女	日干	月干	男	女	日干	月干	男	女	日干	月干	男	女	日干	月干	男	女	日干	月干	男	女
1	34灯	19午	+2	-8	5山	20未	+2	-8	36畑	21申	+2	-8	6畑	22酉	+2	-8	37岩	23戌	+2	-8	7岩	24亥	+2	-8
2	35山	19午	+2	-9	6畑	20未	+2	-8	37岩	21申	+2	-8	7岩	22酉	+2	-8	38宝	23戌	+2	-8	8宝	24亥	+1	-8
3	36畑	19午	+1	-9	7岩	20未	+2	-9	38宝	21申	+2	-9	8宝	22酉	+2	-8	39海	23戌	+1	-8	9海	24亥	+1	-8
4	37岩	19午	+1	-9	8宝	20未	+1	-9	39海	21申	+1	-9	9海	22酉	+1	-9	40雨	23戌	+1	-9	10雨	24亥	+1	-9
5	38宝	19午	+1	-0	9海	20未	+1	-9	40雨	21申	+1	-9	10雨	22酉	+1	-9	41木	23戌	+1	-9	11木	24亥	+1	-9
6	39海	19午	+1	-0	10雨	20未	+1	-0	41木	21申	+1	-0	11木	22酉	+1	-9	42草	23戌	+1	-9	12草	24亥	+0	-9
7	40雨	20未	+0	-0	11木	21申	+1	-0	42草	22酉	+1	-0	12草	22酉	+1	-0	43陽	24亥	+0	-0	13陽	25子	+9	-0
8	41木	20未	+0	-1	12草	21申	+0	-1	43陽	22酉	+0	-1	13陽	23戌	+0	-0	44灯	24亥	+0	-1	14灯	25子	+9	-1
9	42草	20未	+0	-1	13陽	21申	+0	-1	44灯	22酉	+0	-1	14灯	23戌	+0	-1	45山	24亥	+9	-1	15山	25子	+9	-1
10	43陽	20未	+0	-1	14灯	21申	+0	-1	45山	22酉	+9	-1	15山	23戌	+9	-1	46畑	24亥	+9	-1	16畑	25子	+8	-1
11	44灯	20未	+9	-1	15山	21申	+9	-1	46畑	22酉	+9	-1	16畑	23戌	+9	-1	47岩	24亥	+9	-1	17岩	25子	+8	-1
12	45山	20未	+9	-1	16畑	21申	+9	-1	47岩	22酉	+9	-1	17岩	23戌	+9	-1	48宝	24亥	+8	-1	18宝	25子	+8	-1
13	46畑	20未	+9	-2	17岩	21申	+9	-2	48宝	22酉	+8	-2	18宝	23戌	+8	-1	49海	24亥	+8	-2	19海	25子	+7	-2
14	47岩	20未	+8	-2	18宝	21申	+8	-2	49海	22酉	+8	-2	19海	23戌	+8	-2	50雨	24亥	+8	-2	20雨	25子	+7	-2
15	48宝	20未	+8	-2	19海	21申	+8	-2	50雨	22酉	+8	-2	20雨	23戌	+8	-2	51木	24亥	+7	-2	21木	25子	+7	-2
16	49海	20未	+8	-3	20雨	21申	+8	-3	51木	22酉	+7	-3	21木	23戌	+7	-2	52草	24亥	+7	-3	22草	25子	+6	-3
17	50雨	20未	+7	-3	21木	21申	+7	-3	52草	22酉	+7	-3	22草	23戌	+7	-3	53陽	24亥	+7	-3	23陽	25子	+6	-3
18	51木	20未	+7	-3	22草	21申	+7	-3	53陽	22酉	+7	-3	23陽	23戌	+7	-3	54灯	24亥	+6	-3	24灯	25子	+6	-3
19	52草	20未	+7	-4	23陽	21申	+7	-4	54灯	22酉	+6	-4	24灯	23戌	+6	-3	55山	24亥	+6	-4	25山	25子	+5	-4
20	53陽	20未	+6	-4	24灯	21申	+6	-4	55山	22酉	+6	-4	25山	23戌	+6	-4	56畑	24亥	+6	-4	26畑	25子	+5	-4
21	54灯	20未	+6	-4	25山	21申	+6	-4	56畑	22酉	+6	-4	26畑	23戌	+6	-4	57岩	24亥	+5	-4	27岩	25子	+5	-4
22	55山	20未	+6	-5	26畑	21申	+6	-5	57岩	22酉	+5	-5	27岩	23戌	+5	-4	58宝	24亥	+5	-5	28宝	25子	+4	-5
23	56畑	20未	+5	-5	27岩	21申	+5	-5	58宝	22酉	+5	-5	28宝	23戌	+5	-5	59海	24亥	+5	-5	29海	25子	+4	-5
24	57岩	20未	+5	-5	28宝	21申	+5	-5	59海	22酉	+5	-5	29海	23戌	+5	-5	60雨	24亥	+4	-5	30雨	25子	+4	-5
25	58宝	20未	+5	-6	29海	21申	+5	-6	60雨	22酉	+4	-6	30雨	23戌	+4	-5	1木	24亥	+4	-6	31木	25子	+3	-6
26	59海	20未	+4	-6	30雨	21申	+4	-6	1木	22酉	+4	-6	31木	23戌	+4	-6	2草	24亥	+4	-6	32草	25子	+3	-6
27	60雨	20未	+4	-6	31木	21申	+4	-6	2草	22酉	+4	-6	32草	23戌	+4	-6	3陽	24亥	+3	-6	33陽	25子	+3	-6
28	1木	20未	+4	-7	32草	21申	+4	-7	3陽	22酉	+3	-7	33陽	23戌	+3	-6	4灯	24亥	+3	-7	34灯	25子	+2	-7
29	2草	20未	+3	-7	33陽	21申	+3	-7	4灯	22酉	+3	-7	34灯	23戌	+3	-7	5山	24亥	+3	-7	35山	25子	+2	-7
30	3陽	20未	+3	-7	34灯	21申	+3	-7	5山	22酉	+3	-7	35山	23戌	+3	-7	6畑	24亥	+2	-7	36畑	25子	+2	-7
31	4灯	20未	+3	-8	35山	21申	+3	-8					36畑	23戌	+2	-7					37岩	25子	+1	-8

2031年　48 辛亥（2/4 ～翌年2/3）

日	1月				2月				3月				4月				5月				6月			
日	日干	月干	男	女	日干	月干	男	女	日干	月干	男	女	日干	月干	男	女	日干	月干	男	女	日干	月干	男	女
1	38宝	25子	+2	-8	9海	26丑	+1	-9	37岩	27寅	-8	+2	8宝	28卯	-9	+1	38宝	29辰	-8	+2	9海	30巳	-9	+2
2	39海	25子	+1	-9	10雨	26丑	+1	-9	38宝	27寅	-8	+1	9海	28卯	-9	+1	39海	29辰	-9	+1	10雨	30巳	-9	+1
3	40雨	25子	+1	-9	11木	26丑	+1	-9	39海	27寅	-9	+1	10雨	28卯	-9	+1	40雨	29辰	-9	+1	11木	30巳	-9	+1
4	41木	25子	+1	-9	12草	26寅	-0	+0	40雨	27寅	-9	+1	11木	28卯	-0	+0	41木	29辰	-9	+1	12草	30巳	-0	+1
5	42草	26丑	+1	-0	13陽	27寅	-1	+0	41木	27寅	-9	+1	12草	29辰	-0	+0	42草	29辰	-0	+1	13陽	30巳	-0	+1
6	43陽	26丑	+0	-1	14灯	27寅	-1	+0	42草	28卯	-1	+0	13陽	29辰	-1	+0	43陽	30巳	-1	+0	14灯	31午	-0	+0
7	44灯	26丑	+9	-1	15山	27寅	-1	+9	43陽	28卯	-1	+0	14灯	29辰	-1	+0	44灯	30巳	-1	+0	15山	31午	-1	+0
8	45山	26丑	+9	-1	16畑	27寅	-1	+9	44灯	28卯	-1	+9	15山	29辰	-1	+9	45山	30巳	-1	+0	16畑	31午	-1	+0
9	46畑	26丑	+9	-1	17岩	27寅	-1	+9	45山	28卯	-1	+9	16畑	29辰	-1	+9	46畑	30巳	-1	+9	17岩	31午	-1	+9
10	47岩	26丑	+8	-1	18宝	27寅	-2	+8	46畑	28卯	-1	+9	17岩	29辰	-1	+9	47岩	30巳	-1	+9	18宝	31午	-1	+9
11	48宝	26丑	+8	-2	19海	27寅	-2	+8	47岩	28卯	-2	+8	18宝	29辰	-2	+8	48宝	30巳	-2	+9	19海	31午	-1	+9
12	49海	26丑	+8	-2	20雨	27寅	-2	+8	48宝	28卯	-2	+8	19海	29辰	-2	+8	49海	30巳	-2	+8	20雨	31午	-2	+8
13	50雨	26丑	+7	-2	21木	27寅	-3	+7	49海	28卯	-2	+8	20雨	29辰	-2	+8	50雨	30巳	-2	+8	21木	31午	-2	+8
14	51木	26丑	+7	-3	22草	27寅	-3	+7	50雨	28卯	-3	+7	21木	29辰	-3	+7	51木	30巳	-3	+8	22草	31午	-2	+8
15	52草	26丑	+7	-3	23陽	27寅	-3	+7	51木	28卯	-3	+7	22草	29辰	-3	+7	52草	30巳	-3	+7	23陽	31午	-3	+7
16	53陽	26丑	+6	-3	24灯	27寅	-4	+6	52草	28卯	-3	+7	23陽	29辰	-3	+7	53陽	30巳	-3	+7	24灯	31午	-3	+7
17	54灯	26丑	+6	-4	25山	27寅	-4	+6	53陽	28卯	-4	+6	24灯	29辰	-4	+6	54灯	30巳	-4	+7	25山	31午	-3	+7
18	55山	26丑	+6	-4	26畑	27寅	-4	+6	54灯	28卯	-4	+6	25山	29辰	-4	+6	55山	30巳	-4	+6	26畑	31午	-4	+6
19	56畑	26丑	+5	-4	27岩	27寅	-5	+5	55山	28卯	-4	+6	26畑	29辰	-4	+6	56畑	30巳	-4	+6	27岩	31午	-4	+6
20	57岩	26丑	+5	-5	28宝	27寅	-5	+5	56畑	28卯	-5	+5	27岩	29辰	-5	+5	57岩	30巳	-5	+6	28宝	31午	-4	+6
21	58宝	26丑	+5	-5	29海	27寅	-5	+5	57岩	28卯	-5	+5	28宝	29辰	-5	+5	58宝	30巳	-5	+5	29海	31午	-5	+5
22	59海	26丑	+4	-5	30雨	27寅	-6	+4	58宝	28卯	-5	+5	29海	29辰	-5	+5	59海	30巳	-5	+5	30雨	31午	-5	+5
23	60雨	26丑	+4	-6	31木	27寅	-6	+4	59海	28卯	-6	+4	30雨	29辰	-6	+4	60雨	30巳	-6	+5	31木	31午	-5	+5
24	1木	26丑	+4	-6	32草	27寅	-6	+4	60雨	28卯	-6	+4	31木	29辰	-6	+4	1木	30巳	-6	+4	32草	31午	-6	+4
25	2草	26丑	+3	-6	33陽	27寅	-7	+3	1木	28卯	-6	+4	32草	29辰	-6	+4	2草	30巳	-6	+4	33陽	31午	-6	+4
26	3陽	26丑	+3	-7	34灯	27寅	-7	+3	2草	28卯	-7	+3	33陽	29辰	-7	+3	3陽	30巳	-7	+4	34灯	31午	-6	+4
27	4灯	26丑	+3	-7	35山	27寅	-7	+3	3陽	28卯	-7	+3	34灯	29辰	-7	+3	4灯	30巳	-7	+3	35山	31午	-7	+3
28	5山	26丑	+2	-7	36畑	27寅	-8	+2	4灯	28卯	-7	+3	35山	29辰	-7	+3	5山	30巳	-7	+3	36畑	31午	-7	+3
29	6畑	26丑	+2	-8					5山	28卯	-8	+2	36畑	29辰	-8	+2	6畑	30巳	-8	+3	37岩	31午	-7	+3
30	7岩	26丑	+2	-8					6畑	28卯	-8	+2	37岩	29辰	-8	+2	7岩	30巳	-8	+2	38宝	31午	-8	+2
31	8宝	26丑	+1	-8					7岩	28卯	-8	+2					8宝	30巳	-8	+2				

日	7月				8月				9月				10月				11月				12月			
日	日干	月干	男	女	日干	月干	男	女	日干	月干	男	女	日干	月干	男	女	日干	月干	男	女	日干	月干	男	女
1	39海	31午	-8	+2	10雨	32未	-8	+2	41木	33申	-8	+2	11木	34酉	-8	+2	42草	35戌	-8	+2	12草	36亥	-8	+2
2	40雨	31午	-9	+2	11木	32未	-8	+2	42草	33申	-8	+2	12草	34酉	-8	+2	43陽	35戌	-8	+2	13陽	36亥	-8	+1
3	41木	31午	-9	+1	12草	32未	-9	+2	43陽	33申	-9	+2	13陽	34酉	-8	+2	44灯	35戌	-8	+1	14灯	36亥	-8	+1
4	42草	31午	-9	+1	13陽	32未	-9	+1	44灯	33申	-9	+1	14灯	34酉	-9	+1	45山	35戌	-9	+1	15山	36亥	-9	+1
5	43陽	31午	-0	+1	14灯	32未	-9	+1	45山	33申	-9	+1	15山	34酉	-9	+1	46畑	35戌	-9	+1	16畑	36亥	-9	+1
6	44灯	31午	-0	+1	15山	32未	-0	+1	46畑	33申	-0	+1	16畑	34酉	-9	+1	47岩	35戌	-9	+1	17岩	36亥	-9	+0
7	45山	31未	-0	+0	16畑	32未	-0	+1	47岩	33申	-0	+1	17岩	34酉	-0	+1	48宝	35戌	-0	+0	18宝	36子	-0	+9
8	46畑	32未	-1	+0	17岩	33申	-1	+0	48宝	34酉	-1	+0	18宝	34戌	-0	+0	49海	36亥	-1	+0	19海	37子	-1	+9
9	47岩	32未	-1	+0	18宝	33申	-1	+0	49海	34酉	-1	+0	19海	35戌	-1	+0	50雨	36亥	-1	+9	20雨	37子	-1	+9
10	48宝	32未	-1	+0	19海	33申	-1	+0	50雨	34酉	-1	+9	20雨	35戌	-1	+9	51木	36亥	-1	+9	21木	37子	-1	+8
11	49海	32未	-1	+9	20雨	33申	-1	+9	51木	34酉	-1	+9	21木	35戌	-1	+9	52草	36亥	-1	+9	22草	37子	-1	+8
12	50雨	32未	-1	+9	21木	33申	-1	+9	52草	34酉	-1	+9	22草	35戌	-1	+9	53陽	36亥	-1	+8	23陽	37子	-1	+8
13	51木	32未	-2	+9	22草	33申	-2	+9	53陽	34酉	-2	+8	23陽	35戌	-1	+8	54灯	36亥	-2	+8	24灯	37子	-2	+7
14	52草	32未	-2	+8	23陽	33申	-2	+8	54灯	34酉	-2	+8	24灯	35戌	-2	+8	55山	36亥	-2	+8	25山	37子	-2	+7
15	53陽	32未	-2	+8	24灯	33申	-2	+8	55山	34酉	-2	+8	25山	35戌	-2	+8	56畑	36亥	-2	+7	26畑	37子	-2	+7
16	54灯	32未	-3	+8	25山	33申	-3	+8	56畑	34酉	-3	+7	26畑	35戌	-2	+7	57岩	36亥	-3	+7	27岩	37子	-3	+6
17	55山	32未	-3	+7	26畑	33申	-3	+7	57岩	34酉	-3	+7	27岩	35戌	-3	+7	58宝	36亥	-3	+7	28宝	37子	-3	+6
18	56畑	32未	-3	+7	27岩	33申	-3	+7	58宝	34酉	-3	+7	28宝	35戌	-3	+7	59海	36亥	-3	+6	29海	37子	-3	+6
19	57岩	32未	-4	+7	28宝	33申	-4	+7	59海	34酉	-4	+6	29海	35戌	-3	+6	60雨	36亥	-4	+6	30雨	37子	-4	+5
20	58宝	32未	-4	+6	29海	33申	-4	+6	60雨	34酉	-4	+6	30雨	35戌	-4	+6	1木	36亥	-4	+6	31木	37子	-4	+5
21	59海	32未	-4	+6	30雨	33申	-4	+6	1木	34酉	-4	+6	31木	35戌	-4	+6	2草	36亥	-4	+5	32草	37子	-4	+5
22	60雨	32未	-5	+6	31木	33申	-5	+6	2草	34酉	-5	+5	32草	35戌	-4	+5	3陽	36亥	-5	+5	33陽	37子	-5	+4
23	1木	32未	-5	+5	32草	33申	-5	+5	3陽	34酉	-5	+5	33陽	35戌	-5	+5	4灯	36亥	-5	+5	34灯	37子	-5	+4
24	2草	32未	-5	+5	33陽	33申	-5	+5	4灯	34酉	-5	+5	34灯	35戌	-5	+5	5山	36亥	-5	+4	35山	37子	-5	+4
25	3陽	32未	-6	+5	34灯	33申	-6	+5	5山	34酉	-6	+4	35山	35戌	-5	+4	6畑	36亥	-6	+4	36畑	37子	-6	+3
26	4灯	32未	-6	+4	35山	33申	-6	+4	6畑	34酉	-6	+4	36畑	35戌	-6	+4	7岩	36亥	-6	+4	37岩	37子	-6	+3
27	5山	32未	-6	+4	36畑	33申	-6	+4	7岩	34酉	-6	+4	37岩	35戌	-6	+4	8宝	36亥	-6	+3	38宝	37子	-6	+3
28	6畑	32未	-7	+4	37岩	33申	-7	+4	8宝	34酉	-7	+3	38宝	35戌	-6	+3	9海	36亥	-7	+3	39海	37子	-7	+2
29	7岩	32未	-7	+3	38宝	33申	-7	+3	9海	34酉	-7	+3	39海	35戌	-7	+3	10雨	36亥	-7	+3	40雨	37子	-7	+2
30	8宝	32未	-7	+3	39海	33申	-7	+3	10雨	34酉	-7	+3	40雨	35戌	-7	+3	11木	36亥	-7	+2	41木	37子	-7	+2
31	9海	32未	-8	+3	40雨	33申	-8	+3					41木	35戌	-7	+2					42草	37子	-8	+1

2032年 49 壬子（2/4 ～翌年2/3）

日	1月				2月				3月				4月				5月				6月			
	日干	月干	男	女	日干	月干	男	女	日干	月干	男	女	日干	月干	男	女	日干	月干	男	女	日干	月干	男	女
1	43陽	37子	-8	+2	14灯	38丑	-9	+1	43陽	39寅	+2	-8	14灯	40卯	+1	-9	44灯	41辰	+2	-8	15山	42巳	+2	-9
2	44灯	37子	-9	+1	15山	38丑	-9	+1	44灯	39寅	+1	-8	15山	40卯	+1	-9	45山	41辰	+1	-9	16畑	42巳	+1	-9
3	45山	37子	-9	+1	16畑	38丑	-9	+1	45山	39寅	+1	-9	16畑	40卯	+1	-9	46畑	41辰	+1	-9	17岩	42巳	+1	-9
4	46畑	37子	-9	+1	17岩	39寅	+0	-0	46畑	39寅	+1	-9	17岩	41辰	+0	-0	47岩	41辰	+1	-9	18宝	42巳	+1	-0
5	47岩	37子	-0	+1	18宝	39寅	+0	-1	47岩	40卯	+1	-9	18宝	41辰	+0	-0	48宝	42巳	+1	-0	19海	43午	+1	-0
6	48宝	38丑	-1	+0	19海	39寅	+0	-1	48宝	40卯	+0	-1	19海	41辰	+0	-1	49海	42巳	+0	-1	20雨	43午	+0	-0
7	49海	38丑	-1	+9	20雨	39寅	+9	-1	49海	40卯	+0	-1	20雨	41辰	+0	-1	50雨	42巳	+0	-1	21木	43午	+0	-1
8	50雨	38丑	-1	+9	21木	39寅	+9	-1	50雨	40卯	+9	-1	21木	41辰	+9	-1	51木	42巳	+0	-1	22草	43午	+0	-1
9	51木	38丑	-1	+9	22草	39寅	+9	-1	51木	40卯	+9	-1	22草	41辰	+9	-1	52草	42巳	+9	-1	23陽	43午	+9	-1
10	52草	38丑	-1	+8	23陽	39寅	+8	-2	52草	40卯	+9	-1	23陽	41辰	+9	-1	53陽	42巳	+9	-1	24灯	43午	+9	-1
11	53陽	38丑	-2	+8	24灯	39寅	+8	-2	53陽	40卯	+8	-2	24灯	41辰	+8	-2	54灯	42巳	+9	-2	25山	43午	+9	-1
12	54灯	38丑	-2	+8	25山	39寅	+8	-2	54灯	40卯	+8	-2	25山	41辰	+8	-2	55山	42巳	+8	-2	26畑	43午	+8	-2
13	55山	38丑	-2	+7	26畑	39寅	+7	-3	55山	40卯	+8	-2	26畑	41辰	+8	-2	56畑	42巳	+8	-2	27岩	43午	+8	-2
14	56畑	38丑	-3	+7	27岩	39寅	+7	-3	56畑	40卯	+7	-3	27岩	41辰	+7	-3	57岩	42巳	+8	-3	28宝	43午	+8	-2
15	57岩	38丑	-3	+7	28宝	39寅	+7	-3	57岩	40卯	+7	-3	28宝	41辰	+7	-3	58宝	42巳	+7	-3	29海	43午	+7	-3
16	58宝	38丑	-3	+6	29海	39寅	+6	-4	58宝	40卯	+7	-3	29海	41辰	+7	-3	59海	42巳	+7	-3	30雨	43午	+7	-3
17	59海	38丑	-4	+6	30雨	39寅	+6	-4	59海	40卯	+6	-4	30雨	41辰	+6	-4	60雨	42巳	+7	-4	31木	43午	+7	-3
18	60雨	38丑	-4	+6	31木	39寅	+6	-4	60雨	40卯	+6	-4	31木	41辰	+6	-4	1木	42巳	+6	-4	32草	43午	+6	-4
19	1木	38丑	-4	+5	32草	39寅	+5	-5	1木	40卯	+6	-4	32草	41辰	+6	-4	2草	42巳	+6	-4	33陽	43午	+6	-4
20	2草	38丑	-5	+5	33陽	39寅	+5	-5	2草	40卯	+5	-5	33陽	41辰	+5	-5	3陽	42巳	+6	-5	34灯	43午	+6	-4
21	3陽	38丑	-5	+5	34灯	39寅	+5	-5	3陽	40卯	+5	-5	34灯	41辰	+5	-5	4灯	42巳	+5	-5	35山	43午	+5	-5
22	4灯	38丑	-5	+4	35山	39寅	+4	-6	4灯	40卯	+5	-5	35山	41辰	+5	-5	5山	42巳	+5	-5	36畑	43午	+5	-5
23	5山	38丑	-6	+4	36畑	39寅	+4	-6	5山	40卯	+4	-6	36畑	41辰	+4	-6	6畑	42巳	+5	-6	37岩	43午	+5	-5
24	6畑	38丑	-6	+4	37岩	39寅	+4	-6	6畑	40卯	+4	-6	37岩	41辰	+4	-6	7岩	42巳	+4	-6	38宝	43午	+4	-6
25	7岩	38丑	-6	+3	38宝	39寅	+3	-7	7岩	40卯	+4	-6	38宝	41辰	+4	-6	8宝	42巳	+4	-6	39海	43午	+4	-6
26	8宝	38丑	-7	+3	39海	39寅	+3	-7	8宝	40卯	+3	-7	39海	41辰	+3	-7	9海	42巳	+4	-7	40雨	43午	+4	-6
27	9海	38丑	-7	+3	40雨	39寅	+3	-7	9海	40卯	+3	-7	40雨	41辰	+3	-7	10雨	42巳	+3	-7	41木	43午	+3	-7
28	10雨	38丑	-7	+2	41木	39寅	+2	-8	10雨	40卯	+3	-7	41木	41辰	+3	-7	11木	42巳	+3	-7	42草	43午	+3	-7
29	11木	38丑	-8	+2	42草	39寅	+2	-8	11木	40卯	+2	-8	42草	41辰	+2	-8	12草	42巳	+3	-8	43陽	43午	+3	-7
30	12草	38丑	-8	+2					12草	40卯	+2	-8	43陽	41辰	+2	-8	13陽	42巳	+2	-8	44灯	43午	+2	-8
31	13陽	38丑	-8	+1					13陽	40卯	+2	-8					14灯	42巳	+2	-8				

日	7月				8月				9月				10月				11月				12月			
	日干	月干	男	女	日干	月干	男	女	日干	月干	男	女	日干	月干	男	女	日干	月干	男	女	日干	月干	男	女
1	45山	43午	+2	-8	16畑	44未	+2	-8	47岩	45申	+2	-8	17岩	46酉	+2	-8	48宝	47戌	+2	-8	18宝	48亥	+2	-8
2	46畑	43午	+2	-8	17岩	44未	+2	-8	48宝	45申	+2	-8	18宝	46酉	+2	-8	49海	47戌	+2	-8	19海	48亥	+1	-8
3	47岩	43午	+1	-9	18宝	44未	+2	-9	49海	45申	+2	-9	19海	46酉	+2	-8	50雨	47戌	+1	-8	20雨	48亥	+1	-8
4	48宝	43午	+1	-9	19海	44未	+1	-9	50雨	45申	+1	-9	20雨	46酉	+1	-9	51木	47戌	+1	-9	21木	48亥	+1	-9
5	49海	43午	+1	-9	20雨	44未	+1	-9	51木	45申	+1	-9	21木	46酉	+1	-9	52草	47戌	+1	-9	22草	48亥	+1	-9
6	50雨	44未	+1	-0	21木	44未	+1	-0	52草	45申	+1	-0	22草	46酉	+1	-9	53陽	47戌	+1	-9	23陽	49子	+0	-9
7	51木	44未	+0	-0	22草	45申	+1	-0	53陽	46酉	+1	-0	23陽	46酉	+1	-0	54灯	48亥	+0	-0	24灯	49子	+9	-0
8	52草	44未	+0	-0	23陽	45申	+0	-1	54灯	46酉	+0	-1	24灯	47戌	+0	-0	55山	48亥	+0	-1	25山	49子	+9	-1
9	53陽	44未	+0	-1	24灯	45申	+0	-1	55山	46酉	+0	-1	25山	47戌	+0	-1	56畑	48亥	+9	-1	26畑	49子	+9	-1
10	54灯	44未	+0	-1	25山	45申	+0	-1	56畑	46酉	+9	-1	26畑	47戌	+9	-1	57岩	48亥	+9	-1	27岩	49子	+8	-1
11	55山	44未	+9	-1	26畑	45申	+9	-1	57岩	46酉	+9	-1	27岩	47戌	+9	-1	58宝	48亥	+9	-1	28宝	49子	+8	-1
12	56畑	44未	+9	-1	27岩	45申	+9	-1	58宝	46酉	+9	-1	28宝	47戌	+9	-1	59海	48亥	+8	-1	29海	49子	+8	-1
13	57岩	44未	+9	-1	28宝	45申	+9	-2	59海	46酉	+8	-2	29海	47戌	+8	-1	60雨	48亥	+8	-2	30雨	49子	+7	-2
14	58宝	44未	+8	-2	29海	45申	+8	-2	60雨	46酉	+8	-2	30雨	47戌	+8	-2	1木	48亥	+8	-2	31木	49子	+7	-2
15	59海	44未	+8	-2	30雨	45申	+8	-2	1木	46酉	+8	-2	31木	47戌	+8	-2	2草	48亥	+7	-2	32草	49子	+7	-2
16	60雨	44未	+8	-2	31木	45申	+8	-3	2草	46酉	+7	-3	32草	47戌	+7	-2	3陽	48亥	+7	-3	33陽	49子	+6	-3
17	1木	44未	+7	-3	32草	45申	+7	-3	3陽	46酉	+7	-3	33陽	47戌	+7	-3	4灯	48亥	+7	-3	34灯	49子	+6	-3
18	2草	44未	+7	-3	33陽	45申	+7	-3	4灯	46酉	+7	-3	34灯	47戌	+7	-3	5山	48亥	+6	-3	35山	49子	+6	-3
19	3陽	44未	+7	-3	34灯	45申	+7	-4	5山	46酉	+6	-4	35山	47戌	+6	-3	6畑	48亥	+6	-4	36畑	49子	+5	-4
20	4灯	44未	+6	-4	35山	45申	+6	-4	6畑	46酉	+6	-4	36畑	47戌	+6	-4	7岩	48亥	+6	-4	37岩	49子	+5	-4
21	5山	44未	+6	-4	36畑	45申	+6	-4	7岩	46酉	+6	-4	37岩	47戌	+6	-4	8宝	48亥	+5	-4	38宝	49子	+5	-4
22	6畑	44未	+6	-4	37岩	45申	+6	-5	8宝	46酉	+5	-5	38宝	47戌	+5	-4	9海	48亥	+5	-5	39海	49子	+4	-5
23	7岩	44未	+5	-5	38宝	45申	+5	-5	9海	46酉	+5	-5	39海	47戌	+5	-5	10雨	48亥	+5	-5	40雨	49子	+4	-5
24	8宝	44未	+5	-5	39海	45申	+5	-5	10雨	46酉	+5	-5	40雨	47戌	+5	-5	11木	48亥	+4	-5	41木	49子	+4	-5
25	9海	44未	+5	-5	40雨	45申	+5	-6	11木	46酉	+4	-6	41木	47戌	+4	-5	12草	48亥	+4	-6	42草	49子	+3	-6
26	10雨	44未	+4	-6	41木	45申	+4	-6	12草	46酉	+4	-6	42草	47戌	+4	-6	13陽	48亥	+4	-6	43陽	49子	+3	-6
27	11木	44未	+4	-6	42草	45申	+4	-6	13陽	46酉	+4	-6	43陽	47戌	+4	-6	14灯	48亥	+3	-6	44灯	49子	+3	-6
28	12草	44未	+4	-6	43陽	45申	+4	-7	14灯	46酉	+3	-7	44灯	47戌	+3	-6	15山	48亥	+3	-7	45山	49子	+2	-7
29	13陽	44未	+3	-7	44灯	45申	+3	-7	15山	46酉	+3	-7	45山	47戌	+3	-7	16畑	48亥	+3	-7	46畑	49子	+2	-7
30	14灯	44未	+3	-7	45山	45申	+3	-7	16畑	46酉	+3	-7	46畑	47戌	+3	-7	17岩	48亥	+2	-7	47岩	49子	+2	-7
31	15山	44未	+3	-7	46畑	45申	+3	-8					47岩	47戌	+2	-7					48宝	49子	+1	-8

2033年 50 癸丑（2/4 ～翌年2/3）

日	1月				2月				3月				4月				5月				6月			
	日干	月干	男	女	日干	月干	男	女	日干	月干	男	女	日干	月干	男	女	日干	月干	男	女	日干	月干	男	女
1	49海	49子	+2	-8	20雨	50丑	+1	-9	48宝	51寅	-8	+2	19海	52卯	-9	+1	49海	53辰	-8	+2	20雨	54巳	-9	+2
2	50雨	49子	+1	-9	21木	50丑	+1	-9	49海	51寅	-8	+1	20雨	52卯	-9	+1	50雨	53辰	-9	+1	21木	54巳	-9	+1
3	51木	49子	+1	-9	22草	51寅	+1	-9	50雨	51寅	-9	+1	21木	52卯	-9	+1	51木	53辰	-9	+1	22草	54巳	-9	+1
4	52草	49子	+1	-9	23陽	51寅	-0	+0	51木	51寅	-9	+1	22草	53辰	-0	+0	52草	53辰	-9	+1	23陽	54巳	-0	+1
5	53陽	50丑	+1	-0	24灯	51寅	-1	+0	52草	52卯	-9	+1	23陽	53辰	-0	+0	53陽	54巳	-0	+1	24灯	55午	-0	+1
6	54灯	50丑	+0	-1	25山	51寅	-1	+0	53陽	52卯	-1	+0	24灯	53辰	-1	+0	54灯	54巳	-1	+0	25山	55午	-0	+0
7	55山	50丑	+9	-1	26畑	51寅	-1	+9	54灯	52卯	-1	+0	25山	53辰	-1	+0	55山	54巳	-1	+0	26畑	55午	-1	+0
8	56畑	50丑	+9	-1	27岩	51寅	-1	+9	55山	52卯	-1	+9	26畑	53辰	-1	+9	56畑	54巳	-1	+0	27岩	55午	-1	+0
9	57岩	50丑	+9	-1	28宝	51寅	-1	+9	56畑	52卯	-1	+9	27岩	53辰	-1	+9	57岩	54巳	-1	+9	28宝	55午	-1	+9
10	58宝	50丑	+8	-1	29海	51寅	-2	+8	57岩	52卯	-1	+9	28宝	53辰	-1	+9	58宝	54巳	-1	+9	29海	55午	-1	+9
11	59海	50丑	+8	-2	30雨	51寅	-2	+8	58宝	52卯	-2	+8	29海	53辰	-2	+8	59海	54巳	-2	+9	30雨	55午	-1	+9
12	60雨	50丑	+8	-2	31木	51寅	-2	+8	59海	52卯	-2	+8	30雨	53辰	-2	+8	60雨	54巳	-2	+8	31木	55午	-2	+8
13	1木	50丑	+7	-2	32草	51寅	-3	+7	60雨	52卯	-2	+8	31木	53辰	-2	+8	1木	54巳	-2	+8	32草	55午	-2	+8
14	2草	50丑	+7	-3	33陽	51寅	-3	+7	1木	52卯	-3	+7	32草	53辰	-3	+7	2草	54巳	-3	+8	33陽	55午	-2	+8
15	3陽	50丑	+7	-3	34灯	51寅	-3	+7	2草	52卯	-3	+7	33陽	53辰	-3	+7	3陽	54巳	-3	+7	34灯	55午	-3	+7
16	4灯	50丑	+6	-3	35山	51寅	-4	+6	3陽	52卯	-3	+7	34灯	53辰	-3	+7	4灯	54巳	-3	+7	35山	55午	-3	+7
17	5山	50丑	+6	-4	36畑	51寅	-4	+6	4灯	52卯	-4	+6	35山	53辰	-4	+6	5山	54巳	-4	+7	36畑	55午	-3	+7
18	6畑	50丑	+6	-4	37岩	51寅	-4	+6	5山	52卯	-4	+6	36畑	53辰	-4	+6	6畑	54巳	-4	+6	37岩	55午	-4	+6
19	7岩	50丑	+5	-4	38宝	51寅	-5	+5	6畑	52卯	-4	+6	37岩	53辰	-4	+6	7岩	54巳	-4	+6	38宝	55午	-4	+6
20	8宝	50丑	+5	-5	39海	51寅	-5	+5	7岩	52卯	-5	+5	38宝	53辰	-5	+5	8宝	54巳	-5	+6	39海	55午	-4	+6
21	9海	50丑	+5	-5	40雨	51寅	-5	+5	8宝	52卯	-5	+5	39海	53辰	-5	+5	9海	54巳	-5	+5	40雨	55午	-5	+5
22	10雨	50丑	+4	-5	41木	51寅	-6	+4	9海	52卯	-5	+5	40雨	53辰	-5	+5	10雨	54巳	-5	+5	41木	55午	-5	+5
23	11木	50丑	+4	-6	42草	51寅	-6	+4	10雨	52卯	-6	+4	41木	53辰	-6	+4	11木	54巳	-6	+5	42草	55午	-5	+5
24	12草	50丑	+4	-6	43陽	51寅	-6	+4	11木	52卯	-6	+4	42草	53辰	-6	+4	12草	54巳	-6	+4	43陽	55午	-6	+4
25	13陽	50丑	+3	-6	44灯	51寅	-7	+3	12草	52卯	-6	+4	43陽	53辰	-6	+4	13陽	54巳	-6	+4	44灯	55午	-6	+4
26	14灯	50丑	+3	-7	45山	51寅	-7	+3	13陽	52卯	-7	+3	44灯	53辰	-7	+3	14灯	54巳	-7	+4	45山	55午	-6	+4
27	15山	50丑	+3	-7	46畑	51寅	-7	+3	14灯	52卯	-7	+3	45山	53辰	-7	+3	15山	54巳	-7	+3	46畑	55午	-7	+3
28	16畑	50丑	+2	-7	47岩	51寅	-8	+2	15山	52卯	-7	+3	46畑	53辰	-7	+3	16畑	54巳	-7	+3	47岩	55午	-7	+3
29	17岩	50丑	+2	-8					16畑	52卯	-8	+2	47岩	53辰	-8	+2	17岩	54巳	-8	+3	48宝	55午	-7	+3
30	18宝	50丑	+2	-8					17岩	52卯	-8	+2	48宝	53辰	-8	+2	18宝	54巳	-8	+2	49海	55午	-8	+2
31	19海	50丑	+1	-8					18宝	52卯	-8	+2					19海	54巳	-8	+2				

日	7月				8月				9月				10月				11月				12月			
	日干	月干	男	女	日干	月干	男	女	日干	月干	男	女	日干	月干	男	女	日干	月干	男	女	日干	月干	男	女
1	50雨	55午	-8	+2	21木	56未	-8	+2	52草	57申	-8	+2	22草	58酉	-8	+2	53陽	59戌	-8	+2	23陽	60亥	-8	+2
2	51木	55午	-9	+2	22草	56未	-8	+2	53陽	57申	-8	+2	23陽	58酉	-8	+2	54灯	59戌	-8	+2	24灯	60亥	-8	+1
3	52草	55午	-9	+1	23陽	56未	-9	+2	54灯	57申	-9	+2	24灯	58酉	-8	+2	55山	59戌	-8	+1	25山	60亥	-8	+1
4	53陽	55午	-9	+1	24灯	56未	-9	+1	55山	57申	-9	+1	25山	58酉	-9	+1	56畑	59戌	-9	+1	26畑	60亥	-9	+1
5	54灯	55午	-0	+1	25山	56未	-9	+1	56畑	57申	-9	+1	26畑	58酉	-9	+1	57岩	59戌	-9	+1	27岩	60亥	-9	+1
6	55山	55午	-0	+1	26畑	56未	-0	+1	57岩	57申	-0	+1	27岩	58酉	-9	+1	58宝	59戌	-9	+1	28宝	60亥	-9	+0
7	56畑	56未	-0	+0	27岩	57申	-0	+1	58宝	58酉	-0	+1	28宝	58酉	-0	+1	59海	60亥	-0	+0	29海	1子	-0	+9
8	57岩	56未	-1	+0	28宝	57申	-1	+0	59海	58酉	-1	+0	29海	59戌	-0	+0	60雨	60亥	-1	+0	30雨	1子	-1	+9
9	58宝	56未	-1	+0	29海	57申	-1	+0	60雨	58酉	-1	+0	30雨	59戌	-1	+0	1木	60亥	-1	+9	31木	1子	-1	+9
10	59海	56未	-1	+0	30雨	57申	-1	+0	1木	58酉	-1	+9	31木	59戌	-1	+9	2草	60亥	-1	+9	32草	1子	-1	+8
11	60雨	56未	-1	+9	31木	57申	-1	+9	2草	58酉	-1	+9	32草	59戌	-1	+9	3陽	60亥	-1	+9	33陽	1子	-1	+8
12	1木	56未	-1	+9	32草	57申	-1	+9	3陽	58酉	-1	+9	33陽	59戌	-1	+9	4灯	60亥	-1	+8	34灯	1子	-1	+8
13	2草	56未	-2	+9	33陽	57申	-2	+9	4灯	58酉	-2	+8	34灯	59戌	-1	+8	5山	60亥	-2	+8	35山	1子	-2	+7
14	3陽	56未	-2	+8	34灯	57申	-2	+8	5山	58酉	-2	+8	35山	59戌	-2	+8	6畑	60亥	-2	+8	36畑	1子	-2	+7
15	4灯	56未	-2	+8	35山	57申	-2	+8	6畑	58酉	-2	+8	36畑	59戌	-2	+8	7岩	60亥	-2	+7	37岩	1子	-2	+7
16	5山	56未	-3	+8	36畑	57申	-3	+8	7岩	58酉	-3	+7	37岩	59戌	-2	+7	8宝	60亥	-3	+7	38宝	1子	-3	+6
17	6畑	56未	-3	+7	37岩	57申	-3	+7	8宝	58酉	-3	+7	38宝	59戌	-3	+7	9海	60亥	-3	+7	39海	1子	-3	+6
18	7岩	56未	-3	+7	38宝	57申	-3	+7	9海	58酉	-3	+7	39海	59戌	-3	+7	10雨	60亥	-3	+6	40雨	1子	-3	+6
19	8宝	56未	-4	+7	39海	57申	-4	+7	10雨	58酉	-4	+6	40雨	59戌	-3	+6	11木	60亥	-4	+6	41木	1子	-4	+5
20	9海	56未	-4	+6	40雨	57申	-4	+6	11木	58酉	-4	+6	41木	59戌	-4	+6	12草	60亥	-4	+6	42草	1子	-4	+5
21	10雨	56未	-4	+6	41木	57申	-4	+6	12草	58酉	-4	+6	42草	59戌	-4	+6	13陽	60亥	-4	+5	43陽	1子	-4	+5
22	11木	56未	-5	+6	42草	57申	-5	+6	13陽	58酉	-5	+5	43陽	59戌	-4	+5	14灯	60亥	-5	+5	44灯	1子	-5	+4
23	12草	56未	-5	+5	43陽	57申	-5	+5	14灯	58酉	-5	+5	44灯	59戌	-5	+5	15山	60亥	-5	+5	45山	1子	-5	+4
24	13陽	56未	-5	+5	44灯	57申	-5	+5	15山	58酉	-5	+5	45山	59戌	-5	+5	16畑	60亥	-5	+4	46畑	1子	-5	+4
25	14灯	56未	-6	+5	45山	57申	-6	+5	16畑	58酉	-6	+4	46畑	59戌	-5	+4	17岩	60亥	-6	+4	47岩	1子	-6	+3
26	15山	56未	-6	+4	46畑	57申	-6	+4	17岩	58酉	-6	+4	47岩	59戌	-6	+4	18宝	60亥	-6	+4	48宝	1子	-6	+3
27	16畑	56未	-6	+4	47岩	57申	-6	+4	18宝	58酉	-6	+4	48宝	59戌	-6	+4	19海	60亥	-6	+3	49海	1子	-6	+3
28	17岩	56未	-7	+4	48宝	57申	-7	+4	19海	58酉	-7	+3	49海	59戌	-6	+3	20雨	60亥	-7	+3	50雨	1子	-7	+2
29	18宝	56未	-7	+3	49海	57申	-7	+3	20雨	58酉	-7	+3	50雨	59戌	-7	+3	21木	60亥	-7	+3	51木	1子	-7	+2
30	19海	56未	-7	+3	50雨	57申	-7	+3	21木	58酉	-7	+3	51木	59戌	-7	+3	22草	60亥	-7	+2	52草	1子	-7	+2
31	20雨	56未	-8	+3	51木	57申	-8	+3					52草	59戌	-7	+2					53陽	1子	-8	+1

2034年　51 甲寅（2/4 ～翌年2/3）

日	1月				2月				3月				4月				5月				6月			
	日干	月干	男	女	日干	月干	男	女	日干	月干	男	女	日干	月干	男	女	日干	月干	男	女	日干	月干	男	女
1	54灯	1子	-8	+2	25山	2丑	-9	+1	53陽	3寅	+2	-8	24灯	4卯	+1	-9	54灯	5辰	+2	-8	25山	6巳	+2	-9
2	55山	1子	-9	+1	26畑	2丑	-9	+1	54灯	3寅	+1	-8	25山	4卯	+1	-9	55山	5辰	+1	-9	26畑	6巳	+1	-9
3	56畑	1子	-9	+1	27岩	2丑	-9	+1	55山	3寅	+1	-9	26畑	4卯	+1	-9	56畑	5辰	+1	-9	27岩	6巳	+1	-9
4	57岩	1子	-9	+1	28宝	3寅	+0	-0	56畑	3寅	+1	-9	27岩	4卯	+0	-0	57岩	5辰	+1	-9	28宝	6巳	+1	-0
5	58宝	2丑	-0	+1	29海	3寅	+0	-1	57岩	4卯	+1	-9	28宝	5辰	+0	-0	58宝	6巳	+1	-0	29海	7午	+1	-0
6	59海	2丑	-1	+0	30雨	3寅	+0	-1	58宝	4卯	+0	-1	29海	5辰	+0	-1	59海	6巳	+0	-1	30雨	7午	+0	-0
7	60雨	2丑	-1	+9	31木	3寅	+9	-1	59海	4卯	+0	-1	30雨	5辰	+0	-1	60雨	6巳	+0	-1	31木	7午	+0	-1
8	1木	2丑	-1	+9	32草	3寅	+9	-1	60雨	4卯	+9	-1	31木	5辰	+9	-1	1木	6巳	+0	-1	32草	7午	+0	-1
9	2草	2丑	-1	+9	33陽	3寅	+9	-1	1木	4卯	+9	-1	32草	5辰	+9	-1	2草	6巳	+9	-1	33陽	7午	+9	-1
10	3陽	2丑	-1	+8	34灯	3寅	+8	-2	2草	4卯	+9	-1	33陽	5辰	+9	-1	3陽	6巳	+9	-1	34灯	7午	+9	-1
11	4灯	2丑	-2	+8	35山	3寅	+8	-2	3陽	4卯	+8	-2	34灯	5辰	+8	-2	4灯	6巳	+9	-2	35山	7午	+9	-1
12	5山	2丑	-2	+8	36畑	3寅	+8	-2	4灯	4卯	+8	-2	35山	5辰	+8	-2	5山	6巳	+8	-2	36畑	7午	+8	-2
13	6畑	2丑	-2	+7	37岩	3寅	+7	-3	5山	4卯	+8	-2	36畑	5辰	+8	-2	6畑	6巳	+8	-2	37岩	7午	+8	-2
14	7岩	2丑	-3	+7	38宝	3寅	+7	-3	6畑	4卯	+7	-3	37岩	5辰	+7	-3	7岩	6巳	+8	-3	38宝	7午	+8	-2
15	8宝	2丑	-3	+7	39海	3寅	+7	-3	7岩	4卯	+7	-3	38宝	5辰	+7	-3	8宝	6巳	+7	-3	39海	7午	+7	-3
16	9海	2丑	-3	+6	40雨	3寅	+6	-4	8宝	4卯	+7	-3	39海	5辰	+7	-3	9海	6巳	+7	-3	40雨	7午	+7	-3
17	10雨	2丑	-4	+6	41木	3寅	+6	-4	9海	4卯	+6	-4	40雨	5辰	+6	-4	10雨	6巳	+7	-4	41木	7午	+7	-3
18	11木	2丑	-4	+6	42草	3寅	+6	-4	10雨	4卯	+6	-4	41木	5辰	+6	-4	11木	6巳	+6	-4	42草	7午	+6	-4
19	12草	2丑	-4	+5	43陽	3寅	+5	-5	11木	4卯	+6	-4	42草	5辰	+6	-4	12草	6巳	+6	-4	43陽	7午	+6	-4
20	13陽	2丑	-5	+5	44灯	3寅	+5	-5	12草	4卯	+5	-5	43陽	5辰	+5	-5	13陽	6巳	+6	-5	44灯	7午	+6	-4
21	14灯	2丑	-5	+5	45山	3寅	+5	-5	13陽	4卯	+5	-5	44灯	5辰	+5	-5	14灯	6巳	+5	-5	45山	7午	+5	-5
22	15山	2丑	-5	+4	46畑	3寅	+4	-6	14灯	4卯	+5	-5	45山	5辰	+5	-5	15山	6巳	+5	-5	46畑	7午	+5	-5
23	16畑	2丑	-6	+4	47岩	3寅	+4	-6	15山	4卯	+4	-6	46畑	5辰	+4	-6	16畑	6巳	+5	-6	47岩	7午	+5	-5
24	17岩	2丑	-6	+4	48宝	3寅	+4	-6	16畑	4卯	+4	-6	47岩	5辰	+4	-6	17岩	6巳	+4	-6	48宝	7午	+4	-6
25	18宝	2丑	-6	+3	49海	3寅	+3	7	17岩	4卯	+4	-6	48宝	5辰	+4	-6	18宝	6巳	+4	-6	49海	7午	+4	-6
26	19海	2丑	-7	+3	50雨	3寅	+3	-7	18宝	4卯	+3	-7	49海	5辰	+3	-7	19海	6巳	+4	-7	50雨	7午	+4	-6
27	20雨	2丑	-7	+3	51木	3寅	+3	-7	19海	4卯	+3	-7	50雨	5辰	+3	-7	20雨	6巳	+3	7	51木	7午	+3	-7
28	21木	2丑	-7	+2	52草	3寅	+2	-8	20雨	4卯	+3	-7	51木	5辰	+3	-7	21木	6巳	+3	-7	52草	7午	+3	-7
29	22草	2丑	-8	+2					21木	4卯	+2	-8	52草	5辰	+2	-8	22草	6巳	+3	-8	53陽	7午	+3	-7
30	23陽	2丑	-8	+2					22草	4卯	+2	-8	53陽	5辰	+2	-8	23陽	6巳	+2	-8	54灯	7午	+2	-8
31	24灯	2丑	-8	+1					23陽	4卯	+2	-8					24灯	6巳	+2	-8				

日	7月				8月				9月				10月				11月				12月			
	日干	月干	男	女	日干	月干	男	女	日干	月干	男	女	日干	月干	男	女	日干	月干	男	女	日干	月干	男	女
1	55山	7午	+2	-8	26畑	8未	+2	-8	57岩	9申	+2	-8	27岩	10酉	+2	-8	58宝	11戌	+2	-8	28宝	12亥	+2	-8
2	56畑	7午	+2	-9	27岩	8未	+2	-8	58宝	9申	+2	-8	28宝	10酉	+2	-8	59海	11戌	+2	-8	29海	12亥	+1	-8
3	57岩	7午	+1	-9	28宝	8未	+2	-9	59海	9申	+2	-9	29海	10酉	+2	-8	60雨	11戌	+1	-8	30雨	12亥	+1	-8
4	58宝	7午	+1	-9	29海	8未	+1	-9	60雨	9申	+1	-9	30雨	10酉	+1	-9	1木	11戌	+1	-9	31木	12亥	+1	-9
5	59海	7午	+1	-0	30雨	8未	+1	-9	1木	9申	+1	-9	31木	10酉	+1	-9	2草	11戌	+1	-9	32草	12亥	+1	-9
6	60雨	7午	+1	-0	31木	8未	+1	-0	2草	9申	+1	-0	32草	10酉	+1	-9	3陽	11戌	+1	-9	33陽	12亥	+0	-9
7	1木	8未	+0	-0	32草	9申	+1	-0	3陽	10酉	+1	-0	33陽	10酉	+1	-0	4灯	12亥	+0	-0	34灯	13子	+9	-0
8	2草	8未	+0	-1	33陽	9申	+0	-1	4灯	10酉	+0	-1	34灯	11戌	+0	-0	5山	12亥	+0	-1	35山	13子	+9	-1
9	3陽	8未	+0	-1	34灯	9申	+0	-1	5山	10酉	+0	-1	35山	11戌	+0	-1	6畑	12亥	+9	-1	36畑	13子	+9	-1
10	4灯	8未	+0	-1	35山	9申	+0	-1	6畑	10酉	+9	-1	36畑	11戌	+9	-1	7岩	12亥	+9	-1	37岩	13子	+8	-1
11	5山	8未	+9	-1	36畑	9申	+9	-1	7岩	10酉	+9	-1	37岩	11戌	+9	-1	8宝	12亥	+9	-1	38宝	13子	+8	-1
12	6畑	8未	+9	-1	37岩	9申	+9	-1	8宝	10酉	+9	-1	38宝	11戌	+9	-1	9海	12亥	+8	-1	39海	13子	+8	-1
13	7岩	8未	+9	-2	38宝	9申	+9	-2	9海	10酉	+8	-2	39海	11戌	+8	-1	10雨	12亥	+8	-2	40雨	13子	+7	-2
14	8宝	8未	+8	-2	39海	9申	+8	-2	10雨	10酉	+8	-2	40雨	11戌	+8	-2	11木	12亥	+8	-2	41木	13子	+7	-2
15	9海	8未	+8	-2	40雨	9申	+8	-2	11木	10酉	+8	-2	41木	11戌	+8	-2	12草	12亥	+7	-2	42草	13子	+7	-2
16	10雨	8未	+8	-3	41木	9申	+8	-3	12草	10酉	+7	-3	42草	11戌	+7	-2	13陽	12亥	+7	-3	43陽	13子	+6	-3
17	11木	8未	+7	-3	42草	9申	+7	-3	13陽	10酉	+7	-3	43陽	11戌	+7	-3	14灯	12亥	+7	-3	44灯	13子	+6	-3
18	12草	8未	+7	-3	43陽	9申	+7	-3	14灯	10酉	+7	-3	44灯	11戌	+7	-3	15山	12亥	+6	-3	45山	13子	+6	-3
19	13陽	8未	+7	-4	44灯	9申	+7	-4	15山	10酉	+6	-4	45山	11戌	+6	-3	16畑	12亥	+6	-4	46畑	13子	+5	-4
20	14灯	8未	+6	-4	45山	9申	+6	-4	16畑	10酉	+6	-4	46畑	11戌	+6	-4	17岩	12亥	+6	-4	47岩	13子	+5	-4
21	15山	8未	+6	-4	46畑	9申	+6	-4	17岩	10酉	+6	-4	47岩	11戌	+6	-4	18宝	12亥	+5	-4	48宝	13子	+5	-4
22	16畑	8未	+6	-5	47岩	9申	+6	-5	18宝	10酉	+5	-5	48宝	11戌	+5	-4	19海	12亥	+5	-5	49海	13子	+4	-5
23	17岩	8未	+5	-5	48宝	9申	+5	-5	19海	10酉	+5	-5	49海	11戌	+5	-5	20雨	12亥	+5	-5	50雨	13子	+4	-5
24	18宝	8未	+5	-5	49海	9申	+5	-5	20雨	10酉	+5	-5	50雨	11戌	+5	-5	21木	12亥	+4	-5	51木	13子	+4	-5
25	19海	8未	+5	-6	50雨	9申	+5	-6	21木	10酉	+4	-6	51木	11戌	+4	-5	22草	12亥	+4	-6	52草	13子	+3	-6
26	20雨	8未	+4	-6	51木	9申	+4	-6	22草	10酉	+4	-6	52草	11戌	+4	-6	23陽	12亥	+4	-6	53陽	13子	+3	-6
27	21木	8未	+4	-6	52草	9申	+4	-6	23陽	10酉	+4	-6	53陽	11戌	+4	-6	24灯	12亥	+3	-6	54灯	13子	+3	-6
28	22草	8未	+4	-7	53陽	9申	+4	-7	24灯	10酉	+3	-7	54灯	11戌	+3	-6	25山	12亥	+3	-7	55山	13子	+2	-7
29	23陽	8未	+3	-7	54灯	9申	+3	-7	25山	10酉	+3	-7	55山	11戌	+3	-7	26畑	12亥	+3	-7	56畑	13子	+2	-7
30	24灯	8未	+3	-7	55山	9申	+3	-7	26畑	10酉	+3	-7	56畑	11戌	+3	-7	27岩	12亥	+2	-7	57岩	13子	+2	-7
31	25山	8未	+3	-8	56畑	9申	+3	-8					57岩	11戌	+2	-7					58宝	13子	+1	-8

2035年　52 乙卯（2/4 ～翌年2/3）

日	1月				2月				3月				4月				5月				6月			
	日干	月干	男	女	日干	月干	男	女	日干	月干	男	女	日干	月干	男	女	日干	月干	男	女	日干	月干	男	女
1	59海	13子	+2	-8	30雨	14丑	+1	-9	58宝	15寅	-8	+2	29海	16卯	-9	+1	59海	17辰	-8	+2	30雨	18巳	-9	+2
2	60雨	13子	+1	-9	31木	14丑	+1	-9	59海	15寅	-8	+1	30雨	16卯	-9	+1	60雨	17辰	-9	+1	31木	18巳	-9	+1
3	1木	13子	+1	-9	32草	14丑	+1	-9	60雨	15寅	-9	+1	31木	16卯	-9	+1	1木	17辰	-9	+1	32草	18巳	-9	+1
4	2草	13子	+1	-9	33陽	15寅	-0	+0	1木	15寅	-9	+1	32草	16卯	-0	+0	2草	17辰	-9	+1	33陽	18巳	-0	+1
5	3陽	14丑	+1	-0	34灯	15寅	-1	+0	2草	15寅	-9	+1	33陽	17辰	-0	+0	3陽	17辰	-0	+1	34灯	18巳	-0	+1
6	4灯	14丑	+0	-1	35山	15寅	-1	+0	3陽	16卯	-1	+0	34灯	17辰	-1	+0	4灯	18巳	-1	+0	35山	19午	-0	+0
7	5山	14丑	+9	-1	36畑	15寅	-1	+9	4灯	16卯	-1	+0	35山	17辰	-1	+0	5山	18巳	-1	+0	36畑	19午	-1	+0
8	6畑	14丑	+9	-1	37岩	15寅	-1	+9	5山	16卯	-1	+9	36畑	17辰	-1	+9	6畑	18巳	-1	+0	37岩	19午	-1	+0
9	7岩	14丑	+9	-1	38宝	15寅	-1	+9	6畑	16卯	-1	+9	37岩	17辰	-1	+9	7岩	18巳	-1	+9	38宝	19午	-1	+9
10	8宝	14丑	+8	-1	39海	15寅	-2	+8	7岩	16卯	-1	+9	38宝	17辰	-1	+9	8宝	18巳	-1	+9	39海	19午	-1	+9
11	9海	14丑	+8	-2	40雨	15寅	-2	+8	8宝	16卯	-2	+8	39海	17辰	-2	+8	9海	18巳	-2	+9	40雨	19午	-1	+9
12	10雨	14丑	+8	-2	41木	15寅	-2	+8	9海	16卯	-2	+8	40雨	17辰	-2	+8	10雨	18巳	-2	+8	41木	19午	-2	+8
13	11木	14丑	+7	-2	42草	15寅	-3	+7	10雨	16卯	-2	+8	41木	17辰	-2	+8	11木	18巳	-2	+8	42草	19午	-2	+8
14	12草	14丑	+7	-3	43陽	15寅	-3	+7	11木	16卯	-3	+7	42草	17辰	-3	+7	12草	18巳	-3	+8	43陽	19午	-2	+8
15	13陽	14丑	+7	-3	44灯	15寅	-3	+7	12草	16卯	-3	+7	43陽	17辰	-3	+7	13陽	18巳	-3	+7	44灯	19午	-3	+7
16	14灯	14丑	+6	-3	45山	15寅	-4	+6	13陽	16卯	-3	+7	44灯	17辰	-3	+7	14灯	18巳	-3	+7	45山	19午	-3	+7
17	15山	14丑	+6	-4	46畑	15寅	-4	+6	14灯	16卯	-4	+6	45山	17辰	-4	+6	15山	18巳	4	+7	46畑	19午	-3	+7
18	16畑	14丑	+6	-4	47岩	15寅	-4	+6	15山	16卯	-4	+6	46畑	17辰	-4	+6	16畑	18巳	-4	+6	47岩	19午	-4	+6
19	17岩	14丑	+5	-4	48宝	15寅	-5	+5	16畑	16卯	-4	+6	47岩	17辰	-4	+6	17岩	18巳	-4	+6	48宝	19午	-4	+6
20	18宝	14丑	+5	-5	49海	15寅	-5	+5	17岩	16卯	-5	+5	48宝	17辰	-5	+5	18宝	18巳	-5	+6	49海	19午	-4	+6
21	19海	14丑	+5	-5	50雨	15寅	-5	+5	18宝	16卯	-5	+5	49海	17辰	-5	+5	19海	18巳	-5	+5	50雨	19午	-5	+5
22	20雨	14丑	+4	-5	51木	15寅	-6	+4	19海	16卯	-5	+5	50雨	17辰	-5	+5	20雨	18巳	-5	+5	51木	19午	-5	+5
23	21木	14丑	+4	-6	52草	15寅	-6	+4	20雨	16卯	-6	+4	51木	17辰	-6	+4	21木	18巳	-6	+5	52草	19午	-5	+5
24	22草	14丑	+4	-6	53陽	15寅	-6	+4	21木	16卯	-6	+4	52草	17辰	-6	+4	22草	18巳	-6	+4	53陽	19午	-6	+4
25	23陽	14丑	+3	-6	54灯	15寅	-7	+3	22草	16卯	-6	+4	53陽	17辰	-6	+4	23陽	18巳	-6	+4	54灯	19午	-6	+4
26	24灯	14丑	+3	-7	55山	15寅	-7	+3	23陽	16卯	-7	+3	54灯	17辰	-7	+3	24灯	18巳	-7	+4	55山	19午	-6	+4
27	25山	14丑	+3	-7	56畑	15寅	-7	+3	24灯	16卯	-7	+3	55山	17辰	-7	+3	25山	18巳	-7	+3	56畑	19午	-7	+3
28	26畑	14丑	+2	-7	57岩	15寅	-8	+2	25山	16卯	-7	+3	56畑	17辰	-7	+3	26畑	18巳	-7	+3	57岩	19午	-7	+3
29	27岩	14丑	+2	-8					26畑	16卯	-8	+2	57岩	17辰	-8	+2	27岩	18巳	-8	+3	58宝	19午	-7	+3
30	28宝	14丑	+2	-8					27岩	16卯	-8	+2	58宝	17辰	-8	+2	28宝	18巳	-8	+2	59海	19午	-8	+2
31	29海	14丑	+1	-8					28宝	16卯	-8	+2					29海	18巳	-8	+2				

日	7月				8月				9月				10月				11月				12月			
	日干	月干	男	女	日干	月干	男	女	日干	月干	男	女	日干	月干	男	女	日干	月干	男	女	日干	月干	男	女
1	60雨	19午	-8	+2	31木	20未	-8	+2	2草	21申	-8	+2	32草	22酉	-8	+2	3陽	23戌	-8	+2	33陽	24亥	-8	+2
2	1木	19午	-9	+2	32草	20未	-8	+2	3陽	21申	-8	+2	33陽	22酉	-8	+2	4灯	23戌	-8	+2	34灯	24亥	-8	+1
3	2草	19午	-9	+1	33陽	20未	-9	+2	4灯	21申	-9	+2	34灯	22酉	-8	+2	5山	23戌	-8	+1	35山	24亥	-8	+1
4	3陽	19午	-9	+1	34灯	20未	-9	+1	5山	21申	-9	+1	35山	22酉	-9	+1	6畑	23戌	-9	+1	36畑	24亥	-9	+1
5	4灯	19午	-0	+1	35山	20未	-9	+1	6畑	21申	-9	+1	36畑	22酉	-9	+1	7岩	23戌	-9	+1	37岩	24亥	-9	+1
6	5山	19午	-0	+1	36畑	20未	-0	+1	7岩	21申	-0	+1	37岩	22酉	-9	+1	8宝	23戌	-9	+1	38宝	24亥	-9	+0
7	6畑	20未	-0	+0	37岩	20未	-0	+1	8宝	21申	-0	+1	38宝	22酉	-0	+1	9海	23戌	-0	+0	39海	25子	-0	+9
8	7岩	20未	-1	+0	38宝	21申	-1	+0	9海	22酉	-1	+0	39海	23戌	-0	+0	10雨	24亥	-1	+0	40雨	25子	-1	+9
9	8宝	20未	-1	+0	39海	21申	-1	+0	10雨	22酉	-1	+0	40雨	23戌	-1	+0	11木	24亥	-1	+9	41木	25子	-1	+9
10	9海	20未	-1	+0	40雨	21申	-1	+0	11木	22酉	-1	+9	41木	23戌	-1	+9	12草	24亥	-1	+9	42草	25子	-1	+8
11	10雨	20未	-1	+9	41木	21申	-1	+9	12草	22酉	-1	+9	42草	23戌	-1	+9	13陽	24亥	-1	+9	43陽	25子	-1	+8
12	11木	20未	-1	+9	42草	21申	-1	+9	13陽	22酉	-1	+9	43陽	23戌	-1	+9	14灯	24亥	-1	+8	44灯	25子	-1	+8
13	12草	20未	-2	+9	43陽	21申	-2	+9	14灯	22酉	-2	+8	44灯	23戌	-1	+8	15山	24亥	-2	+8	45山	25子	-2	+7
14	13陽	20未	-2	+8	44灯	21申	-2	+8	15山	22酉	-2	+8	45山	23戌	-2	+8	16畑	24亥	-2	+8	46畑	25子	-2	+7
15	14灯	20未	-2	+8	45山	21申	-2	+8	16畑	22酉	-2	+8	46畑	23戌	-2	+8	17岩	24亥	-2	+7	47岩	25子	-2	+7
16	15山	20未	-3	+8	46畑	21申	-3	+8	17岩	22酉	-3	+7	47岩	23戌	-2	+7	18宝	24亥	-3	+7	48宝	25子	-3	+6
17	16畑	20未	-3	+7	47岩	21申	-3	+7	18宝	22酉	-3	+7	48宝	23戌	-3	+7	19海	24亥	-3	+7	49海	25子	-3	+6
18	17岩	20未	-3	+7	48宝	21申	-3	+7	19海	22酉	-3	+7	49海	23戌	-3	+7	20雨	24亥	-3	+6	50雨	25子	-3	+6
19	18宝	20未	-4	+7	49海	21申	-4	+7	20雨	22酉	-4	+6	50雨	23戌	-3	+6	21木	24亥	-4	+6	51木	25子	-4	+5
20	19海	20未	-4	+6	50雨	21申	-4	+6	21木	22酉	-4	+6	51木	23戌	-4	+6	22草	24亥	-4	+6	52草	25子	-4	+5
21	20雨	20未	-4	+6	51木	21申	-4	+6	22草	22酉	-4	+6	52草	23戌	-4	+6	23陽	24亥	-4	+5	53陽	25子	-4	+5
22	21木	20未	-5	+6	52草	21申	-5	+6	23陽	22酉	-5	+5	53陽	23戌	-4	+5	24灯	24亥	-5	+5	54灯	25子	-5	+4
23	22草	20未	-5	+5	53陽	21申	-5	+5	24灯	22酉	-5	+5	54灯	23戌	-5	+5	25山	24亥	-5	+5	55山	25子	-5	+4
24	23陽	20未	-5	+5	54灯	21申	-5	+5	25山	22酉	-5	+5	55山	23戌	-5	+5	26畑	24亥	-5	+4	56畑	25子	-5	+4
25	24灯	20未	-6	+5	55山	21申	-6	+5	26畑	22酉	-6	+4	56畑	23戌	-5	+4	27岩	24亥	-6	+4	57岩	25子	-6	+3
26	25山	20未	-6	+4	56畑	21申	-6	+4	27岩	22酉	-6	+4	57岩	23戌	-6	+4	28宝	24亥	-6	+4	58宝	25子	-6	+3
27	26畑	20未	-6	+4	57岩	21申	-6	+4	28宝	22酉	-6	+4	58宝	23戌	-6	+4	29海	24亥	-6	+3	59海	25子	-6	+3
28	27岩	20未	-7	+4	58宝	21申	-7	+4	29海	22酉	-7	+3	59海	23戌	-6	+3	30雨	24亥	-7	+3	60雨	25子	-7	+2
29	28宝	20未	-7	+3	59海	21申	-7	+3	30雨	22酉	-7	+3	60雨	23戌	-7	+3	31木	24亥	-7	+3	1木	25子	-7	+2
30	29海	20未	-7	+3	60雨	21申	-7	+3	31木	22酉	-7	+3	1木	23戌	-7	+3	32草	24亥	-7	+2	2草	25子	-7	+2
31	30雨	20未	-8	+3	1木	21申	-8	+3					2草	23戌	-7	+2					3陽	25子	-8	+1

お悩み別鑑定結果ページ

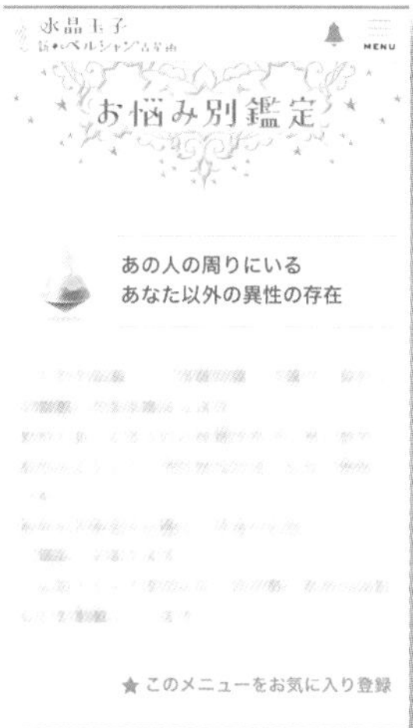

様々なお悩みに
対応可能。

運勢の流れ

イラストと鑑定文で
運勢がわかる！

相性

二人の運景の相性も
完全網羅。

天中殺

天中殺の時期の
過ごし方も！

※イメージ（キャプチャ）、サービスの内容は一部変更になる場合がございます。

水晶玉子

テレビ・ラジオ・雑誌など、各メディアが殺到する、今注目度トップクラスの占術家。
幼い頃より、「人の運命というものの不思議さ」に興味を持ち始める。東洋、西洋の占いの枠を越え、独自の視点で運命を読解。中でも「四柱推命」を始めとする東洋占術と、西洋占術に造詣が深い。その的中力の高さとわかりやすい解説から、世代を問わず絶大な支持を得ている。
現在、著書も多数出版されており、テレビ出演の際には特に売り切れが続出したり、重版がかかったりすることも多くなっている。近著は『オリエンタル占星術 開運暦』シリーズ（集英社）、『怖いほど運が向いてくる！ 四柱推命 決定版』（青春出版社）など。

人生が不安なあなたへの贈り物
水晶玉子の運景 ―UNKEI―

2021年4月5日　初版発行

著　者　水晶玉子
発行人　酒井文人
発行所　株式会社 説話社
〒169-8077 東京都新宿区西早稲田 1-1-6
振替口座／00160-8-69378
編集担当　冨田聖子、池田友樹、坂井昭代、吹上恵美子
デザイン　苅谷涼子
イラスト　北村ハルコ
印刷・製本　中央精版印刷株式会社

ISBN 978-4-906828-71-5　C2011
落丁本・乱丁本などのお問い合わせは弊社販売部へメールでお願いします。
E-Mail : hanbaibu_s@setsuwa.co.jp